Die Schweiz und der Osten Europas

Herausgegeben von Carsten Goehrke

Band 2

D1695472

Liebe Karin,

den Spuren der Schweizer durch die ehemalige Sowjet-union zu folgen, ist Dir - so hoffe ich - eine spannende und aufschlussreiche Lektüre! Mit diesen Wünschen grüsst Dich ganz herzlich Deine [Unterschrift]

Historisches Seminar der Universität Zürich

Abteilung Osteuropa

Titelbild und alle übrigen Zeichnungen von
Otto Baumberger,
entstanden im Jahre 1932

Christiane Uhlig

Utopie oder Alptraum?

Schweizer Reiseberichte über die Sowjetunion
1917-1941

Verlag Hans Rohr Zürich

1992

Die vorliegende Arbeit wurde von der Philosophischen Fakultät I
der Universität Zürich im Wintersemester 1991/92 auf Antrag
von Prof. Dr. Carsten Goehrke als Dissertation angenommen.

Titelbild:

Otto Baumberger

Der Grenzübertritt in die Sowjetunion bei Njegoreloje im Jahre 1932

Die Deutsche Bibliothek – CIP-Einheitsaufnahme

Uhlig, Christiane:
"Utopie oder Alptraum?" : Schweizer Reiseberichte über die
Sowjetunion (1917 - 1941) / Christiane Uhlig. – Zürich : Rohr,
1992
  (Die Schweiz und der Osten Europas ; Bd. 2)
  Zugl.: Zürich, Univ., Diss., 1992
  ISBN 3-85865-628-3
  NE: GT

copyright by Verlag Hans Rohr, Zürich 1992

Druck: Chs Rohr + Cie AG, Biel

ISBN 3-85865-628-3

Meinen Eltern Helga und Wolfgang Uhlig gewidmet

А тебе еще мало по-русски,
И ты хочешь на всех языках
Знать, как круты подъемы и спуски
И почем у нас совесть и страх.

Анна Ахматова, Из Четверостиший

Inhalt

Vorbemerkung

Diese Dissertation entstand unter der Anleitung von Prof. Carsten Goehrke. Für die kontinuierliche fachliche Betreuung, die Unterstützung und die wichtigen Anregungen, die ich erhalten habe, möchte ich ihm an dieser Stelle danken. Mein Dank gilt Prof. Heiko Haumann für sein Interesse und seine kritischen Anmerkungen. Ich bedanke mich bei Urs Rauber für seine bibliographische Vorarbeit und das Überlassen von Material aus seinem Privatarchiv und bei Frau Monika Bankowski, der Koordinatorin des vom Schweizerischen Nationalfonds finanzierten Forschungsprojektes "Schweizerisch-slavische Wechselbeziehungen", für ihre Hilfe bei meinen Literaturrecherchen. Ferner richtet sich mein Dank an Dr. Irina D'jakonova und die anderen Mitarbeiter des Historischen Institutes der Russischen Akademie der Wissenschaften in Moskau, die mir mit Engagement und Interesse begegnet sind. Dr. Michail Žiljaev und seinen Eltern verdanke ich das bleibende Erlebnis der sprichwörtlichen russischen Gastfreundschaft – allen Schwierigkeiten zum Trotz.

Mein besonderer Dank gilt Frau Johanna Baumberger, der Witwe Otto Baumbergers, Herrn Dr. Anton Roy Ganz und Herrn Dr. Charles Studer, die trotz ihres hohen Alters und der Jahrzehnte, die zwischen dem Zeitpunkt der Reisen und heute liegen, sofort bereit waren, über ihre damaligen Erlebnisse im persönlichen Gespräch ausführlich Auskunft zu geben. Dass Frau Baumberger bereit war, mir bisher unveröffentlichte Russlandzeichnungen aus dem grossen und beeindruckenden Nachlass ihres Mannes, des Malers und Lithographen Otto Baumberger, für die Publikation zur Verfügung zu stellen, möchte ich an dieser Stelle ganz besonders dankend hervorheben. Ich freue mich über den besonderen künstlerischen Wert, den diese Bilder einer wissenschaftlichen Arbeit verleihen und hoffe, auch auf diesem Wege zum Andenken an das Werk Otto Baumbergers beitragen zu können.

Meiner Familie und meinen Freunden schliesslich danke ich für die anregenden Diskussionen, ihr Interesse und ihre Unterstützung bei der Endredaktion.[1]

Zürich, August 1992   Christiane Uhlig

---

[1] Hinweis: Zur formalen Gestaltung der Arbeit möchte ich noch anmerken, dass die Angaben zu sowjetischen Darstellungen in den Fussnoten und der Bibliographie gemäss Transliterationssystem der Preussischen Staatsbibliothek erfolgen, dass aber im Text selber russische Namen gemäss der leserfreundlicheren Transkriptionsregel von Duden erfolgen.

1 Die Schweizer und ihre Reiselust gen Osten — anstelle einer Einleitung

"Es entsteht ein neuer, in der Geschichte noch nicht dagewesener Typus einer Staatsmacht, die durch den Willen der Revolution berufen ist, die Erde von jeder Ausbeutung, Gewalt und Knechtschaft zu befreien."[1]

"Das Weltreich zerbrach. Es zerfiel beinahe über Nacht und fast ohne Gegenwehr. Die Mauern des Bollwerks, das in sieben Jahrzehnten aufgeschichtet worden war, stürzten ein, als sich der Trotz eines kommunistischen Renegaten mit dem Mut von Zehntausenden Moskauern und den Skrupeln einiger Militärs verband."[2]

"...und ich bin fest überzeugt, dass sich die verschiedenen einzelnen Föderationen freier Nationen immer mehr und mehr um das revolutionäre Russland sammeln werden. Ganz freiwillig, ohne Lüge und ohne Waffen, wird diese Föderation wachsen, sie ist unbesiegbar."[3]

"Nach fast sieben Jahrzehnten hat die Union der Sozialistischen Sowjetrepubliken aufgehört zu existieren. Elf der ehemaligen 15 Teilrepubliken der UdSSR liquidierten am Sonnabend auf einer historischen Konferenz in der kasachischen Hauptstadt Alma-Ata die Sowjetunion ..."[4]

"Und unser Bund, unser neuer Staat ist fester als die Gewaltherrschaft, die durch Lüge und Waffengewalt die den Imperialisten unentbehrlichen künstlichen Staatengebilde zusammenhält."[5]

"Die mangelnde Fähigkeit des sowjetischen Systems zur Konfliktregulierung ist mitverantwortlich dafür, dass die inneren Widersprüche sich immer stärker ausprägten, um schliesslich Gesellschaft und Staat zu sprengen. Jede Gesellschaft und jedes politische System lebt mit inneren Widersprüchen, nicht eingelösten Versprechungen und unrealistischen Idealen. Aber im sowjetischen System war bereits dieser Sachverhalt tabu."[6]

---

[1] W.I. Lenin, Schlusswort, in: Werke, Bd. 26, S. 479.
[2] Das Imperium ist tot, in: Der Spiegel, 2. September 1991.
[3] W.I. Lenin, Werke, Bd. 26, S. 480.
[4] Der Tagesspiegel, 22. Dezember 1991.
[5] W.I. Lenin, Werke, Bd. 26, S. 479.
[6] Gerhard Simon, Der jähe Zusammenbruch, in: Neue Zürcher Zeitung, 14./15. September 1991.

Zwischen den Deklarationen Lenins und den kurz skizzierten Ereignissen der letzten Monate liegen mehr als siebzig Jahre. Unübersehbar ist dabei die enorme Diskrepanz zwischen Anspruch und Wirklichkeit in der sozialistischen Sowjetunion – in diesem Land, das als solches seit dem Dezember 1991 nicht mehr existiert.

Weshalb war die Sowjetunion noch vor 60 Jahren für viele Menschen in aller Welt der Inbegriff einer Wirklichkeit gewordenen Utopie? Unzählbar sind diejenigen, die seit der Oktoberrevolution die Sowjetunion bereist haben, um diese bis dahin noch nie verwirklichte sozialistische Gesellschaft in ihrem Aufbau aus eigener Anschauung beurteilen zu können. An diesem Land schieden sich die Geister. Die einen waren bereit, ihr Leben für die Existenz der Sowjetunion zu lassen, die anderen bekämpften dieses Land mit allen Mitteln in Wort und Tat. Heute nun kann die Auflösung der die Weltpolitik bestimmenden Militärblöcke als eine wesentliche Folge der Politik von Glasnost und Perestroika konstatiert werden. Alle Ostblockländer haben sich seither von der sozialistischen Ideologie verabschiedet, selbst das "Mutterland der Revolution", die Sowjetunion. Die Analyse dieses die Welt tief bewegenden Kapitels der Geschichte ist damit jedoch keineswegs abgeschlossen, sondern gerade auch in Anbetracht der sehr ungewissen weiteren Entwicklung aktueller und interessanter denn je.

Seit der Oktoberrevolution von 1917 wurde das neuentstandene Sowjetrussland von europäischen und amerikanischen Sozialisten aller Richtungen, aber auch – und das in zunehmendem Masse – von Nichtsozialisten bereist, von denen viele ihre Erlebnisse schriftlich festgehalten und publiziert haben. Auf Grund unterschiedlichster Motive wollten sie ihre Erlebnisse einer Zuhörer- oder Leserschaft im eigenen Land mitteilen. Die Zahl der so entstandenen Reiseberichte ist international nicht erfassbar. Das Forschungsinteresse auf dem Gebiet der Reiseberichte über die Sowjetunion galt bisher fast ausschliesslich den Reiseberichten, die in Deutschland, England, Frankreich und Amerika entstanden sind.[7] Dabei könnte der Eindruck entstehen, dass es die Schweizer in diesen Zeiten der politischen und ökonomischen Umwälzungen vorgezogen hätten, in der Heimat zu verweilen und die Entwicklungen aus der sicheren Distanz zu beobachten. Dass dem nicht so war, zeigen die vielen

---

[7] Es seien hier nur einige wichtige Untersuchungen genannt:
David Caute, The Fellow-Travellers.
Bernhard Furler, Augenschein.
Paul Hollander, Political Pilgrims.
Gerd-Klaus Kaltenbrunner, Radikale Touristen.
Sylvia R. Margulies, The Pilgrimage to Russia.
Fred Kupferman, Au Pays des Soviets.
Viktoria Hertling, Quer durch.

Schweizer Reiseberichte über die Sowjetunion, die seit 1918 veröffentlicht worden sind. Schweizer waren in ihrer Funktion als Kaufleute, Handwerker, Wissenschaftler, Erzieher, Facharbeiter, Unternehmer, Berater und politische Gesandte schon lange vor der Revolution von 1917 nach Russland gereist. Viele von ihnen haben sich dort auch niedergelassen. Diese ersten Schweizer Kontakte zu Russland bewegten sich jedoch kaum auf touristischer Ebene. Reisen war ein beruflicher Auftrag, eine existenzielle Frage, aber kein Vergnügungsunternehmen. Die von diesen Schweizern hinterlassenen Zeugnisse über ihre Eindrücke und Erlebnisse in Russland sind schon zum Forschungsgegenstand gemacht worden.[8] Keine Historikerin und kein Historiker haben es sich jedoch bisher zur Aufgabe gemacht, die Reiseberichte aus der Zeit nach der Oktoberrevolution in ihrer gesamten inhaltlichen und ideologischen Breite zu bearbeiten. Es gibt erst seit kurzem eine Bibliographie aller publizierten deutschsprachigen Reiseberichte über die Sowjetunion, in die auch ein grosser Teil der von Schweizern verfassten Eingang gefunden haben.[9] Diese als Bücher, Taschenbücher, Broschüren oder als Zeitungsartikel veröffentlichten Reiseberichte lassen sich für die Zwischenkriegszeit nicht genau beziffern, da sich in privaten Archiven, vor allem aber in Zeitungen noch Berichte finden könnten. Für die Vorgehensweise in dieser Arbeit ist die vollständige Erfassung aber nicht unabdingbar, da die Fragestellung nicht deskriptiv, sondern analytisch ausgerichtet ist. Die fast vierzig Schweizer Reiseberichte, die vorliegen, sind für diesen Ansatz deshalb ausreichend.

Waren es anfänglich die in den Wirren der Revolution und des nachfolgenden Bürgerkriegs in die Schweiz zurückkehrenden Russlandschweizer, von denen die Schweizer Öffentlichkeit über die Zustände im alten und neuen Russland erfuhr, so setzte schon sehr bald eine entgegengesetzte Reisebewegung ein. Ab 1920 begannen in der Schweiz Lebende, in die Sowjetunion zu reisen, anfänglich als Einzelreisende und dann vermehrt auch in grossen Gruppen als sogenannte Delegationen und Reisegruppen. Neben einigen Privatpersonen finden sich vor allem Vertreter von Schweizer Gewerkschaften und politischen Parteien. Diese Reisen sollten durch den Zweiten Weltkrieg ein vorläufiges Ende finden, wurden aber in den fünfziger Jahren wieder aufgenommen und haben sich seit der Entspannungspolitik der siebziger Jahre

---

8   Vgl. dazu den vor kurzem erschienenen Reiseband: Fakten und Fabeln. Schweizerisch-slavische Reisebegegnung vom 18. bis zum 20. Jahrhundert.
    Vgl. auch die von Carsten Goehrke herausgegebene Reihe über Schweizer Auswanderer nach Russland, so u.a. den Sammelband: Schweizer im Zarenreich.
9   Diese Bibliographie von Wolfgang Metzger ist sehr umfangreich und vermag eine Lücke in diesem Forschungsbereich zu füllen. Die Angaben über die Schweizer Reiseberichte sind jedoch nicht vollständig, was aber angesichts des noch vorhandenen Zeitungsmaterials auch nur schwer zu erreichen ist.

zu einem massentouristischen Ereignis ausgeweitet, das heute aber nur noch
selten durch Reiseberichte festgehalten wird. Dieses Genre kann nicht mehr
in gleicher Weise die Funktion der Vermittlung von Neuem und Unbekann-
tem erfüllen. Andere Medien wie Radio und Fernsehen sind in der Lage,
weitaus schneller und direkter die neuesten Entwicklungen und Ereignisse eines Landes einer daheimgebliebenen Öffentlichkeit zu übermitteln.

Besonders zahlreich sind die Berichte über Reisen durch die Sowjetunion
in der zweiten Hälfte der zwanziger Jahre und in den dreissiger Jahren. Vortragsreihen und Reiseberichte waren neben der Presse die beste Möglichkeit,
in der Schweiz um Sympathie und Unterstützung für das sozialistische Land
zu werben oder die Schweizer vor der Gefahr des Bolschewismus zu warnen.

Für die "Freunde" des sowjetischen Weges waren die Reiseberichte ein
sehr wichtiges Mittel, das dem Ziel, alle antifaschistischen Länder und Parteien auf den Kurs der Sowjetunion einzustimmen, diente. Die Kriegsgefahr
war besonders in den dreissiger Jahren evident, und diese Reiseberichte hatten zum einen die Funktion, die Stärke und Unbezwingbarkeit der Sowjetunion potentiellen Angreifern immer wieder plastisch vor Augen zu führen, um
so eine abschreckende Wirkung zu erzielen. Zum anderen ging es darum, die
ablehnende Haltung der Schweizer Regierung dem sowjetischen Sozialismus
gegenüber als völlig unsinnig und schädlich für die Schweiz zu charakterisieren.

Den "Warnern" diente die Reise und die Publikation eines Berichtes hingegen zur Preisung der Schweizer Demokratie und des Lebens in der
Schweizer Heimat. Diese Zielsetzung entsprach der mehrheitlichen Auffassung der Schweizer Bevölkerung. Die Sozialdemokratie distanzierte sich immer vehementer vom sowjetischen Weg, und die bürgerlichen Parteien waren
sich einig in der Ablehnung des Bolschewismus und der massiven Angst vor
kommunistischen Einflüssen, als deren Resultat sie den Landesgeneralstreik
vom November 1918 ansahen. Nur die Einflussnahme und Agitation der Bolschewiki konnte die Ursache für das Streikverhalten von Schweizer Arbeitern
sein. Der Abbruch der diplomatischen Beziehungen durch die Schweizer Regierung für fast dreissig Jahre war die Konsequenz dieser Auffassung.

Für Historiker stellt sich prinzipiell die Frage, welchen wissenschaftlichen
Wert der Reisebericht hat und worüber er Erkenntnisse vermitteln kann: über
die Sowjetunion, über die Schweiz, über die Autoren und deren Interpretati-
onsgrundlagen für die Erlebnisse während der Reise?

Weitere Fragen ergeben sich bei der Analyse des einzelnen Reiseberichts:
Welche Motive hatte der Autor, diese Reise zu unternehmen, und wie ist
diese dann zustande gekommen? Konnten die Reisenden die verschiedenen

einschneidenden historischen Ereignisse in diesen Jahren und Jahrzehnten wahrnehmen? Wenn ja, auf welchem Hintergrund geschah dies, und wie haben sie das Gesehene schliesslich interpretiert und verarbeitet?

Wie aktuell diese Fragen sind, zeigen Ausführungen von Gerhard Simon zum Zusammenbruch des Sowjetsystems: "Das sowjetische System ist im Westen – was seine Stabilität und Leistungsfähigkeit angeht – fast immer falsch eingeschätzt worden."[10] Die Verantwortung dafür trügen verschiedene Gruppen, so u.a. die Reisenden der zwanziger Jahre, aber auch die russischen Emigranten und sogar die Sowjetunion-Fachleute selber. "Es versteht sich von selbst, dass die teils plumpe, teils raffinierte Selbstdarstellung des Kommunismus ein wichtiger Grund für die falsche Einschätzung seiner Stabilität war."[11] Als prominenteste Opfer dieser Realitätsverfälschung nennt Simon die Putschisten des 19. Augusts.

"Die mangelnde Kenntnis des sowjetischen Systems über sich selber ist ein wichtiger Grund für seinen Untergang. Die Führungseliten bewegten sich in einem geschlossenen System, in dem sie sich ihre Erwartungen von Ruhm, Ansehen und Effizienz des Kommunismus durch die Zensur der Medien und durch das KGB bestätigen liessen. Die kritische Darstellung von aussen, oder innen wurde als 'bürgerliche Diversion, Verleumdung der sowjetischen Wirklichkeit' oder – im schlimmeren Fall – als Psychopathologie abqualifiziert."[12]

Auf Grund der geographischen Grösse und Lage eignet sich die Schweiz in besonderem Masse als Forschungsterrain für die aufgeworfenen Fragen. Als kleines Land ist die Schweiz forschungsmässig viel besser zu erfassen. Gerade hinsichtlich der Reiseberichte über die Sowjetunion lassen sich so die damals existierenden politischen Strömungen und Konzeptionen gesamthaft erfassen und nachzeichnen, was beispielsweise hinsichtlich Deutschland unmöglich wäre. Deshalb waren bisherige Untersuchungen aus Deutschland oder den USA stets stark selektiv und boten keinen Gesamtüberblick. Es wurde vorzugsweise eine bestimmte Gruppe von Reisenden erfasst, nie aber ein breites Spektrum. Bezogen auf die Schweiz lassen sich hier neue Wege beschreiten, die andere Fragestellungen als bisher erlauben und neue Erkenntnismöglichkeiten eröffnen.

Die Problemstellung ist komplex und erfordert eine interdisziplinäre Vorgehensweise. Die Auseinandersetzung mit diesem interessanten Kapitel schweizerisch-sowjetischer Beziehungen, die in dieser Arbeit in Angriff ge-

---

[10]   Gerhard Simon, Der jähe Zusammenbruch.
[11]   Ebenda.
[12]   Ebenda.

nommen werden soll, ist auch für die aktuelle Diskussion über den Charakter des sowjetischen Sozialismus von grosser Bedeutung. Das rasante und scheinbar unberechenbare Auseinanderfallen der Sowjetunion, die eingeleitete Abrechnung mit der sowjetischen Geschichte des 20. Jahrhunderts, die anders ausfällt als von den Vätern des Sozialismus und den Revolutionsführern von 1917 antizipiert, bedeutet den zumindest vorläufigen Schlussakt in der Geschichte der sozialistischen Sowjetunion. Von diesem Gesellschaftssystem, dieser einstigen Utopie vieler Menschen in allen Ländern, die für soziale Gerechtigkeit und Wohlstand für die unter dem Zarismus geschundenen Arbeiter und Bauern stehen sollte, wollen die Völker der Republiken heute nichts mehr wissen. Stattdessen hat die längst totgeglaubte Ideologie des Nationalismus Hochkonjunktur, so dass eine Prognose hinsichtlich der weiteren Entwicklung der ehemaligen Sowjetunion äusserst schwierig ist.

Zum Verständnis der aufgeworfenen Probleme und deren Entstehung möchte ich mit dieser Arbeit einen Beitrag leisten.

Hinsichtlich des Aufbaus der Arbeit ist noch zu sagen, dass im nun folgenden Kapitel eine theoretische Auseinandersetzung mit der Gattung des Reiseberichts, insbesondere mit der des Reiseberichts über die Sowjetunion unternommen werden wird, gefolgt von der Frage nach der Relevanz solcher Berichte für die Geschichtsforschung und der Darlegung der verschiedenen möglichen Interpretationsweisen dieser Textsorte und ihrer Verfasser.

Der Darstellung und Analyse der Schweizer Reiseberichte über die Sowjetunion soll ein kurzer historischer Abriss über die innenpolitischen Entwicklungen in der Sowjetunion und der Schweiz und über die Beziehungen der beiden Länder zueinander als Orientierungsrahmen für das bessere Verständnis vorangestellt werden.

Auf Grund der von mir gewählten komparativen Vorgehensweise die Reiseberichte werden anhand einzelner Stationen und bestimmter Themen direkt miteinander verglichen – sollen schon im vierten Kapitel die verschiedenen Berichtsrealitäten transparent gemacht werden und dadurch auf den nächsten Schritt der Analyse verweisen. Dieser besteht darin, die Berichtsrealitäten mit der sogenannten historischen Realität, die auf Forschungsergebnissen aus der Sozial-, Wirtschafts- und Alltagsgeschichte basiert, zu konfrontieren und Schlüsse daraus zu ziehen, mit der Konsequenz, dass die Verfasserpersönlichkeiten in ihrem sozialen, politischen und kulturellen Kontext im sechsten und letzten Kapitel mituntersucht werden. Nur so kann die Frage nach den Wahrnehmungs- und Interpretationsmustern geklärt und abschliessend eine Beurteilung vorgenommen werden.

2 Zur Theorie des Reisberichts

"Die eigentümliche und doch schillernde Form dieses Genres, das sich bald der Autobiographie, dem Rechenschaftsbericht, der wissenschaftlichen Abhandlung oder der philosophischen Erörterung anzunähern liebt, wird sich nie in die Zwangsjacke einer Typologie pressen lassen."[13]

Diese "Zwangsjacke der Typologisierung" soll dem Genre des Reiseberichts nicht angelegt werden. Vielmehr stellt sich die Frage, welches Erkenntnisinteresse Historiker der Analyse von Reiseberichten, im besonderen der von Reiseberichten über die Sowjetunion, zugrunde legen können und sollen. Die Literaturwissenschaftler haben schon vielfach die verschiedensten Reiseberichte mit literaturwissenschaftlichen Mitteln analysiert und diese als literarische Gattung deklariert, und auch Geographen haben Reiseberichte schon sehr früh als Quellen für ihre Forschungen zu nutzen gewusst.[14] Können nun auch Historiker Reiseberichte als Quellen- und Erkenntnismaterial für ihre Forschungen hinzuziehen?

"Den Werken dieses Genres, die so lange als Unterhaltungsliteratur konsumiert und oft zu keinem anderen Zweck verfasst worden waren, schien die Beweiskraft, welche man Aktenmaterial zusprach, abzugehen und die Richtigkeit der Information war schwer nachzuprüfen."[15]

Überseehistoriker und Kolonialgeschichtsforscher waren die ersten, die sich der Reiseberichte als historischen Quellenmaterials bedient haben.[16] Diese Reiseberichte wurden auch zu einem der wichtigsten Hilfsmittel der modernen Ethno-Historie. Neue Strömungen in der Geschichtswissenschaft, wie sie von der Schule der Annales eingeleitet wurden, führten zu einer Erweiterung des historischen Blickwinkels und einem Einbezug verschiedenster Quellenarten, so auch des Reiseberichts.

Die Frage nach der Relevanz von Reiseberichten über die Sowjetunion als Quelle für die Geschichtsforschung wurde bisher im deutschsprachigen Forschungsraum noch kaum diskutiert. Im englischen Sprachraum dagegen lie-

---

[13]   Urs Bitterli, Von Reisenden, in: Schweizer Monatshefte, Nr. 5, 1981, S. 429.
[14]   Vgl.: Winfried Löschburg, Von Reiselust.
     Ralph R. Wuhtenow, Die erfahrene Welt.
     Erhard Schütz, Kritik.
     Ders., (Hrsg.), Reporter.
     Peter J. Brenner, Der Reisebericht.
[15]   Urs Bitterli, Der Reisebericht, in: Geschichte in Wissenschaft und Unterricht, Nr. 9, 1973, S. 556.
[16]   Vgl. ebenda, S. 556-557.

gen schon einige Darstellungen und Analysen von Reiseberichten aus dem Fachbereich Geschichte vor, welche die Relevanz solcher Berichte für ihre Forschung als gegeben voraussetzen und sich so einer theoretischen Begründung entziehen.

Vorhandene Analysen und Theorieansätze werden im nun folgenden Kapitel als Grundlage für die Untersuchung der Schweizer Reiseberichte vorgestellt und kritisch kommentiert. Dem voraus geht eine gattungsgeschichtliche Herleitung des Reiseberichts im allgemeinen und eine Einordnung der Reiseberichte über die Sowjetunion im besonderen.

2.1 Der Reisebericht – eine gattungsgeschichtliche Darstellung

"Der Reisende als Lügner und der Reisebericht als eine Gattung, deren Wahrheitsgehalt wenig Vertrauen verdient, gehören zu den Topoi, welche die Reiseliteratur seit ihren antiken Anfängen begleitet haben."[17]

Dieses negative Urteil über den Wahrheitsgehalt von Reiseberichten findet sich bis heute, auch in Bezug auf die Reiseberichterstattung über die Sowjetunion.[18] Worin aber liegt diese Tatsachenverfälschung begründet? Ist es die "Renommiersucht der Autoren", wie Brenner dies bezeichnet, sind es kommerzielle Interessen, oder ist sie Ausdruck für die mangelnde Kompetenz des Reisenden, die neuen Erlebnisse und Eindrücke tatsachengetreu wahrzunehmen und wiederzugeben? Welche Rolle spielt bei diesem Problem der verfälschten Darstellung die gezielte Vorspiegelung falscher Tatsachen durch die Gastgeber und die oftmals damit verknüpfte Bereitschaft des Reisenden, sich vermeintliche Errungenschaften als Realität präsentieren zu lassen?

Reisende und deren Reiseberichte gab es zu allen Zeiten. Schon die Antike hinterliess uns umfangreiche Werke, seien es die "Historiae" des Herodot oder Tacitus' "Germania", welche die Beschreibung fremder Völker zum Inhalt haben. Das Mittelalter zeichnet sich durch eine starke Reisetätigkeit in Form von Pilgerreisen aus, die frühe Neuzeit bringt die Entdeckungsreisen und die damit verbundenen Berichte über neuentdeckte Kontinente und Völker. Diese gewannen im Laufe der Jahrhunderte zunehmend an Interesse und Beliebtheit, so dass Ende des 17. Jahrhunderts in der französischen Hauptstadt und am Hofe die Reisebeschreibungen der Romanliteratur den Rang abliefen.[19] Verfasser solcher Berichte waren zu jener Zeit vorwiegend Naturforscher, Ärzte und Geistliche, Kaufleute und Diplomaten, die in eigener Sa-

---

17 Peter J. Brenner, Die Erfahrung, in: ders., Der Reisebericht, S. 14.
18 Vgl. als ein Beispiel das Buch von Peter Schütt, Die Himbeersosse.
19 Vgl. Urs Bitterli, Der Reisebericht, S. 555.

che oder in einem Regierungsauftrag an Bord der Schiffe, die sich auf Entdeckungsfahrt befanden, mitreisten. Es handelte sich bei ihren Berichten oftmals um Kuriositätensammlungen, um Tagebuchaufzeichnungen ohne Anspruch auf thematische Ordnung.

Das Fremde wurde als das Merkwürdige oder Komische, aber auch als das Schlechte wahrgenommen. Die Reiseberichte der Antike und des Mittelalters widerspiegeln die dualistische Spaltung der Welt in den eigenen, massgeblichen, und den fremden Kulturkreis. Dies zeigte sich deutlich im christlichen Mittelalter mit seiner Dichotomisierung der Welt.[20] Der eigene Glaube, die eigene Wertewelt und Lebensform waren gut und richtig, die der Andersgläubigen dementsprechend böse und falsch.

Erst die Entdeckungsfahrten der frühen Neuzeit und die neuen astronomischen Erkenntnisse führten zu einer umfassenden Korrektur des Welt- und Menschenbildes und damit verbunden des Bildes vom Fremden.

"Die Vorstellung des offenen Universums erlaubt und erfordert eine Neubestimmung des Fremden: Es wird jetzt nicht mehr nur als das ganz Andere, Abzugrenzende, Auszugrenzende oder zu Vereinnahmende begriffen."[21]

Der christliche Mensch des Abendlandes musste seine bisher gottgewollte, auserwählte und damit fixe Stellung in dieser nun offenen, nicht mehr statischen Welt neu ergründen und das Fremde als zu dieser Welt gehörig begreifen lernen. Ein universalistisches Welt- und Menschenbild löste die bisherigen Dualismen im Umgang mit Fremderfahrungen ab. Grundlage dieser neuen Anschauungen war die These von der Einheitlichkeit der menschlichen Natur, die zu einer Neubewertung anderer Völker und fremder Kontinente führte. Die Reisenden und ihre Reiseberichte haben an dieser Entwicklung einen nicht zu übersehenden Anteil. Sie trugen zur Vereinheitlichung des Weltbildes bei und setzten sich zum Ziel, die Details, die sie auf ihren Reisen zusammentrugen, in ein grösseres Ordnungsprinzip einzufügen, entsprechend den neuzeitlichen Erkenntnissen. Ein wichtiger Vertreter dieser Richtung war der deutsche Naturwissenschaftler und Schriftsteller Georg Förster, dessen Ziel eine wissenschaftlich methodisierte Beobachtung war, da er erkannt hatte, dass der Beobachter und Suchende gerne das findet, was er zu finden wünscht, was aber in Realität gar nicht da ist. Seine Reiseberichte, die von den Erlebnissen als Begleiter des berühmten Kapitän Cook berichten, sind noch heute lesenswert.[22] Der fortschreitende Ausbau der Infrastruktur und

---

20 Vgl. Peter Brenner, Die Erfahrung, S. 19.
21 Ebenda, S. 21 .
22 Georg Forsters Werke, Bd. 2, Bd. 3, Bd. 4.

des Verkehrswesens führte zu einer konsequenten Verbesserung der Reisemöglichkeiten und damit verbunden zu einer verstärkt quantifizierenden Darstellungsweise von Gesehenem. Dieser Tendenz widersetzten sich Reisebeschreibungen, denen es um die individuelle Sichtweise von singulären Erscheinungen ging, wie "A Sentimental Journey through France and Italy" von Laurence Sterne veranschaulicht.[23] In diesem Spannungsfeld von quantifizierender Methode und dem Beschreiben von Singulärem bewegte sich das Genre des Reiseberichts bis in die Gegenwart und findet sich auch in den Reiseberichten über die Sowjetunion.[24]

2.2 Entstehungs- und Wirkungsgeschichte der Reiseberichte über die Sowjetunion.

Während der zwanziger und dreissiger Jahre des 20. Jahrhunderts, der sogenannten Zwischenkriegszeit, erfuhr der Reisebericht starke Verbreitung. Neben der bekannten traditionellen Form des Reiseberichts tauchte nun verstärkt die Reportage auf, deren bekanntester Vertreter der deutsche Journalist Egon Erwin Kisch war. Er reiste als "rasender Reporter" durch die Welt und machte seine Erlebnisse in Form von Reportagen einer breiten Leserschaft zugänglich.[25] Die Reportage versteht sich als ein aktueller kurzer Augenzeugenbericht, der mit dem Aufkommen des modernen Journalismus eng verknüpft ist und aus diesem Grund seinen Publikationsort in den Zeitungen fand. Für den hier behandelten Zeitraum lässt sich aber ein willkürlicher und unsystematischer Gebrauch der beiden Begriffe Reisebericht und Reportage bei den Verfassern feststellen. Auch bei der Darstellung und Analyse der Reiseberichte über die Sowjetunion muss im folgenden auf eine Unterscheidung verzichtet werden, da sie von den Schweizer Autoren selber nie getroffen wurde.

Die Funktion der Reportage sollte es sein, einen präzisen Ausschnitt der gesellschaftlichen Wirklichkeit wiederzugeben, meist mit abschreckender oder mit beispielhafter Vermittlungsintention. Die Funktion der Reportage sahen einige Schriftsteller in der Handlungsorientierung des Lesers, verän-

---

[23]   Zu Sternes "A Sentimental Journey through France and Italy" meint Edward Albert: "Unique in English literature, they are the accurate reflection of the singular personality of their author", in: Edward Albert, History, S. 262.

[24]   So z.B. zwei bekannte deutsche Autoren der Weimarer Republik: Ernst Toller mit seiner Äusserung "Schau hinaus, ohne zu denken. Gib dich diesem Land hin." in: Toller, Ernst, Quer durch, S. 81.
       Im Gegensatz dazu F.C. Weisskopf, Zukunft, der versucht ein möglichst detailliertes und umfassendes Bild vom Werden der Sowjetunion zu erstellen.

[25]   Über die Sowjetunion verfasste Egon Erwin Kisch den Reisebericht: Zaren.

dernd auf seine Gesellschaft einzuwirken.[26] Diese Forderung war der Reportage jedoch nicht zwangsläufig inhärent. Gerade in den zwanziger Jahren vertraten viele Autoren die Auffassung, dass der Reisebericht dem Bedürfnis der Leserschaft nachkommen sollte, Lebensformen anderer Völker und Kulturgemeinschaften kennenzulernen, ohne nebst dem Faktenmaterial noch Meinungen mitzuliefern. Die sollte sich der Leser selber bilden. Diese im Rahmen der neuen Sachlichkeit entstandene Literaturtheorie stiess bei vielen bekannten Autoren auf heftigen Widerstand.[27] So meinte Bertolt Brecht: "Denn auch wer von der Realität nur das von ihr Erlebbare gibt, gibt sie selbst nicht wieder."[28]

Während sich diese Form der "objektiven Reportage" also auf das "Photographieren" beschränken und den Leser nicht zu einer Parteinahme leiten wollte, verfolgte der proletarisch-revolutionäre Reporter das Ziel, den Leser mittels der Reportage für den Klassenkampf zu gewinnen.[29] Nicht die photographische Aufnahme sollte das Ziel des Berichterstatters sein, nicht die Wiedergabe oberflächlicher Impressionen, sondern eine röntgenbildartige Erfassung des Objekts.[30] Mit Hilfe der Reportage sollte ein anklägerisches Kunstwerk geschaffen werden, anklägerisch gegen das gesehene und beschriebene wirtschaftliche und soziale Elend.[31] Die Kunstform der Reportage sollte, so Kisch, dem Menschen und dem Leben dienen und müsse deshalb kämpferisch sein. Diese Auffassung wurde von vielen linksstehenden Literaten und Arbeiterkorrespondenten der Weimarer Republik geteilt.

Reiseberichte über die Sowjetunion sollten gemäss diesen Literaten zur Korrektur des Russlandbildes in der Öffentlichkeit beitragen und so eine Gegenöffentlichkeit schaffen, die der antikommunistischen Kampagne konzertiert entgegentreten könnte.[32]

Diese politische und kulturelle Situation in Deutschland bezüglich der Sowjetunion war in vielem exemplarisch für alle europäischen Länder, auch für die Schweiz. Hier war es 1918 ebenfalls als Folge des Ersten Weltkrieges und der wirtschaftlichen und sozialen Not eines Grossteils der Arbeiterschaft zu einem Landesgeneralstreik gekommen. Er wurde zwar nach drei Tagen

---

[26] Vgl. Erhard Schütz, Reporter, S. 10
[27] Die neue Sachlichkeit ist eine Reaktion auf die irrationale Geisteshaltung des Spät-Expressionismus. Die neue Sachlichkeit will zeitgenössische Probleme der Gesellschaft thematisieren und objektiv darstellen und gehört somit in den Bereich der dokumentarischen Literatur.
[28] Bertolt Brecht, Über Film, in: Gesammelte Werke, Bd. 18, S. 162.
[29] Vgl. Peter Bark, Reportage, in: Erhard Schütz, Reporter, S. 31.
[30] Ebenda, S. 36.
[31] Egon E. Kisch, Reportage, in: Erhard Schütz, Reporter, S. 47.
[32] Vgl. Viktoria Hertling, Quer durch, S. 10.

schon wieder abgebrochen, bedeutete aber für die regierenden bürgerlichen Parteien ein eindeutiges Warnsignal. Die Bekämpfung der bolschewistischen Ideologie wurde für lange Zeit zum vorrangigen Ziel. Die Presse erwies sich dabei als Hauptstütze. Dieser Kampagne stellten sich aber auch in der Schweiz Kreise entgegen, die die Korrektur des Russlandbildes aus unterschiedlichsten Motiven heraus anstrebten. Der Öffentlichkeit sollte vor Augen geführt werden, wie nachteilig die ablehnende Haltung der Schweizer Regierung gegenüber der Sowjetunion in politischer und wirtschaftlicher Hinsicht war. Das Medium "Reisebericht" nahm dabei eine sehr wichtige Rolle ein.

Die ökonomischen Krisenerscheinungen in den westlichen Industrieländern Ende der zwanziger Jahre führten dazu, dass viele Autoren den Blick immer stärker auf die Produktionsbedingungen in der Sowjetunion richteten, wenn sie sich mit Alternativen zu den Krisen im eigenen Land beschäftigten.[33] Die Sowjetregierung bestärkte durch die Art ihrer Reiseführung die Reisenden darin, das sozialistische Modell der Planwirtschaft als den einzigen Ausweg aus der Krise zu sehen. Auf Einladung sowjetischer Organisationen gab es zahllose Arbeiterdelegationen, Wissenschaftlerbegegnungen, Besuche von bekannten Intellektuellen und Politikern. "Le stalinisme a recruté ces admirateurs dans les milieux les plus divers, inventant pour la visite un socialisme à l'usage des touristes radicaux et des bourgeois éclairés."[34]

Verbreitet waren die Gruppenreisen der "Freunde der Sowjetunion", seltener hingegen wurden die viel teureren Individualreisen durchgeführt, da die Sowjetführung an diesen eigentlich nur bei berühmten Personen interessiert war.

Die aus diesen Reisen resultierenden Berichte erschienen in grosser Zahl vor allem ab Ende der zwanziger Jahre und fanden nur durch den Ausbruch des Zweiten Weltkrieges ein vorläufiges Ende. Klaus Mehnert weist in seiner 1933 vorgelegten Bibliographie 1900 Bücher und Publikationen über den Bolschewismus und die Sowjetunion – darunter viele deutschsprachige Reiseberichte – allein für den Zeitraum von 1917-1932 aus.[35]

In der Schweiz sind die Berichte, die es über die Sowjetunion gibt, ebenfalls sehr zahlreich. Als Verfasser finden sich in die Schweiz zurückgekehrte Russlandschweizer, ferner Parteivertreter, die ihr Wissen aus Zeitungen, aus

---

[33] Auch die Schweiz blieb von Krisenerscheinungen nicht verschont, auch wenn deren Ausmass nicht mit dem der deutschen Wirtschaftskrisen zu vergleichen war. Vier Jahre nach dem Ersten Weltkrieg wies die Schweiz 100 000 Ganzarbeitslose auf, 1931 waren es 24 208, 1936 wieder 93 006.

[34] Fred Kupferman, Au Pays, S. 17.

[35] Klaus Mehnert, Die Sovet-Union.

24

schweizerischen oder sowjetischen Publikationen bezogen haben, Fachleute, die über längere Zeit in der Sowjetunion gearbeitet haben und eben die Gruppe der Sowjetunionreisenden. Sie lassen sich in drei Gruppen unterteilen: in die Vertreter von Parteien und Gewerkschaften, in Arbeiterdelegationen und in Privatpersonen, die in einer Reisegruppe oder als Individualreisende in die Sowjetunion kamen. In dieser letztgenannten Gruppe finden sich auch fünf Reiseberichte von Frauen. Während die ersten Reisenden die Sowjetunion schon während des Bürgerkriegs besuchten, kam es erst Ende der zwanziger und in der ersten Hälfte der dreissiger Jahre zu einem eigentlichen "Reiseboom". Die am häufigsten besuchte sowjetische Stadt war die Hauptstadt Moskau, gefolgt von Leningrad. Es gab Reisen, die eine Art Standardprogramm mit Besichtigungen von Kulturstätten, Betrieben, sozialen und medizinischen Einrichtungen zu bieten hatten. Andere Reisen wiederum führten in die entferntesten Teile des Landes, in Gegenden, die noch kaum ein Ausländer vorher besucht hatte. [36]

Viele Berichte machten die Sehnsucht und den Wunsch der Autoren nach einer vollkommenen Zukunft deutlich, die sie in der Sowjetunion im Werden oder als schon realisiert zu erkennen glaubten.[37] Nebst den ökonomischen Fragen war vor allem der soziale Bereich von Interesse. Viele Autorinnen richteten ihr besonderes Augenmerk auf die Frauenfrage, die ihnen als Kriterium für die neue Gesellschaft diente. Die Sowjetunion wurde zum Wegweiser für Veränderungen im eigenen Land und musste aus diesem Grund verteidigt und erhalten werden. Wichtige Träger dieser Auffassung in der Schweiz waren die Kommunistische Partei der Schweiz, die Rote Hilfe, der Bund der Freunde der Sowjetunion, die Gesellschaft Schweiz-UdSSR u.a., die um eine positive Darstellung der sowjetischen Verhältnisse bemüht waren. Diesem Ziel dienten vorrangig die Arbeiterdelegationen, aber auch die Parteidelegierten.

Die in der Schweiz publizierenden Reisenden verfolgten aber nicht alle dieses Ziel der Verständigung mit der Sowjetunion; viele sahen die Funktion ihrer Darstellungen in der Warnung vor der bolschewistischen Bedrohung. Diese warnenden Berichte erschienen zum Grossteil in Zeitungen, wodurch eine viel grössere Verbreitung in der Öffentlichkeit gewährleistet war, als bei der Publikation eines Buches oder einer Broschüre mit kleiner Auflage. Wel-

---

[36] Wie viele Schweizer insgesamt in der Zwischenkriegszeit in die Sowjetunion gereist sind, konnte bis anhin noch nicht geklärt werden. Das Bundesarchiv in Bern erteilte mir die Auskunft, dass darüber keine Angaben vorlägen, was doch in Anbetracht der genauen Registrierung der Sowjetunionreisenden sehr überrascht.

[37] Vgl. Waltraut Engelberg, Die Sowjetunion, S. 314.
Vgl. Erhard Schütz, Kritik, S. 139.

che Aussagekraft hatten und haben nun diese Berichte für die Leserschaft und für die Historiker, die mit Hilfe der Reiseberichte historische Erkenntnisse gewinnen und verifizieren wollen?

2.3 Die Relevanz von Reiseberichten über die Sowjetunion für die Geschichtswissenschaft

Der Historiker Dietger Pforte hat 1978 in Form eines Aufsatzes in einem Sammelband über Kultur und Kulturrevolution in der Sowjetunion den Versuch unternommen, das Problem der Reiseberichte über die Sowjetunion für die Geschichtswissenschaft theoretisch zu durchdringen.[38] Er ist aber damit im deutschsprachigen Raum weitgehend alleine geblieben.[39] Pforte vertritt die These der "generellen Fragwürdigkeit von Reiseberichten als Quellen historischer Erkenntnis" und deren gleichzeitiger Bedeutung für die Geschichtsforschung.

Pforte bestreitet den objektiven Charakter der Reiseberichte über die Sowjetunion: die Verfasser dieser Reiseberichte erheben zwar den Anspruch auf Wahrhaftigkeit der Darstellung; der Wahrheits- oder Informationsgehalt ist jedoch abhängig davon, wie genau jeder einzelne der Reisenden den Beschreibungsgegenstand kennt und ob es ihm gelingt, von vorgefassten Meinungen und Interessen Abstand zu nehmen, um so möglichst objektiv an Land und Leute herantreten zu können. Die dafür erforderliche Durchdringung und Bewusstwerdung der eigenen Subjektivität stellt dabei das grösste Hindernis dar und setzt voraus, dass der Autor von Reiseberichten diesen Objektivitätsanspruch bewusst an sich stellt. Pforte sieht dies nicht verwirklicht, sagt aber auch nicht, wie der Reiseberichtverfasser dazu kommen könnte.

Seine These bezüglich der Quellenrelevanz von Reiseberichten macht deutlich, dass es auf die Erwartungshaltung und die Fragestellung ankommt, mit der Historiker an die Reiseberichte über die Sowjetunion herantreten. Dies versucht er an Hand zweier deutscher Reiseberichte nachzuweisen. Der erste stammt von einer Arbeiterdelegation, der zweite vom Maler Heinrich Vogeler. Seine Analyse führt ihn zum Schluss, dass die beiden Reiseberichte nicht mehr Informationen als der offizielle Reiseführer des Moskauer Staatsverlags aus dem Jahr 1925 liefern. Eine objektive Beschreibung der Verhältnisse in der Sowjetunion seien sie alle drei nicht. "Bereits die psychologische

---

[38]   Dietger Pforte, Russland-Reiseberichte, S. 25.
[39]   Weitere Analysen zu einzelnen Reiseberichten oder zu einzelnen Reisegruppen erfasst bei Wolfgang Metzger, Bibliographie.

Ausgangsposition sowohl der sowjetfreundlichen als auch der sowjetfeindlichen Russlandreisenden stand jeder objektiven Beschreibung im Wege."[40] Die Freunde der Sowjetunion sahen überall den Aufbauwillen des russischen Volkes, während die Gegner in allem nur den nahenden Zusammenbruch entdeckten.

Diesem Urteil stimmt auch Fred Kupferman mit seiner Analyse von französischen Reiseberichten über die Sowjetunion zu:

"La plupart des reportages hostiles méprisent autant la réalité que les visions idylliques. Les ennemis de l'U.R.S.S. imaginent le règne de l'ouvrière. (...) Ils ont décrit ce qu'ils craignent: un nivellement abominable."[41]

Objektive Enwicklungsprobleme der Sowjetunion sahen die einen als leidiges aber überwindbares zaristisches Erbe an, während die anderen darin die Unfähigkeit der kommunistischen Machthaber bestätigt fanden. "Kaum einer der Reiseberichte aus den 20er Jahren ist wirklich sachorientiert. (...) Die Wertung des sowjetischen Systems gerät aus Mangel an kritischer Analyse zur Lob- oder Schmährede."[42]

Ob diese pointierte Aussage auf die Schweizer Reiseberichte übertragbar ist, wird zu überprüfen sein, ebenso wie die Feststellung Pfortes, dass es den Verfassern von Reiseberichten über die Sowjetunion weniger auf die objektive Darstellung der sowjetischen Verhältnisse, als vielmehr auf die politische Wirkung des Reiseberichts im eigenen Heimatland ankam.[43]

Dieses Ziel sei dem der frühen Staats- und Sozialutopisten vergleichbar: "den herrschenden Zuständen die Leviten zu lesen und zugleich die Möglichkeit ihrer Veränderung in einem utopischen Bild vorzuführen."[44]

Aus diesem Grunde eignen sich gemäss Pforte die nicht-wissenschaftlichen Reiseberichte nur bedingt als Tatsachen wiedergebende Informationsquellen über die sozialen, politischen und kulturellen Verhältnisse der Sowjetunion. Mehr Information böten sie dagegen über die Rezeption revolutionärer Gesellschaftsentwicklungen in nicht-revolutionären Gesellschaften.

"Denn diese Reiseberichte sind als Manifestationen von sozialutopischen und sozialistischen Ideen zu verstehen, die zwar unabhängig von der dargestellten Fremde, der Sowjetunion, entstanden, aber an die darge-

---

[40]   Dietger Pforte, Russland-Reiseberichte, S. 30.
[41]   Fred Kupferman, Au pays, S. 19.
[42]   Dietger Pforte, Russland-Reiseberichte, S. 30-31.
[43]   Vgl. ebenda.
[44]   Ebenda, S. 31.

stellte Fremde angebunden worden sind, um diese Ideen konkret zu machen."[45]

Wenn sich Pforte also als Historiker mit den Reiseberichten über die Sowjetunion befasst, dann verspricht er sich davon Erkenntnisse über die Verfasser und ihre eigene gesellschaftliche Situation. Deren Bewusstsein, Ziele und Hoffnungen für das eigene und das gesellschaftliche Leben werden transparent, und nicht primär das Leben in der Sowjetunion.

Auf grösseres Interesse stiessen die Reiseberichte über die Sowjetunion im amerikanischen Sprachraum. Neben den Deutschen waren es ja vorwiegend Engländer und Amerikaner, die in den zwanziger und dreissiger Jahren das junge Sowjet-Russland bereisten. Mit der Frage, wer diese Reisenden waren und was sie bewog, das Land zu besuchen und anschliessend der Öffentlichkeit im Westen darüber zu berichten, befassten sich Sylvia Margulies in "The Pilgrimage to Russia" und Paul Hollander in seinem Buch "Political Pilgrims".[46]

Die Untersuchung von Margulies stammt aus den sechziger Jahren und befasst sich ausschliesslich mit der Organisation und Durchführung der Reisen durch die dafür zuständigen sowjetischen Stellen und deren Helfer in den westlichen Ländern. Margulies versucht sich durch diese Analyse der oben genannten Fragestellung zu nähern. Sie soll im folgenden kurz dargestellt werden.

2.4 Typologie des Reisenden

2.4.1 Der Reisende als getäuschter Gast

Der von Margulies verwendete terminus technicus "techniques of hospitality" umschreibt neben der Organisation und Durchführung der Reise die gesamte Art der Betreuung des Reisenden während seines Aufenthaltes im Gastland und ist somit für die Analyse der Reiseberichte über die Sowjetunion wichtig

---

[45] Ebenda.

[46] Der in beiden Titeln verwendete religiöse Sprachgebrauch ist im Zusammenhang mit den Reisenden und Reisen in die Sowjetunion häufig und zeigt die gezielte Gleichsetzung mit mittelalterlichen Pilgern. Der Begriff des "fellow travellers" für Sympathisanten ist ebenfalls gebräuchlich, ist aber nicht identisch. Im deutschen Sprachgebrauch findet sich auch der Begriff des "Pilgers", des "Gläubigen" oder des "radikalen Touristen". Ich selber werde mich einer neutraleren Begrifflichkeit bedienen.

und sehr aufschlussreich.[47] Wenn man verstehen möchte, weshalb in Reiseberichten Realitäten ungenau, verzerrt oder verfälscht wiedergegeben wurden, so ist ein wichtiger Aspekt der Antwort der der "techniques of hospitality". Bis heute existiert auf sowjetischer Seite noch keine historische Darstellung über das Entstehen und die Durchführung dieser organisierten Reisen.
Erst im Zeichen von Glasnost haben sich einzelne Reiseführer und Dolmetscher über ihren Arbeitsauftrag bezüglich der Führung von Touristen geäussert, die die Darlegungen von Margulies zu bestätigen scheinen.[48] Dies sind
jedoch nur Blitzlichter eines zu bearbeitenden Terrains. Margulies stützte sich
in ihrer Untersuchung auf Aussagen von im Westen lebenden Sowjetunionreisenden und ehemaligen Funktionären, die durch ihre Berichte Einblick in
die Organisation und gezielte Durchführung der Reisen geben konnten.[49]

Welchen Grund hatte nun die Sowjetunion, durch diese "techniques of
hospitality" ihr Selbstbildnis zu formen?

Die Bemühungen der Sowjets im kulturellen Bereich – wozu das Reisen zu
rechnen ist – gehörten in ein gesamtpolitisches Konzept. Die sowjetische Regierung beabsichtigte von Anfang an, die diplomatischen und wirtschaftlichen Beziehungen auf internationaler Ebene aufzubauen und zu intensivieren.
Sie benötigte nichts dringender als technische Hilfe, Fachkräfte, Produktions-
güter und finanzielle Unterstützung. Um dieses alles erhalten zu können,
musste sie auch politisch anerkannt sein. Diplomatische Anerkennung durch
westliche Länder erfolgte anfangs zögernd und liess im Falle der Schweiz
fast dreissig Jahre auf sich warten. Das gleiche galt in bezug auf wirtschaftliche Investitionen. Internationale Hilfe für die hungernden Menschen in der
Sowjetunion anfangs der zwanziger Jahre wurde auf privater Ebene und
durch sozialistisch orientierte Organisationen geleistet. Das programmatische
Ziel der Bolschewiki, den Sozialismus überall auf der Welt errichten zu wollen, liess sich nicht nur nicht realisieren, sondern wirkte auf die Banken- und
Unternehmenskreise abschreckend. Ihnen war mehr an einem Untergang als
einem Aufbau des Sowjetsystems gelegen. Unter Einbezug dieser Situation
entwickelte Stalin schon auf der XIV. Konferenz der Kommunistischen Partei
Russlands (KPR) im April 1925 die These von der Verwirklichung des "Sozialismus in einem Lande". Die Sowjetunion war darum bemüht, das Bild ei-

---

[47] Der von Margulies im Original verwendete englische Begriff der "techniques of
     hospitality" ist umfassender und treffender als die deutsche Übersetzung dies sein
     könnte und wird deshalb im folgenden beibehalten.
[48] Solche Aussagen finden sich bei Peter Schütt, Die Himbeersosse.
[49] So beziehe ich mich in meiner Analyse auch auf das Beispiel der sowjetischen
     Dolmetscherin Tamara Solonewitsch, die einige ausländische Delegationen in
     Moskau und auf Reisen durchs Land begleitet hat und diese Erlebnisse nach ihrer
     Ausreise aus der Sowjetunion als Buch veröffentlicht hat.

ner friedliebenden und aufstrebenden Nation zu vermitteln und der Angst vor revolutionärer Expansion Einhalt zu gebieten. Dies versuchten die Sowjets mittels verschiedener Organisationen und auf verschiedene Art und Weise. Demonstrative Höhepunkte waren grosse, internationale, in Moskau abgehaltene Konferenzen und Veranstaltungen, so z.B. der Weltkongress der "Freunde der Sowjetunion" zum 10. Jahrestag der Oktoberrevolution mit 947 Delegierten aus 43 Ländern oder der Allunionskongress der sowjetischen Schriftsteller unter grosser internationaler Beteiligung im Sommer 1934, aber auch die alljährlichen Revolutionsfeiern im November und die Feierlichkeiten am 1. Mai. Verschiedenste Organisationen waren damit befasst, internationale Kontakte aller Art zu knüpfen, Einladungen auszusprechen, die Gäste zu betreuen und sie dafür zu gewinnen, sich in ihren Heimatländern für die Sowjetunion einzusetzen: das staatliche Reisebüro Intourist, die Allrussische Assoziation für kulturelle Beziehungen mit dem Ausland (VOKS), der Allrussische Gewerkschaftsrat, die der Komintern unterstellte Internationale Vereinigung der Freunde der Sowjetunion (Profintern), Hilfsorganisationen wie die Rote Hilfe und Gesellschaften für kulturelle Beziehungen, die in den verschiedenen Ländern gegründet wurden.

Dadurch sollten möglichst viele verschiedene Zielgruppen angesprochen werden. "Although Labor delegations constituted the main targets in campaigns to defend the Soviet Union, resident foreign workers and intellectuals were not ignored."[50]

Auf diese Art kamen zahllose Reisen in die Sowjetunion zustande. Partei- und Gewerkschaftsvertreter, Arbeiterdelegationen, Spezialisten, bekannte Schriftsteller, interessierte Privatpersonen – alle wurden sie in der Sowjetunion willkommen geheissen. Diese Besucher sollten das Leben im Gastland als ideal erleben. So wurden ihnen während ihres Aufenthalts alle Annehmlichkeiten, derer viele zu Hause entbehrten, zuteil. Der Gast wurde als "kleiner König"[51] behandelt. Das zeigte sich zuallererst für viele, wenn auch nicht für alle, darin, dass sie für ihren Aufenthalt nichts bezahlen mussten. Mass und Qualität der Betreuung hingen jeweils von der Bedeutung des Besuchers oder der Reisegruppe ab. "In Addition to having all their expenses paid within the Soviet Union, important visitors were the recipients of various Gifts."[52]

Beispiele für diesen Vorgang gibt es genügend. Die Schriftsteller, die 1934 am Schriftstellerkongress in Moskau teilnahmen, wurden auf Staatskosten untergebracht und versorgt und mit Rubeln für die Publikationen ihrer Bücher

---

[50]   Sylvia Margulies, The Pilgrimage, S. 19.
[51]   Otto Baumberger, Bemerkungen, S. 8.
[52]   Sylvia Margulies, The Pilgrimage, S. 84.

überhäuft, wie bei Oskar Maria Graf, Arthur Koestler oder Liam O'Flaherty in ihren Reiseberichten nachzulesen ist.[53]

Ein Privileg, das fast alle organisiert Reisenden genossen, war das der speziellen Transportmittel. So wurden auf langen Reisen spezielle Züge eingesetzt, die bequemer als die Züge für die sowjetischen Fahrgäste waren. Die Gäste mussten sich nicht in die engen, überfüllten, harten Abteile der Russen, die zudem von Wanzen bevölkert waren, zwängen. Sie erhielten eigene Liege- und Speisewagen. Die englische Bergarbeiterdelegation, die 1926 in die Sowjetunion kam, reiste beispielsweise mit dem ehemaligen Salonwagen der Zarenmutter Maria Fedorowna.

Auch die Unterbringung in den Hotels erfüllte selbst gehobene europäische Ansprüche und war für viele Reisende ein entscheidendes Kriterium für das Wohlbefinden im Lande der Sowjets. Gegessen und getrunken wurde im Übermass auf den Banketts, die an jedem neuen Aufenthaltsort veranstaltet wurden, wie Tamara Solonewitsch berichtet.[54]

Der französische Reisende Jean-Gérard Fleury beschrieb die Situation aus seiner Sicht: "Touristes, pèlerins rouges ou leaders vivent dans le confort, dans une atmosphère d'art. En revanche, ils ont le droit de se taire."[55]

Effekt dieser Bewirtung war aber nicht nur besagtes Wohlbefinden, sondern auch eine Hemmung, an den Gastgebern und ihrem Land Kritik zu üben – ein bekanntes und erklärbares Phänomen.[56] Wer vermag schon Menschen zu kritisieren, die sich so intensiv um das Wohlergehen des Gastes kümmern und die eigenen Bedürfnisse zurückstellen? Das Dilemma wurde dadurch noch vergrössert, dass die Besucher sehr oft Menschen waren, die in ihren Heimatländern keine gesicherte Existenzsituation vorfanden, sei es in wirtschaftlicher, aber auch in politischer Hinsicht.

Ob die Art der Betreuung, der Unterbringung und des Transports der Schweizer Reisenden mit diesen Schilderungen übereinstimmt, wird noch zu zeigen sein. Neben dem Aspekt der besonderen Betreuung ist auch der Bereich der Realitätspräsentation, als ein weiterer Bestandteil der "techniques of hospitality", von zentraler Bedeutung.

---

53   Oskar Maria Graf, Reise.
     Arthur Koestler, Von weissen Nächten.
     Liam O'Flaherty, Ich ging nach Russland.
54   Vgl. Tamara Solonewitsch, Hinter den Kulissen, S. 71-72.
55   Jean-Gérard Fleury, Un homme libre chez les soviets, S. 15, zitiert nach Fred Kupferman, Au Pays, S. 132.
56   Wenn jemand wie z.B. André Gide dennoch Kritik übte, zeigten sich umgehend heftige Reaktionen, so z.B. von LionFeuchtwanger, Moskau 1937.

Die Wahrscheinlichkeit, dass die Reisenden positive Eindrücke mitnehmen würden, konnte durch die systematische und gezielte Auswahl der "Sehenswürdigkeiten" gesteigert werden. Den Reisenden wurden, ohne dass diese es wussten, Musterbeispiele der sowjetischen Gesellschaft vorgeführt. Eine australische Delegierte wollte im Mai 1932 die Versorgungslage in Moskau überprüfen und bat die sowjetische Reiseleitung mehrmals um die Möglichkeit, Einkaufsläden besichtigen zu dürfen. Ihrem Wunsch wurde entsprochen, indem man sie in die Kooperative für Ausländer auf der Twerskaja brachte und behauptete, dass dies ein durchschnittlicher Laden sei. Die Australierin war daraufhin vom Wohlergehen der Bevölkerung überzeugt. "Jetzt sehen Sie, wie unsere Presse lügt. Mit meinen eigenen Augen habe ich mich davon überzeugt, dass es bei Ihnen in den Geschäften alles im Überfluss gibt."[57] Selbst die grosse Hungersnot und deren ungezählte Todesopfer in der Ukraine zu Beginn der dreissiger Jahre konnte vor den Ukrainebesuchern verborgen werden.[58]

So ist es erklärbar, dass die Reisenden das Gesehene generalisierten und glaubten, diese vorgeführten Verhältnisse gälten fürs ganze Land: "It is for that reason that they felt free to generalize: about health care in the country as a whole on the basis of one or two hospitals; about the system of education after seeing a handfull of classrooms; ..."[59]

Nichts wurde dem Zufall überlassen, aber gleichwohl sollte der Reisende sich frei und unkontrolliert fühlen. Nur gelegentlich bemerkten einzelne Reisende, dass ihre Freiheit Grenzen hatte, so z.B. wenn sie Einrichtungen zu sehen wünschten, die die sowjetischen Gastgeber ihnen aber nicht zeigen wollten. "When one member of the delegation asked to see a small bakery after visiting several large enterprises, he was told it was not possible, and instead was taken to the largest establishment in town."[60]

Bei der Reiseplanung bestand die Möglichkeit, zwischen verschiedenen vorgeschlagenen Betrieben, Gebieten und Routen auszuwählen. Dadurch konnte Bewegungsfreiheit in einem begrenzten und damit überschaubaren Rahmen gewährt werden.[61] Es wird von Interesse sein, auch diesen Aspekt bei den Schweizer Reisenden zu überprüfen.

---

57   Tamara Solonewitsch, Hinter den Kulissen, S. 224.
58   Vgl. Fred Kupferman, Au Pays, S. 90.
59   Paul Hollander, Political Pilgrims, S. 20.
60   Sylvia Margulies, The Pilgrimage, S. 118.
61   Der amerikanische Schriftsteller Theodore Dreiser betont hingegen anlässlich seiner Russlandreise die vollständig freie Auswahl seiner Reiseziele, die er als Vorbedingung für die Durchführung seiner Reise gestellt hat, Theodore Dreiser, Sowjet Russland, S. 9.

Im Zusammenhang mit diesem Vorgehen betont Margulies, dass man den der russischen Sprache Unkundigen problemlos Bewegungsfreiheit gewähren konnte, da diese nichts verstanden und so zu einem Urteil nicht fähig waren.[62] Diese Aussage erscheint allerdings problematisch. Sie ist sehr generalisierend, und die Beobachtungs- und Erkenntnisfähigkeit des Einzelnen wird zu gering eingeschätzt. So berichtet der Österreicher Leopold Grünwald, der 1932, im Jahr der Hungersnot, mit einer Delegation der Freidenker in die Sowjetunion reiste, dass sie mit Englisch sprechenden Russen über die wirkliche Lage im Land ins Gespräch gekommen sind. "In Gesprächen mit Leuten, die Deutsch oder Englisch verstanden, haben wir festgestellt, dass tatsächlich eine ungeheure Not herrschte, die aber von der Propaganda überspielt wurde."[63]

Der französische Professor Louis Rougier, der 1932 die Sowjetunion bereiste, wurde von einem französischsprechenden Ingenieur bei der Besichtigung des Staudamms von Dneprostroj zur Seite genommen. So erfuhr er, dass dieses grossartige Werk unter voller Ausnutzung aller Arbeitskräfte errichtet worden sei: in diesem Fluss fliesse das Blut der Arbeiter.[64]

Und auch die englische Bergarbeiterdelegierten bekamen Dinge zu sehen, die sie trotz ihrer Sprachunkundigkeit stutzig machen konnten. So besuchten sie im Dongebiet ein Bergarbeiterhäuschen, in dem das Wasser stand und es keine Betten gab, nichtsesshafte Jugendliche fuhren als blinde Passagiere unter dem Zug mit und in einem Tabakgeschäft erhielten die Reisenden einen viel höheren Umtauschkurs für ihre englischen Pfund als von der Reiseleitung. Zweimal wurden ihnen beschriebene Zettel heimlich von Arbeitern zugesteckt, die die Delegierten ahnungslos der Dolmetscherin weiterreichten, weil sie sie nicht entziffern konnten. Den wahren Inhalt durfte diese den ausländischen Gästen aber nicht vorlesen. Die Sprachunkundigkeit war hier für die Gastgeber doch von unmittelbarem Vorteil.

Ob auch Schweizer Reisende solche Begegnungen hatten und wie sie diese gedeutet haben, wird in der anschliessenden Analyse der Schweizer Reiseberichte zu zeigen sein.

Der "geführte Tourismus"[65] war am besten bei Gruppenreisen mit einem festen Reiseprogramm möglich. Durch die enorme Fülle von Programmpunkten wurde der Reisende mit Eindrücken überschwemmt, und die Reflektion

---

[62]   Vgl. Sylvia Margulies, The Pilgrimage, S. 117.
[63]   Leopold Grünwald, Ein österreichischer Patriot, in: Friedrich Uttitz, Zeugen, S. 85.
[64]   Fred Kupferman, Au Pays, S. 91.
[65]   Bei Sylvia Margulies heisst es "guided tourism".

über das Gesehene und Erlebte kam während der Reise zu kurz – laut Margulies gezielt zu kurz. Auch Tamara Solonewitsch berichtet von Erschöpfungszuständen und Krankheiten der Reisenden, während andere Reisende bekunden, dass diese gerade die Reichhaltigkeit der Reise sehr zu schätzen wussten.

Zu einer Reise in die Sowjetunion gehörte immer auch die direkte Begegnung der Reisenden mit der sowjetischen Bevölkerung. Dieses Zusammentreffen wurde von den Organisatoren geplant und durchgeführt. Sowjetische Regierungsvertreter, Leiter von öffentlichen Einrichtungen oder Instituten, Fabrikdirektoren, Gewerkschaftsvertreter, bekannte Wissenschaftler und Kolchosleiter waren bevorzugte Gesprächspartner für Einzelreisende und Gruppen. Private Kontakte wurden nicht gefördert, im Gegenteil. Co Dankaart, ein ehemals führender holländischer Kommunist, schildert, dass er während seines einjährigen Schulungsaufenthaltes in Moskau von 1932 bis 1933 keine persönlichen Kontakte zu Sowjetbürgern haben durfte. Dies war ihm und seinen Kollegen von der Parteileitung explizit untersagt und mit Sicherheitsmassnahmen begründet worden.[66] Andere kommunistische Schulungsteilnehmer wiederum berichten von ihren regelmässigen Arbeitseinsätzen in Moskauer Fabriken und von Freizeitkontakten.

Weshalb die Reisenden keinen Kontakt zur Bevölkerung haben sollten, zeigt ein von Solonewitsch beschriebenes Beispiel. Bei einem kurzen Zwischenhalt der englischen Bergarbeiterdelegation kam es zu einem organisierten Zusammentreffen mit russischen Arbeitern, allerdings nur auf Distanz. Dennoch gelang es einem Arbeiter, einem Delegierten einen Zettel zuzuwerfen. Der Delegierte gab Solonewitsch den Zettel mit der Bitte, die Zeilen zu übersetzen. Solonewitsch las ihn durch: "Genossen Engländer, Ihr werdet hinten und vorne betrogen. Die Sowjets haben uns hier einen Strick um den Hals gelegt, es ist einfach kein Leben mehr."[67] Noch bevor sie den Inhalt übersetzen konnte, kam der politische Leiter der Reise herbei und übersetzte mit folgenden Worten: "Hier steht, dass unsere Bergleute euch willkommen heissen, Genossen, und dass es ihnen leid tut, dass ihr nicht hierbleiben wollt."[68]

Ob sich in den Reiseberichten der Schweizer Schilderungen von privaten Begegnungen finden, wie viele das waren und wie diese zustande gekommen sind, wird im vierten Kapitel noch genauer zu untersuchen sein.

---

[66]   Vgl. Co Dankaart, Holländischer Widerstandskämpfer, in: Friedrich Uttitz , Zeugen, S. 54.
[67]   Tamara Solonewitsch, Hinter den Kulissen, S. 93-94.
[68]   Ebenda.

Das Strassenbild in Stadt und Land ist in der Regel der erste Eindruck, den der Reisende vom Gastland gewinnt. Er ist auch für die Analyse der Reiseberichte von grosser Bedeutung, da hier eine Unmittelbarkeit und Unverfälschtheit des Lebens gewährleistet ist. Margulies weist aber darauf hin, dass im Zusammenhang mit den herumstreunenden Besprizornye[69] ein Eingreifen der Sowjets nachweisbar ist. Die in die Stadt kommenden Gäste sollten nicht wissen, dass es noch nichtintegrierte Kinder und Jugendliche gab, und so wurden diese vor dem Eintreffen der Gäste aus der Stadt entfernt[70].

Diese Aussage wirkt in ihrer Verallgemeinerung unglaubwürdig, da es auf Grund der Grösse der Sowjetunion und der Anzahl der Reisegruppen ganz einfach unmöglich war, immer und überall das Strassenbild zu organisieren. Das Problem der Besprizornye spielt in einigen Schweizer Reiseberichten eine Rolle, und es wird dann im Analyseteil Gelegenheit sein, die Aussage von Margulies zu überprüfen.

Durchaus realistisch wirkt hingegen die Schilderung zweier Italo-Amerikaner, die Margulies wiedergibt. Die beiden hatten auf einer Kolchose gearbeitet. An "Besuchstagen" bekamen die dort beschäftigten Arbeiter spezielle Kleidung und sie nahmen zusammen mit den Kolchosbesuchern ein besonders gutes Essen ein. Auch auf diesen Punkt werden wir bei den Schweizer Reiseberichten nochmals zurückkommen.

Dass auf der Reise alles wie geplant verlaufen würde, dafür sorgten der oder die Reiseleiter. Jede Reisegruppe und auch fast jeder Einzelreisende hatte einen Führer vor Ort, der gleichzeitig als Dolmetscher fungierte. Bedeutende Reisegruppen hatten neben den Dolmetschern noch einen politischen Leiter.[71] Er war ein russischer oder ausländischer Kommunist und arbeitete für die Profintern oder direkt für die Komintern. Seine Aufgabe war es, für den reibungslosen Ablauf der Reise zu sorgen und die "korrekte" Überzeugungsarbeit für die Reiseteilnehmer zu kontrollieren. Fragen, die an ihn gestellt wurden, beantwortete er im Sinne des Systems, Unklarheiten oder Zweifel versuchte er aufzulösen und eventuelle Pannen zu überspielen. Als die englischen Bergarbeiterdelegierten irritiert waren, in einem Zigarrenladen einen viel besseren Umtauschkurs erhalten zu haben, erklärte ihnen ihr politischer Leiter, dass sie es hier mit einem üblen Spekulanten zu tun hätten, der ihr Vertrauen in die Sowjetmacht auf diese Weise erschüttern wollte. Es gebe

---

[69] Besprizornye bedeutet auf deutsch verwahrloste, obdachlose Kinder.
[70] Vgl. Sylvia Margulies, The Pilgrimage, S. 152.
[71] Ein Beispiel dafür ist die Reise, die Oskar Maria Graf im Anschluss an den Schriftstellerkongress 1934 in Moskau mit einigen anderen Schriftstellerkollegen durch die Sowjetunion unternommen hat. Auch die englischen Bergarbeiterdelegierten hatten einen derartigen Begleiter.

in der Sowjetunion eben immer noch Feinde der Proletariats und mit so einem hätten sie es zu tun gehabt.[72]

Die englische Bergarbeiterdelegation sollte auch nicht zu Gesicht bekommen, dass sowjetische Frauen unter Tage arbeiten mussten. Als es dennoch zufällig zu einer solchen Begegnung unter Tage kam, teilte der Leiter den Delegierten mit, dass diese Frau lediglich unter Tage gekommen sei, um ihrem Mann das Frühstück zu bringen.[73] Als dann der französische Gewerkschafter Legay zehn Jahre später erneut Frauen im Bergbau antraf, sprach er den Präsidenten der sowjetischen Bergarbeitergewerkschaft an: "Savez-vous que l'U.R.S.S. est le seul pays, y compris les Etats fascistes, où des femmes sont occupées à des travaux souterrains?"[74] Doch der Gewerkschaftsführer hatte auch darauf eine Antwort bereit: "Il est préférable de voir des femmes occupées aux travaux de la mine que de les voir, comme chez vous, livrées à la prostitution."[75]

Wer von den Schweizern einen solchen Begleiter gestellt bekam und ob Formen der politischen Einflussnahme feststellbar sind, wird zu untersuchen sein.

Was erwarteten die sowjetischen Gastgeber nun von ihren Gästen? Wichtig für die Sowjets waren schriftliche Erklärungen der Reisenden, mit denen sie an die Weltöffentlichkeit treten konnten, um so das positive Bild immer wieder zu zementieren, welches sich aus verschiedenen Aspekten zusammensetzte: Arbeit für alle Sowjetbürger, soziale Sicherheit, kostenlose medizinische Versorgung, kulturelle Förderung, Gleichberechtigung zwischen Mann und Frau, Abkehr von Nationalismus und Rassismus, Rechtssicherhheit und politische Mitsprache – kurz gesagt, aus all dem, was eine humane Gesellschaft ausmacht. Die Sowjetunion war interessiert daran, dass die von ihr vorbereiteten Deklarationen von den Reisegruppen oder Reisenden unterschrieben wurden, auch wenn diese das offenbar nicht aus freien Stücken taten.

Die englischen Bergarbeiterdelegierten wurden tagelang bearbeitet und sogar betrunken gemacht, damit sie den vorgefassten Text unterschrieben. Gewisse Änderungen wurden ihnen dann zugestanden, auch gewisse Kritikpunkte, damit die Delegierten den Eindruck davontrügen, die Resolution mitverfasst zu haben.[76]

---

72   Vgl. Tamara Solonewitsch, Hinter den Kulissen, S. 135.
73   Vgl. ebenda, S. 86.
74   Kléber Legay, Un mineur français, S. 57.
75   Ebenda.
76   Vgl. Tamara Solonewitsch, Hinter den Kulissen, S. 156-164.

Der irische Schrifsteller Liam O'Flaherty kam nach Moskau und besass nur noch acht Rubel. So liess er sich im Büro für revolutionäre Literatur dazu bewegen, eine Stellungnahme zur Verteidigung der Sowjetunion im Falle eines Angriffskrieges durch die kapitalistischen Länder abzugeben. Sein "kriegerisches Bekenntnis" brachte ihm Beifall und viele Honorarzahlungen ein. Sogar ein Zimmer in Moskau erhielt er und einen eigenen Führer.[77] Letzteres geschah nicht ohne sowjetischen Eigennutz. Der Beschreibung O'Flahertys steht die Aussage Theodore Dreisers entgegen. Dieser betont, dass er mit den Sowjets absolute Freiheit bezüglich Inhalt und Form der Publikation seiner Erlebnisse vor Reiseantritt vereinbart hatte und gewährt bekam.[78]

Ebenfalls im Interesse der Sowjetunion lag es, dass die Delegationen während und nach der Reise Delegationsberichte verfassten und veröffentlichten. Die Delegationsmitglieder verpflichteten sich, so belegt Margulies, keine eigenen Kommentare abzugeben, bis der Delegationsbericht veröffentlicht war. Wichtig war den Sowjets ein einziger Delegationsbericht, der durch seine Einstimmigkeit überzeugender war als mehrere, inhaltlich unterschiedliche Berichte.[79] Ob sich Vergleichbares beim Verfassen der Schweizer Delegationsberichte abgespielt hat, wäre heute, Jahrzehnte später, nur durch die direkte Befragung von ehemaligen Teilnehmern zu klären, da sich keine schriftlichen Hinweise finden lassen.

In der Einleitung eines Reiseberichts heisst es als Vorwegnahme einer Kritik an den sowjetischen Praktiken, dass sich jedes Land seinen Gästen von der besten Seite präsentiere und nicht darauf bedacht sei, Missstände und Elend vorzuführen. So mache es die Sowjetunion also nicht anders als andere Länder auch.[80] Es ist unbestritten, dass die Sowjetunion das Recht haben sollte, ihre Erfolge den Gästen zu präsentieren. Sie hat sich aber durch die Art des geführten Reisens in eine unhaltbare Situation manövriert. Gerade dieses Land mit seinem sozialistischen Systemanspruch stand im Brennpunkt des weltweiten Interesses und der Kritik. Die kapitalistischen Länder beobachteten sehr genau, welchen Verlauf das sowjetische Experiment nahm, und viele politische Gruppierungen liessen nichts unversucht, die Menschen in Europa und den USA vor diesem System zu warnen. Entsprechend wurden von sowjetischer Seite, wenn die Erfolge fehlten, in bekannter Weise Potemkinsche Dörfer errichtet. Anstatt konsequent die Ursachen der bestehenden unübersehbaren Schwierigkeiten zu eruieren, wurden immer mehr Idealbilder errichtet und als Wirklichkeit verkauft. Dies hat dem Ansehen der Sowjetre-

---

77   Liam O'Flaherty, Ich ging nach Russland, S. 171.
78   Theodore Dreiser, Sowjet Russland, S. 9.
79   Vgl. Sylvia Margulies, The Pilgrimage, S. 166-167.
80   Vgl. Elisabeth Thommen, Blitzfahrt.

gierung kurzfristig sehr genutzt, langfristig und aus heutiger Sicht aber sehr geschadet und letztendlich zu einer Vertrauenskrise und Ablehnung in der eigenen Bevölkerung geführt, deren Resultat sich heute präsentiert.

Margulies hat mit der Untersuchung der "techniques of hospitality" einen sehr wichtigen Beitrag zur Erforschung der Entstehung von Bildern über die Sowjetunion geliefert. Auf dem Hintergrund des Wechselspiels zwischen Reisendem und Gastland hat sie die Methoden des Gastgebers ausführlich dargestellt – leider nicht immer ohne störende Generalisierungen. Die Untersuchung der staatlichen Reiseführung und Einflussnahme ist in diesem Kontext unerlässlich, stellt aber – wie anfangs gesagt – nur einen, wenn auch sehr zentralen Aspekt in der Analyse der Reiseberichte dar. Beim Lesen der Reiseberichte über die Sowjetunion wurde deutlich, dass die Reaktionen der Reisenden auf die "techniques of hospitality" sehr unterschiedlich, d.h. sehr individuell waren. Was die einen gerne entgegennahmen, liess die anderen beschämt, kritisch oder skeptisch reagieren. Selbst die Gruppe der Freunde der Sowjetunion reagierte nicht als Ganzes identisch, sondern ebenfalls individuell. Margulies hat dies erkannt und an verschiedenen Stellen ihrer Untersuchung auf die Bedeutung der Persönlichkeit des einzelnen Reisenden für die Art und die Wiedergabe des Erlebten hingewiesen: "What was ignored and what was added depended upon certain characteristics of the individual personality."[81] Diesen zentralen Punkt in der Analyse von Reiseberichten hat Margulies dennoch nicht weiterverfolgt.

Dreizehn Jahre später griff Paul Holländer diese Problematik auf. Er erweiterte seine Fragestellung, die neben dem Aspekt der "techniques of hospitality" den Reisenden selber zum Inhalt hat. Sein Forschungsinteresse galt dem westlichen Intellektuellen des zwanzigsten Jahrhunderts, dem "politischen Pilger"[82], wie Hollander ihn nennt. Er widmet sich in seinem Buch nicht nur den Sowjetunionreisenden, sondern auch den Reisenden nach China und Kuba, die für ihn ebenfalls in die genannte Kategorie gehören. Diese Untersuchung soll die Grundlage für das folgende Kapitel bilden.

2.4.2 Der Reisende als "politischer Pilger"

Ausgangspunkt der Untersuchung Hollanders ist die Frage nach der Anziehungskraft sozialistischer Systeme auf Intellektuelle in kapitalistischen Ländern.

---

81   Sylvia Margulies, The Pilgrimage, S. 9, in diesem Sinne auch S. 188, S. 191.
82   Paul Hollander verwendet im Original den Begriff "political pilgrim".

"Why was it that sensitive, insightful, and critical intellectuals found societies like that of the USSR under Stalin, China under Mao, and Cuba under Castro so appealing – their defects so easy to ignore (or, if observed, to excuse) – and so strikingly superior to their own societies?"[83]

Dieses von Hollander beschriebene Phänomen hat in bezug auf die drei genannten Länder und ihre Führer heute so gut wie keine Bedeutung mehr, könnte also als zeitlich beschränkt angesehen werden. Es lässt sich heute kein bestimmtes Land oder System mehr ausmachen, das vielen Intellektuellen als ideal und verteidigungswürdig erscheinen würde.[84] Betrachtet man die historische Entwicklung, zeigt sich, dass die Suche nach gesellschaftlichen Alternativen dennoch nicht nur ein Merkmal dieses Jahrhunderts ist, sondern die moderne Geistesgeschichte durchzieht. Was aber führte zu dieser von Hollander beschriebenen Bewegung innerhalb der Intellektuellen nach dem Ersten Weltkrieg bis hin zum Ausbruch des Zweiten Weltkriegs?

Eine wichtige Ursache für die Orientierung auf ein sozialistisches System hin sieht Hollander in der Krisenanfälligkeit der westlichen Demokratien mit ihrem Wirtschaftssystem der freien Marktwirtschaft. In den ausgehenden zwanziger und beginnenden dreissiger Jahren, als die westlichen Länder von einer schweren ökonomischen und politischen Krise erschüttert wurden, sahen viele Intellektuelle und Schriftsteller im sowjetischen System die einzige Alternative. "The eyes of the world were focused on Soviet Russia, which was undergoing a dynamic economic and social transformation, while the rest of the world appeared unable to lift itself out of the depression."[85]

Die Intellektuellen waren nicht in gleichem Masse wie die Arbeiterschaft von der wirtschaftlichen Krise betroffen. Dennoch gerieten sie in einen Zustand der Desillusionierung, vor allem auch über den Demokratiezerfall. Die Regierungen erwiesen sich als zu schwach, den aufkommenden Faschismus abzuwenden. Mussolini, Hitler, Franco kamen an die Macht, während England und Frankreich tatenlos zusahen. Einzig die Sowjetunion erschien vielen als Garant einer antifaschistischen Macht, die zur Abwehr bereit war. Die Schilderungen des bekannten schwarzamerikanischen Schriftstellers Richard Wright machen deutlich, dass es neben der ökonomischen und politischen Krise noch andere Gründe geben konnte, die zu einer Hinwendung zum Kommunismus und der Sowjetunion führten.

---

[83] Ebenda, S. 5.
[84] Die jüngste derartige Bewegung galt dem sandinistischen Nicaragua. Sie fand aber durch die Wahlniederlage der Sandinisten im Februar 1990 offenbar ihr Ende.
[85] Paul Hollander, Political Pilgrims, S. 11.

"It was not the economics of Communism, nor the great power of trade unions, nor the excitement of underground politics that claimed me; my attention was caught by the similarity of the experiences of workers in other lands, by the possibility of uniting scattered but kindred peoples into a whole."[86]

Wright hatte als Schwarzer den Rassismus in den USA am eigenen Leib erfahren, verbunden mit einer absoluten sozialen Deklassierung. Eine Überwindung dieser gesellschaftlichen Misere konnte sich Wright nur auf internationaler Ebene durch eine vereinigte Arbeiterschaft vorstellen.

Hollander schreibt den Intellektuellen Blindheit gegenüber dem sowjetischen oder – allgemein gesagt – sozialistischen System zu und behauptet, dass sie die eigene Gesellschaft mit einem anderen Massstab als das Land ihrer Hoffnungen messen würden. "Holding Double Standards is not a singular attribute and failing of liberal-radical intellectuals; however they provide an outstanding contemporary example of a tendency that is deeply ingrained in all of us."[87]

Das Messen mit zweierlei Mass bedeutet konkret, dass die Verhältnisse im eigenen Land kritisch und ablehnend bewertet werden, während Probleme im "Idealland" negiert oder verdrängt werden. Dieses Verhalten sei Ausdruck einer tief im Menschen westlicher Demokratien verwurzelten Neigung, die aus einer unbefriedigenden Lebenssituation erwachse.[88] Ursache dieser Unzufriedenheit seien primär persönliche und nur sekundär gesellschaftliche Probleme. Die mit der Säkularisierung einhergehende Suche des Menschen nach einem erfüllten Leben im Diesseits unterstütze diese Haltung.[89] Dem Phänomen der Hinwendung zu sozialistischen Systemen könne dadurch entgegengetreten werden, dass die Intellektuellen nicht immer nur die sozialen Schwachstellen in den westlichen Demokratien suchen, sondern sich deren Errungenschaften bewusst machen.

"Even if one assumes that all or most of the criticism of the Western social systems is thoroughly justified, the cumulative effect of this steady debunking and preoccupation with the ills of society intensifies the sense of malaise and alienation arising out of problems and frustrations, many of which are unlikely to be resolved."[90]

---

[86]   Richard Wright, American Hunger, S. 63.
[87]   Paul Hollander, Political Pilgrims, S. 422.
[88]   Vgl. ebenda.
[89]   Ebenda, S. 428.
[90]   Ebenda, S. 434.

Es stellt sich die Frage, ob Hollander mit seinem Erklärungsansatz die existenziellen gesellschaftlichen Probleme, die im zwanzigsten Jahrhundert gerade auch die Vereinigten Staaten erschütterten und die nicht nur in den Köpfen einer Gruppe Intellektueller existierten, unterschätzt. Die Aussagen, die Holländer über die westlichen Intellektuellen der Zwischenkriegszeit macht, lassen sich nicht auf alle anwenden und erscheinen in ihrer theoretischen Begründung nicht immer stringent, sind aber dennoch sehr grundlegend und werden in aktuellen Diskussionen immer wieder aufgegriffen. Besonders im Bereich der Beschreibung des Reisenden als utopiesuchendem Pilger bleibt Hollander Begründungen leider schuldig, obwohl er dieses Suchen nach einer sich verwirklichenden Utopie als einen zentralen Gegenstand seiner Untersuchung bezeichnet.[91] Dieses Reisen in ferne, fremde Länder, das er mit dem Vorgang des Pilgerns gleichsetzt, sieht er als Ausdruck einer Suche nach utopischen Gesellschaftsformen und der Flucht vor dem Vertrauten. "Utopians often view their task as removing obstacles from the path of self-realization, or creating conditions for it."[92]

Dennoch negiert er die Existenz fixer menschlicher Bedürfnisse, einer "menschlichen Natur", die Menschen in Konflikte mit der gesellschaftlichen Realität führen können, und betont die Unterschiedlichkeit – sowohl in der Ursache als auch in der Form – der auftretenden Utopievorstellungen. Die "political pilgrims", die in die Sowjetunion reisten, seien Vertreter eines in den zwanziger Jahren des zwanzigsten Jahrhunderts vorherrschenden traditionell-rationalen Utopismus gewesen, den es heute nicht mehr gebe, da er einem antirationalen Utopismus weichen musste.

Eine genauere Darstellung der verschiedenen Erkenntnisse der Utopieforschung erweist sich daher für die weitere Analyse als erforderlich.

2.4.3 Der Reisende als Utopiesuchender

"Qui dira ce que l'U.R.S.S. a été pour nous? Plus qu'une patrie d'élection: UN exemple, UN guide. (...) Il était donc une terre où l'utopie était en passe de devenir réalité."[93]

Diese Aussage von André Gide über seine Erwartungen an die Sowjetunion verweist auf die sich in diesem Kapitel stellende Frage, ob auch der Reisende, der die Sowjetunion besucht und anschliessend seine Erlebnisse und Eindrücke in einem positiv gehaltenen Reisebericht festhält, als Utopiesuchender

---

[91] Vgl. ebenda, S. 33: "This is the form of utopia-seeking most central to this study."
[92] Ebenda, S. 31 .
[93] André Gide, Retour, S. 15.

und sein Bewusstsein als utopisch angesehen werden können, wie Pforte dies behauptet.

Wissenschaftler der verschiedenen Fachbereiche haben sich mit dem Phänomen der Utopie, ihrer Erscheinungsformen und ihrer Träger befasst. Zentral ist die von der Utopieforschung entwickelte Frage nach der Wechselwirkung zwischen gesellschaftlicher Struktur und individuellem Bewusstsein als dem Auslöser für utopische Konzeptionen.

Der Begriff der Utopie, in Anlehnung an den von Thomas Morus verwendeten Romantitel "Utopia", dient der Bezeichnung von Entwürfen idealer Gesellschaften und Staatsverfassungen für ein "Nirgendland", die sehr häufig in Form von fiktiven Reiseberichten dargestellt sind. Als eine besondere Form der Gesellschaftskritik und Verneinung der bestehenden Verhältnisse ist das utopische Denken eng mit der Entwicklungsgeschichte des menschlichen Selbstbewusstseins verknüpft. In der Form der Sozialutopie, die als Folge der Aufklärung immer mehr das rational Mögliche vor Augen hat, kann die Utopie insgesamt als ein besonderes Charakteristikum der westlichen Gedankenwelt bezeichnet werden, dessen Ursprung zwar bis in die Spätantike zurückreicht, das aber doch erst in der Utopiegeschichte der letzten Jahrhunderte seine eigentliche Qualität erlangt hat.

Der englische Soziologe Zygmunt Baumann definiert den Begriff der Utopie als die Vorstellung von einer zukünftigen und besseren Welt, die es zu verwirklichen gilt. Sie ist gleichzeitig eine Kritik an der bestehenden Gesellschaft und unterscheidet sich grundlegend von dieser.[94]

Utopien entstehen dort, wo das Verhältnis zwischen Individuum und Gesellschaft gespalten ist. Karl Mannheim vertrat 1929 in seinem Buch "Ideologie und Utopie", einem Standardwerk zu diesem Thema, die Auffassung, dass ein Bewusstsein als "utopisch" bezeichnet werden kann, "wenn es sich mit dem es umgebenden 'Sein' nicht in Deckung befindet"[95] und wenn es mit der Intention der Sprengung der bestehenden Ordnung in Handeln übergeht. Der Konflikt der Deckungsungleichheit zwischen Individuum und Gesellschaft ist stets der Ausdruck einer konkreten historischen Situation. Gestalt und Substanz der Utopie sind deshalb aus der konkreten Analyse des historisch-sozialen Ortes, aus dem heraus sie entsteht, zu erklären. Sie ist nur von der "Struktursituation jener Schicht aus, die sie jeweils trug"[96], zu erfassen.[97]

---

[94]   Zygmunt Baumann, Socialism, S. 17.
[95]   Karl Mannheim, Ideologie, S. 169.
[96]   Ebenda, S. 181.
[97]   Diese Auffassung wird auch in jüngeren Publikationen vertreten, so zu finden bei Robert Heiss, Utopie, und bei F.E. und F.G. Manuel, Utopian Thought.

Die Utopie ist "in die Struktur des politischen Handelns eingegangen"[98], was eine Historisierung der Utopie bedeutet. "Man kann die innerste Struktur eines Bewusstseins nirgends so klar erfassen, als wenn man sein Zeitbild von seinen Hoffnungen, Sehnsüchten und Sinnzielen her versteht."[99]

Die Lösung sozialer Probleme oder der fatalste Entwicklungsgang von Systemen können in Form von Utopien antizipiert werden. Utopien, die aus der Sicht ihrer Verfasser lebbare Alternativen zur bestehenden Ordnung darstellen, traten im Spannungsverhältnis von erstarkender Säkulargewalt und religiösem Machtverlust immer mehr in Erscheinung. Das berühmteste und grundlegendste Beispiel ist das schon erwähnte "Utopia" von Thomas Morus. Andere utopische Entwürfe folgten im Laufe der Jahrhunderte. Die Weiterentwicklung des Reflektionsvermögens beeinflusste die Utopieinhalte.

"Je mehr das kritische Bewusstsein in das utopische Denken eingedrungen ist, desto mehr ist an die Stelle eines ebenso naiven wie phantastischen Denkens ein nüchternes und realitätsgerechteres Zukunftsdenken getreten."[100]

Zunächst fungiert das Individuum als Träger seines utopischen Entwurfs, der dann aber von breiten Schichten aufgegriffen werden kann. Ob die Grundlage für diese Entwicklung und Rezeption utopischer Entwürfe, gemäss Manuel und Manuel die "utopian propensity", eine dem Menschen in allen Zeiten innewohnende utopische Neigung, ohne anthropologische Direktive und somit mit der immerwährenden Möglichkeit des Irrtums ist, oder aber der Ausdruck einer antizipatorischen Hoffnung mit einer ihr innewohnenden progressiven und objekthaften Tendenz, wie Ernst Bloch dies vertreten hat, kann in diesem Rahmen nicht weiter erörtert werden.[101] Historische Untersuchungen haben gezeigt, dass bestimmte Generationen besonders empfänglich für utopisches Denken waren.

Ob die sozialistische Gesellschaftskonzeption, die für die grosse Zahl der hier zu behandelnden Autorinnen und Autoren den erträumten und Realität gewordenen Gegenentwurf zur bestehenden Gesellschaftsordnung darstellte, in die Reihe der utopischen Entwürfe eingereiht werden kann, wird von vielen Forschern positiv beantwortet. Dies, obwohl Marx, Engels und später Le-

---

[98] Thomas Nipperdey, Die Funktion der Utopie, in: Archiv für Kulturgeschichte, 44 (1962), S. 357-378.
[99] Karl Mannheim, Ideologie, S. 183.
[100] Robert Heiss, Utopie, S. 43.
[101] Vgl. Manuel und Manuel, Utopian Thought, S. 13 und S. 23-24. Der Ursprung dieser "utopian propensity" liege, so die Autoren, ausserhalb unseres Wissensvermögens ("not knowable").
       Vgl. Ernst Bloch, Das Prinzip Hoffnung.

nin jede Spur von Utopismus als Ausdruck eines Phantasiegebildes klar negiert und auf die Wissenschaftlichkeit der marxistischen Theorie gepocht haben.[102] Wenn die Forscher im Zusammenhang mit der marxistischen Lehre von Utopie sprechen, so ist das auf die Vision der klassenlosen kommunistischen Gesellschaft bezogen, auch wenn diese gemäss Marx im Gegensatz zu früheren Utopien die notwendige und unabdingbare Folge der historischen und ökonomischen Entwicklungen darstellt.[103]

Die Realisierung dieser sozialistischen Utopie durch die Russische Revolution hatte zunächst die oben beschriebene Wirkung von Hoffnung und Begeisterung, auf Grund des Stalinismus bei vielen später dann eine grosse Ernüchterung zur Folge.

"Socialism has been, and to some extent still is, the utopia of the modern epoch. (...) The two centuries of modern socialism's history extend from its majestic advent in the attire of utopia to the incapacitation arising from its alleged realisation."[104]

Der Sozialismus als imaginärer Gesellschaftsentwurf war für viele bis 1917 die einzige Alternative zur kapitalistischen Gesellschaftsordnung. Die revolutionäre Umgestaltung Russlands durch die Bolschewiki galt vielen als der Beweis für die Realisierbarkeit dieser bisher nur konzipierten und geforderten Gesellschaftsordnung. Angesichts einer durch den Ersten Weltkrieg aus den Fugen geratenen Gesellschaft ist der Enthusiasmus und die Hoffnung der Millionen von Menschen erklärbar. Von vielen bekannten ehemaligen Kommunisten wird der Eintritt in die sozialistische Bewegung mit dem Erleben und den Folgen des Ersten Weltkrieges in Zusammenhang gebracht. So schildert Margarete Buber-Neumann diese Zeit: "Menschen meiner Generation und alle, die das Ende des Ersten Weltkrieges noch bewusst miterlebt haben, werden leichter verstehen, dass man in den Jahren 1920/21 zum Kommunisten werden konnte."[105]

Auch Alfred Kantorowicz äussert sich in diesem Sinne: "Die Überlebenden, die 1918 aus den Schützengräben stiegen, fanden eine materiell, geistig und moralisch in Unordnung geratene Gesellschaft vor, die ihnen keine Sicherheit mehr gewähren konnte."[106]

---

[102] Diese Position verdeutlicht schon der Titel einer Schrift Engels, Die Entwicklung des Sozialismus, MEW, Bd. 19, S. 189-228.
[103] Vgl. Melvin Lasky, Utopie, S. 85.
[104] Zygmunt Baumann, Socialism, S. 36.
[105] Margarete Buber-Neumann, Illusion und Wirklichkeit, in: Faszination des Kommunismus? II, S. 9.
[106] Alfred Kantorowicz, Mein Weg, in: Faszination des Kommunismus? I, S. 23.

In dieser Situation der Zerstörung, Orientierungs- und Perspektivlosigkeit sahen viele im Oktober 1917 durch die Revolution in Russland einen neuen Weg gezeichnet.

> "Und da gab es einen einzigen Lichtblick, nämlich, dass ein Volk, die Russen, mit dem Krieg Schluss gemacht haben, dass sie einen Frieden ohne Eroberungen und Entschädigungen angeboten haben, und dass hier eine Revolution stattgefunden hat, die sozusagen eine Zäsur für uns war."[107]

So sehr sich die Beschreibungen der gesellschaftlichen Situation ähneln, so verschieden war die Art der Annäherung an die kommunistische Bewegung, war das Leben dieser Menschen als Parteimitglieder und auch ihre spätere Abwendung. Wie verschieden die individuelle Entwicklung zum Sozialismus hin sein konnte, verdeutlichen zwei weitere Beispiele. Waren es bei Buber-Neumann, Kantorowicz und Grünwald die Erschütterungen durch den Krieg, so lagen bei dem deutschen Schriftsteller Oskar Maria Graf, der die Sowjetunion in den dreissiger Jahren bereist und auch später verteidigt hat, die Gründe in einem anderen Bereich.

> "Ich war nie Parteisozialist und habe mir nicht erst von marxistischen Schriftgelehrten sagen lassen müssen, was Sozialismus ist. Mir ist – um mit Gorki zu reden – 'mein Sozialismus von Kind an auf den Rücken geprügelt worden'."[108]

Der berühmte Schriftsteller Lion Feuchtwanger, Sohn eines wohlhabenden jüdischen Fabrikanten in München, bekannte sich zum Sozialismus und zur Sowjetunion unter dem Eindruck des Antisemitismus und der Machtergreifung Hitlers in Deutschland und der gleichzeitigen Passivität der europäischen Demokratien gegenüber Faschismus und Nationalsozialismus.

> "Es gibt innerhalb der westlichen Zivilisation keine Klarheit und Entschiedenheit mehr. Man wagt nicht, sich gegen den andrängenden Barbarismus mit der Faust zu wehren oder auch nur mit starken Worten, man tut es mit halbem Herzen, mit vagen Gesten, und die Erklärungen der Verantwortlichen gegen den Faschismus sind verzuckert und verklausuliert."[109]

Verfasser von Reiseberichten über die Sowjetunion können als Utopiesuchende bezeichnet werden, wenn sie eine konkrete Vorstellung von einer zu-

---

107 Leopold Grünwald, Ein österreichischer Patriot, S. 82.
108 Oskar Maria Graf, An manchen Tagen, S. 16-17.
109 Lion Feuchtwanger, Moskau 1937, S. 152.

künftigen, idealen Welt haben, diese in der Sowjetunion realisiert sehen und sie für das eigene Land herbeiführen wollen. Inwieweit dies auch für die Schweizer Verfasser galt, wird zu untersuchen sein. Eine Reise erscheint als geeignete Form, um die Transformation der Utopie auf das reale Objekt aufrecht erhalten zu können. Die Gefahr, enttäuscht zu werden, war bei einer Reise von wenigen Wochen in einem so grossen Land, bei der umfassenden Betreuung durch die sowjetischen Gastgeber und angesichts der sprachlichen Barrieren geringer als bei einem längeren Aufenthalt, der direkten Einblick in den Alltag der sowjetischen Bevölkerung gewährt hätte. So geschehen in den dreissiger Jahren, als viele ausländische Kommunisten und Antifaschisten zum ersten Mal für viele Jahre in der Sowjetunion gelebt haben und Zeugen oder sogar Opfer der Schauprozesse und Massenverhaftungen wurden.[110] Das wirkliche Ausmass und die furchtbare Willkür dieser Massnahmen konnte den Reisenden vorenthalten werden, oder wurde von ihnen verdrängt, da eine Wahrnehmung und Auseinandersetzung mit diesen Vorgängen ihr Leben erschüttert und ihre Ideale zerstört hätte.

Es liessen sich aber auch Beispiele anfügen, wo vergleichbare Situationen und Erlebnisse zu einer kritischen Auseinandersetzung mit der sowjetischen Lebensrealität während und nach der Reise geführt haben.[111] Diese Unterschiedlichkeit der Reaktionen auf die gesellschaftlichen Erschütterungen und Krisen verweist deshalb auf die individuellen Komponenten der Verfasserinnen und Verfasser von Reiseberichten.

2.4.4 Der Reisende als Träger von Stereotypen

Neben den bisher vorgestellten Ansätzen zur Analyse der Reiseberichte und ihrer Autoren dürfte der folgende die aufgeworfene Problematik am weitreichendsten erfassen.

Es hat sich in den vorhergehenden Kapiteln gezeigt, dass die grosse Zahl der Reiseberichte und ihrer Autoren in ihrer Vielfalt von keinem Ansatz voll erfasst werden konnte. Der Reisende ist nicht nur als Opfer der Vorspiegelung falscher Tatsachen zu betrachten, und er ist auch nicht nur der in einer Sinnkrise befindliche westliche Intellektuelle, der nach Reanimation suchend als politischer Pilger in das sozialistische Sowjetrussland reist. Er ist auch nicht nur der an den gesellschaftlichen Verhältnissen Leidende, der Unterdrückte, der in seinem Streben nach Realisierung einer imaginären Gesell-

---

110 Vgl. die Schilderungen von Leopold Grünwald, Ein österreichischer Patriot. Vgl. auch Hedda Zinner, Selbstbefragung.

111 Vgl. den Reisebericht von André Gide, Retour. Vgl. auch die drei Reiseberichte von Panaït Istrati, Auf falscher Bahn, So geht es nicht, Russland nackt.

schaftskonzeption in der Sowjetunion seine konkret gewordene Utopie erblickt. Auf viele Reisende treffen ein oder auch mehrere Erklärungen zu, andere Reisende sind so jedoch nicht zu erfassen.

Die Unterschiedlichkeit im Erleben und in der Bewertung der sowjetischen Wirklichkeit harrt einer Erklärung. Ein nochmaliges Aufgreifen der These Pfortes, dass "die psychologische Ausgangsposition sowohl der sowjetfreundlichen als auch der sowjetfeindlichen Russlandreisenden"[112] die objektive Beschreibung des Gesehenen verunmögliche, erscheint an dieser Stelle angebracht. Beim Lesen der Reiseberichte stösst man auf zahllose Schilderungen, die möglicherweise mit diesem Erklärungsversuch verstehbar werden.

Als Beispiel soll der Grenzübertritt dienen, der einen ersten Kontakt mit der fremden Welt vermittelt. Während die einen beim Überfahren der Grenze in Begeisterung und Gesang ausbrachen, weil sie sich verbunden und beheimatet fühlten, griff ein anderer Reisender "unwillkürlich" nach seiner Brieftasche und kontrollierte nochmals seinen Pass, aus Angst vor drohenden Schwierigkeiten[113]; ein dritter spürte das "Misstrauen" der "kleinen schlitzäugigen Tataren", die die Reisenden in Empfang nahmen, was ihn "an die dunkelsten Kriegszeiten erinnert"[114], während ein anderer Reisender aus der gleichen Reisegruppe in seinem Reisebericht darüber kein Wort verliert.[115]

Alle diese Reisenden kamen über den gleichen Grenzübergang in die Sowjetunion – über Njegoreloje – und durchliefen die gleichen Zollformalitäten. So zeigt sich schon beim ersten Kontakt mit der Sowjetunion, dass die Betrachtungs- und Erlebnisweise stark differierte. Die Reisenden traten mit verinnerlichten Bildern und Wertmassstäben an das Objekt – hier die Grenze und die Grenzsoldaten – heran, was eine selektive Wahrnehmung zur Folge hatte.

Dem Bild von der fremden Welt, welches dem Beobachter als Raster während der Reise diente, muss bei der Analyse von Reiseberichten besondere Aufmerksamkeit zukommen, wenn die Unterschiedlichkeit der Beschreibungen und Interpretationen erklärbar werden soll.[116] Im Bereich der Soziologie, der Psychologie und der Politologie wurde dieses Phänomen der individuellen und kollektiven Bilder und Einstellungen anderen Individuen und Gruppen gegenüber schon auf verschiedener Ebene angegangen. Auch die Geschichtswissenschaft hat die Relevanz von Bildern, die z.B. ein Volk von ei-

---

112   Dietger Pforte, Russland-Reiseberichte, S. 30.
113   Josef Maria Camenzind, Ein Stubenhocker, S. 36.
114   Charles Studer, Reiseeindrücke, S. 233.
115   Vgl. Arno Wildhaber, der in der gleichen Reisegruppe wie Studer reiste und anschliessend ebenfalls einen Reisebericht publizierte.
116   Vgl. Peter J. Brenner, Die Erfahrung, S. 15.

nem anderen Volk entwickelt, für geschichtliche Abläufe erkannt. Der Vorurteils- und Stereotypenforschung für die Analyse historischer Phänomene wurde am XVI. Internationalen Historikerkongress 1985 in Stuttgart besondere Bedeutung beigemessen, indem sie zum "Grand Thème" gemacht wurde.[117] Dennoch muss Rudolf Jaworski zugestimmt werden, der darauf hinweist, dass bis heute eine konzeptionelle Begründung dieser Forschungsrichtung für die Geschichtswissenschaft noch aussteht.[118]

In den Schilderungen der Reisenden kommen nicht einfach nur Meinungen über einzelne Punkte zum Ausdruck. Hier zeigen sich Einstellungen, die umfassender und tiefliegender sind. Sie schliessen den ganzen affektiven Bereich mit ein und beziehen sich auf bestimmte Menschengruppen und Repräsentanten dieser Gruppen. Je nach Art und Weise des Entstehungsprozesses von Einstellungen sind diese häufig Ausdruck von Vorurteilen, d.h. von Urteilen über andere, die gefällt werden, "bevor die Möglichkeit gegeben ist, das Objekt aus eigener Erfahrung zu beurteilen."[119] Die Bilder über die Sowjetunion kamen durch verschiedenste Einflüsse zustande, die nicht einfach unter den Begriff "objektive Informationen" subsumiert werden können. "Das Bild des Fremden, das der Reisebericht in seiner Darstellung entwirft, unterliegt so von vornherein Vorstellungen, welche die eigene Kultur hervorgebracht hat."[120]

Das Bild, das man sich vom russischen Volk im besonderen und von den Slawen im allgemeinen machte, erfuhr in weiten Bevölkerungskreisen eine weitere Negativverlagerung auf Grund der angenommenen Bedrohung durch die Bolschewiki. In anderen Bevölkerungsgruppen herrschte hingegen ein überaus positives Bild. Gemäss Jaworski können beide Bilder als Stereotypen bezeichnet werden, da sie "ungerechtfertigt vereinfachende und generalisierende Charakterisierungen ganzer Menschengruppen und Kollektive oder ihrer einzelnen Mitglieder" beinhalten.[121] Feindbilder und Freundbilder unterliegen gemäss Definition derselben Stereotypisierung und Instrumentalisierung. Dies wird in der Analyse der Schweizer Reiseberichte zu zeigen sein.

Vorurteile und Stereotypen sind dem Menschen nicht von Geburt an inhärent – gegenteilige Behauptungen wurden empirisch widerlegt –, sie entstehen. Der Russlandreisende *wird* zum Träger von Stereotypen, er ist es nicht einfach.

---

117 Der Titel dieses "Grand Thème" lautete: L'image de l'autre.
118 Rudolf Jaworski, Osteuropa, in: Geschichte und Gesellschaft, Nr. 1, 1987, S. 64.
119 Earl E. Davis, Einige Grundkenntnisse, in: Vorurteile, hg. v. K. D. Hartmann, S. 42.
120 Peter J. Brenner, Die Erfahrung, S. 15.
121 Rudolf Jaworski, Osteuropa, S. 63.

"For example, most of us like to think of ourselves as rational, independent-minded, critical thinkers, forming our opinions on the basis of a judicious consideration of the facts. We rarely think of our opinions as being formed by group memberships, forgotten childhood experiences, party labels, friendship patterns."[122]

Dies wurde von Politologen konstatiert, deren Ziel die Klärung der Frage nach der Entstehung politischer Meinungen beim Individuum im allgemeinen und der Anziehungskraft der kommunistischen Ideologie im besonderen war. Sie entmythologisieren den Prozess der Meinungsbildung und machen die einzelnen Faktoren transparent.

"Das Verbindungsglied zwischen 'Personalität' und politischem Verhalten besteht darin, dass die Persönlichkeitsentwicklung abhängt von der Erkenntnis der gesellschaftlichen Wirklichkeit durch den Einzelnen, von seinen gefühlsmässigen Reaktionen auf seine Umgebung und von der Art, in der er die Wirklichkeit zu bewerten versteht."[123]

Um die Faktoren, die für diesen Erkenntnis- und Meinungsbildungsprozess bestimmend sind, eruieren zu können, wurden zahlreiche Studien durchgeführt, deren Ergebnisse ein relativ homogenes Bild über die Rezeption und Verarbeitung der politischen Realität ergeben.

So konnten Lane und Sears nachweisen, dass der Entstehungsprozess von Auffassungen und Einstellungen sich in Ausrichtung auf soziale Referenzen vollzieht. "...parents serve as referents for the child, and later on, group norms seem to guide many citizens toward the formulation of opinions on unfamiliar issues."[124]

Meinungen werden oftmals als affektive Tendenzen, als "pro" oder "contra" Gefühle ohne adäquate Informationsgrundlage erlernt. Dieser Vorgang lässt sich auch auf den Erwerb von Vorurteilen und Stereotypen übertragen. Die Familie stellt die erste Bezugsgruppe für das Kind im Prozess der politischen Meinungsbildung dar.[125] Im weiteren Verlauf kann es durch "peer groups" wie z.B. Schulkollegen, Lehrer und den Freundeskreis zu mehr oder weniger ausgeprägten Modifikationen der elterlichen Auffassungen kommen. Eine von Macoby durchgeführte Befragung macht deutlich, dass es bei den Befragten mehrheitlich nicht zu einem grundlegenden Bruch mit der elterli-

---

[122] Robert E. Lane, David O. Sears, Public Opinion, Vorwort.
[123] Lucien W. Pye, Persönlichkeit, in: Political Science, hg.v. Ekkehart Krippendorff, S. 35.
[124] Robert E. Lane, David O. Sears, Public Opinion, S. 74.
[125] Vgl. Herbert H. Hyman, Political Socialization, S. 55.

chen Auffassung gekommen ist.[126] Mögliche Abweichungen wurden auf Grund von sozialem Aufstieg, Wechsel des Kulturraums und auf Grund von Rebellion gegen die.Eltern konstatiert. "In our formulation, the need to rebel constitutes a special dynamic which may explain the extreme deviation of a small number of youth from the political views of their parents."[127]

Betrachtet man die geschichtliche Entwicklung, so sind immer auch politische Distanzierungen der jungen Generation von den Auffassungen der Elterngeneration zu konstatieren. Ein klarer Wechsel in der politischen Orientierung von grossen Kreisen der Bevölkerung kann mit dem Begriff des "Zeitgeistes" beschrieben werden. Dieser Zeitgeist hat sich in der für diese Arbeit relevanten Zeit nach dem Ersten Weltkrieg und den Jahren der grossen Depression in Form von einem Wunsch nach grundlegend anderen Gesellschaftsformen gezeigt. Politische und wirtschaftliche Krisen erweisen sich für jeden Einzelnen als eine ideologische und emotionale Herausforderung, auf die er durch seine Sozialisierung nur bedingt vorbereitet zu sein scheint.

Gabriel Almond hat in seiner Studie "The appeals of communism"[128], in der 221 ehemalige Kommunisten aus vier Ländern befragt wurden, die Auswirkung dieser politischen und wirtschaftlichen Krisen hinsichtlich der Hinwendung zum Kommunismus nachgewiesen: 52% der Befragten waren vor ihrem Parteieintritt durch die politischen und sozialen Bedingungen in der Zwischenkriegszeit persönlich negativ betroffen. Von denjenigen, die in der Folge eine höhere Position in der Kommunistischen Partei eingenommen haben, waren es sogar 67%. Neuorientierungen scheinen aber dann, betrachtet man die Untersuchungen über ehemalige Kommunisten und bezieht die aktuellen Entwicklungen in den Ostblockländern mit ein, von begrenzter Dauer zu sein, wenn sie nicht den erwarteten Erfolg zeitigen und stattdessen in wirtschaftliche und politische Krisen führen. Welche Auswirkungen der Prozess der Meinungsbildung auf den Umgang mit Informationen hat, erweist sich in diesem Kontext als eine wichtige Frage.

2.4.4.1 Vom Umgang mit Informationen

Lane und Sears haben sich der Frage zugewendet, wie auf dem Hintergrund des Meinungsbildungsprozesses der Umgang mit Informationen abläuft, der

---

[126] Die Untersuchung von Macoby ist von Herbert H. Hyman, Political Socialization, S. 81, rezipiert.

[127] Ebenda, S. 91-92.

[128] G. A. Almond, The appeals of communism. Auf diese Studie beziehen sich auch neuere Untersuchungen, da sie die einzige ausgearbeitete Studie zur Frage nach der Anziehungskraft des Kommunismus ist.

in aller Regel – bewusst oder unbewusst – die Beibehaltung des eigenen Standpunktes zum Ziel habe.

Sie erbrachten den Nachweis, dass der Umgang mit Informationen ein selektiver ist und dass der Informationssuche die Meinungsbildung vorausgeht und nicht deren Folge ist: "opinions first, information and reasons later".[129] Menschen glauben, dass ihr Umgang mit Informationen auf der Grundlage ihrer intellektuellen Fähigkeiten erfolge. In Realität basiere er viel häufiger auf der Grundlage unbewusster Prämissen.

"Logic is exploited in the service of defending these simple affective tendencies, rather than guiding an honest search for some 'truth' which can be independently validated. Knowledge is compartmentalized when it is not convenient to relate incompatible truths."[130]

Das Hauptinteresse liege in der Verteidigung der auf emotionalem Wege erworbenen und wenig reflektierten Meinungen, die in Orientierung auf die elterlichen Auffassungen entstanden seien.

Diese Beobachtungen sind auch in bezug auf die Sowjetunionreisenden sehr interessant. Zuerst haben die Reisenden eine Vorstellung von der Sowjetunion entwickelt, bestehend aus einem Konglomerat von Informationen und emotionalen Anteilen. Die Entferntheit und Unbekanntheit der Objekte wie auch die inhaltliche Brisanz konnte die Irrationalität der Meinungen zusätzlich steigern. "Socially 'dangerous' topics, such as communism and religion, also draw a host of irrational defensive maneuvres."[131]

Erst im Anschluss an diesen Meinungsbildungsprozess kam es zur Konfrontation mit der sowjetischen Realität. Wie die Reisenden diese Wirklichkeit erlebt, wahrgenommen und interpretiert haben, lässt sich mit dem Wissen um diesen Hintergrund besser erklären. Informationen aufnehmen und sich damit auseinandersetzen können, setzt die Fähigkeit und Bereitschaft voraus, das bisher Vertretene neu zu prüfen, zu verwerfen und die möglichen Auswirkungen die gesamte Lebenssituation tragen zu können. Die Auseinandersetzung mit dem Stalinismus stellte eine solche Situation dar, wie die Zeugnisse vieler Kommunisten und ehemaliger Kommunisten deutlich machen. Dass die Reaktionen, die der Auseinandersetzung folgten, einen konsequenten Umgang mit Informationen nicht garantierten, beweisen viele ehemalige Kommunisten, die nach ihrer Distanzierung im Namen der Freiheit das "grösste Teufelswerk" in der Geschichte der Menschheit, den Kommu-

---

[129] Robert Lane und David O. Sears, Public Opinion, S. 70.
[130] Ebenda, S. 75.
[131] Vgl. ebenda, S. 76.

nismus, bekämpften und damit der Irrationalität und nicht der Objektivität das Wort redeten.[132] Die Schwierigkeit, die Forderung Pfortes nach Objektivität von seiten des Reisenden sich selbst gegenüber einlösen zu können, zeigt sich hier deutlich.

Zusammenfassend lässt sich konstatieren, dass die Art der Rezeption und Wiedergabe, die sich in den Reiseberichten über die Sowjetunion manifestiert, vielfältige individuelle und gesellschaftliche Ursachen hat, die in einem bestimmten historischen Kontext stehen. Zu diesem Kontext gehören die Situation im Heimatland der Verfasserinnen und Verfasser von Reiseberichten, die politischen Beziehungen dieses Landes zum bereisten Land und die herrschenden Bilder über dieses Land und seine Bevölkerung.

In diesem äusseren Rahmen findet jeder Reisende seine Position, die durch seine gefühlsmässigen und intellektuellen Voraussetzungen, seine soziale Zugehörigkeit und politische Orientierung bestimmt wird.

Wesentlich geprägt wird der Rezeptionsprozess ausserdem ganz konkret durch die Reisequalität in Form von verkehrstechnischen Bedingungen, Unterbringung, Versorgung und den gut ausgearbeiteten Formen der Reiseführung. "Diese vielfältig ineinander verflochtenen Bedingungen der Fremderfahrung lassen sich nur in der Interpretation des konkreten Falles erschliessen."[133]

Diesen konkreten Fall werden in der folgenden Untersuchung die Schweizer Reiseberichte über die Sowjetunion in den zwanziger und dreissiger Jahren darstellen. Der Analyse geht ein kurzer historischer Abriss des zu untersuchenden Zeitraums voran.

Zunächst soll jedoch der historische Hintergrund, vor dem die Reisen stattgefunden haben, überblicksartig dargestellt werden, um eine faktenbezogene Grundlage für die Analyse der Schweizer Reiseberichte zu sichern.

---

132 Auch G. A. Almond spricht vom Kommunismus als dem "greatest evil of the twentieth [century]", S. 370. Trotz dieser massiv wertenden Metaphorik in seiner Quintessenz sind seine Untersuchungen, die auf der Basis umfangreicher Fragebögen durchgeführt worden sind, von Bedeutung geblieben.

133 Peter J. Brenner, Die Erfahrung, S. 27.

3   Die Schweiz und die Sowjetunion – von der Oktoberrevolution bis zur Wiederaufnahme diplomatischer Beziehungen

In diesem Kapitel soll der historische Hintergrund der Reisenden und ihrer Reisen überblicksartig dargestellt werden. Es kann dabei nicht um eine detaillierte Aufarbeitung und Auseinandersetzung mit sämtlichen neuen Forschungsergebnissen zur sowjetischen Ereignis-, Sozial- und Wirtschaftsgeschichte gehen. Dies würde den Rahmen dieses Kapitels und die thematische Eingrenzung dieser Arbeit bei weitem sprengen. Der kurze Abriss der sowjetischen und der Schweizer Geschichte der Zwischenkriegszeit ist als Grundlage für die Analyse der Berichtsinhalte und der von den Verfassern der Reiseberichte vertretenen Auffassungen und Einschätzungen wesentlich, wie das darauffolgende vierte Kapitel zeigen wird. Im fünften Kapitel soll dieser Überblick durch eine Konfrontation von thematisch ausgewählten Berichtsinhalten und Forschungserkenntnissen noch vertieft werden.

3.1   Die Sowjetunion in den zwanziger und dreissiger Jahren – ein historischer Abriss

3.1.1 Revolution und Bürgerkrieg

"Die bolschewistische Partei errang durch die Oktoberrevolution 1917 die Macht in der provisorischen Regierung. Zum erstenmal auf der Welt begann die gesellschaftliche Erfahrung, in der die marxistische Lehre mit den Realitäten der Macht konfrontiert wurde."[1]

Diese Revolution, die am 25. Oktober 1917 – am 7. November nach dem gregorianischen Kalender – ihren zweiten Anfang nahm, lag in den Händen des Militärrevolutionären Komitees des Petrograder Sowjets der Arbeiter- und Soldatendeputierten. Am Abend des selben Tages legitimierte der 2. Allrussische Sowjetkongress der Arbeiter- und Soldatendeputierten – nachdem Menschewiki und Sozialrevolutionäre den Kongress unter Protest verlassen hatten – den Aufstand. Einen Tag später wurden das "Dekret über den Frieden" und das "Dekret über Grund und Boden" erlassen. Für den 12. November wurden Wahlen zur Verfassungsgebenden Versammlung angesetzt. Die Stimmauszählungen in einem Grossteil der Gouvernemente ergaben eine deutliche Mehrheit für die unabhängigen und sozialrevolutionär gesinnten Kandidaten gegenüber den Bolschewiki und den bürgerlichen Parteien. Die Bolschewiki hatten ihre Macht in den Sowjets, und auf diese wurde mittels

---

[1]   Roger Portal, Der Aufbau, in: Geschichte des Sozialismus, Bd. X, S. 25.

Zwang die Staatsgewalt übertragen, nachdem die Konstituierende Versammlung im Januar 1918 gemäss dem Beschluss des Gesamtrussischen Zentralexekutivkomitees aufgelöst worden war. Auf diese Weise wurde den Sozialrevolutionären und Menschewiki ihr politischer Einfluss entzogen.

Die nächsten Schritte bestanden in Dekreten über die Verstaatlichung der Banken, über die Arbeiterkontrolle in den Betrieben und die zentrale Lenkung der Wirtschaft durch den Obersten Volkswirtschaftsrat. Da viele Belegschaften sich die Fabriken spontan aneigneten und nach betriebseigenen Prämissen produzierten, kam es Anfang April zu einer Anordnung über die Arbeitsdisziplin und die Richtlinien zur Steigerung der Produktivität.[2]

Auch im Bereich der Sozial- und Bildungspolitik wurden schon kurz nach der Revolution richtungsweisende Bestimmungen erlassen, so beispielsweise das Gesetz über die Arbeitslosenunterstützung und das Dekret über die Krankenversicherung. Im Bildungsbereich verfügte das Volkskommissariat für Bildung und Aufklärung die vollständige Verstaatlichung des kirchlichen Schulwesens. Ebenfalls abgeschafft wurde das bis dahin geltende Familienrecht. Mann und Frau wurden juristisch gleichgestellt, die Zivilehe wurde als gesetzliche Form der Ehe anerkannt, und das Dekret über die Ehescheidung ermöglichte erstmals eine juristische Auflösung von Ehen, die vor der Revolution oft nur auf Grund wirtschaftlichen Zwangs geschlossen worden waren.[3] Als die wesentlichste Tat der Revolution bezeichnete Alexandra Kollontai die Einführung der allgemeinen Arbeitspflicht, die die Frauen in den Produktionsprozess integrierte.[4]

Der am 3. März 1918 erfolgte Friedensschluss von Brest-Litowsk bedeutete für Sowjetrussland einen Verlust von 26% seiner Bevölkerung, 27% des bebaubaren Landes, 26% seines Eisenbahnnetzes, 73% der Eisenindustrie und 75% seiner Kohlebergwerke.[5]

Die Ernährungslage verschlechterte sich massiv. Die ergriffenen agrarpolitischen Massnahmen, wie die Bildung der Komitees der Dorfarmut, mussten schon bald auf Grund ihrer negativen Folgen wieder rückgängig gemacht werden. Hinzu kam der Ausbruch eines Bürger- und Interventionskriegs, der bis 1920, in einigen Gebieten sogar bis 1922 andauerte und 1919 seinen leid-

---

2   Die Gewerkschaften akzeptierten dabei auch die Einführung des Stücklohnprinzips und des Prämiensystems.

3   Dass die Ehen vor 1917 sehr oft Zwangsgemeinschaften gewesen sein müssen, macht die Scheidungsrate im Jahr 1918 deutlich. Sie bedeutete eine Rekordzahl, die in den Jahren danach nie mehr erreicht wurde.

4   Vgl. Alexandra Kollontai, Die Situation der Frau, S. 171.

5   Diese Angaben stammen von Edgar Hösch und Hans-Jürgen Grabmüller, Daten, S. 23.

vollen Höhepunkt erreichte. Die konterrevolutionären Weissen Garden im Bündnis mit den Alliierten setzten alles daran, die bolschewistische Regierung zu stürzen. "Es gab jetzt sechs Fronten mit einer Gesamtlänge von 8000 Kilometern, an denen sich riesige Massenheere gegenüberstanden."[6] Zu den immensen Opfern des Weltkriegs kamen jetzt noch Millionen dazu, so dass das Russische Reich seit 1914 mehr als 20 Millionen Tote zu beklagen hatte.

Diese erneute militärische Auseinandersetzung machte es erforderlich, die Wirtschaft auf Kriegsproduktion umzustellen. Die Versorgung der Arbeiter in den Städten sollte durch das Dekret über die bäuerliche Ablieferungspflicht gesichert werden.[7] Doch die Wirtschaftslage blieb beunruhigend. Die Pflichtabgaben der Bauern reichten nicht aus, um die Ernährung der Stadtbevölkerung und der Armee zu sichern. Da die Bauern es zum Grossteil vorzogen, Einzelbauern zu bleiben, lag die Zahl der von der Regierung angestrebten genossenschaftlichen Produktionsbetriebe 1919 erst bei 6164.[8] Die Bauern zeigten keine Motivation, ihre Produkte dem Staat abzuliefern, da der Handel auf dem Schwarzmarkt sich als lukrativer und existenzsichernder erwies. Der Tauschhandel mit Kleinproduzenten in den Städten war handfest. Die städtische Klein- und Hausindustrie konnte existieren, da sie wenig technische Mittel benötigte und ihre Waren zu den örtlichen Märkten problemlos transportieren konnte. Zwischen den Bauern, die Überschüsse erzielt hatten, den Kleinproduzenten und den Spekulanten in der Stadt konnte so ein eigenständiger wirtschaftlicher Kreislauf entstehen, der auf den Schwarzmärkten sichtbar wurde.

Das Ziel der Sowjetregierung war es, diesen Schwarzmarkt durch staatliche Versorgung ersetzen zu können. Das sollte durch die staatliche Getreidebeschaffungskampagne gewährleistet werden. Doch die Entwicklung im Winter 1920/21 liess diese Perspektiven schwinden. "Schneestürme und Brennstoffmangel brachten im Winter den Lebensmitteltransport in die Städte zum Erliegen, die Rationen mussten gekürzt werden."[9] Der rapide Kaufkraftverfall des Rubels führte am 4. Dezember 1920 zum Dekret über die unentgeltliche Abgabe von Lebensmitteln. Im Januar 1921 mussten dann die Brotzuteilungen an die Städte um ein Drittel gekürzt werden. Zur Schliessung der wichtigsten Petrograder Industrieunternehmen auf Grund der akuten Brennstoffkrise und zur Verhängung des Ausnahmezustands in Petrograd kam es dann einen Monat später. Streiks in den Städten waren die Folge. Auf dem

---

6 Richard Lorenz, Sozialgeschichte 1, S. 102.
7 Dieses Dekret wurde am 11. Januar 1919 erlassen.
8 Vgl. Hans Raupach, Wirtschaft, S. 30.
9 Heiko Haumann, Geschichte, S. 34.

Land wehrten sich die Bauern gegen die Requirierungen durch die Sowjets, indem sie zur reinen Selbstversorgung übergingen.[10]

Hinzu kamen schwere innenpolitische Auseinandersetzungen. Ende 1920 hatte sich unter der Führung A. G. Schljapnikows die Arbeiteropposition formiert, die mit der staatlichen Wirtschaftspolitik, der zunehmenden Bürokratisierung und der miserablen Lage der Industriearbeiter nicht einverstanden war.[11]

"Only those who are directly bound to industry can introduce into it animating innovations. (...) At present, however, it is just the other way. The worker feels, sees and realises at every step that specialists and (what is worse) untrained illiterate pseudospecialists, and unpractical men, throw out the worker and fill up all the high administrative posts of our industrial and economic institutions. (...) Not in the workers, not in their union organisations does the party repose its trust, but in these elements."[12]

Das Ziel der Arbeiteropposition war es, die Verwaltung der Wirtschaft einem "panrussischen Produktionskongress" zu übertragen, in welchem die KPR ihre Macht mit den Sowjets und den Gewerkschaften teilen müsste.

Im März kam es schliesslich zum Aufstand der Kronstädter Matrosen – einem Aufstand, der gegen die bolschewistische Herrschaft gerichtet war. Die Kommunisten sollen aus den Sowjets ausscheiden, lautete ihre Forderung. Die bisherige Basis der Oktoberrevolution schien zu zerbrechen. Die Regierung reagierte hart und mit aller militärischen Gewalt. Nach zehn Tagen blutiger Kämpfe war der Aufstand zusammengebrochen.

Während der Kämpfe um Kronstadt tagte der X. Parteikongress der KPR in Moskau. Die Arbeiteropposition wurde verurteilt, und innerparteiliche Oppositionsgruppen wurden verboten. Das ZK erhielt die Vollmacht, gegen "Fraktionisten" Massnahmen, den Parteiausschluss eingeschlossen, zu ergreifen. Die Rolle der Gewerkschaften wurde ebenfalls neu definiert. So wurde

---

[10] Der Ertrag an Rohgetreide pro Kopf gerechnet sank von 4,9 dz im Jahre 1913 auf 2,4 dz im Jahre 1921/22. Diese Angaben stammen aus Hans Raupach, Wirtschaft, S. 49.

[11] Die untragbaren Wohnverhältnisse der Arbeiterschaft waren ein zentraler Kritikpunkt der Arbeiteropposition. Alexandra Kollontai bezeichnete die Wohnsituation in Moskau als genauso unhaltbar wie vor der Revolution.

[12] Alexandra Kollontai, The Workers' Opposition, in: Selected Writings, S. 160 und 168.

politisch jede Opposition verboten und damit präventiv verhindert.[13] Die wirtschaftlichen Forderungen aber, die während des Kronstadter Aufstands erhoben worden waren, wurden aufgegriffen, um das drohende Ende der Sowjetmacht abzuwenden.[14]

Entscheidend für den X. Parteitag war der Beschluss, das Verhältnis zu den Bauern neu zu bestimmen. Die Ablieferungspflicht wurde durch eine niedrigere Naturalsteuer ersetzt. Den Bauern wurde gestattet, ihre Überschüsse auf den lokalen Märkten frei zu verkaufen. "Ohne ein dauerhaftes Bündnis mit der Bauernschaft – davon hatte man sich nach den bitteren Erfahrungen der letzten Monate überzeugt – war das neue politische System in Russland nicht lebensfähig."[15]

Der Parteitag machte schliesslich auch Konzessionen an die Privatindustrie, die in entsprechenden Dekreten zum Ausdruck kamen.

Die Beschlüsse dieses Parteitags gelten als der Beginn der Neuen Ökonomischen Politik. Für das Jahr 1921 konnten sie jedoch keine Verbesserung herbeiführen. Eine furchtbare Dürre und die seit Jahrzehnten grösste Missernte suchten grosse Gebiete an der Wolga, die Südukraine, die Krim und den Nordkaukasus heim. "Die Folge war eine entsetzliche Hungersnot, die mehr als 30 Gouvernements mit insgesamt 30 Millionen Menschen erfasste."[16] Die Angaben über die Todesopfer schwanken zwischen einer und fünf Millionen.[17] Hilfsaktionen im internationalen Massstab waren dringend erforderlich, kamen aber für sehr viele der Betroffenen zu spät.

3.1.2 Die Neue Ökonomische Politik

Die unmittelbare Aufgabe der Neuen Ökonomischen Politik war es, die Bedingungen für die Wiederherstellung und Hebung der menschlichen Arbeitskraft in Stadt und Land zu schaffen. Den Bolschewiki war klar, dass der Anstieg der landwirtschaftlichen Produktivkräfte nur über die Bedürfnisbefriedigung der Bauern möglich sein würde.

---

[13] Dennoch konnte sich die Arbeiteropposition mit ihrer "Erklärung der 22" auf der Dritten Internationalen im Februar 1922 zu Wort melden. Erst nach einer im März erfolgten strengen Verwarnung Schljapnikows durch die Partei kam es zu einem raschen Zerfall der Gruppierung.

[14] Vgl. Gert Meyer, Studien, S. 193.

[15] Richard Lorenz, Sozialgeschichte 1, S. 123-124.

[16] Ebenda, S. 125.

[17] Hösch und Grabmüller sprechen von einer Million Toter, Haumann von vier bis fünf Millionen.

Schon eine Woche nach der Einführung der Naturalsteuer wurde der freie Austausch, Ein- und Verkauf landwirtschaftlicher Produkte gestattet. Nach dem Scheitern des genossenschaftlich organisierten Warenaustausches musste jedoch der Gebrauch von Geld bald wieder zugelassen werden. Die neue Handelsfreiheit traf auf einen Markt, auf dem Industrieprodukte so gut wie nicht vorhanden waren. Es erwies sich als unumgänglich, auch an private Unternehmer Zugeständnisse zu machen. Staatliche Betriebe konnten nun auch von Privatpersonen gepachtet werden, das Kleingewerbe, das im November 1920 nationalisiert worden war, wurde fast vollständig reprivatisiert und konnte sich frei entfalten.[18] "Auf diese Weise bildeten sich in weiten Bereichen der russischen Volkswirtschaft wieder kapitalistische Marktbeziehungen heraus, die von der sowjetischen Führung zunächst gefördert wurden."[19] Der Staat behielt jedoch das Monopol über die Grossindustrie, das Verkehrswesen, die Banken und den Aussen- und Grosshandel. Nach dem Vorbild der Privatbetriebe mussten auch die Staatsbetriebe auf die wirtschaftliche Rechnungsführung umgestellt werden, sollten sie sich in Zukunft als rentabel erweisen.

In diesem Zusammenhang musste aber auch die Arbeitspolitik neu bestimmt werden. Die Löhne wurden wieder in Geld ausbezahlt, was sich als nicht unproblematisch erwies.

"Angesichts der fortschreitenden Inflation bedeutete die Geldform des Lohnes eine ständige Gefährdung der Arbeitereinkünfte, und da die Löhne häufig nur mit grosser Verspätung ausgezahlt wurden, kam es 1922/23 in verschiedenen Industriebetrieben zu Streiks."[20]

Der Leistungslohn wurde eingeführt, um das Lohngleichheitsprinzip abzulösen, die allgemeine Arbeitspflicht wurde aufgehoben. Eine grosse Arbeitslosigkeit, besonders unter den Frauen war die Folge.[21] Die Industriearbeiterinnen waren im Vergleich zu den aus dem Bürgerkrieg zurückkehrenden Arbeitern weitaus weniger qualifiziert und dadurch als erste von den Umstrukturierungen in der Industrie betroffen.[22] "Under the NEP, 70 percent

---

[18]   Am 10. Dezember 1921 wurde die Reprivatisierung aller Unternehmen mit bis zu zehn Beschäftigten beschlossen.
[19]   Richard Lorenz, Sozialgeschichte 1, S. 124.
[20]   Gert Meyer, Studien, S. 193.
       Dies wird auch in anderen Studien bestätigt, so beispielsweise bei William J. Chase, Workers, S. 174-175.
[21]   Der Anteil arbeitsloser Frauen betrug 40%, der der Jugendlichen 10% und der der "Intelligenz", das bedeutet der Angestellten, 33%.
[22]   Die zu verzeichnende Zunahme der Prostitution muss in diesem Kontext betrachtet werden, wie nicht nur Gert Meyer, Studien, S. 388, bestätigt.

of the initial job cut backs resulting from the partial restoration of free market conditions involved women, the least skilled members of the labor force."[23]

Im Jahre 1922 konnten die sehr gute Ernte und die ersten Auswirkungen der Neuen Ökonomischen Politik als Anfänge einer neuen Phase gedeutet werden. "Die aufsteigende Entwicklung wurde allerdings im Herbst 1923 durch eine schwere Absatzkrise unterbrochen, die aus der zunehmenden Diskrepanz zwischen Industrie- und Agrarpreisen, der 'Schere' resultierte."[24]

Die Industrie nutzte die Konjunktur aus und liess die Preise für ihre Produkte ständig steigen, auch auf Veranlassung der übergeordneten Wirtschaftsbehörden, während die Bauern für ihre Waren immer weniger erhielten und sich die teuren und raren Industrieprodukte nicht mehr leisten konnten. "Im Herbst 1923 waren die Preise zahlreicher gewerblicher Produkte – speziell der Massenbedarfsartikel – teilweise dreimal so hoch wie vor dem Krieg."[25]

Die Regierung stellte für die kollektiven landwirtschaftlichen Organisationsformen viel Geld zur Verfügung und gewährte subventionierte technische Hilfe. Auch wurden die Preise für landwirtschaftliche Produkte nach oben korrigiert. 1925 erreichte die Agrarproduktion erstmals 95% des 1913 erwirtschafteten Wertes. Doch nur ein kleiner Teil davon wurde zum Verkauf angeboten. Während die Grossbauern vor 1914 34% der Gesamternte für den Handel freigaben, waren es 1926/1927 nur 20%, bei den Mittel- und Kleinbauern waren es statt 14,7% nur noch 11,2%. Insgesamt ging der Anteil von 26% auf 13,3% zurück.[26]

Der Gesamtausstoss der Industrie erreichte 1926 in etwa den Vorkriegsstand.[27] Auch die Arbeitslöhne hatten wieder das Vorkriegsniveau erreicht.

"Das Niveau von 1913 wurde 1926/27 in den meisten Branchen erreicht, in einigen auch übertroffen. Das Wachstum des Reallohns schlug sich im Arbeiterbudget nieder: der Verzehr von Fleisch- und Milchprodukten nahm die zwanziger Jahre hindurch zu, Schwarzbrot wurde mehr und mehr von Weissbrot ersetzt, echter Tee und echter Kaffee verdrängten die Surrogate."[28]

---

23 Beatrice Brodsky Farnsworth, Bolshevik Alternatives, in: Women in Russia, S. 141.
24 Richard Lorenz, Sozialgeschichte, S. 126-127.
25 Gert Meyer, Studien, S. 225.
26 Diese Angaben stammen von Hans Raupach, Wirtschaft, S. 50.
27 Gemäss Raupach lag die Stahl-, Erdöl- und Kohleproduktion 1928 über den Produktionszahlen von 1913, in der Eisen- und Zementproduktion lagen diese unter dem Vorkriegsniveau.
28 Hans-Henning Schröder, Industrialisierung, S. 100.

Achtstundentag, Jahresurlaub und Sozialversicherung – Errungenschaften, in deren Genuss der Industriearbeiter unter den Zaren nie gekommen war – waren für alle Industriearbeiter eingeführt worden. Dennoch war die Sowjetunion von der Bevölkerungsstruktur her ein Agrarland geblieben. 1926 lebten von den 147 Millionen Menschen mehr als 120 Millionen auf dem Land. Die Zahl der Fabrikarbeiter betrug knapp 2,5 Millionen, so viel wie 1913. Da die industriellen Anlagen abgenutzt und meist veraltet, die Kosten für Arbeitslöhne, Roh- und Brennstoffbeschaffung sehr hoch waren, lagen die Produktionskosten zwei bis dreimal höher als in Westeuropa. Die Folge waren relativ hohe Preise für Industriewaren, so dass die Kluft zwischen Industrie- und Agrarpreisen mit der Konsequenz des "Warenhungers" bestehen blieb. "Da man nicht in der Lage war, den Bauern in ausreichendem Masse billige Industrieerzeugnisse zur Verfügung zu stellen, waren sie am Verkauf ihrer Erzeugnisse nur wenig interessiert."[29]

Die kleinen bäuerlichen Einzelwirtschaften, die zahlenmässig, verglichen mit der Zeit vor dem Ersten Weltkrieg, stark zugenommen hatten, bestimmten den Charakter der russischen Landwirtschaft. Die innerbetriebliche Zerstückelung wirkte sich besonders hemmend auf die landwirtschaftliche Produktivität aus. So war es in der Mitte der zwanziger Jahre durchaus nicht ungewöhnlich, dass der Landanteil eines Bauern aus 16, mitunter sogar aus 100 und mehr auseinander liegenden kleinen Streifen bestand. Dies war die Folge des permanenten Umteilungsprozesses, der aus der traditionellen Gemeindeverfassung stammte und der trotz Verbots von den bäuerlichen Gemeinden weiter betrieben wurde. Eine umfassende Modernisierung wurde so unmöglich gemacht. 1927 gab es erst 27 000 Traktoren, die Hälfte davon war im Besitz der Staatsgüter und der wenigen Kollektivwirtschaften. Auf 24 Millionen Höfe entfielen nur 9 Millionen Pflüge und 8 Millionen Eggen. Um aber den steigenden Bedarf an Agrarprodukten decken zu können, war eine Konzentration der Agrarproduktivkräfte und der Übergang zu landwirtschaftlichen Grossbetrieben unumgänglich. Den 1927 existierenden 17 860 Kollektivwirtschaften standen 25 Millionen Einzelhöfe gegenüber.[30]

Innerhalb dieser Bauernschaft kam es zu einer erneuten sozialen Differenzierung. 1926/27 gab es 5,8 Millionen Landproletarier, 22,4 Millionen Dorfarme, 76,7 Millionen Mittelbauern und 4,9 Millionen Grossbauern, auch Ku-

---

[29] C. Goehrke, M. Hellmann, R. Lorenz, P. Scheibert (Hg.), Russland, S. 302.
[30] Diese Angaben stammen von Richard Lorenz, Sozialgeschichte, S. 131. Hösch und Grabmüller, Daten, S. 70, sprechen von insgesamt 64 000 landwirtschaftlichen Genossenschaften verschiedener Art. Sowchosen gab es Anfang 1927 4398, Kolchosen 14 832 Mitte des selben Jahres.

laken genannt.[31] Obwohl Hunderttausende in die Städte zogen, um Arbeit in der Industrie zu finden, konnten sie kaum ein Drittel der natürlichen Bevölkerungszunahme ausgleichen. Die Folge war, dass die agrarische Überbevölkerung fortbestand. Diese zeigte sich aber nur in bestimmten Gebieten, in denen als Folge grosses Elend herrschte. Andere Gebiete wie Sibirien und der asiatische Teil der Sowjetunion waren wenig oder kaum besiedelt und mussten erst urbar gemacht werden - ein Vorhaben von immensem Aufwand, das deshalb keine wirkliche Lösung bedeutete. Eine verstärkte Industrialisierung und eine Rationalisierung der landwirtschaftlichen Produktionsweise erschienen der Führung als einziger Ausweg.

Den aktuellen Auslöser für eine neue Landwirtschaftspolitik stellte die Getreidekrise von 1927/28 dar, als trotz guter Ernte die Getreidebeschaffung weit unter den Erwartungen lag und damit wegen der ausfallenden Agrarexporte die Industrialisierung erneut bedroht war.[32] Da die Bauern ihre Erzeugnisse in Ermangelung von käuflichen Industriewaren zurückhielten, zeigte sich in Regierungskreisen die Entschlossenheit, eine radikale Umgestaltung der landwirtschaftlichen Verhältnisse einzuleiten.

Als das Plenum des ZK im November 1929 schliesslich beschloss, die Massenkollektivierung beschleunigt durchzuführen und zwei Monate später anordnete, die Bauernbetriebe zu entkulakisieren, war auch für die Landwirtschaft das Ende der Neuen Ökonomischen Politik besiegelt. Erst im Rahmen der Perestroika fanden sich in der Sowjetunion wieder zahlreiche Vertreter, die eine Rückkehr zu dieser Neuen Ökonomischen Politik als Ausweg aus der sowjetischen Wirtschaftsmisere ansahen.

3.1.3 Die Kollektivierung der Landwirtschaft

Die Überführung der unrentablen und unterentwickelten Einzelwirtschaften in Kollektive war das erklärte Ziel der Sowjetführung mit ihrem Programm der Landwirtschaftskollektivierung. Diese hätte zu einer enormen Leistungssteigerung in der Landwirtschaft führen sollen. Doch das Gegenteil war der Fall. Die vollkommen überstürzte und gewalttätige Form der Massenkollektivierung bewirkte grosses wirtschaftliches und soziales Elend.

Auf dem Weg zur kollektivierten Landwirtschaft galt es, eine bestimmte Gruppe zu vernichten, die dörfliche Oberschicht, die sogenannten Kulaken.

---

31   Diese Angaben finden sich in: Russland, S. 305.
      Roger Portal nennt die Zahlen einer sowjetischen Sonderkommission für das Jahr 1925: 24% Dorfarme, 64,7% Mittelbauern und 6,9% Kulaken, in: ders., Der Aufbau, S. 49.
32   Vgl. Heiko Haumann, Geschichte, S. 37.

Diese hatten es in den Jahren zuvor verstanden, ihre Machtposition in wirtschaftlicher und politischer Hinsicht auszubauen und zu festigen.[33] Dass sich deren Situation grundlegend ändern würde, machte schon vor dem eigentlichen Beginn der Kollektivierungskampagne die Abschaffung des Wahlrechts für diese bäuerliche Spitzengruppe deutlich. Weitere restriktive Massnahmen folgten.[34] Den Kulaken war es verboten, ihr Land zu verpachten und Handel zu treiben. Ihnen wurden keine Maschinen mehr verkauft, Kredite wurden ihnen entzogen, die Einstellung von Lohnarbeitern erschwert. Bei der Landvermessung erhielten sie die schlechtesten Böden, für die sie aber am meisten bezahlen mussten.

Ausschlaggebend für die Zuordnung zur Gruppe der Kulaken war anfangs in erster Linie die gemäss dem Wert der Produktionsmittel bestimmte Grösse des Hofes.[35] 1926 hatte die Sowjetführung den Anteil der Kulaken an der Dorfbevölkerung auf 5% und ihren Anteil an den Höfen auf 4% festgesetzt. Der einsetzende ökonomische und politische Druck führte dazu, dass ihr ermittelter Anteil an den Höfen 1929 nur noch 2,3% betrug. Somit hätte das sogenannte "Kulakenproblem" 1929 als vernachlässigbar angesehen werden können. "Eine 'Klasse der Kulaken', deren 'ausbeuterischer Charakter' den amtlichen Kriterien entsprochen hätte, gab es im sowjetischen Dorf also nicht."[36] Doch die Zuordnung wurde in willkürlicher Art und Weise durch die lokalen Machtorgane fortgesetzt.

"Um sich selbst zu entlasten, erhöhte die Dorfarmut, die nun mit Unterstützung der Arbeiter und Funktionäre die Macht im Dorf ausübte, die Ablieferungsnormen der wohlhabenden Bauern in einem Masse, dass sie nicht mehr zu erfüllen waren."[37]

Das geschaffene Feindbild hatte nicht nur eine ideologische Funktion, es diente auch der Einschüchterung der breiten Masse der Bauern. Sie sollte willfährig gemacht werden, damit die Kollektivierung unter dem Anschein der Freiwilligkeit durchgeführt werden konnte, wie die Reden Stalins beweisen. Gezielt wurde der Begriff des Kulaken vage gefasst, um die Bauern in der ständigen Angst halten zu können, eines Tages auch verhaftet, deportiert oder umgebracht zu werden. 1929 sprach Stalin davon, dass es der Partei ge-

---

[33] Im Wirtschaftsjahr 1926/27 lag der Anteil der Kulaken an der Produktion von Marktgetreide bei 20%.

[34] Das ZK billigte in einem in der "Prawda" vom 15. Januar 1928 veröffentlichten Schreiben explizit das Vorgehen gegen die Kulaken.

[35] Vgl. Stefan Merl, "Ausrottung"?, in: Geschichte und Gesellschaft, Nr. 13, 1987, S. 372.

[36] Ebenda, S. 373.

[37] Ebenda, S. 320.

lungen sei, die breiten Massen der Dorfarmut und der Mittelbauern für die Kollektivierung zu gewinnen, "ungeachtet der verzweifelten Gegenaktionen aller jener dunklen Kräfte, von den Kulaken bis zu den Philistern und rechten Opportunisten."[38] Auf dem Novemberplenum des ZK der Kommunistischen Partei des selben Jahres behauptete er gar, dass die Getreideaufbringung derart gesteigert worden sei, dass ein Reservefond von Dutzenden von Millionen Pud angelegt werden konnte, dass ferner die Kollektivbetriebe einen stürmischen Zustrom der armen und mittelbäuerlichen Wirtschaften zu verzeichnen hätten und dass dadurch ein Aufbautempo erreicht worden sei, von dem man früher nicht einmal zu träumen gewagt hätte.[39] Die Kollektivierung sollte nun in einigen Gebieten im Frühjahr 1931, in anderen Gebieten bis im Frühjahr 1932 abgeschlossen sein. In den lokalen Parteiorganisationen herrschte ein wahrer Kollektivierungstaumel.

"Zwang und Terror nahmen auf dem Lande in einem solchen Ausmass zu, dass unter der bäuerlichen Bevölkerung Verbitterung und Empörung herrschten, die zu wachsendem passivem Widerstand gegenüber allen Anordnungen der Behörden führte."[40]

Die sowjetische Regierung konnte nun nicht länger die Augen vor der Tatsache verschliessen, dass die Ernte 1930 ernsthaft gefährdet war. Sie sah sich gezwungen das Kollektivierungstempo zu drosseln. Am 2. März 1930 erschien in der sowjetischen Presse ein Artikel Stalins mit dem Titel "Vor Erfolgen von Schwindel befallen", in dem er bekennt, dass in einigen Gebieten das Prinzip der Freiwilligkeit bei der Kollektivierung verletzt worden sei. Die Reaktion der Bauern, ihr Vieh zu schlachten, um dessen Überführung in die Kollektive zu verhindern, müsse gestoppt werden. Stalin machte kurzerhand die örtlichen Funktionäre für diese Zuspitzung der Lage verantwortlich:

"Den Kollektivbauer durch die Vergesellschaftung der Wohngebäude, des gesamten Milchviehs, des gesamten Kleinviehs und Federviehs zu reizen, wo die Artelform der Kollektivwirtschaft noch nicht gefestigt ist! - ist es denn nicht klar, dass eine solche Politik nur unseren verschworenen Feinden nützlich und angenehm sein kann?"[41]

Dennoch betonte er den prinzipiellen Erfolg der Kampagne und erachtete den Sieg als sicher.

---

[38] Ausführungen Stalins in: 15 Eiserne Schritte, S. 210.
[39] Vgl. ebenda, S. 215.
[40] Russland, S. 324.
[41] Stalin, Vor Erfolgen von Schwindel befallen, in: 15 Eiserne Schritte, S. 229.

Zur gleichen Zeit erfolgte durch die Behörden eine Überprüfung der Enteignungen und der Deportationen hinsichtlich ihrer Rechtmässigkeit. "Selbst unter den Deportierten wurden dabei etwa 10%, unter den in ihren Heimatgebieten Verbliebenen sogar mehr als 20% 'zu Unrecht' Enteigneter entdeckt."[42] Darunter verstand man arme Bauernwirtschaften. In der Folge dieser vorübergehenden Lockerung traten sehr viele Bauern wieder aus den Kollektiven aus, so dass im Mai 1930 nur noch 23,6% der Bauernwirtschaften als kollektiviert galten. Das Artel entwickelte sich gemäss der Weisung Stalins zur dominierenden kollektivwirtschaftlichen Betriebsform.

Doch schon nach der Ernte von 1930 unternahm die Sowjetführung einen erneuten Anlauf zur Massenkollektivierung. Kulaken gab es schon keine mehr. Der Angriff richtete sich jetzt gegen die Mittel- und auch Kolchosbauern. "Betroffen waren vor allem Inhaber von Kolchosposten (von Kolchosvorsitzenden bis zum Pferdeknecht), denen man Misswirtschaft, Sabotage oder auch einfach 'Klassenblindheit' vorwarf."[43] Der Begriff des Kulaken ging in den dreissiger Jahren nahtlos in den des Volksschädlings über.

Die ersten Deportationstransporte fanden im Februar und März 1930 statt und umfassten circa 400 000 Menschen, von denen vermutlich zwischen zwanzig- und vierzigtausend umgekommen sind, sei es durch Seuchen, Hunger oder den Transport selber. Im Herbst desselben Jahres setzten die Transporte wieder ein. Von der "Liquidierung der Kulaken als Klasse" waren zwischen 1929 und 1933 3,5 bis 5 Millionen Menschen betroffen.[44] Sie wurden deportiert, in Lager gesperrt oder standrechtlich erschossen. Hauptsächliche Verbannungsgebiete waren Sibirien und Kasachstan.

Bis im Sommer 1931 waren wieder mehr als die Hälfte aller Einzelhöfe zu Kollektiven zusammengeschlossen. Ein Jahr später gab es in der Sowjetunion 200 000 Kollektivwirtschaften und mehr als 4000 staatliche Güter, sogenannte Sowchosen. "Die erhoffte Überlegenheit des landwirtschaftlichen Grossbetriebs gegenüber der traditionellen Einzelwirtschaft war jedoch zunächst ausgeblieben."[45] Die Mechanisierung war absolut unzureichend, die Betriebsorganisation schlecht und die Wirtschaftsführung unrationell. Die Folge war eine niedrige Produktivitätsrate. Dazu trug auch die sinkende Arbeitsmoral der kollektivierten Bauern bei. Die bäuerliche Einzelinitiative existierte nicht mehr, über die Arbeitsnormen und die Entlohnung gab es noch keine Klarheit.

---

[42]   Stefan Merl, "Ausrottung"?, S. 374.
[43]   Ebenda, S. 375.
[44]   Diese Zahlen stammen von Stefan Merl, der sie auf der Grundlage regionaler Berechnungen durch sowjetische Historiker erstellt hat.
[45]   Russland, S. 326.

Am bedenklichsten war der Zustand der Viehwirtschaft. Innerhalb von drei Jahren reduzierte sich der Viehbestand allgemein um die Hälfte, bei den Schafen sogar um 70%. Entweder schlachteten die Bauern ihre Tiere schon vor der Überführung in die Kollektive oder die Tiere verendeten, weil es in den Kollektiven an Futter und Ställen fehlte.

Konnte der Leistungsrückgang durch eine gute Ernte im Jahre 1930 noch verdeckt werden, so hatte die Missernte 1931 verheerende Folgen. Eine Hungersnot brach aus, die zwischen 1932 und 1934 5 bis 6 Millionen Todesopfer forderte. Dennoch wurden Millionen Tonnen an Getreide ins Ausland exportiert, um die Auslandsschulden begleichen zu können.

"Der Hunger war ein Resultat der Zwangskollektivierung und des rücksichtslosen Getreideabzugs aus den traditionellen Überschussgebieten, in deren Folge bis 1932 die Produktionsfähigkeit der Landwirtschaft durch einen dramatischen Rückgang an Zugtieren entscheidend geschwächt worden war."[46]

Eine massive Landflucht und die Verschlechterung der Ernährungslage in den Städten gehörten ebenfalls zum Erscheinungsbild dieser sogenannten Reorganisationsperiode.

Von Zynismus gekennzeichnet erscheint das Vorgehen der Sowjetführung im Februar 1933, als sie den Kollektiven in den Hungergebieten ein "Saatdarlehen" für die Frühjahrsaussaat gewährt hatten, das aber nicht zur Linderung des Hungers "missbraucht" werden durfte. Zuwiderhandlungen wurden mit langjährigen Haftstrafen oder der Todesstrafe geahndet. Die Regierung liess Wärter zum Schutz der Getreidefelder einsetzen und leugnete gleichzeitig die Existenz einer Hungersnot. Den Höhepunkt erreichte das Massensterben im Sommer 1933. Es kam zu Kannibalismus und zum Ausbruch von Seuchen, doch Hilfe war nicht in Sicht. Die Parteiführung blieb bei ihrer Version, dass die Kolchosbauern an etwaigem Elend selber schuld seien, da sie Sabotageakte und Getreideveruntreuungen nicht bekämpft hätten.

Am 19. Januar 1933 erliess die Regierung ein Dekret über die Neuordnung der Getreidebeschaffung. Ablieferungsnormen wurden festgesetzt, die schon im Juli erneut erhöht wurden. Vorratsbildung war so unmöglich gemacht und eine Einflussnahme auf lokale Märkte ausgeschlossen. "Es gelang, auch die letzten Reserven aus der Landwirtschaft herauszupressen."[47] Bedingt durch diese Politik kam es zu einer maximalen Öffnung der Preisschere. Die Bauern mussten siebenmal mehr Getreide als vor dem Kriege abliefern, um die

---

[46] Stefan Merl, "Ausrottung"?, S. 378.
[47] Russland, S. 332.

gleiche Menge an Industriewaren zu erhalten. Der Staat zahlte den Bauern für ihre Waren Tiefpreise und verkaufte sie den Städtern zu Höchstpreisen. Auf diese Art zahlten die Bauern ihren Industrialisierungsbeitrag.

In den Kolchosen wurde allmählich, in Anlehnung an die Industriebetriebe, das Akkordsystem eingeführt. Es kam aber nicht zu einer regelmässigen Entlohnung, sondern zu Vorschusszahlungen und Gutschriften in der Funktion eines Berechtigungsscheins für den Arbeitslohn. Die endgültige Höhe wurde erst Ende des Jahres berechnet. Ausbezahlt wurde, wenn die Wirtschaftsperiode erfolgreich war, ansonsten konnte der Bauer zum Schuldner seines Betriebes werden. Oft garantierten nur die kleinen persönlichen Nebenwirtschaften das Überleben.

Unter diesen Umständen führte auch die Anwendung von Gewalt nur zu einer geringen Produktionsleistung der Bauern, die keinesfalls den geplanten Ergebnissen entsprach.

"Über die Folgen für die Landwirtschaft herrscht heute praktisch Einigkeit: Die Kollektivierung, wie sie von Stalin durchgeführt wurde, war eine Katastrophe. Sie führte nicht nur zur Vernichtung der Kulaken als Klasse, sondern zur fast völligen Zerstörung der sowjetischen Landwirtschaft. Diese leidet noch heute unter den Folgen und wird wahrscheinlich das schwächste Glied der sowjetischen Wirtschaft bleiben, wenn sie nicht radikal reformiert wird."[48]

3.1.4 Die beschleunigte Industrialisierung

Der forcierten Industrialisierung ist ab Mitte der zwanziger Jahre eine "Industrialisierungsdebatte" vorausgegangen, die die Konzentration aller Mittel auf die Produktionsgüterindustrie und einen Abbau des Agrarkapitalismus zum Inhalt hatte. Die stärkere Unterstützung der Industrie sollte durch eine entsprechende finanzielle Belastung der Grossbauern ermöglicht werden. Die Gegner dieses von der Parteiführung lancierten Programms befürchteten eine weitere Zunahme des "Warenhungers" und sprachen sich für eine freie wirtschaftliche Entwicklung der Bauern aus. Der XIV. Parteitag (1925) wie auch der XV. Parteitag (1927) erklärten zwar die verstärkte Industrialisierung des Produktionsmittelsektors für vorrangig, wollten aber das wirtschaftliche Gleichgewicht zwischen den Industriesektoren und der Landwirtschaft als Richtziel nicht aufgeben. Eine vom Obersten Volkswirtschaftsrat und der Staatlichen Plankommission entwickelte Wirtschaftskonzeption sah vor, die gesamte Volkswirtschaft auf der Basis einer verstärkten Industrialisierung

---

[48]   Walter Laqueur, Stalin, S. 49.

und mit einer angenommenen Wachstumsrate der industriellen Produktion von 10-20% auszubauen.[49] Mit der Einführung von Fünfjahresplänen sollte dies ermöglicht werden.

Die Produktionsergebnisse der Industrie zwischen 1926 und 1929 schienen diesen Erwartungen recht zu geben. Vor allem die Einführung des Dreischichtensystems trug zur besseren Ausnutzung des investierten Kapitals bei. Die Ziele wurden daraufhin noch höher gesteckt. Die XVI. Parteikonferenz (23.-29. April 1929) beschloss, das entwickelte Optimalprogramm als definitives Industrieprogramm für das Jahrfünft 1928/29-1932/33 anzunehmen.[50] Insgesamt 40% des Nationaleinkommens waren für Investitionen vorgesehen. Der Bau von Grossbetrieben war geplant, Heimindustrie und Hausgewerbe sollten in den Hintergrund treten. Bestimmte Industriezweige wie die Metallindustrie, der Maschinenbau und die Energieerzeugung wurden zu Schlüsselindustrien erklärt, die zukünftig absolute Priorität geniessen sollten. Gleichwohl wurde aber auch die Verbesserung des Lebensstandards und die Beseitigung des Warenhungers durch eine Förderung aller Wirtschaftsbereiche zum Ziel erklärt.

Die neue Industrialisierungsstrategie kam im Dekret über die Einführung der ununterbrochenen Arbeitswoche vom 27. August 1929 und dem Aufruf zum sozialistischen Wettbewerb zwischen den Fabriken zum Ausdruck. Die Maschinen standen nun an keinem Tag im Jahr mehr still. Für die Arbeiterschaft wurde im Herbst 1929 die Fünftagewoche eingeführt. Auf fünf Arbeitstage folgte ein freier Tag, der aber nicht für alle auf den gleichen Tag fiel. "Die Sowjetführung erhoffte sich von dem neuen Arbeitsrhythmus, der mit jahrhundertealten Traditionen brach, ausserdem eine erhöhte Tagesleistung und eine gleichmässigere Leistungskurve."[51]

Diese Einführung der ununterbrochenen Arbeitswoche stiess bei der Arbeiterschaft auf Ablehnung und wurde 1932/33 wieder abgeschafft.

Eine enorme Schwierigkeit beim Prozess der Industrialisierung stellte der Mangel an Spezialisten und technischen Facharbeitern dar. Den Anforderungen des industriellen Neuaufbaus waren die vom Land kommenden Arbeitskräfte nicht gewachsen. Eine Leistungssteigerung musste dennoch erzielt werden. Es wurden Stossarbeiterbrigaden gebildet, die einen Wettstreit um Produktionsrekorde in Gang setzten und die dadurch das Leistungsdefizit ih-

---

[49] Diese Wachstumsrate lag in den entwickelten Industriestaaten bei 2-4%.
[50] Dieses Optimalprogramm setzte voraus, dass es für den geplanten Zeitraum zu keiner Missernte kommen durfte, dass Agrarexporte und Auslandskredite ausgeweitet werden könnten, dass sich die Produktionskosten der Industrie günstig entwickelten und dass nur geringfügige Rüstungsausgaben nötig sein würden.
[51] Russland, S. 337.

rer Arbeitskollegen ausgleichen mussten. Erklärtes Ziel war es, den Fünfjahresplan in vier Jahren oder noch schneller zu erfüllen.

Die Entwicklung in der Landwirtschaft, die von der Sowjetführung erzwungen worden war, erforderte eine tiefgreifende Korrektur des Plans hinsichtlich der Landwirtschaftsmaschinen. Statt der geplanten 55 000 Traktoren sollten 170 000 gebaut werden, die Produktionszahl bei Mähdreschmaschinen, die im Plan überhaupt nicht vorgesehen waren, sollte circa 50 000 betragen.[52] Der Erfolg der Industrialisierungskampagne sollte an Hand einzelner Grossbauprojekte bewiesen werden. Am 1. Mai 1930 wurde die Turkestan-Sibirien-Eisenbahn (Turksib) als Verbindungslinie zwischen den westsibirischen Industriezentren und den mittelasiatischen Baumwollgebieten eröffnet. Am 14. Juni desselben Jahres nahm die grösste Fabrik für landwirtschaftliche Maschinen in Rostow am Don ihren Betrieb auf, drei Tage später das Stalingrader Traktorenwerk. Für das Jahr 1931 plante die Sowjetführung sogar eine fünfundvierzigprozentige Produktionssteigerung. Stalin wollte von einer langsameren Entwicklung nichts wissen. Sein Blick war auf die westlichen Industrieländer gerichtet, die die Sowjetunion gemäss seiner Vorstellung innert zehn Jahren einholen sollte. Doch die Probleme, die aus der einseitigen Industrialisierung resultierten, waren unübersehbar, und das für 1931 gesteckte Ziel konnte nicht erreicht werden. Für das darauffolgende Jahr war nur eine Steigerungsrate von 8,5% zu verzeichnen.[53] Für die Schwierigkeiten machte die Sowjetführung bestimmte Bevölkerungskreise verantwortlich. Sie schrieb diese Schwierigkeiten dem bösen Willen der bürgerlichen Spezialisten, den ehemaligen Menschewiki und Sozialrevolutionären zu. Diese wurden vor Gericht gestellt und für ihre angeblich sowjetfeindlichen Tätigkeiten, Sabotageakte und Aktionen zur Vorbereitung einer ausländischen Invasion abgeurteilt.[54]

Es war im ersten Fünfjahresplan zwar gelungen, die Arbeitslosigkeit zu beseitigen und einen modernen industriellen Produktionsapparat zu errichten, doch die Leistungsfähigkeit war gering. Die massiven Disproportionen zwischen den einzelnen Industriezweigen verhinderten ein gleichmässiges Entwicklungstempo und beeinträchtigten so die gesamte Produktion. Der Versuch, das Plansoll zu erfüllen, führte zu einer ständigen Qualitätseinbusse der industriellen Erzeugnisse. Der zweite Fünfjahresplan sollte einige dieser gra-

---

[52] Vgl. Richard Lorenz, Sozialgeschichte 1, S. 220.
[53] Auch 1932 wurden wieder einige Monumentalindustrieanlagen fertiggestellt, so das grösste Wasserkraftwerk ganz Europas in Dnjeprostroj und das zweitgrösste Kohlerevier des europäischen Teils der Sowjetunion, das Petschora-Kohlerevier von Workuta.
[54] Hierbei sind der Schachty-Prozess 1928 und der Prozess gegen die "Industriepartei" 1930 zu erwähnen.

vierenden Fehlentwicklungen beheben. Hinzu kam während des ersten Fünfjahresplan die massive Verschlechterung der wirtschaftlichen Lage der Arbeiterschaft. "War bis 1928/29 noch eine geringe Verbesserung des Reallohns
zu verzeichnen, erkennt man seit 1930 einen zunehmenden Rückgang".[55] Die
Lebensmittelversorgung war am Ende des ersten Planjahrfünfts so schlecht
wie in keinem anderen der Planjahre und vor allem viel schlechter als in der
NEP-Phase.[56]

Am 1. Januar 1934 wurde dieser Plan für den Zeitraum von 1933-1937
veröffentlicht und auf dem XVII. Parteikongress Ende Januar bestätigt. Dieser Parteikongress ist als "Parteitag der Sieger" in die Geschichte eingegangen.

Neueinstellungen, die Hebung der Arbeitsproduktivität, die Qualitätsver-
besserung und die bessere Auslastung der Produktionsapparate standen im
Mittelpunkt des neuen Plans. Eine wichtige Voraussetzung dafür war die Hebung des technisch-kulturellen Niveaus der Arbeiterschaft durch den Ausbau
der Betriebsberufsschulen. Dies war besonders wichtig für die grosse Zahl
der neueingestellten Frauen, die viel häufiger als Männer über keine Ausbildung verfügten. "The years between 1930 and 1937 saw a massive influx of
women constituting some 82 percent of all newly employed workers between
1932 and 1937."[57] 1937 waren mehr als 40% der Industriearbeiterschaft
Frauen.[58]

Die bessere Auslastung der Produktionsmittel sollte durch die Gründung
der Stachanowbewegung eingeleitet werden. "Deren Hauptaufgabe bestand
darin, mit Hilfe neuer Arbeitsmethoden und -verfahren einzelne Rekordlei-
stungen zu erzielen."[59] Diese Spitzenleistungen dienten dann dazu, die Ge-
samtleistung zu steigern und führten gleichzeitig zu einer sehr starken sozialen Differenzierung in der Arbeiterschaft. Der Lohn eines Stachanowarbeiters
konnte den Verdienst eines Arbeiters der unteren Lohnklasse um das Zwan-
zig- oder Dreissigfache überschreiten. Zusätzlich erhielten Stossarbeiter auch
soziale Vergünstigungen. Das Gesamtlohnniveau lag aber unter dem der
westlichen Industrieländer. Soziale Leistungen wie Versicherungen, kostenlose medizinische Betreuung und die staatliche Versorgung durch Betriebs-
kantinen und öffentliche Volksküchen sollten hier ausgleichend wirken, doch

---

[55] Hans-Henning Schröder, Industrialisierung, S. 101.
[56] Vgl. ebenda, S. 104.
[57] Gail Warshofsky Lapidus, Sexual Equality, in: Women in Russia, S. 125.
[58] Vgl. Michael Paul Sacks, Women, in: Women in Russia, S. 195.
[59] Richard Lorenz, Sozialgeschichte 1, S. 229.

herrschte trotzdem immer noch ein Mangel vor, der vor allem auf Kosten der berufstätigen Frauen ging.[60]

Trotz auch weiterhin bestehender massiver Disproportionen zwischen den einzelnen Industriezweigen hinsichtlich ihrer Produktivität wurde im Frühjahr 1937 der zweite Fünfjahresplan für erfüllt und die Übergangsperiode vom Kapitalismus zum Sozialismus für abgeschlossen erklärt. Die weitere Entwicklung zeichnete jedoch ein anderes Bild.

Die Schnellkurse für die auszubildende Arbeiterschaft vermochten weitere unzählige Unfälle, Betriebsstörungen, Maschinenschäden und Totalausfälle nicht zu verhindern, so dass die vorgeschriebene Produktionskapazität nicht erreicht werden konnte. Immer häufiger wurden die technischen und wirtschaftlichen Leiter dafür verantwortlich gemacht, verhaftet und verurteilt. Das ständige Auswechseln dieser Spezialisten durch unerfahrene und kenntnisarme Kräfte führte zu einem starken Niveauabfall in der Industrie.

"Vor allem aber hatten die Repressionen eine nachhaltige demoralisierende Wirkung; Denunziationen und Verleumdungen führten zu wechselseitigem Misstrauen; in den Betrieben und Institutionen herrschten Angst und Unsicherheit, die jede Arbeitsaktivität und Eigeninitiative lähmten; kaum jemand wagte, eine Entscheidung zu übernehmen oder eine Anweisung zu geben."[61]

Die offizielle industrielle Wachstumsrate sank von 29% im Jahre 1936 auf 11% im Jahre 1937 und stagnierte in den folgenden Jahren.[62] Erst 1940 war wieder ein Produktionsanstieg zu verzeichnen, der durch das Ende der Schauprozesse und auch durch arbeitsdisziplinarische Massnahmen in Form von Erlassen erzielt wurde.[63] So verfügte die Sowjetunion zu Beginn des Jahres 1941 über einen Produktionsumfang, der sie in der Weltrangliste an zweiter Stelle erscheinen liess, die Produktivität der Industrie konnte im internationalen Vergleich jedoch nicht mithalten. Dennoch hatte die Sowjetunion ein für die weitere Zukunft ausschlaggebendes Ziel innert kurzer Zeit

[60] Vgl. Gail Warshofsky Lapidus, Sexual Equality, S. 129.
[61] Richard Lorenz, Sozialgeschichte 1, S. 232-233.
[62] Walter Laqueur, Stalin, S. 54-55, gibt für den Zeitraum 1929-1941 eine Steigerungsrate des Bruttosozialprodukts um das Eineinhalbfache an. Diese neuesten Zahlen stammen von sowjetischer Seite und bedeuten eine massive Korrektur der damaligen offiziellen Angaben, die von einer fünffachen Steigerungsrate sprachen.
[63] Dazu gehört der Erlass des Präsidiums des Obersten Sowjets vom 26. Juni 1940, der den Übergang zum Achtstundentag und zur Siebentagewoche bedeutete. Das eigenmächtige Verlassen des Betriebes durch die Beschäftigten wurde verboten, das Fernbleiben vom Arbeitsplatz bei mehr als 20 Minuten disziplinarisch geahndet. Am 13. Juli wurde die Herstellung von Industrieerzeugnissen minderer Qualität zum Staatsverbrechen erklärt und mit Gefängnisstrafe belegt.

erreicht: "Am Vorabend des Krieges hatte die UdSSR sich völlig aus der ökonomischen Abhängigkeit vom Westen gelöst."[64]

3.1.5 Sozial- und bildungspolitische Massnahmen

Wie bereits angedeutet, kam es nach der Oktoberrevolution auch im sozialen und im bildungspolitischen Bereich zu tiefgreifenden Veränderungen in Sowjetrussland. Massnahmen zur sozialen Absicherung der Arbeiter, das Gesetz über die Arbeitspflicht, die rechtliche Gleichstellung von Mann und Frau, die Einführung des Scheidungsrechts, die völlige Neugestaltung des Bildungswesens mit dem Anspruch, das verbreitete Analphabetentum beseitigen zu wollen, sind lediglich einige Beispiele der nach der Oktoberrevolution eingeleiteten Umgestaltung.[65]

Um die russischen Frauen für den Aufbau des neuen Staats einsetzen zu können, bedurfte es des Rechts auf Arbeit, der sozialen Absicherung und Unterstützung und einer umfassenden Bildungsaktion in Stadt und Land. Im Januar 1918 wurde die Abteilung für Mutter- und Säuglingsschutz gegründet. Die Mütter sollten durch den Staat beschützt und versorgt werden, um die Vereinbarkeit von Beruf und Mutterschaft zu gewährleisten. Die im gleichen Jahr erlassene gesetzliche Verordnung garantierte den Frauen acht Wochen vor und acht Wochen nach der Geburt eines Kindes Urlaub bei vollem Lohnausgleich. Jede stillende Frau erhielt eine Prämie und Nahrungszulagen. Sie durfte ihren Arbeitsplatz verlassen, um das Baby stillen zu gehen und musste lediglich sechs Stunden arbeiten. Schwangere Frauen sollten nur leichtere Arbeiten verrichten und wurden von der Nachtarbeit befreit. In den zahlreich eingerichteten Sozialstellen wurden die Frauen und Mütter nicht nur über ihre Rechte informiert, sie wurden auch in Säuglingspflege und Geburtshilfe unterrichtet und erhielten medizinische Beratung. An diese Sozialstellen wurden Milchküchen, Säuglings- und Kinderkrippen und Entbindungskliniken angegliedert. Die Säuglings- und Mütterheime waren für alleinstehende Mütter bestimmt, die hier ihren viermonatigen Ruheurlaub verbringen konnten und gleichzeitig lesen und schreiben lernten. Trotz grosser Bemühungen konnte 1921 der Bedarf an diesen Einrichtungen nur zu knapp zehn Prozent gedeckt werden. So blieben die meisten Frauen mit dem Problem der Kindererziehung bei gleichzeitiger Berufstätigkeit allein.

Das neue Familien- und Ehegesetz von 1917 führte erstmals zur juristischen Gleichstellung von Mann und Frau und der von ehelichen und uneheli-

---

[64]   Roger Portal, Der Aufbau, S. 69.
[65]   Vgl. Gail Warshofsky Lapidus, Sexual Equality, S. 115-138.

chen Kindern. 1925 wurde der erste Gesetzesentwurf über die Gleichstellung der registrierten und der faktischen Ehe vorgelegt, um den Männern ihre Pflicht gegenüber den Kindern aus einer nichtregistrierten Verbindung deutlich zu machen und die Flut der Alimentenzahlungsprozesse einzudämmen. Diese Neuregelung war notwendig geworden, da die Lage der Frauen sich in den ersten Jahren der Neuen Ökonomischen Politik in ökonomischer Hinsicht massiv verschlechtert hatte und der Staat sich nicht in der Lage sah, arbeitslose nichtverheiratete Frauen mit Kindern zu unterstützen. Der neue "Kodex der Gesetze über Ehe, Familie und Vormundschaft" trat am 1. Januar 1927 in Kraft.

Als erstes Land der Welt legalisierte Sowjetrussland am 18. 2. 1920 die Schwangerschaftsunterbrechung, um die Frauen den Händen der "Kurpfuscher" zu entziehen. Nur noch Ärzte in den staatlichen Krankenhäusern durften diesen Eingriff vornehmen. Die Sowjetregierung war sich bewusst, dass angesichts der schwierigen wirtschaftlichen Verhältnisse für viele Frauen das Gebären von Kindern eine zu grosse Belastung bedeutete. Ein weiteres Problem war der Mangel an Verhütungsmitteln. Die gesetzliche Regelung zur Schwangerschaftsunterbrechung wurde schon ab 1923 im Zuge der neuen Wirtschaftspolitik mehrmals eingeschränkt. Stalin setzte sich in den dreissiger Jahren gegen die Möglichkeit der Schwangerschaftsunterbrechung ein, und so kam es am 27. Juni 1936 zu deren gänzlichem Verbot und zu einer Einschränkung der Scheidungsfreiheit. Die traditionelle Form der Familie wurde wieder zum Ideal erhoben, die Mutterschaft glorifiziert und die Hausarbeit als sozial wertvolle Arbeit deklariert.

"After the tolls of war, civil war, famine, deportations, and hardships from 1914 through the First FiveYear Plan, Stalin moved to change the status of the family from that of a barely tolerated "survival of the past" to that of an indispensable primary cell in Soviet society."[66]

Anfängliche theoretische Diskussionen und veränderte Auffassungen unter der sowjetischen Jugend wurden wieder zurückgedrängt. Die Frauen sollten keine spezielle Schulung und Betreuung mehr erfahren. Aus diesem Grund wurde 1929 die zehn Jahre zuvor gegründete "Abteilung für die Arbeit unter den Frauen", die in den örtlichen Parteikomitees mitgearbeitet hatte, kommentarlos aufgelöst, obwohl von einer ausreichenden Bildung und Qualifizierung der Frauen immer noch nicht gesprochen werden konnte. So waren auch 1939 noch 33,8% der berufstätigen Frauen ohne Ausbildung.[67] Die immer noch viel niedrigeren Löhne für Arbeiterinnen waren nicht der Ausdruck von

---

[66]   Peter H. Juviler, Women and Sex, in: Women in Russia, S. 253.
[67]   Vgl. Michael Paul Sacks, Women, S. 197.

Lohnungleichheit, sondern der von Ausbildungsungleichheit zwischen Männer und Frauen.[68]

Die Jugend war die Generation, auf die die Bolschewiki beim Aufbau des Sozialismus bauten. Um die neue Generation von Anfang an für das Sowjetsystem zu gewinnen, wurde das Erziehungswesen vollkommen neu organisiert. Der Einfluss der Familie sollte dem Einfluss des Kollektivs weichen. Kinderkrippen, Kindergärten, Kinderheime, Schulen, Fachschulen, Universitäten wurden errichtet und auf der Grundlage neuer pädagogischer Konzepte geführt, die vieles aus der westeuropäischen Reformpädagogik übernommen hatten. In den zwanziger und dreissiger Jahre sind mehrere Kurswechsel in der Bildungspolitik zu verzeichnen gewesen.

Der Bildungsanspruch der Bolschewiki, der sich in ihrem Schulkonzept von 1917 zeigte, erwies sich von Anfang an als schwer realisierbar. Die Desorganisation des Lehrkörpers und die wirtschaftliche Misere während des Kriegskommunismus verhinderten eine Umsetzung der Dekrete über den obligatorischen Gemeinschaftsunterricht und die Abschaffung des Analphabetentums.[69] Es wurde eine Kommission zur Liquidierung des Analphabetentums gegründet. Das erklärte Ziel war die vollständige Beseitigung des Analphabetentums aller Menschen von 8 bis 50 Jahren bis zum zehnten Jahrestag der Oktoberrevolution. Doch die Einführung der allgemeinen Schulpflicht im Jahre 1930 und die gesetzliche Bestimmung über die Unterrichtspflicht für alle Analphabeten zwischen 16 und 50 Jahren im Jahre 1932 machen deutlich, dass dieses Ziel nicht erreicht werden konnte.

"Mit dem ersten Fünfjahresplan erst entwickelte sich eine wirksame Alphabetisierungskampagne und organisierte sich ein Netz von schulischen und universitären Einrichtungen, deren Programme eng mit den Fortschritten der Industrialisierung verbunden waren."[70]

1918 wurden die Schulen in Sowjetrussland in Arbeitsschulen umbenannt, Zensuren wurden abgeschafft, und jede Schule verfügte über eine grosse Autonomie und Selbstbestimmung.

"Die Arbeitsschule sollte ein kulturell-werktätiges Leben entfalten, eine Schule der Selbstregierung und Selbstverwaltung sein, in der die Kinder

---

[68]   Der Ausbildungsgrad der Frauen nahm dennoch kontinierlich zu. Waren 1928 noch 28% aller Berufstätigen mit hohem Ausbildungsstand Frauen, so lag deren Anteil 1941 schon bei 34%.

[69]   Das Dekret "Über die Liquidierung des Analphabetentums unter der Bevölkerung des RSFSR" stammte vom 26. Dezember 1919.

[70]   Roger Portal, Der Aufbau, S. 57.

und Jugendlichen zusammen mit den Erwachsenen am Aufbau ihres Lebens arbeiteten."[71]

Drei Quellen hatte dieses bildungungspolitische Programm der Frühphase: die pädagogische Konzeption Leo Tolstojs, die amerikanischen und westeuropäischen Reformbestrebungen und Karl Marx. Kreiert wurde das polytechnische Bildungsideal, in welchem die Schule Lern- und Produktionsstätte in einem darstellte. Ein Drittel der gesamten Unterrichtszeit sollte die produktive Arbeit einnehmen. Die am 16. Oktober 1918 veröffentlichten "Grundprinzipien der Einheitsarbeitsschule" basierten auf der Vereinheitlichung des gesamten Schulsystems. "Die Betonung des Grundsatzes der Einheitlichkeit sollte den Abstand zum zaristischen Bildungswesen anzeigen, er implizierte die Ablehnung besonderer Schultypen mit eigenständigen Bildungszielen."[72]

Auch im Hochschulbereich kam es zu grundlegenden Veränderungen. Jeder Arbeiter und jede Arbeiterin durften auch ohne ein Zulassungszeugnis ein Studium aufnehmen. Es zeigte sich jedoch schon sehr bald, dass diese Massnahmen nicht zu einer effektiven Verbesserung des Bildungsstands führten. So wurden 1919 Arbeiterfakultäten gegründet, um die Arbeiter auf das Studium vorzubereiten.[73]

Mit Beginn der Neuen Ökonomischen Politik kam es auch zu einem Kurswechsel in der Bildungspolitik. Nicht mehr die allseitige Entwicklung zur Persönlichkeit stand im Vordergrund, sondern die praktische und fachliche Vorbereitung auf das Berufsleben. Wirtschaftskreise und die Gewerkschaften forderten eine Erhöhung der Qualifikation der Arbeiter, sollte der Wiederaufbau der Industrie vorangehen. Der Ausbau der Arbeitsschulen erfolgte nach der "Methode der Komplexe". Diese bedeutete den Verzicht auf einzelne Fächer und das Unterrichten anhand eines bestimmten "Komplexes", wie z.B. eines Hauses oder einer Fabrik, wodurch der Praxisbezug gefördert werden sollte. Grundlegende Fertigkeiten wie Lesen, Schreiben und Rechnen wurden dabei nur noch als sekundäres Lernergebnis betrachtet. Die Folge war ein geringer Lernerfolg der Schüler und nicht die erforderliche allgemeine Hebung des Bildungsniveaus.[74]

Im Jahre 1929 kam es zu einem Kurswechsel in der sowjetischen Bildungspolitk. Der neue Volkskommissar für Bildung A.S. Bubnow verbot jegliches Experimentieren im Bildungsbereich. Der Fach- und Klassenunterricht

---

[71] Kurt W. Koeder, Das Bildungswesen, S. 20.
[72] Ebenda, S. 22.
[73] Aus diesen Arbeiterfakultäten kam 1926 ein Drittel der Universitätsstudenten.
[74] Vgl. die Ausführungen von Fritz Lieb, Russland unterwegs, S. 221-244, der seine Erlebnisse in der Sowjetunion aus zwei Jahrzehnten beschreibt.

wurde wieder eingeführt, ebenso das Leistungsprinzip, um das mangelnde Niveau zu heben. Das kollegiale Leitungssystem und die Selbstverwaltung der Schulen wurden unter Stalin abgeschafft, die Schulen ganz neu strukturiert.[75] Der Kampf gegen die Feinde des Volkes wurde nun auch in die Schulen getragen. Inhaltlich erfuhr die "vaterländische Geschichte" und damit verbunden die Erziehung in Patriotismus ab Mitte der dreissiger Jahre eine bedeutende Aufwertung.[76]

Das Schwergewicht der neuen Bildungspolitik lag auf der Überwindung des immer noch bestehenden Analphabetismus. Am 15. August 1931 wurde die Unterrichtspflicht für alle Analphabeten zwischen 16 und 50 Jahren gesetzlich verankert, was dazu führte, dass 1939 89% der Bevölkerung zwischen 9 und 49 Jahren lesen und schreiben konnten.[77]

In der Verfassung von 1936 wurden das Recht auf Bildung, die allgemeine Schulpflicht, die Unentgeltlichkeit sämtlicher Bildungseinrichtungen und das Gewähren von Stipendien gesetzlich verankert. Doch schon 1940 kam es zur Einführung von Schulgeld für bestimmte Schultypen und zur Erhebung von Studiengebühren.

"Die Einführung der Studiengebühren für die Hochschulen und Technika könnte man als Beweis für eine bewusste Privilegierung der neuen sowjetischen Oberschicht sehen, da nunmehr auch das Einkommen der Eltern für den Besuch höherer Bildungsstufen massgebend sein konnte. Dies aber bedeutete einen Einbruch in die sozialistische Gleichheitsideologie."[78]

Dieser Verstoss gegen die Gleichheitsideologie vollzog sich in allen Bereichen des politischen Lebens und bildete das Kennzeichen stalinistischer Politik.

3.1.6 Die politische Entwicklung der Sowjetunion unter Stalin

Josef Dschugaschwili, genannt Stalin, wurde als Sohn eines Schuhmachers und einer Waschfrau am 20. Dezember 1879 in Gori (Kaukasus) geboren. Im Alter von 18 Jahren schloss er sich einer illegalen sozialdemokratischen Gruppe an und wurde deshalb aus dem Priesterseminar in Tiflis, das er als

---

[75] Diese Neustrukturierung bedeutete eine feste Zuordnung einzelner Schultypen zu bestimmten beruflichen Positionen.

[76] In der Resolution vom 15. Mai 1934 wurde die Wiederentdeckung der nationalen Geschichte, die als Basis für den zu fördernden Sowjetpatriotismus dienen sollte, propagiert.

[77] Vgl. Kurt W. Koeder, Das Bildungswesen, S. 29.

[78] Ebenda, S. 32.

Seminarist besuchte, ausgeschlossen. Er begann im Untergrund zu leben, sein hauptsächlicher Aufenthaltsort war Baku, das kaukasische Industriezentrum. Er wurde mehrmals festgenommen und einmal nach Sibirien verbannt, von wo er aber entkommen konnte. An den Parteikonferenzen der Sozialdemokratischen Arbeiterpartei Russlands nahm er 1905 in Finnland, 1906 in Stockholm und 1907 in London teil. In Abwesenheit wurde Stalin auf dem Prager Parteikongress in das neue ZK berufen und mit der praktischen Leitung der revolutionären Arbeit in Russland beauftragt. "Stalin war ein dynamisches, furchtloses, unermüdliches Arbeitstier der Partei, bis zu seiner letzten und längsten Internierung im Jahr 1913."[79]

In den vier Jahren der Verbannung wirkte er auf andere Verbannte als lethargisch und verschlossen, er unternahm keine Fluchtversuche und suchte keinen Kontakt zur Aussenwelt.

1917 traf er dann in Petersburg ein. Obwohl mittlerweile ranghoher Parteifunktionär war er innerhalb und ausserhalb der Partei weitgehend unbekannt. In den Berichten der Revolutionszeit wird er fast nie erwähnt. Er spielte eine bescheidene Rolle und hielt sich im Hintergrund, nicht ohne sein Ziel genau zu kennen. 1919 wurde er Mitglied des Politbüros, drei Jahre später Generalsekretär. Dieses Amt baute Stalin zu seiner eigentlichen Machtzentrale in der Partei aus. Als Lenin kurz vor seinem Tode die Entmachtung Stalins anstrebte, war es schon zu spät. Der von Lenin beauftragte Trotzki besass keine ausreichende Entschlossenheit, Lenins Anweisungen sofort in die Tat umzusetzen.[80] Das sogenannte Testament Lenins, in dem er vor Stalins Charaktereigenschaften warnt und dessen Entmachtung empfiehlt, wurde ignoriert.[81] Kamenew und Sinowjew haben sich auf dem 13. Parteitag dafür eingesetzt, dass Lenins Rat, Stalin abzulösen, nicht in die Tat umgesetzt wurde. Dass sie damit ihr eigenes Todesurteil besiegelt hatten, wurde ihnen erst zu spät bewusst.[82] Stalin war für die Zeit seines Lebens unangreifbar geworden. Er hatte alle Macht, die er benötigte, innert kurzer Zeit auf sich vereinigt.

Zu Beginn bildete er noch Koalitionen, die ihm halfen, seine Position auszubauen und mögliche Konkurrenten auszuschalten. Mit Kamenew und Sinowjew bildete er das sogenannte Triumvirat, das jedoch auch nur von kurzer Dauer war. Schon 1925 änderte Stalin seinen Kurs. Auf der XIV. Partei-

---

[79]   Walter Laqueur, Stalin, S. 18.
[80]   Anfang März 1923 forderte Lenin Trotzki vergeblich auf, im ZK gegen die von Stalin betriebene "georgische Angelegenheit" aufzutreten.
[81]   Lenins Ausführungen über Stalin stammen vom 4. Januar 1923. Lenin verstarb am 21. Januar 1924. Der XIII. Parteikongress fand Ende Mai 1924 statt und beschloss, Lenins "Brief an den Kongress" nicht weiter zu veröffentlichen.
[82]   Vgl. Dimitri Wolkogonow, Stalin, S. 152.

konferenz im April 1925 erklärte er den "Aufbau des Sozialismus in einem Lande" für möglich und richtungsweisend – gegen die Auffassungen Trotzkis, Sinowjews und Kamenews. Deren Opposition gegen den neuen Kurs Stalins wurde deshalb auf dem XIV. Parteitag im Dezember desselben Jahres verurteilt. Stalin verbündete sich mit den "Rechten" Bucharin, Rykow und Tomskij und verschaffte sich so Rückendeckung für sein Vorgehen gegen Trotzki, Sinowjew und Kamenew. Als deklarierter Verteidiger des Leninismus konnte Stalin sich auch der Unterstützung durch die Partei sicher sein. Die sogenannte "Linke" hatte mit ihrer Forderung nach einer rascheren Industrialisierung und ihrer Kritik an der Parteiführung hingegen keine Aussicht auf Unterstützung in der Partei. Im Oktober 1926 musste Trotzki das Politbüro verlassen, Kamenew wurde als Kandidat für das Politbüro gestrichen und Sinowjew verlor sein Präsidentenamt in der Komintern. Einige Tage zuvor hatten sie Selbstkritik geübt, um so dem Parteiausschluss zu entgehen. Sie wiederholten aber auch 1927 ihre Kritik an der Parteiführung und forderten eine Parteidiskussion. Stattdessen wurden sie und weitere 75 "Oppositionelle" auf dem XV. Parteikongress der KPdSU im Dezember aus der Partei ausgeschlossen.

Auf diesem Parteitag wurde auch die Kollektivierung der Landwirtschaft beschlossen, die den Bruch Stalins mit Bucharin bedeutete. Während Bucharin der Auffassung war, dass die Neue Ökonomische Politik noch einige Jahre fortgesetzt werden müsste, sah Stalin die Basis der Revolution, das städtische Proletariat, gefährdet und erzwang einen radikalen Kurswechsel. Die Begründung Stalins, dass es hinsichtlich eines drohenden Krieges solcher Massnahmen als Unterstützung der raschen Industrialisierung bedurfte, kam erst nachträglich auf, war aber für viele die überzeugendste.

Bucharin begann ebenfalls den Führungsstil Stalins zu kritisieren und protestierte gegen die Ausweisung Trotzkis aus der Sowjetunion nach Konstantinopel, die im Februar 1929 erfolgte. Bucharins Abstieg und Ende schienen vorgezeichnet. Wieder suchte Stalin nach Verbündeten, um die "rechte Opposition" bekämpfen zu können. Im April 1929 wurden im Plenum des ZK Massnahmen gegen diese Opposition beschlossen und eine "Parteisäuberung" vorbereitet. Erneut übten die Beschuldigten Selbstkritik und unterwarfen sich den Beschlüssen des ZK. Bucharin und Tomskij wurden aus dem Politbüro ausgeschlossen, Rykow stand unter Bewährung, wurde aber im Dezember 1930 von Molotow als Vorsitzender des Rats der Volkskommissare abgelöst und aus dem Politbüro entfernt. Auf dem VI. Sowjetkongress im März 1931 wurden Bucharin, Rykow, Tomskij und Nadeschda Krupskaja ins neu zu wählende Zentralexekutivkomitee aufgenommen, nachdem Stalin den Kampf gegen die "Rechtsopposition" für beendet erklärt hatte. Dieser vermeintliche

Frieden war jedoch nur von kurzer Dauer. Schon drei Monate später begann die "Prawda" mit der erneuten Kampagne, die sich sowohl gegen die "Rechtsopposition" als auch gegen "Linksabirrungen" richtete.

Die folgenden Jahre sind nicht nur durch die Ausschaltung der "Altbolschewisten", sondern auch durch die Durchführung von Säuberungsaktionen in der Partei und in der Bevölkerung gekennzeichnet. Die GPU erhielt freie Hand und konnte so eine Verfolgung in bisher ungekanntem Ausmasse einleiten.[83] Schon einen Monat nach der Verordnung der Parteisäuberung waren 15,6% der Gesamtmitgliedschaft aus der Partei ausgeschlossen.[84] Die Ermordung des Leningrader Parteisekretärs Sergej Kirow am 1. Dezember 1934 wurde von Stalin als Anlass genommen, zum politisch motivierten Massenterror überzugehen. Der Schachty-Prozess 1928, der Prozess gegen die Industriepartei 1930 und gegen das Unionsbüro der SDAPR 1931 waren nur Vorboten eines Geschehens, dessen zukünftige Ausmasse Anfang der dreissiger Jahre noch niemand erahnte.

Ausgehend vom XVII. Parteitag der KPdSU, dem "Parteitag der Sieger", lässt sich das Ausmass der Vernichtungspolitik Stalins verdeutlichen. "Es wurde festgestellt, dass von den auf dem XVII. Parteitag gewählten 139 Mitgliedern und Kandidaten des Zentralkomitees der Partei 98 Personen, das sind 70 Prozent, in den Jahren 1937 und 1938 verhaftet und liquidiert wurden."[85]

Das gleiche Schicksal ereilte 1108 der 1966 stimmberechtigten oder beratenden Delegierten dieses Parteitags. Von den 26 auf dem XI. Parteitag gewählten ZK-Mitgliedern – dem letzten Parteitag, an dem Lenin teilgenommen hat – überlebten nur Andrejew, Kalinin und Woroschilow Stalins Vernichtungsaktionen. Lediglich Lenin selber und Dscherschinskij waren schon in den zwanziger Jahren ohne Stalins Einwirkung gestorben.

Auch vor der Roten Armee machte Stalin nicht halt. Er liess fast die gesamte militärische Führung liquidieren und schwächte die Armee dadurch in einem solchen Ausmass, dass die Angriffe der Deutschen 1941 anfangs nicht abgewehrt werden konnten und Millionen von Sowjetbürgern ums Leben ka-

---

[83] Im Dezember 1932 wurden entsprechende Massnahmen ergriffen. Eine Parteisäuberung wurde durch das ZK angeordnet. Das Dekret über die Einführung eines einheitlichen Pass-Systems in der Sowjetunion gab der GPU die Möglichkeit zur Durchsuchung der Wohnungen der Bevölkerung.

[84] Die Angaben stammen von Edgar Hösch, Hans-Jürgen Grabmüller, Daten, S. 84.

[85] Chruschtschows "Geheimrede" vom 25. Februar 1956, in: R. Medwedew, R. Havemann, J. Steffen, u.a., Entstalinisierung, S. 498.

men.[86] Heutige Zahlen sprechen von 43 000 Opfern der Repression in der Roten Armee.[87]

Die Zahlenangaben über die in den Lagern Inhaftierten schwanken. Medwedew vermutet für die Jahre 1936-1939 fünf Millionen, von denen Hunderttausende hingerichtet wurden.[88] Neuere Publikationen sprechen gar von zehn Millionen.[89]

Zur politischen Begründung dieses Vorgehens zog Stalin die "These von der Verschärfung des Klassenkampfs bei fortschreitendem Sozialismus" heran, die er schon anlässlich der Zwangskollektivierung und der beschleunigten Industrialisierung formuliert hatte. Da es den kapitalistischen Klassenfeind innerhalb der Sowjetunion nicht mehr gab, musste der Feind in den eigenen Reihen zu finden sein.

"Nach den Feststellungen der Plenartagung des Zentralkomitees vom Februar/März 1937 arbeiteten in allen Parteiorganisationen sowie in sämtlichen staatlichen und wirtschaftlichen Institutionen des Landes Saboteure, Diversanten und Spione, die es aufzuspüren und unschädlich zu machen galt."[90]

Historische Untersuchungen haben gezeigt, dass es in der sowjetischen Industrie beim Bau, der Inbetriebnahme und der Produktion zu grossen Schwierigkeiten gekommen ist. Aber schon damals stellten Untersuchungskommissionen fest, dass Havarien, Brände, Explosionen und Eisenbahnkatastrophen nicht einfach vorsätzliche Aktionen, sondern die Folge von Verstössen gegen die Arbeitsbestimmungen und die technischen Richtlinien waren. Ebenso häufig lag mangelnde Kompetenz der Arbeiter und Leiter vor.[91]

Die wirklichen Motive für Stalins Vorgehensweise hat man schon vielfach zu erfassen versucht und verschiedenste Erklärungsmuster herangezogen. Eine oft wiederholte Auffassung besagt, dass Stalins Verbrechen auf sein dringendes Bedürfnis, die "alte Garde" zu vernichten, zurückzuführen sei.

"Die Alten werden eliminiert; denn die Alten haben einen Fehler: sie verdanken nicht alles, was sie haben, einzig und allein der stalinistischen

---

86 Vgl. Ales Adamowitsch, Den Krieg, in: Gert Meyer, Wahrheit, S. 248-251.
87 Diese Angaben machte Wolkogonow in einem Interview mit Moskau News, Nr.3, 1989.
88 Roy Medwedew, Die Wahrheit, S. 267.
89 So zum Beispiel Hermann Weber, "Weisse Flecken", S. 12.
   Auch Medwedew macht mittlerweile solche Angaben, wobei er unter "Opfer" auch die Familienangehörigen versteht. Vgl. Moskau News, Nr. 3, 1989.
90 Richard Lorenz, Sozialgeschichte, S. 232.
91 Vgl. Schauprozesse, S. 196.

Bürokratie, einiges verdanken sie ihrer Vergangenheit als Kämpfer, und mit dieser Vergangenheit sind sie in ihrem Innersten durch Traditionen und Erinnerungen verbunden. Gefährliche Erinnerungen, gefährliche Traditionen!"[92]

Für Laqueur kann als erwiesen gelten, dass aussenpolitische Erwägungen Stalins sich nicht nachweisen lassen. Diskutiert wird hingegen weiterhin, ob Stalins Auffassung von der russischen Mentalität ihn dazu führte, seine Gewaltmassnahmen für berechtigt und richtig zu erachten. In der Ära von Glasnost wurde auch oft über die Möglichkeit diskutiert, ob Stalin geisteskrank gewesen ist. So meint Wolkogonow, in Stalin einen Paranoiker zu erkennen, was Roy Medwedew nicht akzeptiert, da er der Auffassung ist, dass Stalin sich seiner Taten voll bewusst war.[93] Es ist jedoch hier nicht der Ort, auf diese Überlegungen weiter einzugehen. Sie sollten dennoch nicht unerwähnt bleiben, um zu zeigen, welche Schwierigkeiten die Auseinandersetzung mit der Person und Herrschaft Stalins auch den heutigen Wissenschaftlern noch bereitet.

Schon vier Wochen nach der Ermordung Kirows 1934 wurden der Mörder und dreizehn Mitangeklagte zum Tode durch Erschiessen verurteilt. Das Urteil wurde umgehend vollstreckt. Bis heute sind die wirklichen Umstände und Hintergründe des Attentats auf Kirow ungeklärt. Die rasche Erschiessung des Täters Nikolaew und die Tötung der Leibwache Kirows verhinderten eine Aufklärung. Dennoch ist bekannt, dass Kirow eine politische Gefahr für Stalin bedeutete, was Kirows Auftreten auf dem XVII. Parteitag deutlich gemacht hatte. Auch wenn eine direkte Beteiligung Stalins an der Ermordung Kirows bis heute nicht nachzuweisen ist, kann sein unmittelbares Interesse an dessen Ausschaltung als unbestritten angesehen werden.

Stalin versuchte Sinowjew und Kamenew verantwortlich zu machen, liess sie verhaften und mit anderen einflussreichen Leningrader Politikern zusammen im Januar 1935 vor Gericht stellen. Sie wurden der geistigen Mittäterschaft an der Ermordung Kirows angeklagt. Das Urteil lautete auf mehrere Jahre Gefängnis. Dieser Prozess bedeutete jedoch lediglich die Vorbereitung auf einen grösseren Prozess, den ersten Moskauer Schauprozess, der dann im August 1936 stattfand. Erneut standen Sinowjew und Kamenew mit vierzehn anderen führenden Bolschewiken vor Gericht, wurden zum "terroristischen trotzkistisch-sinowjewistischen Zentrum" geformt und der geheimen trotz-

---

92   Victor Serge, Die sechzehn Erschossenen, II, S. 15.
      Diese Auffassung vertritt auch Isaac Deutscher in seinem Buch "Stalin", S. 466 und S. 488.
93   Vgl. Walter Laqueur, Stalin, S. 178-183.

kistischen Verschwörung innerhalb der Partei seit 1932 angeklagt. Vorausge-gangen war eine landesweite Verfolgungsaktion, die "trotzkistisch-sino-wjewistische konterrevolutionäre Terroristen" zu Fall bringen sollte. Hunder-te von Menschen wurden verhaftet und mussten Geständnisse ablegen, die die Verbindung von Trotzki mit Sinowjew belegen mussten.[94]

Alle Beklagten des "Prozesses der Sechzehn" gestanden vollumfänglich ihre Schuld, obwohl dieses Eingeständnis für sie die Todesstrafe bedeutete. Wie es zu den Geständnissen in diesem und den folgenden Prozessen gekom-men ist, lässt sich heute in Einzelfällen rekonstruieren. Es ist aber auch ge-samthaft bekannt, welcher Behandlung die Angeklagten ausgesetzt waren. "Sie bestand aus permanenten Verhören (nach dem System 'am laufenden Band'), aus moralischer und manchmal physischer Folter, aus Drohungen und aus der systematischen Verletzung der Menschenwürde der Angeklag-ten."[95]

Auch der Aspekt der Parteiloyalität der angeklagten "alten Bolschewisten" ist miteinzubeziehen, wenn auch heute nicht bekannt ist, wer von den Be-klagten auf diese Form der Geständnisproduktion angesprochen und daran geglaubt hat.[96]

Die Todesurteile wurden am 24. August verkündet. Die Angeklagten wur-den der Vorbereitung und der Ausführung des Mordes an Kirow für schuldig befunden, ebenso der Bildung von Terrorgruppen, unter der Anweisung Trotzkis, mit dem Ziel, Stalin und andere führende Politiker zu ermorden. Ei-nige Stunden später wurden die Urteile vollstreckt. Die sowjetischen Presse-organe reagierten mit Freude und Erleichterung: "Seit es geschehen ist, atmet man besser, ist die Luft reiner. Unsere Muskeln sind neu gestärkt, unsere Maschinen laufen munterer."[97]

Schon sechs Monate später, vom 23.- 30. Januar 1937, tagte derselbe Ge-richtshof in der Strafsache des "Parallelen antisowjetischen trotzkistischen Zentrums". Angeklagt waren wieder prominente Kommunisten wie Pjatakow, Radek, Serebrjakow, Sokolnikow, Muralow u.a., denen Hochverrat, Spiona-ge-, Diversions- und Terrortätigkeit im Auftrag Trotzkis und in Zusammenar-beit mit deutschen Faschisten und Japanern angelastet wurde.

---

[94] Vgl. Schauprozesse, S. 146-169.
[95] Walter Laqueur, Stalin, S. 175.
[96] Arthur Koestler hat dieses Problem in seinem Roman "Sonnenfinsternis", der 1940 in englischer Sprache erschienen ist, behandelt.
[97] Prawda vom 25. August 1936, zitiert nach: Victor Serge, Die sechzehn Erschosse-nen, S. 40.

Trotz der genauen Präparation der Angeklagten und des Prozessverlaufs kam es schon in der ersten Phase des Prozesses für die Anklage und somit für den Initiator Stalin zu peinlichen Pannen, die Zweifel an der Echtheit der Aussagen hätten aufkommen lassen können. So wurde Pjatakow in der Gerichtssitzung vom 23. Januar 1937 beschuldigt, sich am 12. Dezember 1935 heimlich mit Trotzki in Norwegen getroffen zu haben, um weitere Anweisungen entgegenzunehmen. Dazu sei er an diesem besagten Tag von Berlin aus nach Oslo geflogen. Schon zwei Tage später, am 25. Januar 1937, veröffentlichte die norwegische Arbeiterzeitung "Aftenposten", dass keine zivilen Flugzeuge während des ganzen Monats Dezember 1935 in Oslo gelandet seien. Und das norwegische "Arbeiderbladet" stellte fest, dass die Landebahn zwischen September 1935 und Mai 1936 überhaupt nicht angeflogen worden ist. Staatsanwalt Wyschinskijs Rettungsversuch wirkte – wirkt heute auf Aussenstehende – wenig überzeugend:

"Die Konsularabteilung des Volkskommissariats für Auswärtige Angelegenheiten teilt dem Staatsanwalt der UdSSR hierdurch mit, dass laut einer von der Bevollmächtigten Vertretung der UdSSR in Norwegen erhaltenen Auskunft der Flugplatz in Kjeller in der Nähe Oslos das ganze Jahr hindurch, entsprechend den internationalen Regeln, Flugzeuge anderer Länder aufnimmt und dass Landung sowie Start von Flugzeugen auch in den Wintermonaten möglich ist."[98]

Der Nachweis eines Attentatsversuchs auf Molotow wirkt aus heutiger Sicht ebenso fragwürdig. Der Fahrer Molotows, Arnold, geriet auf einer Fahrt in die Stadt mit dem Wagen in einen Strassengraben, ohne dass Molotow oder dem Fahrer etwas passiert wäre. Arnold erhielt eine Rüge wegen Fahrlässigkeit, und bald war der Fall vergessen und aus den Akten gelöscht, was Molotow ausdrücklich gewünscht hatte. Aus diesem Vorgang konstruierte Wyschinskij einen Attentatsversuch.

Ein weiterer wichtiger Anklagepunkt waren die angeblichen Sabotageakte der Beklagten. Die Expertengutachten über diese Aktionen in den industriellen Zentren sind erwiesenermassen alle falsch und erzwungen. Die Parteikontrollkommission beim ZK der KPdSU veröffentlichte dazu 1989:

"Die Mitglieder der Kommission hatten im Verlauf von zwei Wochen das Gebäude der örtlichen Organe NKWD nicht einmal verlassen und sich weder mit einem der angeklagten noch mit leitenden Mitarbeitern der Betriebe getroffen. (...) Die Schlussfolgerungen, dass es sich um Sabotage handle, wurde den Experten aufgezwungen, ihr Abschlussbericht

---

98   Volkskommissariat für Justizwesen der UdSSR, Prozessbericht, S. 484.

wurde auf Anweisung der Mitarbeiter des NKWD mehrmals überarbeitet."[99]

Alle Angeklagten gestanden die ihnen angelasteten Verbrechen in ausführlicher Weise. Sie wurden daraufhin zum Tode verurteilt, nur Radek, Sokolnikow, Arnold und Stroilow erhielten Freiheitsstrafen. Vier Jahre später waren auch sie tot, ermordet und hingerichtet.

1989 musste die Parteikontrollkommission sämtliche Urteile aufheben und das Verfahren für null und nichtig erklären. Es hatten sich keinerlei Beweise für die Beschuldigungen finden lassen. Alles war gezielte und vernichtende Erfindung Stalins und seiner Helfer. Doch damals zeigten sich die internationalen Prozessbeobachter von der Eindeutigkeit des Falles beeindruckt, und 200 000 Moskauer hatten auf dem Roten Platz lautstark die Todesstrafe für die Angeklagten gefordert. Der Schauprozess schien gelungen.

Im Juni 1937 veranlasste Stalin die Verhaftung führender Militärs. In einem Geheimprozess wurden sie zum Tode verurteilt und sofort hingerichtet. Dem Prozess folgte eine Säuberungsaktion in der Roten Armee mit Tausenden von Opfern.

Der dritte Schauprozess fand vom 2.-13. März 1938 vor dem selben Gerichtshof statt und richtete sich gegen den "antisowjetischen Block der Rechten und Trotzkisten". Die Beklagten Bucharin, Rykow, Krestinskij, Rosengolz, Rakowskij und siebzehn weitere Kommunisten wurden beschuldigt, 1932 eine Verschwörergruppe mit dem Ziel der Zerstörung der Sowjetunion und der Wiederherstellung des Kapitalismus gebildet zu haben. Die beklagten Bucharin und Rykow waren schon durch die Aussagen der Angeklagten in den vorangegangenen Schauprozessen schwer belastet worden. "Die Aussagen, die als Grund für die Verhaftung Nikolai Bucharins und Alexej Rykows dienten, entsprachen nicht der Wirklichkeit und wurden durch Erpressung und Gewalt gegen die Gefangenen erreicht."[100] Sie wurden des Mordes an Kirow beschuldigt, aber auch des Mordes an Gorki u.a. und sogar des Mordversuchs an Lenin 1918. Ausser Krestinskij bekannten sich alle Angeklagten von Anfang an für schuldig, achtzehn wurden in der Folge zum Tode verurteilt und hingerichtet. Wie alle Schauprozesse so musste auch dieser von der Kontrollkommission 1989 für nichtig erklärt werden: "Wie jetzt zweifelsfrei festgestellt werden konnte, war der Fall des "Antisowjetischen rechtstrotzkistischen Blocks" vollständig gefälscht und der Prozess selbst von Stalin und seiner Umgebung inszeniert worden."[101]

---

99   Schauprozesse, S. 198.
100   Ebenda, S. 350.
101   Ebenda.

Alle Prozesse dienten Stalin dazu, die in allen Bereichen des Sowjetsystems bestehenden Schwierigkeiten bestimmten, angeblich sowjetfeindlichen Gruppierungen anlasten zu können und so die sowjetische Bevölkerung und die internationale Öffentlichkeit zu täuschen. Die Terror- und Sabotageakte der Trotzkisten im Lande mussten kreiert und als Ursache für die Explosionen, Unfälle, Zugentgleisungen und andere Störungen genannt werden. Hinter den Schauprozessen verbarg sich Stalins Kampagne des systematischen Terrors, in deren Verlauf Millionen von Menschen umgebracht wurden, obwohl diese niemals einer oppositionellen Gruppierung angehört hatten. Ihnen wurden keine Prozesse gemacht, sie verschwanden ohne Aufsehen und hinterliessen bei ihren Familien nur Angst und die Hoffnung, unbehelligt zu bleiben. Es regte sich kein Protest, im Gegenteil – Stalin liess sich von der Sowjetbevölkerung huldigen, und wie die heutige Aufarbeitung der Geschichte in der Sowjetunion deutlich macht, hat er noch immer seine Verteidiger.

3.2 Die Schweiz in der Zwischenkriegszeit

3.2.1 Die Situation in der Schweiz am Ende des Ersten Weltkriegs

Der Erste Weltkrieg und seine Folgen lösten auch in der Schweiz weitreichende Erschütterungen aus. Während das erklärte aussenpolitische Ziel weiterhin die Wahrung der Schweizer Neutralität blieb, war die Innen-, Wirtschafts- und Sozialpolitik durch schwerwiegende Krisen gekennzeichnet, die nach Lösungen und Neuansätzen verlangten. Neben den auftretenden nationalen Gegensätzen zwischen der Welschschweiz und der Deutschschweiz kam es – und das in weit stärkerem Masse – als Folge der wirtschaftlichen Krise zu sozialen Spannungen.

"Einerseits waren Kriegsgewinne ungehemmt möglich, und die Bauernschaft, die sich um die Landesversorgung abrackerte, war an sich privilegiert, andererseits führte eine ungenügende Sozialpolitik dazu, dass bei steigenden Preisen die Löhne der Arbeiter, Angestellten, Beamten und Lehrer immer ungenügender wurden."[1]

Der verlängerte Militärdienst bedeutete für viele Familien soziale Not, wie auch die zahllosen Entlassungen im Produktionsbereich. Arbeitslosenversicherungen auf staatlicher Basis existierten nicht. Der Lebenskostenindex stieg

---

[1]   Ulrich Im Hof, Geschichte der Schweiz, S. 135.

auf Grund der Auslandsabhängigkeit zwischen 1914 und 1920 von 100 auf 229, was für die Arbeiter eine Reallohneinbusse von circa 30% bedeutete. Im Juni 1918 gab es in der Schweiz 692 000 notstandsberechtigte Personen – ein Sechstel der gesamten Bevölkerung.[2]

Ab 1916 kam es in der Schweiz zu ersten gewaltsamen Demonstrationen. Die Februar- und Oktoberrevolution im Jahre 1917 hatten auf die europäische Arbeiterschaft eine grosse Wirkung, die sich bei den Schweizer Arbeitern zeigte. Als es anlässlich einer "von marginalen Pazifisten und radikalen Linkskreisen veranlassten 'Feier' zur Russischen Revolution"[3] am 17. November 1917 in Zürich zu Ausschreitungen kam, gab es die ersten Toten.

Teile der Sozialdemokratie – die Partei der Arbeiterschaft – waren im Laufe des Ersten Weltkriegs offen in Opposition zur Politik des Bundesrats getreten. Ihr führender Mann war Robert Grimm. Gegen die Zivildienstvorlage des Bundesrats nahm er gemeinsam mit dem Oltener Komitee den Kampf auf.[4]

3.2.2 Der Landesgeeralstreik

Als der Bundesrat angesichts der ersten Jahresfeier der Russischen Revolution und in Erwartung von Aufständen vorsorglich nach Zürich Truppen entsandte, beschloss das Oltener Aktionskomitee für den 9. November 1918 einen vierundzwanzigstündigen Proteststreik.

"Die organisierte Arbeiterschaft hat nichts zu tun mit Putschismus. Gehören ihre Sympathien dem heldenmütigen Kampf der russischen Arbeiterschaft, so wissen die Schweizer Arbeiter, dass die revolutionären Methoden des revolutionären Russlands sich nicht schablonenhaft auf unser Land übertragen lassen. (...) Zum Zeichen der Auflehnung gegen die Unverantwortlichkeit der militärischen und bürgerlichen Diktatur fordern wir euch auf, unverzüglich in einen 24-stündigen Protest-Streik einzutreten."[5]

---

[2]   Diese Zahlenangaben finden sich bei Hans Ulrich Jost, Bedrohung, in: Geschichte der Schweiz, Bd. III, S. 135-136.

[3]   Ebenda, S. 137.

[4]   Das Oltener Komitee war am 4. Februar 1918 von Sozialdemokraten und Gewerkschaftern gegründet worden und hatte zum Ziel, die Einführung der Zivildienstpflicht für Männer und Frauen zu verhindern. Im Laufe des Jahres, das durch eine Zuspitzung der wirtschaftlichen und sozialen Lage gekennzeichnet war, wurden ein Aktionsprogramm und ein Forderungskatalog erstellt.

[5]   Aufruf des Oltener Komitees, in: Willi Gautschi (Hg.), Dokumente, Nr. 77, S. 205.

Der Aufruf wurde aber nicht in allen Teilen der Schweiz befolgt. Als am 10. November bei einer Kundgebung in Zürich die Truppen gegen die Demonstranten vorgingen, riefen das kantonale Gewerkschaftskartell Zürich für den 11. November einen kantonalen Generalstreik, das Oltener Komitee einen unbefristeten Landesstreik aus. Ausserdem formulierte das Komitee ein Neun-Punkte-Programm.

Der Landesgeneralstreik dauerte vom 11.-14. November unter der Beteiligung von circa 250 000 Arbeitnehmern. Der Bundesrat liess weitere Truppen ausheben und forderte die bedingungslose Kapitulation, die vom Oltener Komitee dann auch befolgt wurde. Als Gegenleistung wurde lediglich eine Forderung des Komitees erfüllt – die Einführung der 48-Stunden-Woche. Viele Zeitzeugen berichten von der grossen Enttäuschung über diesen Streikabbruch durch das Komitee und das Verhandlungsergebnis.

"Es ist zum Heulen! Niemals ist schmählicher ein Streik zusammengebrochen. Zusammengebrochen nicht unter den Schlägen des Gegners, nicht an der Entkräftung, nicht an der Mutlosigkeit der eigenen Truppen, sondern an der feigen, treulosen Haltung der Streikleitung."[6]

Als es im Sommer 1919 in Basel und Zürich erneut zu einem Generalstreik kam, reagierten Polizei, Armee und Bürgerwehren noch massiver als 1918. Die Bilanz von Basel waren fünf Tote.

Die Gespaltenheit der Sozialdemokratischen Partei wurde auf Grund dieser politischen Ereignisse immer deutlicher. Ausserhalb der SPS hatte sich eine Organisation gebildet, die sich als wirklich revolutionär und kommunistisch verstand – die Partei der Altkommunisten. Innerhalb der SPS gab es eine linkssozialistische Gruppe, die sich wie die Jungsozialisten für eine Umorientierung der Partei stark machte.

Im März 1919 war in Moskau die III. Internationale gegründet worden. Am 12. Juli beschloss der Parteivorstand der SPS den Beitritt, am 16./17. August unterstützte der Parteitag diesen Beschluss. Die Parteirechte, die dagegen war, forderte eine Urabstimmung aller Parteimitglieder über diese Frage. Das Resultat bedeutete eine klare Ablehnung des Beitritts. Als dann im Sommer 1920 die von der Kommunistischen Internationale formulierten Aufnahmebedingungen bekannt wurden, stimmten Parteivorstand und Parteitag im Dezember ebenfalls mehrheitlich gegen den Beitritt.[7] Bei der Bekanntgabe des Abstimmungsresultats verliess die Parteilinke demonstrativ den Saal,

---

6   Ernst Nobs, "Es ist zum Heulen!", in: Volksrecht, 14. November 1918.
7   Es handelt sich hierbei um den Berner Parteitag der SPS vom 10.-12. Dezember 1920.

in dem die Partei tagte.[8] Die endgültige Spaltung war besiegelt. Der nächste Schritt, der folgte, war die Vereinigung der ausgetretenen SP-Linken mit den Altkommunisten. 5483 ehemalige SP-Mitglieder und 871 Altkommunisten schlossen sich am 5./6. März 1921 zur KPS zusammen.[9] Neben der noch immer rund 40 000 Mitglieder zählenden SPS blieb die vereinigte KPS aber eine Minderheit.

3.2.3 Die Nachkriegskrise

Diese Spaltung der Schweizer Arbeiterbewegung vollzog sich auf dem Hintergund einer schweren weltweiten Wirtschaftskrise, die auch in der Schweiz massive Auswirkungen zeigte. Die Zahl der Arbeitslosen betrug im Dezember 1921 10,5%, die Zahl der Kurzarbeiter war ebenfalls sehr hoch und die, die noch Arbeit hatten, mussten massive Lohneinbussen hinnehmen.[10] Zwischen 1921 und 1924 erhielten 30-60% der Arbeitslosen keine Arbeitslosenunterstützung, obwohl 1919 das Eidgenössische Amt für Arbeitslosenfürsorge geschaffen worden war.[11] Die von den Gewerkschaften entrichtete Arbeitslosen- und Reiseunterstützung belief sich 1921 auf nahezu 4 Millionen Franken. Die Gewerkschaften waren in Anbetracht der hohen Arbeitslosenzahlen und der massiven Mitgliederverluste geschwächt. Nur noch in seltenen Fällen versuchten die Arbeiterparteien und -organisationen gemeinsam, ihre Interessen zu schützen. So ergriffen sie 1922 das Referendum gegen die "Lex Häberlin", die der Regierung verstärkte gerichtliche Handhabe gegen die Arbeiterparteien geben sollte, um einen erneuten Generalstreik im Vorfeld verhindern zu können. Dieses Staatsschutzgesetz wurde mit 376 000 gegen 303 000 Stimmen abgelehnt. 1924 kam die "Lex Schulthess" vors Volk. Die bürgerlichen Parteien waren an einer Ausdehnung der Wochenarbeitszeit auf 54 Stunden interessiert, doch das Referendum der Arbeiterparteien gegen diese Gesetzesvorlage hatte auch dieses Mal Erfolg. Das Volkswirtschaftsdepartement fuhr deshalb damit fort, Sonderbewilligungen für Arbeitszeitverlängerungen zu gewähren. In der Folge erklärten sich die Gewerkschaften bereit, ein Sonderabkommen mit den Arbeitgebern abzuschliessen, welches das Recht der Unternehmer auf Sonderbewilligungen für eine 52-Stunden-Woche festlegte. Der Protest der Kommunisten blieb erfolglos.

---

[8] Vgl. Hans Beat Kunz, Weltrevolution, S. 189.
[9] Vgl. Peter Stettler, Die KPS, S. 37.
[10] Im Jahresmittel 1921 waren insgesamt 58 466 Personen ohne Arbeit, davon waren 45 674 Männer und 12 792 Frauen. Vgl. H. Teuscher, Die Arbeitslosenunterstützung. Graphischer Anhang.
[11] Vgl. ebenda.

Abgesehen von den beiden Referenden waren die Beziehungen zwischen der KPS und der SPS, die von den Gewerkschaften unterstützt wurde, schon in diesen Jahren von Abgrenzung, Ausschluss und Polemik geprägt.

Die bürgerlichen Parteien befanden sich nach dem Ende des Ersten Weltkriegs in einer Orientierungskrise, die durch die völlig veränderten weltpolitischen Konstellationen ausgelöst worden war. Die Nationalratswahlen im Herbst 1919 hatten den Sturz des Freisinns zur Folge. Andere bürgerliche Parteien erlangten stärkeren Einfluss. Das Verhältnis untereinander war gespannt, lediglich in ihrer Ablehnung des Sozialismus und Kommunismus schienen sie sich einig.

3.2.4 Stabilität und erneute Krise

Ab Mitte der zwanziger Jahre prosperierte die Wirtschaft wieder. Das Volkseinkommen stieg an und die Arbeitslosenzahlen gingen stark zurück. Die Landwirtschaft hingegen musste durch den Bund subventioniert werden, um aus der Krise – gekennzeichnet durch den Preiszerfall bei landwirtschaftlichen Produkten – herauszukommen.

Die Sozialdemokraten konnten bei jeder Nationalratswahl Stimmengewinne verzeichnen, auch in den Kantons- und Gemeindeparlamenten verstärkten sie ihren Einfluss.

Die KPS kam nicht umhin zu erkennen, dass eine revolutionäre Situation in der Schweiz der zwanziger Jahre nicht heranreifte. Obwohl sie nicht die gleichen Fehler wie ihre deutsche Schwesterpartei beging, richtete sie sich in ihrer Analyse und in ihrem Vorgehen nach den jeweiligen Konzeptionen und Richtlinien der Komintern. Der Konflikt zwischen den realen Gegebenheiten der Schweiz und den weltrevolutionären Zielen einer kommunistischen Partei in der Komintern wurde evident. Folge waren innere Richtungskämpfe in der KPS, an denen Moskau ursächlich mitwirkte und dessen Leidtragende die Parteimitglieder der KPS waren.

Die verbesserte Konjunkturlage war nur von kurzer Dauer. Die Weltwirtschaftskrise mit ihren verheerenden Folgen zeigte sich auch in der Schweiz. Der Rückgang der Auslandsnachfrage belastete zuerst die Exportindustrie. Allein von 1930 bis 1932 gingen die Exporte der Maschinenindustrie von 332 auf 134 Millionen Franken zurück, diejenigen der Textilindustrie sanken von

555 auf 165 Millionen Franken.[12] Auch die Einnahmen durch den Tourismus gingen stark zurück. Die ehemals florierende Stickerei-Industrie in der Ostschweiz war weiterhin von der Krise schwer betroffen, was ihre Arbeiterschaft 1931 zum Objekt einer Hilfsaktion der Internationalen Arbeiterhilfe werden liess.

Die Arbeitslosenzahlen stiegen von 8131 im Jahr 1929 auf 12 881 ein Jahr später, auf 27 316 im Januar 1931 und auf 50 570 im Dezember des gleichen Jahres.[13] Der Anstieg ging weiter und ergab für das Jahr 1936 eine Zahl von 93 006 Unbeschäftigten.[14] Der Lohnabbau lag durchschnittlich bei 6-10%, in einzelnen Branchen sogar bei 15%. Im Bereich der Landwirtschaft liess sich ein ständiges Schrumpfen an kleinbäuerlichen Betrieben verzeichnen. Im Zeitraum von 1919 bis 1939 fielen diesem Schrumpfungsprozess 20% der Kleinbauern zum Opfer. Dennoch verlief die Wirtschaftskrise in der Schweiz gesamthaft weniger gravierend als in anderen Ländern.

Trotz dieser Krisensituation kam es nicht zu der vom Bürgertum befürchteten Radikalisierung in der Arbeiterschaft. Die Sozialdemokratische Partei und der Schweizerische Gewerkschaftsbund standen der Kommunistischen Partei und der Gewerkschaftsopposition feindlich gegenüber. Die Schaffung einer Einheitsfront mit den Kommunisten gegen Lohnabbau und Faschismus wurde von der SPS und dem SGB 1933 entschieden abgelehnt. Die Gewerkschaften forderten von der Regierung Arbeitsbeschaffungsmassnahmen, doch ihre 1934 eingereichte Kriseninitiative wurde im Juni 1935 vom Stimmbürger mit 567 000 zu 425 000 abgelehnt. Die erhoffte Schaffung eines sozialen Ausgleichs blieb somit aus. Die Gewerkschaften zielten mit ihrer Politik darauf ab, von den Arbeitgeberverbänden als Verhandlungspartner akzeptiert zu werden. Das Friedensabkommen vom 19. Juli 1937 zwischen dem Arbeitgeberverband der Maschinen- und Metallindustrie und dem Schweizerischen Metall- und Uhrenarbeiter-Verband und anderen Arbeitnehmerverbänden war das Resultat dieses Vorgehens. Dieses Abkommen schloss Kampfhandlungen zur Durchsetzung von Arbeitnehmerforderungen zukünftig aus und bedeutete den Beginn der Ära der Gesamtarbeitsverträge. Wenn auch nicht alle Einzelgewerkschaften dieses Vorgehen gleichermassen begrüssten, so akzeptierten sie dennoch das Abkommen und sichern ihm bis heute seine Gültigkeit.

---

[12] Vgl. Schweizerische Arbeiterbewegung, S. 238.
      Der Export in der Baumwollindustrie ging von 164 Millionen Franken im Jahre 1929 auf 95 Millionen Franken 1938 zurück, Rückgänge um 65-80% hatte die Seiden- und die Stickereiindustrie zu verzeichnen.
[13] Vgl. Chronik, S. 518.
[14] Zahlenangaben siehe Schweizerische Arbeiterbewegung, S. 251.

Auch die SPS war in den dreissiger Jahren immer stärker bestrebt, Anerkennung oder wenigstens Akzeptanz durch die bürgerlichen Parteien zu erlangen. Das im Parteiprogramm von 1920 festgesetzte Ziel einer Errichtung der Diktatur des Proletariats erwies sich dabei als Hinderungsgrund und wurde deshalb anlässlich der Nationalratswahlen 1931 abgeschwächt. Auf dem Parteitag von 1935 wurde dieses ursprüngliche Ziel endgültig aus dem Parteiprogramm gestrichen und durch das der "Volksfront der Arbeit" und der "Solidarität aller Volksgenossen" ersetzt.[15] Nationalisierungsforderungen bezüglich der Grossbanken, Versicherungen und Industriemonopole blieben Bestandteil des Programms. Zur militärischen Landesverteidigung gab die SPS auf diesem Parteitag ebenfalls ihre Zustimmung. Der Schweizerische Gewerkschaftsbund schloss sich dem Bekenntnis zur Landesverteidigung an. Auf diesem Weg zu einer "reformerischen Volkspartei" trennte sich die SPS von Linkskräften in der Partei.[16]

Die Kommunistische Partei der Schweiz war Ende der dreissiger Jahre vom Verbot betroffen. Obwohl auch die KPS nach der nationalsozialistischen Machtergreifung in Deutschland eine "Volksfront-Politik" anstrebte und obwohl sie 1936 das Programm der Richtlinienbewegung und somit die Landesverteidigung unterstützte, wurde sie ein Jahr später in einigen Kantonen und 1940 gesamtschweizerisch durch den Bundesrat verboten. Diese Massnahmen sind Ausdruck einer antikommunistischen Politik auf Bundes- und Kantonsebene, die sich aussenpolitisch in der Nichtexistenz diplomatischer Beziehungen zur Sowjetunion manifestierte.

Ebenfalls während der dreissiger Jahre formierte sich eine politische Bewegung, die durch die Machtübernahme Hitlers in ihren politischen Aktivitäten und ihrer Popularität Auftrieb erhielt. Der Antikommunismus wie auch der Antisemitismus gehörten zur ideologischen Grundlage dieser Gruppierungen. "Die Bewegungen der dreissiger Jahre, generell als Fronten bezeichnet, waren dann unter dèm Eindruck der Weltwirtschaftskrise sozial viel breiter abgestützt und erfassten selbst traditionelle Parteien und die Elite des politischen Systems"[17]

Die Zusammenfassung der Bürgerwehren, die nach dem Ersten Weltkrieg entstanden waren, und anderer militärischer Bünde zum Vaterländischen Verband bedeutete die Konstituierung einer von präfaschistischen Elementen

---

[15] Vgl. das Protokoll über die Verhandlungen des ausserordentlichen Parteitags der SPS vom 26./27. Januar 1935 in Luzern.

[16] Prominentes Beispiel ist Léon Nicole, der Genfer Nationalrat und Grossrat, der nach dem Hitler-Stalin-Pakt aus der SPS ausgeschlossen wurde und dessen politische Entwicklung noch ausführlich dargestellt werden wird.

[17] Hans Ulrich Jost, Bedrohung, S. 154.

durchsetzten Organisation.[18] Diese und andere ähnliche Verbände bildeten die Grundlage für den Frontismus.

Die Machtergreifung Hitlers in Deutschland und die damit verbundene Zerschlagung der Arbeiterbewegung wirkte auch auf bürgerliche Kreise in der Schweiz ermutigend.

"Erst die Vernichtung der deutschen Sozialdemokratie und der Gewerkschaften brachte die Auftriebsmöglichkeit, weil sie den schweizerischen Sozialismus, mit dem man sozusagen als einem unausrottbaren Übel gerechnet hatte, bis auf den Grund erschüttert und dem schweizerischen Bürgertum die Überzeugung – die freilich bei uns immer vorhanden war – gebracht hat, dass ein energischer Kampf doch noch zum Ziele führen könne."[19]

Die Frontenbewegung nahm 1933 unter dem Namen "Kampfbund Neue und Nationale Front" in der Deutschschweiz oder als "Union Nationale" in der Welschschweiz an verschiedenen kantonalen und städtischen Wahlen, 1935 sogar an den Nationalratswahlen mit Erfolg teil. So erzielte die Frontenbewegung bei den Ständeratswahlen von 1933 in Schaffhausen 26,7%, bei den Gemeinderatswahlen von Zürich 7,8% und bei den Grossratswahlen von Genf 9%.[20]

Der Gründer der in Genf so erfolgreichen "Union Nationale" hatte schon 1932 von sich reden gemacht. Der von ihm lancierte Frontalangriff gegen Léon Nicole gipfelte am 9. November in einer Versammlung für geladene Gäste in Genf, auf der er "diesem Söldling der Sowjetunion" einen "Prozess" machte. Als Sozialdemokraten und Kommunisten u.a. mit einer Protestdemonstration vor dem Versammlungsgebäude reagierten, machten die bereitstehenden Armeetruppen bei der Auflösung der Demonstration von ihren Schusswaffen Gebrauch, in deren Folge dreizehn Menschen erschossen und fünfundsechzig zum Teil schwer verwundet wurden. Das sozialdemokratische Organ "Volksrecht" berichtete anschliessend im Gegensatz zur amtlichen Erklärung, dass das Truppenaufgebot ohne Warnung in eine friedliche Menge geschossen habe.[21]

Der nochmalige Versuch des Bundesrats, ein Bundesgesetz zum Schutz der öffentlichen Ordnung, die Lex Häberlin II, zu schaffen, wurde im März 1934

---

18   Vgl. Hans Beat Kunz, Weltrevolution, S. 266.
19   Dr. E. Steinmann, Spreu und Weizen, in: Politische Rundschau, August 1933, S. 312.
20   Zahlenangaben finden sich bei Hans Ulrich Jost, Bedrohung, S. 156.
21   Volksrecht, 10. November 1932. Die Zahlenangaben über die Todesopfer variieren je nach Bericht, liegen aber immer über acht.

erneut vom Stimmvolk verworfen.[22] Ebenso wurde die von den Frontisten lancierte Initiative zur Totalrevision der Bundesverfassung im September 1935 mit 511 578 gegen 196 135 Stimmen abgelehnt.

Von diesem Zeitpunkt an war die Frontenbewegung im Rückgang begriffen und musste das Ziel, eine Massenbewegung zu werden, aufgeben. Die "Heim ins Reich-Ideologie" fand in der Schweiz auf breiter Ebene keine Zustimmung.

Die Aussenpolitik der Schweiz war gekennzeichnet durch das Bestreben, die staatliche Eigenständigkeit zu erhalten. Dies sollte vor allem durch die Wahrung strikter Neutralität und somit durch die Beibehaltung von zwischenstaatlichen Beziehungen mit dem faschistischen Italien, dem Spanien Francos und dem nationalsozialistischen Deutschland gewährleistet werden. Dass die Bundesregierung diese Neutralität nicht konsequent ausübte, zeigt sich am Fall David Frankfurter. Dieser jüdische Student erschoss 1936 in Davos den Landesleiter der NSDAP-Auslandorganisation in der Schweiz Wilhelm Gustloff und wurde zu 18 Jahren Zuchthaus verurteilt. Er gehörte keiner Organisation an und begründete die Tat mit seinem Hass auf Hitler und den Nationalsozialismus. In der Folge verbot der Bundesrat 1936 die Landes- und Kreisleitungen der NSDAP in der Schweiz, akzeptierte dann aber stillschweigend, dass die Landes- und Ortsgruppen der NSDAP in der Schweiz bis 1945 von der deutschen Gesandtschaft in Bern aus weiter geleitet wurden.

Die Mitgliedschaft der Schweiz im Völkerbund verlangte von ihr Sanktionsmassnahmen durchzuführen, die diese internationale Organisation beschloss, so geschehen anlässlich des Abessinienkonflikts gegenüber Italien. Die Schweiz war dazu aber nur noch unter Druck bereit und äusserte lautstark Kritik.[23] Am 8. Juli 1936 beschloss der Bundesrat, die Sanktionen gegen Italien wieder aufzuheben und Italiens Politik in Äthiopien anzuerkennen.

Auf Initiative von Aussenminister Motta kam es im Mai 1938 zum Ersuchen der Schweiz an den Völkerbund, sie auch von jeder wirtschaftlichen Sanktionspflicht zu entbinden. Dies bedeutete für sie die Wiederherstellung der Integralen Neutralität, durch die sie ihr Ziel, die Unabhängigkeit zu wahren, am besten erreichen zu können glaubte.[24]

---

[22] Bei einer Stimmbeteiligung von 78,9% stimmten 419 399 für dieses Gesetz, 488 672 stimmten dagegen.

[23] Vgl. Edgar Bonjour, Geschichte, Bd. III, S. 185.

[24] Die integrale Neutralität, im Gegensatz zu der von 1920 bis 1938 geltenden differenzierten Neutralität, bedeutete die Befreiung der Schweiz seitens des Völkerbunds auch von jeglicher wirtschaftlicher Sanktionspflicht gegenüber einem anderen Land, zu der die Schweiz bis dahin verpflichtet gewesen war.

Namhafte Schweizer Persönlichkeiten vertraten die Auffassung, dass der Rückzug der Schweiz aus dem Völkerbund noch nicht ausreiche und dass noch mehr für die Verbesserung der Beziehungen zu den Nachbarländern getan werden müsse.

"Wir müssen verlangen, dass unsererseits alles vorgekehrt wird, um das Verhältnis zu allen unseren Nachbarn wiederum auf gegenseitiges Vertrauen und freundschaftliche Gesinnung aufzubauen, wie dies unsere Väter verstanden haben."[25]

Vor allem die Presse gelte es dabei zu kontrollieren, lautete ein Punkt ihrer Eingabe an den Bundesrat, die sie im November 1940 lancierten.[26]

Im Rahmen dieser Neutralitätspolitik eines kleinen Landes zeigte sich die Schweiz nicht bereit, grössere Zahlen jüdischer und antifaschistischer Flüchtlinge aus Deutschland oder Österreich aufzunehmen. Schon 1933 warnten die Behörden vor Überfremdung, 1938 kam es auf Verlangen der Schweiz zu einer Kennzeichnungspflicht der Pässe aller aus dem Deutschen Reich ausreisewilligen deutschen Juden, 1942 wurde schliesslich eine totale Grenzsperre erlassen.[27] Von da an galten Flüchtlinge, die "nur" aus Rassegründen in die Schweiz flüchteten, nicht mehr als politische Flüchtlinge.

Das komplizierteste Verhältnis der Schweiz zu einem anderen Land in den Jahren der Zwischenkriegszeit, das sich aussen- und innenpolitisch manifestierte, scheint jedoch das zur Sowjetunion gewesen zu sein.

3.3. Das Verhältnis der Schweiz zur Sowjetunion in der Zwischenkriegszeit

Die Russische Revolution löste auch bei der Schweizer Regierung keine Begeisterung aus. Am 8. November 1918 brach die Schweiz ihre diplomatischen Beziehungen zur Sowjetunion ab. Die Wiederaufnahme erfolgte erst

---

25 Aus der "Eingabe der Zweihundert", 15. November 1940, in G. Waeger, Die Sündenböcke, S. 254.
26 Nach dem Ende des Zweiten Weltkriegs veröffentlichte der Bundesrat eine Liste mit den Namen der 173 Unterzeichner, die diese Anpassung vom Bundesrat gefordert hatten, vgl. Hans Ulrich Jost, Bedrohung, S. 158.
27 Vgl. Bundesrats-Beschluss über Änderung der fremdenpolizeilichen Regelung, 17. Oktober 1939, zitiert nach Edgar Bonjour, Geschichte, Bd. VII, S. 140ff.

am 18. März 1946. Der Weg dahin war langwierig und mit grossen Schwierigkeiten verbunden.[28]

Die Schweiz hatte diplomatische Beziehungen zum zaristischen Russland unterhalten. Nach der Februarrevolution waren diese Beziehungen noch nicht in Frage gestellt. Erst die Oktoberrevolution führte zu einer grundsätzlichen Änderung der Lagebeurteilung und infolgedessen der Politik.

Die ersten Direktbetroffenen auf Schweizer Seite waren die Russlandschweizer. Die Verstaatlichungs- und Enteignungsmassnahmen der Bolschewiki schon kurz nach der Oktoberrevolution traf diese rund achttausend in Russland lebenden Schweizer in besonderem Masse, da sie vielfach Grundbesitzer, Fabrikanten oder in Anstellung bei der ehemaligen russischen Oberschicht waren. Sie forderten die Schweizer Regierung auf, Verhandlungen mit den Bolschewiki zu führen, um so eine Wahrung ihrer Interessen sicherzustellen. Die Schweizer Regierung zeigte sich jedoch anfänglich handlungsunfähig, so dass die Russlandschweizer selbständig zu verhandeln begannen. Ihr Hauptziel war die Repatriierung in die Schweiz. Im Juli 1918 konnte der erste Repatriierungszug mit etwa sechshundert Personen die Sowjetunion verlassen, weitere Transporte folgten. Es wurden Klagen über die Behandlung in der Sowjetunion laut, die in vielen Berichten zurückgekehrter Russlandschweizer zu finden sind. Angesichts des Bürgerkriegs und des Krieges mit den ausländischen Interventionstruppen zeigte die Sowjetunion für derartige Klagen kein Verständnis.

Wie sollte sich die Schweiz hinsichtlich der Anerkennung der neuen Regierung verhalten? Nach einer Phase des Zögerns und verschiedener gescheiterter Versuche seitens der Sowjets einen Gesandten in die Schweiz senden zu dürfen, konnte Jan Antonowitsch Berzin als erster sowjetischer Gesandter in der Schweiz am 19. Mai 1918 sein Missionsgebäude in Bern beziehen. Dies bedeutete die Aufnahme von de facto-Beziehungen – ein Schritt, den bis zu diesem Zeitpunkt nur Deutschland vollzogen hatte. Entsprechendes Aufsehen erregte dieses Vorgehen der Schweizer, vor allem bei den Alliierten. Bestärkt in ihrer Besorgnis wurden sie anlässlich der geplanten Feiern und Solidaritätserklärungen der Schweizer Sozialisten zum Jahrestag der Oktoberrevolution. Die Alliierten fürchteten schon eine bolschewistische Revolution in

---

[28]   Historische Darstellungen zum Thema der schweizerisch-sowjetischen Beziehungen gibt es von sowjetischer Seite fast keine, aber auch auf Schweizer Seite sind die Publikationen nicht sehr zahlreich. Die sowjetischen Historiker N.G. Getmanova und M.S. Kuz'min lieferten mit ihrem Aufsatz "Sovetsko-švejcarskie kul'turnye i naučnye svjazi", in: Voprosy istorii, Nr. 9, 1985, einen kurzen Überblick, der aber noch stark von der bis zu diesem Zeitpunkt gültigen Geschichtsbetrachtung geprägt ist.

der Schweiz, wie Warnungen durch Frankreich und Italien an die Schweizer Regierung dies deutlich machten.[29] Auch bürgerliche Schweizer Politiker warnten eindringlich vor der bolschewistischen Gefahr, was dann im Vorfeld des Landesgeneralstreiks die Ausweisung der Mitglieder der Sowjetmission zur Folge hatte. Die Schweiz brach die diplomatischen Beziehungen zu Sowjetrussland ab und veranlasste für den 8. November den Abtransport der Missionsmitglieder an die deutsche Grenze. Es zeigte sich, dass ein Grossteil der Schweizer Bevölkerung dem Bolschewismus sehr feindselig gegenüberstand und dass einzelne dies gegenüber den sowjetischen Botschaftsangehörigen in den Transportfahrzeugen "tatkräftig" zum Ausdruck brachten.[30] Auch nach der Ausweisung kam es zu Verhaftungen von Schweizern, denen vorgeworfen wurde, dass sie mit den Sowjets Kontakt gehabt hätten. Beweise für bolschewistische Umsturzpläne in der Schweiz fanden sich jedoch nicht. Dennoch herrschten in weiten Kreisen der Schweizer Bevölkerung weiterhin Ängste vor. Wachgehalten wurden diese durch Schweizer Zeitungen, die seit der Oktoberrevolution die neuen sowjetischen Machthaber scharf angriffen, durch Falschmeldungen der antibolschewistischen Exilrussen in der Schweiz und durch Berichte zurückkehrender Russlandschweizer.[31] Direkte Kontakte auf politischer Ebene existierten nicht.[32]

Die Medien konnten an das tradierte Russenbild, das von der Vorstellung des "slawischen Untermenschen" bestimmt war, anknüpfen.[33] Diese "Unterentwicklung" der Russen kombiniert mit dem Atheismus der neuen Machthaber ergab ein in der Schweizer Öffentlichkeit über Jahrzehnte vorherrschendes Bild des Schreckens und der Ablehnung.

Den ersten Beweis für die Richtigkeit dieses Bildes sahen viele im Landesgeneralstreik vom November 1918, der nun "russische Verhältnisse" bringen würde. Bürgerwehren entstanden und Volksbegehren zum Schutz vor Sozialisten wurden lanciert. Der Bolschewismus wurde zum eigentlichen Feindbild der Schweiz.[34]

---

[29] Vgl. Edgar Bonjour, Geschichte, Bd. II, S. 711-714.
[30] Vgl. den Bericht über die Abreise der russischen Sowjetmission nach Deutschland, verfasst von Dr. V. Jacob, zitiert nach Willi Gautschi (Hg.), Dokumente, Nr. 135, S. 347-362.
[31] Vgl. die Lizentiatsarbeit von Josef Voegeli, Die Rückkehr der Russlandschweizer.
[32] Aussenminister Motta, der selber nie in die Sowjetunion gereist war, bezog seine Informationen durch zurückkehrende Russlandschweizer, durch Schweizer Geschäftsleute und Bürger, die Besuche oder Arbeitsaufenthalte in der Sowjetunion getätigt hatten.
[33] Vgl. Victoria Hertling, Quer durch, S. 7-8.
[34] Vgl. Dietrich Dreyer, Schweizer Kreuz, S. 59.

Die Sowjetregierung war aus unterschiedlichen Motiven heraus weiterhin an einem Ausgleich mit der Schweiz interessiert. Von Schweizer Seite lehnte man es jedoch ab, wieder eine sowjetische Mission in Bern zu errichten. Die Stimmung in der Bevölkerung war ganz eindeutig gegen einen solchen Schritt gerichtet.

Die Situation der zurückgekehrten Russlandschweizer erwies sich als sehr schwierig, und ihre notwendig gewordene finanzielle Unterstützung durch die Schweizer Regierung stiess im Parlament und in der Öffentlichkeit auf Widerstand.[35] Das Ansehen der Exilrussen in der Schweiz, vor allem in der Romandie, schien jedoch gross zu sein. Im Januar 1920 gestattete das Eidgenössische Politische Departement der antibolschewistischen Koltschak-Regierung, die ihren Sitz in Omsk hatte, eine Mission in der Schweizer Hauptstadt zu errichten.

Als sich im Frühjahr 1920 abzeichnete, dass die bolschewistische Führung nicht zu stürzen war, änderte sich das Verhalten der europäischen Mächte zusehends. Verschiedene Länder schlossen bilaterale Handelsverträge mit Sowjetrussland ab. Auch einige Schweizer Industriekreise zeigten Interesse an wirtschaftlichen Kontakten, das Eidgenössische Politische Departement war unter der Führung Mottas zu einer politischen Kontaktaufnahme jedoch nicht bereit.

Von sowjetischer Seite gab es einzelne Versuche, mit der Schweiz Geschäfte zu tätigen. Doch das Verhalten der Schweizer Fremdenpolizei wirkte ausgesprochen abschreckend. "Ein minutiös einzuhaltendes Reiseprogramm wurde aufgestellt, und die Russen bekamen Aufpasser zugewiesen, Massnahmen, welche gegenüber sowjetischen Funktionären noch für lange Zeit beibehalten werden sollten."[36]

Versuche von sowjetischer Seite zur Kontaktaufnahme mit der Schweiz auf kultureller und wissenschaftlicher Ebene führten einig im Oktober 1922 zur Errichtung einer Vertretung der sowjetischen Organisation ROKK in der

---

[35]   Beispielhaft kann hier Albert Sigrist genannt werden, der als Werkmeister nach Russland gegangen war, um reich zu werden, der dann aber 1918 mit seiner russischen Frau und sechs Kindern mittellos in die Schweiz zurückkam und 1933, zum Zeitpunkt der Niederschrift seiner Russlanderlebnisse, arbeitslos war. Trotz der Arbeitslosigkeit spricht sich Sigrist explizit für das herrschende Schweizer Staatswesen aus und will sein Buch als Warnung vor revolutionären Umtrieben verstanden wissen. Albert Sigrist, Unter Zar und Sowjet.

[36]   Dietrich Dreyer, Schweizer Kreuz, S. 88-89.

Schweiz, eine Institution, die ausschliesslich den fachlichen Austausch auf medizinischer Ebene zur Aufgabe hatte.[37]

Den Höhepunkt der Krise in den Beziehungen zu Sowjetrussland bildete die Ermordung des sowjetischen Vertreters an der Lausanner Meerengenkonferenz Wazlaw Worowski durch den Russlandschweizer Moritz Conradi am 10. Mai 1923. "L'on s'apperçoit que, dès le début, le Conseil fédéral a jugé que l'attentat était un acte individuel; sans attendre les résultats de l'enquête, il s'efforce d'atténuer et de transformer la physionomie du crime."[38]

Dem Bundesrat war daran gelegen, das Attentat in seiner Bedeutung abzuschwächen und es als die Tat eines Einzelgängers zu behandeln, die in keinem Zusammenhang mit politischen Organisationen stand, sondern die Folge eines persönlichen Unglücks war.

Die Empörung über diese Tat und die Haltung der Schweizer Regierung war in der Sowjetunion gross und wurde durch das Ausbleiben einer offiziellen schweizerischen Beileidserklärung noch vergrössert. Im November 1923 kam es zum Prozess gegen Conradi und seinen Helfer Polunin, der mit deren Freispruch endete.[39] Die Verteidiger der Angeklagten hatten es verstanden, den Prozess in eine Anklage gegen den Bolschewismus umzuwandeln. Die empörte Reaktion der Sowjetunion, aber auch anderer europäischer Länder, stiess in den bürgerlichen Kreisen der Schweiz auf Unverständnis.

"Das Regime, das unsere Gesandtschaft in Petersburg auszurauben, unsere Landsleute zu massakrieren und um die Früchte ihrer Arbeit zu bestehlen gestattet hat, ist nicht legitimiert, über das Lausanner Urteil zu zetern, das Conradi und Polunin nur deshalb von der Schuld an der Ermordung Worowskis freisprach, weil es zu erwägen glaubte, dass diese Schuld durch diejenige des bolschewistischen Blutsystems millionenfach aufgewogen wird."[40]

Die Sowjetregierung weigerte sich in den darauffolgenden Jahren an internationalen Konferenzen teilzunehmen, die auf Schweizer Boden stattfinden sollten und aus diesem Grund verlegt werden mussten – dies war die sichtbare Reaktion auf die Ereignisse. "Die Schweiz musste also wählen zwischen

---

[37]   Getmanova und Kuz'min, Svjazi, S. 35, meinen dazu: "Eto bylo krajne važno dlja oznakomlenija sovetskich medicinskich rabotnikov s razvitiem nauki i praktičeskimi metodami lečenija za rubežkom."
[38]   Annetta Gattiker, L'affaire Conradi, S. 57.
[39]   Wie bereits erwähnt, wurde 1936 im Fall "David Frankfurter" ein anderes Urteil gefällt. Das Verständnis der Justiz und der Presse für dieses Attentat eines jüdischen Studenten an einem NSDAP-Leiter war weitaus geringer.
[40]   Neue Zürcher Zeitung, 18. November 1923.

ihrer Ehre, die ihr eine neue Entschuldigung in der Affäre Worowski ... verbot, und dem moralischen Ansehen als aktives Mitglied des Völkerbundes."[41]

In der Folgezeit geriet Motta mit seiner Politik weiter in Bedrängnis. Immer mehr Länder anerkannten die Sowjetunion auf diplomatischem Wege, Wirtschaftsbeziehungen wurden geknüpft, die sich für die europäische Industrie gewinnbringend auswirkten. Schweizer Wirtschaftskreise drängten auf eine Beilegung des schweizerisch-sowjetischen Konflikts, um nicht gänzlich ins Abseits zu geraten. Auch die Frage des Sitzes für den Völkerbund hing von der Entwicklung dieser Beziehung ab. Die Stimmung in den bürgerlichen Kreisen der Schweizer Bevölkerung war jedoch weiterhin stark antisowjetisch und an einem Ausgleich nicht interessiert. Das EPD unter Motta war nicht bereit, auf die Forderungen der Sowjets – eine offizielle Beileidserklärung für den ermordeten Worowski und eine Entschädigungszahlung an dessen Tochter – einzugehen. Unnachgiebig blieb die Schweizer Regierung auch bei einem erneuten Einigungsgespräch 1926, das im Vorfeld der Abrüstungskonferenz von Genf stattfand. "Après bien des discussions quant à la formule, les pourparlers aboutissent à un échec du eu partie au refus du Conseil fédéral d'insérer dans sa not l'adverbe 'sincèrement'!"[42]

Bei einer Einigung wären die Sowjets bereit gewesen, ihren Boykott der Konferenzen auf Schweizer Boden, einschliesslich der des Völkerbundes, aufzugeben. Das Eingeständnis einer Schuld schien den Schweizern unvorstellbar. Erst nach langen, schwierigen und immer wieder unterbrochenen Verhandlungen kam es – sehr im Interesse des internationalen Auslands – am 14. April 1927 durch die Unterzeichnung einer gemeinsamen Note zur Beilegung des Konflikts. Dieses Abkommen bedeutet einen Kompromiss, den die Schweiz – gemäss sowjetischer Sichtweise – vor allem aus ökonomischem Interesse am sowjetischen Markt eingegangen sei.[43]

Für die Schweizer Industrie waren nun die Wege für Wirtschaftskontakte in grösserem Rahmen geöffnet. Die politischen Parteien reagierten sehr unterschiedlich, wie die Junisession im Nationalrat deutlich machte. Von den zahlreich auftretenden Gegnern des Abkommens wurde Wiedergutmachung durch die Sowjetunion, von den Befürwortern des Abkommens wurden weitreichende Schritte in Richtung einer De-jure-Anerkennung der Sowjetunion gefordert. Offenbar liess sich Motta von den ablehnenden Reaktionen im Parlament, vor allem aber auch in der Presse und der Öffentlichkeit, stark beeindrucken. Seine Stellungnahmen in der Russlandfrage wurden wieder

---

[41] Peter Stettler, Die KPS, S. 252.

[42] Annetta Gattiker, L' affaire Conradi, S. 206.

[43] Dazu Getmanova und Kuz'min, Svjazi, S. 35: "Ono učityvalo pri etom potrebnosti svoej ekonomiki i material'nyj uščerb, svjazannyj c poterej sovetskogo pynka."

vorsichtiger. Er begründete seine Ablehnung der Anerkennung der Sowjetunion weiterhin mit dem Willen der Volksmehrheit. "As long as Motta lived, the Bundesrat showed no inclination to establish diplomatic relations with the USSR or in any other way to take up the call for negotiations contained in the 1927 agreement."[44]

So beschränkten sich die Beziehungen der Schweiz und der Sowjetunion in den dreissiger Jahren lediglich auf die wirtschaftliche Ebene. In einer Sitzung des Nationalrats im Juni 1932 wurden aber offizielle Handelsbeziehungen mit den Stimmen der bürgerlichen Parteien und gegen die Stimmen der SPS und der KPS als zu riskant abgelehnt. Auf private Initiative hin entstand im gleichen Jahr in Zürich die Schweizer Gesellschaft zur Förderung der kulturellen und wirtschaftlichen Beziehungen zur Sowjetunion. 1933 kam es dann aber auf der Basis eines Kompensationsabkommens doch zum Abschluss eines Handelsvertrages. Von der politischen Anerkennung war man in der Schweiz jedoch weiter entfernt denn je. Die Volksmeinung war ablehnend, was angesichts der massiven Pressekampagne nicht erstaunt.

"Dabei vertraten vor allem die westschweizerischen Blätter einen kompromisslosen Antikommunismus aus vornehmlich moralischen Gründen, welcher in eine übertriebene Bolschewistenfurcht oder in militante Aktionen gegenüber schweizerischen und ausländischen Kommunisten führte."[45]

Um diese Stimmungsmache betreiben zu können, bedienten sich Schweizer Zeitungen auch erfundener Geschichten. Die NZZ hatte am 13. Juni 1931 einen Artikel publiziert, in dem von der Verhaftung fünf deutscher Ingenieure in Baku berichtet wurde. Die Information darüber stammte von dem Thurgauer Karl Baumann, der vorgab, als Diener dieser fünf Ingenieure in Baku gearbeitet zu haben. Ein deutscher Journalist erkundigte sich in der Schweiz nach der Glaubwürdigkeit des Informanten, die sich jedoch nicht nachweisen liess. So hatte die NZZ die Falschmeldung eines ehemaligen Kommunisten als seriöse Nachricht in die Zeitung gebracht. Gleichzeitig wurden Richtigstellungen von Falschmeldungen über die Sowjetunion nicht publiziert, wie der Zürcher Arzt und Sowjetunionreisende Adolf Voegeli behauptete:

"Ich habe mich mehrmals bemüht, an führenden Blättern nachweisbare Falschmeldungen und falsche Interpretationen zu berichtigen. Richtigstellungen sind aber nie erfolgt, und es ist mehr als einmal auf den betreffenden Redaktionen behauptet worden, dass man meine Briefe nicht

---

[44] Alfred Erich Senn, Assassination, S. 197.
[45] Ebenda, S. 133.

erhalten hätte. Woraus ich schliessen muss, dass der Wille zur Wahrheit nicht vorhanden ist."[46]

Neuen Anlass für die Angst vor den Bolschewiki bot der Antrag der Sowjetunion auf Aufnahme in den Völkerbund im Jahre 1934. Die Schweiz war dem Völkerbund bereits 1920 beigetreten und hatte sich damit auf eine differentielle Neutralität eingelassen, die sie bis 1938 offiziell beibehielt. Am 4. September 1934 einigte sich der Bundesrat auf ein Nein zum Beitrittsbegehren Moskaus, das Motta dann vor der Völkerbundsversammlung begründete.

"Heute besteht bei allen Schweizern, die patriotisch und national gesinnt sind, der gemeinsame Eindruck, dass der Völkerbund etwas gefährliches unternimmt, wenn er Wasser und Feuer versöhnen will. (...) Wir zählen darauf, dass alle anderen Staaten uns helfen werden, zu verhindern, dass Genf ein Herd zersetzender Propaganda wird. Wir werden wachsam sein. Das ist unsere Pflicht."[47]

Diese Anklage gegen das Sowjetsystem fand bei der grossen Mehrheit der Mitglieder kein positives Echo. Die Aufnahme der Sowjetunion in den Völkerbund wurde deshalb mit 40 zu 3 Stimmen beschlossen. Zustimmung fand Mottas Rede hingegen in Deutschland, welches ein Jahr zuvor den Völkerbund verlassen hatte.[48] "Es scheint, dass Motta in seiner starr antirussischen Politik letztlich durch religiöse Gründe bestimmt worden ist; die atheistische Politik der Sowjets hatte ihn in seinem christlich-kirchlichen Empfinden tief verletzt."[49] Ende der dreissiger Jahre empfahlen die "Neue Zürcher Zeitung" und auch die "National Zeitung" gar die Wiederaufnahme der diplomatischen Beziehungen.[50] Wenn man bedenkt, dass solche Empfehlungen trotz der politisch so prekären Situation in der Sowjetunion ausgesprochen wurden, wird deutlich, dass bei dem Positionswandel in Schweizer Kreisen schweizerische wirtschaftliche und innenpolitische Entwicklungen ausschlaggebend waren und nicht die sowjetischen.

Die vorsichtig eingeleiteten Verhandlungen einer Nationalratskommission über die Anerkennungsfrage wurden jedoch schon bald wieder hinfällig, als es 1939 zum Pakt zwischen Deutschland und der Sowjetunion kam. Der Status quo wurde beibehalten. Wirtschaftsverhandlungen wurden nun aber doch ins Auge gefasst, gerade auch angesichts der durch einen Weltkrieg für die

---

[46]   Adolf Voegeli, Soviet-Russland, S. 293.
[47]   Bericht des Bundesrates an die Bundesversammlung, 1. März 1935, zitiert nach Edgar Bonjour, Geschichte, Bd. II, S. 705.
[48]   Vgl. Dietrich Dreyer, Schweizer Kreuz, S. 140.
[49]   Edgar Bonjour, Geschichte, Bd. II, S. 706.
[50]   Vgl. NZZ, 28. Mai 1936.

Schweiz drohenden Versorgungsnotlage. Zum ersten Mal reiste im Februar 1941 sogar eine Schweizer Delegation nach Moskau und verhandelte mit wichtigen sowjetischen Politikern über ein Handelsabkommen, was die Bedeutung unterstreicht, die die Sowjetunion einer Annäherung an die Schweiz beimass. Der "Moskauer Vertrag" wurde in beiden Hauptstädten ratifiziert. Die Sowjetunion als Rohstofflieferant und als Durchgangsland für Transporte in Drittländer war für die Schweiz angesichts der internationalen Lage sehr bedeutend. Doch der Angriff Hitlers auf die Sowjetunion am 22. Juni 1941 setzte den Plänen ein rasches Ende.

Nun wurden die Stimmen in der Schweiz wieder lauter, die den Krieg gegen die Sowjetunion begrüssten und eine Unterstützung von Hitlers antibolschewistischem Kreuzzug durch die Schweiz forderten.

Im Mai 1941 verhandelte der Bundesrat mit Vertretern deutschfreundlicher Kreise. Vorher schon waren einige Schweizer nach Berlin gereist und hatten Gespräche mit Wirtschafts- und Militärkreisen geführt. Da die Schweiz neutral war, kam eine direkte Kriegsbeteiligung prinzipiell nicht in Frage. Dennoch gab es deutschfreundliche Politiker und Vertreter des öffentlichen Lebens, die das Dritte Reich im Krieg gegen die Kommunisten unterstützen wollten. Das Resultat der Überlegungen war die Entsendung einer "Ärztemission" unter dem Patronat des Roten Kreuzes mit Bestimmungsort Smolensk, das an der deutschen Ostfront lag. 37 Ärzte und 30 Krankenschwestern verliessen die Schweiz am 15. Oktober 1941. Diese Schweizer wurden Zeugen der Hinrichtungen von sowjetischen Kriegsgefangenen und von Juden, doch davon sollte die Schweizer Bevölkerung gemäss Schweizer Zensurbestimmungen nach der Rückkehr der "Ärztemission" nichts erfahren. Erst durch die Vortragstätigkeit eines Arztes gelangten diese Nachrichten an ('ie Öffentlichkeit.[51] Dennoch folgten dieser Mission noch drei weitere.

Darüber hinaus unterstützte die Schweiz Deutschland durch Materiallieferungen aus dem Maschinen-, Alluminium- und Apparatebereich. Die grössten Ausfuhrzahlen in diesen Sektoren wurden 1941 und 1942 erreicht.[52]

Die Sowjetregierung, die von diesen Unternehmungen erfahren hatte, war erneut empört über das schweizerische Verhalten, das eine Verletzung der Neutralitätspflicht bedeutete. Die Sowjetregierung untersagte deshalb aber

---

[51]   Vgl. Rudolf Bucher, Zwischen Verrat und Menschlichkeit.
       Vgl. ebenfalls Im Dienst des Roten Kreuzes.
[52]   1941 waren es 6659 Wagen zu 10 Tonnen, 1942 6537 Wagen. Die Zahlenangaben stammen aus dem Bericht des Eidgenössischen Volkswirtschaftsdepartement über die schweizerische Kriegswirtschaft 1939/1948, S. 80.

nicht schweizerische Hilfsmassnahmen für die letzten in der Sowjetunion lebenden Russlandschweizer.[53]

Der Kriegsverlauf brachte erstmals seit Bestehen der Sowjetunion eine Abschwächung des Antibolschewismus in der Schweizer Bevölkerung. Doch ein nochmaliger Vorstoss bezüglich der Neuregelung der diplomatischen Beziehungen zur Sowjetunion stiess erneut auf die ablehnende Haltung des Aussenministeriums, das nun unter der Leitung von Marcel Pilet-Golaz stand. Wieder fand diese Entscheidung die Unterstützung der nationalsozialistischen Regierung in Berlin. Die Kriegswende nach Stalingrad machte immer mehr Schweizern die Notwendigkeit der politischen Anerkennung der Sowjetunion deutlich, wollte die Schweiz international nicht völlig ins Abseits geraten. Nach einem ersten positiven Kontakt durch einen Schweizer Legationsrat mit sowjetischen Vertretern im Jahre 1944 in London kam es zu keinem Abkommen. Die Sowjetunion lehnte die Wiederaufnahme der diplomatischen Beziehungen auf Grund der Schweizer Haltung vor und während des Krieges ab. "When the Swiss, through the good offices of the British, made an effort to open normal relations with the Soviet state, the Russians accused the Confederation of having followed a pro-Fascist and anti-Soviet line for years."[54]

Die Sowjetregierung hatte die Politik und die Volksmeinung in der Schweiz genau mitverfolgt: die konsequente Ablehnung politischer Beziehungen, das ausschliesslich wirtschaftliche Interesse, die deutschfreundlichen Unternehmungen und das gleichzeitige Verbot der KPS und der Freunde der Sowjetunion, die Hoffnung vieler Schweizer auf eine Vernichtung der sozialistischen Sowjetunion und das Ausbleiben einer Würdigung des harten Kampfes des sowjetischen Volkes gegen die hitlerdeutschen Armeen. Auf der Grundlage dieser von ihnen vorgebrachten Beobachtungen, lehnten die Sowjets ein Abkommen mit der Schweiz ab.

Der Rücktritt Pilet-Golazs, der am 7. November 1944 erfolgte, schien nach diesen Entwicklungen unumgänglich geworden. Die Kritik an der Schweizer Haltung war zunehmend auch von Seiten der Alliierten erfolgt und hatte die Schweizer Regierung in Bedrängnis gebracht. Zusätzlich belastend wirkten die Schilderungen von sowjetischen Kriegsgefangenen, die aus Deutschland in die Schweiz geflüchtet waren. Sie beklagten die Situation in den Schweizer Lagern, in denen es auch zu Tätlichkeiten mit Todesfolge durch das Wachpersonal gekommen war. Die Schweizer Seite gestand Verstösse ein und erklärte, dass die antisowjetische Propaganda bei den Lageraufsehern zu solchen Verhaltensweisen geführt habe. Nachdem die Repatriierung der

---

[53]   Dietrich Dreyer, Schweizer Kreuz, S. 178.
[54]   Alfred Erich Senn, Assassination, S. 197.

Kriegsgefangenen nach Kriegsende durch die Schweizer Behörden ohne Probleme durchgeführt werden konnte, wurden erneut politische Verhandlungen zwischen den beiden Regierungen aufgenommen, die dann am 18. März 1946 mit der offiziellen Wiederaufnahme der diplomatischen Beziehungen ihren Abschluss fanden..

3.3.1. Die Schweizer Arbeiterparteien und Gewerkschaften in ihrem Verhältnis zur Sowjetunion

Auf dem Hintergrund des Verhältnisses der Schweizer Regierung zur Sowjetunion ist es für die ·Analyse der Reiseberichte ebenfalls von Interesse, noch kurz auf das Verhältnis der Arbeiterparteien SPS und KPS, wie auch der Schweizer Gewerkschaften zur Sowjetunion und zur sozialistischen Umgestaltung in der Schweiz einzugehen.

Die Spaltung der SPS im Dezember 1920 im Zusammenhang mit der Auseinandersetzung um den Beitritt zur III. Internationale ergab eine neue Situation für die Schweizer Arbeiterbewegung und markiert den Ausgangspunkt für das schwierige Kapitel der weiteren Beziehungen. Die SPS blieb die grössere und politisch bedeutendere Partei. Für sie war die KPS eine reine Spalterpartei, deren Politik nur als verräterisch und verbrecherisch bezeichnet werden konnte, während die SPS für die KPS eine reformistische Partei blieb, die die Arbeiterschaft verriet.

Nach Einschätzung der politischen Lage in Europa zu Beginn der zwanziger Jahre konnte die Kominternführung schwerlich ignorieren, dass sich eine direkte Fortsetzung der Oktoberrevolution in Europa nicht abzeichnete. Aus diesem Grund wurde auf dem III. Kominternkongress im Sommer 1921 die Taktik der Arbeitereinheitsfront propagiert, die davon ausging, dass nur mit Hilfe der Sozialdemokratie und der Gewerkschaften die Macht zu erringen sei. "Die verschiedenen KP-Führer aus Mittel- und Westeuropa waren mehrheitlich realistisch genug, einzusehen, dass ohne Zusammenarbeit mit der Sozialdemokratie als Ganzes kein Machtwechsel herbeigeführt werden konnte."[55]

Die KPS als Mitglied der III. Internationale folgte diesen neuen Grundsätzen und richtete mehrere Begehren an die SPS und den Schweizerischen Gewerkschaftsbund, ·gemeinsam eine Einheitsfront zu bilden. Sowohl die SPS als auch der SGB lehnten dies ab und forderten stattdessen von der KPS die Aufgabe der Spaltungspolitik. Robert Grimm äusserte die Auffassung, dass eine Einheitsfront nur bei gleicher Auffassung über Ziel und Weg des Kamp-

---

[55] Hansueli von Gunten, Hans Voegeli, Das Verhältnis, S. 36.

fes möglich sei. Dass diese Einigkeit nicht existiere, zeige die Parteispaltung von 1920.[56] Die Grundlage für eine Einheitsfront könne deshalb nur durch die Auflösung der KPS geschaffen werden.

Diese Forderung muss auf dem Hintergrund der Mitgliederverluste der SPS in den Städten Basel, Schaffhausen und Zürich infolge der Spaltung betrachtet werden. "Allein im Jahr nach der Spaltung, Ende 1920 bis Ende 1921, verlor die SPS 10 779 Mitglieder, oder rund 20% des Mitgliederbestandes."[57]

Die KPS versuchte trotz der ablehnenden Antwort Bündnisse auf lokaler und nationaler Ebene herzustellen.[58] Jedoch lediglich im Kampf gegen die "Lex Häberlin" kam es zur erfolgreichen Zusammenarbeit mit der SPS.

1923 beschloss die SPS-Parteiführung prinzipiell auf keine weiteren Begehren seitens der KPS einzugehen. Die Sozialdemokraten waren sich sicher, dass der KPS kein langes Leben mehr beschieden sein werde.

"Erwägt man alle Umstände, so muss man zum Schluss kommen, dass die Frage der "Einheitsfront" für die Schweiz in gewerkschaftlicher Beziehung nicht besteht, dass sie in politischer Beziehung sich in absehbarer Zeit auf natürlichem Wege lösen wird und dass sie international für uns nicht von ausschlaggebender Bedeutung ist. Sie könnte ohne Schaden aus Abschied und Traktanden fallen."[59]

Anlässlich der Ermordung Worowskis erliess sie die Weisung, Protestversammlungen getrennt von den Kommunisten durchzuführen.

Auf dem V. Kongress der Komintern 1924 kam es zu einem Kurswechsel gegenüber der Sozialdemokratie. Statt der "Einheitsfront" sollte nun die "Einheitsfront von unten" praktiziert werden, die eine Zusammenarbeit mit der Parteiführung ausschloss. Die Weisungen und ständigen Kurswechsel der Komintern wurden der KPS zum Verhängnis. Die Anwendung der Richtlinien auf die Schweiz erwiesen sich oftmals als unmöglich, führten zu Resignation, Mitgliederschwund und Führungswechsel. Innerhalb der Kommunistischen Internationale sank die KPS im Laufe der Jahre zur Bedeutungslosigkeit herab, da sie die Anweisungen, die sich sogar auf Kantons- und Stadtratswahlen bezogen, zu langsam oder nur schlecht ausführte und keine politischen Erfolge zu verzeichnen hatte. Eine fruchtbare Zusammenarbeit

---

[56] Vgl. Robert Grimm, Möglichkeiten einer Einheitsfront, in: Rote Revue, September 1921, S. 2ff.
[57] Hansueli von Gunten, Hans Voegeli, Das Verhältnis, S. 29.
[58] Zum Problem der Bündnisbemühungen und deren Scheitern vgl. die Darstellung von Peter Huber, Kommunisten und Sozialdemokraten.
[59] Karl Dürr, Ein Beitrag zur "Einheitsfront", in: Rote Revue, März 1925, S. 216.

mit der SPS war so auf Grund der Kominternlinie und aber auch auf Grund der Position der SPS unmöglich, wie die Stellungnahmen deutlich machen.

"Der Kampf zwischen Sozialdemokratie und Kommunisten muss im Interesse der gesamten Arbeiterklasse unerbittlich bis zum Ende durchgeführt werden. In ihm darf es keine falschen Rücksichten oder Verkleisterungen der Gegensätze geben."[60]

Komplizierter und widersprüchlicher gestaltete sich das Verhältnis der SPS zur Sowjetunion. In einem Nachruf auf Lenin brachte die SPS ihre Trauer zum Ausdruck und betonte Lenins geschichtliche Grösse und Bedeutung im Kampf gegen den Imperialismus.[61]

Auch in den folgenden Jahren machte die SPS ihre Ablehnung der KPS und anderer Organisationen wie der Roten Hilfe oder der Internationalen Arbeiter Hilfe gegenüber sehr deutlich. Weiterhin wurde propagiert, dass die "Liquidation" dieser "auswärtigen Filialen", wie man die westlichen kommunistischen Parteien und deren befreundete Organisationen bezeichnete, bevorstünde.[62] Für diese Organisationen durfte in der sozialdemokratischen Presse keine Werbung gemacht werden, kommunistische Literatur durfte nicht gelesen und gegen die "verkappte kommunistische Agitation in Sport- und Jugendorganisationen"[63] musste vorgegangen werden.

Mit der ultralinken Wendung der Komintern im Jahre 1928, die die KPS nach anfänglichem Widerstand und trotz Mitgliederschwund mitzuvollziehen hatte, war die Krise in der Partei nicht zu übersehen. Humbert-Droz's Oppositionskurs gegen Stalins Politik hinsichtlich der Komintern, der zu Beginn von der KPS mitgetragen wurde, führte zu seinem Sturz und Widerruf. Auch die KPS-Führung musste auf dem 5.Parteitag Selbstkritik üben und gegen die "Überläufer und Verräter", so beispielsweise gegen Walther Bringolf, vorgehen.[64] Die vom Exekutivkomitee der Kommunistischen Internationale an die KPS ergangene politische Weisung machte die falsche Einschätzung der politischen Aktionsmöglichkeiten erneut deutlich. Die weiteren Wahlniederlagen führten jedoch nicht zu Selbsterkenntnis, sondern zur weiteren Suche nach "Sündenböcken" in der KPS-Führung. So musste sich 1931 Sigi Bamatter für seinen unkollegialen Führungsstil in Moskau und vor der Partei verantworten.

---

60 Friedrich Heeb, Die Illusion der Wiedervereinigung, in: Rote Revue, Juli/August 1924, S. 346.
61 Vgl. SPS-Geschäftsbericht 1924, S. 14.
62 Vgl. Friedrich Schneider, Gärung im Bolschewismus, in: Rote Revue, September 1926, S. 36.
63 Vgl. SPS-Geschäftsbericht 1927, S. 6.
64 Vgl. Peter Stettler, Die KPS, S. 209.

Nun durfte Humbert-Droz wieder aktiv werden. Er sollte in den Nationalrats-wahlkampf 1931 unterstützend eingreifen, der unter dem Motto "Wer hat uns verraten? Die Sozialdemokraten!"[65] geführt wurde.

Trotz dieses offenen Kampfes der SPS und KPS unterschied sich die Stellungnahme der SPS zur Sowjetunion auch weiterhin von ihrer Position gegenüber der KPS. So erklärte die SPS, dass die russische Revolution einen Akt der Befreiung für Millionen von Menschen bedeutet habe, während parallel dazu jeder Kontakt von Mitgliedern der SPS zu Organisationen, die sich für die Sowjetunion einsetzten, verboten wurde. Die kommunistische Presse klagte diese widersprüchliche Haltung der SPS immer wieder an, da sich die Verbote vor allem auf die Organisation und Entsendung der Arbeiterdelegationen nachteilig auswirkten.

Nach der Machtergreifung Hitlers 1933 gelangte die KPS erneut mit einem Einheitsfrontangebot an die SPS. Dieses Mal musste diese Frage auf einem ausserordentlichen Parteitag entschieden werden, der im April 1933 in Biel stattfand. Robert Grimm sprach sich im Sinne der Parteiführung erneut gegen eine Einheitsfront aus, und auch der Gewerkschaftsvertreter sah keine Veranlassung, darauf einzugehen. Die Mehrheit der Parteitagsteilnehmer folgte dieser Linie und überstimmte die Befürworter einer Einheitsfront.

Da nicht alle Sektionen diesem Beschluss folgten, kam es in den nächsten Jahren zu zahlreichen Parteiausschlussverfahren. Die Parteiführung konnte diese Missachtung des Parteibeschlusses nicht akzeptieren, hatte sie sich doch im Januar 1935 offiziell mit ihrem neuen Parteiprogramm von der Klassenkampfpartei zur Volkspartei gewandelt.

Als die KPS 1936 die von der Komintern propagierte Volksfronttaktik übernahm, stiess sie bei der SPS erneut auf Ablehnung, wie der Parteitag der SPS im Juni des selben Jahres zeigte.

> "Die SPS lehnt sowohl eine Bindung gegenüber der Kommunistischen Partei der Schweiz unter dem Schein einer proletarischen Einheitsfront, als gegenüber den linksbürgerlichen Parteien unter dem Schein eines demokratischen Linksblocks ab."[66]

Da die Nationalratswahlen 1935 für die SPS trotz ihrer vorgenommenen Programmrevision keine besseren Ergebnisse erbracht hatten, sprachen sich Gewerkschaft und SPS für die Teilnahme an der "Richtlinienbewegung" aus, die sich als Ziel die Krisenbewältigung in der Schweiz gesetzt hatte. Vorausset-

---

[65] Vgl. ebenda, S. 228-229.
[66] Protokoll des SPS-Parteitages, 6./7. Juni 1936 in Zürich, S. 5-6.

zung für den Beitritt war die vorbehaltlose Anerkennung der Demokratie und die Bereitschaft zur militärischen und geistigen Landesverteidigung. Trotz ihrer Erklärung von 1936, sich nicht mit linksbürgerlichen Parteien assoziieren zu wollen, stimmten die Teilnehmer des ausserordentlichen Parteitags der SPS im Januar 1937 mit 370 gegen 77 Stimmen für den Beitritt. Hauptreferent für den Beitritt war Walther Bringolf. Friedrich Schneider stellte einen Antrag auf Abgrenzung nach rechts und bedauerte gleichzeitig die Abgrenzung zur KPS.

Vorrangiges Ziel der SPS war es, jedes Misstrauen an ihrer Loyalität zu Staat und Landesverteidigung als unbegründet zerstreuen zu können. Entsprechend heisst es im Geschäftsbericht von 1937:

"Die Parteitagsbeschlüsse sind von allen loyal innezuhalten, dies schon deshalb, weil jeder Verdacht hinsichtlich der Haltung der Partei gegenüber der von ihr anlässlich des Beitritts zur Richtlinienbewegung übernommenen Verpflichtungen beseitigt werden muss."[67]

Dies bedeutete, dass das 1938 von den Basler Sozialdemokraten eingegangene Wahlbündnis mit der KPS untragbar war. Trotz des Wahlerfolgs wurde die Basler SPS von der Schweizer Parteiführung der SPS öffentlich desavouiert. Nach 1938 kam es dann zu keinen Wahlbündnissen mehr.

Von Regierungsseite wurde die KPS in den dreissiger Jahren immer stärker bekämpft. 1932 wurden die KPS-Mitglieder aus dem Bundesdienst ausgeschlossen, 1936 Massnahmen gegen "kommunistische Umtriebe" beschlossen. Ihre Zeitungen wurden verboten, auf Kantonsebene erfolgten erste Parteiverbote ab 1937, bis im Jahr 1940 die KPS gesamtschweizerisch verboten wurde, wie auch einige Monate später die Rote Hilfe und die Freunde der Sowjetunion. Heftigen Angriffen sahen sich die Schweizer Kommunisten für ihre vorbehaltlose Verteidigung der Moskauer Schauprozesse durch die bürgerliche Presse und die der Sozialdemokraten ausgesetzt.[68] Unter dem Titel "Keine Gnade für faschistisches Gewürm" hatte die KPS erklärt, dass die Angeklagten faschistische Terroristen und Agenten der Gestapo wären, für die das Todesurteil die einzig richtige Strafe sei.[69] Lediglich die SPS war trotz ihrer Gegnerschaft zur KPS gegen das Parteiverbot und setzte sich für die Erhaltung der verfassungsmässigen Grundrechte hinsichtlich der Meinungs- und Vereinsfreiheit ein. Stellungnahmen machen deutlich, dass die SPS noch auf einen Wandel in der Sowjetunion zu einer sozialdemokrati-

---

[67] SPS-Geschäftsbericht 1937, S. 13.
[68] Vgl. "Volksrecht" vom 26., 27. August und 1. September 1936 zum ersten Moskauer Schauprozess und der Stellungnahme der KPS.
[69] Vgl. "Keine Gnade für faschistisches Gewürm", in: "Kämpfer", 26. August 1936.

schen Politik hin hoffte.[70] Diese Hoffnung wurde durch den Hitler-Stalin-Pakt im August 1939 begraben. Immer lauter wurden die Stimmen in der SPS, die die Entwicklung der Sowjetunion seit 1917 grundsätzlich verurteilten und jeden Unterschied zwischen Stalin und Lenin negierten.

Der erneute Kurswechsel, den die KPS nach dem Pakt von 1939 vollzog, führte bei der SPS zur endgültigen Ablehnung der Kommunistischen Partei. Der Ausschluss Léon Nicoles aus der SPS wurde von der Partei damit begründet, dass Nicole sich für diesen Pakt ausgesprochen habe. Die Genfer SP und ein Teil der Waadtländer Sektionen stellte sich auf die Seite Nicoles und gründeten mit ihm gemeinsam die "Fédération socialiste Suisse", was für die SPS in den Kantonen Genf und Waadt schwere Mitgliederverluste nach sich zog. In der Folge trennte sich auch die Jugendorganisation SJS von der SPS und fusionierte mit den Jungkommunisten. Erst im Laufe des Krieges, den Hitler seit 1941 auch gegen die Sowjetunion führte, vollzog sich ein Wandel in der SPS. Auf dem Parteitag von 1943 wurde mit 440 gegen 8 Stimmen die Aufhebung der Verbote gegen KPS, FSS und SJS gefordert – dies, nachdem sich die Komintern im Mai 1943 aufgelöst hatte. Noch einmal schien sich die Möglichkeit einer Einheit der Arbeiterbewegung unter sozialdemokratischer Führung für die SPS zu eröffnen. Doch bis es schliesslich im März 1945 zur Aufhebung der Verbote durch den Bundesrat kam, gehörten solche Vorstellungen schon längst wieder der Vergangenheit an. An eine Einigung war nicht mehr zu denken.

---

[70] Vgl. Ernst Nobs, Verbot der Kommunistischen Partei?, in: Rote Revue, April 1937, S. 249 ff.

4 Die Sowjetunion aus der Sicht von Schweizer Reisenden

Im Zeitraum zwischen Oktoberrevolution und Zweitem Weltkrieg haben über dreissig Schweizer und Schweizerinnen Berichte über ihre Erlebnisse und Erfahrungen auf ihren Reisen durch die Sowjetunion verfasst und publiziert. Bei einigen wurden Bücher mit weit über hundert Seiten daraus, andere veröffentlichten ihre Berichte in Broschüreform mit stark variierendem Umfang oder als Serien in Zeitungen. Das Bedürfnis, das Erlebte einer Leserschaft mitzuteilen, zu erklären und zu bewerten, war das Motiv dieser Autorinnen und Autoren. Eine Leserschaft mit starkem Interesse an den Entwicklungen in der Sowjetunion war zum damaligen Zeitpunkt in grossem Masse vorhanden. Die Oktoberrevolution und die damit verbundene Errichtung des ersten sozialistischen Staates auf der Welt hatten auch in der Schweiz heftige Reaktionen auf politischer Ebene und in der Bevölkerung ausgelöst. Befürworter und Gegner des sowjetischen Weges interessierten sich gleichermassen für die Augenzeugenberichte, wenn auch die Glaubwürdigkeit des Berichteten meist nur bei einer politischen Übereinstimmung mit dem eigenen Standpunkt anerkannt wurde.

Die Reisen fanden zu verschiedenen historischen Zeitpunkten über einen Zeitraum von zwanzig Jahren verteilt statt und führten in verschiedene Städte und Republiken der Sowjetunion. Es handelte sich um Individual- oder Gruppenreisen und um politisch motivierte Reisen von Delegationen, einzelnen Delegierten oder Gewerkschaftsvertretern.

Die während oder nach der Reise verfassten Berichte sollen im folgenden an Hand der einzelnen Stationen ausführlich und im Vergleich vorgestellt werden. Dabei werden die Inhalte der Reiseberichte in der Zeitform des Präsens wiedergegeben. Die einleitenden Worte zu den einzelnen Berichten und zusammenfassende Bemerkungen erfolgen jeweils im Imperfekt, um sie von den Beschreibungen der Reiseberichterstatter zu unterscheiden.

4.1 Der Grenzübertritt als erster Kontakt zur "neuen Welt"

Schon die Analyse deutscher Reiseberichte über die Sowjetunion hat gezeigt, dass der Grenzübertritt für die Reisenden die erste entscheidende Erfahrung mit dem neuen Land und System bedeutete. Das gleiche gilt auch für die Schweizer Reisenden.

Der erste direkte Kontakt zur "neuen Welt" fand an der Landesgrenze statt und wurde meist als wegweisend für alles Kommende gewertet. Die Mehrzahl der Schweizer, die vor dem Zweiten Weltkrieg die Sowjetunion bereisten, gelangten per Zug an die Grenze. Einige kamen mit dem Schiff und nur einer, der Genfer Sozialist Léon Nicole, legte im Jahre 1939 einen Teil der Strecke mit dem Flugzeug zurück. Der Grenzübertritt erfolgte an verschiedenen Orten: die einen betraten sowjetischen Boden von Finnland kommend, die anderen von Estland her, die meisten aber kamen über Polen und gelangten durch die so bekannt gewordene Grenzstation Njegoreloje in die Sowjetunion.

Der erste Eindruck von diesem Grenzbahnhof und den diensthabenden Rotarmisten wurde von vielen als bewegendes Erlebnis empfunden. Njegoreloje präsentierte sich den ersten Schweizer Reisenden nach der Revolution im Jahre 1920 nur als eine Blockhütte mit einer gehissten roten Fahne auf dem Dach. Zehn Jahre später hatte sich diese Grenzstation in einen stattlichen Bahnhof verwandelt. Der ankommende Zug passierte einen Torbogen mit der Aufschrift "Gruss dem unterdrückten Proletariat Westeuropas", und die Abfertigung der Reisenden durch die sowjetischen Zollbeamten vollzog sich in einer grossen Neubauhalle, deren Wände mit Aufbaubildern und -parolen bemalt waren. In den dreissiger Jahren waren dann in der Halle noch eine lebensgrosse Büste Lenins und eine Stalinbüste präsent.

Das Verhalten der Rotarmisten und Zollbeamten wurde mit Ausnahme des Reiseberichts von Charles Studer nicht negativ beschrieben. Vielen erschienen die Beamten als genau und sehr korrekt. Den Einreisenden wurden die mitgeführten Waren bescheinigt und bis auf ein Kartenspiel wurde ihnen nichts abgenommen. Besonders in den ersten Jahren scheinen sich die Begegnungen zwischen den Ankommenden und den Rotarmisten sehr herzlich gestaltet zu haben. So werden der 1920 reisende namenlose "Arbeiter"[1] und seine Reisegefährten mit Handschlag begrüsst, und obwohl keine sprachliche Verständigung möglich war, verstanden sie sich auch ohne Worte: "Wir sind Kommunisten, sie sind Kommunisten, wir sind in der Heimat, fühlen uns geborgen, denn hier prangt die Rote Fahne mit den fünf magischen Buchstaben: R.S.F.S.R.."[2]

Sehr ähnlich verläuft die von Walter Bringolf geschilderte Begrüssungsszene, und selbst acht Jahre später, als die Zahl der Reisenden schon massiv angestiegen ist, wird die Schweizer Delegation, die zur Spartakiade nach Moskau fährt, sehr herzlich begrüsst. "Während der Zug einen Moment anhält, um die russischen Kontrollbeamten aufzunehmen, begrüssen wir diese Gruppe mit begeisterten Zurufen, welche lebhaft erwidert werden."[3]

---

[1]   Es ist mit Sicherheit davon auszugehen, dass es sich hierbei um Sigi Bamatter handelt.

[2]   Eindrücke eines Arbeiters, S. 4.

[3]   Werner Schulthess, Spartakiade-Fahrt, S. 25.

Anschliessend singen sie zusammen die Internationale. Die Delegierten und ihr Gepäck gelangen anschliessend unbesehen durch die Gepäck- und Zollkontrolle.

Den Grenzübertritt in die Sowjetunion sahen die Reisenden nicht nur als einen geographischen Positionswechsel an, sondern als das Verlassen eines ideologischen Systems und den Eintritt in ein anderes.

"Sie [die Grenzlinien – d.V.] trennen zwei Welten. Die kapitalistische von der kommunistischen. Man überlegt sich das nicht ohne innere Erschütterung. Denn diese Grenze beschäftigt schliesslich seit fünfzehn Jahren die Welt."[4]

Für die Reisenden, die als Kommunisten oder auch als Sozialisten in der Schweiz politisch aktiv waren, bedeutete der Grenzübertritt den Schritt heraus aus der Position einer ungeliebten Minderheit und den Schritt hinein in ein Land, in welchem ihre Anschauung die des Staates darstellte und in der die von ihnen bekämpfte Ideologie keine Berechtigung besass. Auf diesem Hintergrund sind Aussagen über die Ankunft in der Sowjetunion als das Eintreffen in der "Heimat" zu verstehen.

Ella Maillart fühlt sich als "Faulenzerin" von den sowjetischen Wandparolen nicht angesprochen und eingeladen, hat aber, was das Kontrollverfahren anbelangt, nichts zu beanstanden und konstatiert knapp: "Weniger Fragen als bei der Ankunft in England."[5]

Ebenfalls keine speziellen Hochgefühle löst der Grenzübertritt in Njegoreloje bei Arno Wildhaber aus, der sich als "Freund des Bürgertums" bezeichnet, der aber dennoch seinen ersten Eindruck von der sozialistischen Sowjetunion als positiv beschreibt: "Die Gepäckkontrolle geht gründlich, aber ruhig und in freundlichem Ton vor sich. (...) Es lässt sich nicht leugnen, der erste Eindruck von Sowjetrussland ist erfreulich."[6]

Ganz anders die Bewertung des Grenzverfahrens bei Charles Studer, obwohl er sich in der gleichen Reisegruppe wie Wildhaber befand. Die Grenzsoldaten bezeichnet er als GPU-Truppen, bestehend aus "schlitzäugigen Tataren", die alles genau inspizieren, wie in den schlimmsten Kriegszeiten. Die anschliessende Gepäckrevision empfindet er im Gegensatz zu Wildhaber als "peinlich", weil alles, was die Reisenden mit sich führen, notiert wird. Auch Josef Maria Camenzind zeigt sich nicht sehr begeistert über die Zollformalitäten. Schon kurz vor dem Grenzübertritt prüft er, ob sich Brieftasche und

---

4   Elisabeth Thommen, Blitzfahrt, S. 9.
5   Ella Maillart, Ausser Kurs, S. 5.
6   Arno Wildhaber, Drei Wochen, S. 7.

Pass noch am richtigen Ort befinden, aus Angst vor etwaigen Schwierigkeiten. Doch weder sein Geldbeutel noch sein Pass werden beanstandet. Hingegen wird sein Photoapparat plombiert, damit er auf der Reise nicht photographieren kann, und seine Jasskarten werden ihm – wahrscheinlich von spielfreudigen Zöllnern – abgenommen. Sein Fazit fällt dennoch nicht nur negativ aus. "Die Beamten sind, das muss zu ihrer Ehre gesagt werden, freundlich."[7]

Nur eine Reisende beobachtet und beschreibt auch das Verhalten der anderen Reisenden im Grenzbahnhof. Elisabeth Thommen berichtet von den Schmuggelversuchen der Einreisenden, die keiner der Mitreisenden verrät. "Der kleine 'Staatsbetrug' macht niemandem ein schlechtes Gewissen. Einige Menschen werden glücklich dadurch. Zoll ist Zoll. Den einen 'erwischt' man, der andere schlüpft durch. Das ist etwas ähnliches wie die Steuern."[8]

Die von ihr beschriebenen "Schmuggler" sind Russen, und ihre "Schmuggelware" besteht aus sogenannten Luxusgütern wie Schuhen, Kosmetika oder Seidenstrümpfen.

Ein weiterer, oft benutzter Grenzübergang ist Rajajoki an der finnisch-sowjetischen Grenze. Auch dieser ist gut ausgebaut. Das sowjetische Bahnhofsgebäude ist noch grösser als das finnische und schöner eingerichtet, um den Eintritt in die bessere Welt den Reisenden plastisch vor Augen zu führen.

Der Zürcher Arzt Adolf Voegeli bemerkt bei seinem Grenzübertritt als erstes, dass die Sowjetbeamten, Mitte der dreissiger Jahre, zwar schlecht gekleidet sind, aber amüsanterweise Galoschen tragen – Schuhwerk, das nicht einmal Voegeli als gutsituierter Westeuropäer besitzt. Dennoch erscheinen ihm diese Menschen vergnügt und lebhaft.[9]

Für Léon Nicole scheint das reichhaltige Angebot an Esswaren, das den ankommenden Reisenden nach dem Grenzübertritt am Bahnhofsbuffet offeriert wird, besonders erwähnenswert, und er sieht dies als Beweis für die gute wirtschaftliche Situation in der Sowjetunion an.

Eine andere Interpretation des Grenzübertritts findet sich bei Ernst Hofer, der im Mai 1941 bei Zarembo sowjetischen Boden betrat. Diese deutsch-sowjetische Grenze existierte zu diesem Zeitpunkt noch keine zwei Jahre und teilte das ehemalige Polen. Dennoch hebt Hofer den Unterschied hervor, den er diesseits und jenseits der Grenze wahrnimmt. Auf der deutschen Seite herrschen Ordnung und Wirtschaftlichkeit, während auf der sowjetischen Seite schon deutlich der asiatische Charakter zum Tragen komme.

---

[7]   Josef Maria Camenzind, Ein Stubenhocker, S. 37.
[8]   Elisabeth Thommen, Blitzfahrt, S. 8.
[9]   Vgl. Adolf Voegeli, Soviet-Russland, S. 9.

Dass die sowjetische Bahnhofsrealität nicht mit der der Grenzbahnhöfe zu vergleichen war, konnten die Reisenden bei ihren Bahnfahrten durchs Land feststellen.

4.2 Unterwegs in der Sowjetunion

Nachdem die Reisenden die Pass- und Zollkontrolle durchlaufen hatten, nahmen sie in sowjetischen Zügen Platz, die sie an ihr Ziel bringen würden. Die Züge waren breiter als die westeuropäischen und boten dem Fahrgast viel mehr Platz, wie Arno Wildhaber befriedigt feststellt. "Wir sind erfreut über die Geräumigkeit; endlich können wir unser Gepäck richtig verstauen, endlich haben wir Platz genug, um unsere Beine auszustrecken."[10]

Die Sitzplätze können für die Nacht in Liegeplätze verwandelt werden; Matratze, Kopfkissen und Leintuch werden im Zug gestellt. Es lässt sich gut schlafen, da die sowjetischen Eisenbahnen ruhig und nicht sehr schnell fahren. Dieser Umstand täuscht Charles Studer jedoch nicht darüber hinweg, dass der Zustand der Schienen und der Züge im allgemeinen schlecht ist.[11]

Es gibt zwei verschiedene Klassen im Zug. Die Polsterklasse ist für die höheren Sowjetbeamten und ausländischen Fahrgäste bestimmt. "Aber auch in der Holzklasse lässt sich ohne grosse Beschwerlichkeiten reisen, sofern der Andrang nicht zu stark ist."[12] Nur Josef Maria Camenzind bezeichnet den Zustand der Drittklasswagen – damit meint er diese oben beschriebene Holzklasse – als "vorsintflutlich" und behauptet, dass die Polster seines Zweitklasswagens – die erwähnte Polsterklasse – "muffeln".[13]

Die Nachteile dieser Züge werden von Elisabeth Thommen auf zwei Punkte zugespitzt: Wanzen und Staub. Der Staub dringt durch die undichten Fensterritzen. Und die Wanzen? – "Geschäftig schiessen sie aus den Fugen des alten Holzes hervor, durstig nach unserem westeuropäischen Blut."[14] Auch die Reisegruppe von Charles Studer sah sich veranlasst, im Erlegen von Wanzen zu wetteifern.

Zwei Reisende berichten auch von Diebstählen im Zug.[15] Besprizornye fuhren oftmals auf dem Dach des Zuges oder unter dem Zug über weite

10 Arno Wildhaber, Drei Wochen, S. 7.
11 Diese Ausführungen machte Charles Studer, der sich sehr für Züge interessiert hat, in einem persönlichen Gespräch mit mir.
12 Charles Studer, Reiseeindrücke, S. 235.
13 Josef Maria Camenzind, Ein Stubenhocker, S. 38.
14 Elisabeth Thommen, Blitzfahrt, S. 23.
15 Vgl. ebenda, S. 27 und Arno Wildhaber, S. 17.

Strecken mit und nutzten so die Gelegenheit, sich am Besitz der ausländischen Reisenden zu bereichern.

Bei Individualreisen, wie u.a. Ella Maillart und Adolf Voegeli sie unternommen haben, zeigt sich, dass eine Trennung zwischen Sowjetbürgern und Ausländern in den Abteilen nicht prinzipiell vollzogen wurde. Beide hatten sowjetische Mitreisende. Der des Russischen unkundige Camenzind bekam auf seiner Fahrt mit der Transsibirischen Eisenbahn von Intourist einen Zürcher Mitreisenden in sein Zwei-Personen-Abteil zugewiesen, worüber er sehr froh war. Die Reisegruppe von Wildhaber und Studer hatte für die gesamte Reise einen eigenen Eisenbahnwagen, in dem aber sehr gerne Russen vorbeischauten. Dies war die einzige Möglichkeit für diese Schweizer, in Kontakt mit Einheimischen zu kommen.

Die Preise im Speisewagen sind für weniger wohlhabende Schweizer wie Elisabeth Thommen sehr hoch, das Essen selber wird nur von Camenzind wirklich bemängelt. Zuerst mockiert er sich über das Aussehen der Kellnerin und des Kellners, dann berichtet er von drei faulen Eiern, die ihm serviert wurden und vom Tee, der etwas nach "Suppen- oder Abwaschwasser" schmeckte.[16] Ernst Hofer ist hingegen mit der Versorgung zufrieden. Er berichtet sogar davon, dass die Reisenden vollkommen masslos bis zur Übelkeit gegessen haben.

Da die Züge unterwegs immer an den Bahnstationen einen Halt einlegten, hatten die Fahrgäste Gelegenheit, das Leben auf den Bahnhöfen mitzuverfolgen.

Die erste Gruppe von Schweizer Delegierten, der auch Walter Bringolf angehörte, wurde bei solch einem Halt von einem jungen Mann angesprochen: "Genosse, sind Sie Delegierte zum Kongress?" Nachdem Bringolf dies bejaht, bedauert der Mann zutiefst, dass sie keine Begrüssungsdemonstration vorbereitet haben. "Leider haben wir es zu spät erfahren. Nun sind wir hier nur einige 50 Genossen versammelt."[17] Inhalt des sich nun entwickelnden Gesprächs sind die Arbeitsbedingungen dieser Arbeiter in einer Lokomotivreparaturwerkstatt. Die Arbeitszeit beträgt zwölf Stunden. An Nahrungsmitteln erhält jeder Arbeiter eineinhalb bis zwei Pfund Brot pro Tag, Fisch, Tee und Zucker. Alles andere muss jeder sich selber besorgen. Der russische Arbeiter betont jedoch, dass es zwei Jahre zuvor viel schlechter war, so dass viele vor Hunger nicht arbeiten konnten.

---

16   Josef Maria Camenzind, Ein Stubenhocker, S. 40.
17   Walter Bringolf, Russische Reise, S. 44-45.

Otto Baumberger, Wartende Bauern am Bahnhof von Taganrog

Solche Begegnungen und Gespräche konnten Bringolf und seine Genossen noch an anderen Bahnhöfen führen. Bringolf ist tief beeindruckt von der Leidensfähigkeit und Ausdauer der Russen.

"Sie strahlten etwas aus von dem mächtigen Willen, jeder Einzelne, den wir auch an den Grossen kennen, und der sie innig verbindet untereinander. Eine ganze Gesellschaftsklasse, ein ganzes Volk trägt heute die Leiden zur Erlösung der Menschheit. – Christus ist wiedererstanden – aber er ist erstanden in einem ganzen Volke ..."[18]

Vergleichbare Erlebnisse machte Edouard Scherrer 1924 auf seiner Reise zum Kominternkongress in Moskau. "Les gares sont propres, balayées avec soin, et dans celles où nous passons, le soir, tout le village est là pour voir le train;"[19] Auch Scherrer und seine Begleiter führten Gespräche mit Menschen auf den Bahnhöfen, die ihre Begeisterung über das Sowjetsystem bekundeten.

Den Schweizer Reisenden fiel besonders der enorme Andrang auf den Bahnhöfen auf. Überall Menschen, in allen denkbaren Positionen wartend, waren Ausdruck der grossen innersowjetischen Migrationsbewegung, die nicht erst durch die forcierte Industrialisierung ausgelöst worden war. Schon im Jahre 1920 sieht Annelise Rüegg Russen auf dem gefrorenen Boden des Bahnsteigs liegen und auf den Zug warten.[20] Da die Züge ständig überfüllt sind, kann die Wartezeit auch mehrere Tage betragen.[21] Diese Wartenden scheinen gemäss der Schilderung von Elisabeth Thommen allerhand gewohnt zu sein. Beim Einfahren in eine Bahnstation überfährt der Zug, in dem sie sitzt, einen Wartenden. Er ist sofort tot. Die übrigen Wartenden bleiben äusserlich völlig unberührt, "als ob das jeden Tag geschähe."[22]

Der Bahnhof wird nicht nur von Wartenden bevölkert, er ist für viele Kleinbauern der Umgebung eine Art Marktplatz, auf dem sie ihre Waren verkaufen können. Das Angebot erscheint jedoch nicht nur Wildhaber und Studer sehr eingeschränkt zu sein: Äpfel, Sonnenblumenkerne und Milch, manchmal auch eine kleine Gurke, ein paar Karotten und im Süden der Sowjetunion Wassermelonen – alles relativ teuer. Kostenlos ist dafür das Wasser an jeder Station, das die Fahrgäste zum Teekochen benötigen. Folgt man den Reiseberichten, dann hat sich an dieser Situation während des beschriebenen Zeitraums nicht viel geändert. Eine Ausnahme bilden die Grenzbahn-

---

[18] Ebenda, S. 29.
[19] Edouard Scherrer, En Russie.
[20] Vgl. Anna-Lisa Aljechin-Ruegg, Impressions , S. 29.
[21] Vgl. Charles Studer, Reiseeindrücke, S. 234-235.
[22] Elisabeth Thommen, Blitzfahrt, S. 26.

Otto Baumberger, Handel am Bahnhof

höfe und Stadtbahnhöfe in der Nähe der Grenze. So berichtet Friedrich Wlatnig von dem sehr reichlichen Buffet im Bahnhof von Minsk, an dem die Reisenden einkaufen können.

Wieder unterwegs wirkt der Anblick, den die kleinen russischen Dörfer inmitten der endlosen Ebene dem Reisenden bieten, nicht besonders erhebend – zumindest nicht auf Max Tobler, der 1927 nach Moskau fährt. "Armselig erscheinen die Holzhäuser mit den braunen Strohdächern und den kleinen Fenstern und trostlos die unendlich schmutzigen Strassen, die zwischen diese Häuser führen."[23]

Erst als der Zug sich dann Moskau nähert, kann Tobler einige neue Häuser mit grossen Fenstern und einem festen Dach erblicken. Dem NZZ-Redakteur Friedrich Wlatnig scheint dies nicht ins Auge zu stechen. Er konstatiert, dass das Land einen sehr fruchtbaren Eindruck macht und dass die Landbewohner gut genährt aussehen.[24] Und als sich die Spartakiadeteilnehmer ein Jahr nach

---

23   Max Tobler, Moskauer Eindrücke, S. 7-8.
24   Vgl. Friedrich Wlatnig, Das neue Russland, S. 12.

117

Otto Baumberger, Dorf in Weissrussland

Wlatnig auf dem Weg nach Moskau befindet, ist ihr Eindruck von den Dörfern sogar positiv. "Meist sind hier ganz nette Holzhäuser, die solide Schindeldächer besitzen."[25] Diese Dörfer machen auf sie einen besseren Eindruck als die polnischen.

Für den St. Galler Redakteur Franz Schmidt steht fest, dass man das Land nur durch Reisen, das heisst durch Zugfahren erleben und kennenlernen kann, wie er dies 1937 getan hat. Der Landschaft und den Dörfern gilt dabei nicht sein Hauptinteresse, auch über die Bahnhöfe berichtet er nicht genauer.

"Da sassen wir uns denn gegenüber im russischen Eisenbahnzug. Nichts war da, was uns von uns ablenkte: denn draussen zog immer gleich, die russische Ebene vor dem Fenster vorbei; es ging Stunden von einem Bahnhof zum andern ..."[26]

---

[25] Werner Schulthess, Spartakiade-Fahrt, S. 29.
[26] Franz Schmidt, Reisen, S. 146-147.

Stundenlang diskutiert er mit seinen russischen Freunden über sehr zentrale Fragen des sowjetischen Weges. "Wer das nicht erlebt, war nicht in Russland; man wird ihn mit Recht fragen: 'Mein Herr, Sie kommen aus Ägypten und haben die Pyramiden nicht gesehen?'"[27]

Den besten Eindruck von den Dörfern und Bauernhäusern scheint 1939 Léon Nicole gehabt zu haben.

"Die Dörfer mit ihren warm verschalten Holzhäusern geben einen ersten Eindruck vom Leben des russischen Bauern. (...) Nicht der geringste Gedanke an Elend oder Terror steigt in uns auf, womit uns eine gewisse Presse seit der Oktoberrevolution 1917 die Trommelfelle bearbeitet."[28]

Im Gegensatz zu Wlatnig fällt Ernst Hofer im Minsker Bahnhof nicht das reichhaltige Buffet auf, sondern die Ansammlung sowjetischer Truppen, die er wegen ihrer Ausrüstung nur belächeln kann. Von einer Kriegstauglichkeit im Ernstfall kann für ihn keine Rede sein.

An der jeweiligen Zwischen- oder Endstation angelangt, standen für die Reisenden Transportmittel bereit, die sie in die Hotels oder zum nächsten Reiseziel brachten. Der Vertreter der Internationalen Roten Hilfe, Max Tobler, besteigt ein Taxi, das vor dem Bahnhof auf ihn gewartet hat, während Otto Baumberger und seine Mitreisenden als "Touristen dritter Klasse", wie Baumberger sich selber bezeichnet, vorwiegend mit alten Autobussen transportiert werden. Camenzind, der nur wenige Stunden in Moskau weilt, wird von einem Intouristvertreter begrüsst und in ein weniger vornehmes Taxi plaziert, woraus Camenzind nicht ohne Ärger seine geringere Bedeutung für die Sowjets abliest. Léon Nicole scheint da schon bedeutender zu sein. Sein erstes Nachtquartier auf sowjetischem Boden bezieht er bei Manuilski, dem Vorsitzenden der Komintern. "Ein Auto, das neueste Fordmodell in den Sowjetwerkstätten hergestellt, bringt uns dorthin."[29]

Der privilegierte Transport der ausländischen Reisenden zeigt sich am deutlichsten am Beispiel von Adolf Voegeli. Seine Bergtour führt ihn in das abgelegene Dagestan. Dort will er mit seinem Reiseführer in einem kleinen Dorf den nächsten Postbus nehmen. Vier Dagestaner warten schon seit fünf Tagen auf einen Platz in diesem Bus. Als der Bus eintrifft, zeigt Voegeli dem Fahrer ein Schreiben in russischer Sprache, das er in Moskau von Intourist erhalten hatte. Es besagt, dass die Dagestaner Beamten ihm und dem Dolmetscher die Reise so angenehm wie möglich machen sollen, dass beide ge-

---

[27]   Ebenda.
[28]   Léon Nicole, Meine Reise, S. 20-21.
[29]   Ebenda, S. 23.

nügend Platz in den Postbussen erhalten und vor Ungeziefern geschützt werden müssen. Auch werden die Chauffeure angehalten, auf Wunsch des Reisenden die Fahrt zu unterbrechen, damit dieser photographieren und sich No-
tizen machen könne. Auf Voegelis Bitten, die wartenden Dagestaner dennoch
mitzunehmen, erhält er die Antwort, dass er diesen Wunsch schriftlich abfas-
sen müsse, damit der Fahrer sich "nach oben" absichern könne. Darauf verzichtet Voegeli. Obwohl es ihm zuerst etwas leid tut, dass die anderen Wartenden nicht mitfahren können, kommt er zum Schluss, dass die ganze Angelegenheit nicht so tragisch sei: "Die Dagestaner sind aber Orientalen, für sie
gibt es weder Zeit noch Geld und so warten sie, geduldig auf ihren Bündeln
hockend, vier bis fünf Tage lang, bis sie einmal Glück haben, einen Platz im
Postauto zu erwischen."[30]

So hat Adolf Voegeli die bevorzugte Behandlung erfahren, die Josef Maria
Camenzind auch gerne genossen hätte, anstatt in einem älteren Moskauer Taxi mit halbblinden Scheiben zum Hotel gebracht zu werden, mit der Tatsache
konfrontiert, für die Sowjets kein wirklich bedeutender Gast zu sein. Privilegien in den Zügen und beim innerstädtischen Transport, die schon im Zusammenhang mit amerikanischen und englischen Reiseberichten nachgewiesen
wurden, haben dennoch alle Schweizer Reisenden erfahren – mit Ausnahme
Maillarts –, wie ihre Schilderungen deutlich machen. Denn unter normalen
Bedingungen, wie sie für die Mehrheit der sowjetischen Bevölkerung bestanden haben, hätten diese touristischen Reisen gar nicht stattfinden können.

4.3 Moskau – die Metropole der Revolution

Moskau bildete das Haupttreiseziel aller Sowjetunionbesucher, so auch das
der Schweizer. Die Situation in Moskau war mit der des übrigen Landes natürlich nicht identisch. Hier in der Hauptstadt und am Regierungssitz befand
sich das politische und kulturelle Zentrum des Riesenreichs, und auch die
Ökonomie des Landes wurde von hier aus geleitet. Deshalb gab es für die
Besucher der Sowjetunion in Moskau das umfangreichste Besichtigungsprogramm zu absolvieren: Fabriken aller Art, soziale und medizinische Einrichtungen, kulturelle Angebote, eine grosse Anzahl von Bildungsstätten, politische Institutionen – alles war in Moskau vertreten, wurde von den Gästen
aufgesucht und bildete Gegenstand vieler Berichte.

Den ersten und unmittelbarsten Einblick in das hauptstädtische Leben bot
das Geschehen auf Moskaus Strassen.

---

[30] Adolf Voegeli, Soviet-Russland, S. 81.

Otto Baumberger, Moskau am Vormittag

4.3.1 Das Strassenbild Moskaus

Wie also wirkte die Hauptstadt des ersten sozialistischen Landes, dieses "Zentrum der Revolution", wie Moskau von vielen genannt wurde, auf die ausländischen Besucher?

Das Strassenleben, an dem die Reisenden teilnehmen konnten, vermittelte ihnen auf begrenztem Raum und in kurzer Zeit sehr verschiedenartige Eindrücke über sehr viele Lebensbereiche der sowjetischen Bevölkerung.

Moskau war eine Stadt, die ständig im Wachsen begriffen war und deren Wohn- und Transportkapazitäten stets durch Überlastung gekennzeichnet waren. Menschen aus allen Republiken gelangten nach Moskau, sei es, um dort zu leben und zu arbeiten, sei es als Gast, sei es in beruflicher oder parteilicher Mission. Erkennen konnte der ausländische Gast diese Völkervielfalt am Aussehen und an der Kleidung.

Die Reisenden sahen das Warenangebot in den Läden, die Einkaufsbedingungen, sie sahen die Häuser, in denen die Moskauer lebten, und sie sahen, was diese in ihrer Freizeit auf den Strassen und in den Parkanlagen unternahmen, sie konnten offizielle Paraden, Beerdigungen von Prominenten und von Unbekannten miterleben, auch Kirchenbesuche gehörten zu den Eindrücken.

Bei all diesen Gelegenheiten konnte der Beobachter die Menschen erleben und Einblicke in die Verhältnisse gewinnen. Hier bestand die Gelegenheit einer direkteren Fühlungnahme mit den Moskauern. Was die Reisenden hier zu Gesicht bekamen, kann nicht einfach als das Resultat des von den Gastgebern erzeugten Bildes angesehen werden. Gleichzeitig zeigt sich jedoch schon in dieser Situation die unterschiedliche Wahrnehmung und Wertung durch die Reisenden.

"Gehen wir etwas auf die Strasse und schauen wir uns das Leben an!"[31] – mit dieser Aufforderung begeben sich Bringolf und seine ungenannten Begleiter auf Moskaus Strassen.

Als erstes fällt ihm der lebhafte Verkehr auf, bestehend aus Strassenbahnen, zahllosen Pferdefuhrwerken und Lastwagen, die auf dem holprigen Pflaster und auf Grund zahlloser Fehlzündungen einen fürchterlichen Krach erzeugen. Dann fällt sein Blick auf die am Strassenrand sitzenden Frauen und Knaben, die Obst und andere Esswaren zum Verkauf anbieten. Er erfährt – wahrscheinlich von seinem Führer –, dass sich dieser Verkauf frei, d.h. ohne staatliche Regelung vollzieht. Die Strassen erscheinen ihm nur notdürftig gereinigt. Die Häuserfassaden sehen trostlos aus, Cafés gibt es keine und Ein-

---

[31]   Walter Bringolf, Russische Reise, S. 49.

kaufsläden auch nur vereinzelt. Die unübersehbaren Häuserschäden, von denen schon zurückgekehrte Russlandschweizer berichtet hatten, rechtfertigt Bringolf.

"Nun ja, mancher Stein ist nicht mehr auf dem andern. Vieles hat sich geändert – aber muss das nicht so sein? 'Der Geist der Zerstörung ist der schaffende Geist.' Liegt darin nicht etwas – sogar viel Wahres? (...) Muss es [das Proletariat – d.V.] nicht diese Formen als charakteristische Produkte der bürgerlich-kapitalistischen Gesellschaft zuerst sprengen, zerstören, um seine Kräfte zum Aufbau entfalten zu können?"[32]

Dass es auch noch Bettler auf den Strassen gibt, erstaunt Bringolf zuerst. Doch dann konstatiert er, dass diese "äusserst selten geworden sind" und dass die Bettler Menschen sind, "die sich heftig gegen eine Versorgung sträuben".[33] Die Konfrontation mit nicht übersehbaren Mängeln löst Bringolf, indem er sie mit denen in den europäischen Hauptstädten Wien und Berlin gleichsetzt und so einer möglichen Kritik – von Schweizer Seite – vorzubeugen versucht.

Dann betrachtet Bringolf die Menschen, die verschieden und keineswegs unterernährt aussehen. Dies betont er zur Widerlegung der in der Schweiz verbreiteten Auffassungen.

Bei einer Kapelle angelangt, beobachtet er das rege Kommen und Gehen der Menschen. "Ein buntes Durcheinander ging ein und aus. Ehemalige Burschui, Frauen, Kinder und Soldaten. Die Fuhrleute, die mit ihren Wagen vorbeifuhren, lüfteten die Mützen und bekreuzigten sich."[34]

Bringolf bestätigt eine Wiederkehr der Religiosität, die jedoch durch die gesellschaftliche Entwicklung in der Sowjetunion überwunden werden würde.[35] Mit dieser Äusserung lässt er die Auseinandersetzung mit dem Religionsproblem auf sich beruhen.

Diese kurzen Beschreibungen der Strassenszenen machen Bringolfs Bild von der Sowjetunion und den Umgang mit Erlebnissen, die nicht in dieses Bild passen, deutlich. Argumente wie "das wird sich ändern", oder "das ist das zaristische Erbe", oder "in Westeuropa sind die Verhältnisse nicht besser" sind als Reaktion auf die bestehenden Schwierigkeiten in der Sowjetunion in vielen Reiseberichten anzutreffen.

---

[32]   Ebenda, S. 47.
[33]   Ebenda, S. 43.
[34]   Ebenda, S. 54.
[35]   Vgl. ebenda, S. 56.

Auch Annelise Rüegg kennt solche Argumente, so z.B. wenn sie von Moskaus Strassenleben berichtet: "... je pouvais voir la plus grande misère dans les rues et dans les maisons des émigrants, sans être effrayée; je me raisonnais: ce sont les douleurs de l'enfantement d'un monde nouveau, c'est passager."[36]

Sie erlebt Moskau nur wenige Monate nach Walter Bringolf. Ihr fünfmonatiger Aufenthalt in der Sowjetunion erlaubt ihr aber auch, Verbesserungen der Situation in der Hauptstadt festzustellen. Nach der monatelangen Rundreise befindet sie sich am 1. Mai 1921 wieder in Moskau und bemerkt, dass sich die Strassen Moskaus in einem viel saubereren und besseren Zustand befinden. "... je ne pourrais croire que La Moscou des Soviets eut une fois UN tout autre aspect."[37] Bauern verkauften ihre Überschüsse in der Stadt, und auch Handwerker und Kleinhändler waren wieder auf den Strassen zu finden.

"Et ça et la s'est rouverte une devanture pour exposer les objets qui n'avaient pas pris le chemin du fonds de la Révolution. Je vois des souliers de dame où le cuir n'a pas été epargné et d'autre luxe que peuvent maintenant s'acheter les 'Sovbours' les nouveaux riches."[38]

In ihren Formulierungen ist eine gewisse kritische Distanz, auch zu ihrer eigenen bisherigen Haltung, nicht zu übersehen.

Einen sehr positiven Eindruck von Moskau hatte Edouard Scherrer 1924. Ihm fallen sofort der rege Verkehr und das intensive Strassenleben der Hauptstadt auf. Das Warenangebot bezeichnet er als reichlich, auch seien alle Läden wieder geöffnet. "Les traces de la guerre civile n'existent plus; partout la Remise en Etat des maisons se fait rapidement, les rues sont repavées ou goudronnées; ... "[39]

Zu diesem Strassenbild gehören auch Bettler. Die Erklärung, die Scherrer dafür gibt, gleicht denen Bringolfs und Bamatters in erstaunlicher Weise.

" ... des maisons pour vieillards et mendiants ont été crées et fonctionnent normalement, mais il y a encore de ces gens qui préfèrent leur malheur à une vie nouvelle. Avec l'éducation, ces tares de l'ancien régime disparaîtront."[40]

Dann beschreibt Scherrer die Polizisten, die für die Ordnung auf Moskaus Strassen zuständig sind. Für ihn unterscheiden sie sich grundlegend von ihren

[36] Anna-Lisa Aljechin-Ruegg, Impressions, S. 8-9.
[37] Ebenda, S. 36. .
[38] Ebenda.
[39] Edouard Scherrer, En Russie, 12. Juni 1924.
[40] Ebenda.

ausländischen Berufskollegen, auch wenn nur die Farbe ihrer Knüppel anders ist. "Au contraire des policiers anglais, français ou suisses, qui ont un petit batôn blanc, emblême de la réaction et du soution capitaliste, les policiers russes ont le bâton rouge, couleur du prolétariat."[41]

Welchen Eindruck das Moskau von 1921 auf den Verbandssekretär der schweizerischen Bau- und Holzarbeitergewerkschaft Franz Reichmann gemacht hat, schildert er erst fünf Jahre später bei seinem zweiten Aufenthalt in der sowjetischen Metropole. Die Ernährungslage war sehr schlecht und die Läden waren zugenagelt, da es nichts zu verkaufen gab.

Jetzt hingegen, betont er, ist an Lebensmitteln alles zu haben, noch dazu für wenig Geld. Das Ende des Bürgerkriegs und der Kurswechsel in der sowjetischen Wirtschaftspolitik bewirkten die von Reichmann konstatierten grossen Veränderungen. "Moskau ist heute kaum wieder zu erkennen".[42] Für Reichmann ist Moskau auf dem Weg, eine Weltstadt zu werden. Auffallend sind der enorme Verkehr und die Menschenmassen in der Millionenstadt. Die alten Strassenbahnwagen haben "ein neues Kleid bekommen"[43] und werden sauber gehalten. Neben den Strassenbahnen fallen ihm die neuen Autobusse nach amerikanischem Vorbild ins Auge. Taxis gibt es auch, aber zu wenige. So sind immer noch zu Tausenden die Droschken im Einsatz, die im Winter als Schlitten fungieren. Sämtliche vorhandenen Transportmittel reichen aber für eine Bevölkerung von zweieinhalb Millionen nicht aus. Der Bau einer Untergrundbahn ist in Planung. Reichmann betont, dass einem reibungslosen Verkehrsablauf ausserdem der Strassenzustand im Weg steht. "Die Strassen sind meistens mit runden Feldsteinen gepflastert und wenn man darüber fährt, so gibt es oft eine kleine Magenerschütterung."[44] Aus diesem Grund bevorzugt Reichmann das Fahren im Winter, wenn Moskaus Strassen verschneit sind.

Trotz Sprachunkundigkeit fühlt Reichmann sich in Moskau nicht fremd. Viele Menschen sprechen deutsch. Er kann sich frei und ungehindert bewegen, auch ohne Dolmetscher. Zu seinem Wohlbefinden trägt auch das Sicherheitsgefühl bei. Unbesorgt kann er nachts allein durch Moskaus Strassen spazieren. "Der Sicherheitsdienst ist sehr gut organisiert."[45] Auch andere Reisende vermerken dies positiv, so beispielsweise die Strassenbahner, die nach einer Einladung nachts um halb drei den Heimweg antraten und dies vollkommen unbehelligt tun konnten. "Von den dunklen Gestalten, die sich nur

---

[41] Ebenda.
[42] Franz Reichmann, Im Lande der Bolschewiki, S. 9.
[43] Ebenda, S. 10.
[44] Ebenda, S. 11.
[45] Ebenda, S. 12.

nachts hervorwagen und die Strassen unsicher machen, haben wir nirgends etwas entdecken können."[46]

Die komprimierteste und lebhafteste Schilderung des Moskauer Strassenlebens wurde im Sommer 1926 von Friedrich Schneider verfasst. "Die berühmte alte Stadt, die Grenze zwischen europäischer und asiatischer Kultur, beide vermischend, ist heute die Zitadelle, von der aus im Namen der Arbeiterklasse ein Riesenreich beherrscht wird."[47]

In seinem kurzen Portrait finden sich alle Aspekte des Moskauer Grossstadtlebens wieder: Wie Reichmann nennt er als erstes den starken Verkehr und dessen gute Lenkung durch die Vertreter der Staatsgewalt, er beschreibt die unzähligen Kleinhändler auf den Strassen, ist zufrieden mit dem Zustand der Häuser und Strassen, kommt auf die atheistisch-revolutionären oder christlichen Leichenzüge zu sprechen, auf das Lenin-Mausoleum und die nicht weit entfernte Kapelle der Iberischen Mutter Gottes, auf die Menschenmassen überall in Moskau, die an den Abenden auf den Strassen den dort angebrachten Radiolautsprechern lauschen, in die Theater oder in die Arbeiterheime gehen, die auf der Twerskaja promenieren oder nackt in der Moskwa baden. Auch Bettler aller Altersstufen und Spuren der Prostitution sieht er. Untermalt wird dieses Strassenbild von revolutionären Klängen.

"Neun Uhr abends spielt die kunstvolle Uhr vom Erlösertor den revolutionären Trauermarsch, und um Mitternacht ertönen die aufreizenden Klänge der Internationale, gemischt mit den kreischenden Stimmen um ihr Fahrgeld feilschender Kutscher. Das ist Moskau!"[48]

Als Max Tobler im März 1927 nach Moskau kommt, herrscht Tauwetter, und Gummistiefel erweisen sich als das wichtigste Bekleidungsutensil. Toblers erstes Ziel in der Hauptstadt ist die Twerskaja, Moskaus Hauptstrasse. "Es gibt dort so verschiedenartige Häuser und Menschen, denen man sonst auf der ganzen Welt nicht mehr in dieser Mischung begegnen kann."[49] Die Architektur erscheint ihm als ein kunterbuntes Gemisch aus moskowitischen, halbasiatischen, prunkvollen, prächtigen, modernen und schlechten Baustilen. Tobler betrachtet das Bauen überall in der Stadt als den Ausdruck der Umwandlung eines Dorfes in eine Grossstadt. Dass Moskau erst auf dem Weg dorthin ist, zeigen die Bäche von Schmelzwasser, die aus den Höfen über die Twerskaja fliessen, und die zersprungenen Spiegelscheiben der Schaufenster. Auch er bemerkt das spärliche Warenangebot in den Geschäften, mit Aus-

---

[46]   Im Lande des sozialistischen Aufbaus, in: Kämpfer, 12. Juni 1931.
[47]   Friedrich Schneider, Von Leningrad, S. 28.
[48]   Ebenda, S. 30.
[49]   Max Tobler, Moskauer Eindrücke, S. 10.

nahme eines genossenschaftlichen Lebensmittelladens in der Twerskaja, in dem sogar Kaviar erhältlich ist. Weshalb dieser Laden im Gegensatz zu den anderen so gut aùsgestattet war und wer dort einkaufen ging, fragt oder erklärt Tobler nicht. War es vielleicht der "Torgsin", das berühmte Geschäft für die ausländischen Käufer?

Wie schon Reichmann ein Jahr zuvor so betont auch Tobler, dass die Polizei das Strassengeschehen gut im Griff hat und dass die Moskauer den Ordnungshütern mit "raschem Gehorsam"[50] begegnen. Beispiele und Erklärungen bleibt Tobler auch hier schuldig.

Die Menschen, die auf der Twerskaja verkehren, sind in Aussehen und Gebaren keine "Bourgeois", auch NEP-Leute kann er dem Aussehen nach nicht erkennen. Die Menschen sind warm und solid gekleidet. Sie tragen gefütterte Mäntel und Jacken, Gummi- oder Filzschuhe. Es gibt aber auch verwahrlost aussehende Passanten und vagabundierende Jugendliche, die unerlaubt auf Tramwagen aufspringen, betteln und bei Gelegenheit stehlen.

Tobler ist für die existierenden ungelösten Probleme nicht blind. Er bestätigt, dass es den sowjetischen Behörden auch zehn Jahre nach der Revolution noch nicht gelungen ist, die Besprizornye sozial zu integrieren und die Bettelei zu beseitigen, wie dies der Bericht des "Schweizer Arbeiters" von 1920 glauben machen möchte. Für ihn gab es nur bourgeoise Gewohnheitsbettelei, während Tobler darauf hinweist, dass die erwachsenen Bettler Arbeitslose sind, die die zu langsam wachsende Industrie noch nicht aufnehmen konnte. Auch Alkoholismus und Prostitution gehören noch immer zum Strassenbild. Der Versuch, diese beiden Probleme durch Bestrafung zu lösen, ist mangels Erfolg aufgegeben worden.

"Auch die Prostitution war eine Zeit lang ganz verboten, aber auch hier zeigte es sich, dass sie, in die Heimlichkeit getrieben, noch schlimmer wirkte, als an der Öffentlichkeit. Deshalb lässt man sie jetzt wieder auf der Strasse spazieren, ohne sie zu strafen und ohne sie zu kontrollieren."[51]

Wie schon Walter Bringolf, so weiss auch Tobler davon zu berichten, dass dieses Problem bald behoben werden wird.

"Man wird versuchen, auch die heutige Form der Prostitution aus der Welt zu schaffen, indem man den Frauen Arbeitsgelegenheit verschafft,

---

50   Ebenda, S. 14.
51   Ebenda, S. 18.

aber auch hier steht man erst am Anfang einer grossen Aufgabe, die viel Mühe und Mittel erfordern wird."[52]

Hier deutet Tobler an, in welch schwierige Situation sehr viele Frauen durch die Aufhebung der Arbeitspflicht und die Einführung der NEP geraten sind. Den Schilderungen der Strassenbahner zufolge existierte vier Jahre später keine Prostitution mehr auf Moskaus Strassen.

Es zeigt sich, dass nur schon das Spazieren auf Moskaus Strassen dem Gast einige schwerwiegende Probleme der sowjetischen Gesellschaft, wie Alkoholismus, Prostitution und die Besprizornye vor Augen führen kann. Tobler hat diese wahrgenommen, mit seinem Führer darüber gesprochen und sie in seinem Bericht beschrieben.

Die Besprizornye sind für den NZZ-Redakteur Friedrich Wlatnig sogar "die schlimmste Erscheinung im neuen Russland"[53], deren Höhepunkt er aber im Sommer 1927 – dem Zeitpunkt seines Aufenthalts – für überschritten erachtet. Sein Urteil über die Chancen einer sozialen Eingliederung dieser Kinder und Jugendlichen ist vernichtend: "Diese unglücklichen Geschöpfe dürften, besonders wenn sie bereits im Knabenalter stehen, niemals zu irgend einer Arbeit brauchbar sein."[54]

Mit dieser Einschätzung macht Wlatnig deutlich, dass er den Sowjets keinen grossen Erfolg im Aufbau einer neuen sozialen Ordnung zutraut.

Die Bettelei auf Moskaus Strassen beschäftigt auch Werner Schulthess, der im Sommer 1928 mit einer Schweizer Delegation von Arbeitersportlern an der Moskauer Spartakiade teilnimmt. Er bestätigt, dass es derartiges auf Schweizer Strassen nicht gibt, dass es aber in anderen europäischen Grossstädten ebenfalls zum Strassenbild gehört. Schulthess fragt sich, wer aus welchem Grund auf Moskaus Strassen betteln geht. Seinen Informationen gemäss gibt es "wirkliche Krüppel und Almosenbedürftige und solche, die aus der Mildtätigkeit der Vorübergehenden einen Beruf machen"[55]. Er ist der Auffassung, dass dieses Problem noch lange Zeit das Stadtbild prägen wird. Was Schulthess vermisst, sind Cafés und "Beizen". Selbst die öffentlichen Speiselokale schliessen schon um 23 Uhr. Das ihm aus der Schweiz bekannte "Nachtleben" gibt es selbst in der sowjetischen Hauptstadt nicht, sieht man von den Touristenhotels und den NEP-Lokalitäten ab. Während die Moskauer am Abend in die Arbeiterclubs gehen, hat der Reisende – sofern er gerade keine kulturelle Veranstaltung besucht – das Nachsehen.

---

[52]   Ebenda.
[53]   Friedrich Wlatnig, Das Neue Russland, S. 32.
[54]   Ebenda, S. 33.
[55]   Werner Schulthess, Spartakiade-Fahrt, S. 99.

Otto Baumberger, Besprizornye

Auch 1929 ist das Problem der Bettelei auf Moskaus Strassen für einen Ausländer immer noch auf unangenehme Weise spürbar, wie der alleinreisende Sozialdemokrat Anton Ganz zu berichten weiss.

"Auf der Strasse stehen, sitzen und liegen viele, viel zu viele Bettler beiderlei Geschlechts mit ihren eigenen oder fremden Kindern herum. Von morgens bis abends wird man fast ununterbrochen angebettelt, angefleht um ein Geldstück, und fast jedermann lässt sich ab und zu rühren."[56]

Die Trottoirränder sind gesäumt mit Obst- und Gemüsehändlern, die mehrmals am Tag plötzlich verschwinden müssen, weil die Polizei im Anzug ist. Doch diese unternimmt nichts wirklich dagegen, lässt die privaten Händler gewähren.

Erschütternd ist für Ganz der Anblick der Besprizornye. Vollkommen verwahrloste Jugendliche, die vom Stehlen leben und die nicht nur einmal aus den Erziehungsheimen geflohen sind.

"Mit tiefer Bitterkeit im Herzen sah ich an zwei aufeinanderfolgenden Abenden total betrunkene Knaben von 12 bis 14 Jahren in einem unbeschreiblichen Zustande der Verwahrlosung, von einer Strassenpfütze in die andere fallend, belacht und bemitleidet von längst gewöhnten Passanten."[57]

Ganz betont aber, dass solche Fälle die Ausnahme darstellen und dass es auf russischem Territorium nur noch dreissig- bis fünfzigtausend solcher Obdachloser gebe. Die anderen seien in Heimen und Arbeitswerkstätten untergebracht. Der Staat gebe aber insgesamt zu wenig Geld aus, um das Problem wirklich beseitigen zu können.

Ebenfalls auf ganz individuelle Art eroberte sich die junge, aus wohlhabendem Hause stammende Genferin Ella Maillart im Jahre 1930 Moskau.

Als sie in der Hauptstadt ankommt, weiss sie noch nicht einmal, wo sie die kommende Nacht verbringen wird. Mit einem Stadtplan ausgerüstet geht sie von einem Hotel zum anderen, bis sie ein günstiges Zimmer gefunden hat. Sofort ist sie fasziniert von dem Treiben auf den Strassen.

"Die Menschenmenge bietet ein vielfältiges Schauspiel: Moskauer Arbeiter und Büroangestellte, (...) Provinzler aller asiatischen, kaukasi-

---

56   Anton Roy Ganz, Russland 1929, in: Arbeiter-Zeitung, 12. Dezember 1929.
57   Ebenda.

schen und nordischen Rassen in ihrer unterschiedlichen Bekleidung. Schaulustige an jeder Strassenecke, ..."[58]

Die Moskauer Strassen und Häuserfassaden zeigen sich ihr immer noch im alten Gewand. "Breite Plätze. Enge Strassen. Wenige Läden, und diese verstaubt. Keine Plakatsäulen. Häuser mit abgesplittertem Verputz und schmutzigen, oft abgesprungenen Scheiben."[59]

Sie stellt fest, dass die Moskauer an der Renovation der alten Bausubstanz nicht interessiert sind. Schneller geht es, neue Häuser zu bauen – das die Antwort, die sie erhält.

Dass das nicht· ganz zutreffend ist, machen andere Reiseberichte deutlich, in denen gerade das Aufstocken der bestehenden Bausubstanz um zwei oder drei Stockwerke als unästhetisch kritisiert wird.[60]

Maillart spricht vom "Amerikanismus", der zu einem typischen Merkmal des sowjetischen Systems geworden ist. Er ist Ausdruck des technischen Fortschrittsdenkens, das durch die von Lenin geschaffene Formel "Kommunismus – das ist Sowjetmacht plus Elektrifizierung des ganzen Landes" zehn Jahre zuvor eingeleitet worden war.

Dies zeigte sich nicht nur in der Architektur, dem Bau von Hochhäusern, sondern auch in der forcierten Technisierung der Güterproduktion, mit dem Ziel, innert kürzester Zeit das modernste Land zu werden. Wie sehr vor allem junge Russen von diesem Denken erfüllt waren, wird in vielen geschilderten Episoden deutlich.

Der Zürcher Arzt Adolf Voegeli kommt auf der Zugfahrt von Leningrad nach Moskau mit einem jungen Russen ins Gespräch. Der junge Mann rühmt die sowjetischen Errungenschaften, auch die im technischen Bereich: "Das ist eine Naphtalokomotive. (...) Bei Ihnen fährt man natürlich mit Kohle?" – "Nein, wir haben fast alles elektrische Lokomotiven", gibt Voegeli zur Antwort. Den jungen Russen trifft "beinahe der Schlag": "Was, elektrische Lokomotiven haben Sie? Das haben wir ja in der Sowjetunion noch nicht und bei uns ist doch alles am modernsten, am besten eingerichtet." Diesen Sachverhalt erfahren innert kürzester Zeit sämtliche Mitreisende und alle kommen zum Schluss, dass nur die Schweiz so fortschrittlich ist, und elektrische Lokomotiven besitzt: "Die andern haben es nicht."[61]

---

58 Ella Maillart, Ausser Kurs, S. 8.
59 Ebenda, S. 8.
60 Vgl. Charles Studer, Reiseeindrücke, S. 242.
61 Adolf Voegeli, Soviet-Russland, S. 43.

"Amerikanisch" ist nicht nur die Bauweise, amerikanisch sind oftmals auch die Maschinen, die in Moskau beim Strassenbau eingesetzt werden, berichtet Ella Maillart.

"Ständig wieder versperrte Strassen, ein riesiges Durcheinander. Unregelmässige Pflastersteine werden ausgegraben. Riesige amerikanische Asphaltiermaschinen der Marke "Rex Paver" werden von den Fussgängern bestaunt."[62]

Diese Beschreibung bestätigt die von Tobler gemachte Aussage über die Umwandlung Moskaus vom Dorf in eine Grossstadt.

Das Jahr 1932 wird durch vier Schweizer Reiseberichte beschrieben. Drei Verfasser reisten offenbar in der gleichen Reisegruppe, verfassten ihre Berichte aber unabhängig voneinander und ohne Bezugnahme. Schon bei der Beschreibung des Moskauer Stadtbildes zeigen sich anschaulich die unterschiedlichen Erlebensweisen.

Der erste Bericht aus dem Jahre 1932 stammt von B., einem Schweizer, der aus beruflichen Gründen im Februar in Moskau weilte.[63] Ihm fällt auf, dass er und seine Kollegen wegen ihres Aussehens und ihrer Kleidung ständig bestaunt werden. Moskau erscheint ihm als buntscheckig und sehr gegensätzlich.

"Alte, halbzerfallene Häuser, Grossbauten modernsten Charakters, ausrangierte Fordautos, Ochsenkarren, Lastesel und Luxusautomobile, Menschen aller Rassen in allen nur möglichen Kleidungsstücken wechseln in bunter Folge."[64]

Auffallend erscheinen ihm auch die grossen Plakate auf den Strassen, die für die Erfüllung des ersten Fünfjahresplans innert vier Jahren werben. "Im Grunde genommen ist das alles wohl eine sehr marktschreierische Reklame, doch hilft sie grossen Massen suggestiv über den heutigen tiefen Lebensstandard hinweg."[65] Bettler gehören ebenfalls zum Moskauer Strassenbild. B. unterscheidet aber zwischen zwei Kategorien: den "Faulenzern" und den von der Arbeit Ausgeschlossenen. Ferner würden Gruppen von Jugendlichen ständig den Verkehr durch Purzelbaumschlagen behindern.

Otto Baumberger fallen die starke Belebtheit der Stadt, bedingt durch die Schichtarbeit, auf, die singenden vorbeimarschierenden Truppen junger Soldaten, die farbigbestickten Tatarenkäppchen der Männer und die roten und

---

[62]   Ella Maillart, Ausser Kurs, S. 9.
[63]   B., Moskauer Streiflichter, in: Tages-Anzeiger, 26. Februar 1932, S. 1-2.
[64]   Ebenda, S. 1.
[65]   Ebenda.

Otto Baumberger, Ein Milizionär in Moskau

weissen Kopftücher der Frauen, die Mischung von asiatischer und amerikanischer Bauweise und der überwältigend wirkende Kreml – all dies ergibt für ihn als Mitteleuropäer das Bild einer fernen und fremden Welt.

Charles Studer fallen Käppchen und Kopftücher nicht positiv auf. Er sieht vor allem Passanten in abgetragenen Kleidern und miserablem Schuhwerk. "Einzig die Mannschaften der roten Armee sind gutgekleidet in ihren schmucken Kakiuniformen und tragen hohe Juchtenlederstiefel."[66]

Die Völkervielfalt fällt ihm jedoch auch auf, ebenso das freundliche Verhalten der Russen Ausländern gegenüber und ihre grosse Geduld beim Schlangestehen vor öffentlichen Einrichtungen und Lebensmittelgeschäften. Sein architektonisches Interesse gilt in Moskau den sehr zahlreichen Kirchen. Zufrieden ist er auch mit den "sorgfältig asphaltierten" Strassen, auf denen aber nur sehr wenige Autos verkehren.[67] Dass sich aber durchaus noch nicht alle Strassen in gutem Zustand befinden, beweisen die Photos, die Charles Studer gemacht hat.

Auch Arno Wildhaber ist vom guten Zustand und der Sauberkeit der Strassen, aber auch von den restaurierten Häuserfassaden sehr beeindruckt. Auf Restaurants und Unterhaltungsstätten, die es in Westeuropa gibt, muss er zu seinem Bedauern verzichten. Die Moskauer Bürger gehen stattdessen abends in die Kulturparks, die trotz der auf Wildhaber abstossend wirkenden allgegenwärtigen Propaganda einen bleibenden Eindruck hinterlassen. Am besten gefallen ihm die Volkstänze, die in den Parks geübt und vorgeführt werden.

"Wenn je einmal die Behauptung aufgetaucht war, es gebe in Russland keine fröhlichen Gesichter, so wurde sie durch diesen einzigen Abend Lügen gestraft, wo sich die Lebensfreude der russischen Jugend in ihrer schönsten Form zeigte."[68]

Isabella Trümpy wurde nach ihrer Ankunft in Moskau von keinem Taxi in Empfang genommen und musste den Weg ins Hotel zu Fuss und per Droschke zurücklegen.

"Schwaden schlechter Luft verschlagen mir den Atem. (...) Die Kanalisation war verstopft. Eine ausrangierte Kirche wird hinter einem Bretterverschlag abgerissen. Hier wird an der Untergrundbahn gebaut, dort schiesst ein neues Hotel aus dem Boden. Das Menschengewimmel

---

[66] Charles Studer, Reiseeindrücke, S. 237.
[67] Ebenda, S. 241.
[68] Arno Wildhaber, Drei Wochen, S. 22-23.

ist noch grösser als in Leningrad und die Wohnungsnot entsprechend fühlbar. Kleidung und Essen scheinen sehr knapp zu sein."[69]

Auf Bettler stösst sie aber nur einmal – vor dem Eingang einer Kirche.

Als Adolf Voegeli 1935 nach Moskau kommt, ist die Untergrundbahn schon fertiggestellt. Da sich die Einwohnerzahl Moskaus innert 15 Jahren von 1,3 Millionen auf 3,6 Millionen erhöht hat, ist der Verkehr zu einem grossen Problem geworden, dessen Entlastung nur durch ein unterirdisches Verkehrssystem möglich war. Voegeli ist der erste Schweizer, der von einem sowjetischen Verkehrsmittel so beeindruckt ist, dass er es der Schweiz zur Nachahmung empfiehlt: es handelt sich um die elektrisch angetriebenen Trolleybusse.

Erhard Jaeger fasst seinen ersten Eindruck von Moskau in einem Satz zusammen: "Moscou, c'est un Babylone."[70] Was anderen Reisenden als der Kampf des Neuen mit dem Alten erscheint, wirkt auf Jaeger einfach nur verwirrend.

Über die Benutzung der Moskauer Untergrundbahn erzählt Erhard Jaeger eine Geschichte, deren Quelle er nicht nennt und die dadurch eher unglaubwürdig erscheint. Er berichtet, dass die Moskauer sehr ängstlich bezüglich der Benutzung ihrer neuen Metro gewesen seien. "Der Staat als Arbeitgeber wusste aber diese Scheu zu überwinden und hat seinen Genossinnen und Genossen einfach unter Abzug vom Lohn ein Abonnement ausgehändigt und sie zu unfreiwilligen Passagieren erzogen."[71]

Andere Reisende berichten von der grossen Ehrlichkeit, die die Bevölkerung bei der Benutzung der öffentlichen Verkehrsmittel zeigt, indem jeder seine Kopeken für einen Fahrschein entrichtet, selbst wenn er sie dafür durch den ganzen Wagen reichen muss. Jaeger ist auch der einzige, der davon berichtet, dass die Belegschaft jedes Betriebes verpflichtet sei, einmal im Jahr das Lenin-Mausoleum aufzusuchen. Jaeger erzählt viele solcher Begebenheiten, ohne je zu erwähnen, von wem er diese erfahren hat – von seinem Reiseleiter wohl kaum.

Obwohl Josef Maria Camenzind am kürzesten von allen Schweizer Reisenden in Moskau war – genau vier Stunden – ist sein Bericht aus dem Jahre 1936 der negativste.

Das Taxi, mit dem er zum Intouristbüro fährt, hat nur zerbrochene oder halbblinde Scheiben. Vor dem Hotel, in dem sich das Büro befindet, versu-

---

[69]   Isabella Trümpy, Kurzer Besuch, in: Weltwoche, 15. Juni 1934, S. 4.
[70]   Erhard Jaeger, Russland-Reise 1936, S. 35.
[71]   Ebenda, S. 37.

chen "zerlumpte Buben" ihn anzubetteln, werden aber von einem Polizisten zurückgehalten. Im Hotel selber ist für die Touristen alles erstklassig eingerichtet, aber auf der Strasse sieht er nur ärmlich gekleidete Menschen, die sich in überfüllte Strassenbahnwagen zwängen müssen.

"Noch nie sah ich in meinem Leben eine Stadt mit so vielen ärmlich gekleideten Menschen, mit so vielen baufälligen Häusern, so schlechten Kanalisationen. Da und dort wird wohl fieberhaft gearbeitet. Marmorne Untergrundbahnstationen und einzelne prächtige neue Hochbauten tauchen auf. (...) Mir kommt's vor, als ob man auf eine alte, dreckige Melchiorhose einige prächtige Sammetflicken aufgenäht habe..."[72]

Auf seinem Spaziergang durch Moskau fühlt Camenzind sich von zwei Männern verfolgt und überwacht. Dass das für eine Stadtrundfahrt bestellte Auto nicht rechtzeitig gekommen ist, hat seiner Meinung nach einen eindeutigen Grund: er soll die Besichtigung der Stadt aus Zeitgründen nicht mehr durchführen können. Er vergleicht Moskau mit der Hauptstadt des Dritten Reichs, Berlin, und kommt zum Schluss, dass es dort in den Läden alles gibt, was der "verwöhnte Gaumen" begehrt, während in Moskau nur Attrappen die Schaufenster zieren.

Vermutlich um dem Vorwurf der Schwarzmalerei zu entgehen, betont Camenzind, dass er gehofft habe, das Gute und Schöne in der Sowjetunion zu finden, dies aber ausser im Hotel nirgends gefunden habe.

Im Gegensatz dazu steht der kurze Reisebericht von F. Gsell aus Zürich, der mit der "Vereinigung zur Förderung der Handelsbeziehungen Schweiz-Sowjetunion" auch nach Moskau kam – im gleichen Jahr wie Josef Maria Camenzind.

Er ist beeindruckt von der Untergrundbahn und erachtet den Stolz der Moskauer für berechtigt. Auch der Kulturpark mit seinem grossen Angebot an Sport, Vergnügungen und Kultur gefällt ihm sehr.[73] Mehr scheint er von Moskau aber nicht beschreiben zu wollen, folgt man seinen Schilderungen, die auf diese zwei berühmten Lokalitäten beschränkt sind.

Durch und durch positiv fallen die Beschreibungen von Léon Nicole aus, der im Februar 1939 nach Moskau reiste.

Der prominente Genfer Sozialist und Zeitungsherausgeber zeigt sich von der Untergrundbahn sehr beeindruckt. Er gibt den Bericht des Kominternvorsitzenden Manuilski wieder, der erklärt, dass die Moskauer Arbeiterschaft

---

[72]   Josef Maria Camenzind, Ein Stubenhocker, S. 45.
[73]   F. Gsell, Eindrücke, in: Handels-Info Schweiz-Sowjetunion, Nr. 3/4, 1937, S. 21.

freiwillig an ihren freien Tagen am Bau dieser Untergrundbahn teilgenommen habe. Sogar er selber habe zur Schaufel gegriffen und sei vom Werkführer für seine Arbeitskraft gelobt worden. Nicole schenkt diesen Ausführungen unumschränkten Glauben. An einer Zwischenstation der Moskauer Metro befindet sich ein grosses Lebensmittelgeschäft, das er besichtigt. Wieder ist er beeindruckt von der grossen Auswahl und Menge der Produkte und der grossen Kundenzahl. Über das Brot berichtet er, dass mehr als dreihundert Sorten und Formen hergestellt werden. In Moskau? In der Sowjetunion? In diesem Laden? – diese Auskünfte gibt er nicht. Wenn er von den eindrucksvollen Wurstauslagen, den Angeboten an Süsswaren und Getränken berichtet, teilt er nicht mit, ob das in allen Läden Moskaus angeboten wird oder um welche Läden es sich hier handelt. Nur einige Seiten weiter beschreibt er nochmals einen grossen Lebensmittelladen, in der Nähe seines Hotels gelegen, der ebenfalls ein sehr grosses Warenangebot vorzuweisen hat, sogar Bananen zu erschwinglichen Preisen anbietet, an denen die Kunden jedoch "fast gleichgültig" vorübergehen.[74] Und selbst dort, wo grosser Andrang herrscht, wählen die Kunden in Ruhe ihre Produkte aus. Durch diese Schilderung weckt Nicole die Assoziation von Menschen, die alles haben, so dass sie sich nicht einmal für ausgefallene Südfrüchte interessieren.

Ernst Hofer, der nur drei Wochen vor dem Überfall der deutschen Armee auf die Sowjetunion in Moskau weilt, ist von der grossen architektonisch gelungenen Bautätigkeit im Stadtzentrum beeindruckt. Obwohl weitgereist, hat ihn noch kaum ein Platz so beeindruckt wie der Rote Platz. Im Gegensatz zu Camenzind betont er, dass er sich völlig frei bewegen konnte. Einzig bei einer von Intourist organisierten Stadtrundfahrt sei ihm die Hauptstadt selektiv vorgeführt worden.

Das von Léon Nicole gezeichnete Bild, das den Eindruck einer schönen, pulsierenden, alles bietenden Grossstadt erweckt, ist nicht zu vergleichen mit der von Camenzind beschriebenen Stadt.

Es fällt auf, dass Nicole andere Dinge als Camenzind beschreibt. Nicole berichtet bewundernd von der Untergrundbahn, die Camenzind auch erwähnt, aber durch den Vergleich mit einem "prächtigen Sammetflicken" in einen negativen Kontext stellt. Von der laut Camenzind armseligen Kleidung der Passanten berichtet Nicole nicht, und auch auf die von Camenzind bemängelte Kanalisation kommt er nicht zu sprechen. Sehr widersprüchlich wird es dann, wenn Nicole das überreiche Angebot in den Verkaufsläden beschreibt und Camenzind nur von Attrappen spricht, die die Schaufenster schmücken. Es stellt sich die Frage, ob sich in den drei Jahren, die zwischen den Aufent-

---

[74]   Léon Nicole, Meine Reise, S. 52.

halten von Camenzind und Nicole liegen, so vieles positiv verändert hat. Folgt man den Schilderungen Camenzinds und Jaegers, wäre man geneigt zu glauben, das Jahr 1936 sei der wirtschaftliche und soziale Tiefpunkt in der Entwicklung der Sowjetunion gewesen, denn alles, was andere Reisende an Positivem am Moskauer Strassenbild in den Jahren zuvor entdeckt hatten, scheint nicht mehr zu existieren. So erscheint es unumgänglich, an dieser Stelle auf die Bedeutung der Einstellungen und Wahrnehmungsmuster hinzuweisen, die der Fremderfahrung zugrundeliegen und die es noch genauer zu untersuchen gilt.

4.3.2 Arbeiten im proletarischen Moskau

Einige der Schweizer hatten auf ihrer Reise durch die Sowjetunion die Gelegenheit, die Bevölkerung bei der Arbeit zu erleben. Dieses Vorrecht genossen fast ausschliesslich die Gewerkschaftsdelegierten und Arbeiterdelegationen. Hielt man nur sie für kompetent, waren sie den sowjetischen Gastgebern besonders wichtig oder ideologisch am nächsten?

Die Fabrikbesichtigungen wurden hauptsächlich in Moskau und einigen anderen Grossstädten durchgeführt. Andere Reisende, die keine Betriebsführungen auf dem Reiseprogramm hatten, konnten sowjetische Arbeiter und Bauern beim Arbeiten auf der Strasse, auf dem Feld, in öffentlichen Einrichtungen und Transportmitteln beobachten, was aber keinen wirklich umfassenden Einblick ermöglichte.

Die Hauptstütze des Sowjetsystems sollte die städtische arbeitende Bevölkerung, das Proletariat, bilden. Gemäss der marxistisch-leninistischen Lehre erfährt der Mensch seine Selbstverwirklichung in der von der Ausbeutung befreiten Arbeit. Erst im Sozialismus dient die Arbeit nicht mehr nur der Deckung des Lebensnotwendigen, sie dient nun der Befriedigung historisch-gesellschaftlich erzeugter Bedürfnisse. "Sie [die Arbeit – d. V.] ist die erste Grundbedingung alles menschlichen Lebens, und zwar in einem solchen Grade, dass wir in gewissem Sinne sagen müssen: Sie hat den Menschen selbst geschaffen."[75] Die Schaffung und Nutzung von Arbeitsmitteln ist charakteristisch für den menschlichen Arbeitsprozess, ihre Qualität ist der Ausdruck des historischen Entwicklungsstandes der jeweiligen ökonomischen Epoche. "Die Arbeitsmittel sind nicht nur der Gradmesser der Entwicklung der menschlichen Arbeitskraft, sondern auch Anzeiger der gesellschaftlichen Verhältnisse, worin gearbeitet wird."[76] Dieses Arbeiten unter sozialistischen Bedin-

---

[75] MEW, Bd. 20, S. 444.
[76] Ebenda, Bd. 23, S. 195.

gungen als Ausdruck der menschlichen Selbstverwirklichung war es, das die Reisenden aus unterschiedlichen Motiven heraus kennenlernen wollten.

Mit grössten Anstrengungen versuchte die Sowjetunion ihren industriellen Rückstand aufzuholen. Bevorzugte Form war die Erstellung grösstmöglicher Fabrikanlagen. Nur so sind die Ausführungen Friedrich Schneiders zu erklären, dass 1926 in der Sowjetunion zwar nur 8,8% der Betriebe staatlich sind, diese aber 84,1% der arbeitenden Bevölkerung beschäftigen.[77]

Immer wieder wurde von ausländischer Seite behauptet, dass es einige "Vorzeigefabriken" gäbe, die für die ausländischen Gäste geöffnet würden und entsprechend gut ausgerüstet wären und funktionierten. Wer nun die Gesamtheit der besichtigten Moskauer Fabriken betrachtet, kann feststellen, dass einzelne maximal zweimal von Schweizer Reisenden besichtigt worden sind. Es handelte sich dabei um die Textilfabrik Trechgornaja Manufaktura – der NZZ-Korrespondent Wlatnig bezeichnet sie als die bevorzugte Vorzeigefabrik –, die Schokoladefabrik Roter Oktober und die Maschinenfabrik Dynamo. Erstere wurde 1926 von Franz Reichmann und dann 1939 von Léon Nicole besichtigt, die Schokoladefabrik 1926 von Friedrich Schneider und zwei Jahre später von der Spartakiade-Delegation. Die Maschinenfabrik besuchten wiederum Friedrich Schneider und die Arbeiterdelegierten 1927. Nur jeweils einmal besichtigt wurden eine Textilfabrik, eine Möbel-, eine Spiritus-, eine Wurst-, eine Schuh- und eine Zigarettenfabrik, eine Brauerei, ein Autowerk, eine Druckerei und eine Konfektionsfirma.[78]

Die Besucher wurden in den Fabriken entweder vom Direktor oder dem technischen Leiter begrüsst, durch die Produktionsstätten geführt und über die Produktion und das Betriebsleben informiert. Es stellt sich die Frage, wie nun dieser Arbeitsalltag für die Moskauer Arbeiter und Arbeiterinnen in diesen Fabriken aus der Sicht der Besucher aussah, was den Gästen auffiel, wie sie das Gesehene bewerteten und welche Massstäbe sie bei der Beurteilung der Arbeitsbedingungen anlegten.

4.3.2.1 Moskauer Fabriken werden besichtigt

Der erste Schweizer, der Gelegenheit hatte, die sowjetische Arbeitswelt näher kennenzulernen, war der Gewerkschaftsdelegierte Franz Reichmann. Neben

---

[77]   Friedrich Schneider, Von Leningrad, S. 15-16.
[78]   Bezieht man aber mit ein, welche Fabriken von anderen ausländischen Delegationen besichtigt wurden, zeigt sich deutlicher, dass doch einige besonders häufig für Besuche offenstanden.

seiner Teilnahme an zwei Gewerkschaftskongressen besichtigte er eine grosse Staatsbaustelle, eine Textil- und eine Möbelfabrik. Die Kongresssitzungen gaben ihm darüber hinaus Einblick in die Situation der sowjetischen Bau- und Holzarbeitergewerkschaft.

Reichmann erfährt, dass die Arbeitszeit 1926 für Bauarbeiter – wie für alle Arbeitenden in der Sowjetunion – acht Stunden pro Tag und sechsundvierzig Stunden pro Woche beträgt, wobei am Samstag nur sechs Stunden gearbeitet wird.[79] Für Bauarbeiter gibt es siebzehn Lohnklassen.[80] Neben den Löhnen muss die Betriebsleitung noch Sozialabgaben an die Arbeiter entrichten, die über 40% der Lohnhöhe ausmachen. Von April 1924 bis im Oktober 1925 haben sowjetische Bauarbeiter zweiundzwanzigmal für Lohnerhöhung und Lohnauszahlung gestreikt. Diese Angaben erhielt Reichmann auf dem Kongress der Bauarbeiter.

Der Besuch der Grossbaustelle "Gostork" macht ihn dann mit der Baupraxis bekannt. Er lernt ein Experiment kennen, das durchgeführt wird, um die Bautätigkeit auch im Winter bei minus 20 Grad zu ermöglichen. "Für den Winter wird ein geschlossenes Holzgerüst erstellt, das mit Dachpappe und Filz ausgefüttert ist."[81] Von innen wird der Bau beheizt, so dass Reichmann von der herrschenden Kälte nichts merkt. Den Arbeitern stehen ansonsten jedoch ziemlich wenig technische Hilfsmittel zur Verfügung. "Die Gerüststangen werden von den Handlangern auf den Schultern bis in den 6. Stock hinauf getragen."[82] Als Reichmann den Arbeitern sagt, dass es für diese Arbeiten in der Schweiz Kräne gibt, erhält er die Antwort, dass sie diese nicht benötigen, da sie ja kräftige Männer seien. "Ingenieur Jassny erklärte mir nachher, dass die Handlanger meistens von der Provinz seien und lieber alles schleppen, als technische Hilfsmittel benutzen."[83]

Reichmann überprüft auch die Toiletten und Waschgelegenheiten und fand diese im Vergleich mit schweizerischen Einrichtungen sehr gut. "Das waren nicht so luftige Baubuden, wie man sie noch häufig in der Schweiz sieht, wo es oben hineinregnet, vorn und hinten der Wind durchpfeift."[84]

Das Verhältnis zwischen der Bauleitung und den Arbeitern empfindet Reichmann als sehr kameradschaftlich.

---

[79] Ausnahmen gab es bei stark gesundheitsschädlichen Berufen. Da wurde die Arbeitszeit verkürzt und die Ferienzeit verlängert.
[80] Vgl. die Lohntabelle bei Reichmann, S. 51.
[81] Franz Reichmann, Im Lande der Bolschewiki, S. 49.
[82] Ebenda, S. 50.
[83] Ebenda.
[84] Ebenda.

Als Erinnerung an seinen Besuch nimmt Reichmann noch eine Grussadresse an die Schweizer Bauarbeiter und ein Photo von ihm, zusammen mit seinem Dolmetscher und Arbeitern der Baustelle, in die Schweiz mit.

In der ersten von Reichmann besuchten Textilfabrik "Trechgornaja Manufaktura" arbeiten im Drei-Schichtenbetrieb 5600 Arbeiter und Arbeiterinnen. Der monatliche Durchschnittsverdienst im Akkordsystem liegt in dieser Fabrik zwischen 40 und 60 Rubel. Auch hier gilt die übliche Ferienzeitregelung von jährlich zwei Wochen. Nur den in der Färberei Tätigen stehen vier Wochen zu. Die im Einsatz befindlichen Betriebssysteme werden von Reichmann zum Teil als veraltet und gesundheitsschädlich beurteilt.

Sein nächster Besuch gilt der Ersten Reichsmöbelfabrik Moskau. Auch die dort verwendeten Maschinen stammen zum grossen Teil aus der Vorkriegszeit. Bei der üblichen Arbeitszeit liegt der durchschnittliche Akkordlohn bei 120-150 Rubel im Monat. Auf seinem Gang durch die Produktionsräume sieht Reichmann als Mann vom Fach, dass ein Arbeitsgang zu verbessern wäre. Als er dies den Arbeitern sagt, bekommt er eine ablehnende Antwort: "Mein Grossvater war schon Schreiner und der hätte es auch nicht anders gemacht."[85] Erneut musste Reichmann erleben, dass der Mangel an technischen Geräten und an neuen Produktionsmethoden nicht als solcher angesehen, sondern ins Gegenteil verkehrt wurde.

Wie viele Fabriken, so besitzt auch diese Möbelfabrik einen eigenen Klub, der über Mittag als Speisesaal dient, aber auch als Kino- und Theatersaal verwendet wird. Bücher, Zeitschriften und Zeitungen, die dort ausliegen, laden die Betriebsangehörigen zum Lesen ein. Im ungezwungenen Gespräch mit den Arbeitern erfährt Reichmann von deren Zuversicht bezüglich der weiteren Entwicklung der Sowjetunion, die sicher bald zum Überholen von Amerika führen werde.

Im selben Jahr wie Reichmann hatten auch Friedrich Schneider, Mitglied des Handels-, Transport- und Lebensmittelarbeiterverbandes, und Jean Schifferstein, Sekretär und Verbandspräsident der Internationalen Lebensmittelarbeiter-Union gemeinsam die Gelegenheit, einige Moskauer Fabriken zu besichtigen. Schneider berichtet zuerst vom Besuch der Staatlichen Spiritus- und Wodkafabrik mit 1700 Beschäftigten, von denen mehr als ein Drittel Frauen sind. Der Direktor und sein Stellvertreter sind Parteimitglieder – wie 300 weitere Beschäftigte auch – und dürfen deshalb maximal 225 Rubel monatlich verdienen, während der technische Direktor 400 Rubel im Monat verdient. Der Durchschnittslohn liegt jedoch bei weitem nicht so hoch: für Männer bei 60 und für Frauen bei 50 Rubel monatlich. Die Fabrik bezahlt

---

[85]   Ebenda, S. 66.

noch Zeitlohn, wird aber im nächsten Monat Leistungslohn einführen. Das fabrikeigene Ärztezimmer wird täglich über zehnmal aufgesucht, da Verletzungen durch Glasbruch zwar reduziert, nicht aber ausgeschaltet werden konnten. Im Krankheitsfall bezahlt die Krankenkasse vier Monate lang den vollen Lohn und der Arbeitsplatz ist garantiert.

Weiter erfährt Schneider, dass die Spritherstellung erst bei 11% der Vorkriegsproduktion liegt. Sehr vieles wird noch in Handarbeit durchgeführt. Dennoch ergab die zehnprozentige Gewinnbeteiligung für das Jahr 1925 einen Betrag von 300 000 Rubel, der zum Bau von acht Arbeiterwohnhäusern verwendet wurde. Bei einer Belegschaft von 1700 Beschäftigten konnte das aber nur für wenige den Umzug in eine neue Wohnung bedeutet haben.

Schiffersteins Bericht über diese Fabrikbesichtigung fällt etwas anders aus. Er macht nur einige wenige Zahlenangaben über die Beschäftigten und den Produktionsumfang. Er betont dann, dass er nur wenig über diesen Industriezweig sagen könne, da dieser erst seit kurzem wieder existiere. Die Einrichtung des Betriebes beurteilt er als auf dem Stand von 1900/10. Angaben über die Arbeiterschaft oder über betriebliche Sozialeinrichtungen macht er im Gegensatz zu Schneider keine.

Als nächstes besucht Schneider die Brauerei "Trechgornaja", die 2000 Beschäftigte hat, davon ein Viertel Frauen und ebenfalls ein Viertel Mitglieder der Kommunistischen Partei. Die Arbeiterinnen verdienen durchschnittlich 41 Rubel, Hilfsarbeiter 50-70 Rubel, die dreizehn Brauer 250-300 Rubel monatlich. Auch hier wird im nächsten Monat der Leistungslohn eingeführt. Bei seinem Rundgang stösst Schneider auch auf vier Sudwerke, hergestellt von Sulzer-Winterthur.

Die fabrikeigene Kinderkrippe ist sehr gut eingerichtet. 90% der Kinder von den in der Fabrik arbeitenden Frauen finden hier Aufnahme. Ein Ärztezimmer und ein Baderaum sind ebenfalls vorhanden. Stillende Mütter erhalten spezielle Pausen und bekommen während neun Monaten ein Achtel des Lohns als Zusatzprämie ausbezahlt.

Auch Schifferstein berichtet über diese Werksbesichtigung. Als erstes ist er erstaunt, dass es in so einem grossen Betrieb nur 13 gelernte Brauer gibt. Dann konstatiert er, dass die Qualität der Rohstoffe schlechter als in anderen Ländern ist. Dennoch mundet ihm dieses Bier. Auch in dieser Fabrik erscheint ihm der Stand der Einrichtung vergleichbar mit dem in Deutschland in den Jahren 1900-1910. In der Flaschenabteilung arbeiten vor allem Frauen; sie verdienen am wenigsten. Die Lohnangaben stimmen mit denen Schneiders überein.

In der staatlichen Konfekt- und Schokoladefabrik "Roter Oktober" sind sogar 3200 Personen beschäftigt. 72% sind Frauen oder Mädchen. Der Durchschnittslohn liegt bei 57,5 Rubel monatlich. Schneider ist mit dem Zustand der Fabrik sehr zufrieden. "Die Arbeits- und Essräume sind hoch und luftig."[86] Diesem Urteil schliesst sich Schifferstein in seinem Bericht an.

Nach dem Besuch einer Brotfabrik und des Schlachthofs besichtigt Schneider als letztes die Maschinenfabrik "Dynamo". Der Betriebsratsvorsitzende ist zunächst misstrauisch, da die Besucher keinen Ausweis vorweisen können. Sie finden dennoch Einlass. "Der Betrieb ist veraltet."[87] Das ist Schneiders erster Kommentar. Dann stellt er fest, dass neben alten schon modernste Werkzeugmaschinen im Einsatz sind und dass der Betrieb seine Produktivität schon steigern konnte. Der Durchschnittslohn liegt hier bei 100 Rubel monatlich. Ein Statistiker, der vor dem Krieg in der Schweiz gearbeitet hat, betont gegenüber Schneider, dass sich die Existenzbedingungen für die unteren Arbeiterschichten bedeutend verbessert haben. "Das kann der qualifizierte Arbeiter kaum, der Akademiker gar nicht von sich sagen."[88] Dieser Mann ist mit seiner Lage nicht zufrieden – ist er der einzige?

Seinen Gesamteindruck über die Arbeiter und Arbeiterinnen gibt Schneider am Ende seines Besichtigungsprogramms wieder.

"Überall eine aufgeweckte Arbeiterschaft, die lebhaftes Interesse an den Zuständen in Westeuropa äussert. Ihre Lebenshaltung ist nicht besonders günstig. Schlimm sind die Wohnverhältnisse. (...) Um auf allen Gebieten nur einigermassen befriedigende Zustände zu schaffen, ist noch eine ungeheure Arbeit notwendig. Mit diesem Eindruck verliess ich Moskau."[89]

Schiffersteins Resümee fällt weitaus kritischer aus. Sein Bericht konzentriert sich ganz auf die Produktionsbedingungen und lässt, im Gegensatz zu Schneider, die arbeitenden Menschen in seinen Beschreibungen völlig ausser acht. Er kritisiert vor allem das ausserordentlich differenzierte Tarifsystem, das zu massiven Lohnunterschieden innerhalb einer Fabrik führt. Für Arbeiter in anderen Ländern sei dies unvorstellbar. Trotz dieser Lohnklassen, der Akkordtarife und Leistungsnormen sei die Produktivität insgesamt nicht sehr hoch, da die Einrichtungen oft veraltet seien. Neue Fabriken würden aber laufend errichtet.

---

[86]   Friedrich Schneider, Von Leningrad, S. 34.
[87]   Ebenda, S. 35.
[88]   Ebenda, S. 45.
[89]   Ebenda, S. 36.

Einen guten Eindruck hatte er von den Abteilungsvorstehern und den Betriebsräten. Den "roten Direktoren" spricht er mitunter die fachliche Kompetenz ab.

Das grösste Besichtigungsprogramm absolvierte die Schweizerische Arbeiterdelegation von Oktober bis November 1927. Die sechzehn Delegierten
teilten sich auf, um ein grösseres Programm bewältigen zu können.

In Moskau standen die Textilfabrik Krasnaja Rosa, eine Brauerei, eine
Wurstfabrik und die Maschinenfabrik Dynamo, die ja auch Schneider schon
besichtigt hatte, auf dem Programm.

Offenbar stösst der Besuch der Arbeiterdelegierten bei "Dynamo" nicht
wieder auf Misstrauen seitens des Betriebsratsvorsitzenden, denn die Angaben, die sie erhalten, scheinen viel ausführlicher zu sein. Auf Grund der Be-
schäftigungszahlen und der Umsatzziffern wird die Aufwärtsentwicklung
verdeutlicht. Über den Zustand der Produktionsmittel berichten die Delegierten nicht, und die Lohnangaben erfolgen in Schweizer Franken, so dass die
Angaben mit den von Schneider gemachten nicht verglichen werden können.
Den Delegierten scheint es wichtiger, zu zeigen, dass die 570 Kommunisten
in dieser Fabrik keine Vorteile geniessen, ja sogar eher Nachteile, da es für
sie eine Lohngrenze gibt, die sie im Gegensatz zu Nichtparteimitgliedern
nicht überschreiten dürfen. Die Angaben über diese Grenze schwanken von
Bericht zu Bericht, bewegen sich aber in der Regel zwischen 250 und 300
Rubel monatlich. Die Arbeiterdelegierten sind die ersten, die vom Mitspra-
cherecht der Arbeiter in der Fabrik berichten. 1927 wurden 410 betriebliche
Verbesserungsvorschläge eingereicht, von denen 333 angenommen wurden
und 77 noch geprüft werden müssen. Ihr Gesamteindruck ist durchaus positiv.

Die nächste Station ist die Textilfabrik Krasnaja Rosa.

"Ein grosser französischer Geldsack, dem sein Vaterland zu klein war,
um genug Profite aus den Arbeitern herauszuschinden, besass früher in
Moskau die Textilfabrik 'Giraud fils'. Heute muss der Herr sich bemü-
hen, wieder genug aus seinen proletarischen Landsleuten herauszuschinden; den russischen Arbeitern ist die Sache nämlich vor 10 Jahren zu
dick und zu dumm geworden und sie haben auch dieses Produktionsmittel expropriiert."[90]

Dies ist die Schilderung einer Arbeiterdelegierten, einer "Textilerin", über die
Geschichte der Textilfabrik Krasnaja Rosa. Bei der Betriebsführung erfahren
die Besucher, dass die früheren Besitzer und Ingenieure vor ihrer Flucht die

---

[90]   Sowjet-Russland, S. 53.

144

Maschinen unbrauchbar gemacht haben. Die Hälfte der 1900 Maschinen funktioniert jetzt wieder, trotz des Mangels an ausländischen Ersatzteilen. Besagte Textilerin stellt beim Rundgang durch die Fabrik fest, dass die Arbeitsproduktivität nur halb so gross wie die der Schweizer Weberinnen ist. "Das war überhaupt oft ein Kummer unserer Delegierten, die geringe Produktivität der russischen Arbeiter zu sehen."[91]

Die Löhne liegen in dieser Fabrik durchschnittlich bei 50-90 Rubel, während die gelernten Maschinisten 220 Rubel verdienen. Dieser offensichtlich niedrige Lohn für die meist weiblichen Beschäftigten wird dann aber von den Delegierten mit dem Vorkriegslohn, der damaligen Arbeitszeit, der Ferien- und Versicherungslosigkeit und dem Analphabetismus verglichen, um die reale Verbesserung der Arbeits- und Lebensbedingungen deutlich zu machen.

Interessant ist die Beobachtung der "Textilerin" hinsichtlich des Verhaltens der jungen und der alten Arbeiter und Arbeiterinnen. Die Jungen interessieren sich für die Gäste, fragen und interessieren sich für die Schweiz, während die Alten schweigend weiterarbeiten und auf kein Gespräch eingehen wollen.

"Sie sahen düster in die Zukunft, aus einer düsteren Vergangenheit, verstehen nicht den Sinn des neuen Lebens. Auch solche Menschen gehören zum neuen Russland, (...). Aber man wendet sich auf einmal von ihnen ab, der Jugend zu, Russland gehört der Jugend."[92]

Im Jahre 1928 besuchte die Spartakiade-Delegation einige Moskauer Fabriken, unter anderem den Roten Oktober. Wie Schneider zwei Jahre zuvor haben auch sie einen guten Gesamteindruck von der Konfekt- und Schokoladefabrik. Die Beschäftigtenzahl ist offenbar von 3200 auf 3600 angestiegen. Auch die Löhne scheinen ein rasantes Wachstum zu verzeichnen. Die Lohnangaben, die sie vom "Roten Direktor" erhalten, liegen zwischen 110-200 Rubel für Arbeiter und zwischen 80-130 Rubel für Arbeiterinnen. Bei Schneider lag der Durchschnittslohn noch bei 57,5 Rubel, so dass der Schluss gezogen werden muss, dass hier tatsächlich eine hundert- bis hundertfünfzigprozentige Lohnerhöhung stattgefunden hat. Der Preis fürs Mittagessen scheint hingegen nicht angestiegen zu sein. Er beläuft sich weiterhin auf 35 Kopeken pro Essen.

Die Gespräche mit einzelnen Arbeitern und Arbeiterinnen zeigen deren Zufriedenheit mit den bestehenden Verhältnissen.

Bei der Kostprobe der russischen Schokolade wünscht eine alte russische Arbeiterin, auch einmal eine Schweizer Schokolade zu probieren, worauf ei-

---

[91]   Ebenda, S. 51.
[92]   Ebenda, S. 52.

ner der Schweizer Delegierten ihr eine "Schoggi" überreicht. Aufgeregt testen sie und ihre Kolleginnen dieses unerwartete Geschenk.

"Sie erklärt uns dann, dass die Schweizer Schokolade doch noch etwas besser sei wie die russische. Gern lassen wir ihr ihre Meinung, sagen ihr aber doch, dass es dafür die russischen Arbeiter unserer Meinung nach besser haben als die schweizerischen."[93]

Die Arbeitsbedingungen in der Staatsdruckerei mit 2000 Beschäftigten erscheinen den Spartakiade-Delegierten offenbar weniger erfreulich. In den Setzersälen arbeiten zu viele Menschen, und die Luft ist entsprechend schlecht. Die Erklärung des Betriebsrats besagt, dass die Ventilationsanlage in Reparatur sei. Im Gegensatz zur Schweiz sind hier auch viele Setzerinnen anzutreffen.

Die Strassenbahner-Delegation besichtigte 1931 neben den schon bekannten Fabriken wie Dynamo, Trechgornaja und AMO ein Moskauer Tramdepot, in dem 1500 Männer und Frauen arbeiteten. Sie erfahren, dass die tägliche Arbeitszeit sieben, die Nachtarbeitszeit sechs Stunden beträgt und dass den Arbeitern ein Ferienmonat im Jahr zusteht, den ein Teil der Arbeiterschaft in Ferienheimen verbringen kann. Die Löhne liegen zwischen 100 und 120 Rubel, davon gehen für die Miete 15-20% ab. Auch sonst geniessen sie viele Vergünstigungen. "Jedenfalls haben uns die Arbeiter ausgelacht, als wir ihnen sagten, die sowjetfeindliche Presse berichte, dass sie Hunger leiden müssten."[94]

Auch Erhard Jaeger besuchte 1936 zwei Fabriken in Moskau. Die erste ist die grösste Zigarettenfabrik der Sowjetunion, die ihm als Muster des Stachanow-Systems vorgestellt wird. "In dem im ersten Stock gelegenen Sitzungssaal hören wir einen längeren Vortrag eines der Leiter – eines Juden – über den Betrieb."[95] Die Lohnangaben, die er erhält, liegen für die Arbeiter und Arbeiterinnen bei 800-2000 Rubel, für den Direktor bei 1200 Rubel. Die dekorierten Stachanow-Arbeiter dürfen als Auszeichnung in ein Ferienheim am Schwarzen Meer, die Kosten trägt die Fabrik. Jaegers Gesamteindruck nach der Besichtigung der Produktionsstätte ist vernichtend:

"Armseliger in Kleidung und Schuhwerk könnte man kaum seiner Arbeit nachgehen. Und die Blicke dieser Menschen, speziell der jüngeren

[93]   Werner Schulthess, Spartakiade-Fahrt, S. 65.
[94]   Im Lande des sozialistischen Aufbaus, in: Kämpfer, 15. Juni 1931.
[95]   Erhard Jaeger, Russland-Reise, S. 38-39.
       Erhard Jaegers negative Zuspitzung auf Juden kommt nicht nur in dieser Situation zum Ausdruck.

Frauen und Mädchen, hängen oft sehnlichst wünschend an den Kleidern und dem Schmuck der sie besuchenden Amerikanerinnen."[96]

Dieses Verhalten der Arbeiterinnen erstaunt ausserordentlich, hat Jaeger doch nur einige Seiten zuvor anlässlich einer ähnlichen Situation die massive Interesselosigkeit der Russinnen und Russen den Fremden gegenüber ausdrücklich beklagt.[97]

Im gleichen Jahr wie Jaeger besichtigte der Zürcher F. Gsell Fabriken in Moskau. Sein Interesse galt dem möglichen Absatzmarkt, den die sowjetischen Fabriken für Schweizer Maschinen darstellen könnten.

Gsell ist überrascht von der Intensität, mit der gearbeitet wird. Der Einzelne erhält seinen Lohn in Anpassung an die Leistung, und der gute Arbeiter wird durch höheren Lohn, Auszeichnungen und bessere Wohnungen belohnt. Dies führe zu erhöhter Arbeitsmotivation und, damit verbunden, zu einer Produktionssteigerung.

In den älteren Fabriken finden sich deutsche Maschinen, in den neuen hingegen sind modernste englische und amerikanische aufgestellt.

"Durch den intensiven Gebrauch der seit Jahren in zwei oder drei Schichten laufenden Maschinen und die Bedienung durch zumeist neu angelerntes Personal sind die älteren Maschinenbestände stark mitgenommen und müssen wohl bald ersetzt werden."[98]

Was andere Besucher beklagen, scheint Gsell nicht zu stören – im Gegenteil. Er betont, dass die Sowjetunion noch für viele Jahre ein gutes Absatzgebiet für Schweizer Werkzeugmaschinen bleiben könnte, was ganz seinen persönlichen Interessen entspricht.

Die letzten Berichte über Moskauer Fabriken stammen vom Genfer Sozialisten Léon Nicole aus dem Jahre 1939. Als erster Schweizer Reisender besucht er eine Schuhfabrik in Moskau. Er erfährt, dass die Fabrik "Pariser Commune" 1922 zweiundzwanzig Paar Schuhe ausliefern konnte, 1939 sollen hingegen die 7100 Beschäftigten 30 900 Paare produzieren. Dieser Betrieb beschäftigt viele Arbeiter, die zur Stachanowbewegung gehören. Berufsanfänger erhalten einen Lohn von 220 Rubel im Monat, während ein Stachanowarbeiter 1100-1200 Rubel für den gleichen Zeitraum erhält. Nicole sagt, dass die hergestellten Schuhe ganz einfache Modelle seien. Die Arbeit am Fliessband verläuft sehr diszipliniert und das Verhältnis zwischen den

---

[96]   Ebenda, S. 39-40.
[97]   Vgl. ebenda, S. 27.
[98]   F. Gsell, Eindrücke, S. 21.

Beschäftigten und den Vorgesetzten erscheint Nicole als kameradschaftlich. Ausserdem erscheint eine eigene Tageszeitung, in der auch Kritik an Zuständen in der Fabrik geübt wird. "Ich stelle fest, dass es in Russland eine Selbstkritik gibt, die vollkommen frei ist, und dass die Arbeiter nicht zögern, sich ihrer zu bedienen, um ihre Lebensbedingungen zu verteidigen."[99]

Das Sekretariat der Kommunistischen Partei, das sich im Betrieb befindet, hat die Aufgabe, für die Einhaltung der Prinzipien der Verfassung zu sorgen. Dazu gehört auch, dass das werktätige Volk der wirkliche Herr und Meister in der Fabrik sein muss.

Beeindruckt ist Nicole vom betriebseigenen Restaurant, in dem nicht nur Werksangehörige essen können. Alles ist sehr sauber, und die Einrichtung wirkt behaglich. Es gibt auch einen Raum für Diätessen. "Dieser Raum ist fast luxuriös. Blumen im Überfluss. Die Tische sind mit einer betonten Sorgfalt in der Auswahl des Geschirrs gedeckt."[100]

In den Pausen sieht Nicole die Arbeiter und Arbeiterinnen auf dem Hof stehen, gemeinsam Zeitung lesen und darüber diskutieren.

Sein Gesamteindruck ist "ausgezeichnet", auch wenn die Qualität der Schuhe noch nicht der von schweizerischen entspricht. "Man muss vor allem auf die Menge Rücksicht nehmen, die Qualität kommt nachher."[101] Diesem Prinzip stimmt Nicole zu, denn nur so sei es gelungen, die Bedürfnisse nach Schuhen in der Sowjetunion überhaupt zu befriedigen. Ungeachtet der Schuhqualität steht für Nicole fest, dass die "bewunderungswürdigen Genossen" in der Sowjetunion Westeuropa in einigen Bereichen beträchtlich überholt haben, wenn er auch keine konkreten Angaben macht.

Die grösste der besichtigten Fabriken ist zweifellos das Automobilwerk "Stalin" mit seinen 40 000 Arbeitern und 6000 Lehrlingen. Der Lohn der Lehrlinge liegt bei 150 Rubel im Monat, für die über Achtzehnjährigen bei 450-500 Rubel. Qualifizierte Arbeiter verdienen zwischen 500 und 600 Rubel. Für Spezialarbeiter gibt es als Prämie ein Auto. Vergleicht man diese Angaben mit denen, die Jaeger gemacht hat, erscheinen sie astronomisch.[102]

Die jährliche Produktion des Automobilwerkes beträgt 60 000 Lastwagen und 10 000 Tourenwagen mit je sechs bis sieben Plätzen, nach einem ameri-

---

99 Léon Nicole, Meine Reise, S. 118.
100 Ebenda, S. 121.
101 Ebenda, S. 123.
102 Die Lohnangaben Hofers aus dem Jahre 1941 bewegen sich für die Arbeiter zwischen 350 und 500 Rubel, für Angestellte zwischen 400 und 700 Rubel, für Ingenieure zwischen 500 und 3000 Rubel und für den Direktor zwischen 1500 und 3000 Rubel pro Monat.

kanischen Modell gebaut. Auch in diesem Werk erscheint das Verhältnis der Beschäftigten zu ihren Vorgesetzten kameradschaftlich. "Ich bemerke, dass das Mitglied der Werkleitung, das uns führt, im Vorbeigehen freundschaftlich begrüsst wird. Er drückt die Hände, die ihm dargeboten werden."[103]

Das Kulturzentrum dieser Fabrik wird nur während der Arbeitszeit benutzt, für die Betätigung in der Freizeit steht der fabrikeigene Kulturpalast zur Verfügung.

Den Abschluss der Fabrikbesichtigungen bildet der Textilbetrieb Trechgornaja Manufaktura, mit dem der Gewerkschafter Franz Reichmann die Fabrikbesichtigungen durch Schweizer Reisende 1926 begonnen hatte. Offenbar hat in der Zwischenzeit ein Beschäftigungsrückgang stattgefunden, da "nur noch" 5000 Arbeiter und Arbeiterinnen in der Fabrik beschäftigt sind. Nicole macht im Gegensatz zu Reichmann keine Angaben über die Löhne und den Zustand der Produktionsmittel, so dass sich die Entwicklung der Fabrik in den dazwischenliegenden dreizehn Jahren nicht nachvollziehen lässt. Nicole hält offenbar die freundschaftlichen Beziehungen zwischen den Leitern und der Belegschaft für erwähnenswerter.

Die kulturellen Einrichtungen sind auch hier wieder vorhanden. "Ich besuche auch den Theatersaal des Betriebes, der dadurch berühmt geworden ist, dass Lenin in der letzten Zeit seiner Tätigkeit hierher kam, um eine Ansprache an die Arbeiter der Textilfabrik 'Die drei Hügel' zu halten."[104]

So war die Trechgornaja Manufaktura also doch eine ganz besondere Fabrik, die hier dem Besucher gezeigt wurde?

4.3.2.2 Die Fabrik ist nicht nur zum Arbeiten da

Wie die bisher geschilderten Rundgänge schon gezeigt haben, bestehen die sowjetischen Fabriken nicht nur aus Produktionsstätten, Wasch- und Umkleideräumen und einer Kantine, sondern auch aus sozialen und kulturellen Einrichtungen.

Da Frauen in der Sowjetunion genauso wie Männer berufstätig sind, muss die Versorgung und Betreuung der Kinder geregelt sein. Folgt man den Schilderungen der Schweizer Reisenden, dann befinden sich nicht in jedem Betrieb werkseigene Kindergärten oder -krippen. "In allen Betrieben von einiger Bedeutung sind Kinderkrippen vorhanden."[105] Eine grosse Bedeutung hat demnach die Brauerei Trechgornaja, die sogar mehrere Krippen besitzt

---

[103] Ebenda, S. 165.
[104] Ebenda, S. 179.
[105] Friedrich Schneider, Von Leningrad, S. 55.

und die dadurch 90% der Kinder von Fabrikangehörigen aufnehmen kann. Die Seidenweberei Krasnaja Rosa verfügt nebst einem Kindergarten auch über ein Kinderheim, das vermutlich den Kindern Aufnahme bietet, deren Wohnverhältnisse für die eigene Entwicklung ungeeignet sind. Diplomierte Erzieherinnen sind angestellt und Ärzte sind für die medizinische Versorgung zuständig.

Wie Friedrich Schneider, hatte auch Jean Schifferstein einen guten Eindruck von den Sozialeinrichtungen in den grossen Betrieben. Dort gibt es entweder Klubräume oder "rote Ecken" für die Zeit während der Arbeitspausen und nach Feierabend. "Diese Räume sind alle sauber gehalten, sie legen vielfach Zeugnis von der liebevollen Pflege durch die Arbeiterinnen des Betriebes ab."[106] Säuglingsheime und Kinderkrippen sind für die Kinder der berufstätigen Frauen in den grossen Betrieben vorhanden und entsprechen in ihrer Einrichtung den modernen Anforderungen, betont Schifferstein.

Auch zur Staatsdruckerei gehört ein Kindergarten, den die Spartakiade-Teilnehmer besichtigen. Sie beobachten, wie die Vier- bis Sechsjährigen sich waschen. Ein Kind nach dem anderen wäscht sich, putzt sich die Zähne, während die übrigen ruhig in der Reihe warten, bis sie dran sind. "Einer nur versucht für einen Moment aus der Kolonne auszubrechen. Sofort kommt der Vorderste und lädt den Ausreisser ein, wieder ins Glied einzutreten, was dieser auch ohne weiteres macht."[107]

Dies alles geschieht ohne die Anwesenheit einer Erzieherin und erscheint Schulthess als Ausdruck der gelungenen kollektiven Erziehung der russischen Jugend.

Nur Erhard Jaeger kann an dieser Einrichtung von Krippen und Kindergärten nichts Positives entdecken. "Er [der Staat – d.V.] übernimmt also unter dem Mantel der Fürsorge die Erziehung der jungen Bürger."[108]

Im Gegensatz dazu zeigt sich für Léon Nicole die russische Kinderliebe in diesen Einrichtungen für Kinder wie dem betriebseigenen Kindergarten und einem Raum für stillende Mütter.

Diese Einrichtungen befinden sich in der Regel neben vielen anderen in den Klubräumen der Fabrik. "Früher hatte der Adel, hatte der reiche Bürger seinen Klub. Heute ist der Arbeiterklub die Grundlage des geselligen Lebens von Moskau. Er ist der Stolz der organisierten Arbeiterschaft."[109]

---

106 Jean Schifferstein, Russland, S. 31-32.
107 Ebenda, S. 73.
108 Erhard Jaeger, Russland-Reise, S. 45.
109 Max Tobler, Moskauer Eindrücke, S. 35.

Otto Baumberger, Arbeiterinnen mit ihren Babys 151

Neben den sozialen Einrichtungen befinden sich dort noch eine Bibliothek und Räume für kulturelle Veranstaltungen und für Weiterbildungskurse. Die Grösse dieser Klubs ist von Betrieb zu Betrieb unterschiedlich. Schneider weist darauf hin, dass in diesen Klubräumen nur alkoholfreie Getränke ausgeschenkt werden dürfen. Die Abwesenheit der älteren Arbeiterschaft in den Klubs wird von einigen mit diesem Alkoholverbot in Zusammenhang gebracht.

Léon Nicoles Rundgang durch die Schuhfabrik Pariser Commune führt ihn auch in das Kulturzentrum der Fabrik. Dessen Bibliothek hat einen Bestand von 23 000 Bänden. Ein Kinosaal, ein Theatersaal mit achthundert Plätzen sowie Schulungsräume gehören ebenfalls dazu.

Sehr grosse Firmen haben neben dem Klubhaus einen eigenen Kulturpalast, Sportanlagen, sogar Stadien. Im Kulturpalast der Stalin-Automobilwerke schaut sich Léon Nicole um. Hier gibt es eine Bibliothek, Billard-, Schach- und Ballsäle, eine Theaterschule und einen Raum gegen Religion, der aber kaum besucht wird. Es gibt auch eine speziellen Raum für Kinder und ein eigenes Kinderkino. Als Nicole eintritt, wird ein Film über den chinesisch-japanischen Krieg vorgeführt. Räume für die Schiessausbildung befinden sich im Keller des Hauses – es ist das Jahr 1939 – und im "majestätischen" Ballsaal findet gerade ein Ball statt, an dem die jungen Arbeiterinnen und Arbeiter und eingeladene Freunde teilnehmen. Nicole wird erklärt, dass die Bibliothek eine Zweigstelle der Leninbibliothek ist und 100 000 Bände beherbergt. Nicht vorhandene Bücher können vom fachkundigen Personal besorgt werden. An die Bibliothek schliesst der Lesesaal an. "Jeder Leser verfügt über einen Tisch und eine Lampe, die er verstellen kann, wie es ihm passt, also ein Pult, das jedem Leser erlaubt, sich vollkommen von seinen Nachbarn abzuschliessen."[110]

Ob diese Einrichtungen – als Beispiel das Dynamo-Stadion – wirklich hauptsächlich den Fabrikangehörigen zur Verfügung stehen, bezweifelt Ella Maillart in ihrem Reisebericht.

"Das Dynamo-Stadion im Petrowski-Park, das nach der Fabrik, deren Sportplatz es sein sollte, benannt ist – doch scheint es mir eher für die Angestellten der GPU und die Mitglieder der Kommunistischen Partei da zu sein –, ist eine prachtvolle Zement-Arena, die 40 000 bis 50 000 Personen Platz bietet. Darum herum sind Tennisplätze, Turnhallen, Garderoben, ein Kino und Restaurants angesiedelt."[111]

---

[110]   Léon Nicole, Meine Reise, S. 167.
[111]   Ella Maillart, Ausser Kurs, S. 23.

Hier treffen sich, so Maillart, Moskauer Persönlichkeiten, auch Botschaftsangestellte und ausländische Pressevertreter.

Nebst dem Freizeitangebot in Fabriknähe kann der Betrieb den Beschäftigten auch Ferienplätze vermitteln. Grosse Fabriken haben eigene Ferienheime, kleinere haben eine bestimmte Anzahl von Plätzen in Ferienheimen zur Verfügung.

Die Schilderungen haben gezeigt, dass die Betriebe das Leben der Arbeiter und Arbeiterinnen nicht nur während der Arbeitszeit, sondern auch in der Freizeit gestalten konnten. In welchem Ausmass die Beschäftigten dieses Angebot in den Fabrikklubs nutzten und ob es Pflichtveranstaltungen für die Beschäftigten gab, wird in den Reiseberichten so gut wie nicht beschrieben. Das gleiche gilt für die Quantität und Nutzung der betriebsinternen Einrichtungen wie Kinderkrippen und Stillräume für Mütter mit ihren Babys. Dies ist offenbar auf den Mangel an direkten Kontakten und persönlichen Gesprächen mit Moskauer Werktätigen zurückzuführen.

4.3.3. Leben im proletarischen Moskau

Es gab während des hier behandelten Zeitraums nur eine Schweizer Reisende, die in Moskau privat wohnen konnte. Durch einen Zufall gelangte Ella Maillart an ein Zimmer in Untermiete, das ihr sehr direkten Einblick in das Leben der Moskauer Bevölkerung vermittelte und das mit dem Leben der Hotelgäste nicht zu vergleichen war.

Die Informationen, die die anderen Reisenden erhielten, stammten von ihren Reiseleitern und Dolmetschern oder offiziellen Kontaktpersonen. Ihre Eindrücke konnten sie zudem auf Spaziergängen durch die Strassen und Wohnquartiere gewinnen. So finden sich bei fast allen Berichten Beschreibungen und Aussagen zur Wohnsituation in Moskau und zur Versorgungslage der Bevölkerung – zu den Lebensbereichen, für die sich die Reisenden neben dem Arbeitsalltag am meisten interessierten.

4.3.3.1 Problem Nummer 1: die Wohnungsnot

Da die Wohnverhältnisse schon vor dem Ersten Weltkrieg für den Grossteil der Bevölkerung absolut unzureichend waren, konnten sie wegen der Kriegsschäden und des rasanten Zustroms von Menschen nach Moskau seit der Revolution nicht einfach besser geworden sein.

Walter Bringolf thematisiert dieses Problem bei seinen Freunden in Moskau im Jahre 1920. Er erfährt, dass jedem Bürger 20 qm Wohnraum zustehen, für die er keine Miete zu bezahlen hat. Der Realisierung dieses Rechts stünden bestechliche, ehemals zaristische Beamte auf den Bezirksämtern, die zaristische Bauweise und der schlechte Zustand der Bauten im Wege.

Als Bringolf Moskau besuchte, hatte die Stadt 700 000 Einwohner. Als sechs Jahre später Franz Reichmann nach Moskau kommt, leben bereits 2 1/4 Millionen Menschen in der Hauptstadt. "Die Bewohner der Stadt schreien nach mehr Raum."[112] Abhilfe ist nicht so schnell in Sicht, da Landwirtschaft und Industrie Vorrang vor der Schaffung von neuem Wohnraum haben. Die nun gültige Bestimmung sieht 11,38 qm Wohnfläche pro Person vor – fast die Hälfte der Bringolfschen Angabe. Reichmann erfährt aber, dass in Realität 1925 pro Person nur 7 1/2 qm zur Verfügung stehen. Und gratis sind die Wohnräume auch nicht mehr. Die Berechnung des Mietzinses erfolgt nun auf der Grundlage der Wohnraumgrösse, des Einkommens und des Berufs. Zuständig für den Wohnungsbau sind die staatliche Industrie, die Arbeiterwohnungsbaugenossenschaften und die örtlichen Sowjets. Besitzer der Häuser ist der Staat. Lediglich Häuser im Wert von unter 10 000 Rubel hat der Staat den früheren Besitzern wieder zurückgegeben, unter der Bedingung, dass diese für Renovation und Instandhaltung aufkommen. 1925 wurden für den Wohnungsbau 100 Millionen Rubel ausgegeben. 1926 sollen es gemäss den sowjetischen Angaben, die Reichmann erhält, 240 Millionen sein. "Es erklärt sich, dass zur Beseitigung der Wohnungskrisis diese Summe unzureichend ist, aber sie kann schon in bedeutendem Masse die Schärfe dieser Krise in den grössten Industriebezirken mildern."[113]

Schneider sieht zwar, dass die Mietpreise zur Instandhaltung der Gebäude nicht ausreichen, dass sie aber auch nicht erhöht werden können, ohne zuvor die Löhne heraufzusetzen. Dies wiederum sei im Moment nicht möglich.

Der Arzt Max Tobler sieht in der sehr hohen Geburtenrate eine weitere schwerwiegende Ursache für die Wohnungsnot.

"Man sieht ja wohl in einem Schaufenster an der Twerskaja Gummiartikel, und die Unterbrechung der Schwangerschaft wird, wenn sie vom Arzt kunstgerecht ausgeführt wird, nicht bestraft. Aber das russische Volk vermehrt sich trotzdem beinahe schrankenlos ..."[114]

Tobler wird darauf hingewiesen, dass die Wohnverhältnisse für die arbeitende Bevölkerung vor der Revolution noch viel schlimmer waren und dass es heute keine Privilegierten mehr gibt. Ersatz und Ausweichmöglichkeit aus

---

[112]   Franz Reichmann, Im Lande der Bolschewiki, S. 11.
[113]   Ebenda, S. 46.
[114]   Max Tobler, Moskauer Eindrücke, S. 19-20.

der Enge der Wohnverhältnisse bieten den Arbeitern die Klubs, die Tobler als einen idealen Ort der kommunistischen Kollektiverziehung bezeichnet.

Noch um einiges drastischer beschreibt Friedrich Wlatnig die Moskauer Wohnungsmisere. "Moskaus grösste Plage ist die Wohnungsnot."[115] In jeder Wohnung leben fünf bis acht Familien mit nur einer Küche für alle. Renoviert wird nichts, weil der Mieter solche Arbeiten selber bezahlen muss. Die Mietpreise erscheinen ihm als hoch, und die Architektur der neuerbauten Wohnblocks missfällt ihm.

Positiv vermerken hingegen die Arbeiterdelegierten, dass die Miete nur "einen ganz kleinen Bruchteil" des Lohnes ausmacht, dass keiner, im Gegensatz zur Schweiz, bevorzugt wird, die Zimmer auch ohne städtischen Komfort ganz gemütlich sind und überall die russische Gastfreundschaft herrscht.[116] "Auch das Nitschewo des früheren Russen, das wir schon bei den russischen Studenten bewundert hatten. Man richtet sich eben ein, wie man kann, lässt sich den Humor nicht verderben."[117] Dies der Eindruck, den die Schweizer Arbeiterdelegierten im gleichen Jahr wie Wlatnig hinsichtlich der Wohnungsfrage gewonnen haben.

Anton Roy Ganz, der 1929 in Moskau weilt, bezeichnet die Wohnungsnot als sehr bedrückend. "Wohnungen werden von zwei, drei und viermal mehr Leuten bewohnt, als es die Absicht des Herstellers war."[118] Lediglich in Leningrad sind die Wohnverhältnisse auf Grund des Bevölkerungsrückgangs besser. Miete müssen die Bewohner fast keine bezahlen; erst ab einem Monatsverdienst von 125 Rubel werden eigentliche Mietzinse erhoben. So stimmt er hinsichtlich der Mieten mit den Arbeiterdelegierten überein, nicht aber in bezug auf die Wohnsituation.

Angesichts der bisherigen Beschreibungen scheint Ella Maillart hinsichtlich ihres privaten Zimmers ein grosser Glücksfall widerfahren zu sein. Die Zimmermiete beträgt allerdings auch 50 Rubel monatlich. Sobald die eigentliche Zimmermieterin zurückkommt, kann sie aber zum halben Preis auf dem Sofa im Esszimmer schlafen. Die Zimmereinrichtung macht einen guten Eindruck, und die Aussicht über die Stadt ist grossartig. Maillart muss sich im Haus anmelden. Ihr Pass mit der Aufenthaltsbewilligung muss vom angeblich gefürchteten Hauskomitee abgestempelt werden. Auch Ella Maillart bestätigt die grosse Wohnungsnot in der inzwischen auf 3 Millionen Einwohner angewachsenen sowjetischen Hauptstadt. Die Wohnung, in der sie wohnt, hat fünf

---

[115] Friedrich Wlatnig, Das Neue Russland, S. 27.
[116] Vgl. Sowjet-Russland, S. 41.
[117] Ebenda, S. 41.
[118] Anton Ganz, Russland 1929, 11. Dez. 1929.

Zimmer und beherbergt sieben Menschen. Die Hauptmieterin, Frau K., hat diese Wohnung offenbar früher alleine bewohnt und war wohlhabend. Doch es stört sie nicht, nur noch ein Zimmer bewohnen zu können, selbst dass schon zweimal Einbrecher die Wohnung heimgesucht und die verbliebenen kleinen Reichtümer gestohlen haben, scheint sie mit Gelassenheit zu tragen.

Auch B. bezeichnet die Wohnmisere als das grösste Problem der russischen Städte.[119] "Wir haben selbst eine Reihe solcher Neubauten gesehen, die durchaus den Standard europäischer Wohnungen hielten. Aber die ungeheuren Barackenviertel um Moskau herum sind uns auch nicht entgangen."[120]

Und auch Charles Studer und Arno Wildhaber, die gemeinsam die Sowjetunion 1932 bereisten, können ein weiteres Beispiel der Wohnungsnot wiedergeben. Ein Dozent an der Technischen Hochschule hat ihnen seine Situation geschildert – anscheinend haben sie es aber unterschiedlich verstanden. Ob dieser Dozent, seine Frau und eine umfangreiche Bibliothek in nur einem oder in zwei Zimmern Platz finden mussten, wird nicht klar.[121]

Auf Grund der Information, die Adolf Voegeli 1935 in Moskau erhält, gewinnt er den Eindruck einer Verbesserung der Wohnsituation, zumindest was die der Arbeiter anbelangt. Für den Mittelstand und die Oberschicht hingegen ist es durch die Revolution zu einer generellen Verschlechterung der Lage, auch im Wohnbereich gekommen. Nun müssen sie mit ehemals verwahrlosten und primitiven Menschen zusammenleben, was Voegeli als nicht immer angenehm erscheint. Voegeli stellt fest, dass Fabriken und öffentliche Bauten noch immer den Vorrang beim Bauen haben. Doch in Anbetracht dieses Umstandes und des Mangels an Handwerkern erachtet er das schon Erreichte für erstaunlich.

Auf Erhard Jaeger wirken die beschriebenen Zustände am abschreckendsten.[122] Bei den Spaziergängen durch Moskau kommen Jaeger und sein Freund auch in Wohnquartiere, die nicht auf dem Touristenprogramm stehen. "Wir schauen ungeniert durch Fenster und Türen in Wohnungen und Gemäuer und können uns – ohne Führung – ein Bild machen über die Wohn- und

---

[119] Den richtigen Namen von B. nennt die Zeitung, die seinen Bericht veröffentlicht hat, nicht.

[120] B., Moskauer Streiflichter, S. 2.

[121] Vgl. Charles Studer, Reiseeindrücke, S. 242 und Arno Wildhaber, Drei Wochen, S. 20.

[122] Aufgrund der Beispiele, die Jaeger ständig schildert, stellt sich die Frage, woher er seine Informationen bekommen hat, sieht man von den Erlebnissen ab, die er aus eigener Anschauung heraus wiedergeben kann.

Lebensverhältnisse der russischen Abeiterschaft."[123] Die Einrichtungen erscheinen ihm einfach bis primitiv, die Schlafräume sind überbelegt, am Boden finden sich unwürdige Lagerstätten. Nun glaubt Jaeger zu verstehen, weshalb sich jeden Abend so viele Menschen auf der Strasse und in den Parkanlagen aufhalten. Denn wer möchte sich schon in einem Zimmer mit sechs bis zehn Personen aufhalten, das auf Grund der Arbeitsleistung quadratmeterweise vermietet wird.

"Die Schlafstätte in den Ecken der Zimmer, sowie den Wänden nach werden oft regelrecht versteigert. Dadurch entstehen unter den Schlafgenossen oft widerliche Streitigkeiten. (...) Der Winter mit seiner Kälte und langen Nächten wird dann die Leute schon zwingen, auch in ihrem Privatleben 'kollektiv' zu sein."[124]

Was stellt Jaeger sich unter "kollektiv" vor und worauf stützen sich seine düsteren Visionen? Die von ihm beschriebene Methode der Mietpreisregelung findet sich in keinem anderen Bericht.

Der Gegensatz zwischen den Beschreibungen von Jaeger und Nicole könnte kaum grösser sein. Bei Nicole existiert das Wohnproblem in Moskau gar nicht. Wie schon Lion Feuchtwanger 1937 zieht es auch Nicole vor, das Modell des neuen Moskau und die Ausstellung der Baumaterialien eingehend zu studieren. Als Modell macht Moskau einen sehr guten Eindruck. Es werden dort nicht mehr als fünf Millionen Menschen leben dürfen, was laut Nicole durch den Kampf gegen die "Gigantomanie" möglich gemacht wird. "Nach dem Plan wird Moskau von Grünflächen umgeben werden, von den Wäldern, Seen, blühenden Gärten, wo nicht gebaut werden darf."[125] Selbst über die zukünftigen Wohnhäuser äussert sich Nicole nicht konkret. Stattdessen zitiert er abschliessend den ihn führenden Architekten mit den Worten: "Die Russen, ... ,erfüllen immer, was sie beschlossen haben."[126]

Davon kann aber auch 1941, als Ernst Hofer nach Moskau kommt, noch nicht die Rede sein. Bei seinen Spaziergängen durch die Aussenquartiere Moskaus kann er selbst überprüfen, dass die Moskauer in ihrer grossen Mehrheit immer noch sehr beengt wohnen. Dennoch gewinnt er den Eindruck, dass die Menschen auf Grund ihrer Genügsamkeit mit den Gegebenheiten ganz zufrieden sind.

Dieser Bericht Hofers ist der letzte eines Schweizers, der die Wohnverhältnisse in Moskau vor dem Überfall durch die Hitler-Armee 1941 beschreibt.

---

123 Ernst Jaeger, Russland-Reise, S. 40.
124 Ebenda, S. 41.
125 Léon Nicole, Meine Reise, S. 172.
126 Ebenda, S. 173.

Gegensätzlicher können die Darstellungen zur gleichen Frage wohl kaum sein.

4.3.3.2 Problem Nummer 2: die Versorgungslage

"Russland mit seinen ungeheuren Distanzen, mit seinem zerrütteten Transportwesen, mit seinen dreijährigen schweren Kämpfen nach aussen und innen, kann die wirtschaftliche Organisations- und Aufbauarbeit nur unter den schwierigsten Verhältnissen in Angriff nehmen."[127]

Auf diesem Hintergrund gestaltete sich die Versorgung der Moskauer Bevölkerung mit Lebensmitteln im Jahre 1920, wie Bringolf und seine Genossen sie – wenn auch nicht am eigenen Leib – erlebt haben. Aufgrund der Blockade und des daraus resultierenden Lebensmittelmangels liess die Sowjetregierung den Kleinhandel, der erst im darauffolgenden Jahr legalisiert wurde, gewähren. Auf dem "Sucharewka", dem Spekulations- oder Schwarzmarkt, herrscht denn auch reger Verkehr. Es gibt Spekulanten, Schieber, die, getarnt als Kommunisten, die Nahrungsmittelkrise ausnutzen, berichtet Bringolf. "Es sind geborene Parasiten in der Gesellschaft, die, mit der egoistischen Eigentumspsychose des Kapitalismus besonders behaftet, aus jeder geschichtlichen Epoche ein Geschäft zu machen versuchen."[128] Wenn sie erwischt werden, betont Bringolf, kommen sie vor ein Revolutionstribunal, das auch Todesurteile fällen kann.

Von Reichmann wissen wir, dass es 1921 nur Fische, schlechte Kartoffeln, schlechtes Brot und magere Suppen zu essen gab. Fünf Jahre später sieht es, so Reichmann, schon ganz anders aus: "Es gibt jedenfalls keinen Artikel von Lebensmitteln irgendeiner europäischen Grossstadt, der jetzt in Moskau nicht zu haben wäre."[129] Zudem sind die Lebensmittel billig, lediglich die Früchte kosten im Winter etwas mehr. Um einiges teurer sind aber Gebrauchsartikel.

Schon 1924 gab es laut Edouard Scherrer Waren in Hülle und Fülle: "Les magasins sont ouverts et étalent à leur devantures un choix immense, de quoi satisfaire les plus difficiles; mais plus spacieuses sont les coopératives où s'engouffrent et sortent continuellement des flots d'acheteurs."[130] Friedrich Schneider informiert über die Einkaufsmöglichkeiten für die sowjetische Bevölkerung: eingekauft werden kann in grossen staatlichen Kauf-

127 Walter Bringolf, Russische Reise, S. 77.
128 Ebenda, S. 78.
129 Franz Reichmann, Im Lande der Bolschewiki, S. 11.
130 Edouard Scherrer, En Russie, 12. Juli 1924.

häusern, genossenschaftlichen und privaten Läden. Die Genossenschaftslä-
den, die den Detail- und Kleinhandel beherrschen, werden gegenüber den
privaten eindeutig bevorzugt. Sie dürfen am Abend und am Sonntag verkaufen, die privaten Läden nicht. Der Privathandel wird nicht verboten, soll aber
auf diese Weise mit der Zeit ausgeschaltet werden.[131]

Offenbar hat sich der Plan nicht realisieren lassen. Dieser Eindruck entsteht, wenn Friedrich Wlatnig ein Jahr später berichtet, dass die Privatgeschäfte einen starken Zulauf haben, obwohl sie klein und teuer sind. Den
Grund dafür sieht er in der grösseren Auswahl und der gefälligeren Präsentation.[132]

Die Schweizer Arbeiterdelegation hat offenbar solche privaten Läden nicht
aufgesucht. Ihre Teilnehmer gehen in das im Zentrum gelegene Kaufhaus und
interessieren sich für die Produkte und Preise der Konfektionsabteilung. "Es
waren allgemein, verglichen mit Schweizer Preisen, höhere Preise bei meist
etwas geringerer Qualität festzustellen."[133]

Seine Beschreibung der Versorgungslage leitet Anton Roy Ganz mit den
Worten ein, dass es ohne Schlange stehen in Russland nicht geht. "Wer
Milch, Butter (manchmal sogar Käse) will, stellt sich eine bis anderthalb
Stunden vor Öffnung der Geschäfte in die Reihe und wartet."[134] Dies gilt
auch für den Kauf von Bekleidungsartikel, für Fleisch und für die Benutzung
der öffentlichen Transportmittel. Die jeweilige Schlange kann 100 und mehr
Personen umfassen, wie Ganz selbst gesehen und gezählt hat und dies, obwohl die Ladenöffnungszeiten den Bedürfnissen der Kundschaft angepasst
sind.

Ella Maillart ist auf Grund ihrer speziellen Wohnsituation als einzige direkt
mit der selbständigen Lebensmittelbeschaffung konfrontiert. Da sie nicht berufstätig ist, kann sie morgens einkaufen gehen, wenn die Arbeiterinnen in
den Fabriken sind. Dann trifft sie Frauen aus dem ehemaligen Bürgertum und
Dienstmädchen, die ebenfalls die Gunst der Stunde zu nutzen wissen. Doch
auch vormittags müssen die Kundinnen warten, da es in den Läden an Personal mangelt. Maillart betont, dass sich die wirklichen Warteschlangen aber
nur beim Verkauf von seltenen Waren, wie beispielsweise Bekleidungsarti-
keln, bilden. Jeder muss sich ans Ende der Schlange stellen, und bis man
dann endlich an der Reihe ist, kann der gewünschte Artikel schon wieder
ausverkauft sein. "Später habe ich meine Lebensmittelkarte Marfuscha [eine

---

131 Vgl. Friedrich Schneider, Von Leningrad, S. 17.
132 Vgl. Friedrich Wlatnig, Das Neue Russland, S. 114.
133 Sowjet-Russland, S. 20.
134 Anton Ganz, Russland 1929, 11. Dez. 1929.

alte Mitbewohnerin – d.V.] gegeben. Sie kauft für alle ein. Es fällt mir nicht schwer, auf das Schlangestehen zu verzichten."[135]

Vom Schlange stehen berichten auch die Strassenbahner-Delegierten. Ursache dafür sind aber nicht, wie im Ausland oft behauptet wird, Lebensmittelmangel oder Verteilungsprobleme, wie ihnen ihre sowjetischen Führer erklären.

"Die Hauptursache des Anstehens liegt aber heute in der zu kleinen Anzahl und dem ungenügenden Ausmass der Lokale. Die auf verhältnismässig kurze Zeit sich konzentrierende Käufermasse hat im Laden nicht Platz, um dort auf ihre Bedienung zu warten. Man geht nun daran, die Verkaufsstellen zu vermehren."[136]

Von besonderem Interesse hinsichtlich der Versorgungslage sind die Reiseberichte von B., von Otto Baumberger, Charles Studer und Arno Wildhaber aus dem Jahr 1932, dem Jahr der grossen Hungersnot in der Sowjetunion.

Im Februar 1932 wird B. Zeuge der Versorgungsprobleme; er beobachtet Menschen, die bei Schnee und Kälte vor den Läden Schlange stehen. In den Kooperativläden dürfen nur Berechtigte einkaufen, und in den Geschäften des freien Handels sind die Preise um 200-300% höher. "Es macht heute allen Anschein, dass gerade Kooperativen zu einem der stärksten Machtfaktoren zur Beherrschung des Volkes geworden sind."[137]

Otto Baumberger weiss von der "Agrarkrise, welche sich, wie man andeuten hörte, in gewissen Gebieten bis zur Hungersnot auszuwachsen droht"[138], wird aber kein unmittelbarer Zeuge. Er stellt fest, dass das Leben sehr teuer ist, dass das Warenangebot in den Läden zu knapp und stundenlanges Anstehen die Folge ist. Dennoch sehen die Menschen in den Städten gut ernährt und sauber gekleidet aus. Arno Wildhaber ist glücklich, dass sie als Gäste so gut versorgt werden, auch wenn ihn ein gewisses Unwohlsein angesichts der Wohn- und Ernährungsprobleme der Russen beschleicht. Von den Reiseführerinnen erfährt er dann, dass die Kollektivierung der Landwirtschaft für die schlechte Situation auf dem Land verantwortlich sei.

Der mit Wildhaber reisende Charles Studer äussert sich in seinem Reisebericht nicht zu diesem Problem, aber in einem persönlichen Gespräch, fast sechzig Jahre nach dieser Reise, berichtet er darüber. Die Armut der Menschen und das überaus spärliche Warenangebot seien ihm überall ins Auge

135   Ella Maillart, Ausser Kurs, S. 14.
136   Im Lande des sozialistischen Aufbaus, in: Kämpfer, 16. Juni 1931.
137   B., Moskauer Streiflichter, S. 2.
138   Otto Baumberger, Bemerkungen, S. 6.

gestochen, doch von einer eigentlichen Hungersnot habe er nur anlässlich einer Situation auf einem Bahnhof in der Ukraine eine Ahnung erhalten. Eigenständige Erkundungsspaziergänge hätten sie aber weder in der Hauptstadt, noch an anderen Orten unternehmen können, so dass ihre Erfahrungsmöglichkeiten stark eingeschränkt waren.

Eine absolute Kehrtwende in der Versorgungsfrage muss sich zwischen 1932 und 1939 vollzogen haben, folgt man den Schilderungen Nicoles. Denn als er nach Moskau kommt, bietet sich ihm ein völlig anderes Bild als das zu Beginn der dreissiger Jahre.

An einer Zwischenstation der Metro sucht er ein grosses Lebensmittelgeschäft auf und zeigt sich begeistert von der grossen Angebotsvielfalt. In den Auslagen finden sich Berge von verschiedenen Brotsorten. "In anderen Auslagen sind in ebenso eindrucksvollen Mengen Speckseiten und Schinken angehäuft. Anderswo gibt es Konserven- und Konfitürebüchsen, die der Sowjetbürger so sehr liebt."[139] Der Andrang ist zwar gross, doch berichtet Nicole an keiner Stelle von Schlangen wartender Menschen.

Neben der Versorgungslage ganz allgemein interessierten sich die Schweizer Reisenden speziell auch für die Preise einzelner Artikel. Die Preise wollten sie als Vergleichsmassstab für die Lebenshaltungskosten in der Sowjetunion und der Schweiz benutzen. Dass dies zu kurz gegriffen war, realisierte nur Schneider, der den Preis der Ware zum zeitlichen Arbeitsaufwand der Produktion in Relation setzte und dann einen Vergleich zwischen Moskau und Basel wagte. Um den Lebensstandard wirklich erfassen zu können, hätten die Reisenden noch die Mietpreise, die Sozialleistungen, die Kosten für die medizinische Versorgung und die Verkehrspreise miteinbeziehen müssen – eine sehr komplexe und von einem Reisenden nicht zu bewältigende Angelegenheit, wenn er in einem so grossen, unbekannten Land nur für kurze Zeit unterwegs ist.

Unabhängig davon haben die Berichte aus der Zeit von 1929 bis 1937 deutlich gemacht, dass das Warenangebot in den Geschäften der Hauptstadt nicht ausreichend war und dass die Beschaffung mit einem grossen zeitlichen und auch physischen Aufwand verbunden war.

4.3.3.3 Freizeit – das kulturelle Leben in der Hauptstadt

Das Angebot an Aktivitäten was sehr umfangreich, aber für viele Schweizer auch oftmals ungewohnt. Einrichtungen, die sie von zu Hause kannten, gab es in der Sowjetunion nicht, anderes wiederum war für sie neu und wurde in

---

[139] Léon Nicole, Meine Reise, S. 29.

der Schweiz nicht gepflegt. Die unterschiedlichen kulturellen Entwicklungen, aber auch die konträreren Gesellschaftssysteme und das grosse Nachholbedürfnis der sowjetischen Bevölkerung, speziell im Bildungs- und Kulturbereich, kamen hier zum Tragen.

Vielen Schweizern fällt auf, dass es in Moskau keine Lokalitäten wie in der Schweiz gibt und dass schon um 23 Uhr "Sperrstunde" ist.

"Wir vermissen überhaupt die vielen Cafés und Wirtschaften, an die wir in der Schweiz gewöhnt sind. Von den ersteren haben wir in der ganzen Stadt nur vier entdeckt. 'Beizen' in unserem Sinn sieht man überhaupt nicht, höchst selten eine kleinere Bierhalle."[140]

Schulthess erklärt sich das damit, dass die meisten Moskauer Werktätigen die Gelegenheit haben, in öffentlichen Speiselokalen zu essen und dass sie ihre Freizeit in den Klubs verbringen und dadurch kein Bedürfnis nach Cafés und "Beizen" entwickeln.

Ella Maillart isst des öfteren in den "Stolowajas", diesen öffentlichen Speiselokalen oder Volksrestaurants. An einer Tafel sind mehrere Menüs zur Auswahl angeschlagen. Sie bezahlt das Essen an der Kasse und erhält dafür einen Gutschein, den sie, nachdem sie sich an einen Tisch gesetzt hat, der Kellnerin gibt. Das Menü besteht aus einer Kohlsuppe, einem Hering und einer Portion Gerste, dazu Brot soviel sie möchte. "Aber das Beste an der Mahlzeit war der Preis: 55 Kopeken, ein Glas Tee inbegriffen."[141]

Wie Schulthess erwähnt hat, spielen die Klubs für die Freizeit der arbeitenden Bevölkerung eine wichtige Rolle. Klubs gehören nicht nur zu den Fabriken, sondern auch zu jeder Kaserne, jedem Gefängnis und, als Folge der Zentralisierung, zu jedem Stadtkreis.

Geöffnet ist der Klub, den Max Tobler besucht, von 17-23 Uhr. Es gibt ein Büffet mit günstigen Esswaren, Alkohol wird hingegen nicht ausgeschenkt.

Bildung und kulturelle Betätigung stehen im Mittelpunkt des Klublebens. Es bilden sich viele verschiedene Arbeitsgruppen, die z.B. musizieren, Radios bauen, schneidern, geschichtliche Themen studieren, lesen und schreiben lernen. Es werden auch Kinofilme gezeigt und Theaterstücke aufgeführt.

"Und dabei sind die Mittel der Klubs noch recht bescheiden. Wenn man mit unserm westeuropäischen Bildungseinrichtungen vergleicht, so ist alles einfach und manchmal sogar als primitiv zu bezeichnen. Aber der ganze Klub ist erfüllt von einem Geiste der gegenseitigen Hilfe und frei-

---

[140] Werner Schulthess, Spartakiade-Fahrt, S. 100.
[141] Ella Maillart, Ausser Kurs, S. 10.

willigen Arbeit, und eben deshalb ist auch der Erfolg so gut im Verhältnis zu den aufgewendeten materiellen Mitteln."[142]

Diese Klubs gibt es nicht nur für die werktätige Bevölkerung, sondern auch für Kinder. Jeder Stadtbezirk in Moskau hat ein Haus der Pioniere, das die Kinder nach der Schule und an freien Tagen aufsuchen, um dort den gleichen Beschäftigungen wie die Erwachsenen nachzugehen.[143]

Die Strassenbahner-Delegierten besuchen das Klubhaus der Moskauer Kommunalarbeiter und zeigen sich von den angebotenen Aktivitäten beeindruckt.

Neben den Klubs gibt es in Moskau zahllose Theater- und Opernhäuser und Kinosäle, die allabendlich sehr gut besucht sind.

Schon 1920 kann Walter Bringolf an Theater- und Kinovorstellungen teilnehmen. Der Filmabend findet zu diesem Zeitpunkt noch im Freien statt. Die Leinwand wird von einer Hausecke zu einem Baum gespannt, der Projektor und der Stromerzeuger werden aufgestellt, und schon beginnt die Vorstellung. Der "Veranstalter" ist ein rotes Automobil, das überall Filme zeigen und aufnehmen kann. Die Filme, die Bringolf zu sehen bekommt, behandeln die "kommunistische Samstagsarbeit" und den ersten Kongress der dritten Internationale.

Acht Jahre später stehen dann auch kunstvollere Filme auf dem Programm. Die Spartakiade-Teilnehmer sehen in einem Moskauer Kino die – im Gegensatz zur Schweiz – unzensierte Fassung des "Panzerkreuzer Potemkin". Es gibt aber auch "amerikanischen Kitsch" zu sehen, der von Menschen, die wie kleine Geschäfts- und Büroleute aussehen, angeschaut wird. "Man kam sich fast so vor, wie in unserm Kleinbürgerland."[144]

Für Studer und Wildhaber handelt es sich bei den meisten gezeigten Kinofilmen um Propagandafilme von unterschiedlicher Qualität, für die die Menschen geduldig zwei Stunden auf Einlass warten. Für Jaeger sind gar alle Filme Propagandamaterial, was er dadurch als bewiesen erachtet, dass in den vier besuchten sowjetischen Grossstädten der Film "Zirkus" in mehreren Kinos gezeigt wird. In diesem Zusammenhang ist Charles Studer eine Situation in unangenehmer Erinnerung geblieben: als seine Reisegruppe mit ihrer Führerin ins vollbesetzte Kino kommt, steuert diese Frau die erste Reihe an, befiehlt mit einer Handbewegung den Sitzenden, sich zu entfernen und weist

142   Max Tobler, Moskauer Eindrücke, S. 39-40.
143   Vgl. Anita Mühlestein, Die Liebe zum Kinde, in: Heute und Morgen, Nr. 5, 1938, S. 219-222.
144   Max Tobler, Moskauer Eindrücke, S. 83.

den Schweizern die Plätze an. Diese Szene vollzog sich ohne den geringsten Protest seitens der von ihren Sitzen vertriebenen russischen Zuschauer.[145]

Als Léon Nicole 1939 in ein Moskauer Kino geht, wird die Funktion, die ein Kinofilm in dieser Zeit in der Sowjetunion haben soll, deutlich. Er sieht den zweiten Teil des Films "Peter der Grosse", der dem berühmten, doch bis anhin wenig geschätzten Zar zu neuem Ansehen verhilft. Peter der Grosse muss in diesem Film für den Erhalt des russischen Reiches den eigenen Sohn töten.

"Der Vater verhängt schliesslich die Todesstrafe über seinen Sohn, weil das Heil Russlands über der Liebe des Vaters zu seinem Kinde steht. Man kann nicht umhin, gewisse Vergleiche mit der Gegenwart zu ziehen, die auch oft erfordert, sich von Kampfgefährten zu trennen, um die grosse Sache, die man verficht, zu retten."[146]

Dies ist der einzige, indirekte Hinweis Nicoles auf die stattfindenden politischen Verfolgungen, die er mit diesem Vergleich rechtfertigt.

Grosse Begeisterung zeigen Reichmann und andere für das russische Theater. Anlässlich einer Ballettaufführung im Grossen Theater in Moskau betont Reichmann, nie zuvor, sei es in Berlin, Paris, Wien, Frankfurt, Hamburg oder Mailand, etwas ähnliches gesehen zu haben. Die Aufführung ist am ersten Tag des Kartenvorverkaufs schon ausverkauft gewesen.

Moskau besitzt 1926 vierunddreissig Theaterhäuser und die Eintrittspreise variieren von Theater zu Theater. Im Grossen Theater kosten die Eintrittskarten zwischen 75 Kopeken und 6,50 Rubel, im Revolutionstheater zwischen 42 Kopeken und 3,20 Rubel, im Meyerhold-Theater zwischen 40 Kopeken und 5,00 Rubel und im Operetten-Theater zwischen 1,10 und 6,60 Rubel. Das Gehalt der "Artisten von persönlich überragender Bedeutung" liegt in Moskau bei 400 und 650 Rubel im Monat, für Sänger der Hauptpartien 200 und 275 Rubel, für Schauspieler der ersten Rollen 175 und 300 Rubel, für die der zweiten 100 und 150 Rubel monatlich. Choristen erhalten in Moskau 60 und 93 Rubel, qualifiziertes technisches Personal 111 Rubel und Bühnenarbeiter 45-80 Rubel monatlich.[147] Die Programme der Theaterhäuser unterscheiden sich stark. Während im Meyerhold-Theater modernes revolutionäres Theater gespielt wird, führt das Grosse Theater klassische Stücke auf, die schon zur Zeit des Zarismus gespielt wurden.

---

[145]   Diese Ausführungen machte Charles Studer in einem persönlichen Gespräch mit mir.
[146]   Léon Nicole, Meine Reise, S. 202-203.
[147]   Vgl. Franz Reichmann, Im Lande der Bolschewiki, S. 137-139.

Die Strassenbahner können nicht ins berühmte Bolschoitheater, da alle Karten schon verkauft sind. Stattdessen sehen sie im Künstlertheater eine Oper von Tschaikowski. Das künstlerische Niveau erachten sie als mit dem in der Schweiz vergleichbar. Besondere Erwähnung in ihrer Schilderung findet die nicht vorhandene soziale Schichtung der Zuschauerplätze. Alle Zuschauer, Männer wie Frauen, sind einfach und sauber gekleidet, was den Delegierten als sehr angenehm erscheint. Keine Erwähnung findet die von Reichmann aufgeführte starke Preisstaffelung im Theater.

Zehn Jahre nach Reichmann erlebt Erhard Jaeger im gleichen Theater eine seiner beeindruckendsten Theateraufführungen: eine Pantomime mit Ballett nach einem Gedicht Puschkins. Gemäss seiner Beobachtungen sitzen in den Logen die Fremden und im Parkett und den Rängen die Einheimischen, die durch ihre Kleidung versuchen, "bürgerlich, wenn nicht bereits aristokratisch aufzutreten oder auszusehen"[148]. Léon Nicole hingegen stellt fest, dass die Besucher der Oper keine grosse Toilette tragen, sondern einfache Bekleidung, wie an Arbeiterunterhaltungsabenden in Genf.

Während der warmen Jahreszeit waren an den Abenden und an den freien Tagen die Kulturparks und die Boulevards Ziel der Moskauer Bevölkerung. Dies erlebte Edouard Scherrer 1924, und auch Friedrich Schneider kann dies bestätigen, als er im Sommer 1926 in Moskau weilt. Da sieht er an den Abenden Menschen zu Hunderten auf den Trottoirrändern sitzen und den Radiolautsprechern, die überall im Freien angebracht sind, lauschen. Und in der Moskwa, die durch die Stadt fliesst, baden nackte Frauen und Männer.

Die ersten Schweizer Reisenden, die den Moskauer Kulturpark besucht haben, waren Wildhaber und Studer. Auch wenn sie anfänglich die Propagandatafeln im Park stören, so sind sie doch von den angebotenen kulturellen und sportlichen Möglichkeiten beeindruckt, die rege genutzt werden: "Eine gewaltig grosse Anlage: hier Turnplätze, dort Spielplätze, hier ein Musiksaal, dort ein Versammlungsraum, grosse Rasenflächen, durchzogen von sauberen Wegen, die mit Bildern oder Karikaturen geschmückt sind."[149]

Karikiert werden Popen und ehemalige Kulaken, schlechte Arbeiter, Trinker, Faulenzer, gelobt werden die Stossarbeiter. Zum Kulturpark gehören verschiedene Säle, in denen Schach gespielt, Englisch gelernt und ein Gratiskonzert von Schülern einer Musikschule gegeben wird. Im Freien dann ist Platz für sportliche Aktivitäten und für den die Schweizer Gäste begeisternden russischen Volkstanz.

---

[148] Erhard Jaeger, Russland-Reise, S. 42.
[149] Arno Wildhaber, Drei Wochen, S. 21.

Auch Adolf Voegeli, der 1935 den Kulturpark besucht, ist beeindruckt. Die Anlage macht einen grossartigen Eindruck auf ihn, und die Besucher erscheinen ihm als "ein frisches, frohes, starkes Geschlecht"[150]. Diesen Eindruck vermitteln auch die Ausführungen von F. Gsell.

Nur Erhard Jaeger kann auch hier nichts Beachtliches entdecken. "Billige und harmlose Chilbivergnügen gibts da und eine Menge Stände voller Süssigkeiten. Eine riesige Budenstadt und daneben Konzerte von 10-15 Militär- und Betriebskapellen."[151] Die sportlichen und kulturellen Angebote nimmt Jaeger offenbar nicht wahr. Für ihn handelt es sich hier um billige Ersatzfreuden fürs Volk, während die "Grössen der Sowjets" in Intouristhotels ihren Vergnügungen nachgehen.[152]

Dass es sich bei diesem Park nicht um einen Vergnügungspark nach westeuropäischem Vorbild handelt, macht Léon Nicole nochmals deutlich. Neben der geistigen Bildung ist das sportliche Training wichtig, das nun explizit auf die Verteidigung des Landes hin durchgeführt wird. "Der Lunapark in Paris ist im Vergleich mit dem Gorki-Kulturpark in Moskau was ein Früchte- und Zeitungskiosk sein würde gegenüber einem sechsstöckigen Gebäude."[153]

Für die sportliche Betätigung der Moskauer standen nebst den Parkanlagen noch Sportstadien zur Verfügung. Besonders vertraut wurde Ella Maillart, die begeisterte Sportlerin, mit diesen Einrichtungen. Bei den Ruderinnen im Tomski-Stadion findet sie Aufnahme. Ihre Sportkolleginnen sind arbeitende junge Frauen, die in ihrer Freizeit diesem Sportvergnügen nachgehen. Die Einrichtungen machen einen guten Eindruck auf Maillart, wie auch das Freibad der Chemikis, das sie zum Schwimmen mit ihren Freunden aufsucht. Als Maillart 1930 in Moskau weilt, gibt es 443 Sportplätze. Der Bedarf an Sportlehrern und -lehrerinnen kann jedoch noch nicht abgedeckt werden.

Für Erhard Jaeger stellt sich auch in diesem Bereich die Situation wieder ganz anders dar. Dass die Parkanlagen überall für Sport und Spiel freigegeben sind, ist zwar schön, entspringt aber dem Mangel an Sportanlagen. "Für unsere Verhältnisse abgeleitet ist zu sagen, dass wir, sowohl in den Städten und fast in allen Dörfern spezielle Turnhallen und Spielplatz haben, die hier fehlen."[154]

Ein weiterer bedeutender Bestandteil der kulturellen Bildung waren die zahlreichen Museen, nicht nur in der sowjetischen Hauptstadt. Max Tobler

---

[150]   Adolf Voegeli, Sovjet-Russland, S. 48.
[151]   Erhard Jaeger, Russland-Reise, S. 46.
[152]   Ebenda, S. 46.
[153]   Léon Nicole, Meine Reise, S. 99.
[154]   Erhard Jaeger, Russland-Reise, S. 32.

besichtigt bei seinem Aufenthalt einige dieser Einrichtungen in Moskau. Generell stellt er fest, dass die Museen einen starken Zulauf geniessen, was auch vom NZZ-Redakteur Wlatnig bestätigt wird. Das Revolutionsmuseum erachtet Tobler als das meistbesuchte. Weitere berühmte Museen sind das Kremlmuseum, das Leninmuseum, die Tretjakowskaja und das Historische Museum. Es gibt noch zwei weitere Museen mit westlicher Kunst, die aber, so Tobler, vorwiegend von Intellektuellen und NEP-Leuten besucht werden. Auch kleinere Museen wie das Kropotkin-Museum und das Tolstoj-Museum haben ihre Existenzberechtigung, was Tobler als Beweis der politischen Vielfalt ansieht.

Für die Arbeiterdelegation ist die Existenz der Museen der Beweis dafür, dass die Bolschewiki keine Kulturzerstörer sind, wie ihnen in westlichen Ländern nachgesagt wird. "Sie haben die Werte vielmehr übernommen und in den Besitz der bisher besitzlosen Klasse und ihres Staates überführt."[44]

Das Museum der Roten Armee wird von den Spartakiade-Teilnehmern besucht. Hier erhalten die Besucher Einblick in die Entstehungs- und Entwicklungsgeschichte der Roten Armee, in die Jahre des Bürgerkriegs, geprägt durch die "viehische Grausamkeit" der weissen Generäle, und in die heutige Bedeutung und Aufgabe der Roten Armee.

Mit Abneigung reagieren Wildhaber und Studer auf das antireligiöse Museum, untergebracht in einer ehemaligen Kirche. Es erscheint ihnen museumstechnisch nicht schlecht aufgebaut, der Inhalt hingegen ist für sie als Schweizer inakzeptabel: "primitiv, entsetzlich primitiv, die Erklärungen ohne jede kulturhistorische oder philosophische Begründung"[45]. Primitiv erscheinen ihnen beispielsweise die Erklärungen über die Entstehung der Menschheit. "Linker Hand sieht man die Entstehung des Menschen nach den Lehren der Religion, rechter Hand nach den Ergebnissen der Wissenschaft (lies: des Darwinismus und Marxismus)."[46] Das einzige für sie Amüsante in der Ausstellung ist ein Bild, das Hitler mit dem Papst einträchtig im Kampf gegen die Sowjetunion zeigt, und das einzig Tröstliche an diesem Museum erscheint ihnen die Tatsache, dass das Museum fast keine Besucher aufweist. Von Léon Nicole erfährt man, dass Moskau 1938 70 Museen besitzt, im Gegensatz zum Jahr 1918, in dem es nur 28 gegeben hat. Nicole besucht neben dem 22 grosse Säle umfassenden Leninmuseum noch das Museum der Roten Armee, das der Roten Armee, in dem auch Stalins Leben und Werk dargestellt

---

[44] Sowjet-Russland, S. 59.
[45] Arno Wildhaber, Drei-Wochen, S. 26.
[46] Ebenda, S. 26.

wird, und das Museum für moderne westliche Kunst. Der von Gegnern der Sowjetunion oft erhobene Vorwurf der Zerstörung russischer Kulturgüter durch die Bolschewiki erweist sich auch für Nicole als eine weitere gezielte Verleumdung. "Das Sammeln und Erhalten all dieser Schätze, die früher der Kirche oder Einzelnen gehörten, erklärt, warum die Zahl der Museen in der UdSSR so ausserordentlich vermehrt wurde."[158] Das Leninmausoleum stand für viele Schweizer Reisende ebenfalls auf dem Besichtigungsprogramm und bildete eine spezielle Attraktion in Moskau, nicht nur für die ausländischen Gäste.

Der Spartakiadeteilnehmer Schulthess vergleicht das Mausoleum in seiner Bedeutung und seiner Besucherzahl mit dem Heiligtum der Muslime, Mekka. So ist es verständlich, dass schon Stunden vor der Öffnung jeweils grosser Andrang herrscht, wie Otto Baumberger berichtet.

Elisabeth Thommen erlebt im Mausoleum eine grosse Feierlichkeit und Stille. "Das Volk soll keine Heiligen mehr haben – hier aber liegt einer!"[159] Sie empfindet dies aber als berechtigt, habe Lenin, im Gegensatz zu den Kirchenheiligen, doch alles stets für die anderen und nicht für sich selbst getan. Erhard Jaeger schliesslich weiss zu berichten, dass jeder Moskauer Betrieb einmal im Jahr zum Besuch des Mausoleums verpflichtet sei. Die Ausländer müssen sich aber nicht in die langen Warteschlangen einreihen, sondern werden immer sofort vorgelassen.

So kamen die Gäste selbst am Mausoleum in den Genuss der privilegierten Behandlung. Stundenlanges Warten wollten die Veranstalter ihnen auch in diesem besonderen Fall nicht zumuten.

4.3.3.4 Die medizinische Versorgung in Moskau

Die medizinische Betreuung der Sowjetbevölkerung ist ebenfalls ein Aspekt der sozialistischen Gesellschaftsordnung, der viele Schweizer Reisende besonders interessiert hat.

Als herausragendstes Merkmal galt vielen ausländischen Besuchern, dass die medizinische Versorgung für die Beschäftigten und ihre Familien kostenlos war. Der Gewerkschafter Schneider erachtet dies als vorbildlich und sieht darin einen Ausgleich für das niedere Lohnniveau.

Ausführlich befasst sich Minna Tobler-Christinger, die Frau Max Toblers, mit der medizinischen Versorgung in der Hauptstadt, wobei sie als Ärztin

---

[158] Léon Nicole, Meine Reise, S. 64.
[159] Elisabeth Thommen, Blitzfahrt, S. 48.

Otto Baumberger, Das Lenin-Mausoleum auf dem Roten Platz

über die nötige fachliche Kompetenz verfügt.[160] Zwei wesentliche Unterschiede sieht sie zur medizinischen Versorgung in der Schweiz: die Stellung des Arztes und das Prophylaxewesen.

Anders als in der Schweiz sind die Ärzte in der Sowjetunion Staatsangestellte mit einem Gehalt, das dem eines qualifizierten Arbeiters entspricht. Dadurch ist der Lohn völlig unabhängig von der Anzahl der Patienten, die ein Arzt hat.

Nicht jeder Kranke wird in der Sowjetunion sofort von der Arbeit dispensiert. In sogenannten Nachtsanatorien werden Leichtkranke, die tagsüber weiterarbeiten, nachts behandelt. Ihre Wohnsituation erlaubt es nicht, sie zuhause zu betreuen. Heilbehandlungen und Diätessen können nur im Tag- oder Nachtsanatorium verabreicht werden. Ziel dieser Behandlung ist es, den Ausbruch schwerer Krankheiten, wie beispielsweise der Tuberkulose, zu verhindern. In diesem von Minna Tobler beschriebenen Fall gehört das Tag- und Nachtsanatorium einem der fünf Tuberkulosedispensarien in Moskau an. Es gibt Dispensarien für viele verschiedene Krankheiten, das zur Behandlung von TB ist jedoch herausragend, da diese Krankheit zum Zeitpunkt von Minna Toblers Reise noch stark verbreitet ist. Zum erfolgreichen Behandlungskonzept gehört die Erkenntnis, dass es den Kranken besser geht, wenn sie nicht ganz aus dem Produktionsprozess herausgerissen werden.

Eine weitere wichtige Einrichtung dieser Art ist das Venerologische Dispensarium, das neben der konkreten Behandlung auch einen Aufklärungswagen von Betrieb zu Betrieb schickt, um so die Prophylaxe zu verbessern.

Das Institut für Berufskrankheiten erforscht die Krankheitsbedingungen der verschiedenen Berufe, um so Wege der Prophylaxe beschreiten zu können

Die Schwangerschaftsunterbrechung ist 1927, zum Zeitpunkt von Minna Toblers Aufenthalt, immer noch legal. Die Frauen wenden sich an eine Kommission, die den Fall prüft und über die Bezahlung des Eingriffs befindet. Der Abortus wird nur von erfahrenen Ärzten durchgeführt. Dennoch betonen die Ärzte, dass auch hier der Prophylaxe Vorrang eingeräumt werden müsse. Zu diesem Zweck ist das Institut für Vorbeugung gegründet worden, das gratis Verhütungsmittel abgibt.

---

[160] Minna Tobler-Christinger schreibt darüber nicht nur innerhalb des Delegationsberichts, sondern auch in der Zeitung "Die arbeitende Frau", die als Beilage des Kämpfers regelmässig erschienen ist.

Die Praxis der Schwangerschaftsunterbrechung hat sich 1930 laut Ella Maillart schon dahingehend verändert, dass nur noch kranke oder ganz mittellose Frauen eine Erlaubnis für den Eingriff erhalten.[161]

Elisabeth Thommen bestätigt sechs Jahre nach Minna Tobler mit ihren Schilderungen deren Beschreibungen der Prophylaktorien. Sie nimmt auch den grossen Stolz der Russen wahr, die diese bezüglich ihrer medizinischen Errungenschaften empfinden.

"Oft hat man den Eindruck, als wüssten nicht alle, dass wir in Westeuropa diese Einrichtungen auch haben. Vielleicht vollkommener haben, in besserem Material, in Ausführungen, die mehr Luxus und sanitären Komfort in sich vereinen."[162]

Das Sanatorium für an Knochentuberkulose erkrankte Kinder, das Minna Tobler 1927 besichtigt und sehr gelobt hat, wird zehn Jahre später von Anita Mühlestein besucht. Die "Rote Rose" bietet Platz für 350 kranke Kinder, die trotz ihrer Krankheit lernen und handwerklich ausgebildet werden. Ein alter, pensionierter Ingenieur hat es sich zur Aufgabe gemacht, Vorrichtungen zu schaffen, die den kranken Kindern das handwerkliche Arbeiten ermöglichen. Die kleineren Kinder basteln und singen den Gästen Lieder vor. Dann wird ihnen ein Frühstück mit Kaviar und Lachs offeriert. "Kinder sieht man hier, Kinder wie nirgends sonst, glückliche, strahlende Kinder!"[163] Vorgelegte Statistiken beweisen, dass die Erfolge der durchgeführten Therapie sehr gut sind. Die Kinder werden nicht nur als zu pflegende Kranke behandelt, sondern auch aufs Leben vorbereitet. Und unabhängig von der Dauer der Therapie – sie kostet die Patienten nichts. "Ärzte und Verpflegung, Medikamente und Nachkuren, alles steht ihm umsonst zur Verfügung, sei er Strassenwischer oder Professor – denn er lebt im grossen verwirklichten sozialistischen Staat!"[164]

Auch Léon Nicole besuchte eine medizinische Einrichtung, das Institut für Prothesen in Moskau. Hier werden monatlich 2000 Prothesen von den 120 Ärzten und 250 Krankenschwestern eingesetzt. Die Ärzte reisen ausserdem in

---

161 Vgl. Ella Maillart, Ausser Kurs, S. 31.
   Es wäre an dieser Stelle möglich, den Bericht von Dr.med. Nikolai Messis, Kulturelle Errungenschaften in der Sowjet-Union, der sich mit den medizinischen und sozialen Erfolgen befasst, darzustellen, doch geht aus dem Bericht selber nicht hervor, dass es sich hierbei um einen Reisebericht handelt und nicht lediglich um eine Zusammenstellung von offiziellem statistischem Material aus der Sowjetunion. Ich möchte es deshalb mit diesem Hinweis auf die Existenz des Berichtes bewenden lassen..
162 Elisabeth Thommen, Blitzfahrt, S. 58.
163 Anita Mühlestein, Die Liebe zum Kinde, S. 219.
164 Ebenda, S. 220-221.

viele sowjetische Städte, wo sich Zweigstellen befinden, um dort die schwersten Fälle zu operieren. Nicole erwähnt auch die Krankenschwestern des Instituts, die anlässlich des XVIII. Parteitages geloben, die Methoden der Blutübertragung zu lernen, um sie im Ernstfall – das bedeutet im Kriegsfall – auch ohne Ärzte durchführen zu können. Der leitende Arzt verabschiedet sich von Nicole mit dem Wunsch, ihn in vier Jahren im neuen Gebäude empfangen zu können.

Einen weiteren Bereich der sowjetischen medizinischen Versorgung stellen die Mütter- und Kinderkliniken dar. Dafür interessierte sich der frischgebackene Vater Franz Reichmann.

Das Gesundheitsamt Moskaus hat im ehemaligen kaiserlichen Findelhaus ein grosses Kinder- und Mütterheim eingerichtet. Die Frauen können hier unentgeltlich entbinden, und kranke Kinder, die Zuhause nicht angemessen gepflegt werden können, finden hier ebenfalls unentgeltlich ärztliche Behandlung. Entscheidend für die Aufnahme in dieses Krankenhaus sind die Lohn- und Wohnverhältnisse der Patientinnen und Kinder. Alles im Haus unterliegt einer strengen hygienischen Überwachung, und die hauseigene Molkerei erlaubt eine gesunde Ernährung.

Daneben finden sich im ersten Stock noch Räume, in denen mittels Tafeln und Statistiken über richtige und falsche Kinderpflege, Kindererziehung, Kinderernährung und Schwangerschaftspflege informiert wird. Ein verbreiteter und sehr verhängnisvoller Fehler ist das Verabreichen eines "Nuggels" aus Schwarzbrot, wenn das Baby schreit. "Das Kind schluckt dann die groben Kornfasern hinunter, wodurch in den feinen Därmen grosses Unheil angerichtet wird und viele Kinder daran sterben."[165] Diese Ausstellung wird von sehr vielen Menschen aufgesucht, auch von Landfrauen, die sich aufklären lassen wollen.

Die Spartakiade-Teilnehmer besuchen in der Nähe der Leninberge ein Erholungsheim der Moskauer Gewerkschaften, in welchem 400 Patienten Aufnahme finden. Das Moskauer Gesundheitsamt teilt den Betrieben die Anzahl der zur Verfügung stehenden Plätze mit. Möchte ein Arbeiter dieser Fabrik einen Platz im Erholungsheim, setzt er sich mit dem Betriebsarzt in Verbindung, der dann darüber entscheidet. Das renovierte Gebäude liegt in einer Waldlichtung, besitzt einen Sportplatz, eine Bibliothek, Spielzimmer und Örtlichkeiten zum Radiohören. Dieser Art gibt es mehrere Heime in Moskau. Vor der Revolution "kannte der Werktätige diese Einrichtungen nur vom Hörensagen, für seine Erholung waren sie jedenfalls nicht bestimmt"[166].

---

165 Franz Reichmann, Im Lande der Bolschewiki, S. 61.
166 Werner Schulthess, Spartakiade-Fahrt, S. 43.

Ob dieses Prophylaxe- und Behandlungssystem im Laufe der Jahre alle Bürger der Hauptstadt erfasst hat, bleibt ungeklärt. Der Stolz der Russen auf diese Errungenschaften ist auf jeden Fall gross, auch wenn einige Schweizer Besucher behaupten, dass dies in Westeuropa alles schon lange und besser existiere. Die Massnahmen für die kostenlose medizinische Behandlung, die Sicherung des Arbeitsplatzes bei Krankheit und Schwangerschaft, die Bezahlung von Erholungsaufenthalten durch den Betrieb oder die Gewerkschaft, die Betreuung der arbeitenden Mütter und ihrer Kinder und die Möglichkeit der legalen Schwangerschaftsunterbrechung durch fachkundige Ärzte in Krankenhäusern stellten grundlegende Neuerungen in der Sowjetunion dar, die vor der Revolution nicht existiert haben und in Westeuropa nicht in dieser Art und Weise praktiziert wurden. Dies wurde den Reisenden beim Vergleichen des Neuen mit den heimatlichen Verhältnissen – in diesem Fall mit den schweizerischen Verhältnissen – deutlich. Schwieriger war es für sie, die jeweils eigenen historischen Voraussetzungen auch in Rechnung zu stellen.

4.3.3.5 Bildung und Erziehung

Walter Bringolf konnte 1920 Gespräche über Schulen und Universitäten auf höchster Ebene mit einem Mitarbeiter Lunatscharskijs, des Volkskommissars für Bildung, führen. Die Lage war prekär. "Man kann keinen geordneten Schulbetrieb für die Kinder unterhalten, weil die Schulmaterialien fehlen."[56] Es fehlt an grundlegenden Dingen wie Papier und Bleistiften. Trotz dieser Bedingungen ist es möglich, den Bildungsstand zu heben. Eine Hochschulzulassung erhalten seit der Revolution nur Arbeiter, die von ihrer Gewerkschaft delegiert werden. "Wir haben kein Interesse daran, Leute auszubilden in dieser schweren Zeit, die gegen uns arbeiten."[57]

Annelise Rüegg erfährt von Lunatscharskij persönlich, dass es unter dem letzten Zaren nur 5 Universitäten gab, jetzt aber – drei Jahre nach der Revolution – schon 21. Die Zahl der Bibliotheken hat sich vervierfacht, von fünfundzwanzig- auf hunderttausend. Bildung steht nun jedem Kind zwischen 8 und 16 Jahren zu. Die Analphabetenrate der Bevölkerung zwischen 15 und 50 Jahren liegt für das Jahr 1920 bei 47%.

Fritz Brupbacher, der im November 1921 nach Moskau gekommen ist, erfährt im Gespräch mit einer Lehrerin und einem Universitätsprofessor – beide Menschewiki –, dass trotz der schlechten ökonomischen Verhältnisse ein grosser Wissenshunger bei den Menschen vorhanden sei. In den Schulen haben die Lehrer anfangs das neue System sabotiert und antibolschewistische

---

56 Walter Bringolf, Russische Reise, S. 127.
57 Ebenda.

Propaganda betrieben. Erst durch den Druck der Schüler hätten sie sich zu ernsthafter Mitarbeit entschlossen. Bis jetzt ist der Unterricht immer noch fragmentarisch, da es an Bleistiften und Papier fehlt. Der Lohn der Lehrerin beträgt zwanzig Franken monatlich zuzüglich Naturallohn, bestehend aus Mehl, Butter, Zucker, Salz, Kaffee-Ersatz, Seifenpulver und Zündhölzern – alles in sehr kleinen Mengen. "Oft freilich bekomme man den Lohn während ein paar Monaten nicht und müsse dann zuschauen, wie man lebe. Aber jetzt sei es doch schon ganz nett. Man habe zu heizen; man leide keinen Hunger."[169] So gibt Brupbacher die Lehrerin Olga wieder. Der Universitätsprofessor berichtet vom freien Zugang aller Interessierten zur Universität, der nach der Oktoberrevolution galt. In einem Land mit einer so hohen Analphabetenrate war das jedoch nicht praktikabel. Deshalb wurden Arbeiterfakultäten eingerichtet, die den Interessierten einfache Bildung vermitteln, sie aber auch auf die Universität vorbereiten. Arbeiter aller Altersgruppen besuchen nun die Kurse und lernen mit Begeisterung. Die beiden Gesprächspartner Brupbachers unterstreichen das neue Selbstbewusstsein der Arbeiter, das in diesem Bildungseifer zum Ausdruck kommt.

Allgemeinere Auskünfte erhält Friedrich Schneider. Im Jahre 1926 existiert eine zweistufige Einheitsschule. Die vierjährige erste Stufe wird von den Acht- bis Zwölfjährigen besucht, die Zwölf- bis Siebzehnjährigen sind in der zweiten Stufe in 5 Unterrichtsklassen unterteilt. In den letzten beiden Schuljahren sollen die besonderen Neigungen der Jugendlichen ausgebildet werden. Universitäten gibt es mittlerweile 24, ausserdem 103 Hochschulen, von denen es vor dem Krieg nur 71 gegeben hat.

Max Tobler besucht 1927 eine Schule in Moskau. Immer noch fehlt es in Ermangelung des Geldes an Schulen, Lehrmitteln und Lehrern. Die besichtigte Schule nimmt externe und Internatsschüler zwischen 8 und 16 Jahren auf. Diese sehen zwar gesund und gut genährt aus, als Folge der Hungerjahre besteht aber bei 68% von ihnen Verdacht auf Tuberkulose. Die Lehrer machen keinen begeisterten Eindruck. Tobler kann das in Anbetracht der niedrigen Besoldung verstehen: 68 Rubel monatlich bei einer Stundenzahl von 18 pro Woche. Zur Schule gehören Arbeitsräume, in denen die Schulhefte selber hergestellt werden. Auch einfache Möbel für den Schulgebrauch werden in einer Schreinerei von den älteren Kindern gebaut. Ferner gibt es eine Schlosserei und eine Schneiderei. In der Anstaltsküche helfen die Schüler und Schülerinnen beim Kochen, und in ihrer Freizeit können sie schulunabhängige Aktivitäten, wie Tauben- und Kaninchenzucht, entfalten. Die Schule ist in ihrem Gesamtaufbau als Vorbereitung auf das Arbeitsleben angelegt.

---

[169] Fritz Brupbacher, 60 Jahre Ketzer, S. 255.

Diese Schule wird Tobler trotz der für Westeuropäer ärmlich wirkenden Ausstattung als eine der besten in ganz Russland vorgestellt, die von vielen Lehrern aufgesucht wird, um sich zu informieren.

Ebenfalls 1927 besuchen Arbeiterdelegierte die Volksschule Nummer 9, die 1200 Schüler – pro Klasse 35 bis 50 Schüler – beherbergt. Diese Schule dient der Vorbereitung auf die Chemikerlaufbahn. Die Schule ist selbstverwaltet und bietet den Lehrern und Lehrerinnen Freiraum für ihre pädagogische Arbeit. Die Schüler sind zu 40% Arbeiterkinder, zu 50-55% Kinder von Angestellten und zu 5-10% Kinder von Intellektuellen und Kaufleuten. Äusserlich sind die Schüler jedoch nicht nach ihrer Herkunft zu unterscheiden.

Der Elementarunterricht umfasst die erste bis vierte Klasse. Ab dem fünften Schuljahr kommt der praktische Unterricht hinzu, wie es dem Charakter der Arbeitsschule entspricht. Promotionsexamen und "Sitzenbleiben" gibt es in dieser Schule nicht. Schüler, die Schwierigkeiten haben, werden speziell gefördert, bis sie das Klassenniveau wieder erreicht haben. Der Gesamteindruck ist sehr positiv. "Die Schüler scheinen sehr glücklich zu sein, gehen und kommen sehr frei, verkehren familiär mit dem Personal."[170] Die Schulerneuerung, um die in Westeuropa seit 25 Jahren gekämpft werde, erscheint den Arbeiterdelegierten hier in dieser Moskauer Schule verwirklicht.

Auch Léon Nicole besucht ein Schule in Moskau. Sein Bericht ergänzt die bisherigen Schilderungen durch Ausführungen über die Feriengestaltung der Schulen, die Bedeutung der Pioniere und des XVIII. Parteitags.

In der Regel übernehmen Betriebe Patenschaften für Schulen. Das bedeutet, dass der jeweilige Betrieb die zweimonatigen Sommerferien, die die Schulklassen auf dem Land verbringen, finanziell und auch hinsichtlich der Unterbringung ermöglicht.

In der Schule gibt es einen speziellen Saal für die Pioniere, die als Vorbild und "Trainer der Sowjetschuljugend" gelten und sich deshalb im ganzen Land grosser Beliebtheit erfreuen.

Zum Zeitpunkt von Nicoles Besuch steht der XVIII. Parteitag im Zentrum der Aufmerksamkeit. Die Kinder jeder Schulklasse fassen anlässlich dieses Parteitags einen bestimmten Lernbeschluss, um dadurch dem Staat ihre Verbundenheit und Dankbarkeit zum Ausdruck zu bringen.

Zum Abschluss, nachdem Nicole dem Direktor seinen positiven Eindruck geschildert hat, bittet ihn dieser, sich in das Gästebuch einzutragen. Neben vielen russischen Eintragungen finden sich auch einige von Amerikanern,

---

170   Sowjet-Russland, S. 61.

von Franzosen, aber keine von Deutschen. Den lobenden Kommentaren kann Nicole sich nur anschliessen.

Der Besuch einer Hochschule oder Universität scheint die Ausnahme gewesen zu sein. Von den Mitgliedern der akademischen Reisegruppe berichtet nur Arno Wildhaber über die Besichtigung des Instituts für Maschinenbau. 90% der Studenten sind ehemalige Arbeiter und Bauern, 10% dürfen Töchter und Söhne der technischen Intelligenz sein. 75% der Studierenden bekommen Stipendien, die zwischen 40 und 180 Rubel monatlich betragen. Sie sind gewerkschaftlich und parteilich organisiert und bleiben mit ihrem Betrieb in steter Verbindung. Mehr als die Hälfte von ihnen wohnt in Studentenwohnheimen, in einfachen, aber ordentlichen und billigen Zimmern. Die Studienzeit beträgt vier bis fünf Jahre.

Ella Maillart hat zwar Kontakt zu Studenten, über Aufbau und Inhalte des Studiums berichtet sie jedoch nur hinsichtlich der Ausbildung zur Sportlehrerin. Auch hier wohnen die Studentinnen zu mehreren in einem Raum, scheinen dies aber nicht als störend zu empfinden. Mehr Interesse zeigt Ella Maillart für die Lebenseinstellung der Studentinnen, die ihr so fremd erscheint, sie aber gleichzeitig sehr beeindruckt und fasziniert.[171]

Nur ein Schweizer Reisender hat sein ganzes Augenmerk auf die Bildungseinrichtungen gelenkt – Hans Mühlestein. Er wollte die "Entwicklung aller Bildungsinstitutionen der Sowjetunion von der Volksschulbasis bis zur Spitze der Akademie der Wissenschaften" aus eigener Anschauung beurteilen.[172] Doch trotz seines zwei Monate dauernden Aufenthalts kommen seine persönlichen Erlebnisse kaum zur Sprache. Stattdessen übernimmt er in seinem Bericht die Darstellungen eines sowjetischen Akademie-Mitgliedes. Darin enthalten ist ein knapper Abriss der Bildungssituation in Russland vor der Revolution und der Veränderungen seit der Machtergreifung durch die Bolschewiki. Als Resultat der Entwicklungen seit 1917 nennt er die enge Verbundenheit zwischen der Wissenschaft und dem Volk, wie sie noch nie zuvor und nirgends sonst bestanden hat.[173] Jeder Arbeiter und Bauer ist sich bewusst, dass alle Erfindungen und Erkenntnisse ganz zu seinem Nutzen sind.

"Das Land des Sozialismus ist eben durch das Lebensinteresse seiner Volksmassen an einer wahrhaft freien Entfaltung der echten Wissen-

---

[171] Vgl. Kapitel 4.8.
[172] Hans Mühlestein, Die Rolle der Wissenschaft, in: Heute und Morgen, Juni/Juli 1938, S. 16.
[173] Vgl. ebenda, S. 22.

schaft interessiert. So kommt es, dass die Sowjetwissenschaft heute die einzig wirklich freie Wissenschaft der Welt ist."[1]

Diese allgemeingehaltenen Preisungen der sowjetischen Wissenschaften werden von Mühlestein nur durch ein paar wenige Angaben über die Zahl an Schülern und Studenten, an Universitäten und Fachhochschulen ergänzt. So betont er, dass es bei einer Einwohnerzahl von 180 Millionen 4,4 Millionen Studenten an den Arbeiterfakultäten und 1,5 Millionen Vollstudenten an den Universitäten gibt. Die Zahl der Hochschulen konnte im Vergleich zum zaristischen Russland von 91 auf 700 in der gesamten Sowjetunion erhöht werden, ebenso die Zahl der wissenschaftlichen Institute, die vor der Revolution 188 betragen hat und nun bei 1574 liegt. Mühlestein hebt ebenfalls hervor, dass es weder in Bezug auf das Geschlecht, noch auf die Nationalität unterschiedliche Rechte gibt. Was Mühlestein jedoch alles persönlich in Erfahrung bringen konnte, teilt er in seinem Bericht nicht mit.

Welche Entwicklung die Bildungsexperimente der frühen sowjetischen Phase an den Schulen und Hochschulen in den dreissiger Jahren genommen haben, kann in Ermangelung von Schilderungen nicht berichtet werden, auch nicht, ob der Mangel an Lehrkräften und an Unterrichtsmaterialien überwunden werden konnte. Hans Mühlestein und Léon Nicole hätten darüber bei ihren Schulbesuchen vieles in Erfahrung bringen können, doch waren sie offensichtlich mehr daran interessiert, den grossen Erfolg des sowjetischen Bildungssystems ganz allgemein hervorzuheben, wie Mühlestein das getan hat, oder aber, wie bei Nicole, die Verbundenheit der Schüler mit dem politischen Geschehen in der Sowjetunion unter der Führung Stalins und ihrer Bereitschaft, für die Partei und ihren Führer noch grössere Leistungen zu erbringen, zu loben.

4.4 Alte neue Welt – Leningrad

St.Petersburg, Petrograd, oder Leningrad, wie die Stadt von 1924 bis 1991 hiess, Hauptstadt des zaristischen Russlands seit Peter dem Grossen, verlor nach der Revolution von 1917 an Bedeutung, da die neue Regierung ihren Sitz in Moskau errichtete. Leningrad galt und gilt aber als die europäischste Stadt Russlands und wurde wegen seiner Lage und Architektur zum Reiseziel für unzählige Gäste aus dem Ausland. Auch in den zwanziger und dreissiger Jahren war Leningrad nach Moskau die am meisten besuchte Stadt der Sowjetunion.

---

[1]   Ebenda, S. 23.

Walter Bringolf berichtet im Jahre 1920 als erster Schweizer Reisender von seinem Besuch in Petrograd, der sich zuerst nur bei Nacht abspielte. Er und seine Genossen werden um zwei Uhr morgens mit drei Fahrzeugen, davon eines ein Lastwagen, durch die schlafende Stadt gefahren: Newski-Prospekt, Newabrücke, Residenzplatz, Uritzkiplatz, das kaiserliche Residenzschloss, das Petersburger Marsfeld.

Und dann bei Tageslicht: Der Newski-Prospekt, "der Bummelplatz der Lebewelt, der Nichtstuer"[2], wird nun von Proletariern bevölkert. Luxusgeschäfte, Läden, Cafés gibt es nicht mehr, nur vereinzelt finden sich Verteilungsstellen für Nahrungsmittel und Bekleidungsstücke. Die Häuser, jahrelang nicht repariert, sind fleckig und schmutzig. "Für einen biederen Schweizer muss ein solcher Anblick trostlos sein – alles die Bolschewiken ..."[3] Die Schuld der Bolschewiken ist es aber nicht, betont Bringolf, denn Berlin, Wien und andere Städte sehen auch nicht besser aus. Die Gesichter der Arbeiter, Soldaten und Kommissare sehen abgearbeitet aus. "Ungeheures wird von ihnen, den Gehirnen der Revolution, verlangt."[4] Die Gesichter der "ehemaligen Bourgeois" hingegen sind verhärmt und zeugen von Gleichgültigkeit und Verständnislosigkeit. "Lebende Leichen – morsche Baumstümpfe – in einer jungen stürmisch treibenden Epoche."[5]

Das Mittagessen nimmt Bringolf mit seinen Genossen und Gastgebern im Hotel International ein, vor dem eine weibliche Wache postiert ist. Das International unterscheidet sich offenbar in nichts von einem "bürgerlichen" Hotel: Concierge, Coiffeur, Portier tun wie überall ihren Dienst. Das Essen ist einfach, wird von den Gästen aber als geniessbar beschrieben. Für dass alles müssen sie nichts bezahlen. "Alle Gäste in Sowjetrussland leben unentgeltlich."[6]

Der mit Bringolf reisende Sigi Bamatter ist gleichfalls von der "Proletarisierung" Petrograds begeistert. In dieser Stadt gibt es keine Müssiggänger mehr, hier arbeiten alle. Die ehemalige Oberschicht hat sich zum Teil freiwillig zur Arbeit gemeldet, die Mehrheit von ihnen musste jedoch zur Arbeit gezwungen werden. Bamatter unterstützt die Zwangsmassnahmen, zu denen auch Hinrichtungen gehören: "Diese Gewaltherrschaft, dieser Terror mag ja den Bürgerlichen recht unangenehm sein, aber in dieser Beziehung wäre

---

2   Walter Bringolf, Russische Reise, S. 37.
3   Ebenda.
4   Ebenda, S. 39.
5   Ebenda.
6   Ebenda, S. 41.

Rücksichtnahme geradezu Verbrechen, wo es gilt, alle Kräfte anzuspannen und auszunützen."[7]

Die Strassen Petrograds sind sauber, haben aber auch Löcher wegen des herausgerissenen Holzpflasters, das die Petrograder zum Heizen benötigen. Mit Reparaturarbeiten wurde schon begonnen. Der Winterpalast ist nicht zerstört und dient jetzt als ein Museum. Auch die Kunstschätze und Denkmäler wurden erhalten, und die Parkanlagen stehen nun allen Besuchern offen. Die Passanten machen einen guten Eindruck auf Bamatter. Sie sind sauber gekleidet, sehen frisch aus, sind siegesbewusst und optimistisch. "Kein Luxus, aber auch keine Verlumptheit."[8] Wenn er dennoch zugibt, dass es auf den Strassen Leningrads bettelnde Menschen gibt, dann deshalb, weil es sich bei diesen um ehemalige "Intelligenzler" handelt, die das neue System sabotieren, keiner Arbeit nachgehen wollen und sich deshalb − selbstverschuldet − zu Grunde richten. "Mitleid mit dieser Sorte Leute zu empfinden, wäre Verrat üben an der Revolution."[9] Wirkliches Elend, so betont Bamatter, habe er in anderen, nichtrussischen Städten vorgefunden. "Ich habe in London arme Teufel gesehen, die buchstäblich in Fetzen dahergingen; daneben in Samt und Seide gehüllte Dämchen und stutzerhaft gekleidete 'Gentlemen'."[10] Diese Kontraste gibt es in Petrograd nicht. Für Bamatter ist diese Stadt die Stadt der Arbeit geworden, und das begeistert ihn.

Sechs Jahre nach Bringolf und Bamatter besucht Friedrich Schneider die ehemalige Hauptstadt, die zwischenzeitlich den Namen Leningrad angenommen hatte. Der Empfang, der ihm bereitet wird, ist sehr herzlich und entspringt echter Freude. Doch das Bild, das sich ihm in der Stadt präsentiert, ist weniger erfreulich. Leningrad macht einen stillen und traurigen Eindruck. "Es sieht auch, wie ein Teil seiner Bewohner, verwahrlost aus."[11] Die Häuser sind baufällig oder schon zu Ruinen zerfallen und Bettelei ist verbreitet. "Kinder und Erwachsene, Frauen und Männer flehen unverständliche Worte und begleiten sie mit nicht misszuverstehenden Gebärden."[12] Die 2000 Besucher der Oper bilden mit ihrer Kleidung einen krassen Gegensatz dazu. Die Verkehrsmittelsituation scheint sich noch nicht sehr verbessert zu haben. Die grosse Mehrheit geht zu Fuss oder benutzt die Strassenbahn, im Besitz eines Autos sind nur wenige.

---

7   Eindrücke eines Arbeiters, S. 17.
8   Ebenda, S. 38.
9   Ebenda.
10 Ebenda.
11 Friedrich Schneider, Von Leningrad, S. 21.
12 Ebenda.

Auch der Schweizer Arbeiterdelegation wurde ein beeindruckender Empfang bereitet. Die Begrüssenden haben sechs Stunden auf die Gäste gewartet und sie dann physisch und psychisch fast erdrückt. Untergebracht werden sie in einem Erholungsheim, und auf der Fahrt dorthin können die Delegierten feststellen, dass die Strassen einer Berg- und Talbahnstrecke gleichen. Dieses Arbeitererholungsheim gehörte vor der Revolution einem Schweizer Gummifabrikanten. Das Essen, das sie serviert bekommen, vermag ihre leiblichen Bedürfnisse vollauf zu befriedigen. Auch den Delegierten ist der Zustand der Bekleidung der Leningrader nicht entgangen: sehr einfach und vielfach abgetragen – so ihr Eindruck.

Zum Strassenbild eines sozialistischen Landes gehörten und gehören auch grosse Demonstrationen, so z.B. jährlich aus Anlass der Oktoberrevolutionsfeierlichkeiten. Dies konnten als einzige Schweizer Reisende die Arbeiterdelegierten in Leningrad miterleben. Der zehnte Jahrestag der Revolution führte auf den Strassen zu einer wahren Völkerwanderung der Bevölkerung.

"Diese Massen aber schlichen nicht vorüber, damit die Demonstration pflichtschuldigst erledigt werde. Man hatte den vollendeten Eindruck, jedem Einzelnen sei es persönlichste Angelegenheit und Bedürfnis, hier zu demonstrieren."[13]

Die 400 000 Teilnehmern begehen aus voller Überzeugung die Revolutionsfeiern, bereit diese Sowjetmacht weiter aufzubauen – so der Eindruck der Schweizer Arbeiterdelegierten in Leningrad im November 1927.

Trotz erheblicher Mehrkosten für die sowjetischen Gastgeber wurde den Schweizer Spartakiade-Teilnehmern ein Besuch in Leningrad ermöglicht. "Beim Verlassen des Bahnhofes fällt uns sofort das europäische Aussehen der Stadt auf. (Man könnte glauben, Zürich vor sich zu haben, allerdings in stark vergrösserten Ausmassen)."[14] Der Prospekt des 25. Oktober, der ehemalige Newski-Prospekt, diese 35 Meter breite und 4 Kilometer lange berühmte Strasse, ist das erste Ziel. Die Paläste und Denkmäler aus zaristischer Zeit bieten einen schönen Anblick, aber auch die Sauberkeit, die Ordnung und der Verkehr des neuen Leningrads beeindrucken die Gäste.

Otto Baumbergers Eindruck von Leningrad vier Jahre später fällt nicht ganz so positiv aus, wobei sich dies mehr auf das Aussehen der Stadt und weniger auf dessen Bewohner bezieht. Immer noch überwiegt holpriges Rundpflaster als Strassenbelag, der Verkehr ist dicht, doch Autos gibt es nur

---

13 Sowjet-Russland, S. 17.
14 Werner Schulthess, Spartakiade-Fahrt, S. 90.

Otto Baumberger, In Leningrad an der Newa

wenige. Viele Häuser sind verlottert, viele werden aber auch repariert oder frisch gestrichen. Auf seinem Abendspaziergang an der Newa begegnet er Menschen, die aussehen, "wie bei uns auch"[15], die gekleidet sind wie in Berlin Nord und die ganz überwiegend gesund und gutgenährt erscheinen. Am Quai sind die Badenden anzutreffen, überall schlendern Liebespaare, und er selber erfreut sich am Anblick vieler schöner Mädchen.

Die im gleichen Jahr reisenden Arno Wildhaber und Charles Studer geben sich in Leningrad der Vergangenheit dieser Stadt hin, "als noch Glanz und Reichtum herrschte, als der Lebensstil der Bewohner zum Baustil der Paläste besser passte als heute"[16]. Das heutige Leningrad scheint sich erst jetzt von den Kriegs- und Nachkriegsschäden zu erholen. Es wird renoviert und asphaltiert, sogar während der Nacht, und es ist anzunehmen, dass die Stadt in zwei bis drei Jahren wieder einen normalen Eindruck machen wird – vermutet Arno Wildhaber. Geschäfte gibt es immer noch sehr wenige und die Autos, die durch die Strassen fahren, sind die fünfzig Lincolns, die Intourist gehören. Neue Arbeiterhäuser, Schulen und Kinderkrippen sind in den Fabrikvierteln Leningrads errichtet worden. Gesamthaft wirkt Leningrad auf ihn vernachlässigt, weil dieses "Fenster nach Europa" nicht mehr das Zentrum Russlands darstellt. Die Ausrichtung gilt nicht mehr Europa, "Russland hat sich auf sich selbst besonnen"[17].

Annemarie Schwarzenbach kam nach Leningrad, um den Schriftsteller Klaus Mann, den sie zum Moskauer Schriftstellerkongress von 1934 begleitet hatte, zu verabschieden und um dabei die Stadt kennenzulernen.

"7 Uhr. Leningrad zeigt sich im schönsten Licht des Abends, es ist eine schöne Stadt, voll von nördlicher Helle, von Wassergeruch, Pracht und Grösse der Residenz, die langsam verfällt. Mit Moskau hat es so wenig Ähnlichkeit wie Salzburg mit Weimar oder Berlin mit Hamburg."[18]

Auch ihr wird der Verfall der Stadt auf ihren Spaziergängen deutlich. Die Menschen scheinen diesem Bild zu entsprechen: armselig gekleidete Frauen, Bettler und Bettlerinnen prägen das von Annemarie Schwarzenbach beschriebene Stadtbild.

Adolf Voegeli beginnt seine weite Reise durch die Sowjetunion mit einem Halt in Leningrad. Untergebracht ist er, wie schon neun Jahre zuvor Friedrich Schneider, im Hotel Europa, das luxuriös eingerichtet ist, dessen sanitäre Einrichtungen aber etwas mangelhaft sind. Das Hotelessen schmeckt hinge-

---

15 O. Baumberger, Bemerkungen, S. 24.
16 Arno Wildhaber, Drei Wochen, S. 9.
17 Ebenda, S. 10.
18 Annemarie Schwarzenbach, Russland 1934, in: dies., Auf der Schattenseite, S. 51.

gen sehr gut. Stark setzt sich der Zustand des Hotels von dem der Umgebung ab. "Die Strassen sind in schlechtem Zustande, aufgerissen, die Pflasterung vielfach defekt, Pfützen und Wasserlachen klären mich bald darüber auf, warum dieses Leningrader Volk eine so grosse Vorliebe für Gummischuhe hat."[19]

Der Fremdenführer, den Voegeli gestellt bekommt, scheint seine Befürchtungen über die wahren Verhältnisse in der Sowjetunion zu bestätigen.

"Er macht mir einen schlechten Eindruck, ungepflegt, kein sauberer Kragen, das Kleid war längst aus der Fasson gegangen, die Aufschläge der Hosen waren ausgefranst, seine Schuhe vollkommen aus der Form und schiefgetreten."[20]

Doch trotz der schlechten Bekleidung muss er feststellen, dass die Leningrader Passanten "ordentlich genährt" aussehen.

Auch Erhard Jaeger und sein Begleiter steigen im Hotel Europa ab, dem ehemaligen "gesellschaftlichen Zentrum" der Petersburger Schweizerkolonie. Auch er ist mit dem Essen sehr zufrieden, und wenn er dem Kellner ein Trinkgeld gibt, bekommt er das gute Essen auch noch am besten Tisch serviert.

Die anderen Eindrücke Jaegers von Leningrad fallen weitaus negativer aus. Schon der Bahnhof mit den vielen zerschlagenen Fensterscheiben vermittelt ihm den Eindruck fehlender Ordnung. Aus dem Bahnhof heraus kommen die Einheimischen über eine Holztreppe, während die Gäste über eine breite Marmortreppe zum Ausgang gebracht werden. Dort steigen sie in einen offenen Ford-Lincoln, den die Fremdenführerin von Intourist organisiert hat. Obwohl Jaeger auf der Fahrt ins Hotel den Eindruck von starkem Verkehr in der Stadt gewinnt, berichtet er einige Zeilen weiter unten, dass von Autos keine Spur zu sehen ist, nur vollgestopfte Trams und gewaltige spazierende Menschenmassen. Der Autobus, mit dem er zum Peterhof fährt, würde seiner Meinung nach in der Schweiz keine Kundschaft mehr bekommen. Der Zustand der Strasse erscheint ihm so schlecht, dass er froh ist, ohne Knochenbrüche von seinem Ausflug zurückgekommen zu sein.

Überall trifft Jaeger auf grosse Menschenansammlungen. Selbst um Mitternacht sind die Parkanlagen und Strassen stark belebt, niemand scheint zu Bett gehen zu wollen – es ist die Zeit der "weissen Nächte".

---

[19]   Adolf Voegeli, Sovjet-Russland, S. 13.
[20]   Ebenda.

Beerdigungen gehören ebenfalls zum Strassenbild einer Stadt, doch auch diese Zeremonie stösst Jaeger ab. "Während anfangs des Zuges noch eine gewisse Ordnung zu sehen ist, bemerkt man bei den hinteren Zugsteilnehmern eine grosse Interesselosigkeit und Armut."[21] Die Männer tragen keinen Anzug und Hut und geben singend und schwatzend dem Toten das letzte Geleit. Zwei weitere Leichenzüge, die Jaeger sieht, wirken noch armseliger, und der Zustand des Friedhofs wirkt "direkt traurig".

Nur von den zaristischen Bauwerken ist Jaeger wirklich beeindruckt. Es gibt zwar auch schöne neue Bauwerke, doch dazwischen befinden sich zu Tausenden kleine Häuser mit brüchigen Fassaden.

"Und vor diesen Häusern, wo die Not und das Elend daheim sind, in diesen schmutzigen Höfen, in denen unterernährte und schmutzige, verwahrloste Kinder spielen und abgemagerte Haustiere herumlaufen, da lässt die offizielle Stadtrundfahrt ihr Auto nicht anhalten und die Gäste zur Besichtigung der 'Musterwohnung' aussteigen."[22]

Jaeger betont, dass sich Bücher über dieses Elend abseits der offiziellen Route füllen liessen – doch bei dieser Aussage bleibt es dann. Beispiele folgen keine.

Jaeger besucht die Peter- und Pauls-Festung, das ehemalige zaristische Gefängnis. Als die Führerin den Zuhörern von den ehemaligen Gefangenen, die hier inhaftiert waren und gestorben sind, erzählt, vermisst Jaeger Positives bei diesen Ausführungen und kann nur ein Lächeln aufbringen, wenn er an die Korruption der Sowjetmacht denkt. Da ist ihm das ehemalige Winterpalais mit der grossen internationalen Gemäldesammlung doch eindeutig lieber.

Léon Nicole kommt auf der Fahrt nach und von Moskau durch Leningrad. Sein erster Eindruck beinhaltet die gänzliche Vernachlässigung einiger Stadtteile. Doch diesen "oberflächlichen" Eindruck kann er zu seiner eigenen Freude auf der Rückreise durch eine Stadtbesichtigung korrigieren. So kommt er nicht in die Situation, den Erzählungen von Sowjetgegnern Glauben schenken zu müssen. Auch Nicole absolviert mit einer Führerin einen Kurzdurchgang durch das Winterpalais und die Ermitage. Anschliessend besuchen er und sein Freund Hofmaier die Peter- und Pauls-Festung, fahren an Parkanlagen, Denkmälern, den Uferanlagen vorbei und erfahren von dem neuen sozialistischen Leningrad, das einmal gebaut sein wird – ausserhalb des alten Leningrad. Deshalb kann Nicole es gut verstehen, dass die alte Stadt etwas vernachlässigt wird, da dies zu Gunsten der neuen geschieht. Das

---

[21] Erhard Jaeger, Russland-Reise, S. 28.
[22] Ebenda, S. 23.

wichtigste scheint für Nicole jedoch, dass die jungen Menschen Leningrads, genauso wie die Moskauer, ihr Land und politisches System bewundern und zu verteidigen bereit sind, wenn es erforderlich sein sollte.

Damit schliesst Nicoles Bericht an die bewundernden Schilderungen über Leningrad und seine Bevölkerung von Bringolf und Bamatter an, die im absoluten Gegensatz zu Erhard Jaegers Bericht stehen. Es entsteht der Eindruck, dass mit der Verlegung des Regierungssitzes nach Moskau die Stadt an der Newa an Bedeutung verloren hat und nicht in den Genuss von grossen städtebaulichen Massnahmen gekommen ist. Schlechte Strassen, verfallende Häuser scheinen in all den Jahren vorzuherrschen. Das neue Leningrad konnte selbst Nicole 1939 noch nicht kennenlernen, da es offenbar weiterhin nur als Modell existierte.

4.4.1. Fabriken werden besichtigt

Die erste Fabrikanlage, die nach der Revolution von Schweizern besichtigt wird, sind die berühmten und traditionsreichen Putilow-Werke.

Sigi Bamatter erfährt, dass zum Zeitpunkt seines Besuchs in den Werken mit nur einem Drittel der eigentlichen Belegschaft gearbeitet wird. Der Grossteil der qualifizierten Arbeiter befindet sich noch immer an der Front. An Rohstoffen und an Maschinen mangelt es ebenfalls. Die gesamte Produktion ist auf Kriegsproduktion umgestellt, gearbeitet wird Tag und Nacht. Die Arbeiter sind fest entschlossen, trotz aller Leiden durchzuhalten, bis der Feind geschlagen ist und sich die Proletarier in den anderen Ländern ebenfalls erhoben haben, "denn der schliessliche Sieg der Arbeiter sei gewiss"[23].

Schon mehrere Fabriken konnte Franz Reichmann 1926 in Leningrad besichtigen: die "Münze", die staatliche Gummifabrik Rotes Dreieck, die berühmte Leningrader Porzellanfabrik und die Möbelfabrik Stephan Chalturin.

Der erste Besuch gilt der staatlichen Münzprägeanstalt. Reichmann kann den gesamten Entstehungsprozess der Münzen mitverfolgen. In dieser Fabrik arbeiten 1590 Personen, davon sind 560 Mitglieder der Kommunistischen Partei. Alle sind gewerkschaftlich organisiert. Die Arbeitszeit im Zweischichtbetrieb beträgt 8 Stunden, für die Arbeiter an den Schmelzöfen aber nur 6 Stunden pro Tag. Der Lohn beläuft sich auf 75 Rubel monatlich, für die Akkordarbeit an den Zähltischen gibt es durchschnittlich 100 Rubel im Monat.

---

23   Eindrücke eines Arbeiters, S. 21.

"Zum Abschied haben wir noch ein paar Millionen Rubel bestellt, zur Finanzierung der Streiks, die wir in der Schweiz immer gegen den Baumeisterverband führen müssen. Der Baumeisterverband weiss jetzt also ganz genau, wo wir das viele Geld immer herkriegen, das uns in die Lage versetzt, die Streiks monatelang auszuhalten."[24]

Reichmann äussert als gelernter Schreiner den Wunsch, eine Möbelfabrik in Leningrad besichtigen zu können. Die Fabrik trägt den Namen eines alten Petrograder Revolutionärs, des Stephan Chalturin. Der Direktor entschuldigt sich bei den Gästen dafür, dass der Umbau noch nicht beendet ist und sie nun das neue Werk nicht besichtigen können. Von den 225 hier Beschäftigten sind 25 Frauen, die in der Beizerei und Poliererei arbeiten. Im Maschinensaal kommt es zu starker Rauchbildung, es ist etwas eng, und die Maschinen sind alt. Der neue Maschinenraum soll aber hoch und sehr hell sein. Es wird im Akkord und in Teilarbeit produziert. Die besichtigten Möbel zeigen, dass die Arbeitsabläufe sauber und exakt ausgeführt werden. Ein gelernter Arbeiter verdient zwischen 80 und 120 Rubel monatlich. Die Fabrik verfügt auch über einen Speisesaal und einen Klub.

Als nächstes steht die ehemalige kaiserliche Porzellanfabrik, gegründet im Jahre 1744, auf dem Programm. Vor der Revolution wurde dort feinstes, künstlerisches Porzellan hergestellt. "Heute hat man für solche Luxusartikel keine Verwendung mehr."[25] Stattdessen werden nun einfache Haushaltsartikel produziert. Eine kleine Abteilung, die Kunstgegenstände herstellt, ist noch verblieben. Wieder kann Reichmann den gesamten Herstellungsablauf von Porzellanwaren mitverfolgen. 320 Arbeiter und Arbeiterinnen sind hier in hellen und hohen Fabrikräumen, ausgestattet mit einer erneuerten Ventilation, an der Arbeit. Die Frauen in der Putzerei verdienen im Akkord bei einem sechsstündigen Arbeitstag durchschnittlich 65 bis 75 Rubel monatlich, die Arbeiter in der Formerei können bei Spitzenleistungen auf einen monatlichen Verdienst von 170 bis 180 Rubel kommen. Die Ferienzeit für die Beschäftigten der Schleiferei, Putzerei und Giesserei beträgt einen Monat im Jahr, da es sich hier um gesundheitsbelastende Arbeiten handelt.

In der Fabrik befindet sich auch ein Porzellanmuseum, das seit der Fabrikgründung besteht. "Eine wundervolle, historische, internationale Sammlung von Porzellansachen ist hier vorhanden und nach den verschiedenen Perioden und Ländern geordnet."[26]

[24] Franz Reichmann, Im Lande der Bolschewiki, S. 78.
[25] Ebenda, S. 81.
[26] Ebenda, S. 82.

Reichmanns nächster Besuch gilt der grössten Gummifabrik der Sowjetunion. Vor dem Krieg waren in dieser Fabrik 13 000 Arbeiter beschäftigt, 1924, als die englische Gewerkschaftsdelegation kam, waren es nur noch 8000, ein Jahr später, als die deutsche Arbeiterdelegation die Fabrik besuchte, waren es schon wieder 14 200, und nun arbeiten hier 16 000 Personen, davon 9000 Frauen. Durch das Werk werden die Gäste von einer neunundzwanzigjährigen technischen Leiterin geführt, die schon seit ihrem vierzehnten Lebensjahr hier arbeitet.

Die erste Abteilung, zuständig für die Produktion von "Kindernuggis", macht einen guten und ordentlichen Eindruck. Die Frauen, die in dieser Abteilung im Akkord arbeiten, verdienen 70 Rubel monatlich. "Gleich in der nächsten Abteilung wird das Gegenstück fabriziert, Artikel gegen den Kindersegen."[27] Die tägliche Produktion beläuft sich auf 14 000 Stück und wird dann für 25 Kopeken das Stück verkauft. In anderen Abteilungen werden verschiedene Arten von Schläuchen und Gummispielwaren hergestellt. Die Beschäftigten produzieren auch Gummistiefel und Automobilbereifung. Es wird in Akkord gearbeitet, und Bestarbeiterinnen können auf einen Tagesverdienst von 3 Rubeln oder auf einen Monatsverdienst von 110 Rubel kommen. Die Arbeitszeit für die Tagschicht beträgt acht Stunden, für die Nachtschicht sieben Stunden. Die Ferienzeit beläuft sich auf 14 Tage jährlich, auf einen Monat bei gesundheitsschädigenden Arbeiten.

Auch Friedrich Schneider besuchte einige Leningrader Betriebe. Zunächst geht es in die Staatliche Konfektfabrik zum Roten Konditor. Das Werk ist sehr vernachlässsigt und technisch zurückgeblieben. Es wird noch viel Handarbeit von den 250 Beschäftigten geleistet, deren Durchschnittslohn bei 75 Rubel monatlich liegt. Der Maximalverdienst beträgt 220 Rubel. Lehrlinge erhalten 18 bis 50 Rubel. Als erster weist Schneider darauf hin, dass Männern und Frauen bei gleicher Arbeit der gleiche Lohn zusteht.

In der Brauerei Stenka Rasin arbeiten 1100 Arbeiter und 400 Arbeiterinnen, davon sind 167 Mitglied der Kommunistischen Partei. Von den 180 Jugendlichen sind 140 im Kommunistischen Jugendverband. Jährlich werden 400 000 Hektoliter Bier gebraut, das mit Pferdefuhrwerken abtransportiert wird. Automobile besitzt die Brauerei nicht. Der Lohn basiert auf einem Fixum von 70 bis 80 Rubel zuzüglich Prämien, die bis zu 120% des Lohns betragen können. "In der Flaschenspülerei arbeiten sehr angestrengt lauter Frauen und Mädchen, die meist rote Kopftücher tragen."[28] Die Arbeiterinnen

---

27   Ebenda, S. 80.
28   Friedrich Schneider, Von Leningrad, S. 24.

müssen Kisten abfüllen und zählen. Das Soll beträgt 22 abgefüllte Kisten pro Stunde.

Zur Fabrik gehören ein Speisesaal, eine Kinderkrippe und ein Klubhaus, untergebracht in der Villa des ehemaligen Besitzers.

Abschliessend besucht Schneider eine Konsumbäckerei mit 152 Beschäftigten, davon 30 Frauen. Für sie sind eine eigene Garderobe und ein separater Waschraum eingerichtet. Der Lohn des Meisters beträgt 190 Rubel, der des Gehilfen 150 Rubel und der der Hilsarbeiterinnen 60 Rubel im Monat. Es herrscht Dreischichtenbetrieb. Die Belegschaft verfügt über eine eigene Wandzeitung. "Wer sich unanständig aufführt, mit andern Arbeitern Streit hat oder zu wenig arbeitet, wird veröffentlicht. Auch die Chefs kommen hinein."[29]

Die von Franz Reichmann, der englischen Gewerkschafts- und der deutschen Arbeiterdelegation besichtigte staatliche Gummifabrik Rotes Dreieck ist auch das Ziel der Schweizer Arbeiterdelegierten. Die Zahl der Belegschaft wird von ihnen nur mit 14 000 angegeben, 8000 Frauen und 6000 Männer. 2400 sind Parteimitglieder und 2400 gehören dem Kommunistischen Jugendverband an. Alle sind gewerkschaftlich organisiert.

Ausser Gummistiefeln nennen die Delegierten keine weiteren Produkte, die in der Fabrik erzeugt werden. Auch die Produktionsvorgänge in den einzelnen Abteilungen werden nicht beschrieben. Bei der Besichtigung fällt ihnen die schlechte Luft in einem Saal auf. Sie erkundigen sich nach der Ursache.

"Vor der Revolution gab es überhaupt keine Ventilation; jetzt hat man eine moderne Ventilation in einigen Abteilungen schon eingerichtet, in andern ist sie im Bau, was wir ebenfalls feststellen können. Wenige haben keine, weil diese Abteilungen überhaupt bald ganz verlegt werden."[30]

Lohnangaben machen die Delegierten auch keine. Stattdessen berichten sie, dass es eine Betriebszeitung mit einer Auflage von 10 000 Exemplaren gibt, für die annähernd 1000 Arbeiterkorrespondenten schreiben.

Den Schweizer Besuchern erscheint die Stimmung der Arbeiter von der Erkenntnis getragen, dass es vorwärts geht und von einem starken Interesse an der Situation der Arbeiter in anderen Ländern. Abschliessend tragen sich die Gäste in das vorliegende Besucherbuch ein – ein Hinweis darauf, dass hier oft Besucher empfangen werden.

---

[29]   Ebenda, S. 26.
[30]   Sowjet-Russland, S. 18.

Der nächste Besuch gilt der Staatsdruckerei mit ihren 1050 Arbeitern, 650 Arbeiterinnen und 170 Lehrlingen. Wieder wird betont, dass Mann und Frau gleichberechtigt sind und die gleichen Lohnansätze haben. An einer Flachdruckpresse arbeitet eine junge Frau als diplomierte Maschinenmeisterin. "In der Schweiz würde sie, begabt oder nicht, dank der 'Fortschrittlichkeit' der fraglichen Gewerkschaft, niemals an einen solchen Platz gelangen."[31] Auch Handsetzerinnen finden sich nicht in schweizerischen Druckereien. Hergestellt werden ausschliesslich Bücher auf neuesten deutschen oder amerikanischen Maschinen. Die Lehrzeit beträgt 3 Jahre, bei 4 Stunden praktischer Ausbildung und 4 Stunden Schule pro Tag. Der Lehrlingslohn beläuft sich am Ende der Ausbildung auf 42 Rubel monatlich.

Und wieder werden die Putilow-Werke besichtigt. Lag die Beschäftigungszahl 1920 bei nur 6000, so sind es heute wieder 11 000 Arbeiter und Arbeiterinnen. Kriegsmaterial wird keines mehr hergestellt, da Leningrad zu grenznah liegt. Es werden nun Lokomotiven, Traktoren, Werkzeug-, Textil- und andere Maschinen produziert. Die Fabrik befindet sich zur Zeit im Umbau. "Unsere Metaller bestätigen, dass die Fabrik auf der Höhe der Zeit ist und vom Standpunkt der Produktion wie der Stellung der Arbeiter aus einen Vergleich mit den besten Betrieben des Westens wohl aushalte."[32] Auch die Löhne können sich sehen lassen, wenn man die Mietpreise mit in Rechnung stellt, meinen die Delegierten.

Die Lehrzeit in diesem Betrieb beträgt 4 Jahre, die Arbeitszeit einschliesslich der Schulstunden aber nur 6 Stunden pro Tag. Der Lehrlingslohn ist höher als der für viele Ausgelernte in der Neumühle in Zürich. Ein Giesser bei Putilow verdient 400 Franken und gibt für Miete nur 10 Franken aus. Er besitzt aber auch nur ein Zimmer. Ein sogenannter Spezialist in der Abteilung für Textilmaschinen erhält den ungewöhnlich hohen Lohn von umgerechnet 900 Franken. Er muss für seine Wohnung, vier kleine Zimmer, aber auch rund 160 Franken monatlich bezahlen. "Es gibt in russischen Betrieben vielfach Arbeiter, die heute einen Lohn beziehen, der nach westlichen Begriffen ein Hungerlohn wäre; aber die geringe Höhe der Mietzinse schafft hierfür bis weit hinunter einen Ausgleich."[33]

Der anschliessend besichtigte Schlachthof entspricht nicht den Anforderungen, die in westlichen Städten an eine solche Einrichtung gestellt werden. Ein moderner Neubau ist schon geplant. Die 300 Beschäftigten – 70 davon in der KP – haben im Vorjahr 140 000 Stück Grossvieh und 70 000 Schweine

---

[31]   Ebenda, S. 24.
[32]   Ebenda, S. 25.
[33]   Ebenda, S. 26.

verarbeitet. Die Löhne für Metzger liegen umgerechnet zwischen 400 und 480 Franken, für Hilfsarbeiter bei 220 Franken. Die Arbeitszeit beträgt 6 bis 6 1/2 Stunden pro Tag, die Ferienzeit 4 Wochen im Jahr.

Die Besichtigung des Tramdepots verdeutlicht das Leningrader Verkehrsproblem. Die wenigen Wagen sind in ihrem Aussehen nicht mit den schweizerischen zu vergleichen. Auf den Strassen sieht man dann, dass sie ständig mehr als überfüllt sind.

"Denn nicht nur Inneres, sowie hintere und vordere Plattform sind meist voll, sondern auch die Trittbretter derart, dass die Leute wie Trauben da hängen und schliesslich hocken oft auch auf den Puffern noch ein paar Schlingel als blinde Passagiere."[34]

Den Delegierten wird mitgeteilt, dass der jetzige Zustand jedoch schon paradiesisch sei. Vor wenigen Jahren war alles verlottert und teilweise unbrauchbar. Jetzt sind alle Wagen repariert, neue sind auch schon im Einsatz, und es werden noch mehr dazu kommen. "Alle Leute sind voll Zuversicht."[35]

In dem besuchten Tramdepot arbeiten 949 Arbeiter und 646 Arbeiterinnen, letztere meist als Wagenführerin oder Billeteuse mit einem Lohn von 150 bis 200 Franken im Monat. Maschinisten und Schlosser verdienen das Doppelte. Wie in allen Betrieben gibt es auch hier einen Betriebsrat und eine Konfliktkommission, die im letzten Monat fast 25 Konflikte schlichten musste.

Die Gummifabrik Rotes Dreieck ist erneut das Ziel einer Delegation, der Schweizer Spartakiade-Delegation. Über das Gesehene berichten sie jedoch nichts.

Elisabeth Thommens Besuch einer Leningrader Telephonfabrik im Jahre 1933 fällt in eine andere ökonomische Phase als die bisherigen Besuche. Die 8000 Beschäftigten haben die Aufgaben des ersten Fünfjahresplans in 2 1/2 Jahren erfüllt. Dennoch konnten erst 30% des Telephonbedarfs gedeckt werden. Der Mindestlohn beträgt 135 Rubel, das Durchschnittsgehalt 160 Rubel, der Fabrikdirektor verdient 700 Rubel. Für Parteimitglieder gibt es eine Verdienstgrenze, die zu diesem Zeitpunkt schon im Bereich von 400 bis 600 Rubel liegt. Der Direktor begründet die Lohnstaffelung im Betrieb mit den Erfahrungen, die gezeigt haben, dass es ohne diese Staffelung kein hundertprozentiges Arbeitsresultat gibt.

---

[34] Ebenda, S. 28.
[35] Ebenda, S. 29.

Die Wahl des Direktors erfolgt durch die Verwaltung der Trusts, die wiederum in enger Verbindung zur Parteizentrale stehen. Probleme im Betrieb werden gemeinsam vom Direktor, der Partei und der Gewerkschaft gelöst.

In Gesprächen mit Arbeitern, die sich zu den Besuchern gesellen, erfährt Elisabeth Thommen die sozialistische Auffassung von Individuum und Gesamtheit. Jeder arbeitet, um die Gesamtheit zu bereichern. Dies gilt, auch wenn es zur Zeit nicht gut geht. Die Perspektive bleibt klar vor Augen. "Sie sind alle merkwürdig frei, bewusst und tragen 'den Kopf aufrecht', wie man so sagt. Voll gespannter Energie sind sie, diese russischen Arbeiter und Arbeiterinnen!"[36]

Auch Adolf Voegeli erlebt die Auswirkungen des veränderten Wirtschaftssystems auf die Arbeit in der Fabrik. In der Tabakfabrik, die er besucht, empfindet er, dass schneller als in Westeuropa gearbeitet wird. An vielen Maschinen sind rote Fähnchen befestigt. Jeder, der die gesetzte Norm erreicht oder überschreitet, erhält dies als Zeichen der Anerkennung. "Wenn wir so etwas machen würden, um die Arbeiter in unsern Fabriken anzutreiben, so würden unsere Unternehmer von den Sozialisten und Kommunisten als Ausbeuter schlimmsten Grades in der Presse herumgeschmiert."[37]

Mit diesen Worten kritisiert Voegeli dieses System, doch dann wird er eines Besseren belehrt. Für diese Normerfüllung oder -überschreitung zahlt der Staat den doppelten oder dreifachen Preis an den Betrieb, so dass die gesamte Arbeiterschaft davon profitiert, also auch derjenige, der die Norm nicht erfüllt hat. In einem kapitalistischen Betrieb passiert das Gegenteil. "Der tüchtige Arbeiter verschafft dem Fabrikanten mehr Profit, er schädigt aber seinen Arbeitskollegen, indem durch die vermehrte Arbeitsleistung der Akkordlohn herabgedrückt wird."[38] Das sowjetische Leistungssystem erscheint Voegeli sehr ausgeklügelt. Dem Arbeiter wird vermittelt, dass er durch Spitzenleistungen nicht nur einen viel höheren Lohn bekommt, sondern auch zum beschleunigten Aufbau des gesamten Systems beiträgt. Während die Arbeiterdelegierten noch gerne mehr Arbeitseinsatz gesehen hätten, spricht Voegeli von einem religiösen Taumel, in dem der sowjetische Arbeiter sich befindet und der ihn zu absoluten Höchstleistungen führt. Der Gefahr der Qualitätsminderung wird durch verschärfte Kontrollen entgegengetreten.

Dass die Arbeiter und Arbeiterinnen aber nicht mehr nur als Arbeitskräfte betrachtet werden, zeigen die Speisesäle, die Voegeli besichtigen kann. Sie sind ansprechend eingerichtet, mit hohen Fenstern, mit Blumen verschönt

---

36   Elisabeth Thommen, Blitzfahrt, S. 39.
37   Adolf Voegeli, Sovjet-Russland, S. 18.
38   Ebenda, S. 19.

und oftmals mit einem Springbrunnen in der Mitte des Raums. Nicht selten spielt in diesen Speisesälen ein zehn- bis zwölfköpfiges Orchester für die speisenden Werktätigen auf. So ist der Arbeiter nicht mehr "ein Objekt der Kalkulation, ein Lohnverdiener, sondern er ist ein vollwertiger Bürger geworden, der seinen Teil an die Güterproduktion leistet und dementsprechend behandelt wird"[39].

Voegeli kann gut verstehen, dass dieses neue Produktions- und Arbeitssystem nur langsam eingeführt werden konnte. "Die Leute waren schwer von Begriff. Viele Vorurteile mussten überwunden werden. Auch liegt dieses System dem Charakter des Russen fern, da er ein Gemütsmensch ist und von Natur aus wenig Unternehmungslust hat."[40]

Dieser Mangel an materialistischer Einstellung bewirkte den starken Widerstand, den die Russen der Einführung dieses Leistungsteigerungssystems entgegengesetzt haben. Doch heute hat sich dieses System durchgesetzt und die Erfolge werden weiter steigen – so die Überzeugung Voegelis im Jahre 1935.

4.4.2 Wohnen in Leningrad

Über die Wohnverhältnisse in Leningrad berichten die Schweizer Reisenden nur wenig.

Die Arbeiterdelegierten, die den Schlachthof besichtigten, bekamen auch noch das dazugehörige Wohnhaus für die Arbeiterschaft zu sehen. "Es sind meist ganz tadellose Dreizimmerwohnungen, modern eingerichtet und jeder besuchende Delegierte sagte, er würde sehr gern in einer solchen Wohnung einziehen."[41] Für eine Dreizimmerwohnung bezahlt ein gutverdienender Metzger des Schlachthofes 45 Franken, ein Zimmer mit grosser Wohnküche kostet 18 Franken monatlich.

Nicht einziehen wollte Otto Baumberger in die neuen Arbeiterwohnungen, die er 1932 besichtigen konnte. Obwohl sie erst 1929, bzw. 1931 gebaut worden sind, wirken sie nun schon zum Teil wieder verlottert. Der Anstrich blättert ab und die Holzbeläge klaffen auseinander. Der Mietpreis in dieser Wohnsiedlung beträgt 58 Kopeken pro Quadratmeter.

Auch Wildhaber ist von den Wohnverhältnissen nicht begeistert und staunt über die Genügsamkeit der Russen. Doch dann vergleicht er die jetzigen Wohnungen mit den Lehmhütten, in denen die Menschen vorher gewohnt ha-

---

[39]   Ebenda, S. 26.
[40]   Ebenda, S. 21.
[41]   Sowjet-Russland, S. 26.

ben und relativiert seinen Eindruck. Sich und den Lesern hält er ein Leitprinzip vor Augen, das er als sehr wichtig erachtet: "Ziehen Sie keine Vergleiche mit Westeuropa!"[42] Eine Schweizer Kommunistin hat ihm dies bei einer zufälligen Begegnung in der Sowjetunion mit auf den Weg gegeben.

Isabella Trümpy betrachtet die Wohnverhältnisse mit Ironie, was die Probleme gleichfalls deutlich macht: "Für Ventilation ist in jeder Wohnung gesorgt, da fast überall irgendeine Fensterscheibe fehlt. Es fällt mir auf, dass oft Pflanzen, die hinter den Fenstern stehen, die Vorhänge ersetzen müssen."[43] Diese Beschreibung gilt für solche Wohnungen, die sie besichtigen konnte. Über Arbeiterwohnungen kann sie nichts berichten, da ihr solche nicht gezeigt wurden.

Für Ernst Jaeger ist das sowjetische Wohnungsbauprogramm Schwindel und Volkstäuschung. Er behauptet, dass Musterhäuser nur zu dem Zweck in die Wohnquartiere der Arbeiter gebaut werden, um ihnen die Hoffnung auf schönere Wohnverhältnisse zu erhalten.

"Soviel wir beobachten konnten, und auch Reisende anderer Auffassungen haben es bestätigt, ist es bis heute nicht die Arbeiterschaft als solche, sondern die Bureaukratie der Partei und des Staates – wovon ein grosser Prozentsatz Israeliten –, welche das Hauptkontingent der Mieter der neuen Häuser stellen."[44]

4.4.3 Die Versorgungslage in dieser Stadt

Die Reiseberichte von Bringolf und Bamatter belegen, dass die Geschäfte aus der Zarenzeit alle geschlossen sind und es nur noch da und dort Verteilungsstellen für Lebensmittel und Bekleidungsartikel gibt. Die Flasche Limonade, die Bringolf im Bahnhofsrestaurant trinkt, kostet 70 Rubel, was auch für seine Verhältnisse sehr viel Geld bedeutet.

Die Schweizer Arbeiterdelegierten besuchen 1927 ein Kaufhaus in Leningrad. In dieser Verkaufsstätte suchen sie die Kleiderabteilung für Männer und Frauen auf und wollen einen Preisvergleich unternehmen. "Es waren allgemein, verglichen mit Schweizer Preisen, höhere Preise bei meist etwas geringerer Qualität festzustellen."[45] Für Schuhe werden vergleichbare Preise erhoben, bei Sportartikeln liegen sie höher.

---

[42]   Arno Wildhaber, Drei Wochen, S. 14.
[43]   Isabella Trümpy, Kurzer Besuch, S. 4.
[44]   Erhard Jaeger, Russland-Reise, S. 22.
[45]   Sowjet-Russland, S. 20.

Ihr anschliessender Besuch in einer genossenschaftlich geführten Volksküche macht sie mit den Leningrader Lebensmittelpreisen des Jahres 1927 etwas vertrauter. Der Koch teilt ihnen mit, dass der Preis für ein Kilogramm Schweinefleisch bei 3.15 Franken liegt, für Butter bei 4.90 Franken, für die gleiche Menge Mehl 65 bis 85 Rappen, für Reis 1.50 Franken, für das Kilo Schwarzbrot 23 1/2 Rappen und für Weissbrot 52 bis 57 Rappen. Ein Mittagessen in der Volksküche bestehend aus Suppe, Fleisch und Gemüse kostet zwischen 1 und 1.50 Franken, ein Glas Tee 13 Rappen. Täglich werden hier 1700 reservierte Essen und 700 Portionen serviert.

Obwohl die Versorgungslage den Schweizer Reisenden 1932 in Leningrad – und nicht nur dort – als sehr schlecht erscheint und es immer noch sehr wenige Läden gibt, bemerken Wildhaber und Studer, dass die Menschen mehrheitlich gesund und gut genährt aussehen. Nicht anders fallen die Beschreibungen Elisabeth Thommens ein Jahr später und die Adolf Voegelis aus dem Jahre 1935 aus. Voegeli erfährt in einem Gespräch mit einer Leningrader Lehrerin, dass die Lage heute im Vergleich zu jener vor einigen Jahren wieder erträglich sei. "Aber sehen Sie, dieses Kleid da trage ich schon seit drei Jahren, es ist vollkommen ausgetragen, und ich habe das Geld noch nicht beisammen, um mir ein neues zu kaufen."[46] Sie will nicht klagen, denn andere haben es noch schwerer, doch gibt es auch schon wieder Schichten wie die der Beamten, Ingenieure und Techniker, denen es recht gut geht.

Das von den Arbeiterdelegierten besuchte Kaufhaus steht auch bei Erhard Jaeger an seinem letzten Tag in Leningrad auf dem Programm. Vor den Schaufenstern finden sich viele Menschen, die Jaeger mehr bei den "Gaffern" als bei den Käufern einordnet. Nachts sind die Colonadengänge des Kaufhauses durch ein Seil abgesperrt und werden von vier Soldaten bewacht, was Jaeger als Beweis dafür erachtet, "dass man diese Läden vor den Zugriffen der 'Mitbürger' sichern muss"[47]. Über das Warenangebot und die Preise berichtet er aber nicht konkreter.

4.4.4 Auf den Inseln

Sigi Bamatter besucht bei seinem Aufenthalt in Leningrad auch die neu eingerichteten Erholungsheime auf den Inseln. "Früher wohnten hier die Parasiten der Petrograder Geschäftsclique. Prächtige Villen, mit überschwänglichem Luxus ausgestattet, in denen die Direktoren, Aktionäre und Bankiers ein Schlemmerdasein führten."[48]

---

[46]   Adolf Voegeli, Sovjet-Russland, S. 15.
[47]   Erhard Jaeger, Russland-Reise, S. 33.
[48]   Eindrücke eines Arbeiters, S. 21.

Otto Baumberger, In einem Erholungsheim auf den Inseln

Die Sowjetregierung beschlagnahmte diese Villen und liess sie in Arbeitererholungsheime umwandeln. Das Heim, das Bamatter betritt, gehörte einem Schweizer Gummifabrikanten. Jetzt sind hier 30 Arbeiter untergebracht. Die umfangreiche Bibliothek des ehemaligen Besitzers steht allen zur Verfügung und wird oft aufgesucht. In jedem Zimmer stehen vier oder fünf Betten. Das Essen wird in einer Zentralküche für die ganze Kolonie zubereitet und dann auf die einzelnen Häuser verteilt. Die Arbeiter, die hier ihre Ferien verbringen können, sind ausschliesslich Erholungsbedürftige, da die 30 umgewandelteten Villen noch zu wenig Platz für alle Ferienwilligen bieten. Im neu erbauten Freilichttheater wohnen Bamatter und 1000 weitere Zuschauer der Aufführung eines von den Arbeitern selbst gespielten "Tendenzstückes" bei. Auch Künstler aus Petrograd kommen hier her, um Konzerte zu geben. Ruder- und Segelboote stehen den Erholungssuchenden ebenfalls zur Verfügung. Ein ehemaliger Besitzer arbeitet jetzt als Instruktor und beklagt die Verständnislosigkeit der Arbeiter für diese Boote. "Ich antworte ihm, dass der russische Arbeiter bis heute eben solche nicht besessen hätte, da das Bootfahren bis zur Revolution nur dem Bourgeois möglich war, ..."[49]

---

[49]   Ebenda, S. 24.

Was Bamatter auf den Inseln als soziale Errungenschaft der russischen Arbeiter begeistert hat, löst bei Charles Studer und Arno Wildhaber nur Befremden aus.

"Es machte uns bei Besuchen in solchen Asylen einen eigentümlichen Eindruck, wenn wir all diese einfachen, proletarisch gekleideten Leute in diesen protzigen, oft im schlechtesten Geschmacke des letzten Jahrhunderts gebauten Häuser wohnen sehen."[50]

Studer hat auch vernommen, dass es bei der Verteilung der vorhandenen Plätze nicht um Bedürftigkeit, sondern um Parteitreue geht.

Ganz anders das Erleben Elisabeth Thommens. Sie ist von dieser "Totalität des sozialen Umschwungs"[51] im Innersten erschüttert. Diese Parkanlagen, diese Villen, in denen vor der Revolution nur sehr wenige Menschen gelebt haben, werden nun von vielen Hunderten im Jahr genutzt.

"Da sitzen sie in feierlichen Armsesseln (der Samt ist mit hellen Überzügen bedeckt) Arbeiter und Arbeiterinnen. Räckeln sich wohlig in den Polstern, lächeln uns aus zerfurchten, geröteten Arbeitergesichtern freundlich zu, halten müdegearbeitete, schwere Hände ausruhend im Schoss."[52]

Dieses Erlebnis der Gegensätzlichkeit zweier Systeme und die Ahnung des Menschheitsziels, das sie hier angedeutet sieht, bedeuten für Thommen einen der stärksten Eindrücke der Reise.

Die medizinische Versorgung erfolgt in Leningrad nach den gleichen Prinzipien wie in der Hauptstadt. Auch hier gibt es krankheitsspezifische Dispensarien, gibt es Ambulatorien, die zu den Fabriken gehören, auch Kinder- und Mütterheime, wo die Erholungsbedürftigen eine besondere Versorgung erfahren. Als Prophylaxemassnahme werden periodisch Reihenuntersuchungen durchgeführt, auch auf die Unterweisung in Hygienefragen wird grosses Gewicht gelegt. Als Arzt kann Adolf Voegeli feststellen, dass diese Massnahmen gewaltige Erfolge erzielen.

4.4.5 Das kulturelle Leben in der ehemaligen Zarenresidenz

Das Hauptaugenmerk vieler Reisender galt und gilt in Leningrad den berühmten Sehenswürdigkeiten, die auch die Schweizer Reisenden besichtigt haben. Neben den Palästen, Residenzen und Klöstern aus der Zarenzeit gibt

---

50 Charles Studer, Reiseeindrücke, S. 239.
51 Elisabeth Thommen, Blitzfahrt, S. 64.
52 Ebenda, S. 65.

es auch noch andere kulturelle Anziehungspunkte. Allen voran stehen die berühmten, aber sehr unterschiedlichen Museen wie die Eremitage, das Russische Museum, das Revolutionsmuseum, das Museum für die Geschichte der Religion und des Atheismus, das Porzellanmuseum – Museen, die auch heute noch besichtigt werden.

Franz Reichmann, der in einer Moskauer Ballettaufführung "die grosse Gelza" gesehen hat, wohnt in Leningrad einer Ballettaufführung bei, die alles andere übertrifft. "Es waren die 'Sterne' der Leningrader, die im grossen Ballett 'Schwanensee' alle zu förmlichen Ovationen hinrissen."[53]

Auch die Arbeiterdelegierten sehen im Marinski Theater eine ausgezeichnete Ballettvorführung, gehen ausserdem noch in eine Filmvorstellung, wohnen einem Symphoniekonzert mit europäischer klassischer Musik bei und lassen sich vom Gesang der Arbeitermännerchöre mitreissen.

Viel kritischer beurteilt Annemarie Schwarzenbach das Leningrader Konzertangebot. Die Oper beschreibt sie als äusserst altmodisch, den Garderobenfundus als muffig und das Ballett als belustigend grauslich. Das Publikum bestand hauptsächlich aus dem sterbenden Bürgertum Leningrads.

"Zwischen all dem trieben sich die Scharen der Intourist-Reisenden herum – peinlicher Anblick von Leuten neugierigster und ungeistigster Sorte, die man hier nicht schätzt, sondern nur der Valuta wegen duldet, betreut und reichlich mit Diners und Sehenswürdigkeiten füttert."[54]

Ihr Kommentar bezeugt, dass sie sich nicht zu dieser Art von Gästen zählt, obwohl sie auf dem Schriftstellerkongress in Moskau noch privilegierter behandelt wurde.

Adolf Voegeli besucht ein Kindertheater, das der Schulbehörde untersteht und einen Bestandteil des Schulunterrichts darstellt. "Es werden meist Märchenspiele mit einem moralischen Motiv als Grundlage aufgeführt."[55] Voegeli fällt an den jungen Zuschauern das kameradschaftliche Verhalten untereinander und die zuvorkommende Art den Erwachsenen gegenüber positiv auf.

Jaeger und sein Begleiter besuchen die Oper "Bettelstudent" von Millökker. Gesang und Ballett sind ansprechend, aber die Inszenierung wirkt auf sie veraltet. Im Gegensatz zu allen bisherigen Schilderungen von anderen Rei-

---

53   Franz Reichmann, Im Lande der Bolschewiki, S. 137.
54   Annemarie Schwarzenbach, Russland 1934, S. 53.
55   Adolf Voegeli, Sovjet-Russland, S. 14.

senden berichtet Jaeger von der starken Teilnahmslosigkeit des Publikums, das bei einer Gesangspartie oder Tanzeinlage kaum applaudiert.[1]

Für die Leningrader stehen nebst diesen genannten kulturellen Aktivitäten die betriebseigenen Klubs für die kollektive Freizeitgestaltung an den Abenden und den freien Tagen zur Verfügung. Ein Beispiel ist der von Friedrich Schneider besichtigte Arbeiterklub der Brauerei Stenka Rasin. Das Haus des ehemaligen Direktors beherbergt nun ein Sommertheater, einen schönen Garten mit einem separaten Jugendklub und der Betriebsschule für ausgesuchte Arbeiter der Fabrik. Es scheinen jedoch keine mit den grossen Moskauer Klubhäusern vergleichbaren Einrichtungen in Leningrad zu existieren, jedenfalls ist davon in keinem Reisebericht über Leningrad die Rede.

Wurden das Stadtbild und einige Fabriken Leningrads in den Reiseberichten noch ausführlich beschrieben, fielen alle anderen Schilderungen über das Leben in der ehemaligen Hauptstadt relativ kurz aus. Besonders die kulturellen, sozialen und medizinischen Einrichtungen wurden nur sehr punktuell beschrieben. Es bleibt die Frage offen, ob eine grössere Anzahl an Reiseberichten über Leningrad ein dichteres Bild ergeben hätte, oder ob die Stadt an neuen zu beschreibenden Einrichtungen wirklich weniger als Moskau zu bieten hatte. Auffallend bleibt das vorwiegend architektonische und kulturelle Interesse vieler Reisender an Leningrad. Deren Prüfstein für die Qualität des sowjetischen Systems bildete die Wahrung des zaristischen Erbes und nicht so sehr das Ensemble neuer Errungenschaften, die nur wenige in Form von Besichtigungen und Gesprächen genauer kennenlernen konnten.

4.5. An der Peripherie des Sowjetstaates

Fast die Hälfte aller Schweizer beschränkte sich bei ihrer Reise durch die Sowjetunion nicht auf den Besuch der Städte Moskau und Leningrad. Neben so bekannten Namen wie Kiew, Charkow oder Republik der Wolgadeutschen gab es auch vollkommen unbekannte Gegenden, in die zuvor noch kein ausländischer Reisender gelangt war, in denen keine Hotels und keine Intouristvertretungen existierten. Hier konnten die Schweizer Gäste den Aufbau und das Leben der sowjetischen Bevölkerung auf sehr unmittelbare Weise kennenlernen und überprüfen, ob die tiefgreifenden Umwälzungen nur in den grossen russischen Städten vollzogen wurden oder ob diese auch in den abgelegensten Gebieten der Sowjetunion ihre Auswirkungen zeigten.

Die erste Reise in ein abgelegenes Gebiet, die nach der Oktoberrevolution unternommen wurde, führte mit der Murman-Bahn durch Karelien nach Mur-

---

[1]   Vgl. Erhard Jaeger, Russland-Reise, S. 25.

mansk und auf eine Insel im Eismeer. Ziel dieser Fahrt im November 1920 war es, die Behauptung der bürgerlichen Presse, dass es in der Sowjetunion keine Schulen mehr gibt, zu widerlegen. Der Verfasser des Reiseberichts zeichnet mit den Initialen S. B=r., wobei es als sicher angesehen werden kann, dass es sich hierbei wieder um Sigi Bamatter handelt.

Überall, wo er sich auf seiner Reise für kurze Zeit aufhält, sind Schulen eingerichtet, und die Kinder werden per Zug oder mit der Roten Flotte an diese Orte gebracht. In Gesprächen mit Lehrern, Eltern und Kindern kann er feststellen, dass alle das Recht auf Bildung begeistert nutzen. "Die Fischer strahlen vor Glück, dass ihre Kinder nun aus den 'grossen' Büchern lesen können und dass sie schreiben und vieles andere können, was früher nur der Pope wusste."[2] So also strafen diese Erlebnisse die bürgerliche Presse mit ihren Berichten über die Sowjetunion Lüge.

Zur gleichen Zeit wie S. B=r. unternimmt Annelise Rüegg eine mehrmonatige Fahrt von Moskau aus durch den Ural bis nach Omsk in Sibirien. Untergebracht sind die 10 Delegierten und 19 Dolmetscher, Kommissare und Köche in zwei Zugwagons – einem fahrenden Hotel. Der Zug hält stets ausserhalb des eigentlichen Bahnhofgeländes, wodurch kein individueller spontaner Kontakt zur Bevölkerung möglich ist. An allen Orten werden sie bestens bewirtet, während die Bevölkerung hungert; doch die russische Gastfreundschaft lässt es anders nicht zu, betont Annelise Rüegg.

Während die Arbeiter in der ersten besichtigten Fabrik in Wologda recht gesund aussehen, ist der Anblick derer, die in einer Streichholzfabrik in Wjatka (Kirow) arbeiten, erschreckend. "Des esclaves travaillent encore dans l'enfer."[3] Die Räume sind dunkel und vom Phosphor verraucht, bleichgesichtige Menschen verrichten alle Arbeiten, in Ermangelung der Maschinen, von Hand. In Jekaterinburg das gleiche Bild. "Et partout nous rencontrâmes les mêmes teints gris-cendre d'ouvriers et d'ouvrières insuffisamment nourris qui avaient à peine encore la force d'être debout près leurs machines."[4]

Die Kommissare beklagen den zu verzeichnenden Produktionsrückgang in den Fabriken, doch wenn Annelise Rüegg den Lebensmittelindex betrachtet, wundert sie sich, dass die Arbeiter überhaupt noch arbeiten können.

Auch die Wohnverhältnisse wirken sehr bedrückend. In der Nähe der grossen Kohleförderanlagen im Ural besichtigt Annelise Rüegg trotz des Verbots des Kommissars die Unterkünfte der Arbeiter. Diese sind mit Höhlen vergleichbar. Durch einen Kuhstall gelangt sie in einen zwanzig Quadratmeter

---

2   Wie die Bolschewiki die Schule zerstört haben, S. 8.
3   Anna-Lisa Aljechin-Ruegg, Impressions, S. 16.
4   Ebenda, S. 27.

grossen Raum, in dem zwei grosse Familien zusammen leben. Ausser Tischen, die nachts als Betten dienen, kann sie keine Möbel entdecken.

Über all dies könnte Annelise Rüegg verzweifeln, wären da nicht die Kinderheime, die sie an mehreren Orten besucht. "La bonne volonté des communistes se montrait dans les asiles d'enfants, comme nulle part ailleurs."[5] Das Kinderheim in Perm macht den besten Eindruck. Die lebhaften Kinder werden hier zu nützlichen und liebenswerten Menschen erzogen. Auffallend ist, dass in jedem besichtigten Kinderheim, Krankenhaus oder Sanatorium ein Arzt oder eine Ärztin sind, die in der Schweiz studiert haben.

Einen anderen Lichtblick bieten die Arbeiter in der Werft in Tjumen, die zufrieden wirken und ihre Arbeit gern auszuführen scheinen: "Espérance nouvelle."[6] Die Mahlzeit nehmen die Reisenden gemeinsam mit diesen Arbeitern ein. Sie erfahren, dass es hier keinen Hunger mehr gibt und dass von Tjumen aus trotz der Zerstörungen durch die Konterrevolutionäre täglich Waren nach Moskau geliefert werden können. In Tscheljabinsk hingegen sammelt sich das Getreide, da es an Transportmitteln fehlt. Der zerstörerische Rückzug hat hier wie auch an anderen besichtigten Orten seine tiefen Spuren hinterlassen.

Die Erkrankung fast aller Delegierter und die präventive Verhaftung zweier Mitreisender, die versucht haben, frühzeitig und auf eigene Faust wieder nach Deutschland zu gelangen, führt zu einer schnellen Rückkehr nach Moskau. Insgesamt ist Annelise Rüegg den bolschewistischen Führern dankbar, gleichwohl kann sie aber die Erlebnisse auf der Reise nach Sibirien nicht vergessen, die für sie die Bestätigung der Auffassung Kautskys bedeuten, dass mit politischer Gewalt nichts durchgesetzt werden kann, was zuvor auf wirtschaftlichem Gebiet nicht erreicht werden konnte.

4.5.1 Im Wolgagebiet

Der erste Schweizer Reisende im Wolgagebiet war Fritz Brupbacher im Jahre 1921. Er hatte sich einer Expedition angeschlossen, die die in Europa gesammelten Lebensmittel in die Hungergebiete an der Wolga bringen sollte. Seine Aufgabe war es, die Gegend bei Kasan zu besichtigen, um festzustellen, wo Lebensmittelhilfe erforderlich war.

Die Fahrt von Moskau nach Kasan dauert fast sieben Tage, obwohl nur 800 Kilometer zurückzulegen sind. Von Kasan aus fahren Brupbacher und sein Freund Hermi Meyer – ein Schweizer Bäcker, der in Moskau arbeitet –

---

5   Ebenda, S. 16.
6   Ebenda, S. 30.

mit einer Kutsche nach Spassk. Unterwegs übernachten sie bei Bauern, die mit der Regierung nicht auf gutem Fusse stehen. Sie klagen über die Zwangsrequirierungen, die sie um Korn und Vieh gebracht hätten und die nicht einmal im Zarismus vorgekommen seien. "Jetzt habe man seine Pferde aufessen müssen, um nicht Hungers zu sterben – und wer weiss, ob das noch kommen werde."[7] So zitiert Brupbacher die Bauern.

Der Zustand direkt in den Hungergebieten ist noch um vieles schlimmer: in jedem Bauernhaus bis zu einem Dutzend verhungernder Menschen, mit geschwollenen Bäuchen und Gliedern, kaum mehr atmend, dem Sterben nahe. Das Vieh war schon lange aufgegessen, jetzt nehmen die Menschen alles, auch Ungeniessbares, zu sich. Der Hungertyphus breitet sich aus. "Krieg, Bürgerkrieg, Requisitionen, Passivität der Bauern, die nichts mehr anbauten, und zuletzt die Dürre, hatten diesen Zustand geschaffen."[8] Allein in Kasan sterben täglich dreissig bis vierzig Menschen. Die Zahl der auf diese Weise verwaisten und verlassenen Kinder, die der Verwahrlosung ausgesetzt sind, ist sehr hoch. Für sie hat die Regierung eine grosse Anzahl Kinderhäuser errichtet. Doch was fehlt, sind Lebensmittel. Ohne diese sind auch die Bemühungen der Ärzte sinnlos.

Zurück in Kasan besichtigen Brupbacher und Meyer verschiedene Fabriken und befragen die Arbeiter. Auch diese beklagen den Mangel an Nahrungsmitteln, aber im Gegensatz zu den Bauern haben sie noch etwas zu essen. Ihnen fehlt es vor allem an warmer Kleidung. Ihre Wohnungen sind in einem erschreckenden Zustand. "Stockdunkle Löcher ohne Fenster, eine Steintreppe, die in einen steinernen feuchten Keller führte. Natürlich ganz kalt. Als einzige Möbel Kisten."[9]

Die Arbeiter bezeichnen die jetzigen Zustände verglichen mit dem Zarismus als schlechter und sind mit der bolschewistischen Regierung unzufrieden. Die Einführung der NEP finden sie dennoch richtig, auch fühlen sie sich freier als früher. Die Arbeiterinnen geben den Besuchern den Wunsch mit auf den Weg, Brot und Kleider zu senden.

Brupbacher verlässt das Hungergebiet an der Wolga wieder, als er realisiert, welche Weisungen bezüglich der Hilfeleistungen aus Moskau erfolgt sind: Lebensmittel stehen nicht den verhungernden Bauern in Spassk zu, sondern den arbeits- und aufbauwilligen Arbeitern in Kasan. Obwohl Brupbacher diese Position theoretisch nachvollziehen kann, erscheint sie ihm, die ster-

---

7   Fritz Brupbacher, 60 Jahre Ketzer, S. 278.
8   Ebenda.
9   Ebenda, S. 279.

benden Bauern vor Augen, als unhaltbar. Es kann für ihn keine andere Position als die des bedingungslosen Helfens geben.

Die erschütterndsten Darstellungen über die Hungersnot an der Wolga stammen vom Emmentaler Friedrich Bachmann, der ebenfalls 1921 dieses Gebiet bereiste. Offensichtlich hatte er keinerlei Ahnung, was auf ihn zukommen würde und war der Hoffnung, im Wolgagebiet neuen, geeigneten Siedlungsraum vorzufinden. Diese Reise 1921 diente einer Sondierung der Möglichkeiten. Den ersten Schreckensberichten und Warnungen kann Bachmann noch keinen wirklichen Glauben schenken, doch als er und seine Begleiter Timborsk erreichen, werden sie mit der Realität des Hungers konfrontiert.

"Einige Hundert Menschen, Männer, Frauen und Kinder, wankten längs der Eisenbahnlinie im Licht des Mondes dahin. Diese Gestalten waren kaum noch Menschen zu nennen. Zerlumpt, mit wirren Haaren, hielten sie sich kaum auf den Füssen."[10]

Das Anhalten des Zuges war mit Lebensgefahr für die Reisenden verbunden. Die Verhungernden liessen sich nicht einmal mehr von den Gewehren der Rotarmisten zurückhalten, den Zug zu erstürmen. Friedrich Bachmann wäre beinahe zu Tode gekommen, als er aus Mitleid ein paar Stückchen Brot verteilte.

"Im gleichen Augenblick wurde ich zu Boden geworfen. Zehn, Zwanzig, Hundert Menschen stürzten sich auf mich und rissen mir das bisschen Hartbrod aus den Händen. Ich wurde getreten und geworfen, das Blut floss mir aus Mund und Nase, auch in den Fingern hatte ich wahnsinnige Schmerzen, man musste sie mir buchstäblich zertreten haben."[11]

Nur mit Hilfe der Soldaten kann Bachmann in den Zug zurückgebracht werden. Als die Soldaten den ersten Schuss abgeben, um die Menschen vom Zug fernzuhalten, bricht der Massenansturm auf den Zug aus. Tausende blockieren die Gleise, um den Zug an der Abfahrt zu hindern. Der Kommandant des Zuges versucht die Menge zu beruhigen, doch er wird ihr nächstes Opfer. Daraufhin verlieren die Soldaten ihre Nerven, eröffnen das Feuer und lassen abfahren. Unzählige Menschen werden unter dem fahrenden Zug begraben.

"Ich schlug die Hände vor das Gesicht und hielt mir die Ohren zu. Das haben wir nicht gewollt. Wir wollten nur den Hunger einiger Kinder lindern, ohne zu bedenken und zu begreifen, dass wir nicht Hunderttausen-

---

10   Friedrich Bachmann, Meine Erlebnisse, S. 6.
11   Ebenda, S. 9.

den helfen können, und dass der Hunger auch den Edelsten zum Tier erniedrigt."[12]

Von Kilometer zu Kilometer werden die Szenen schlimmer. Da kein Tierfleisch mehr vorhanden ist, gehört der Kannibalismus unter den Hungernden zur Tagesordnung. Eintreffende Hilfslieferungen aus dem Ausland werden von den Verzweifelten geplündert. Die plötzliche Nahrungszufuhr hat dann aber ebenfalls den Tod zur Folge. Die Hungernden dürfen nicht nach Turkmenistan und werden deshalb in die kirgisische Steppe abgedrängt. "Cholera und Typhus waren ihr Gefolge. Ganze Städte und Dörfer, blühende Landgebiete starben aus, verödet verlassen."[13]

So endet die Erkundungsfahrt Bachmanns in einem vollkommenen Fiasko. Von Samara aus treten sie die Heimreise an, ihre Siedlungspläne begrabend.

Den nächsten Bericht von Schweizern aus dem Wolgagebiet verfassten die Schweizer Arbeiterdelegierten 1927. Sie teilten sich in verschiedene Gruppen auf und reisten in unterschiedliche Gegenden. Während sich die einen in der Ukraine aufhielten, reisten die anderen der Wolga entlang bis in die deutsche Wolgarepublik.

Von Moskau aus fahren sie zwölf Stunden gen Osten und legen ihren ersten Halt in Nischnij-Nowgorod ein, einem wichtigen Handelszentrum an der Wolga. Nach der Besichtigung des Kraftwerks Balachina und der Lokomotivfabrik Krasnoje Sarmowo geht es weiter nach Nowgorod und von dort aus nach Uljanowsk, der Geburtsstadt Lenins. Ihr Besuch gilt einer Militärschule für Infanterie-Offiziere.

Die Kaserne ist sehr sauber und gut instand gehalten. Technisch ist sie aus finanziellen Gründen nicht auf dem neusten Stand. Die Schüler haben zuvor die Mittelschule absolviert und auch einen Beruf gelernt. 52% sind Söhne von Bauern, 36% Söhne von Arbeitern und 12% von Funktionären und Angestellten. Der Unterricht umfasst die allgemeinen Fächer und die Militärwissenschaften, die Lehrkräfte – alles Spezialisten – sind Offiziere. Die Schlafräume, Speisesäle, die medizinische Versorgung, die Unterrichtsmaterialien und auch das Essen machen einen sehr guten Eindruck auf die Besucher.

Von Uljanowsk aus fahren die Delegierten in ein sechs Stunden entfernt liegendes Dorf namens Klutschischtschi mit 1000 Einwohnern und zwei Genossenschaften. Die Konsumgenossenschaft verkauft den Bauern alles, was sie benötigen, und die Verkaufsgenossenschaft besorgt den Verkauf in der Stadt. Sie verfügt zum Zeitpunkt des Besuchs über 100 Mitglieder. Der Pri-

---

12   Ebenda, S. 10.
13   Ebenda, S. 13.

vathandel im Dorf wurde schon ausgeschaltet, und der Privathandel mit landwirtschaftlichen Produkten in der Stadt wird wegen des beschwerlichen Transports auch zu Gunsten des Genossenschaftsprinzips aufhören.

Beim Gang durchs Dorf führt der Geruch die Schweizer Besucher zielsicher in eine Käserei. "Die Einrichtung ist überaus reinlich, wie man sie bei so kleinen Verhältnissen in der Schweiz durchaus nicht überall antrifft."[14] Mit modernen Apparaten werden in dieser Kooperative jährlich 16 000 Kilo Käse hergestellt.

Dann besuchen sie ein paar Bauern und erfahren von ihnen einiges über die hiesigen Verhältnisse. Jeder Bauer bekommt eineinhalb Desjatinen Akkerland und eine halbe Desjatine Grünfläche zugeteilt.[15] Ein paar wenige Tiere kann er sich auch halten. So können die Familien einfach, aber besser als im Zarismus leben. Ein starker Unterschied ist zwischen den jungen und den alten Bauern festzustellen. Während die Jungen aufgeschlossen für alles Neue sind, reagieren die Alten mit Indifferenz oder Ablehnung. "Da und dort trifft man noch das Kruzifix an der Wand; gelegentlich offen, gelegentlich verdeckt in einer Ecke. Alte Vorurteile, die erst mit den Alten selbst ganz verschwinden werden."[16]

Auf der Rückfahrt besichtigen die Delegierten noch Arbeiterwohnungen, die zu einer Munitionsfabrik in der Nähe von Uljanowsk gehören. Über die alten Wohnungen verlieren sie nur wenige Worte, viel genauer beschreiben sie die neuen. Die alten seien nach unseren Begriffen ungenügend, während die 168 schon fertiggestellten und die 192 noch im Bau befindlichen Wohnungen einen besseren Eindruck machen. "Es wohnt sich gut und gemütlich in diesen Wohnungen, welche auch recht wohnlich eingerichtet sind. Was uns besonders auffiel: überall Radio, weit häufiger als etwa bei uns in der Schweiz."[17]

Weiter geht es nach Saratow, um eine landwirtschaftliche Versuchsanstalt, deren Aufgabe die Verbesserung der agrarischen Anbaumethoden und die Vermeidung von Hungersnöten ist, zu besuchen.

Das Saratower Gefängnis wird von drei Delegierten besucht, die anschliessend darüber als von ihrem grössten Erlebnis berichten: diese Institution un-

---

14 Sowjet-Russland, S. 72.
15 Die Desjatine ist das russische Feldmass. 1 Desjatine ist umgerechnet 1,093 Hektar.
16 Sowjet-Russland, S. 72.
   Dass es sich hierbei wirklich um ein Kruzifix gehandelt hat, erscheint fraglich, kennt die orthodoxe Kirche doch keine Kruzifixe in Wohnstuben. Es scheint hier eine Umwertung des Beobachteten durch den Schweizer Gast vorzuliegen.
17 Ebenda, S. 73.

terscheidet sich vollkommen von denen Westeuropas, da sie in ihrem Ansatz anders ist. Der Gefängnisinsasse arbeitet und lebt auch im Gefängnis ein gesellschaftliches Leben. Er ist kulturell und wirtschaftlich tätig und nicht isoliert. "Es leuchtet ein und die Erfahrung bestätigt es, dass auf diesem Wege wohl richtiger vorgegangen wird, einen Menschen zu einem 'brauchbaren Glied der Gesellschaft' zu machen."[18]

Dann gehts hinein in die 600 000 Einwohner umfassende Autonome Sozialistische Räterepublik der Wolgadeutschen. Hier können die Delegierten deutsch sprechen und auch einige Schweizer Freunde treffen, die am besten schweizerische und sowjetische Verhältnisse miteinander vergleichen können. Diese Republik hat schwere Jahre des Bürgerkriegs, der Hungersnot und Missernten hinter sich, und es wird sich zeigen, inwieweit die Wolgadeutschen sich davon erholt haben. Um dies feststellen zu können, besuchen die Reisenden ein ukrainisches und ein deutsches Dorf.

Der ukrainische Ort Schumekowka zählt 2562 Einwohner auf 412 Höfen. 160 Höfe haben sich der landwirtschaftlichen Kooperative angeschlossen. Der existenznotwendige Pferdebestand konnte von 160 im Jahre 1921 auf 722 im Jahre 1926 erhöht werden. Ein Mittelbauer in Schumekowka besitzt 4 Pferde und 4 Milchkühe und bebaut 20 Desjatinen Land, ein Kleinbauer hat ein Pferd und eine Kuh für 6 Desjatinen Land.

Das deutsche Dorf Krasnojar ist der Hauptort des gleichnamigen Kantons. 887 Höfe mit 5045 Einwohnern, die alle von der Landwirtschaft leben. Der Viehbestand konnte auch vergrössert werden, so dass die Bauern jetzt u.a. über 960 Pferde, 501 Füllen, 11 Arbeitsochsen, 1050 Milchkühe und 3065 Schweine verfügen. Durch neue Mischkulturen versuchen sie, den Gefahren der Trockenheit zu begegnen und arbeiten dabei eng mit der Versuchsanstalt in Saratow zusammen.

Der Ort verfügt auch über ein Spital, eine Gebäranstalt, ein Volkshaus, eine Bibliothek und drei Schulen, die noch fakultativ sind. Die Besichtigung eines einfachen Bauernhauses bildet den Abschluss des Besuchs. "Hier aber treffen wir eine Reinlichkeit in Haus und Hof, die fast als Peinlichkeit erscheint, als Fanatismus."[19] Alles glänzt, auch die Kinder. Mit dem neuen System sind die Gastgeber zufrieden und loben die wirtschaftlichen Möglichkeiten. "Nebstdem sind sie ungeniert katholisch."[20]

Zurück in Pokrowsk nehmen die Arbeiterdelegierten an einer Konferenz des Zentralen Exekutivkomitees der Wolgarepublik teil. Dabei erhalten sie

---

[18]   Ebenda, S. 75.
[19]   Ebenda, S. 79.
[20]   Ebenda.

einen historischen Abriss über die Geschichte der Wolgarepubliken seit 1764, dem Jahr der Ansiedlung von Süddeutschen in Russland unter Katharina II., der folgenden Zeit der Bevorzugung und anschliessenden brutalen Russifizierung, bis zu der vom letzten Zaren geplanten Zwangsumsiedlung nach Sibirien, die durch die Oktoberrevolution verhindert werden konnte. Trotz der Rückwanderungsmöglichkeiten nach Deutschland blieben die Wolgadeutschen unter den für sie verbesserten Verhältnissen und unter Wahrung ihrer nationalen Eigenart und Sprache an der Wolga. Die Kriegs- und Krisenjahre sind der Grund dafür, dass der Stand in Industrie und Landwirtschaft heute immer noch unter dem Vorkriegsniveau liegt. Trotzdem erklärt ein Holländer, der viele Jahre in der Schweiz gearbeitet hat, dass er erst hier "seine wirkliche Heimat, das proletarische Vaterland gefunden habe."[21]

Auch Adolf Voegeli beginnt – acht Jahre nach den Arbeiterdelegierten – seine Wolgareise, die ihn letztendlich in den Kaukasus führen soll, in Nischnij-Nowgorod. Mit dem Schiff Spartak fährt er innert fünf Tagen zum zweitausend Kilometer entfernten Astrachan und besucht unterwegs die Städte Kasan, Uljanowsk, Samara und Stalingrad. In der Republik der Wolgadeutschen hat sein Schiff offenbar keinen Halt eingelegt, Voegeli beschreibt sie nur im Vorbeifahren.

Voegeli ist der einzige Ausländer an Bord des Schiffes und für die anderen Passagiere der Mittelpunkt des Interesses, was zahllose ausgiebige Diskussionen zur Folge hat. Eine Lehrerin erklärt sich bereit zu übersetzen. Da Voegeli selbst etwas Russisch spricht, realisiert er, dass die Übersetzungen oftmals sehr ungenau oder falsch sind. Dies geschieht aber nicht aus Absicht, meint Voegeli, sondern ist Ausdruck der Ungenauigkeit im Denken der Russen. Diese Ungenauigkeit ist das Resultat einer mangelnden Bildungstradition und steht im Gegensatz zur Präzision westeuropäischen Denkens. Hinzu kommt der Mentalitätsunterschied. "Der Russe hingegen ist von Natur aus phantasievoller veranlagt als die nüchterne Bevölkerung Westeuropas."[22] Ein weiterer Grund für die falschen Übersetzungen ist die Überzeugung der Russen, dass bei ihnen alles am besten und fortschrittlichsten ist, obwohl sie wissen, dass Industrie und Technik in Westeuropa schon entwickelter sind.

> "Gefühlsmässig hingegen haben sie eine andere Einstellung. Nach Jahren schwerster Entbehrungen hat plötzlich eine unerhörte Aufwärtsbewegung und Verbesserung der Lebenshaltung eingesetzt und das kommt ihnen derart unglaublich, phantastisch und gewaltig vor, dass sie sich

---

21 Ebenda, S. 80.
22 Adolf Voegeli, Sovjet-Russland, S. 53.

einfach nicht vorstellen können, dass in anderen Ländern die Einrichtungen und die Lebenshaltung noch besser sein können."[23]

Da die Russen Westeuropa nicht kennen, können sie sich nicht vorstellen, mit welcher Präzision dort alles funktioniert. Und den Russen, die Westeuropa kennengelernt haben, erscheint es zu nüchtern und trostlos. "Die Vereinfachungen, Erleichterungen und Annehmlichkeiten böten keinen Ersatz für die geistige Öde des westeuropäischen Lebens."[24]

Bei glühender Hitze erreichen die Passagiere die Tatarenstadt Kasan. Das Tram, das von einer Frau chauffiert wird, fährt mit hoher Geschwindigkeit über die schlechten Schienen, so dass Voegeli ständig eine Entgleisung befürchtet. Der Wagen ist vollkommen überfüllt und bietet so ein gutes Terrain für die immer noch aktiven Taschendiebe. Westliche Kritik, dass der Fremde in der Sowjetunion nicht mit der Bevölkerung in Berührung komme, wird für Voegeli in diesem Tramwagen auf plastische Weise ad absurdum geführt.

Im Zentrum der Stadt angekommen, fallen Voegeli die unzähligen Baustellen auf, die selbst die zürcherische Bauwut als absolut harmlos erscheinen lassen. Er besichtigt den Kreml und geht ins tatarische Museum, das das Leben der Tataren unter dem Zarismus beschreibt und die sozialistischen Errungenschaften lobt. "In früheren Zeiten waren anscheinend diese Propaganda-Ausstellungen übertrieben. Heute hat man diesen Eindruck nicht mehr..."[25]

Weiter geht es nach Uljanowsk, dem Geburtsort Lenins, was Voegeli zu einer Einschätzung der Persönlichkeit Lenins veranlasst. Für Voegeli ist er der grösste Kämpfer gegen die Sache der Unterdrückung und gehört – egal von welchem politischen Standpunkt aus betrachtet – zu den Allergrössten und Genialsten des Menschengeschlechts.

In der Stadt Samara, die an der Grenze zur Republik der Wolgadeutschen liegt, fällt Voegeli die besondere Sauberkeit und die Deutschsprachigkeit auf. Die Postkarten haben russische und deutsche Aufdrucke, und Zeitungen erscheinen ebenfalls in deutscher Sprache. In der Wolgadeutschen Republik wird der Gegensatz zu russischen Dörfern unübersehbar und das nicht nur, weil das Zentrum jedes Dorfes eine riesenhafte Kirche ist.

"Während die russischen Dörfer ein düsteres und melancholisches Aussehen haben, fahren wir nun mit einemmal an ganz schmucken, gepfleg-

---

[23]   Ebenda, S. 54.
[24]   Ebenda, S. 55.
[25]   Ebenda, S. 64.

ten und sauberen Siedlungen vorüber, die überwiegend aus Stein erbaut sind und einen recht freundlichen Eindruck machen."[26]

In Stalingrad besichtigt Voegeli das bekannte Traktorenwerk, das annähernd 50 000 Arbeiter beschäftigt und eine Produktionsrate von 180 Traktoren pro Tag aufweist. Neben dem Traktorenwerk befinden sich eine grosse Fabrikküche, eine neue Schule für Traktorenführer, eine Mittelschule, mehrere Primarschulen und ein Technikum für Ingenieure. Zahlreiche Arbeiterklubs und zwei Theater gehören ebenfalls zu dieser Fabrikanlage. Arbeitersiedlungen wurden errichtet oder befinden sich noch im Bau. Für die einfachen Arbeiter sind Wohnblöcke mit je sechs bis zehn Wohnungen errichtet, für die Angestellten und Spezialisten Kolonien mit Zweifamilienhäusern. Gebaut wurden auch vier Grossbäckereien, die zusammen vierhunderttausend Menschen versorgen können. Selbst der Bahnhof wurde vergrössert, und neue Schiffsanlegestellen waren erforderlich. "Die ganze Anlage macht den Eindruck einer amerikanischen Stadt, die sich in einem Expansions- und Prosperitätstaumel befindet."[27] Diese Beschreibung Voegelis bringt das vorrangige Streben der Sowjets, die USA zu überholen und erste Weltmacht zu werden, sehr anschaulich zum Ausdruck.

In Astrachan, der südlichst gelegenen Stadt an der Wolga, begegnet Voegeli zufällig einem Kindergarten. Diese Kalmückenkinder sehen alle gesund, kugelrund und lebenslustig aus und machen in ihren sauberen Kleidern einen sehr guten Eindruck auf ihn. Mit diesen Eindrücken endete Voegelis Fahrt auf der Wolga.

In keinem anderen sowjetischen Gebiet scheinen die unterschiedlichen Lebensweisen zweier verschiedener Völker – der Wolgadeutschen und der Russen – den Reisenden so aufgefallen zu sein und zu Mentalitätsurteilen veranlasst zu haben wie hier. Das klischeehafte Bild über die an Fanatismus grenzende Sauberkeit der Deutschen genauso wie das der berühmten Düsterkeit und Melancholie der Russen scheinen für Voegeli und die Arbeiterdelegierten hier ihre reale Entsprechung gefunden zu haben.

4.5.2 Im Kaukasus

Ella Maillarts und auch Adolf Voegelis Reisen führten in noch südlichere Gebiete. Beides begeisterte Gebirgswanderer, hatten sie den Wunsch, das sagenumwobene Swanetien kennenzulernen.

---

[26]   Ebenda, S. 68.
[27]   Ebenda, S. 72.

Ella Maillart unternimmt diese Reise dorthin gemeinsam mit elf russischen Kameraden. Genau schildert sie, wie in der Sowjetunion Reisen durch "Sowtourist", die Gesellschaft für proletarischen Tourismus, organisiert werden. Diese Organisation ist für die sowjetische Bevölkerung zuständig, während Intourist die Ausländer betreut. Der sowjetische Tourist plant seine Reise selber oder wählt eine der zweihundert im Katalog angebotenen aus. Eine zweiwöchige Reise kostet dabei den für Maillart geringen Preis von 60 Rubel, alles inklusive. Für finanziell Minderbemittelte besteht auch die Möglichkeit der Preisreduktion. In Gegenden, wo es noch keine Hotels oder Basen von Sowtourist gibt, können die Reisenden in Erholungsheimen oder Schulen untergebracht werden. 1930 haben mehr als zweieinhalb Millionen Sowjetbürger die Dienste von Sowtourist in Anspruch genommen. Das bis vor kurzem noch unbekannte Swanetien hat in diesem Jahr schon 1000 Reisende beherbergt, weiss Ella Maillart zu berichten.

Die Fahrt von Moskau bis zur Endstation Naltschik dauert fünfzig Stunden. Nach einer Übernachtung in der Basis von Naltschik legen sie die nächsten hundertvierzig Kilometer auf einem Zweiradwagen in Richtung Elbrus zurück. Nach zwei Tagen erreichen sie Tegenekli. Unterwegs erfahren sie vom Misstrauen der in den Bergen lebenden Balkaren den Bolschewiken gegenüber. "Vor ein paar Monaten waren einige Bewohner der abgelegenen Bergdörfer noch davon überzeugt, dass der Zar seinen Thron wieder bestiegen habe und die Türken in Batum gelandet seien, um die Kommunisten aus dem Land zu jagen."[28]

Ella Maillart erfährt, dass für solche unsinnigen Gerüchte die Kulaken verantwortlich seien. Die eindrücklichste und doch so typische Szene für diese abgelegene Gegend spielt sich an einem Abend ab, als die Wandergruppe zusammen mit circa hundert Bauern unter freiem Himmel einen Film sieht, den ein Wanderkino vorführt.

"Im Laufe einer dramatischen Szene tötet ein Adliger einen Bauern. Sogleich fliegen Stöcke durch den Lichtkegel und zerreissen die Leinwand. Überzeugt davon, dass der Tyrann vor ihren eigenen Augen erschlagen worden sei, stürzen sich die Zuschauer nach vorn, um zu sehen, wie er sein Leben aushaucht. Als sie nichts sehen, schauen sie nach, ob der Körper hinter die Leinwand gefallen sei."[29]

Anlässlich einer Theateraufführung in einem Nachbardorf wenden sich einige zuschauenden Bauern an den Theaterdirektor, da sie nicht begreifen können,

---

[28] Ella Maillart, Ausser Kurs, S. 58.
[29] Ebenda, S. 65-66.

dass im zweiten Akt des Schauspiels ein Mord geschehen ist. "Wie können Sie ein solches Verbrechen zulassen?"[30] fragen ihn die Bauern. Daraufhin erklärt ihnen der Direktor, dass der Schauspieler nicht tot sei, sondern diese Rolle nur gespielt habe und dass der dritte Akt die gerechte Lösung bringen werde, worüber sich die Bauern dann sehr freuen.

Die Beispiele machen das grosse kulturelle Gefälle in den verschiedenen Landesteilen und die grosse Schwierigkeit einer umfassenden Bildungskampagne für alle Republiken deutlich. Es wird versucht, Bücher unters Volk zu bringen, doch viele lesen nur heimlich, aus Angst, den Unwillen des Mullah zu erregen. Auch schicken die Eltern ihre Kinder nicht in die Schule nach Naltschik. "Denn das Gerücht geht um, dass man sie von da aus nach China verschleppt, um sie dort, wo Hungersnot herrscht, zu essen."[31]

Schliesslich gelangt die Wandergruppe nach Swanetien.[32] Die Swanen kennen traditionell kein Eigentum, die Häuser werden nie abgeschlossen, bei den Nachbarn gehen sie ein und aus und laden sich bei Festen selber ein. Diese Lebensform steht nicht im Gegensatz zum neuen System, wird den Wanderern erklärt. Die Wohnverhältnisse entsprechen jedoch nicht den von der Regierung propagierten Lebensbedingungen. Auf engem Raum leben Menschen, Hunde,. Katzen, Hühner und Kücken acht Monate im Jahr unter sehr mangelhaften hygienischen Bedingungen zusammen. Tuberkulose und Malaria sind noch verbreitet. Diese Häuser mitsamt den für Swanetien typischen Befestigungstürmen sollen mit der Zeit verschwinden. Wie langsam Veränderungen sich jedoch vollziehen können, zeigt sich nicht nur an den Wohnverhältnissen, sondern auch an den alten Bräuchen der Swanen. Jeder Swane trägt einen Kinjal, den er bei bestimmten Anlässen auch bereit ist, zu benutzen. Familienzwistigkeiten werden immer noch mit diesem Instrument "gelöst". Ella Maillart weiss zu berichten, dass zwischen 1917 und 1924 die Blutrache unter den Einwohnern von Hoch-Swanetien 600 Opfer gefordert hat. Die Bolschewiki versuchen, diese extremen Ehrbegriffe abzuschwächen, z.B. mit Hilfe von Filmen. So wird in einer Komödie versucht, an Hand zweier junger Männer den Ehrenkodex, in diesem Fall die Blutrache, ad absurdum zu führen.

---

[30]   Ebenda, S. 65.
[31]   Ebenda, S. 66.
[32]   Swanetien heisst das Gebiet, in welchem die Swanen leben. Dieser georgische Volksstamm, dem 1970 nur noch 13000 Menschen angehörten, ist in den Bergtälern des oberen Inguri im Kaukasus beheimatet und lebt von Ackerbau und Viehzucht. Reste alter matriarchalischer Sippenverfassung hatten sich bis in dieses Jahrhundert erhalten.

Swanetien ist ein Gebiet der Abgeschiedenheit. Fahrzeuge auf Rädern können hierher nicht verkehren. "Um in die nächste Stadt zu gelangen, reitet man vier Tage lang auf Mauleseln durch Hohlwege und über hohe Pässe, die nur drei Monate pro Jahr begehbar sind."[33] Sehnsüchtig warten die Einwohner auf die Fertigstellung einer Strasse nach Zugdidi, die den Transport erleichtern und die Preise der transportierten Produkte wesentlich senken wird.

Den Abschluss von Maillarts Ferien und ihrem Aufenthalt in der Sowjetunion bilden einige Tage in Sotschi, die sie nochmals in Kontakt mit sowjetischen Feriengästen bringt. Von einer Kinderärztin erfährt sie, dass diese wegen des Ärztemangels auf zwei Stellen arbeitet und monatlich 500-600 Rubel verdient. Ein Ingenieur beklagt das Misstrauen der kommunistischen Aufseher in den Fabriken den Fachkräften bürgerlicher Herkunft gegenüber, und ein Musikinspektor berichtet von der Zerstörung aller Jazzplatten in einem Einkaufsladen, gedacht als Massnahme zum Schutz der Bevölkerung vor schädlichen Einflüssen.

"Der Russe reagiert zu sensibel auf Musik. Diese verrückten Rhythmen wühlen ihn vollständig auf, während ihr nur halbherzig darauf reagiert. Eure Tänze sind nicht gut für unsere Arbeiter. Wir müssen uns um sie kümmern, denn wir alle haben riesige Anstrengungen zu leisten, die unsere uneingeschränkte Energie erfordern."[34]

Maillarts Resümee über das in der Sowjetunion Gesehene und Erlebte fällt positiv und bewusst subjektiv aus. Die Menschen erscheinen ihr im besten und umfassenden Sinne lebendig, sie sind schön und offen. "Die Menschen der Sowjetunion sind überall eine Freude für das Auge. (...) Dagegen haben die feinen Leute bei uns nur fahle, leere Gesichter aufzuweisen."[35]

Auch Adolf Voegeli zieht es in die kaukasische Bergwelt, nach Swanetien, von dem er offenbar schon in der Schweiz gehört hatte. Als Ella Maillart fünf Jahre zuvor diese unerschlossene Gegend besuchte, war deren Existenz teilweise sogar Kaukasiern selber noch unbekannt. Von Nischnij-Nowgorod aus unternimmt Voegeli die erwähnte Schiffahrt auf der Wolga, die ihn über Kasan, Uljanowsk, Samara, Stalingrad und Astrachan nach Machatschkala bringt.

"In allen russischen Städten immer dasselbe. Alte, schlechte Wohnquartiere, ohne Kanalisation, kleine Wassergräben, in die man den Unrat wirft, Hühner und Gänse tummeln sich in den schmutzigen Strassen her-

---

33   Ella Maillart, Ausser Kurs, S. 85.
34   Ebenda, S. 116.
35   Ebenda, S. 118.

um. Daneben einzelne Strassenzüge, die bereits asphaltiert sind, grosse Siedlungen moderner Arbeiterhäuser, neue Zwei- und Einfamilienhäuser."[36]

In jeder Stadt findet sich ein neu angelegter Park mit einem kleinen Restaurant, das auch als abendliche Tanzgelegenheit dient. Neu errichtet sind auch Fabrikküchen, Klubhäuser und Kinderkrippen, auch in solchen Städten, die wie Astrachan keine Intouristvertretung besitzen.

Die Fahrt auf der Wolga endet in Astrachan und führt von dort ins Kaspische Meer und weiter bis nach Machatschkala, dem "Tor Asiens".

Der Kinobesuch in Machatschkala, der Hauptstadt Dagestans, macht Voegeli die Schwierigkeit einer umfassenden und schnellen Alphabetisierung, trotz allgemeiner Schulpflicht, deutlich. "Geläufig lesen können allerdings die meisten noch nicht, und als ich im Kino von Machatschkala sass, berührte es mich komisch und rührend zugleich, wie die Zuschauer im Chor die Kinotexte auf der Leinwand herunterbuchstabierten."[37]

Nach Dagestan ist seit der Revolution noch kein Tourist gekommen. Erst ab 1937 soll dieses Land für Reisende zugänglich gemacht werden. Dennoch ist es Voegeli gelungen, seinen Wunsch einer Reise durch Dagestan gegen alle Widerstände durchzusetzen. In ganz Dagestan gibt es zum Zeitpunkt der Fahrt nur zwei Hotels, eines in Machatschkala und eines in Buinaksk. Um so zahlreicher sind dafür die Läuse, und die wenigen öffentlichen Verkehrsmittel erscheinen wegen der mangelnden Hygiene der Dagestaner für Fremde ungeeignet. Dies ist der Grund dafür, dass Voegeli und sein Dolmetscher zu zweit das achtplätzige Abteil eines Postbusses zugeteilt bekommen, während die anderen reisewilligen Passagiere – einheimische Dagestaner – noch einen weiteren Tag vor Ort verbringen müssen, obwohl sie schon fünf Tage auf den Bus gewartet haben.

Auf dem Weg nach Gunib fährt der Bus durch Lewaschi, als gerade Markt ist. Hier kann Voegeli feststellen, dass die Frauen zum Teil noch verschleiert und die Männer alle mit Gewehr, Patronengurt und dem berühmten Kinjal bewaffnet sind.

Da es in Gunib kein Hotel gibt, sind Voegeli und sein Dolmetscher in einem Erholungsheim für Arbeiter aus Machatschkala untergebracht, mit dessen Standard Voegeli offenbar zufrieden ist. Von dort aus unternimmt er seine ersten Bergtouren, in deren Verlauf es zu intensiven und kontroversen Diskussionen zwischen ihm und seinem Dolmetscher, einem ehemaligen

---

[36]   Adolf Voegeli, Sovjet-Russland, S. 74.
[37]   Ebenda, S. 77.

Naphta-Arbeiter aus Baku, kommt. Voegeli beklagt die Bürokratie und die fehlende Freiheit in der Sowjetunion und lobt die Schweizer Demokratie, die keine Privilegien für Politiker und keine politische Polizei kenne. Der Dolmetscher erwidert ihm, dass die kritisierten Mängel Übergangserscheinungen seien, an deren Behebung beständig gearbeitet werde. Voegeli insistiert und bringt seinen Begleiter Sascha in eine sehr unangenehme Situation: als es zu regnen beginnt, zieht Voegeli seinen Regenmantel an. Sascha, der keinen besitzt, wird vollkommen durchnässt. Daraufhin fragt Voegeli, warum Sascha keinen mitgenommen habe und nach dessen Antwort, dass diese in der Sowjetunion schwer erhältlich seien, erklärt ihm Voegeli, dass in der Schweiz jeder Arbeiter einen Regenmantel besitze, weil das eine Selbstverständlichkeit sei. Der immer noch schutzlos dem Regen ausgesetzte Dolmetscher verteidigt die Sowjetunion weiterhin standhaft.

Das Problem der Reise ist die Organisation von Fahrmöglichkeiten in diesem verkehrstechnisch unerschlossenen Gebiet, das Sascha in jedem Ort aufs Neue lösen muss. So erreichen sie mit einem Pferd, auf dem die beiden abwechselnd reiten und einem Maulesel fürs Gepäck Tschoch, ein Dorf mit 1600 Einwohnern, das als Kollektivwirtschaft organisiert ist und das Voegeli einen Einblick in das bäuerliche Leben vermittelt. Sein Eindruck von den höheren Sowjet-Beamten, die z.B. als Vorsitzende der örtlichen Sowjets in Erscheinung treten und die er auf der Reise durch Dagestan kennenlernt, ist sehr positiv. "Mögen sie auch heute noch nicht mit der Uhr in der Hand ihr Tagwerk einteilen, so besteht doch darüber kein Zweifel, dass die tüchtigsten und hervorragendsten Leute ausgewählt worden sind."[38] Auf der ganzen Reise hat Voegeli nur einen einzigen Sowjet-Beamten, einen Chauffeur, getroffen, der in die eigene Tasche wirtschaftete. Nichtsdestotrotz wird ihm gerade bei dieser Reise der Unterschied zwischen den Kaukasiern und den Mitteleuropäern deutlich.

"In dem primitiven und ursprünglichen Kaukasus habe ich immer und immer wieder feststellen können, dass die Naturmenschen sozusagen nichts richtig beherrschen und dass der zivilisierte Mensch den Naturkindern fast in allem über ist."[39]

Als Beispiel nennt er die Reitkunst, von der die Dagestaner trotz ihres ständigen Reitens keine Ahnung hätten. Nie machen diese sich Gedanken über die Dressur und effiziente Verwendung des Pferdes. Gerade deshalb erstaunt ihn die Robustheit und Gesundheit dieser kaukasischen Pferde, die den europäischen Pferden dadurch weit überlegen sind.

---

[38]   Ebenda, S. 111.
[39]   Ebenda, S. 112.

Nach Swanetien gelangt Voegeli über den Mestiapass. Auch fünf Jahre nach der Reise Ella Maillarts geniesst Swanetien den Ruhm eines freien, unbezwingbaren und traditionsreichen Landes. Doch scheint es, dass die Blutrache mittels des Kinjals nunmehr der Geschichte angehört und die Befestigungstürme nicht mehr als Zufluchtsstätten nach begangener Bluttat dienen. Gastfreundschaft ist noch immer ein herausragendes Merkmal, auch bei Gastgebern, die sehr wenig besitzen. In einer vollkommen abgeschiedenen Meteorologenstation merkt Voegeli, dass er seine Zigarren nicht mitgebracht hat. Die beiden Meteorologen bieten Voegeli die einzige Zigarre an, die sie besitzen, obwohl diese in ihrer Lage ein absolutes Kleinod darstellt. Voegeli ist beschämt über diese Freigebigkeit, die bei den wohlhabenden Westeuropäern nicht üblich ist. "Der Russe besitzt wenig, nach unserm Begriffen fast gar nichts, aber das Wenige das er hat, teilt er mit dem Erstbesten, der des Weges kommt."[40]

Voegelis letzte Bergtour führt ihn innert sieben Tagen von Ordschonikidse aus über die ossetinische Heerstrasse nach Kutais. Seine Begleiterin und Dolmetscherin ist eine zwanzigjährige Russin, die sich trotz der Befürchtungen Voegelis den Anstrengungen der Tour voll gewachsen zeigt.

"Sie ertrug die Strapazen mit einer beneidenswerten Leichtigkeit und lief am Abend, wenn wir irgendwo todmüde ankamen, von Pontius bis zu Pilatus, um ein gutes Nachtquartier, ein anständiges Essen zu beschaffen und nach einem Beförderungsmittel für den nächsten Tag Ausschau zu halten."[41]

Dieses Ausschauhalten kann jeweils bis zu zwei Stunden in Anspruch nehmen.

Ihre erste Station ist Alagir, eine düstere ossetinische Stadt. Die Häuser sind völlig verwahrlost und seit Menschengedenken nicht ausgebessert worden. Ein Schauer überfällt ihn bei dem Gedanken, diesen hier wohnenden Menschen sozialistische Planwirtschaft vermitteln zu wollen. Die Aufbauarbeit wird dennoch intensiv betrieben. "Nachdem sich zuerst die Bevölkerung sträubte, das Alte nicht preisgeben wollte und einige der Hartnäckigsten den Weg nach Sibirien antreten mussten, beginnt es in den hellsten Köpfen zu tagen."[42] Die Elektrifizierung des Landes bedeutet für Voegeli, die Menschen aus einem Zustand, dem der Tiere vergleichbar, herauszuführen.

---

[40]   Ebenda, S. 154.
[41]   Ebenda, S. 164-165.
[42]   Ebenda, S. 169.

Am Zeiskij-Gletscher übernachten Voegeli und seine Dolmetscherin in einem Sanatorium für Tuberkulosegefährdete. Dort trifft er auf einen Deutschen, der als Lehrer in der Sowjetunion arbeitet. Voegeli ist froh, von diesem Lehrer viele wichtige Auskünfte auf Deutsch erhalten zu können. Dieser berichtet ihm, dass die Jahre 1931 und 1932, die Jahre der Kollektivierung der Landwirtschaft, die schlimmsten waren. Lebensmittel seien knapp gewesen und viele hätten hungern müssen. Doch diese Schwierigkeiten seien nun überwunden.

Wieder unterwegs auf der Heerstrasse werden Voegeli und die Dolmetscherin von zwei Fuhrmännern mitgenommen. Die zwei Imereten scheinen ehemals wohlhabende Bürger gewesen zu sein. Der Fuhrmann, mit dem Voegeli auf dem Karren sitzt, hält ihm Häuser und Strassen vor Augen, die in zaristischer Zeit in sehr gutem Zustand waren und jetzt verwahrlost und kaputt sind. Voegeli fragt den Osseten, ob dieser keine Angst habe, wenn er das zaristische System so offen lobe und das jetzige kritisiere. "Oh, nein, Sie sind ein Fremder, da habe ich keine Angst."[43] Vor der russischen Dolmetscherin würde er solche Äusserungen aber nicht machen.

Diese Begegnung verunsichert Voegeli und er fragt sich, welche Aussagen relevant für die Situation in der Sowjetunion sind.

"Wer verkörpert nun das heutige Russland, diese Leute mit den ausgemergelten Zügen, denen die schweren Zeiten und viel Leid im Gesicht geschrieben stehen, oder jene anderen gutgenährten Arbeiter-Bataillone mit den vergnügten Gesichtern, die in Tönen höchster Begeisterung vom neuen sozialistischen Russland sprechen?"[44]

Nach Abwägung all des Gesehenen und dessen, was er gelesen hat, kommt er zum Schluss, dass dieser Imerete die Minderheit darstellt, die Minderheit der bürgerlichen und kleinkapitalistischen Menschen, die im Zarismus gut leben konnte, während die Mehrheit dahinvegetierte. Für diese ehemaligen Besitzenden bleibt das Prinzip der Kollektivität inhaltslos und unattraktiv.

Voegeli und seine Begleiterin erkranken an einer Darmgrippe, die ihnen jegliche Kraft raubt. In Schowi besteigen sie deshalb einen Postbus, der sie nach Kutais bringen soll. Durch Hochwasser ist die Strecke stark verwüstet. Die russischen Fahrgäste scheinen verlegen, wollen sie dem Fremden doch Erfolge vorweisen können. Als Voegeli erklärt, dass solche Naturgewalten oft stärker als Menschenwerk sind und dies in der Schweiz nicht anders ist, entsteht eine grosse Diskussion. "Ja natürlich, meinten sie, in einem kapitali-

---

43 Ebenda, S. 181.
44 Ebenda, S. 182:

stischen Land sei das so, da seien die Naturgewalten stärker als die Menschen, nicht aber im bolschewistischen Russland."[45] Voegeli erträgt dieses "Gerede" nicht mehr und brüllt die Insassen an, dass Naturgewalten immer stärker als Menschen sein werden, auch in einem kommunistischen Land. Doch niemand scheint den Ausbruch Voegelis übel zu nehmen. Als unverbesserlicher Kapitalist tut er ihnen nur leid – so die Interpretation Voegelis.

Das nächste Hindernis bildet eine eingestürzte Brücke, die über eine achtzig Meter tiefe Schlucht mit einem reissenden Fluss führen sollte. Die neue Brücke ist noch nicht fertig. Die fehlenden zwölf Meter in der Mitte werden durch einen Baumstamm überbrückt. Junge Burschen bieten sich an, das Gepäck hinüber zu tragen. Bei diesem nicht einfachen Unterfangen beschäftigt Voegeli vornehmlich seine Photoausrüstung, die im Falle eines Absturzes des Jungen verloren wäre. Doch alles geht gut, und alle sind erleichtert, "als der wertvolle Koffer mit dem photographischen Material und den Apparaten wieder auf sicherem Grund und Boden war."[46] So gelangen sie schliesslich doch noch nach Kutais, und das Ende der Reise rückt näher. Obwohl auch die junge Dolmetscherin durch die Darmgrippe und die Reise vollkommen entkräftet ist, organisiert sie für Voegeli ein Schlafwagenabteil und telegraphiert seine Ankunft nach Batum. Nachdem Voegeli gut untergebracht seinem letzten Ziel entgegengefährt, muss sie noch sechs Stunden in tropischer Hitze auf ihren Zug warten, in welchem es nicht einmal mehr einen Liegeplatz gibt. Sie muss zwei Tage eingepfercht in einem Drittklasswagen verbringen, bis sie wieder in Tiflis ist – weiss Voegeli zu berichten. Ihre einzige Sorge gilt dem ihr anvertrauten Reisenden und seinem Wohlbefinden. Als Voegeli ihr beim Abschied seine Zufriedenheit mit dem Verlauf der Reise zum Ausdruck bringt, scheint sie erleichtert: "Ich bin sehr glücklich, dass Sie von der Reise trotz aller Schwierigkeiten befriedigt sind und dass Sie unser Land mit guten Eindrücken verlassen werden."[47] Was wäre gewesen, wenn Voegeli sich unzufrieden gezeigt hätte?

Zwei Jahre nach Adolf Voegeli besuchte Franz Schmidt mit einer Mai-Delegation die Autonome Republik der Kabardiner und Balkaren im Kaukasus, die ja auch Maillart und Voegeli bereist haben. In der Hauptstadt dieser Autonomen Republik, in Naltschik, finden Schmidt und seine Begleiter Aufnahme in einem Erholungsheim für Naphtaarbeiter. Welchen Eindruck diese Landschaft und die Begegnungen mit den Menschen bei Schmidt hinterlassen haben, beschreibt er in seinem Bericht aber nicht.

---

[45]   Ebenda, S. 196.
[46]   Ebenda, S. 204.
[47]   Ebenda, S. 166.

Maillarts und Voegelis Reisen durch Swanetien und andere abgelegene Gegenden ermöglichten den beiden einen Einblick in das Leben der einheimischen Bevölkerung, wie kein anderer Schweizer Reisender dies erleben konnte. Auch der Unterschied zwischen dem Leben in der sowjetischen Hauptstadt und dem in einem kleinen Dorf im Kaukasus könnte nicht deutlicher werden. Obwohl viele Massnahmen des Staates selbst in den dreissiger Jahren hier offenbar noch sehr wenig Wirkung gezeigt haben, erfasste der Zwang der Kollektivierung die Bauern auch in diesen abgeschiedenen Gebieten in teilweise vernichtender Weise, während die kulturelle Entwicklung auch weiterhin eine grosse Diskrepanz zu derjenigen der russischen Grosstädte aufwies.

4.5.3 In Kirgisien und Turkmenistan

Ella Maillart begnügte sich nicht mit einer Reise nach Swanetien, sie zog es drei Jahre später, 1933, noch weiter nach Süden, in die an China, an Afghanistan und Persien angrenzenden Republiken Kirgisien, Usbekistan und Turkmenistan.

"Dort, an den Westhängen des Hochgebirges, ist die Sowjetregierung am Werk, die Nomaden mit einem Ruck ins 20. Jahrhundert zu versetzen und sie zu kollektivieren und sozialisieren und sesshaft zu machen und mit Schulen Krankenhäusern, Zeitungen, Radioapparaten, Traktoren und Kinos zu versehen."[48]

Doch Ella Maillart zog es nicht nur deshalb in diese Republiken, sie hatte auch ganz persönliche Motive, die ganz im Gegensatz zu denen der Sowjetführung standen. Sie hatte gehört, dass die Kirgisen noch immer gastfreundliche und freie Menschen seien.

"Ich bin überall auf der Suche nach dem Geheimnis solch aufrechter Menschen, für die ein klarer Himmel genügt, um sie glücklich zu machen. Nur eine Rückkehr zu ihrer Lebensweise kann uns aus der Sackgasse herausbringen, in der wir herumstolpern."[49]

Von Moskau aus startend, schliesst sie sich für ihre Reise durch Kirgisien zwei russischen Ehepaaren an. Die Bahnfahrt bis nach Frunse nimmt sechs Tage in Anspruch und ist entsprechend der sommerlichen Hitze kein reiner Genuss. Von Frunse aus geht es weiter mit einem Auto nach Tschulpan-Ata

---

[48] Ella Maillart, Turkestan, S. 24.
[49] Ebenda.

am Issyk-kul-See, dann mit dem Schiff nach Karakol und dann weiter auf Pferden der Syrte zu.

Erstmals lernt Ella Maillart das Leben in einem kirgisischen Aul kennen. Dieses besteht aus sechs Jurten, stabilen Zelten, die den nomadisierenden Kirgisen Haus und Heimat sind. Nach ein paar Tagen des Zusammenlebens wagt Maillart einen Aulbewohner nach seiner Meinung über die Sowjetmacht zu befragen. "Schlecht, o schlecht. Pferde, Schafe, keine!"[50] Die Sowjetmacht hat mit ihrer Kollektivierung viele Fehler gemacht und die Nomaden, deren ganzer Reichtum die Tiere darstellen, gegen sich aufgebracht.

"Bei der grossen Aufteilung gab man manchmal Vieh an Familien, die so arm waren, dass sie nicht dafür sorgen konnten, was zur Folge hatte, dass die Tiere eingingen oder zum Metzger wanderten, weil das wenigstens gleich etwas einbrachte. Ein anderer Teil der Herden wurde beschlagnahmt, um Staatsdomänen zu bilden, auf denen aber, als das Vieh ankam, weder Personal noch Stallungen bereit waren, was weitere Verluste zur Folge hatte."[51]

Die Folge dieser Massnahmen ist, dass der Viehbestand um zwei Drittel dezimiert wurde. Wer nun dennoch bei der Feldarbeit mit Tieren arbeitet und keine Maschinen benutzt, läuft Gefahr, als Kulak zu gelten.

"Als ich diese Klagen Unzufriedener zur Sprache brachte, erwiderten mir die neuen Funktionäre, dass es sich um eine Übergangszeit handle, in der gewisse Irrtümer unvermeidlich seien, dass sich aber nach und nach alles anpassen werde."[52]

Auch in Taschkent auf dem Markt erfährt Maillart von den negativen Auswirkungen der zentralistisch dirigierten Kollektivierung.

"Wissen Sie, was sie hier gemacht haben? Sie haben den Befehl gegeben, überall Baumwolle anzupflanzen. Dann ist der Pflug über die Reisfelder gegangen und hat all unsere kleinen Bewässerungskanäle zerstört, die seit so langer Zeit mit soviel Mühe angelegt und instandgehalten worden waren. Dann, als sich herausstellte, dass das Getreide aus Sibirien nicht so leicht zu beschaffen war, haben sie gesagt: 'Baut wieder ein Drittel Reis an.' Aber das geht jetzt nicht mehr, alle die Wasserrinnen sind tot."[53]

---

50   Ebenda, S. 112.
51   Ebenda, S. 137.
52   Ebenda.
53   Ebenda, S. 196-197.

Dass das ganze wirtschaftliche und politische Geschehen in diesen südlichen Republiken von der Baumwollproduktion bestimmt ist, kann Maillart dann auch in der Redaktion der "Prawda Wostoka" miterleben. "Überall an den Wänden stellen Diagramme den von jedem Gebiet von sechs zu sechs Tagen gelieferten Prozentsatz dar. (...) Die Zahlen des Fünfjahresplans müssen bis Ende Dezember erreicht werden, koste es was es wolle."[54] Erfüllen die Bauern diese festgesetzten Abgabemengen nicht, bekommen sie entsprechend weniger Getreide vom Staat.

Ella Maillart muss immer wieder feststellen, dass die Preise für die Grundnahrungsmittel auf den Märkten für die Bevölkerung viel zu hoch sind und dass die stattlichen Läden zu wenig an Waren anbieten, dies vor allem in Städten und den Einzugsgebieten der Eisenbahn. In abgelegenen Gegenden ist die Versorgung noch am besten.

Auf Schritt und Tritt stossen die noch mittelalterlichen Lebensformen der Kirgisen, Usbeken und Turkmenen auf die neuen Konzepte und Pläne der Bolschewiki. Viele Frauen tragen weiterhin die Tschedra, den Schleier, verbringen ihr Leben im Haus, versorgen Mann und Kinder und wollen von den modernen Errungenschaften nichts wissen. Andere gehen in die Frauenklubs, lernen lesen und schreiben, gehen in die neuen Fabriken zur Arbeit und legen den Schleier ab, was immer wieder zu Familienstreitigkeiten führt.

"Wir haben · einen kleinen Schiedsgerichtshof eingesetzt, für derartige Familienzwistigkeiten. Man muss den Ehemännern, die immer gleich etwas Schlechtes argwöhnen, Vernunft beibringen. Aber durch Belehrung wird man ihnen mit der Zeit die Augen öffnen."[55]

Dass nicht immer mit Belehrung, sondern mit der Schaffung vollendeter Tatsachen vorgegangen wird, zeigen die Moscheen und die Medresen, die andere Funktionen ausfüllen oder dem Verfall preisgegeben sind.[56]

Gruppen, die sich dem neuen System in den Weg stellen und es bekämpfen, werden verfolgt und hingerichtet, wie Ella Maillart bezeugen kann. Durch Zufall wird sie in Buchara Zeugin eines Prozesses gegen vierzig Bassmatschi, die nach mehrmonatigen Verhandlungen zum Tode verurteilt werden. In den Zeitungen findet Maillart nicht einen Satz über diesen Prozess und die Todesurteile.

---

[54] Ebenda, S. 200-201.
[55] Ebenda, S. 243.
[56] Medresen sind Hochschulen im Islam, an denen die Unterweisung in religiösem Wissen stattfand.

Unterwegs in Turkmenistan, auf dem Weg zum Aral-See macht Ella Maillart einen Besuch bei einer deutschen Mennonitensiedlung in Ak Metschet. 140 Menschen leben hier zusammen, betreiben Landwirtschaft und praktizieren ihren Glauben. Sie sind tüchtig und erfolgreich, doch ihre usbekischen Nachbarn nehmen sich daran kein Beispiel, wie eine Mennonitin berichtet:

"Wir hatten einen Turkmenen hier bei uns, zwei Jahre lang, einen gescheiten Jungen, und am Ende hat er Plattdütsch gesprochen wie einer von uns. Wissen Sie, was er gesagt hat, ein paar Tage ehe er fortging? 'Ihr seid komische und komplizierte Leute, ihr. Wozu seine Zeit damit vergeuden, dass man dreimal am Tag fünfzehn Teller wäscht und Messer und Gabeln, wenn man ebensogut mit einer Schüssel auskommt?'"[57]

Als sehr beschwerlich und reich an Hindernissen erweist sich stets die Weiterreise und der Transport in diesen Gebieten. Immer wieder muss Ella Maillart sich den langen Reihen der Wartenden anschliessen, stunden- und tagelang warten und um eine Fahrkarte, um einen Platz auf dem Schiff, im Zug oder auf einem Kamel kämpfen. Ausgewiesen als ausländische Journalistin kommt sie sehr oft schneller zu ihrem Ziel und ist auch hinsichtlich der Versorgung besser gestellt. Ihre Reise endet erst mit dem einbrechenden Winter, als der Aral-See zufriert und sie deshalb fünfhundert Kilometer in nördliche Richtung bis Kasalinsk bei fünfundzwanzig Grad Kälte auf dem Rücken eines Kamels zurücklegen muss. Ihr und ihren Begleitern entgegen kommen grosse Flüchtlingsgruppen, Menschen die im Süden auf eine bessere Versorgung und eine neue Zukunft hoffen. Von Kasalinsk in Kasachstan aus tritt Ella Maillart ihre zweite Heimreise aus der Sowjetunion an.

4.5.4 In der Ukraine

Auf weniger unbekannten und unwegsamen Wegen gelangten die Schweizer Reisenden in die beiden Städte Charkow – die Hauptstadt der Ukraine von 1917 bis 1934 – und Kiew – Hauptstadt der Ukraine seit 1934. Neben Moskau und Leningrad waren sie die von Schweizer Reisenden am meisten besuchten Städte der Sowjetunion.

Charkow, die Stadt der oppositionellen Intelligenz und der Industriearbeiter, hatte sich vor der Oktoberrevolution zum revolutionären Zentrum der Ukraine entwickelt und wurde deshalb im Jahre 1917 zur ersten Hauptstadt der Sowjet-Ukraine, was sie bis 1934 geblieben ist.

---

[57]   Ella Maillart, Turkestan, S. 330.

Otto Baumberger, Der Industriepalast in Charkow

Die Schilderungen der Arbeiterdelegierten beschränken sich auf die Beschreibung von drei Betrieben und einer Grossbaustelle in Charkow: die Charkower Elektrotechnischen Werke mit 5200 Beschäftigten und einer Lehrlingswerkstatt mit 400 Lehrlingen, die Schokolade- und Confiseriefabrik Charkow mit 1760 Beschäftigten, davon 60% Frauen, die Brotfabrik Charkow und der 4 ha grosse Industrie-Trust-Neubau. Hier erhalten die Arbeiter Höchstlöhne, um die schnellstmögliche Fertigstellung des Baus zu gewährleisten. "Leiter des gewaltigen Werkes ist ein Schweizer, der mit Leib und Seele mit dabei ist."[58] Mehr über die Stadt Charkow und deren Entwicklung berichten Charles Studer und Arno Wildhaber anlässlich ihres Besuchs im Jahre 1932.

Charkow hatte zehn Jahre zuvor 200 000 Einwohner gehabt, jetzt ist die Zahl schon auf weit über 800 000 angewachsen. Die Bautätigkeit ist entsprechend fieberhaft, so dass sich überall neue Fabriken und Wohnkolonien finden. Das Strassenbild macht einen guten Eindruck auf Charles Studer.

"Charkow mit seinen breiten Strassen macht den modernsten und geordnetsten Anblick aller russischen Städte, die wir besucht haben. Die Bevölkerung trägt eine bessere Kleidung als in anderen Städten; die helle ukrainische Bluse, mit bunten Stickereien verziert, lässt das Strassenbild freundlicher erscheinen als das graue Einerlei der anderen russischen Städte."[59]

Wildhaber fällt der grosse Blumenkult auf, der nicht nur in Charkow betrieben wird. Im Kulturgarten ist eine abgestumpfte vierseitige Pyramide angelegt, auf der die Köpfe von Lenin, Stalin, dem Präsidenten der Ukraine und dem Generalsekretär der ukrainischen KP abgebildet sind – alles aus Blumen.

Nicht nur an diesem Beispiel zeigt sich deutlich das nationale Bewusstsein der Ukrainer. Alle Aufschriften sind in ukrainischer Sprache verfasst, und neben den sowjetischen Helden werden auch die ukrainischen öffentlich geehrt.

Die grosse Charkower Traktoren Fabrik dürfen die Schweizer Reisenden nicht besichtigen, worauf das Gerücht in Umlauf kommt, dass in dieser Fabrik nicht nur Traktoren, sondern auch Tanks hergestellt werden.

Elisabeth Thommen kommt zur Mittagszeit in einen "Betriebsgarten", der vor einer Fabrik liegt und der den Arbeitern dieser Fabrik als Aufenthaltsort nach dem Mittagessen dient. Sie wird gefragt, woher sie komme. Als sie mit

---

[58]   Sowjet-Russland, S. 91.
[59]   Charles Studer, Reiseeindrücke, S. 243.

"Aus der Schweiz" antwortet, flüstert ein Arbeiter "Worowski!". Dann schweigen alle. "Ich schäme mich für die Schweiz."[60]

Auch Erhard Jaeger besichtigt Charkow und wird durch eine Fabrik für Bergwerkzeuge geführt. Beeindruckt ist Jaeger von der Prämienvergabe an Betriebsangehörige für Erfindungen, Neuerungen und Vereinfachungen im Produktionsbereich. Gar nicht gefallen ihm hingegen andere Einrichtungen in der Fabrik. Eine Wiese mit Obstbäumen, ein Musikpavillon, Turngeräte und eine Festhütte mit einer für seine Begriffe primitiven Bühne, in der die Arbeiter ihr Mittagessen einnehmen können, deutet er als Zwangseinrichtungen des Betriebes. Dem Arbeiter werde Geld für das Essen abgezogen, wodurch er gezwungen sei, über Mittag auf dem Fabrikgelände zu bleiben.

Die forcierte Industrialisierung, die sich hier in Charkow zeigt, betrachtet Jaeger als einen Versuch, den Industriestaaten hinterherzujagen und die sozialen Einrichtungen in den Fabriken bezeichnet er als Errungenschaften, die die Schweizer Fabriken schon lange vor dem Ersten Weltkrieg und in vorbildlicher Weise besessen haben. Von Charkow selbst weiss Jaeger nichts zu berichten, da er behauptet, nichts Interessantes entdecken zu können. Die Abreise aus Charkow führt zu einer ungeplanten Begegnung mit einem Zug voller Gefangener, die von Rotgardisten bewacht werden. "Wie ein Transport wilder Tiere waren diese schmutzigen, bärtigen Menschen anzusehen, die da in irgendeinen unbekannten Landesteil gefahren wurden."[61] So fällt für Jaeger der Abschied auch aus dieser Stadt wiederum keineswegs positiv aus.

Kiew, die Stadt mit einer über tausendjährigen ruhmreichen und wechselvollen Geschichte, wurde im Juni 1926 von Friedrich Schneider besucht. Auffallend erscheinen ihm die Kiewer Arbeiter, die einen temperamentvolleren und aufgeweckteren Eindruck machen und den Gästen viel direktere Fragen stellen, als dies in Moskau und Leningrad der Fall war. Auch das Strassenbild macht einen anderen Eindruck. Die Menschen sehen wohlhabender aus. "Bettler, diese Plage Leningrads und Moskaus, habe ich nur vereinzelt gesehen."[62] Trotz des propagierten Internationalismus sind die Ukrainer gleichermassen stolz auf ihre nationale Identität, die unterstrichen wird durch die eigene Sprache, die sie seit der Zugehörigkeit zur Sowjetunion offiziell sprechen dürfen, weiss Schneider zu berichten.

Bei einem Gang durch die "saubere Provinzstadt" kommt Schneider auch in die Worowskistrasse, von den empörten Kiewern nach dem in der Schweiz ermordeten sowjetischen Delegierten Worowski benannt. "Conradi hat der

---

60   Elisabeth Thommen, Blitzfahrt, S. 40.
61   Erhard Jaeger, Russland-Reise, S. 55.
62   Friedrich Schneider, Von Leningrad, S. 37.

Schweiz einen ganz schlechten Dienst erwiesen. Die Sowjetregierung aber hat eine gute Position im Volke, wenn sie vom Bundesrat Genugtuung fordert."[63] Diesen Eindruck gewinnt Schneider in Gesprächen mit Kiewern.

Sein erster Fabrikbesuch gilt einer Kiewer Brauerei mit 164 Beschäftigten, darunter 50 Frauen und 7 Jugendliche. 27 sind Mitglieder der Kommunistischen Partei, 14 des Kommunistischen Jugendverbandes. Der durchschnittliche Monatslohn für Arbeiter beträgt 53 Rubel, für Arbeiterinnen 48 Rubel und für Angestellte 87 Rubel. Die Urlaubszeit beträgt 4 Wochen pro Jahr.

Anschliessend besichtigt er die Konfekt- und Schokoladefabrik Karl Marx und die Staatsfabrik Kiew, die Zigaretten herstellt. Die Bäckerei des Konsumvereins ist ein veralteter Betrieb, was sich seines Erachtens an den scheusslichen Abortverhältnissen am deutlichsten zeigt. Der Durchschnittslohn liegt für Qualifizierte zwischen 87 und 90 Rubel, für andere Arbeiter bei 57 Rubel im Monat. Die neue Brotfabrik, die in einem Monat in Betrieb gehen wird, ist hingegen nach den neuesten technischen Errungenschaften eingerichtet, und die hygienischen Bedingungen sind sehr gut. "Die Wasch- und Badeeinrichtungen machen einen vorzüglichen Eindruck."[64] Im ersten Raum legen die Arbeiter ihre Kleidung ab, dann gehen sie nackt in den Baderaum, und nach dem Waschen gehen sie in den nächsten Raum, wo sie ihre Arbeitskleider anziehen.

Im Vorfeld der Inbetriebnahme ist es jedoch schon zu einem Konflikt gekommen. Der Streitpunkt ist das Ziel der Firmenleitung, den Dreischichtenbetrieb einzuführen, wogegen die Gewerkschaft sich zur Wehr setzt.

Abschliessend besucht er noch ein Erholungsheim, 22 Kilometer von Kiew entfernt, in idyllischer Lage zwischen Wiesen und Wäldern und nahe des Dnjepr. Das Heim wird von der Sozialversicherung getragen, und einige Plätze stehen auch dem Lebensmittelarbeiterverband zur Verfügung. Der Aufenthalt kostet den Feriengast einen Rubel pro Tag, den Rest bezahlt die Organisation. Erholungsheime und Sanatorien sind für den Kranken kostenlos. 80% der Plätze gehen an Arbeiter, 20% an Angestellte. Zum Zeitpunkt des Besuchs von Schneider befinden sich 350 Männer und Frauen im Ferienheim. Zum Mittagessen gibt es Suppe, Fleisch, Gemüse und Erdbeeren als Dessert. "Reichliche Portionen und gut gekocht."[65] Die sonnengebräunten Erholungssuchenden wirken alle sehr zufrieden auf den Schweizer Gast.

---

[63]   Ebenda, S. 38.
[64]   Ebenda, S. 41.
[65]   Ebenda, S. 43.

Otto Baumberger, In der Sophienkirche von Kiew

Mit diesen Eindrücken begibt sich Schneider auf die Heimreise in die Schweiz.

Die Brotfabrik Kiew ist 1928, als die Schweizer Arbeiterdelegierten dorthin kommen, nun schon zwei Jahre in Betrieb. Der Akkordgrundlohn beträgt 56 Rubel. Die Teigmacher kommen von diesem Grundbetrag ausgehend auf 140 bis 150 Rubel, die Hilfsarbeiter auf 110 bis 120 Rubel monatlich. Gesamthaft macht die Fabrik einen sehr guten Eindruck auf die Schweizer, was sie aber nicht näher erläutern. Wie Schneider besuchen sie ausserdem die Tabak- und Zigarettenfabrik in Kiew.

Ihr Resümee nach dem Besuch des Gefängnisses in dieser Stadt ist ebenfalls sehr positiv: "Behandlung der Gefangenen ausgezeichnet, sie geniessen viel Freiheit, Türen sind nicht verschlossen."[66] Die Gefängnisinsassen arbeiten acht Stunden pro Tag und erhalten einen Lohn dafür. Es gibt regelmässig Urlaub auf Ehrenwort. Dieses Ehrenwort erweist sich als sicherer als die polizeiliche Überwachung. Auch die Ernährung erscheint den Besuchern schmackhaft und reichlich. "Ein grosser Teil der Schweizer Arbeiter lebt nicht so gut!"[67]

Die pädagogischen Leistungen im sowjetischen Gefängniswesen stehen für sie in positivem Gegensatz zu denen in der übrigen Welt. Statt, wie sonst überall üblich, zu bestrafen wird hier versucht zu heilen und zu erziehen, mit offensichtlich gutem Erfolg.

Sowohl Baumberger als auch Studer und Wildhaber besuchen auf ihrer Reise Kiew. Auf sie macht die Stadt einen Eindruck des Stehengebliebenseins. "Kiew ist vom Sowjetregime am wenigsten erfasst worden: keine neuen Fabriken, fast keine neuen Wohnhäuser; es bleibt die alte Stadt der Bildung, die Stadt der Klöster."[68] Doch das Leben pulsiert auf Kiews Strassen, ein Laden reiht sich an den anderen, es gibt viele Kinos, Buchhandlungen, Photographen- und Blumengeschäfte, an den Ufern des Dnjepr finden sich schön angelegte Promenaden, Badeplätze und das berühmteste russische Kloster Lawra. Nur eines finden sie nicht: eine Postkarte von dieser altehrwürdigen Stadt.

Selbst Erhard Jaeger kann Kiew Positives abgewinnen. "Die meisten Strassen sind asphaltiert, die Leute besser gekleidet. Und vor den Magazinen findet man weniger Menschenansammlung, die auf Abgabe der nötigen Lebens-

---

[66]   Sowjet-Russland, S. 95.
[67]   Ebenda, S. 96.
[68]   Arno Wildhaber, Drei Wochen, S. 44.

mittel warten. Mehr Autos bemerkt man und bereits schönere Schaufenster-
auslagen."[69]

Die bessere Lebenshaltung zeigt sich Jaeger zuerst am Aussehen der Frau-
en. Auch wenn die Qualität der Kleider noch sehr zu wünschen übrig lässt,
ist es um die Kosmetik der Frauen schon etwas besser bestellt. "Dagegen
schmücken rote Lippen und entsprechend gefärbte Fingernägel – es gibt
höchstens zwei verschiedene Rot – die auf den Strassen promenierenden
Russinnen."[70] Er nimmt dies als Zeichen für die Herausbildung einer "Ari-
stokratie des Proletariats" in Kiew.

Die Ursache für den verbesserten Lebensstandard sieht Jaeger in der politischen Unzuverlässigkeit der Ukrainer und in ihrer geographischen Nähe zum
Westen. Diese veranlasse die Sowjetregierung, sich hier von ihrer besten Seite zu zeigen. Doch ganz ohne Schlange stehen geht es auch hier nicht, konstatiert er, besonders vor Läden, die Milchprodukte verkaufen.

Ein Besuch des Kiewer Höhlenklosters steht ebenfalls auf dem Programm.
Russen und ausländische Besucher werden von einem Führer, der historische
Ausführungen über die Unsinnigkeit von Religion macht, durch die ehemali-
ge Wallfahrtskirche geleitet. Dabei beobachtet Jaeger drei alte Frauen, die
sich von der Gruppe entfernen und in einer dunklen Ecke zu beten beginnen.
"Die angeborene Schlauheit ist sogar Helferin dieser primitiven Frauen."[71]

Selbst der letzte Akt der Reise durch die Sowjetunion wird für Jaeger zur
Qual, bis er von Kiew aus endlich die ersehnte Grenze nach Polen überschreiten kann. "Aufatmend froh sind wir, die russischen Soldaten den Zug
verlassen und nach hundert Metern Fahrt die polnischen Truppen einsteigen
zu sehen."[72]

Sigi Bamatter reiste schon im Sommer 1920 und dann wieder im März
1924 in die Ukraine, nun schon als Kominterndelegierter. Sein Ziel waren
nicht Charkow oder Kiew, er sollte in eine Garnisonsstadt reisen, um dort vor
Arbeitern und Soldaten Reden zu halten – obwohl er so gut wie kein Russisch sprach. Im Wissen um seine Funktion und seinen Auftrag überrascht es
nicht, dass er dann auch fast ausschliesslich die Betriebs- und Kasernenver-
sammlungen schildert, die den Delegierten zu Ehren abgehalten werden und
die die revolutionäre Begeisterung aller Beteiligten – der Erwachsenen und
der Kinder – zum Ausdruck bringen sollen. Lediglich zu Beginn seines Berichtes schildert Bamatter die Zerstörungen und grausamen Massenhinrich-

[69]   Erhard Jaeger, Russland-Reise, S. 57.
[70]   Ebenda, S. 58.
[71]   Ebenda, S. 60.
[72]   Ebenda, S. 65.

tungen durch die Weissen im Jahre 1920 und den erfolgreichen Wiederaufbau der niedergebrannten Orte durch die Bolschewiki.

"Der Bahnhof ist neu erbaut, ein hübscher schmucker Bau. Alles in schönster Ordnung. Ich frage die auf den Bahnsteigen stehenden Einwohner des Städtchens, wie es nun in der Stadt aussieht. Sie sagen mir, dass der grösste Teil des Städtchens wieder aufgebaut sei wie früher nur noch viel schöner."[73]

Die Stadt Winnitza, die Bamatter besucht, ist eine Garnisonsstadt mit wenig Industrie. "Es gibt viele Kirchen in der Stadt, aber sie 'rentieren' nicht recht, trotzdem die Bolschewiki jeden auf seine eigene Art selig werden lassen und sich nicht in die religiösen Dinge einmischen."[74] Seine Besuche in den örtlichen Kasernen schildert er voller Begeisterung. Die Stimmung der Rotarmisten sei ausgezeichnet. Die Reden der Gäste werden begeistert aufgenommen, und sehr viele Zuhörer fragen nach der deutschen Revolution, die sie täglich erwarten. Auch hat jedes Regiment einige Kinder aus dem Hungergebiet an der Wolga adoptiert. "Voller Stolz berichten uns die Rotarmisten, wie 'unser' Junge, der dem Tode nahe war, gehegt und gepflegt wurde, bis er wieder einem Menschen (und einem recht gesunden) ähnlich sah."[75] Von den Kindern der Eisenbahner werden Bamatter und seine Begleiter mit dem Rezitieren von Gedichten und dem Singen revolutionärer Lieder verabschiedet.

Einen unter vollkommen entgegengesetzten Vorzeichen und Bedingungen entstandenen Reisebericht verfasste der Schweizer Journalist Paul Werner im Jahre 1941 – nach dem Überfall der deutschen Armee auf die Sowjetunion. Geführt und betreut von Vertretern der deutschen Wehrmacht unternahm er mit Kollegen aus Japan, Italien, Spanien, Rumänien, Bulgarien und Amerika – bis auf Amerika alles faschistische oder autoritär regierte Länder – eine Fahrt durch die von den Deutschen besetzte Ukraine. Er bezeichnet seinen Reisebericht als die erste freie Berichterstattung über die Sowjetunion seit 1917.

Das erste Ziel der Gruppe war Kiew. Die Erlebnisse und Begegnungen auf dem Weg dorthin hat Werner in seinem Bericht aber auch festgehalten.

Als erstes geht Werner auf die antireligiöse Haltung der Sowjets ein. Die propagierte Religionsfreiheit hat nur scheinbar existiert, und erst durch den Einmarsch der Deutschen können die Kirchen wieder geöffnet und ungehindert benutzt werden, teilt Werner mit. Für ihn bringt die deutsche Besetzung

---

[73] Sigi Bamatter, Brief, in: Arbeiterjugend, 1. Mai 1924.
[74] Ebenda, 15. Mai 1924.
[75] Ebenda.

aber nicht nur in dieser Hinsicht grosse Vorteile. "Aber ich weiss, dass für uns auf irgendeine Weise ein neues Leben begonnen hat. Und das ist schön, ..."[76] Mit diesen Worten zitiert Werner eine Spielwarenverkäuferin. Dann gibt er den Bericht eines jungen Mannes wieder, der 1936 zu Zwangsarbeit verurteilt worden war, weil der Vater nicht regelmässig die Parteiversammlungen besucht hatte.

In Kiew angekommen fällt Werner die Unordnung auf, die er nicht als Folge des Krieges, sondern als Resultat des bolschewistischen Systems bezeichnet. Als Beispiel nennt er Bäume, die nicht in einer geraden Reihe gepflanzt und Telefonmasten, die aus "primitiven Baumstämmen" errichtet worden sind.[77] Das Wort "primitiv" verwenden Werner, wie auch Ernst Hofer, sehr häufig für die Beschreibung des Landes und der Bevölkerung.

Seine Besichtigung Kiews beginnt Werner damit, dass er ohne Vorankündigung in ein fremdes Haus eintritt, an einer Wohnungstür klopft und Einlass verlangt, obwohl die alte Bewohnerin sehr verängstigt ist und eine bettlägrige Tochter hat. "Ein Stück Wurst und etwas Brot wirken schon Wunder, und schon stehen wir in einem Zimmer mit den Ausmassen von etwa drei zu vier Metern."[78] Die Frau lebt hier mit ihrer schwindsüchtigen Tochter. Der Ehemann ist wegen einer geheimen Kirchenratssitzung 1936 nach Sibirien verbannt worden. Bis zum Ausbruch des Krieges arbeitete sie für 150 Rubel im Monat in einer Holzfabrik, ihre Tochter für 250 Rubel auf dem Büro.

Wieder auf der Strasse wird Werner von einer Frau angesprochen, die schon einmal in der Schweiz gewesen ist. Ihr Vater hatte eine Fabrik, in der sie nach der Revolution als Arbeiterin zu arbeiten begann. Ihr Verdienst betrug 250 Rubel pro Monat, womit sie nur schlecht leben konnte. Dennoch konnte sie 300 Rubel im Jahr sparen und sich dafür neue Kleidung kaufen. Mit ihrem fünf Quadratmeter grossen Zimmer, für das sie 25 Rubel bezahlt, ist sie ganz zufrieden. Andere haben noch weniger, neue Zimmer kosten 100 Rubel und sind deshalb für sie zu teuer. Vom Einmarsch der deutschen Truppen erhofft sie sich nun eine Verbesserung der Lebensverhältnisse.

Dann führt Werner ein Gespräch mit dem neuen stellvertretenden Bürgermeister Kiews, der von den Schwierigkeiten berichtet, die die Folge der Zerstörungen durch die sich zurückziehenden Truppen der Roten Armee seien. Diese haben vor ihrem Rückzug überall Minen angebracht, die die Häuser zum Einstürzen bringen. Auch die Versorgung mit Lebensmitteln erweise sich nun als schwierig, obwohl die Stadt nur noch halb so viele Einwohner

---

76   Vgl. Paul Werner, Ein Schweizer Journalist, S. 65.
77   Ebenda.
78   Ebenda, S. 71.

wie vor dem Einmarsch der Deutschen hat. "Der stellvertretende Bürgermeister verlieh der Meinung Ausdruck, nach einer Sowjetstatistik seien 42 Prozent der Bevölkerung von Kiew Israeliten gewesen. Von diesen 42 Prozent, die alle geflüchtet seien, werde keiner mehr zurückkehren, ..."[79]

Als nächstes greift Werner das Wohnproblem auf und spricht von einem Mittelwert, der bei 3 Quadratmetern pro Person liegt. Das Errichten von Hochhäusern – ermöglicht durch Zwangsarbeit – erklärt er sich mit dem Ziel der Sowjets, die Arbeitermassen eng zusammenhalten zu wollen. Er kommt auch auf die Baufehler zu sprechen, die er in der Prawda thematisiert fand, nennt jedoch keine eigenen Beispiele aus Kiew.

Auch das Schul- und Bildungsproblem handelt er auf einer allgemeinen Ebene ab, ohne konkret auf die Situation in Kiew einzugehen. Er berichtet, dass es den Schulen an Platz, Geld und kompetenten Lehrkräften fehlt und dass demzufolge das Bildungsniveau an den Hochschulen sehr niedrig ist – laut Werner ein Beweis für die "Primitivität der russischen Schulen"[80]. Werner kann auch diese Missstände lediglich durch Zitate aus Prawda-Artikeln aus dem Jahr 1935 belegen, durch Quellen also, die nicht im Zusammenhang mit dieser Reise stehen, die er aber benötigt, um seine Kritik zu untermauern. Die angeblich erste freie Fahrt durch die ehemals sowjetische Ukraine scheint ihm nicht die nötigen Beweise geliefert zu haben, vermutlich durch die Zerstörung und den Krieg bedingt. Die Fraglichkeit des Sinns einer solchen Reise tritt hier deutlich zum Vorschein.

Werner geht auch auf das seiner Ansicht nach positive Verhältnis der Ukrainer zur deutschen Armee ein. Obwohl jetzt Hunger herrsche, sei die Bevölkerung den Deutschen gegenüber gut gesinnt und hasse die Bolschewiki. Dass es seit geraumer Zeit keinen Kaffee, sondern nur Tee gibt, sieht er als Beweis für die "ganze Primitivität, in die der russische Mensch hineingezwängt wurde, ..."[81] Nun seien die Deutschen dabei, die Ordnung wieder herzustellen und "diese Leute wiederum zum Leben zu erwecken"[82].

Fast allen Schweizer Besuchern, die vor dem Zweiten Weltkrieg die beiden grössten ukrainischen Städte besichtigt haben, scheinen der bessere Lebensstandard und die spontanere Art ihrer Bewohner positiv aufgefallen zu sein. Keine Erwähnung finden die Lebensbedingungen der Ukrainer hingegen im Bericht von Sigi Bamatter. Er begnügt sich damit, das bolschewistische System am Beispiel von Soldaten- und Arbeiterversammlungen zu preisen.

---

[79]   Ebenda, S. 77.
[80]   Ebenda, S. 89.
[81]   Ebenda, S. 106.
[82]   Ebenda, S. 110.

Als weniger angenehm erschien den Schweizern die bleibende Erinnerung an den in der Schweiz ermordeten Sowjetgesandten Worowski. Plätze und Strassen wurden nach ihm benannt und selbst zehn Jahre nach dem Attentat kam dies Arbeitern einer von Schweizern besichtigten Fabrik sofort in den Sinn, als sie das Herkunftsland der Gäste erfahren hatten. Der 1941 mit den deutschen Besatzern in die Ukraine gekommene Werner fand zwangsläufig ein anderes Stadtbild vor. Im Gegensatz zu den anderen Schweizern wurde Werner von Vertretern der nationalsozialistischen Wehrmacht geführt und bekam ein Bild vermittelt, dessen Realitätsgehalt ebenfalls noch genau zu überprüfen sein wird.

4.6. Industrielle und landwirtschaftliche Musterbetriebe

Sowohl Arbeiterdelegationen wie auch Intourist-Reisegruppen wurden die technischen Höchstleistungen der Sowjetunion, die sich in bestimmten Industriezentren manifestierten, gerne vorgeführt. Das Motto "Einholen und Überholen" kam in diesen sowjetischen Grossprojekten zum Ausdruck. Der von Stalin konstatierte grosse Rückstand gegenüber den westlichen Ländern sollte innert zehn Jahren, d.h. nach zwei Fünfjahresplänen, aufgeholt und ein Leben im Kommunismus realisiert sein. "Trotz gigantischerAnstrengungen konnte die Zehnjahresfrist nicht eingehalten werden."[83] Sie wurde mehrfach verlängert, ohne das gesetzte Ziel zu erreichen.[84]

Die Wolga-Gruppe der Arbeiterdelegierten besucht 1927 das Kraftwerk Balachina[85]. Sie erfahren, dass dieses Kraftwerk in ein Gesamtkonzept gehört, das die Wasserkraft der Wolga für die grösste Industrieagglomeration an der mittleren Wolga um Nischnij-Nowgorod nutzen soll. Ein Teil des Kraftwerks Balachina ist seit 1926 in Betrieb, der andere Teil soll ebenfalls bald seine Arbeit aufnehmen können. Die Bauleitung liegt in den Händen von englischen und deutschen Ingenieuren. Die hier erzeugte Energie soll über das ganze Gouvernement verteilt werden. Die Lohn- und Arbeitsverhältnisse

---

[83] Adolf Karger, Sowjetunion, S. 123.

[84] Unter welchen Bedingungen und mit welchem Einsatz die Menschen versucht haben, die forcierte Industrialisierung durchzuführen, beschreibt der Basler Architekt Hans Schmidt, der lange Zeit in der Sowjetunion gearbeitet hat und dabei nach Magnitogorsk gekommen ist. Mehr als 65 000 Arbeiter und Spezialisten stampften dieses berühmte Hüttenwerk aus dem Boden. Es fehlte an allem: Material, Lebensmitteln, Fachkräften, Wohnraum. Gewohnt wurde auf dem Bauplatz zwischen den Gerüsten und Maschinen. "Es ist keine Phrase, wenn die Sowjetpresse von Schlachten spricht, die zu schlagen sind, von Siegen, die errungen werden müssen." Hans Schmidt, Der neue Weg, in: Schweizer Städtebauer bei den Sowjets, S. 14.

[85] Die richtige Bezeichnung lautet Balachna.

werden von den Delegierten auch hier nicht geschildert, da sie den schon beschriebenen entsprächen.

Eine andere Gruppe der Arbeiterdelegation besichtigt auf ihrer Reise durch die Ukraine Dnjepropetrowsk. Die Entwicklung in diesem traditionsreichen und wichtigen Industriestandort wird massiv vorangetrieben. Die Petrowskij-Hüttenwerke wurden 1883 gegründet und hatten vor dem Krieg 9500 Beschäftigte. Als das Werk 1921 von den Sowjets übernommen wurde, waren es nur noch 2475. Bis 1927 konnte die Belegschaft aber wieder auf 19 000 vergrössert werden, was ein Überschreiten der Vorkriegsproduktion um 20% möglich machte. Die sanitären und hygienischen Einrichtungen scheinen keinen Anlass zur Klage zu bieten, über die Arbeitsbedingungen berichten die Delegierten leider nichts. Ausführlicher wird stattdessen die Betriebsratsarbeit geschildert.

Der Betriebsrat wird einmal jährlich von Delegierten der Arbeiterschaft – auf 25 Arbeiter kommt ein Delegierter – gewählt und ist der Versammlung der Vertrauensmänner im Betrieb unterstellt. Die Beschlüsse dieser nächsthöheren Instanz, bestehend aus 342 Vertrauensleuten, sind für den Betriebsrat bindend. Drei beständige Kommissionen rekrutieren sich aus dem Betriebsrat: die Kommission für Aufklärung und Kultur, die Kommission der Arbeitsschule und die Produktionskommission. Insgesamt sind in diesem Hüttenwerk 1200 Arbeiter und Arbeiterinnen an der Gewerkschaftsarbeit beteiligt. Wie wichtig eine Schule in diesem Grossbetrieb ist, macht die Zahl von 1002 Analphabeten deutlich.

Neunzig Kilometer südlich von Dnjepropetrowsk, bei Aleksandrowsk – dem heutigen Saporoschje – wurde von 1927 bis 1932 das grösste Hydrokraftwerk errichtet. Das ehemalige Kosakenstädtchen Aleksandrowsk am Unterlauf des Dnjepr hatte 1917 erst 35 000 Einwohner, 1939 bereits 282 000.[86]

Das Wasserkraftwerk steht kurz vor seiner Vollendung, als die Schweizer Reisenden Studer und Wildhaber und wiederum Otto Baumberger die Besichtigung durchführen. "Hier in diesen südlichen Steppen hat die Sowjetunion eines ihrer gewaltigsten Werke errichtet, das grösste Kraftwerk der Welt, Dnjeprostroj."[87] Die Staumauer hat eine Länge von 1 1/2 Kilometern, und im 231 Meter langen Maschinenhaus sind bereits vier der neun Turbinen in Betrieb, jede Turbine mit einer Leistung von 90 000 PS. Die Generatoren sind in der Lage, 2 1/2 Milliarden Kilowattstunden jährlich zu erzeugen. "Weil so viel elektrische Kraft vorhanden ist, muss man für ihren Absatz sorgen, folg-

---

[86]   Adolf Karger, Sowjetunion, S. 136.
[87]   Charles Studer, Reiseeindrücke, S. 246.

Otto Baumberger, Dnjeprostroj

lich muss man Fabriken bauen, und zu den Fabriken gehören Wohnhäuser, folglich muss man eine Stadt bauen – da wo früher nur Steppe war."[88]

Eine grosse Fabrik neben der anderen entsteht hier: eine Aluminiumfabrik, Hochöfen, eine Ziegelei, metallurgische Werke und eine Fabrik für Schlackeprodukte. An ausreichenden und adäquaten Wohnmöglichkeiten fehlt es bislang noch.

Hier in der Steppe, wo ein Industriezentrum aus dem Boden gestampft wird, werden die Besucher von heimatlichen Tönen überrascht. Die Reisegruppe nimmt nach der Besichtigung das Abendessen im Hotel von Dnjeprostroj ein und wird plötzlich in zürcherischem Dialekt angesprochen: "ein Kommunist aus Zürich, seines Zeichens Kesselschmied, der in Zürich abgebaut wurde und jetzt in Dnjeprostroj arbeitet, und zwar als Spezialist, der im Monat 100 Rubel mehr verdient als die gewöhnlichen Arbeiter."[89]

Als Beispiel für Superlative in der Landwirtschaft wird Baumberger, Studer und Wildhaber das Staatsgut Werbljud vorgestellt. Mitten in unermesslichem, topfebenem Gelände stehen fabrikähnliche Gebäude und ein Windkraftwerk, die zusammen den zweitgrössten Musterbetrieb der Sowjetunion bilden. Die Gesamtfläche beträgt 110 000 bis 120 000 Hektar [die Angaben variieren – d.V.], 40% davon sind bebaut. Das Staatsgut verfügt über 170 kombinierte landwirtschaftliche Maschinen, die das Getreide schneiden, dreschen und reinigen, 140 Traktoren und 55 Maispflückmaschinen.

> "Für uns an Ordnung gewöhnte Schweizer machen die vielen Traktoren, die irgendwo im Freien herumstehen, einen etwas unordentlichen Eindruck; aber ein Kamerad belehrt uns, dass gutrentierende amerikanische Farmen genau so verlottert aussehen."[90]

Als besondere Errungenschaft wird das Pumpwerk gepriesen, das mitten in der Steppe die Bewässerung gewährleistet.

Hauptaufgabe von Werbljud ist die Produktion von Getreide, es werden aber auch landwirtschaftliche Versuche durchgeführt und junge Agronomen herangebildet. 10 000 Menschen leben hier, davon 3000 Arbeiter und 1000 Studenten. Eine Schule, ein Krankenhaus, Speisehäuser, Kino, Theater – alles ist hier vorhanden. Ausser Hühnern gibt es aber keine Tiere. Eine fünfhundertköpfige Kuhherde soll jedoch acht Kilometer entfernt weiden – wird ihnen erklärt.

---

[88] Arnold Wildhaber, Drei Wochen, S. 31.
[89] Ebenda, S. 32.
[90] Ebenda, S. 42.

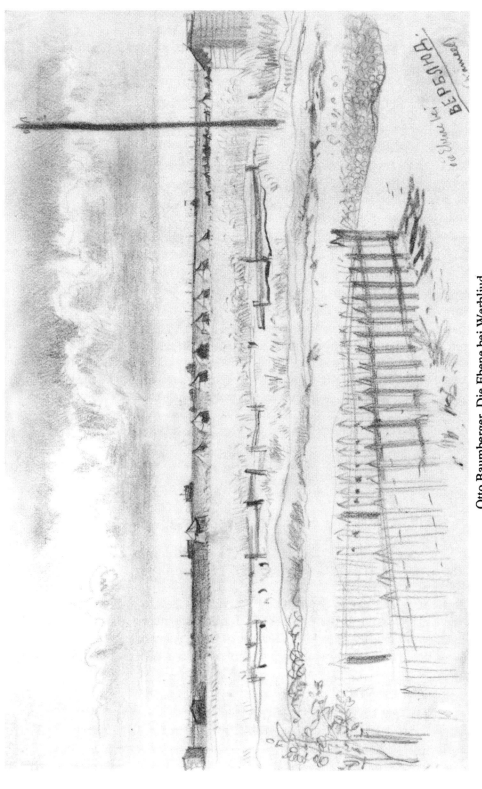

Otto Baumberger, Die Ebene bei Werbljud

Die Arbeitsprozesse können von den Gästen nicht mitverfolgt werden. Die Ernte ist gerade vorbei und eine grosse Gruppe von Fabrikarbeitern, die in ihrer Ferienzeit hier bei der Ernte geholfen hat, wird verabschiedet. "Eigentümliches Land, wo Arbeiter in der Freizeit aufopferungsvoll Extraarbeit leisten!"[91] Doch trotz dieses grossen Einsatzes scheint die Ernte nicht besonders gut ausgefallen zu sein. Vom Leiter erfahren die Besucher, dass pro Hektar statt der geplanten 15 Zentner nur 10 Zentner Weizen geerntet werden konnten, da es während der Erntezeit ausdauernd geregnet hat.

Auf dem Weg zurück zum Zug kommt Studer die unendliche Weite dieses Landes nochmals klar zu Bewusstsein und er zieht einen resümeeartigen Schluss unter das Erlebte und Gesehene: "Ebene kennt keine Grenzen; sie hat etwas Nivellierendes an sich. Kommunismus kann nur in solchen Weiten geboren werden, wo der einzelne Mensch ohne seinesgleichen verloren ist."[92]

Auch Elisabeth Thommen besichtigt ein Jahr später dieses zweitgrösste landwirtschaftliche Staatsgut. Beim ersten Anblick Werbljuds zwingt sich ihr der Vergleich mit einer Industriestadt auf. Die folgende Besichtigung bringt Details zu Tage. Vor den Wohnhäuserzeilen sitzen Frauen auf Bänken, stricken oder halten ein Baby im Arm, unterhalten sich und betrachten neugierig die fremden Gäste. "Ganz wie bei uns auf dem Land."[93] Auf dem Rundgang kommen sie dann am Klubhaus, am Krankenhaus und am Forschungsinstitut vorbei. Die von 3300 Arbeitern zu bearbeitenden Flächen reichen stunden- und tageweit ins Land hinaus. Plötzlich kommt Leben aufs Gut. "Stossbrigaden sind angekommen aus der Stadt – Fabrikarbeiter, die zur Ernte-Hilfsarbeit abkommandiert wurden. Land wird Stadt."[94] Eine Jungkommunistin hält eine enthusiastische Rede, dann gehts hinauf auf die bereitstehenden Lastautos und hinein in die Endlosigkeit der Ebene.

Das in der sowjetischen Landwirtschaft weitaus verbreitetere Gegenstück zu diesem Staatsgut lernt Adolf Voegeli auf seiner Reise durch Dagestan in der Gemeinde Tschoch kennen. Die Kolchose ist die durch die Zwangskollektivierung entstandene landwirtschaftliche Betriebsform, ein Zusammenschluss möglichst aller Bauern eines Ortes. Die Kolchose von Tschoch besitzt 42000 Schafe, 552 Rinder, 364 Pferde und 600 Esel. Daneben kann jeder Bauer noch eine kleine Privatwirtschaft betreiben, die den Besitz von bis zu fünf Kühen gestattet. Dieses Kollektiv leistet festgesetzte Abgaben an den Staat, so z.B. 32 000 Kilo Wolle pro Jahr, für die es zwischen fünf bis zwölf Rubel pro Kilo bezahlt bekommt. Die Kollektivmitglieder erhalten Naturalien

---

91 Charles Studer, Reiseeindrücke, S. 250.
92 Ebenda, S. 251.
93 Elisabeth Thommen, Blitzfahrt, S. 72.
94 Ebenda, S. 73.

und Bargeld – pro Tag 3 Rubel und 70 Kopeken. Der Verdienst ist gestaffelt, je nach Art der Beschäftigung in der Kollektive. Die tägliche Arbeitszeit beträgt sieben Stunden. Wohnungsmieten gibt es keine, Zimmer und Ställe werden zur Verfügung gestellt. Eine Kinderkrippe bietet Platz für siebzig Kinder und ein Kindergarten für dreissig Kinder. "Die Mehrzahl der Kinder ist jedoch zu Hause."[95] Die ehemals sieben Moscheen wurden alle in öffentliche Gebäude umgebaut, nachdem die Kommunistische Partei von Tschoch die Enteignung beantragt und die Gemeinde dies beschlossen hatte. Für privates Vieh muss ebenfalls eine Abgabe an den Staat entrichtet werden, die für ehemalige Reiche besonders hoch angesetzt ist. Von diesen ehemaligen Reichen, die als Oppositionelle gelten, wurden zweiundzwanzig 1930 nach Sibirien verbannt, aber bis auf zwei kamen 1934 alle wieder zurück. "Das sind nun die armen Teufel von heute, die nichts mehr besitzen und sich mit Betteln und niederen Verrichtungen elendiglich durchs Leben schlagen."[96] Das den ehemaligen reichen Bauern abgenommene Gold wurde für den Kauf eines Zuchtstiers aus der Schweiz verwendet. Dies alles erfährt Voegeli vom Buchhalter von Tschoch und aus dessen zwei herbeigebrachten Geschäftsbüchern.

Ein weiteres Beispiel der landwirtschaftlichen Kollektivwirtschaft lernte Léon Nicole bei seinem Besuch einer Kolchose im Moskauer Raum kennen. 1928 schlossen sich nur 13 Bauern des Dorfes der neuen Kolchose an. "Aber seit 1928 sind die Bauern, die wir besuchen, überzeugt worden."[97] Über Art und Verlauf dieser "Überzeugungsaktion" verliert Nicole jedoch kein Wort.

Gegenwärtig sind alle 242 Bauernwirtschaften des Dorfes in der Kolchose zusammengeschlossen, insgesamt sind von den 1118 Einwohnern 520 Männer und Frauen in der Kolchose beschäftigt. Die Fläche umfasst 1200 Hektar für den Gemüse-, Kartoffel- und Getreideanbau, die Nahrungsgrundlage bilden jedoch die Mastschweine des Kolchos. Die Kolchosarbeiter sind in Brigaden organisiert, bezahlt wird in Form von Geld und Naturalien gemäss der Leistung jedes Einzelnen. Der Kolchos ist seit einem Jahr elektrifiziert, und auch sonst scheinen alle erforderlichen Einrichtungen vorhanden. Die Runkel- und Kohlrüben sind – als Folge der grossen Trockenheit des Jahres 1938 – kleiner als die in der Schweiz. Medizinische und soziale Einrichtungen sind ebenfalls vorhanden. "Der Kolchoz hat seine Klinik für die Bewohner, seinen Tierarzt für das Vieh, seine Krippe, seinen Kindergarten, sein Kulturzentrum (Ort der Zusammenkünfte), seine Bibliothek und seine Schule."[98] Ein fest-

---

95   Ebenda, S. 99.
96   Ebenda, S. 100.
97   Léon Nicole, Meine Reise, S. 88.
98   Ebenda, S. 91.

eingerichtetes Kino soll demnächst das Wanderkino ersetzen. Ein kurzer Besuch in der Schule macht deutlich, dass der XVIII. Parteitag und die Führer der Sowjetunion auch hier präsent sind.

Da dieser Kolchos die Produktionsnormen übertroffen hat, darf er an der landwirtschaftlichen Ausstellung in Moskau teilnehmen.

Nach der Einnahme eines bescheidenen Abendessens richtet der Kolchosleiter einige abschliessenden Worte an die Gäste und bittet sie, in ihren Heimatländern die Wahrheit über die Sowjetunion zu berichten, was Nicole dem Leiter persönlich verspricht: "Ich füge bei, dass ich nach meiner Heimkehr mit noch mehr Glauben und Zähigkeit den Aufbau des Sozialismus in Sowjetrussland verteidigen werde."[1]

Mit dem Besuch des Sowchos Werbljud und zweier Kolchosen wurden die beiden Formen der sowjetischen Landwirtschaft in den Reiseberichten beschrieben. Die Besucher bekamen mit Dnjepropetrowsk und Werbljud die Superlative der sowjetischen Industrie und Landwirtschaft vorgeführt. Der kurze Aufenthalt konnte ihnen aber nur einen allgemeinen Eindruck vermitteln, der vor allem die gigantischen Ausmasse der neuerrichteten Anlagen beinhaltete und keinesfalls repräsentativ für die sowjetische Industrie war. Auch Léon Nicole liess sich eine besonders erfolgreiche Kolchose vorführen. Lediglich Adolf Voegeli wollte und konnte bei seinem Besuch des Dorfes Tschoch Genaueres über die Landwirtschaft erfahren, indem er sich die gesamten Schilderungen des Buchhalters der Kollektive von Tschoch schwarz auf weiss beweisen liess. Deshalb kommen auch nur in seinem Reisebericht – und in dem von Ella Maillart – die Massnahmen gegen die Kulaken und die Folgen dieser Politik zur Sprache.

4.7. Das politische Leben in der Sowjetunion

Neben den wirtschaftlichen und sozialen Bedingungen des Sowjetsystems waren für Schweizer Reisende auch die politischen Grundlagen des neuen Staates von Interesse. Wie wurde die "Diktatur des Proletariats" von Vertretern der Kommunistischen Partei begründet und erklärt, und was bedeutete sie konkret für das Leben der Sowjetbevölkerung? Welche Rechte und Pflichten hatte der Einzelne, wie wurde die Opposition behandelt, gab es freie Wahlen und unabhängige Gerichte, wie stand es mit der Pressefreiheit? Solcher Art waren die Fragen, auf die man während der Reise Antworten suchte. Ausgehend von der stark negativen Berichterstattung in der bürgerlichen Presse der Schweiz über das politische System der Sowjetunion ging es

---

[1]   Ebenda, S. 96.

einigen um die Korrektur des Bildes von einem diktatorischen Staat oder um die Bestätigung und Warnung vor dem "Zuchthauswärter"[2] Sowjetunion.

4.7.1 Demokratie – ja oder nein?

Fritz Brupbacher hatte bei seinem Aufenthalt 1921 die Gelegenheit, mit namhaften Vertretern der Parteiführung über die politische Entwicklung des Landes seit der Oktoberrevolution zu sprechen. Er konnte sich mit Bucharin, Radek, Menschinski, Trotzki und Kollontai treffen und dies, obwohl viele Genossen im Hotel Lux ihn mieden, da ihm Unorthodoxie und ein Hang zum Anarchismus nachgesagt wurden.

Die erste Begegnung, die Brupbacher beschreibt, findet mit Alexandra Kollontai statt. Gesprächsthema sind die Auffassungen und Forderungen der Arbeiteropposition, die von Kollontai unterstützt werden. Die Einführung der NEP wird von dieser Fraktion als Verrat am Kommunismus und der Arbeiterschaft beschrieben. "Es habe sich eine bürokratische Arbeiterschaft entwickelt, die dekretiere, anstatt die Initiative der Arbeiterschaft zu provozieren."[3] Mit diesen Worten gibt Brupbacher Kollontais Ausführungen wieder. Die bolschewistische Regierung vertritt in ihren Augen nicht mehr die Arbeiterinteressen, stattdessen versucht sie auch die Interessen anderer Klassen, wie die der Privatkapitalisten, zu wahren. Viele Betriebe werden wieder in Privathände gegeben, was den Verlust des Arbeitsschutzes und der gewerkschaftlichen Mitsprache zur Folge hat. Die Partei dirigiert jetzt die Gewerkschaften, eine Vertretung der Arbeiterinteressen ist so nicht mehr möglich. Brupbacher fragt Alexandra Kollontai, ob sie 1917 an den baldigen Kommunismus geglaubt habe. Dies verneint sie. "Dagegen 1919. Aber jetzt sei man zu sehr nach rückwärts gegangen, und wohl auf sehr lange Zeit."[4] Insgesamt leuchten Brupbacher Kollontais Ausführungen in vielen Punkten ein.

Mit Bucharin, der ihn im Hotel Lux besucht, spricht er ebenfalls – wie mit allen anderen auch – über die Einführung der NEP. Bucharin erklärt ihm, dass die Entwicklung in Sowjetrussland einen gewissen Kapitalismus nötig gemacht hat, um die Produktivität zu heben. Die Übernahme der Produktionsmittel nach der Revolution war politisch notwendig, wirtschaftlich aber ein grosses Problem. Da die Arbeiter zu essen bekamen, auch wenn sie schlecht produzierten, fehlte der Arbeitsanreiz. Das Verbot des freien Marktes und die Getreiderequirierungen erzürnten Arbeiter und Bauern und führten zu Sabotageakten. Die Öffnung des Marktes war der einzige Weg aus der

---

2   Josef Maria Camenzind, Ein Stubenhocker, S. 78.
3   Fritz Brupbacher, 60 Jahre Ketzer, S. 264.
4   Ebenda, S. 265.

Krise. "Auch bei ihm hatte man das Gefühl, dass er nicht glaubte, dass man in naher Zeit weiter sozialisieren könne."[5]

Selbst der oberste Tscheka-Beamte Menschinski spricht von der Notwendigkeit, einen Kleinbürgerstand zu schaffen. Wie Bucharin betont auch er, dass die Nationalisierung ein politisch gegen die Bourgeoisie gerichteter und deshalb notwendiger Akt war, der sich wirtschaftlich aber nicht bewährt hat. Die Übernahme gewisser Produktionszweige durch die Arbeitergewerkschaften sieht er als unmöglich an. "Das darf nicht sein."[6] Diese Auffassung teilten fast alle Bolschewisten, mit denen Brupbacher unter vier Augen sprechen konnte.

Von ganz anderer Art sind die Schilderungen Friedrich Schneiders fast fünf Jahre später aus der Blütezeit der Neuen Ökonomischen Politik. Er beschreibt als erster ausführlicher den politischen Aufbau der Sowjetunion.

Die Grundlage des Rätesystems ist der von der Produktionseinheit – auf dem Land das Dorf, in der Stadt der Betrieb – gewählte Sowjet. Kein Wahlrecht besitzen Personen, die Handel treiben, die von der Arbeitskraft anderer oder von Kapitalrenten leben. Die Verordnung vom 13. Oktober 1925 hat hier zu einer Lockerung geführt. "Mir scheint das so etwas, wie die Legalisierung der neuen Bourgeoisie zu sein, deren Geld die Sovietwirtschaft dringend braucht und das anders nicht herauszuholen ist."[7]

Der politische Aufbau ist hierarchisch: Dorfsowjet oder städtischer Sowjet, Kreissowjet und Gouvernementssowjet. Auf dem Gouvernementssowjet werden die Delegierten für den Rätekongress der Union, der einmal jährlich tagt, bestimmt. Er kann aber keine Gesetze erlassen. Dies kann nur das vom Rätekongress gewählte Zentrale Exekutivkomitee und dessen Präsidium. Der Rätekongress der Union wählt ausserdem den Unionsrat. Daneben gibt es noch den Nationalitätenrat, der nach dem gleichen Prinzip wie der Schweizer Ständerat zusammengesetzt ist. Ein Gesetz wird erst nach der Zustimmung beider Kammern gültig. Neben dem Präsidium geht auch der Rat der Volkskommissare aus dem Zentralen Exekutivkomitee hervor und ist ihm verantwortlich. Abschliessend hebt Schneider nochmals hervor, dass die Kommunistische Partei und die Rote Armee für den Verlauf der Politik massgebend und verantwortlich sind. Konkrete Beispiele des politischen Alltags in diesen Organen kann Schneider offenbar keine anführen.

---

[5]   Ebenda, S. 269.
[6]   Ebenda, S. 273.
[7]   Friedrich Schneider, Von Leningrad, S. 9.

Dass diese Partei innere Schwierigkeiten und Kämpfe austrägt und nicht alle Parteimitglieder dem propagierten Ideal einfach entsprechen, wird von Max Tobler konstatiert und erklärt.

"Es ist das Schicksal jeder Partei, die zur Macht gelangt, dass sie für alle Streber eine grosse Anziehungskraft gewinnt. Und der Reinigungsprozess erfordert dann Zeit und Rücksichtslosigkeit. Aber die Bolschewiki verfügen über beides."[8]

Was Tobler mit Zuversicht erfüllt, ist für Wlatnig abschreckendes Beispiel. Die Kommunistische Partei bezeichnet er als "roten Jesuitenorden", sowohl in ihrer Struktur, als auch in ihrem, aus seiner Sicht fanatischen und materialistischen Handeln. Das für die politische Arbeit geltende Kollegialitätsprinzip erscheint Wlatnig als Quelle der "Massenpsychose" und "psychopathischer Komplexe", deren Folgen sich wiederum in der Politik der Partei zeigen.[9] Die Aufrechterhaltung dieser Macht ist nur durch die Diktatur möglich. Ein Übergang zur Demokratie würde zu einer Abwahl der Bolschewiki durch die Bauern führen. "Die Dreieinigkeit von Marxismus, Stadtherrschaft und Diktatur bleibt daher eine typisch russische Erscheinung."[10]

Das von Schneider beschriebene Wahlrecht und die Möglichkeit, ein Mandat zu erlangen, erachtet Wlatnig als ziemlich zwecklos. Die Interesselosigkeit der Bevölkerung an allen Sowjetwahlen zeigt ihm, dass viele diese Auffassung teilen. Die wirkliche Macht hat Stalin inne. "Obschon sein Name nur flüsternd genannt wird, ist Stalins Macht mystisch stark."[11] Er hat das Heft in der Hand und muss als Regent der Partei bezeichnet werden, auch wenn er offiziell nicht als solcher fungiert. So beschreibt Wlatnig die Situation im Sommer 1927.

Dass Stalins Macht nicht nur als mystisch stark bezeichnet wird, erfährt Charles Studer 1932, als sich ihm unterwegs im Zug ein alter Russe nähert und ihn auf Deutsch anspricht. Dieser Mann stellt sich als Revolutionskämpfer vor, der an die bolschewistische Idee geglaubt und sich für sie eingesetzt habe. Nun jedoch, durch die Herrschaft Stalins, gebe es in der Sowjetunion nur eine Diktatur, die er als schrecklich charakterisiert. Seine Enttäuschung und Wut bringt er offen zum Ausdruck, und erst die Reiseleiterin bringt ihn durch einen scharfen Verweis zum Schweigen. Für Studer sind diese Aussa-

---

8   Max Tobler, Moskauer Eindrücke, S. 48.
9   Vgl. Friedrich Wlatnig, Das Neue Russland, S. 40-43.
    Psychopathische Komplexe lastet Wlatnig auch den jüdischen Russen im Partei- und Beamtenapparat an, wobei antisemitische Töne nicht zu übersehen sind. S. 60-61.
10   Ebenda, S. 76.
11   Ebenda, S. 100.

gen trotz seiner antisowjetischen Grundeinstellung dennoch überraschend, hat er sich das System so diktatorisch doch nicht vorgestellt.[12]

Adolf Voegeli hat auf seiner Reise immer wieder offen Kritik an den sowjetischen Verhältnissen geübt. Während der Schiffahrt auf der Wolga hat er Gelegenheit, mit einem Mitglied der Besatzung über dieses Problem zu diskutieren. Der Schiffsökonom versucht Voegelis Behauptung, dass wirkliche Demokratie nur in den westeuropäischen Ländern existiere, zu widerlegen.

"Da haben Sie unrecht. Wir sagen umgekehrt, dass die Sowjetunion die einzige wirkliche Demokratie darstellt, denn bei uns allein regiert das Volk. Bei ihnen hingegen regiert das Geld, das Kapital, vor allem das Presse- und Rüstungskapital."[13]

Den Arbeitern gehören die Fabriken und sie üben offen Kritik an bestehenden Misständen. Das kann Voegeli bestätigen. Er hat mehreren Betriebsversammlungen beigewohnt und erlebt, wie einfache Arbeiter die Anordnungen der Direktoren kritisierten und wie Vorgesetzte sich der Kritik stellen mussten. Hierbei handelte es sich seiner Meinung nach nicht um leere Worte, sondern um vernünftige Vorschläge. Dass mit dieser "offenen Kritik" massive Einschüchterung, ständige Angst und Überanpassung der Bevölkerung erzeugt werden sollte, ist ihm nicht bewusst geworden. So gelangt er zum Schluss, dass gesetzlich garantierte Freiheiten in den westeuropäischen Demokratien durch die ökonomischen Gegebenheiten eingeschränkt sind und dass, angesichts der politischen Lage Mitte der dreissiger Jahre in Europa, die sowjetische Diktatur des Proletariats eine freiere Staatsform als die der westeuropäischen Demokratien darstellt. "Eine politische Diktatur ist zweifellos kein idealer Zustand. (...) Aber es gibt schlimmeres als politische Unfreiheit und das sind Arbeitslosigkeit, Unsicherheit und Hunger, ..."[14] Voegeli betont, dass die kontinuierliche Verbesserung des Lebensstandards spürbar und als Folge eine Hinwendung zu mehr Demokratie möglich geworden sind. Klare Beispiele dafür sind seiner Ansicht nach die Abschaffung der Tscheka, die Umwandlung der GPU und die Einführung des direkten und geheimen Wahlrechts. Dies hat Voegeli von seinem Begleiter und Dolmetscher Sascha erfahren. Dennoch weiss er, dass er ein sicheres Urteil nicht fällen kann. "Das letzte Wort wird erst die Geschichte sprechen, vielleicht binnen kurzem, vielleicht erst nach geraumer Zeit."[15]

---

[12]   Diese Ausführungen machte Charles Studer in einem persönlichen Gespräch mit mir. Im Reisebericht selber findet sich diese Begegnung nicht beschrieben.
[13]   Adolf Voegeli, Sovjet-Russland, S. 57.
[14]   Ebenda, S. 260.
[15]   Ebenda, S. 297.

Für Josef Maria Camenzind hingegen gibt es keine Zurückhaltung in der Einschätzung. Sein Urteil über dieses System ist eindeutig.

"Ich denke an das Trüpplein Machthaber, die wie Grosskapitalisten vom Industriefieber gepackt sind und die aus Russland eine einzige grosse Fabrik machen wollen. Ich denke an die Millionen im Grunde des Herzens gütigen Menschen, die in diesem Reiche leben. Wie Menschen kommen sie mir vor, die hinter sichtbaren und unsichtbaren Gitterstäben leben."[16]

Léon Nicole zitiert zur Frage der Demokratie seinen Gesprächspartner Manuilski, den Vorsitzenden der Komintern. Dieser erklärt, an die Adresse der europäischen Sozialisten gerichtet, dass wenn die kapitalistischen Länder ihre Waffen nicht mehr gegen die Sowjetunion richten und der Faschismus beseitigt ist, die russischen Kommunisten die überzeugtesten Demokraten sein werden.

"Aber im Augenblick dürfen sie nicht vergessen, welches ihre erdrükkende Verantwortung ist angesichts eines Kapitalismus, der immer bereit zum Angriff ist und nicht zurückscheut vor der Anwendung von Mitteln, wie sie ihm die Regierungssysteme ermöglichen, welche die deutschen und italienischen Arbeiter unter ihr Joch zwingen."[17]

Hofer schliesslich konstatiert 1941 ein absolutes Desinteresse des "einfachen Volkes" an Aussenpolitik, ganz im Gegensatz zu den russischen Intellektuellen, die ganz vehement ihre Einschätzung und ablehnende Haltung gegenüber der nationalsozialistischen Politik zum Ausdruck bringen.[18] Hofer führt dies auf die angebliche Zugehörigkeit des Grossteils der Intellektuellen zur jüdischen Glaubensgemeinschaft zurück.

4.7.2 Der Umgang mit der politischen Opposition

Als Merkmal für den Charakter eines politischen Systems kann neben dem deklarierten Selbstverständnis auch dessen Rechtswesen und dessen Umgang mit der Opposition angesehen werden.

1920, als Walter Bringolf sich in Moskau aufhält, herrscht immer noch Bürgerkrieg. Die Gesetzgebung und der Umgang mit Gegnern und Oppositionellen richten sich nach den momentanen Gegebenheiten.

---

16   Josef Maria Camenzind, Ein Stubenhocker, S. 101-102.
17   Léon Nicole, Meine Reise, S. 26.
18   Vgl. Ernst Hofer, Reise-Bericht, S. 10-11.

"Die bürgerlichen 'Demokraten' werden aufschreien, wenn sie das hören. Äusserlich: weil hier doch jede 'Demokratie' verschwunden ist, innerlich, weil sie nicht mehr wochen- oder monatelang über all diese Dinge plappern könnten."[19]

Grundlage für die Verurteilung von Vergehen und Verbrechen ist nun der revolutionäre Gesichtspunkt, den die Volksgerichte repräsentieren. Sie können Menschen zu Gefängnisstrafen oder Zwangsarbeit verurteilen, nicht aber die Todesstrafe verhängen. Häufige Vergehen, die vors Volksgericht kommen, sind Spekulations- und Bestechungsfälle. "Aber hier beurteilt man die Fälle milde."[20] Der Lebensmittelmangel und die Transportkrise lassen diesen Kleinhandel als nicht sehr schwerwiegend erscheinen. Schieber werden hingegen vors Revolutionstribunal gestellt, ebenso Konterrevolutionäre. Für dieses Schiebertum als Ausdruck nackter Gewinnsucht kann die Todesstrafe verhängt werden. Bringolf betont, wie schwer es einem Kommunisten fällt, Gewalt anzuwenden. "Man leidet darunter. Ich sah es in den Falten des Gesichtes, in den Augen, ich hörte es aus der Stimme. – Aber die Revolution ist unerbittlich in ihren Forderungen."[21]

Die Unerbittlichkeit der Revolution ist auch für Sigi Bamatter berechtigte Notwendigkeit. Er hält die "Wetscheka", die politische Polizei, in ihrem Vorgehen für sehr zurückhaltend, ja sogar für zu human: "Wenn mich eines überrascht hat in Russland, so war es die allzu humane und sanfte Behandlung der Bourgeois, die gefangen (?) gehalten werden in Gebäuden, die bei uns die Arbeiter sich als Wohnungen sehr gut gefallen liessen."[22]

Vorsichtsmassnahmen und energisches Vorgehen gegen Konterrevolutionäre hält er immer noch für erforderlich. Von Einschränkungen der Rede- und Versammlungsfreiheit gibt es aber für Bamatter keinerlei Beweise, wie das Auftreten der Menschewiki und der Sozialrevolutionäre auf dem 8. Allrussischen Sowjetkongress deutlich machen.

Sechs Jahre später sind die Gerichte laut Friedrich Schneider noch immer Instrumente des Klassenkampfes. Ihre Zusammensetzung erfolgt deshalb auch nach politischen Gesichtspunkten. Die Volksgerichte sind für 90% der Fälle zuständig. "Die Vorsitzenden werden vom Gouvernementsexekutivkomitee, die sich wöchentlich ablösenden zwei Beisitzer von den Betriebsräten und den Gemeindesoviets gewählt."[23]

---

[19] Walter Bringolf, Russische Reise, S. 72.
[20] Ebenda, S. 76.
[21] Ebenda, S. 80.
[22] Eindrücke eines Arbeiters, S. 18.
[23] Ebenda, S. 10.

Max Tobler berichtet als einziger der Schweizer Reisenden von einem Gespräch mit einem russischen Arbeiter über die Möglichkeit der freien politische Meinungsäusserung. Der Arbeiter erklärt Tobler, dass er, als es auf einer Fabrikversammlung um die Verurteilung von Trotzki und Sinowjew gegangen ist, mit seiner Meinung zur Minderheit gehörte.

"Aber jetzt, nachdem einmal durch die Partei in der Frage Stellung bezogen worden ist, werden wir schweigen. Das ist russische Disziplin, die die lange Kampfzeit zur Notwendigkeit gemacht, und ich werde mich wohl hüten, dagegen zu verstossen. Es könnte mir recht unangenehm werden."[24]

Dennoch möchte dieser Arbeiter nicht in Westeuropa leben, das er aus eigener Anschauung kennt. Er dürfte vielleicht etwas freier reden, aber den Aufstieg der Menschen miterleben zu können, die als unterste Klasse in Not und Elend gelebt haben, bedeutet ihm mehr und lässt ihn an eine grosse Zukunft in der Sowjetunion glauben.

Wie unangenehm diese Folgen eines Abweichens von der Parteilinie sein können, beschreibt Friedrich Wlatnig auf drastische Weise. "Das letzte Mittel des Regimes ist der Terror."[25] Er vollzieht sich jedoch nicht wie zu Zeiten des Kriegskommunismus und stimmt auch nicht mit dem vom Ausland gezeichneten Bild überein. Unergründlich erscheint es ihm, wen es trifft, wer nachts abgeholt wird. "Der Delinquent ist oft ein zufälliges Opfer, damit der Schrecken eine Klasse lähme."[26] Eingesetzt wird dieses Mittel, wenn sich im Land selber Opposition aus der ehemaligen Feudal- oder Bürgerschicht regt und diese in Verbindung mit dem gegnerischen Ausland tritt. Als beispielhaft erachtet er die Verhaftungswelle nach der Ermordung Wojkows, die zeitlich mit dem innenpolitisch brisanten, die Regierungspolitik angreifenden "Dokument der Fünfzehn" fiel.[27]

Wlatnig berichtet, dass man auch als Häftling oftmals der normalen beruflichen Tätigkeit nachgehen kann und nur die Nächte im Gefängnis verbringen muss. "Eine befristete Verschickung nach Sibirien soll, mit Ausnahme der klimatischen Gefahr, meist weniger peinlich sein als die Haft in einem europäischen Gefängnis."[28] Für NEP-Leute ist diese Verschickung sogar durchaus üblich.

---

24   Max Tobler, Moskauer Eindrücke, S. 50-51.
25   Friedrich Wlatnig, Das Neue Russland, S. 44.
26   Ebenda, S. 45.
27   Petr Wojkow (1888-1927) war sowjetischer Gesandter in Warschau und wurde dort von einem russischen Emigranten am 7. Juni 1927 ermordet.
28   Friedrich Wlatnig, Russland-Reise, S. 45.

Es gibt eine Opposition in der Sowjetunion, deren prominenteste Vertreter Trotzki und Sinowjew sind. Ihr Anhang ist nicht gross, aber fühlbar. Dennoch ist Wlatnig überzeugt, dass die Partei keinen Bruch hervorrufen will und dass eine Verbannung Trotzkis nach Sibirien nicht in Frage kommt. "Aber man dürfte dies nicht tun, denn die Parteidisziplin, deren Schärfe nur steigt, wenn das Gleichgewicht im Innern labil scheint, dürfte jetzt eher etwas gelockert werden."[29]

Bei Anton Ganz wird deutlich, was Tobler nur allgemein angedeutet hat – das Prinzip der "Tschistka", der Säuberung, die die Regierung in immer schnellerem Tempo und grösserem Ausmass in der Bevölkerung durchführt. "Niemand weiss des Abends, ob nicht am folgenden Tage die Parteikontrolle ihn 'herausgesäubert' haben wird –, wie es so schön auf russisch heisst."[30] Von einer Lockerung der Disziplin, wie sie Wlatnig zwei Jahre zuvor antizipiert hat, kann offensichtlich keine Rede sein.

Auf den Bahnhöfen, in Geschäften und Institutionen verschiedenster Art erscheint plötzlich. die Parteikontrolle und lässt Beschäftigte strafversetzen oder bringt sie vor Gericht, wenn der Vorwurf des "antisozialen Handelns" erhoben werden kann. In solchen Fällen, die sich immer mehr häufen, sind mehrere Jahre Gefängnis die Folge. Als antisozial gelten hierbei Amtsmissbrauch, Sabotage, Verschleuderung von Staatsmitteln und "Vetterliwirtschaft".

Begründet wird die "Tschistka" mit dem Kampf der Sowjetregierung gegen die "inneren Feinde der sogenannten 'Arbeitsfront' – die den Bestand des Staates dauernd, wenngleich unmerklich, bedrohen"[31]. Ob Ganz dieser offiziellen Begründung Glauben schenkte, macht er in seinem Bericht nicht deutlich.

Auch Ella Maillart erfährt durch ihre persönlichen Kontakte mit jungen Moskauern von den politischen Säuberungen. Viele der Freunde, die sie 1930 bei ihrem ersten Moskauaufenthalt kennengelernt hat, sind nun, bei ihrem zweiten Besuch im Jahre 1933, nicht mehr da. "Einige von ihnen machen in Sibirien eine Luftkur. Aber sie werden bald zurück sein, in einem Jahr."[32] Diese Auskunft erhält sie von einem Freund im Ruderklub, und Ella Maillart weiss, dass mit dieser Umschreibung die Deportation gemeint ist. Auf ihre

---

[29]   Ebenda, S. 83.
[30]   Anton Roy Ganz, Russland 1929, 11. Dezember 1929.
[31]   Ebenda.
[32]   Ella Maillart, Turkestan, S. 28.

Frage nach den Gründen dafür erhält sie die bezeichnende Antwort: "Oh! Wer kann das wissen? Vielleicht konnten sie den Mund nicht halten ..."[33]

Auf ihrer Reise nach Kirgisien und Turkmenistan besucht Ella Maillart heimlich politische Verbannte. Zuerst einen verbannten Trotzkisten in Frunse, der wie einige andere Systemkritiker für drei bis sechs Jahre hier bleiben muss, abgeschieden vom Weltgeschehen und ohne Information über das Schicksal vieler anderer trotzkistischer Regimekritiker. Dann sucht sie einen verbannten Anarchisten und seine Frau in Taschkent auf.

"Er ist stellungslos; sie arbeitet in einem Büro, und von dem, was sie verdient, muss der ganze Haushalt bestritten werden. (...) Man ist Nikolas hier feindlich gesinnt, ohne dass er weiss warum. Alle seine Bewerbungen um eine Stellung werden abgewiesen, obwohl er früher auf einem Gebiet, das mit anarchistischen Aktivitäten nicht das geringste zu tun hatte, seine Fähigkeiten bewiesen hat."[34]

Seine Schilderungen machen deutlich, dass es sich bei Nikolas um einen Revolutionär der alten Garde handelt, der seine Exilzeit vor der Revolution in Genf verbracht hatte, um dann ab 1917 in verschiedenen Landesteilen unter Frunse und Kuibyschew für die Bolschewiki zu kämpfen.

Ein ganz anderes Bild über die Rechtmässigkeit solcher Verfolgungen vermittelt der Bericht des Schweizer Kommunisten Jules Humbert-Droz, der als "Schweizer Sonderberichterstatter" am Prozess gegen Radek, Pjatakow, Sokolnikow u.a., das "sowjetfeindliche trotzkistische parallele Zentrum", im Januar 1937 teilgenommen hat – genau wie der bekannte deutsche Schriftsteller Lion Feuchtwanger und der amerikanische Botschafter Davies. Sein Bericht kann nicht im eigentlichen Sinn als Reisebericht bezeichnet werden, war Humbert-Droz doch ein Mitarbeiter der Komintern, der lange Zeit in Moskau verbracht hat und von daher weitaus mehr Einblick in die sowjetische Entwicklung als alle anderen Reisenden hätte gewinnen können. Folgt man jedoch seinem Bericht über den zweiten grossen Schauprozess, dann zeigt sich, dass er diesen Einblick entweder nicht gewonnen oder nicht an eine Öffentlichkeit weitergegeben hat und stattdessen an der Legendenbildung über die Wahrhaftigkeit der Prozesse aktiv mitgewirkt hat.

Humbert-Droz schrieb nach jedem Prozesstag einen Bericht, der anschliessend in der Schweiz publiziert wurde. Zunächst verwahrt sich Humbert-Droz gegen die Sozialdemokratische Presse, die an der Wahrhaftigkeit der Anklagepunkte gegen diese altgedienten und bekannten Bolschewisten zweifelt.

---

[33] Ebenda.
[34] Ebenda, S. 208-209.

Die Anklage hat recht, die Beklagten als Konterrevolutionäre vor Gericht zu stellen. "Sie zogen den ungeheuren und grandiosen, von Stalin verwirklichten, sozialistischen Aufbau in den Schmutz und hofften, dass anfängliche Schwierigkeiten zu einem Fehlschlag und zur Katastrophe führen würden."[35] Sie ermordeten Kirow und verübten ein Attentat auf Molotow. Dies steht für Humbert-Droz schon zwei Tage vor Prozessbeginn fest.

Die Verlesung der Anklage macht die Zusammenarbeit der Angeklagten mit Hitlerdeutschland und Japan, den schlimmsten Feinden der Sowjetunion, deutlich. Das Ziel, das sie verfolgt haben, ist die Beschleunigung des Kriegsausbruchs gegen die Sowjetunion und die Zerstörung des Sozialismus gewesen. Dass anschliessend die Angeklagten stundenlang über ihre Verbrechen berichten, ist laut Humbert-Droz der Beweis für die ausserordentliche Redefreiheit, die hier gewährt wird. Er wiederholt die Beschuldigungen von Radek und Pjatakow gegen Bucharin, der zu diesem Zeitpunkt noch nicht verhaftet ist. Dann werden die Details von Trotzkis Vernichtungsplan aufgerollt. So ist beispielsweise Pjatakow im Dezember 1935 von Berlin aus mit Hilfe der Nationalsozialisten nach Oslo geflogen, um Trotzki zu treffen und die Direktiven entgegenzunehmen.

Humbert-Droz betont, dass die Angeklagten nicht wegen ihrer Auffassungen vor Gericht stehen. "Die Gewissensfreiheit ist in der Sowjetunion garantiert und wird respektiert."[36] Angeklagt sind sie wegen ihrer Taten, wie Sabotage, Spionage, Mord und Verrat: sämtliche Lokomotiven waren schon kurz nach der Kontrolle wieder reparaturbedürftig, der produzierte Koks war unbrauchbar, im Kusnezker Kohlebecken wurden 60 Brände gelegt, auch die Grubenkatastrophe von Kemerowo geht auf ihr Konto. Trotz dieser massiven Sabotageakte behauptet Humbert-Droz einige Abschnitte weiter unten, dass die Aktionen auf Grund der wachsamen Arbeiter gescheitert sind, um dann aber wieder einige Abschnitte weiter von 1500 Eisenbahnunglücken im Jahr 1934 und von 2000 im Jahr 1935 zu berichten.

Pjatakows Herkunft und Lebensweg greift Humbert-Droz auf, um dessen Verwerflichkeit aus seiner bürgerlichen Herkunft und aus seinem politischen Entwicklungsgang ableiten zu können. Der in der internationalen Presse erhobene Vorwurf, dass die Geständnisse der Angeklagten erzwungen worden seien, bezeichnet er als völlig abwegig. "Wer dem Prozess gefolgt ist, wer die Angeklagten stundenlang gesehen und gehört hat, kann nicht daran zweifeln, dass sie ihre Geständnisse freiwillig abgelegt haben."[37] Wenn es bei

---

[35]   Jules Humbert-Droz, Von falscher Theorie, S. 6.
[36]   Ebenda, S. 14.
[37]   Ebenda, S. 25.

Radek und Muralow länger gedauert hat, bis sie gestanden haben, so hat doch keiner der Angeklagten auch nur eine Andeutung über Zwang oder Gewaltanwendung gemacht, betont Humbert-Droz. "Die Angeklagten hatten die Möglichkeit, es zu sagen, ohne dadurch ihre Verurteilung zu verschärfen."[38] Ausgesagt haben sie, weil die Beweise nicht zu widerlegen waren, weil die Komplizen gestanden haben, weil sie doch Vorbehalte gegen Trotzki entwickelt haben, und weil die grandiose Entwicklung der Sowjetunion ihre Pläne durchkreuzte und weil z.B. der alte Kämpfer Muralow nicht zum "Banner der Konterrevolution" werden wollte. Den Vorwurf, dass der Prozess inszeniert wurde, um die alte Garde der Bolschewisten zu beseitigen, erklärt er für unsinnig. Diese Männer hatten ja die ersten Plätze im Staat inne und waren Vertrauensträger – das haben sie missbraucht. Dafür erhalten sie die angemessene Strafe: das Todesurteil gegen 13 der Angeklagten, für die anderen vier Gefängnisstrafen. "Das ist ein Unterschied, den man in einem anderen Lande nicht gemacht hätte."[39] Dieser Prozess gehört für Humbert-Droz zum internationalen Kampf der Werktätigen zum Schutz der Menschheit von Madrid bis Moskau. "Tun wir unsere Pflicht auf dem Gebiete, das wir zu schützen haben!"[40]

Erhard Jaeger reiste im Frühsommer 1936 und Josef Maria Camenzind im Sommer 1936 – beide sahen zufälligerweise an Bahnhöfen Gefangenentransporte, die sie entsetzten und in ihrem Urteil über das sowjetische System bestätigten.

Auf Jaeger wirken die schmutzigen bärtigen Menschen wie wilde Tiere. Auf Anfrage Jaegers antwortet die Dolmetscherin, dass es sich um "Arrestanten" handelt. Camenzind kommen Tränen, als er Augen und Hände durch die vergitterten Fensterluken blicken und tasten sieht. "Wagen um Wagen, schlechter als unsere Güterwagen daheim, stehen auf dem Nachbarschienenstrang, und überall sehe ich verkrampfte Hände, Menschenaugen, die nach Freiheit lechzen."[41] Bewacht werden die Gefangenen von bewaffneten Soldaten. Obwohl Camenzind den wahren Sachverhalt dieses Transportes nicht kennt und er weiss, dass auch die Schweiz Zuchthäuser und Häftlinge hat, sagt ihm sein Herz, dass diese Augen, in die er geblickt hat, keine Verbrecheraugen sein können.

Franz Schmidt ist der einzige der Reisenden, der mit seinen sowjetischen Begleitern über die Trotzkistenprozesse diskutiert hat.

---

[38] Ebenda, S. 26.
[39] Ebenda, S. 31.
[40] Ebenda.
[41] Josef Maria Camenzind, Ein Stubenhocker, S. 84.

"Worüber wir sprachen? Über vieles, vor allem aber über die Trotzki-stenprozesse, über das was uns leiden macht, wenn wir an Russland denken: dass dies sozialistische Land eine Frage nicht gelöst hat und nicht zu lösen sich bemüht: die Frage der menschlichen Freiheit, oder besser: der Freiheit des Menschen."[42]

Bei diesen Gesprächen geht es nicht immer ruhig zu, da den russischen Freunden der Gedanke kommt, die Schweizer Gäste seien Feinde der Sowjet-union. "Wir aber lieben ihr Land, und es ist nicht Feindschaft, die uns uner-bittlich bleiben liess, sondern Liebe zu Sowjetrussland und seinem Sozialis-mus."[43]

Somit war Schmidt der einzige, der sich zur Sowjetunion bekannte und ge-rade deshalb Kritik offen aussprach und nicht darum bemüht war, alles zu vertuschen oder zu beschönigen.

Léon Nicole kommt bei einer Begegnung mit einem Professor der Lebens-mittelhygiene in Moskau kurz und sehr allgemein auf die Chancen einer Op-position in der Sowjetunion zu sprechen. Für den Professor und seine Familie ist es unbestritten, dass das russische Volk hundertprozentig hinter der Regie-rung steht, da diese ständig an der Verbesserung der Lebensbedingungen ar-beitet. Kritik ist selten und bedeutungslos. Eine Oppositionsbewegung kann keine Massenbasis in der Bevölkerung finden. "Deshalb liessen sich Elemen-te, die glaubten, die ihnen persönlich zugeteilte Rolle entspräche nicht ihren Verdiensten oder Fähigkeiten, zu einer Politik der Verschwörung verleiten."[44]

Auf die Funktion der Zeitungen, so beispielsweise der "Prawda" oder "Is-westija" und anderer Organe, muss in diesem Zusammenhang auch eingegan-gen werden. Einige Schweizer haben in ihren Reiseberichten auf die Inhalte und Ziele von Wandzeitungen in den Fabriken hingewiesen, wie beispiels-weise die der politischen Unterweisung und der Kritik an einzelnen Beschäf-tigten für persönliches Fehlverhalten oder mangelnde Produktionsleistung. Daneben haben grosse Betriebe auch noch eigene Betriebszeitungen, die oft sogar als Tageszeitung erscheinen. In Moskauer Druckereien werden 1939 422 solcher Blätter hergestellt. "Sie enthalten einen guten Abriss der letzten Geschehnisse im In- und Ausland, redaktionelle Kommentare und einen Be-richt über das Leben des Betriebes, dessen Organ sie sind."[45] Redigiert wer-

---

[42]   Franz Schmidt, Reisen, S. 147.
[43]   Ebenda.
[44]   Léon Nicole, Meine Reise, S. 125.
[45]   Ebenda, S. 35.

den sie von Beschäftigten des jeweiligen Betriebes unter der Kontrolle der zuständigen politischen Instanz.

Ausserdem werden in Moskau noch weitere fünfzig Zeitungen für Russland, acht Tagesblätter für die Hauptstadt selber, sieben in anderen Sprachen und 550 Fachzeitschriften produziert.

Die beiden zuerst genannten Zeitungen sind jedoch die bekanntesten und richtungsweisend. Sie erfüllen ihre Funktion auf nationaler Ebene, die Prawda als Organ der Kommunistischen Partei, die "Iswestija" als Regierungszeitung. Im Jahre 1928 hat jede von ihnen eine tägliche Auflage von 500 000 Exemplaren. Léon Nicole beziffert die Auflagenstärke für die "Prawda" im Jahre 1930 mit 660 000 und für 1939 mit 2 Millionen pro Tag. Dadurch kann der Bedarf aber immer noch nicht gedeckt werden. Von der Seriosität der beiden Zeitungen ist Nicole überzeugt.

"Wer die politischen Artikel der Sowjetzeitungen wie der 'Prawda' oder der 'Iswestija' liest oder sich unvoreingenommen übersetzen lässt, ist immer erstaunt über die grosse Genauigkeit und Zuverlässigkeit der Informationen, welche die Journalisten, die sie redigieren, besitzen."[46]

Dass diese Zeitungen auch gegen Auffassungen, die nicht mit der Parteilinie übereinstimmten, vorgegangen sind, wird nur von Friedrich Schneider berichtet. Schneiders Auffassung, dass die von Moskau betriebene schematische Spaltung der internationalen Arbeiterbewegung falsch und verhängnisvoll ist, findet Bestätigung in den Aussagen des Bakuer Parteichefs Medwedjew. Dieser kritisiert den Kurs der Komintern, der zu besagter Spaltung der Arbeiterbewegung und zur Isolation der kommunistischen Arbeiter ausserhalb der Sowjetunion geführt habe. Die europäischen Kommunistischen Parteien würden mechanisch die Arbeitsmethoden der sowjetischen KP übernehmen, was die Desorganisation der jeweiligen Arbeiterbewegung zur Folge habe, gibt Schneider Medwedjew wieder. Sie werden hilflose und materiell von der Sowjetunion abhängige Sektionen. "In Wirklichkeit wird ein Gesindel kleinbürgerlicher Knechtseelen geschaffen, die für das russische Gold sich selber für das Proletariat ausgeben und die 'revolutionärsten Arbeiter' in der Komintern vertreten".[47] Die "Prawda" hat Artikel gegen die Auffassungen Medwedjews publiziert. Dennoch ist er noch "in Amt und Würden". Schneider betont aber, dass gegen diese von Medwedjew geäusserten Auffassungen immer noch ein "rücksichtsloser Vernichtungsfeldzug" geführt wird.[48]

---

[46]   Ebenda, S. 35-36.
[47]   Friedrich Schneider, Von Leningrad, S. 73.
[48]   Welches Schicksal Medwedjew tatsächlich widerfahren ist, wird im fünften Kapitel behandelt werden.

Die persönlichen Gespräche Brupbachers mit führenden Bolschewisten in Moskau sind zweifellos aufschlussreicher und prägnanter, als jede allgemeine Darlegung des politischen Systems der Sowjetunion. Die Wiedergabe der Standpunkte Bucharins, Menschinskis und Kollontais verdeutlichen in wenigen Sätzen die gesamte Problematik der ersten Jahre nach der Oktoberrevolution und des Beginns der Neuen Ökonomischen Politik. Schneiders Ausführungen über den politischen Aufbau und Wlatnigs Schilderungen über den "Roten Terror" bleiben abstrakt und können in die wirklichen Verhältnisse keinen ausreichenden Einblick gewähren – dies im Gegensatz zu den Beschreibungen bei Ella Maillart und Anton Roy Ganz. Franz Schmidt greift als einziger Schweizer die Schauprozesse auf, wenn auch nur recht kurz. In ihrer Prognose der weiteren politischen Entwicklung haben sich wohl alle Reisenden zum Zeitpunkt ihrer Reise geirrt. Sie haben nicht erkannt, welche Repression und massive Kontrolle mittels der institutionalisierten und erzwungenen Kollegen-, Vorgesetzten- und Selbstkritik ausgeübt wurde und verwechselten diese Vorgänge mit Meinungsfreiheit. Welchen Verlauf die Herrschaft Stalins nehmen würde, war für sie, aber nicht nur für sie, nicht vorstellbar. Mit ihrem Irrtum befanden sie sich in "bester Gesellschaft".

4.8. Der neue Mensch

Gemäss der marxistischen Theorie muss die revolutionäre gesellschaftliche Umgestaltung die Umgestaltung des menschlichen Bewusstseins zur Folge haben. Die Inbesitznahme der Produktionsmittel schafft demnach die Voraussetzung für das selbstbestimmte gesellschaftliche Tun.

> "Erst von da an werden die Menschen ihre Geschichte mit vollem Bewusstsein selbst machen, erst von da an werden die von ihnen in Bewegung gesetzten gesellschaftlichen Ursachen vorwiegend und in stets steigendem Mass auch die von ihnen gewollten Wirkungen haben. Es ist der Sprung der Menschheit aus dem Reich der Notwendigkeit in das Reich der Freiheit."[49]

Die Realisierung dieser Theorie schien erstmals durch die russische Oktoberrevolution greifbar zu werden. Freunde und Gegner des Sowjetsystems wollten denn auch wissen, wie der neue russische Mensch lebte, dachte, fühlte und sich präsentierte. War er der freie, selbstbewusste und selbstbestimmte Werktätige oder der jedes Lebenssinns und jeder Lebensfreude beraubte Gefangene des Bolschewismus? So konträr und von einander entfernt waren die

---

[49]   Friedrich Engels, Die Entwicklung des Sozialismus von der Utopie zur Wissenschaft, MEW, Bd. 19, S. 226.

Bilder, die in der Schweiz kreiert und publiziert wurden und mit denen die Schweizer Reisenden konfrontiert waren.

Als Sigi Bamatter 1920 nach Petrograd kommt, empfindet er einen grossen Unterschied zwischen den Arbeitern in Westeuropa und denen in Sowjetrussland. Die westeuropäischen sind niedergedrückt, die Petrograder sind siegesbewusst und zu allen Opfern bereit. "Kein Jammern, keine Niedergeschlagenheit, sondern der Wille zur Tat, Wille zu schöpferischem Aufbau. Keine trübseligen Gesichter. Alles ist möglich bei ihnen."[50]

Annelise Rüegg begegnet zwar auch zufriedenen und fröhlichen Arbeitern – trotz Hunger und Kälte –, sie sieht aber auch angsterfüllte, bleiche und hoffnungslose Gesichter und trifft auf Verhaltensweisen, die mit einer neuen sozialistischen Ethik nicht zu vereinbaren sind. Der Kommandant des Waggons, mit dem die ausländischen Gäste ihre Reise nach Sibirien durchführen, wird von Rüegg als skrupellos in der Lebensmittelbeschaffung beschrieben. Die Zugangestellten halten den Waggon nicht sauber, sind ununterbrochen am Rauchen, sowohl beim Kochen als auch beim Servieren des Essens. Sie lassen das Essen herumliegen bis es schimmelt, und ihr eigenes Abteil haben sie innert acht Tagen zu einem "Pferdestall" verkommen lassen. Die Folge sind das Eindringen von Pest und Typhus.[51]

Der "neue Mensch" ist kein Privatmensch mehr, er lebt in der Arbeit – das lässt sich Max Tobler von einem in Moskau lebenden Freund erklären. "Wer sich amüsieren will, der braucht nicht hierher zu kommen, weil er in keiner Weise auf seine Rechnung kommt und weil man ihn nicht braucht."[52]

Auch der Amerikanismus wird von vielen Reisenden als ein Merkmal der neuen russischen Lebensweise beschrieben.

"Nicht etwa der politische Amerikanismus und der borniert Geschäfts-individualismus, sondern seine Technik, die Präzision und Intensität des amerikanischen Geschäftsbetriebes, mit der man die Reichtümer aus der russischen Erde herausholen wird."[53]

Tobler betont, dass Charaktere, wie der von Gontscharow beschriebene Oblomow, dieser Jugend nicht bekannt sind, und wenn, dann hätten sie in ihren Augen keine Existenzberechtigung mehr.

Von ganz anderer Art sind die Ausführungen Friedrich Wlatnigs. Bei ihm erscheint der "neue Mensch" doch noch sehr identisch mit dem altbekannten

---

[50]   Eindrücke eines Arbeiters, S. 40.
[51]   Vgl. Anna-Lisa Aljechin-Ruegg, Impressions, S. 20.
[52]   Max Tobler, Moskauer Eindrücke, S. 83.
[53]   Ebenda, S. 91.

und in Europa gängigen Bild vom russischen Menschen, das Wlatnig durch Vergleiche mit der russischen Landschaft und Natur zu begründen versucht.

> "Das Bewusstsein der Entfernungen beherrscht die Volkspsyche. Hier kann nichts kleinlich werden. (...) Was bedeuten die Kriegsverluste an Menschen und Tieren, die eine allgemeine Fruchtbarkeit in wenigen Jahren ausgleicht?"[54]

Selbst schlimmste Ereignisse verlieren sich innert weniger Tage in der Weite des Landes und sind schnell vergessen. Nach diesen etwas allgemeineren Ausführungen kommt Wlatnig dann konkret auf den "Moskowiter" zu sprechen. Dass dieser ganz anders als wir Westeuropäer empfindet, liegt darin begründet, dass er kein Individualist ist. "Der Einzelmensch gleicht einer vollkommenen Null und die Liebe zum Tier ist grösser als die zum Menschen."[55] So kann ein Bauer in Tränen ausbrechen, wenn er einen Hund verletzt hat und ist gleichwohl im Stande, kurz darauf einen Menschen halb totzuschlagen. Ferner fällt dem Russen das Sparen schwer und die europäische Art des Haushaltens begreift er nicht wirklich. Er lehnt jede Form der Gleichmässigkeit ab und liebt das Leben in Extremen. "Entspricht dies nicht der Natur des Landes, das im Norden aus Wäldern und im Süden aus Steppen besteht, wo dem kalten Winter ein heisser Sommer folgt?"[56] Wlatnigs biologistisches Mentalitätskonzept beinhaltet keine Erkenntnisse über den neuen sowjetischen Menschen, sondern scheint eine simple Übertragung altbekannter Stereotypen bezüglich des russischen Volkes. Verstärkt werden besagte Stereotypen durch Äusserungen über Juden, die er als Hauptträger der sowjetischen Bürokratie bezeichnet. "Nun zieht ein Jude stets den andern nach sich, so dass ganze Ämterreihen in ihren Besitz kamen und mancher Nationalrusse von einer Judenherrschaft sprechen möchte."[57] In bekannter Manie schreibt er ihnen Fähigkeiten in Bank, Handel und Finanzen zu und betont ihre Unfähigkeit "auf andern konstruktiven Gebieten"[58]. Ferner würden sie unter einem "psychopathischen Komplex", dem Verfolgungswahn, leiden.[59] Es ist erstaunlich, wie stark neben den russischen auch antisemitische Stereotype bei der Charakterisierung der sowjetischen Bevölkerung schon 1927 zur Anwendung gekommen sind. Dies wirft ein Licht auf Wlatnigs Denk- und Wahrnehmungskategorien.

---

[54]   Friedrich Wlatnig, Das Neue Russland, S. 34.
[55]   Ebenda, S. 35.
[56]   Ebenda.
[57]   Ebenda, S. 60.
[58]   Ebenda.
[59]   Vgl. ebenda, S. 61.

Für Elisabeth Thommen ist der Wille der Russen zum Aufbau und zur Weiterentwicklung der bleibendste Eindruck ihrer "Blitzfahrt" durch die Sowjetunion. "Überall sucht man nach neuen Formen, nach anderen Möglichkeiten. Alles ist unerhört, kühn, gewaltig – auch gewalttätig – aber prall und voll von Wille und Kraft."[60]

Ausführlich vermag Ella Maillart die russische Jugend zu beschreiben, die sie kennenlernen konnte und die noch andere Eigenschaften als die von Tobler genannte Arbeitseinstellung aufweist. Im Unterschied zu ihrem eigenen ständigen Hin- und Hergerissensein bewundert sie die klaren, eindeutigen Wertvorstellungen der russischen Jugend. Befreit von der Vergangenheit, von religiösen und familiären Verpflichtungen können die jungen Menschen das Wesentliche des Lebens begreifen.

"Bei uns trifft man viele Befreite, aber diese wissen nicht, auf welchem Bein sie tanzen sollen. (...) Die russische Jugend hat begriffen, dass sie Teil eines Ganzen ist ... dass das Leben dort ist, wo man zu dieser Entwicklung beiträgt. Die Jugend lebt, sie formt aus allen Kräften mit."[61]

Sie realisiert wie gross der Unterschied zwischen der westeuropäischen und der russischen Jugend ist. "Unsere Werte sind hier ausser Kurs gesetzt. Die Definitionen, in die wir unsere Ideen einpacken, sind in Moskau nur leere Kisten, die einem die Sicht versperren."[62] Die Selbstverständlichkeit, mit der diese Jugend ihren Platz in der Gesellschaft einnimmt, ist auch auf das Verhältnis zwischen den Geschlechtern übertragbar. "Was anderswo so furchtbar interessant scheint, spielt sich hier kommentarlos, natürlich, selbstverständlich ab."[63]

Diese selbstbewusste und zielsichere Jugend hat aber auch eine Kehrseite, die Maillarts Ärger auslöst. Eine russische Freundin hat soeben eine elektrische Rechenmaschine geschenkt bekommen und zeigt sie Ella, begleitet von der Frage, ob sie wisse, was dies ist. "Ich antworte mit einem Ja, was gar nicht der Wahrheit entspricht. Doch jeden Tag ärgere ich mich über die Jugendlichen, die glauben, dass die Russen die Maschinen erfunden haben."[64] Adolf Voegelis Unterhaltung mit einem jungen Russen über die Fortschrittlichkeit der sowjetischen Züge bestätigt diese Tendenz.

Auch dem sonst in seinen Einschätzungen zurückhaltenden Baumberger ist seine Begeisterung über die russische Jugend anzumerken.

---

[60]   Elisabeth Thommen, Blitzfahrt, S. 86.
[61]   Ella Maillart, Ausser Kurs, S. 39-40.
[62]   Ebenda, S. 40.
[63]   Ebenda, S. 36.
[64]   Ebenda, S. 27.

"Ich weiss nur, dass diese unerhört reine Kameradschaft in der Arbeit und im gemeinsamen Spiele, Tanz, Gesang und Sport, wie ich sie im von Tausenden und Tausenden von fröhlichen Menschen durchwimmelten Moskauer Kulturpark, (...) und an vielen anderen Orten beobachten durfte, mir ein grosses ethisches Erlebnis bleiben wird, und dass mir diese saubere Mentalität einer der ganz grossen Aktivposten im Hauptbuche der Sowjetunion zu bedeuten scheint."[65]

Auch Arno Wildhaber, in der gleichen Reisegruppe wie Charles Studer, ist stark beeindruckt von dem grossen Bildungseifer, dem er in der Schweiz nur selten begegnet und von der Lebensfreude der russischen Jugend, die sich ihm auf der Reise durch die Sowjetunion gezeigt hat.

Elisabeth Thommens Eindruck ist identisch. Mit dieser Jugend wird eine neue Welt aufgebaut, deren wichtigstes Merkmal nicht die Elektrifizierung, sondern der Mentalitätswandel ist. Sie strebt nicht nach individueller Bereicherung, sie arbeitet und lernt für das Prosperieren aller.

Annemarie Schwarzenbach berichtet nicht mehr nur vom Lerneifer und Optimismus, sie spricht auch von der Rekordsucht als einem typischen Merkmal des neuen sowjetischen Menschen. Die Faszination der neuentdeckten Technik treibt zu ungekannten Leistungsergebnissen.

"Uns macht es verlegen zu sehen, wie dieser ganze Enthusiasmus, die ganze optimistische Aktivität, die schrankenlose Opferbereitschaft den Gütern der materiellen Kultur gilt – selbst wenn man der Kunst die grösste Bedeutung zumisst, so doch nur innerhalb eines zu schaffenden Weltbilds: des sowjetrussischen, innerhalb einer Absicht und Erziehung, innerhalb einer Kultur, die die Menschen glücklicher, gesünder, fähiger machen soll."[66]

Ein ganz anderes Bild vermitteln Erhard Jaeger und Josef Maria Camenzind vom "russischen Menschen". Für Jaeger ist er gekennzeichnet durch Interesselosigkeit und erzwungene Disziplin, was sich ihm beim Warten auf die öffentlichen Verkehrsmittel zeigt.

"Während wir auf den Wagen warten, sind wir Zeugen, wie geduldig und diszipliniert man die Menschen hier zu erziehen verstanden hat. Einer steht hinter den andern, keiner drängt nach vorn. Wie von einer strafe-drohenden Hand befohlen, steht jeder der Ankommenden, Mann oder Frau, am Schluss der Kolonne an."[67]

---

[65]   O. Baumberger, Bemerkungen, S. 20.
[66]   Annemarie Schwarzenbach, Russland 1934, S. 40.
[67]   Erhard Jaeger, Russland-Reise, S. 27.

Camenzind schliesslich spricht von der totgeschlagenen Güte des russischen Volkes, die eines Tages wieder aus ihrem Grab steigen, "mit leuchtenden Augen durch Russland schreiten und es wieder zum 'heiligen Russland' machen"[68] wird. Dieser Auffassung entsprechend, kann er an den jetzigen Menschen in der Sowjetunion kaum positive Eigenschaften entdecken, wie seine Beschreibung des Zugpersonals deutlich macht.

Ernst Hofer kennt zur Charakterisierung der Bevölkerung in der Sowjetunion nur eine Kategorie – die der Primitivität. Bei ihm ist der Sowjetbürger kein neuer Mensch, sondern ein in Geschichte und Gegenwart primitives Wesen, dem Schweizer in der Entwicklung um hunderte von Jahren hinterher. Primitiv erscheinen ihm schon die Völker des alten Russland, die deshalb den Bolschewismus als Ordnungsmacht gebraucht haben.

"Wäre eine Umwälzung auf eine bürgerliche Partei gekommen, so wäre daraus nur wieder ein Bürgerkrieg entstanden; denn wenn einmal ein Hang zum Besitz bei diesen primitiven Völkern geweckt ist, ist der Einzelne sehr schwer zu halten und jeder hätte den Andern übervorteilt und betrogen, oder umgebracht, nur um zu mehr Land und zu mehr Besitz zu kommen."[69]

Entsprechend der Primitivität der Menschen in der Sowjetunion erscheint auch ihre Lebensweise Hofer als primitiv. Die Wohnverhältnisse, die Kleidung, die Transportmittel – darüber kann er nur lachen oder staunen. Die sowjetische Bevölkerung aber scheint damit zufrieden zu sein. "Ich habe den Eindruck, dass die Leute auf ihre primitive Lebensweise eingestellt zufrieden arbeiten und leben."[70] Für die Schweiz kann deshalb, gemäss Hofers Einschätzung, dieses System absolut keine Gefahr bedeuten.

Bei Paul Werner schliesslich findet sich ein Bild der Menschen in der Sowjetunion, das so gut wie keinen menschlichen Zug mehr erkennen lässt. Auf seiner Reise durch die besetzte Ukraine kommt es zu Begegnungen mit der Bevölkerung, die ihn zu Charakterisierungen und Urteilen veranlassen. So erscheinen Werner die Menschen als Folge des sowjetischen Regierungs- und Wirtschaftssystems wie Traumwandler. "Sie tun, ein jeder, wo man ihn hinstellt, genau das, was sie tun müssen, und wenn es irgendwie geht, noch weniger."[71] Er empfindet es als schwer persönlichkeitsschädigend, wenn es in einer Stadt für alle Einwohner nur eine grosse Friseurfabrik, nur eine Schuhmacher- und nur eine Milchfabrik gibt. "Ich habe gesehen, wie weit eine sol-

---

68   Josef Maria Camenzind, Ein Stubenhocker, S. 49.
69   Ernst Hofer, Reise-Bericht, S. 5.
70   Ebenda, S. 9.
71   Paul Werner, Ein Schweizer Journalist, S. 109.

che Methode den Menschen bringen kann, und es wird eine der schwierigsten, wenn nicht die schwerste Aufgabe der Deutschen sein, diese Leute wiederum zum Leben zu erwecken."[72]

Werner betont, dass die Deutschen den Russen alle Möglichkeiten böten, sich auf eigene Füsse zu stellen. "Der Russe" begreift dies aber nicht, weil er keinen eigenen Willen mehr besitzt, lautet Werners Einschätzung.

"Ist es zu verwundern, wenn die Menschen dieses fruchtbaren Bodens unter solchen Bedingungen irgendwie komisch, irgendwie nicht ganz normal werden, oder zum mindesten bei einem Aussenstehenden einen solchen Eindruck erwecken? Mit einer beinahe aufreizenden Gelassenheit und Ergebenheit fühlen diese Menschen sich zufrieden. Wie Maulwürfe, die in ihren Erdlöchern auch nichts anderes empfinden können als über der Erde, nur Dunkelheit."[73]

Werner versucht sich auch "das Geheimnis des Widerstandes" der sowjetischen Soldaten gegenüber der deutschen Wehrmacht zu erklären. Er ist sich sicher, dass dies mit Mut nichts zu tun hat und vertritt stattdessen die Auffassung, dass es sich hier nicht um Menschen, sondern um Maschinen handelt. "Er ist einfach eine Maschine, die sich dort einsetzen lässt, wo man sie braucht: In der Fabrik, der Kolchose oder auf dem Schlachtfeld. Und die so lange arbeitet, bis der Motor zerschlagen wird."[74]

In der Stadt Uman erfährt er von Einwohnern, dass 250 Männer der Stadt vor dem Einmarsch der Deutschen soviel Bier wie nur möglich in der örtlichen Bierfabrik getrunken haben und die Vorräte auslaufen liessen, um den Besatzern nichts zu überlassen. "Ich erzähle davon, weil auch dies ein typisches Beispiel für die Hemmungslosigkeit des russischen Menschen ist."[75]

Dann kommt Werner noch auf die "Umerziehungsversuche" der Deutschen zu sprechen und charakterisiert dabei nochmals die Menschen in der Sowjetunion. Die deutschen Militärs wollen den Ukrainern beispielsweise beibringen, dass es bei den Strassenbahnen nur einen Einstieg und nur einen Ausstieg gibt, was mit grossbeschrifteten Schildern deutlich gemacht wird. Werner erklärt, dass die Menschen das nicht sofort begreifen.

"Man darf nur die Geduld nie verlieren und muss immer ganz unten anfangen. Der Russe ist ja von Natur nicht böse, das beweist seine Tradi-

---

[72]   Ebenda, S. 110.
[73]   Ebenda, S. 111.
[74]   Ebenda, S. 112.
[75]   Ebenda, S. 160.

tion. Er ist nur ein schrecklich naives Kind, das der Macht seines mehr als 20jährigen Schicksals erlegen ist."[76]

Selbstbewusstsein, Zielsicherheit, Interesse, Engagement und Lebensfreude sind Begriffe, die sich in den Reiseberichten von Jaeger, Camenzind, Hofer und Werner – im Gegensatz zu allen andern – an keiner Stelle für die Charakterisierung der sowjetischen Bevölkerung finden lassen. So klaffen die gezeichneten Bilder so weit auseinander, als handelte es sich bei den beschriebenen um zwei verschiedene Völker. Die Wahrnehmung von Charakteristika ist vollkommen konträr, woraus abzuleiten ist, dass die Vorannahmen, Vorurteile entscheidend für die Erfassung des Anderen, des Fremden sind.

4.8.1 Die neue Frau

Spezielle Erwähnung findet bei fast allen Schweizer Reiseberichten die sowjetische Frau und ihr neues Rollenverständnis in der Gesellschaft. Die Gleichberechtigung wurde in der Sowjetverfassung verankert. Die Einführung der für Arbeiter und Arbeiterinnen geltenden Arbeitspflicht stand in diesem Kontext, wie auch die Neufassung der Bestimmungen über Eheschliessung und Ehescheidung.[77] Wenn ein Ehepartner die Ehe auflösen wollte, konnte er das seit Dezember 1917 auch ohne das Einverständnis des anderen Partners tun.[78]

Zwischen den Angaben Bringolfs und der ausführlichen Schilderung der Rolle der Frau durch Franz Reichmann liegen sechs Jahre, die mit der Einführung der Neuen Ökonomischen Politik und der Aufhebung der Arbeitspflicht für viele Frauen zu grossen Problemen geführt hatten.[79] Aus diesem Zeitraum liegt nur ein Schweizer Reisebericht vor, der dieses Thema aber nicht behandelt.

Im Jahre 1926 zeigt sich Franz Reichmann beeindruckt von den sowjetischen Frauen. "Wohl in keinem Lande der Welt nimmt die Frau im gesamten Produktionsprozess, an allen Fragen der Wirtschaft, der Politik, der Kunst, des Verkehrs, der Verwaltung, der Regierung etc. so aktiv Anteil als in Sowiet-Russland."[80]

---

[76]   Ebenda, S. 170.

[77]   Vgl. die Ausführungen in Kapitel 3.1.5.

[78]   Alexandra Kollontai weist in ihren Vorlesungen an der Universität Swerdlow 1921 darauf hin, dass die Umsetzung dieses verankerten Rechts der Gleichberechtigung für einen Grossteil der Frauen noch nicht erreicht werden konnte. Siehe Alexandra Kollontai, Die Situation der Frau, Vorlesung 10-14.

[79]   Alexandra Kollontai beschreibt einige Frauenschicksale dieser Periode in ihren Erzählungen, die auf authentischem Material beruhen.

[80]   Franz Reichmann, Im Lande der Bolschewiki, S. 116.

In den verschiedenen Gewerkschaften erlebt Reichmann die aktive Beteiligung der Frauen in sämtlichen Aufgabenbereichen. Beeindruckend erscheinen ihm ihre grosse Intelligenz und Tüchtigkeit. "In der Schweiz leidet die proletarische Frauenbewegung daran, dass die Frauen viel schwätzen, aber wenig handeln."[81] Reichmann wirft den Schweizer Männern vor, dass sie sich einbilden, im Alleinbesitz der Weisheit zu sein und Frauen nur als Gefolgschaft gebrauchen zu können. Die sowjetischen Gewerkschafterinnen hingegen stehen in ihrer Tätigkeit gleichbedeutend neben den männlichen Kollegen, sie unterscheiden sich selbst äusserlich kaum von diesen. In der gesamten Industrie finden sich 23,6% Arbeiterinnen, in den Gewerkschaften 25,2% und im ZK der Gewerkschaften 15,1%. Die Hebung des Bildungsniveaus durch die Gewerkschaften führte dazu, dass jetzt schon 25,3% der Absolventen von technischen Berufsschulen Frauen sind.

Da arbeitende Frauen auch Mütter sind, gibt es für sie während der Schwangerschaft und während der Stillphase besondere Bestimmungen. Zwei Monate vor und nach der Entbindung erhalten die Arbeiterinnen bezahlten Urlaub. Alleinerziehende Frauen sind bis zum vollendeten ersten Lebensjahr des Kindes vor Entlassungen geschützt. Stillende Mütter bekommen neun Monate lang mehr Lohn bezahlt und eine Krippe im Betrieb nimmt die Kinder der Betriebsangehörigen auf. Schneider muss bedauernd eingestehen, dass diese Sozialleistungen und Absicherungen in der Schweiz nicht gleichermassen existieren.

Auch von den Arbeiterdelegierten wird die ökonomische Eigenständigkeit der sowjetischen Frauen hervorgehoben, die auf dem Grundsatz "gleiche Arbeit – gleicher Lohn" basiert.[82] So können Frauen vom Mann wirtschaftlich unabhängig leben. Die Frau ist auf eine Eheschliessung als Existenzsicherung nicht mehr angewiesen. Paare können ihre Liebesbeziehung als Ehe registrieren lassen, müssen dies aber nicht tun. Sie sind lediglich verpflichtet, die Verantwortung für ihre Kinder zu tragen, gleichgültig ob diese Kinder aus einer registrierten oder nicht registrierten Beziehung hervorgehen. Rechtlich gibt es zwischen beiden Formen keinen Unterschied.

Auch die politische Mitsprache der Frauen ist verfassungsmässig verankert. Um so erstaunter reagieren die Russinnen, als sie erfahren, dass die Schweizerinnen diese nicht besitzen.

---

[81] Ebenda, S. 117.

[82] Dieser Grundsatz erwies sich als schwer zu realisieren. In allen Reiseberichten werden die Lohnunterschiede zwischen Arbeitern und Arbeiterinnen deutlich. Der Grund dafür liegt in der schlechten oder nicht vorhandenen Ausbildung sehr vieler Frauen. Sie müssen deshalb schlechtere Arbeiten, die auch schlechter bezahlt werden, ausführen.

Otto Baumberger, Eine Fabrikarbeiterin und eine Strassenputzerin

Das Fazit der Arbeiterdelegierten: "Ein Land, das die Frauen so arbeiten lässt, ist nicht mehr zu besiegen ..."[83]

Dass das Leben der sowjetischen Frauen nicht nur auf grossen Errungenschaften basiert, sondern stark von den Alltagsproblemen geprägt ist, macht Anton Roy Ganz deutlich. Ist eine Frau verheiratet, hat aber keine Kinder, dann ist die Situation zu meistern. "Ist ein Haushalt zu führen, so ist die Frau gezwungen, den halben Tag beim Einkauf der zur Führung dieses Haushaltes nötigen Gegenstände zu verbringen."[84]

Positiver urteilt B.; der davon berichtet, oft mit sowjetischen Frauen ins Gespräch gekommen zu sein. Auf Grund dieser Kontakte lautet sein Fazit, dass die jungen Frauen die eigentlichen Trägerinnen des Sowjetsystems darstellen. "Im Vergleich zur Stellung des Grossteils der Frauen während des Zarenregimes hat die heutige Ordnung der Frau wesentliche Vorteile gebracht."[85]

Auch Elisabeth Thommens Blick richtet sich während der Reise immer wieder auf die sowjetischen Frauen und Mädchen, an denen ihr das forsche, entschlossene und temperamentvolle Auftreten auffällt. "So gar nichts mehr da von der Zimperlichkeit früher kultivierter Weiblichkeit!"[86] Ihre Eindrücke und Erlebnisse reihen sich ein in die bisherigen Schilderungen.

Die wichtigste Umwälzung, die Adolf Voegeli auf seiner Reise wahrnimmt, ist die der verwirklichten Gleichberechtigung von Mann und Frau. Die Möglichkeit der Geburtenbeschränkung durch Verhütungsmittel und Schwangerschaftsunterbrechung, die Errichtung von Kinderkrippen unterstützt dies, auch wenn diese Möglichkeiten zum Zeitpunkt seiner Reise wieder eingeschränkt werden und die Rückwendung zu bürgerlichen Lebensformen feststellbar ist.

Die negativen Auswirkungen des Fehlens dieser Gleichberechtigung auf die Ehen und Partnerschaften in der Schweiz werden ihm durch die Erlebnisse in der Sowjetunion bewusst. Die Unterteilung in Hausarbeit für die Frau und Berufsausübung für den Mann führt zu einer starken geistigen Ungleichheit in der Ehe. Das Überlegenheitsgefühl des Mannes verstärkt dies noch. "Die Schwierigkeiten aus der ungleichen Stellung der Ehegatten, die bei uns so häufig sind, wurden in Russland durch die Berufstätigkeit der Frau grösstenteils besiegt."[87]

---

83 Sowjet-Russland, S. 101.
84 Anton Roy Ganz, Russland 1929, 11. Dezember 1929.
85 B., Moskauer Streiflichter, S. 2.
86 Elisabeth Thommen, Blitzfahrt, S. 39.
87 Adolf Voegeli, Soviet-Russland, S. 39.

Otto Baumberger, Eine Rednerin im Kultur- und Erholungspark in Moskau.
Es handelt sich hier um Frida Rubiner, die bekannte deutsche Kommunistin
und Schriftstellerin, die in Moskau für die Kommunistische Partei arbeitete.

Diese Berufstätigkeit der russischen Frauen wirkt auf Erhard Jaeger zutiefst abschreckend, da sie auch schwere körperliche Arbeit, so z.B. im Strassenbau, beinhaltet. "Es sind hier alte, oft über 60jährige Frauen, die, auf den Knien arbeitend, die Steine klopfen und setzen. Abgearbeitete und sorgendurchfurchte Gesichter schauen stumpf unter den grauen Kopftüchern hervor."[88]

Die gleichen Beobachtungen macht Josef Maria Camenzind vom Zug aus. Frauen verladen Kohlen, Frauen laden Balken auf Güterwagen, sie arbeiten mit Pickel und Stemmeisen, "sie rackern wie Männer".[89] Sieht so also die Freiheit der Frau gemäss Artikel 122 der Sowjetverfassung aus, die sich in gleichen Rechten für Mann und Frau in allen Bereichen des Lebens ausdrückt? "Hier sehe ich die Freiheit des Krüppelns illustriert."[90] – Dies der Kommentar Camenzinds zur Gleichstellung von Mann und Frau.

So reduzieren Jaeger und Camenzind den grossen Bereich der Gleichberechtigung von Mann und Frau in der Sowjetunion auf diesen Aspekt, der ihnen genügt, um erschreckt vor diesen Ideen zurückzuweichen, während alle anderen Berichte sich vom neuen Selbstverständnis der sowjetischen Frauen sehr beeindruckt zeigen und ihre ökonomische Loslösung vom Mann als grossen Fortschritt empfinden. Auf das Problem der von Frauen ausgeübten körperlichen Schwerarbeit kommen sie wiederum nicht zu sprechen. Wie schon beim vorherigen Kapitel entsteht der Eindruck, als schilderten die Reiseberichte zwei gänzlich verschiedene Entwicklungen.

4.8.2 Die Erziehung des "neuen Menschen"

Der erste Kontakt von Schweizern mit dem sowjetischen Erziehungssystem nach der Revolution fand in Djetski-Selo, dem ehemaligen Zarskoje-Selo, statt. In diesem Dorf befinden sich zum Zeitpunkt des ersten Schweizer Besuchs im Sommer 1920 70 Kinderheime für über 15 000 Kinder.[91] Alles ist in Erwartung der Gäste festlich geschmückt. Die Begrüssungsrede hält ein zehnjähriges Mädchen, der Kinderchor singt die Internationale für Sigi Bamatter, Willi Münzenberg und Max Barthel. Die Kinder machen einen glücklichen und gutgenährten Eindruck und zeigen grosse Begeisterung für die Besucher. Damit es den Kindern hier gut geht, hungern die Arbeiter in Lenin-

---

[88] Erhard Jaeger, Russland-Reise, S. 31.
[89] Josef Maria Camenzind, Ein Stubenhocker, S. 65.
[90] Ebenda, S. 66.
[91] Das Schulreglement von 1918 formulierte das Ziel, die Schulen durch Kinderheime zu ersetzen, um sie dem als negativ eingeschätzten familiären Einfluss zu entziehen. Siehe dazu Fritz Lieb, Russland unterwegs, S. 221-232.

grad. Die Kinder stehen an erster Stelle, für sie wird alles getan, nicht nur in Djetski-Selo, sondern in ganz Russland, wie Bamatter betont. Die Kinder Westeuropas hingegen müssen hungern, während "die Bourgeoisie in Saus und Braus lebt"[92].

Die Kindererziehung im Kinderdorf umschreibt Bamatter als von Gleichwertigkeit, Achtung und freiwilliger Unterordnung unter das Gesetz der gegenseitigen Hilfe getragen. Die jungen Menschen halten selbst Ordnung in ihren Heimen. Strafen wie Bibliotheks- oder Theaterverbot sind selten und werden von den Kindern selbst verhängt. Prügelstrafen existieren nicht mehr. Mangel herrscht an Lehrkräften, weshalb auch Arbeiter nach kurzer Ausbildung als Lehrer eingesetzt werden.

Wie bereits erwähnt, machte Sigi Bamatter im November 1920 eine weitere Reise, diesmal durch Karelien an die nördliche Grenze der Sowjetunion, um zu beweisen, dass auch dort Schulen existieren. Unterwegs treffen er und seine Begleiter mehrmals auf Züge und Schiffe, die die Kinder der Gegend zu ihren Schulen befördern. In abgelegensten Winkeln finden sich Schulen und Lehrer, die Jung und Alt Lesen und Schreiben beibringen. "Die Bolschewiki haben die Unwissenheit vertrieben. Sie bauen ihre Macht auf die aufgeklärten Massen."[93]

Annelise Rüegg, die auf ihrer Reise nach Sibirien 1920/21 auch viel Leid gesehen hat, empfindet den guten Willen der Kommunisten am stärksten in den Kinderheimen, die sie unterwegs immer wieder besichtigen. "On aurait désespéré si l'on n'avait pu, de temps en temps visiter un asile d'enfants des Soviets."[94] Die Erziehungsmethoden behagen ihr nicht immer, vor allem dann, wenn den Kindern der Klassenhass durch schreckliche Bilder aus der Zeit des Bürgerkriegs beigebracht wird. Es gibt aber auch Heime, die die Kinder mit positiven Beispielen auf das zukünftige Leben vorbereiten.

Toblers Beschreibungen seines Schulbesuchs in Moskau machen die pädagogische Phase der Arbeitsschule deutlich.

In die Schule sind verschiedene Werkstätten integriert, und sehr vieles, auch Schulmaterial, wird selber hergestellt. Dies zum einen in Ermangelung von Gebrauchsgegenständen, zum andern, um die Schüler zu sozialistisch gesinnten Werktätigen zu erziehen.

Die Situation der Lehrkräfte erscheint Tobler aber nicht gleichermassen befriedigend.

---

92 Eindrücke eines Arbeiters, S. 28.
93 Wie die Bolschewiki die Schule zerstört haben, S. 8.
94 Anna-Lisa Aljechin-Ruegg, Impressions, S. 16.

Auf diese unzufriedenen Lehrer kommen die Arbeiterdelegierten nicht zu sprechen. Sie betonen, dass die Lehrkräfte über einen grossen pädagogischen Spielraum verfügen und dass die schulische Experimentierphase noch nirgends abgeschlossen ist. Zu den pädagogischen Neuerungen gehören z.B. das Prinzip, dass Schüler nicht "sitzenbleiben" können und stattdessen bei Schwierigkeiten speziell gefördert werden, ferner die Selbstverwaltung der Schulen.

Sieben Jahre später scheint die Existenzsituation für Lehrer jedoch immer noch unbefriedigend, wie das Gespräch Voegelis mit einer Lehrerin aus Leningrad deutlich macht.[95]

Erhard Jaeger besucht ebenfalls in Leningrad eine Schule. Er stellt fest, dass die Lehrer bemüht sind, das Wissen der Schüler zu erweitern. "Wir sind überzeugt, dass bei den meisten dieser Leute diese Art Bildung viel zu rasch – wie man bei uns sagt, als Schnellbleiche – vor sich geht, indem die Grundlage der guten Elementarschule, der seriösen Vorbildung fehlt."[96]

Einen Beweis dafür glaubt er in den Mädchen zu erblicken, die im Park sitzen und "sich mit Algebra oder Geometrie abmühen"[97]. Der Erfolg steht in keinem Verhältnis zum mühevollen Aufwand, beurteilt Jaeger. Weiter ist er der Auffassung, dass das Sowjetsystem den jungen Russen eine Bildungswut eingeimpft hat, indem ihnen klar gemacht worden ist, dass Schulbildung heute kein Privileg der Reichen mehr ist, sondern allen zusteht. "Zur Bekräftigung dieser Lehre ist dafür gesorgt, dass gelegentlich ein intelligenter, junger Mann von 'unten' kommend die Treppe der Partei-, Wirtschafts- oder Staats-Hierarchie emporsteigt."[98]

Wie konnte Jaeger feststellen, dass es sich bei der sowjetischen Bildung um Schnellbleiche handelte und dass die Lernanstrengungen den Erfolg nicht rechtfertigten? Und woher weiss er so genau über die Sozialstruktur der Parteifunktionäre Bescheid? Die Antworten bleibt er erneut schuldig.

Anita Mühlestein besuchte offenbar als einzige Schweizer Reisende ein Haus der Pioniere, um zuzusehen, wie die sowjetische Jugend sich in ihrer Freizeit weiterbildet. Diesen Zusatzunterricht erteilen Lehrer und Professoren freiwillig neben ihrem eigentlichen Schul- oder Universitätspensum. Anita Mühlestein ist begeistert von der Lernatmosphäre, die sie hier wahrnimmt. "Das muss man gesehen haben, wie hier Kinder und Professoren miteinander

---

[95]   Vgl. Adolf Voegeli, Soviet-Russland, S. 15.
[96]   Erhard Jaeger, Russland-Reise, S. 22.
[97]   Ebenda.
[98]   Ebenda.

verkehren, dann begreift man dieses seelische Aufblühen der Jugend."[99] Auf grossen Lerneifer trifft sie auch in den Gruppen, wo gerade kein Lehrer anwesend ist. "Ueberall Disziplin und für uns niegesehener Wissensdrang und fieberhafter Wettbewerb. Und alles dies aus freier Lust und Wahl, je nach Talent."[100] Das einzige Mal, dass in Anita Mühlesteins Bericht ein gewisses Bedauern über eine bestimmte Entwicklung in der Sowjetunion vernehmbar wird, ist, als sie sich über eine Ausstellung junger Maler und Zeichner in diesem Haus der Pioniere äussert.

> "Diese stand im Zeichen der 20. Jahresfeier der Revolution, und die Themata, von den Kindern selbst gewählt, wiederholten sich oft, so war es auch bei den jungen Bildhauern. Dasselbe muss man momentan leider von der ganzen sowjetrussischen bildenden Kunst sagen. Sie stecken jetzt stark im Stoff und haben für den Moment die avantgardistischen Künstler verdrängt."[101]

Neben der Kunst spielt auch das Theater in den Pionierhäusern eine wichtige Rolle, selbst Konzerte werden gegeben. Einem solchen Konzert konnte Anita Mühlestein ebenfalls beiwohnen. "Der fröhliche Gesang, die Gedichte, die Tänze, das Musizieren auf allen möglichen Instrumenten – alles wurde dargeboten mit dem Elan einer vorwärtsstrebenden Jugend, die sich sicher und stark fühlt."[102] Anita Mühlestein ist sich der grossen Zukunft dieser Jugend gewiss, da diese Jugend frei von Arbeitslosigkeit und Elend aufwachsen kann und weil sie als Trägerin der sozialistischen Idee "die Zukunft aller Völker bedeutet"[103]. Dieses Urteil ist vollkommen identisch mit dem ihres Mannes, Hans Mühlestein, der dies am Moskauer Radio den Hörern kundtut.

> "Hier wächst in der Tat in strotzender Gesundheit, in lachendem Spiel wie in begeistertem Lerneifer, die klassenlose Gesellschaft heran: die ganze gewaltige Front der jungen Generation marschiert im Vollbesitz ihrer Freiheit unaufhaltsam vorwärts, sie selbst bereits die strahlende Verkörperung der klassenlosen Gesellschaft!"[104]

Die letzte Schulbesichtigung in Moskau durch einen Schweizer vor dem Zweiten Weltkrieg unternahm 1939 Léon Nicole. Die Schule wird von 1500 Schülern besucht. In Ermangelung des Platzes ist der Zweischichten-Schulbesuch eingeführt worden. 61 Lehrer unterrichten hier. In der Stadt ist der

---

[99]   Anita Mühlestein, Die Liebe zum Kinde, S. 221.
[100] Ebenda, S. 221-222.
[101] Ebenda, S. 222.
[102] Ebenda.
[103] Ebenda.
[104] Dr. Hans Mühlestein am Moskauer Radio, in: Freiheit, 28. Februar 1938, S. 5.

Schulbesuch für Acht- bis achtzehnjährige obligatorisch, auf dem Land nur bis zum fünfzehnten Lebensjahr. Nicole erfährt, dass die Eltern sich am Schulleben, in Form von Diskussionssitzungen mit den Lehrkräften beteiligen. "Eine enge Zusammenarbeit wird so zwischen den Eltern und den Lehrern hinsichtlich der Begabungen und der Wesensart der Kinder ermöglicht."[105]

Im Gegensatz zu Tobler kann Nicole von der reichen Ausstattung der Schule mit Unterrichtsmaterial berichten.

Beim Eintritt des Gastes in ein Klassenzimmer erheben sich alle Schüler und setzen sich erst auf ein Zeichen des Lehrers wieder. Nicole empfindet die Schüler nicht als eingeschüchtert, sondern als bemüht, auf den ausländischen Gast einen guten Eindruck zu machen.

Die Schule verfügt zwar über einen Essraum, in dem billige Mahlzeiten abgegeben werden, doch in der Regel essen die Schüler zu Hause und werden nur im Notfall in der Schule versorgt.

Dass das politische Leben auch den Schulalltag bestimmt, zeigt die optische Präsenz des XVIII. Parteitags. Die Schüler haben sich verpflichtet, für diesen Parteitag einen besonderen Lernbeitrag zu erbringen. "Sie wollen auf diese Art der grossen Partei Ehre machen, die das neue Russland geschaffen hat und welche die russische Schuljugend zur glücklichsten der Welt macht."[106]

Zur Erziehung des "neuen Menschen" gehören neben den Schulen und Kindergärten auch die Gefängnisse für die Straffälligen, die Erziehungsheime für die Besprizornye und die Umerziehungseinrichtungen für die Soldaten und Offiziere der weissen Armee während und nach dem Ende des Bürgerkriegs. Letztere wurden nur von Annelise Rüegg 1920 besichtigt. Im Ural sind in einem alten ehemaligen Kloster weisse Offiziere interniert, die freiwillig oder aus Angst nun der Roten Armee dienen wollen. Dazu ist es erforderlich, dass sie in diesem Kloster im sozialistischen Gedankengut geschult werden. Zur Begrüssung der Gäste singen alle gemeinsam die Internationale und zum grossen Erstaunen der als Sozialistin in diesem Lied geübten Rüegg singen diese ehemaligen weissen Offiziere die Internationale besser als sie selbst.[107]

Das Problem der Besprizornye wollten die Sowjets durch Erziehungsheime lösen. Hier sollten diese Kinder und Jugendlichen, die zuvor keinen festen

---

[105] Léon Nicole, Meine Reise, S. 71.
[106] Ebenda, S. 71-72.
[107] Vgl. Anna-Lisa Aljechin Ruegg, Impressions, S. 25-26.

Wohnort hatten und sich mit Betteln und Stehlen durchbrachten, alphabetisiert werden, einen Beruf erlernen, um anschliessend den gesellschaftlichen Aufbau mittragen zu können. Werner Schulthess berichtet in diesem Zusammenhang von einer etwas wundersam anmutenden Begegnung.

Auf der Fahrt zum Reiseziel Moskau legt der Zug, mit dem die Spartakiade-Teilnehmer reisen, einen Halt ein. Dabei bemerken die Reisenden, dass unter ihrem Wagen zwei Jugendliche hervorklettern, die als blinde Passagiere mitgereist sind. "Vom Kopf bis zu den Füssen schwarz von Dreck und Russ; in zerrissene Lumpen gehüllt, beide barfuss."[108] Nachdem die Schweizer Reisenden den beiden Esswaren angeboten haben, beginnen sie von sich zu erzählen. Der ein Junge ist elf, der andere fünfzehn Jahre alt. Ihre Eltern sind im Bürgerkrieg umgekommen und nun ziehen sie seit drei Jahren bettelnd und stehlend durchs Land. Schon einmal waren sie in einem Kinderheim, sind von dort aber wieder weggelaufen. "Jetzt haben sie genug von diesem Wanderleben, und sie wollen versuchen, in Moskau in einem Heim Unterkunft zu finden."[109] Trotz des Verbots durch den Schaffner kriechen sie heimlich bei der Abfahrt wieder unter den Zug und fahren bis Moskau mit. "Ganz zufällig haben wir sie später in Moskau in Begleitung einer Wärterin angetroffen. Sauber gewaschen und in guten Kleidern steckend, kannten wir sie fast nicht mehr. Sie haben also ihr Ziel erreicht!"[110]

Dass sich das Problem der Besprizornye nicht immer so einfach löste, beweist deren Existenz bis in die dreissiger Jahre, wenn auch in immer kleinerer Zahl.

Das Gefängniswesen schliesslich wurde von Annelise Rüegg, Max Tobler, den Arbeiterdelegierten und von Elisabeth Thommen beschrieben. Sie alle konnten verschiedene Haftanstalten besuchen.

Annelise Rüegg hat in Moskau die Gefängnisse der Tscheka gesehen und kann nun in Wjatka ehemalige zaristische Gefängnisse besichtigen. "Comparées aux cachots de la Wetscheka, ces cabanes de bois sont des lieux de villégiature. (...) A Moscou, il y a des détenus contre-révolutionaires qui changeraient volontiers leurs prisons contre celles-ci."[111]

Ganz anderer Art sind die Schilderungen von Max Tobler, der 1927 drei Gefängnisse in Moskau besichtigen kann: das Butyrki, das Sokolniki und das Erste Moskauer Frauengefängnis. Im Gefängnis fühlt er sich wie in einer Fabrik. Die Gefangenen arbeiten. So können sie Geld verdienen und ihre Straf-

---

108 Werner Schulthess, Spartakiade-Fahrt, S. 32.
109 Ebenda, S. 32.
110 Ebenda.
111 Anna-Lisa Aljechin Ruegg, Impressions, S. 14.

zeit verkürzen. Viele Familien der Gefangenen sind auf dieses Geld angewiesen. Es gibt keine Anstaltskleidung und der Umgang zwischen den Inhaftierten und dem Gefängnispersonal vollzieht sich auf kameradschaftlicher Ebene. Es gilt Rauch-, Lese- und Schreiberlaubnis und völlige Sprechfreiheit. Die Gefangenen können regelmässig Besuch erhalten und selber auf Urlaub gehen. Über 90% kehren von diesem Urlaub wieder ins Gefängnis zurück. Das kulturelle Angebot im Gefängnis umfasst Kino- und Theatervorstellungen, Lernmöglichkeiten, das Verfassen von Wandzeitungen, Radiohören und Musizieren. Die Versorgung mit Nahrungsmitteln und die Qualität des Essens erscheinen Tobler als sehr gut.

Die Gefängnisse arbeiten als kommerzielle Betriebe. Ein Teil des erwirtschafteten Reingewinns wird für die Entlassenenfürsorge verwendet.

In diesen Gefängnissen hat es fast nur Kriminelle und kaum politische Gefangene, erfährt Tobler. Als kriminell gelten Korruption, Preistreiberei und Wucher, die Überschreitung der Arbeitszeit und die Verletzung der gewerkschaftlichen Verträge durch Unternehmer. Die politischen Häftlinge haben spioniert oder waren als Beamte arbeiterfeindlich.

Das Prinzip des sowjetischen Gefängnisses beruht nicht auf der Strafe und Vergeltung, sondern auf dem der Besserung und der Erziehung "zum Gemeinschaftswesen".[112] Dieses Prinzip in seiner Anwendung war es auch, das die Arbeiterdelegierten, die sowohl in Moskau als auch in der Provinz ein Gefängnis besuchten, so stark beeindruckt hat.

Elisabeth Thommen besichtigt 1932 ein Gefängnis in Leningrad, das offensichtlich nicht in vergleichbar gutem Zustand ist. Pro Saal sind zwanzig bis dreissig Betten – "elende Holzgestelle" – aufgestellt. Die Begründung, dass es an der "Zufuhr" neuer Betten mangelt, ist offenbar nicht neu. Sie wurde schon zwei Jahre zuvor gegeben, wie ein Mitreisender, der auf seiner zweiten Russlandfahrt ist, erklärt. Weitere Missstände sind neben den miserablen Schlafgelegenheiten die schlechten hygienischen Bedingungen, was in nackten und löchrigen Zementböden, überfüllten Sälen und entsetzlich stinkenden Aborten gipfelt.

Die üblichen Delikte sind Diebstahl und Tätlichkeiten, für die die Gefangenen maximal zehn Jahre inhaftiert werden. Die Zeit der Zwangskollektivierung bringt aber auch andere Menschen ins Gefängnis. "In einem Saal im fünften Stock ist ein ganzes Rudel widerspenstiger Bauern versammelt. Aus den Hin- und Widerreden ergibt sich, dass sie sich den Gesetzen nicht gefügt,

---

[112]   Max Tobler, Moskauer Eindrücke, S. 65.

dass sie nicht genügend 'abgeliefert' hatten."[113] Zwei von ihnen mussten für zwei Jahre nach Sibirien und sind nun für ein Jahr in diesem Gefängnis inhaftiert. Auf die Frage, ob sie nach ihrer Entlassung die Kollektivierung bejahen werden, antwortet ein junger Bauer, der Thommen an die Hirten der Schweizer Alpentäler erinnert, nachdenklich und dann überzeugt, dass er nicht gehorchen, sondern auf seinem Recht beharren werde. "Er ist so rührend primitiv – sicher hat er keine Ahnung, was es mit diesem ganzen 'System' auf sich hat."[114]

An das Gefängnis angeschlossen ist eine Textilfabrik, in der die Gefangenen acht Stunden täglich arbeiten. Jeder sechste Tag ist frei. Der Lohn beträgt zwischen 18 und 30 Rubel monatlich. Am Abend erhalten sie Unterricht, um lesen und schreiben zu lernen, aber auch, um einen Beruf zu erlernen. Bei gutem Verhalten werden den Häftlingen zwei für drei Tage verrechnet. Jeder Gefangene kann einmal im Monat für einen Tag nach Hause gehen oder vierzehn Tage Ferien im Jahr machen. "Durch diese Massnahme wird das Sexualproblem, diese Geissel der Gefangenen, einigermassen gelöst."[115]

Elisabeth Thommens Gesamteindruck ist trotz der genannten Missstände besser als der, den sie von Schweizer Gefängnissen hat. Der sowjetische Gefangene ist nicht hinter meterdicken Wänden in vergitterten Einzelzellen vollkommen isoliert. Das sowjetische Gefängnis ist im Gebäude offen, es gilt Kollektivhaft – ein positiver Ersatz für die "martervolle Einzelhaft"[116]. Ebenfalls positiv bewertet Elisabeth Thommen das Arbeitsprinzip. Der Gefangene leistet seinen Beitrag für den Aufbau des Landes und empfindet sich als nützlich, trotz der Inhaftierung.

Auch Isabella Trümpy hatte 1934 Gelegenheit, ein Gefängnis am Stadtrand von Moskau zu besuchen. In einem Saal hört sie sich zunächst einen Vortrag über die Fortschrittlichkeit dieser Einrichtung an, bevor sie dann ein paar Schlafsäle und Arbeitsräume besichtigen kann. Sie realisiert, dass sie auch diese Einrichtung nicht mit westlichen Massstäben beurteilen darf. Dennoch kann sie am Ende der Besichtigung ins Gästebuch nichts Positives eintragen. "Ich hatte nichts zu sagen, war aber nahe daran, den Leuten zu ihrem eigenen Vorteil den Rat zu geben, ihre 'Musteranstalt' keinem westlichen Besucher mehr vorzuführen."[117]

---

[113] Elisabeth Thommen, Blitzfahrt S. 67.
[114] Ebenda, S. 68.
[115] Ebenda.
[116] Ebenda, S. 70.
[117] Isabella Trümpy, Kurzer Besuch, S. 4.

Der Grundsatz der ständigen Arbeit am Aufbau gilt nicht nur als Leitsatz für das Gefängniswesen, er kann auf den ganzen Bereich der Erziehung des "neuen Menschen" angewandt werden. Jeder Sowjetbürger soll seinen Beitrag zur sozialistischen Aufbauarbeit leisten, denn erst durch die Entfaltung seiner Kräfte und Fähigkeiten in der Arbeit kann er sein eigenes Wesen verwirklichen und zu einer allseitig gebildeten sozialistischen Persönlichkeit werden – im Sinne der marxistisch-leninistischen Lehre, die es zu verwirklichen galt.

Die vorgestellten Inhalte der Schweizer Reiseberichte über die Sowjetunion haben die Komplexität dieser Quellengattung deutlich gemacht. Ein einheitliches Bild über die sowjetische Entwicklung der zwanziger und dreissiger Jahre ist nicht entstanden. An vielen Stellen hätte die Vermutung aufkommen können, es handele sich hier um mehr als ein Land, das beschrieben worden ist. Das Stadtbild, die Fabriken und die Arbeitsbedingungen, die Wohnverhältnisse, die Versorgungslage, die Bildungsstätten, das kulturelle Angebot in Stadt und Land, die medizinischen und sozialen Einrichtungen, das Verhalten der Bevölkerung – das alles wurde individuell wahrgenommen und bewertet und dennoch als objektive Information und Wahrheit an die Leserschaft weitergegeben. Von einigen wurden die vorgeführten Einrichtungen als nicht exemplarisch erkannt und hinterfragt, die Mehrheit aber schenkte den Ausführungen Glauben. Mittels der angewandten Vorgehensweise kam dies deutlich zum Ausdruck. Anstatt einer Einzelberichtanalyse wurde die Analyse an Hand geographischer Punkte und an Hand bestimmter Themen durchgeführt. Das war möglich, da einige Städte wie Moskau und Leningrad, oder auch Charkow und Kiew in der Ukraine, von den meisten Reisenden besucht und unter ähnlichen Fragestellungen besichtigt wurden. Die chronologische Betrachtungsweise schliesslich ermöglichte das Sichtbarmachen gewisser allgemeinerer Entwicklungstendenzen der sowjetischen Gesellschaft. Auf dieser Grundlage entstand ein vielschichtiges, teilweise kongruentes, aber auch stark differierendes bis konträres Bild über das Leben der Menschen in Grossstädten, in verschiedenen Regionen und Republiken, in industriellen und landwirtschaftlichen Zentren. Einzelne Aspekte dieses Bildes sollen im folgenden Kapitel mit der historischen sowjetischen Realität der zwanziger und dreissiger Jahre konfrontiert werden, um weitere Schlüsse auf den Inhalt und die Aussagekraft der Reiseberichte ziehen zu können, wie dies im zweiten Kapitel in theoretischer Form schon erfolgt ist. Basieren wird das fünfte Kapitel auf neueren, vor allem alltagsgeschichtlichen Forschungen über wichtige Bereiche der sowjetischen Geschichte des zu behandelnden Zeitraums.

5 Reiseberichte versus historische Realität?

Dass nicht alle Reiseberichte vollumfänglich und in gleichem Masse die sowjetische Realität der zwanziger und dreissiger Jahre wiedergeben, hat sich schon im vierten Kapitel an Hand der oftmals sehr konträren Beschreibungen von übereinstimmenden Örtlichkeiten und Themen gezeigt. Nun soll in diesem Kapitel mittels einiger ausgewählter Beispiele das von den Verfassern der Reiseberichte entworfene Bild mit der historischen Wirklichkeit – soweit diese erforschbar ist – konfrontiert werden, um eine genauere Einschätzung der Reiseberichte vornehmen zu können. Dabei erweist es sich als unabdingbar, über die allgemeineren historischen Ausführungen des dritten Kapitels hinaus, Forschungen der Alltags- und Sozialgeschichte über die Sowjetunion als Grundlage dieser Gegenüberstellung heranzuziehen. Dieser Alltag der sowjetischen Bevölkerung war es, der die Reisenden interessierte und der als Massstab für das Gelingen oder Scheitern des bolschewistischen Systems angesetzt wurde.

Studien dieser Art für den hier beschriebenen Zeitraum gibt es nicht sehr viele, sie sind alle neueren Datums und stammen hauptsächlich aus der Bundesrepublik und den USA.[1] Es ist jedoch in der Sowjetunion selber ein sehr für die Geschichtsforschung in Ost und West in Anbetracht der notwendigen Korrektur des offiziellen sowjetischen Geschichtsbildes der letzten sieben Jahrzehnte von grosser Bedeutung sein kann.

Es ist natürlich nicht möglich, alle Aussagen der Reiseberichte zu überprüfen. Die darum erforderliche Selektion richtet sich einerseits nach den mir zugänglichen Untersuchungen zur sowjetischen Alltagsgeschichte, andererseits aber auch nach der Relevanz der Aussagen für die Sowjetunion.[2] Die thematische Reihenfolge entspricht der des vierten Kapitels.

---

[1] Ich möchte hierbei besonders die Arbeit von Gabriele Gorzka, Arbeiterkultur in der Sowjetunion, hervorheben, die trotz der thematischen Eingrenzung eine umfassende, höchst interessante und auf sehr umfangreiches Quellenmaterial abgestützte alltagsgeschichtliche Untersuchung vorgelegt hat. Ihrer Arbeit verdanke ich den Zugang zu sowjetischen Statistiken und Untersuchungen, die hier in der Schweiz nicht alle vorhanden sind. Die Quellenangaben und Zitate, die ich auf Grund ihrer Darstellung mache, geben den Titel auf russisch, den Inhalt aber auf deutsch, der Übersetzung Gorzkas folgend, wieder. Dies wird jeweils in Klammern am Ende der Fussnote vermerkt.

[2] Das Schwergewicht wird dabei auf Untersuchungen und Darstellungen über Moskau liegen, da für die Hauptstadt das meiste Quellenmaterial vorhanden ist.

5.1 Die sowjetische Industrie und ihre Arbeiterschaft

5.1.1. Sowjetische Betriebe als industrielle Superlative?

Ich möchte zu Beginn dieses Kapitels gleich von der einleitend konzipierten Vorgehensweise abweichen, indem ich nicht mit dem aktuellen Forschungsstand beginnen, sondern einen Schweizer zu Wort kommen lasse, der auf Grund seiner langjährigen Arbeitserfahrungen in der Sowjetunion schon Mitte der dreissiger Jahre, als er wieder in die Schweiz zurückgekehrt war, über die Fehlentwicklungen in der Sowjetunion berichtet hat.[3] Seine Darstellungen bezüglich der Entwicklungen während des ersten Fünfjahresplans stehen in auffallendem Gegensatz zu denen der Schweizer Reisenden aus jenem Zeitraum und machen somit deutlich, dass es also auch schon zeitgleich mit den Reiseberichten Publikationen gab, die das von den Sowjets vermittelte Idealbild mit der Realität des sowjetischen Lebens konfrontiert haben. Es gab in der Schweiz nachweislich wenige Darstellungen, die auf der Grundlage von jahrelangen sowjetischen Lebens- und Arbeitserfahrungen entstanden sind, doch diese wenigen hätten auch den Verfassern der Reiseberichte bekannt sein können, wenn auch erst denjenigen, die in den dreissiger Jahren gereist sind. Folgt man den Berichtsinhalten, so war dies aber offenbar nur bei einigen der Fall. Die Schilderungen Harts sind keine wissenschaftshistorischen Analysen, sie enthalten auch stark tendenziöse bis unrichtige Behauptungen und dennoch lassen sich die viele seiner Beschreibungen auf der Grundlage heutiger Forschungsergebnisse bestätigen und sind als Zeugnis eigener Erlebnisse und Erfahrungen auch heute noch von einigem Interesse.

Richard Hart berichtet in seinem Buch über den ersten Fünfjahresplan, unter anderem über die von Schweizern besuchten Wasserkraftwerke von Dnjeprostroj und die Traktorenfabrik von Stalingrad.

"Der Dnjeprstroj, das gigantische Elektrizitätswerk am Flusse Dnjepr in der Ukraina, ist dasjenige Objekt des Fünfjahresplanes, das die Welt am meisten beschäftigt, das für Touristen und Forscher am leichtesten zugänglich ist und somit den grössten Agitationswert aller Objekte des Planes hat. Der Dnjeprstroj wurde zum Schirme, hinter dem viele das Elend in Russland nicht mehr sehen können oder wollen."[4]

Hart schildert dann ausführlich die Planung und Entstehung dieses Mamutprojektes. Der Widerstand, den dieses Vorhaben bei Parteiführern, Speziali-

---

3   Vgl. Richard Hart, Sklaven des roten Diktators, in dem er die Situation auf dem
     Land beschreibt. Vgl. ders., Der Marxismus im Lichte des 5=jahresplanes, das die
     Situation in der sowjetischen Industrie zum Inhalt hat.
4   Richard Hart, Der Marxismus, S. 12-13.

sten und Militärs schon in der Konzeptionsphase hervorgerufen hat, wurde von Stalin zerschlagen. Kein Argument, das gegen die Realisierung aufgeführt werden konnte, liess er gelten. Hohe Parteimitglieder wie Bucharin wurden für ihre Warnungen bestraft, den ausländischen Spezialisten sprach Stalin die Urteilsfähigkeit ab, selbst die heikle strategische Lage des Ortes liess ihn von seinen Plänen nicht Abstand nehmen. Aufwand und Kosten spielten bei diesem Prestigeobjekt keine Rolle, denn mit Dnjeprostroj sollte der Welt demonstriert werden, dass die Sowjetuion allen anderen Ländern auch leistungsmässig weit überlegen ist.

"Stalin liess das russische Volk hungern, um genau das Gleiche zu machen, was seinerzeit die russischen Zaren jeweils machten, wenn sie die übrige Welt verblüffen wollten. Sie machten dann nämlich immer etwas ganz grosses, um ihrer Dummheit ein Denkmal zu setzen. So stehen im Kreml in Moskau die "Zar Puschka" und die "Zar Kolokol" (. . .). Beide sind die grössten ihrer Art, die Kanone hat 96 Centimeter Kaliber und die Glocke ungezählte Zentner Metall, aber mit der Kanone kann man nicht schiessen und mit der Glocke nicht läuten." [5]

Für Hart steht der Bau dieses Wasserkraftwerks in besagter Tradition des Gigantomanismus, dem es an jeder Wirtschaftlichkeit fehlt. Dnjeprostroj kann nach seiner Fertigstellung grosse Mengen von Energie erzeugen, die aber in diesem Gebiet kaum Abnehmer haben. Deshalb müssen weitere Industriebetriebe hier errichtet werden, deren Rohstoffe aber aus Gebieten geliefert werden, die weit über dreitausend Kilometer entfernt sind und die selber über genügend Wasserkraft verfügt hätten. "Wenn man aber bedenkt, dass dort, woher man den Bauxit bringt, der wasserreichste Teil Russlands ist, wird der Unsinn des Beginnens noch wahnsinniger."[6] Doch von Rentabilität wollte Stalin nichts wissen, Baurekorde zu erzielen und damit zu imponieren war weitaus bedeutender. Hart empfindet es als den Ausdruck grössten Zynismus und Menschenverachtung, wenn er sieht, wie über die arbeitende Bevölkerung verfügt wird. Als empörend erachtet er auch die Tatsache, dass von den Arbeitern verlangt wird, mit den hier aufgestellten Maschinen umgehen zu können, obwohl die fachlichen Voraussetzungen dafür vollkommen fehlen.

"Dadurch, dass man den Dnjeprstroj zu einem Lernobjekt ungeschulter Kräfte macht, welche aber seiner Grösse wegen gerade hier nichts gründlich lernen können, weil alle Masstäbe zu gross sind, verurteilte man die Millionen, die drin liegen, zum Vornherein zur Zerstörung."[7]

---

5   Richard Hart, Der Marxismus, S. 14.
6   Ebenda.
7   Richard Hart, der Marxismus, S. 16.

Für die zwangsläufig auftretenden Schwierigkeiten und Betriebsausfälle werden dann ausländische und auch inländische Spezialisten verantwortlich gemacht, damit die wahren Ursachen des Versagens nicht publik werden.

Über die tatsächlichen Kosten dieses Projektes gibt es nur sehr widersprüchliche Angaben. Wie teuer es aber das ganze Land zu stehen kommt, beweist der Materialmangel, der nun überall herrscht. Es fehlt an allen Baumaterialien, so dass notwendige Reparaturarbeiten an Häusern nicht mehr durchgeführt werden können. Die Folgen wären auch für die Besucher der Sowjetunion sichtbar, wenn sie hinter die Fassaden schauen würden. "... und unsere Russlandreisenden sollten sich einmal die Mühe zu nehmen nicht scheuen, einige ganze Strassenzüge, von Haus zu Haus, das Innere der Wohnungen anzusehen, dann bekämen sie einen Begriff, wie das arbeitende Volk im Arbeiterparadiese wohnt."[8]

Harts Urteil über dieses Wasserkraftwerk deckt sich mit dem eines österreichischen Professors, indem er hervorhebt, dass es auf den ersten Blick einen grossen Eindruck macht, dass damit aber seine Bedeutung erschöpft sei.

Zu den Giganten des ersten Fünfjahresplans gehören neben dem Wasserkraftwerk Dnjeprostroj auch die Traktorenfabriken von Stalingrad und Charkow, die ebenfalls von Schweizern besucht worden sind. Die von Hart beschriebenen Verhältnisse erscheinen auch hier als unhaltbar. Die Übernahme amerikanischer Produktionsmethoden, vornehmlich die des fordschen Fliessbandes, erweist sich als vollkommen verfehlt, da die Arbeiter – alles ehemalige Bauern ohne Vorbereitung auf die industriellen Produktionsmethoden – überfordert und oftmals auch nicht gewillt sind, sich dem Diktat der Maschine zu fügen. "In Stalingrad ist die Zahl der Menschen, welche Opfer der Maschine wurden, unheimlich gross, aber auch die Maschinen, welche Opfer von Misshandlungen wurden, sind mehr als zahlreich in diesem 'Musterbetriebe' der sozialistischen Wirtschaftsform."[9] Die Folge sind Traktoren, die nur kurzfristig einsatzfähig sind, nach Reparaturen und Ersatzteilen verlangen und die so die geplante Arbeit in der Landwirtschaft nicht leisten können.

> "Auf jeden Fall sehen wir klar und deutlich, dass in Stalingrad, sowie in allen Traktorenfabriken der Union sich die mechanische Nachäffung amerikanischer Arbeitsmethoden enorm rächt und dass der Marxismus bis heute nicht im Stande war, während seiner fünfzehnjährigen absoluten Herrschaft eine für den russischen Menschen annehmbare oder sogar eine neue sozialistische Arbeitsmethode zu schaffen."[10]

---

[8]   Ebenda.
[9]   Ebenda, S. 43.
[10] Richard Hart, Der Marxismus, S. 43-44.

Von all diesen Zusammenhängen scheinen die Schweizer Reisenden nichts erfahren zu haben. Charles Studer und Arno Wildhaber sind beeindruckt von der Grösse und Leistungsfähigkeit des Kraftwerkes am Dnjepr. Wildhaber beschreibt auch die anderen Fabriken, die hier in dieser Steppenlandschaft errichtet werden, doch kann er die von Hart genannten Unsinnigkeiten dieses Vorgehens nicht erkennen. Die Besucher werden mit dem imposanten Bau und mit Zahlen über die geplanten Leistungen beeindruckt. Mehr erfahren sie nicht und sollen sie wohl auch nicht, um zuhause positiv von diesem Werk der Superlative berichten zu können, welches seine Leistungsfähigkeit den Gästen nicht unter Beweis stellen musste.

Auch Adolf Voegeli werden in der Traktorenfabrik von Stalingrad beeindruckende Produktionszahlen vorgelegt, und er weiss von den Wohnanlagen, den kulturellen Institutionen und den Versorgungseinrichtungen zu berichten, die diese Anlage zu einer in Voegelis Augen amerikanischen Stadt werden lassen, die in der Lage ist, vierhunderttausend Menschen zu beschäftigen und zu versorgen. Voegeli spricht von einem Wettbewerbs- und Arbeitstaumel, der hier vorherrscht.

Dass Voegeli den Vergleich mit amerikanischen Verhältnissen zieht, ist gewiss ganz im Sinne der Gastgeber, da damit der propagandistische Zweck der Führung erfüllt ist. Was Voegeli und alle anderen dabei nicht realisieren konnten, ist die Qualität der Arbeit, die tatsächliche Produktionshöhe, die Situation der Arbeiter und die Einsatzfähigkeit der Traktoren – Faktoren, die aber die Grundlage für eine objektive Beurteilung gebildet hätten.

5.1.2 Die Arbeits- und Lohnverhältnisse in den Fabriken

Für die Phase der Revolution und des Kriegskommunismus lässt sich für die unteren Organisationsebenen, wie es die betrieblichen Produktionsstätten waren, ein gewisser Freiraum bei der Gestaltung des Produktionsprozesses und der Sicherung der Versorgung der Belegschaft feststellen.

> "Zwar konzentrierte sich die politische Macht allmählich in den Händen der Partei der Bol'seviki, aber die Kriegswirren, die ökonomische Zerrüttung und auch fehlende sachliche und personelle Kapazitäten verhinderten, dass zentrale Entscheidungen zügig auf lokaler Ebene zur Kenntnis genommen und realisiert wurden."[11]

Es gab noch keine straffe Parteiorganisation auf betrieblicher Ebene, stattdessen bildeten sich Betriebskomitees, die eine Form der Arbeiterselbstverwal-

---

[11]   Gabriele Gorzka, Arbeiterkultur, S. 110.

tung darstellten. Die Beteiligung an diesen Komitees und an den Betriebsversammlungen war gross, sogar so gross, dass sich Partei und Gewerkschaften mit der Zeit veranlasst sahen, offiziell gegen den Misstand des "mitingovanie" vorzugehen. Diese Betriebskomitees befassten sich mit den akuten Problemen der Belegschaft. Auch viele ausserbetriebliche Probleme bezüglich der Wohn- und Versorgungssituation wurden hier aufgeworfen, diskutiert und deren Lösung in Angriff genommen. Die Betriebe wurden selber aktiv, um die Verpflegung der Werksangehörigen zu gewährleisten. Kantinen wurden eingerichtet. In der auch von Schweizern besuchten Textilfabrik Trechgornaja Manufaktura gab es in der Zeit des Bürgerkriegs als Vorspeise Linsen- oder Graupensuppe und als Hauptgericht verfrorene, matschige Kartoffeln, nur ab und zu durch das Fleisch notgeschlachteter Pferde aufgebessert.[12] Der Lohn wurde ganz und dann nur noch teilweise in Naturalien ausbezahlt. Kleider, Schuhe und andere Mangelwaren wurden auch über den Betrieb verteilt, leider in unzureichender Quantität, so dass sogar Verlosungen durchgeführt werden mussten.

Die Beschaffung von Lebensmitteln, Gebrauchsgütern und Brennholz dominierte den Tagesablauf der Städter in und ausserhalb der Fabriken. Gleichzeitig war die zu leistende Arbeit schwer und dehnte sich auch auf die Feierabende und die freien Tage aus.

Zu Beginn der zwanziger Jahre war die Lohnentwicklung unbefriedigend, die Lohnauszahlungen verzögerten sich, die Versorgungslage und Wohnsituation waren weiterhin unhaltbar und es kam zu einem Anstieg der Streikbewegung. Im Oktober 1922 betrug der Durchschnittslohn eines Arbeiters in Moskau 60% desjenigen von 1913, in den übrigen Landesteilen sogar nur 40%.[13] Die Angaben der Gewerkschaftszeitung "Trud" lagen sogar noch tiefer: 1918 betrug der Lohn 40,9% des Standes von 1913, 1920 waren es nur noch 30%, 1922 dann wieder 37,2% und ein Jahr später 57%.[14] Die Mehrheit kam nicht in den Genuss der neuen Durchschnittslöhne, da sie darauf als ungelernte Arbeiter keinen Anspruch hatten. Weit mehr als den Durchschnittslohn verdienten hingegen die Angestellten, Direktoren und Spezialisten. Betrug der Durchschnittslohn eines Arbeiters 1928 95 Rubel, so lag der eines Angestellten bei 150 Rubel und der eines Spezialisten bei 220 Rubel.[15] Dennoch war es ab 1924 auch in den unteren Lohngruppen zu beachtlichen Lohnsteigerungen gekommen, auch wenn es von Branche zu Branche grosse Differenzen gab. "Between early 1925 and late 1928, the average Moscow

---

12 S. Lapickaja, Byt rabocich Trechgornoj manufaktury, S. 123.
13 Vgl. William Chase, Workers, S. 175.
14 Vgl. Trud vom 6. November 1927.
15 Vgl. William Chase, Workers, S. 313.

worker's wage rose by about onethird."[16] Der Reallohn übertraf 1926/27 den von 1913 um 15%, 1927/28 um mehr als 20%.

Die 1928 einsetzende Agrarkrise und der Beginn des ersten Fünfjahres-plans führten zu einer konstanten Verschlechterung der wirtschaftlichen Situation. "In Reaktion auf die Verschlechterung ihrer Lage entwickelten die sowjetischen Arbeiter eine Reihe von Verhaltensweisen, von blossen Flucht-reaktionen bis hin zu offenem oder verdecktem Protest."[17]

Ganz deutlich zeigte sich diese "Fluchtreaktion" an der starken Fluktuation innerhalb der Arbeiterschaft. Die Zahl der Arbeitsplatzwechsler war in den zwanziger Jahren schon hoch, erreichte aber 1930 einen Höhepunkt. So ver-liessen in diesem Jahr 5,5 Millionen Arbeiter ihren Arbeitsplatz, 6,48 Millio-nen wurden neu eingestellt. 1933 waren es sogar 6,28 Millionen Kündigun-gen, denen 6,34 Millionen Neueinstellungen gegenüber standen.[18] Gemessen an den Daten der Gesamtindustrie bedeutet dies, dass jeder Arbeiter in den ersten vier Jahren des ersten Fünfjahresplans im Durchschnitt fünfmal den Arbeitsplatz gewechselt hat.[19]

Die Unzufriedenheit zeigte sich aber auch in der Zunahme von Fehlstun-den. So kam ein Industriearbeiter 1930 im Durchschnitt auf 107,47 Fehltage, 1931 sogar auf 110,59.[20] Die Steigerung erweist sich jedoch als nicht sehr wesentlich, wenn man miteinbezieht, dass die Fehltage im Jahre 1927 auch schon 102,46 betragen hatten. Dieses Fernbleiben von der Arbeit hatte ver-schiedene Gründe: innerbetriebliche, wie zum Beispiel Materialmangel und Maschinendefekte, aber auch gesamtökonomische, wie beispielsweise die Versorgungsmisere.

Die auftretenden Unterbrechungen im Produktionsbereich sind also nicht nur als Ausdruck kollektiven oder individuellen Protests anzusehen, sondern auch als Folge der schlechten Organisation, des Missmanagements und der fachlichen Inkompetenz von Leitern, Spezialisten und Arbeitern zu werten. "Havarien, Stillstände und Ausschussproduktion waren an der Tagesord-nung."[21]

Daneben war aber auch der Widerstand gegen die forcierte Industrialisie-rung Ursache für die mutwillige Zerstörung von Maschinen, von Tätlichkei-

---

16 Ebenda, S. 175.
17 Hans-Henning Schröder, Industrialisierung, S. 292.
18 Diese Zahlenangaben macht Schröder auf Grund eigener statistischer Auswertun-gen, ebenda, S. 293.
19 Vgl. ebenda, S. 294.
20 Unter diese Fehltage fallen Sonn- und Feiertage, Urlaub, Krankheit, Stillstands-zeiten im Betrieb und das Fernbleiben mit und ohne Begründung, ebenda, S. 299.
21 Hans-Henning Schröder, Industrialisierung, S. 301.

ten gegenüber Stossarbeitern und von Materialdiebstahl. Wie viele dieser Vorfälle das Resultat von Sachunkenntnis oder das von gezielter Sabotage waren, lässt sich heute kaum mehr feststellen. Die offizielle Version lautete immer auf vorsätzliche Sachbeschädigung. Der aus diesen Vorgängen resultierende Schaden für die Industrie war jedenfalls enorm.

Die Sowjetführung sah sich zu Beginn der dreissiger Jahre veranlasst, gegen diese Zustände restriktiv vorzugehen, aber auch vermehrt Leistungsanreize zu schaffen. Das Akkordsystem wurde ausgebaut und in diesem Zusammenhang eine neue Lohnstruktur eingeführt, die eine noch grössere soziale Differenzierung zur Folge hatte. "Angesichts der Versorgungskrise und des Rückgangs der Reallöhne gewann die Differenzierung der Löhne eben auch politische Bedeutung. Sie unterstützte die Bildung einer 'Arbeiteraristokratie'."[22]

Zukünftig sollten Stillstandszeiten und Ausschussproduktion mit Lohnkürzungen bestraft werden.[23] Arbeitslosenhilfe wurde ab Oktober 1930 nicht mehr ausbezahlt, stattdessen wurde allen Arbeitslosen umgehend eine Arbeit zugewiesen. Auch das Krankengeld wurde neu geregelt. Nur Stossarbeiter mit einjähriger Produktionserfahrung und Gewerkschaftsmitglieder mit mindestens dreijähriger Berufstätigkeit – davon die letzten beiden Jahre im gleichen Betrieb – hatten nun noch Anrecht auf volle Lohnfortzahlung im Krankheitsfall. Alle anderen mussten Abzüge in Kauf nehmen. Am 27. Dezember 1932 wurde ein Dekret über die Einführung eines einheitlichen Passystems in der UdSSR erlassen, das unter anderem den häufigen Arbeitsplatzwechsel registrieren und somit unterbinden helfen sollte. 1938 schliesslich wurden zwecks Anhebung der Arbeitsdisziplin Sozialleistungen gekürzt. Ferner sollte nun das Arbeitsrecht nach zweimaligem Arbeitsplatzwechsel entzogen werden.

Ein Mittel, das ebenfalls in seinem ursprünglichen Ziel die Arbeitsmotivation steigern sollte, ist das auch von Schweizer Reisenden beschriebene Neuererwesen im Produktionsbereich.

"Zu den am häufigsten angewandten Verfahren, Arbeiter für die aktive Mitarbeit in Produktions- und Planungsprozesse zu gewinnen und sie zugleich für die Beteiligung am 'Sozialistischen Wettbewerb' zu mobilisieren, gehörten die Produktionsberatungen – und eng damit verflochten

---

[22] Ebenda, S. 309.
[23] Am 27.Dezember 1930 erliess das Arbeitskommissariat eine Verordnung über die Disziplin am Arbeitsplatz mit dem Ziel, die beschleunigte Erfüllung des Fünfjahresplans zu gewährleisten.

– das 'izobretatel'stvo' (wohl am ehesten mit Neuererwesen zu übersetzen)."[24]

Produktionsberatungen, in denen Produktionsfragen und Verbesserungsvorschläge diskutiert wurden, gab es seit 1923/24. Anfangs breitete sich diese Einrichtung rasch aus, erfuhr aber Ende der zwanziger Jahre schon einen spürbaren Rückgang. Ein Grund dafür könnte in der mangelnden Realisierung der von Arbeitern eingebrachten Vorschläge liegen. Wurden in Moskau im Jahre 1927/28 noch 77,9% der Vorschläge realisiert, so waren es 1929 nur noch 62,8%. Im sowjetischen Massstab betrachtet wurden 1929 85,1% der Vorschläge angenommen, davon aber nur 52,2% realisiert. Es kam dann wieder zu einem markanten Anstieg der eingereichten Vorschläge, von denen aber nur knapp zwei Drittel angenommen und nur gut ein Drittel verwirklicht wurden. Die Folge war ein erneuter Rückgang der Vorschläge. Die Vermutung liegt nahe, dass die Qualität der eingereichten Vorschläge immer geringer wurde und dies zu einer geringeren Realisierungsquote führen musste. Diese zahlreichen Eingaben mit mangelhafter Qualität könnten mit dem Wunsch der Arbeiter zusammenhängen, im Rahmen des Sozialistischen Wettbewerbs mehr Lohn und Ansehen durch solche Vorschläge erwerben zu können, ohne dass sie über die nötige Erfahrung und Kompetenz verfügten, funktionsfähige Verbesserungen zu entwickeln.

Konfrontiert man nun die Schilderungen in den Reiseberichten mit diesen Forschungsergebnissen, lässt sich hinsichtlich der Situation in den Industriebetrieben folgendes Bild skizzieren: Die ersten Äusserungen zu diesem Problemkreis kommen von Sigi Bamatter, der 1920 in Leningrad Fabriken besichtigt hat, sich aber nur sehr allgemein darüber äussert, so dass die Leser über den Arbeitsalltag nichts Konkretes erfahren können. Er berichtet zwar von den fehlenden Arbeitskräften, vom Leid und der Schwere der Arbeit, aber anstatt konkret zu werden und die Arbeitsbedingungen wirklich zu schildern, spricht er nur von der Entschlossenheit aller, den Feind zu schlagen.

Welch ungeheure Belastung diese Jahre des Bürgerkrieges auch für die Arbeiterschaft darstellten, wird erst bei den Schilderungen Annelise Rüeggs deutlich. Sie beschreibt die alten, unzumutbaren Fabrikgebäude und die vom Hunger stark geschwächten Arbeiter, die schwere Arbeiten ausführen müssen, erwähnt aber auch die pfeifenden Werftarbeiter in Sibirien, deren Versorgung gewährleistet ist und die schon zuversichtlicher in die Zukunft blikken.

---

24   Hans-Henning Schröder, Industrialisierung, S. 115.

Die von den Gewerkschaftsdelegierten gemachten Aussagen über die Lohnverhältnisse scheinen für die einzelnen Betriebe und Branchen zutreffend, und auch die zu verzeichnende Lohnzuwachsrate zwischen 1926 und 1928 – gemäss den Berichten von Friedrich Schneider und den Arbeiterdelegierten – erweisen sich als realistisch. Sie erwähnen aber nicht, dass dieser Durchschnittslohn nur von einem Teil der Arbeiter überhaupt erreicht wurde und dass sehr viele mit ihrem Einkommen weit unter diesem Durchschnitt lagen. Der Vergleich mit den Lohnverhältnissen vor der Revolution wurde in diesem Zusammenhang auch vermieden. Die sehr ausgeprägte Lohndifferenzierung wird von den Gewerkschaftern kritisch vermerkt und für Schweizer Arbeiter als inakzeptabel bezeichnet. Schneider nennt für die Lebensmittelarbeiter 17 Lohnrangstufen, Reichmann für die Textilarbeiterinnen 9 Lohnstufen.

Beeindruckt zeigt sich Schneider vom Niveau der Gewerkschaftsberatungen, an denen hauptsächlich junge Männer bis zu 35 Jahren beteiligt sind. Beklagt wird von diesen Gewerkschaftern, dass die Betriebsversammlungen nur schlecht besucht sind. Damit gibt Schneider sehr realistisch die Stärken und die Probleme der Gewerkschaften wieder, wie die Forschungen belegen.

Von den hohen Fehlzeiten erfuhren die Gewerkschafter und die Delegationen offenbar nichts. Lediglich eine mangelnde Effizienz konnte von Besuchern konstatiert werden.

Vom Erfolg des Neuererwesens berichten die Arbeiterdelegierten. Sie betonen, dass viele Arbeiter Verbesserungsvorschläge und Erfindungen einreichen und dass diese zum Grossteil angenommen und belohnt werden. Wie bereits dargestellt, haben Untersuchungen gezeigt, dass 1927/28 tatsächlich noch der grosse Teil, nämlich 77,9% der Vorschläge, realisiert wurden – ganz im Gegensatz zu den folgenden Jahren.

Ein stark von der Realität abweichendes Bild zeigt sich im Bericht der Strassenbahnerdelegierten aus dem Jahr 1931. Die ganze wirtschaftliche Misere und die Versorgungsschwierigkeiten seien von den Moskauer Kollegen als westliche Lügen belacht worden, lassen sie ihre Leserschaft wissen. Auch die ganze Problematik der Produktionseinbussen, der massiven Fehlzeiten, der eingeleiteten Restriktionsmassnahmen fand in diesen Bericht keinen Eingang.

Elisabeth Thommen erwähnt zwar, dass es zum Zeitpunkt ihrer Reise für die Arbeiter nicht bestens steht, legt das Schwergewicht aber auf die Beschreibung der Entschlossenheit und Zuversicht der Arbeiterschaft, von der sie sehr beeindruckt ist. Genaueres über die Arbeitsbedingungen und die Situation in den Fabriken berichtet sie nicht. Es ist fraglich, ob sie bei ihren zwei Fabrikbesuchen davon etwas mitbekommen hat.

Die Auswirkungen des Sozialistischen Wettbewerbs scheinen Adolf Voegeli bei seiner Fabrikbesichtigung im Jahre 1935 besonders aufgefallen zu sein. An vielen Maschinen kann er rote Fähnchen als Zeichen für die Normüberschreitung entdecken. Die Arbeiter selber erscheinen ihm wie in einem "religiösen Taumel", vom Ziel beherrscht, die Normen zu übertreffen und dadurch mehr zu verdienen. Trotz dieses Leistungsdrucks, der von westlichen Arbeitern nicht akzeptiert würde, seien die Arbeiter aber zufrieden, da die Fabriken ja ihnen gehören, berichtet Voegeli.

Erhard Jaeger, der weiss, dass er eine Fabrik der Stachanowbewegung besichtigt, berichtet nur über das seiner Ansicht nach überaus armselige Aussehen der Arbeiter und Arbeiterinnen. Aus dem Vortrag des Betriebsleiters gibt er nur ein paar Lohnangaben wieder, mehr nicht. Dadurch bleibt der Informationsgehalt seines Berichtes hinsichtlich der Arbeitsbedingungen gering. Er beschränkt sich auf die Wiedergabe von Äusserlichkeiten.

Von den 1938 ergriffenen einschneidenden Massnahmen zur Steigerung der Arbeitsdisziplin berichtet Léon Nicole kein Wort. In Anbetracht seiner Schilderungen stellt sich vielmehr die Frage, weshalb solche Massnahmen überhaupt ergriffen wurden, ist doch das Betriebsklima in den besichtigten Betrieben seiner Beschreibung gemäss ausgezeichnet.

Es wurde deutlich, dass die Reisenden lediglich einen spontanen Eindruck der Arbeitssituation in den besichtigten Betrieben wiedergeben konnten, ergänzt durch allgemeine Angaben, wie beispielsweise Löhne, Arbeitszeit, Ferienregelung, Sozialleistungen etc. Was kaum wahrgenommen wurde oder kaum wahrgenommen werden konnte, war die Einstellung der breiten Schicht der Arbeiter zu ihrer Arbeit, die beispielsweise in den hohen Fehltagen zum Ausdruck kam; ferner die wirkliche Produktionsqualität und die tatsächlichen Lohnverhältnisse, aber auch das Verhältnis zwischen den Stachanowarbeitern und den durchschnittlichen Arbeitern und die Widerstände und Proteste gegen die Einführung neuer Techniken im Zusammenhang mit der forcierten Industrialisierung. Solche den Arbeitsalltag bestimmenden Faktoren wären nur über einen längeren Zeitraum und nur bei der eigenen Mitarbeit im Betrieb wahrnehmbar gewesen, oder aber wenn die Gesprächspartner in den Fabriken offen darüber Auskunft gegeben hätten.

Sowohl die Reiseberichte als auch die historische Analyse haben gezeigt, dass eine Pauschalisierung der Arbeiter nicht zulässig ist. Es gab die Arbeiter, die sogenannte "Arbeiteraristokratie", die auf Grund ihrer Qualifikation und ihres Arbeitseinsatzes eine gute Bezahlung erhielten und soziales Ansehen genossen und die der weiteren Entwicklung positiv entgegensahen. Mit solchen Arbeitern sind die Schweizer Reisenden zusammengetroffen, ihre Äusserungen haben sie wiedergegeben. Mit anderen scheinen sie keinen Kontakt gehabt zu haben. Kritische Äusserungen von einzelnen Schweizern über die Lage in den Fabriken basierten offenbar nur auf Beobachtungen und nicht auf Gesprächsinformationen, die sie vor Ort erhalten hatten.

5.1.3 Die Bedeutung der Klubs für den Alltag der Arbeiter

Bei den Betriebsbesichtigungen wurden den Schweizer Gästen nicht nur die Produktionsstätten, sondern auch soziale, medizinische und Freizeiteinrichtungen gezeigt. Diese befanden sich bei den besichtigten Betrieben in den Arbeiterklubs, die auf dem Werksgelände oder in der Nähe errichtet worden waren. In einigen Reiseberichten finden sich dazu ausführliche Schilderungen, so dass die Frage nach der Funktion und der Bedeutung dieser Klubs hier genauer beleuchtet werden soll.

"Der Klub ist die Grundlage Deiner Entwicklung, da er Dein Klassenbewusstsein ausbildet und verstärkt."[25] – So lautete das erste der "zehn Gebote für Klubmitglieder" und beweist damit, welche Bedeutung die politischen Führer dieser Einrichtung zumassen.

Für die Zeit von 1917-1921 liegen bezüglich der Freizeitgestaltung und der kulturellen Aktivitäten der Arbeiterschaft nur wenige Untersuchungen vor. Konzeptionell basierten die Klubs auf den Vorstellungen und Zielen des Proletkults. Diese besagten, dass durch die Hebung des Bildungsniveaus der Klubbesucher eine sozialistische Kultur entwickelt werden könne. Wie schwer diese allgemeine Leitidee zu realisieren war, zeigte sich besonders in den ersten Jahren.

> "Ebenso wie die gesamte Kluborganisation weitgehend ohne direkte Lenkung durch zentrale Kulturorgane oder gezielte parteipolitische Einflussnahme ablief, also Einrichtungen und Organisationen der betrieblichen Klubs primär von der Eigeninitiative der Belegschaft einzelner Betriebe abhängig waren, so wurde auch die inhaltliche Ausrichtung von den Klubmitgliedern in der Regel selbst bestimmt."[26]

Das Klubleben wurde wie schon der Arbeitsalltag in diesen Jahren von den Alltagsproblemen der Arbeiter bestimmt. Die Klubs fungierten nicht nur als Tauschbörse, sie waren auch Heimersatz und der einzig existierende Treff-

---

[25] Desjat' zapovedej dlja členov kluba, in: Revoljucionnye vschody, Nr. 7-8, 1920, S. 14, (G 157).

[26] Gabriele Gorzka, Arbeiterkultur, S. 165-166.

punkt für geselliges Beisammensein. Dabei ging es den Klubbesuchern aber nicht einfach um sogenannt leichte Unterhaltung, sondern um das Erlernen von literarischen und auch künstlerischen Fähigkeiten, wie Chorgesang, Theaterspielen, Musizieren und Malen, aber auch um die politische Bildung und die Alphabetisierung. Im Klub Wajner in Jekaterinburg gab es zwischen November 1919 und November 1920 50 eigene Theateraufführungen, 13 Konzerte und Literaturabende, 6 Vorträge und eine Exkursion.[27] Dieses Beispiel zeigt das grosse Engagement und spontane Interesse der Arbeiter an kultureller Betätigung, trotz der schweren Lebensbedingungen. Dennoch blieb die Anzahl der Klubs klein und ging angesichts der sich verschlechternden Versorgungslage sogar noch zurück.

Mit der Einführung der NEP änderte sich die Situation der Klubs. Die Gewerkschaften fungierten nun als Träger und es gab Bestrebungen zur Konzentration und Vereinheitlichung der Klubs. Dennoch blieb die Vielfalt der Aktivitäten und Inhalte noch einige Zeit erhalten. Auffallend ist die bis in die Mitte der zwanziger Jahre steigende Nachfrage nach politischen Themen und Diskussionen, wobei es den Klubbesuchern nicht um die Wiedergabe offizieller Programme ging, sondern um die Auseinandersetzung mit eigenen, lebensnahen politischen Problemen. Dies galt vor allem für die Männer. Die Frauen suchten in den Klubs hingegen mehr praktische Anleitung für die Arbeiten im Haus und kreative Entspannung im Literatur- und Theaterzirkel oder im Chor.

Die Zahl der Klubmitglieder stieg bis 1925 kontinuierlich an. Dennoch beteiligten sich 85-90% der Gewerkschaftsmitglieder nicht am Klubleben. Die Mitgliederzusammensetzung der Gewerkschaftsklubs Moskaus im Jahre 1925 zeigt, dass 65,8% Arbeiter und 34% Angestellte die Klubs besuchten. Davon waren 56,9% Männer und 43,1% Frauen. In Leningrad lag der Anteil der Frauen sogar nur bei 33,3%. Von den Besuchern waren höchsten 30% Parteimitglieder.[28] Mehrheitlich kamen jüngere Menschen in die Klubs. Für die Frauen wurde der Klubbesuch dadurch erschwert, dass sie sich um die Kinder und den Haushalt kümmern mussten, dass es zu wenige Krippen für Kinder gab und dass viele Ehemänner gegen Eigenaktivitäten ihrer Ehefrauen eingestellt waren.

Es zeigte sich, dass es viel zu wenig Räumlichkeiten für die Klubs gab, dass viele Betriebe gar keine Klubräume hatten. Das eingeleitete Neubauprogramm mit der vorgesehenen Konzentrierung der Klubs hatte negative Fol-

---

27   Vgl. S. Skornjakov, Iz istorii odnogo rabočego kluba. Rabočij klub imeni Vajnera v g. Sverdlovske. K 7-mi letnej godovoščine, S. 33-60, (G 139).

28   Vgl. M. Gorjunova, in: Statistika truda, Nr.7-8, 1925, S. 19-31, (G 281).

gen. Das Klubhaus wurde vom Betrieb entfernt und sank in die Funktion eines Volkshauses mit reinem Unterhaltungscharakter herab. Es gab bald Proteste von Arbeitern und Gewerkschaften gegen diese Zentralisierung, doch dieser Aufbau zentraler Kultureinrichtungen entsprach der Umgestaltung der Gesellschaft im Zusammenhang mit der Einführung der Planwirtschaft.

Das Interesse der Arbeiter an den Klubs begann zu sinken. Innerhalb der Klubs kam es wieder zu einer verstärkten Ausrichtung auf Entspannung und Unterhaltung und zu einem Rückgang von politischen Zirkeln. Der Klub Proletarskaja Kusniza, der auch von den Arbeitern der Moskauer Maschinenfabrik Dynamo besucht wurde, bot 1928 keine Zirkel mit politischen Themen mehr an. Stattdessen fanden Filmvorführungen in den Klubs immer mehr Anklang. Eigenaktivitäten wichen mehr und mehr der Konsumhaltung.

Konkurrenz für die Klubs kam auch von aussen. So waren die "Kneipen" immer von starker Attraktivität, weil hier im Gegensatz zu den Klubs Alkohol ausgeschenkt wurde. Die öffentlichen Kinos wurden mehr und mehr zur kulturellen Attraktion ersten Ranges. Viele Arbeiter zogen es aber auch ganz einfach vor, ihre Freizeit zu Hause, im Hinterhof mit Nachbarn, oder mit Spaziergängen durchs Quartier zu verbringen. Dies galt besonders für die vom Land kommenden Arbeiter. Dass sogar Kirchen eine Konkurrenz bedeuteten, zeigt eine Untersuchung aus Leningrad aus dem Jahre 1928. Im Bezirk Wolodarskij wurden 53 Kirchen, 3 Synagogen und 3 religiöse Vereinigungen jede Woche von 17 600 Menschen besucht, während die Klubs dieses Bezirks nur 15 500 Besucher hatten.[29] Die neuen Bildungs- und Fortbildungseinrichtungen wurden vor allem von jüngeren Arbeitern immer stärker genutzt. Die darüber hinaus verbleibende Freizeit verbrachten sie vorzugsweise im Kino oder beim Sport.

Diese Angaben sollen aber nicht den Eindruck erwecken, als wäre die gesamte Arbeiterschaft an der politischen Arbeit nicht mehr beteiligt gewesen. Vor allem höherqualifizierte Arbeiter übernahmen hier Aufgaben und Funktionen, hatten entsprechend aber weniger Zeit, die Klubs zu besuchen. Dennoch ist es offensichtlich, dass der Grossteil sich von der Gewerkschafts- und Parteiarbeit fernhielt. Die Beteiligungsquote an Betriebsversammlungen lag 1925 bei 25-30%. Um diese Zahl zu vergrössern, wurden Zwangsmassnahmen eingeführt.

An Hand der auf der Grundlage von Umfragen erstellten Zeitbudgets von Arbeiterfamilien lässt sich zeigen, welchen zeitlichen Raum die Freizeit und insbesondere der Klubbesuch einnahm. Eine 1922 durchgeführte Befragung

---

[29] Vgl. A. Stoljarov, Kul'turnaja revoljucija i stroitel'stvo socializma, S. 37, (G 416-417).

ergab, dass Arbeiter 10,41 Stunden im Monat für Weiterbildung – worunter hauptsächlich das Lesen von Zeitungen, Zeitschriften und Büchern zu verstehen ist – und 2,89 Stunden im Monat für gesellschaftliche Tätigkeiten aufgebracht haben. Bei den Arbeiterinnen sah das etwas anders aus. Auf Grund der Doppelbelastung durch Beruf und Haushalt konnten sich Arbeiterinnen nur 4,72 Stunden im Monat der Weiterbildung und nur 1,42 Stunden im Monat der gesellschaftlichen Arbeit widmen.[30] Eine Untersuchung der Zeitbudgets von Moskauer Arbeitern und Arbeiterinnen im Jahre 1930 ergab, dass Arbeiter täglich 2,11 Stunden für Aus- und Fortbildung einsetzten, für gesellschaftliche Tätigkeit 0,94 Stunden. Bei den Arbeiterinnen waren es für die Bildung nur 0,75 Stunden am Tag und für die gesellschaftliche Arbeit 0,63 Stunden täglich. Für die Erholung hatten die Männer 1,85 Stunden am Tag Zeit, die Frauen aber nur 0,55 Stunden am Tag.[31] Dies bedeutet dennoch für beide eine deutliche Zunahme der Freizeitaktivitäten.

So kann man aus diesen Befragungen schliessen, dass die Klubs, gesamtgesellschaftlich betrachtet, keine dominante Rolle einnehmen konnten, ganz im Gegensatz zu ihrem Anspruch und zu dem Eindruck, der in einigen Schweizer Reiseberichten erweckt wird.

Schon Sigi Bamatter besuchte 1920 einen Klub der kommunistischen Jugend in Petrograd. Er schildert zwar die grenzenlose Begeisterung der Petrograder Jugend über die ausländischen Gäste, mehr aber erfahren die Leser seines Berichts nicht.

Auch Friedrich Schneider besuchte einen Arbeiterklub in Leningrad. Dieser gehört zu einer Flaschenspülerei und verfügt über eine Kinderkrippe, einen Jugendklub und einen schönen Garten. Er weist daraufhin, dass in den Klubs kein Alkohol ausgeschenkt werde und dass dies die Ursache für das Fernbleiben der älteren Arbeiter sei.

Der Spartakiade-Teilnehmer Werner Schulthess betont, dass das Klubleben für die Freizeitgestaltung der Arbeiter sehr bedeutend sei und es deshalb in der Stadt keine Cafés und Restaurants gebe. Auch Max Tobler hat diesen Eindruck, nachdem er selber einen grossen Moskauer Klub besucht hat, der trotz geringer finanzieller Mittel ein umfangreiches Aktivitätenspektrum aufweist. Der Klub sei nach Tobler der Stolz der organisierten Arbeiterschaft, er bilde die Grundlage des geselligen Lebens und diene der Hebung des kulturellen Niveaus. Dass jede Belegschaft über einen solchen Klub verfüge, entspricht nicht der Realität, was Tobler aber offensichtlich nicht weiss. Besonders beeindruckt hat ihn die freundschaftliche Atmosphäre des Klubs. Er hebt

---

[30]   Vgl. S.G. Strumilin, Bjudžet vremeni v 1922-23 gg., S. 24, (G 390).
[31]   Vgl. V. Micheev, Bjudžet vremeni, S. 16f. (G 393)

auch hervor, dass Frauen genauso wie Männer am Klubleben beteiligt seien, auch wenn ihre Interessen offensichtlich differieren, so beispielsweise in Bezug auf Handarbeiten. Der Klub, den Tobler besucht hat, verfügt auch über eine grosse Kinderstube, die es den Frauen ermöglicht, an den Klubveranstaltungen teilzunehmen. Auch einen Alphabetisierungskurs bietet der Klub an.

Das Klubhaus, das Charles Studer in Leningrad besuchte – ein Beispiel der seit 1928 forcierten Zentralisation –, macht einen imposanten Eindruck auf ihn. In diesem Gebäude befinden sich über 70 Räume, darunter ein Speisesaal, ein Theater, ein Kino, ein Konzertsaal und eine Bibliothek. Ein Sportplatz gehört auch zum Klub. Die Stimmung der Arbeiter beschreibt er als sehr enthusiastisch.

Léon Nicoles Besuch der Kulturhäuser der Stalin-Automobilwerke und der Schuhfabrik Pariser Commune machen die Möglichkeiten deutlich, die grosse Moskauer Fabriken besassen, um ein repräsentatives Kulturzentrum für die Arbeiterschaft zu erstellen. Neben vielen verschiedenen Einrichtungen finden sich hier eine grosse Zweigstelle der Leninbibliothek, ein Kinosaal, ein Theatersaal mit 800 Plätzen, ein Ballsaal und im Keller Räume für Schiessübungen.

Die Schweizer Reisenden, die die Arbeiterklubs besuchten, waren von der Angebotsvielfalt und dem Enthusiasmus der Klubbesucher beeindruckt. Sie besuchten offenbar nur grosse Klubs, was zum einen Ausdruck für die Zentralisierung und damit für die Vergrösserung der Klubs ist, zum anderen aber auch als Beispiel für die Präsentation der Realität durch die Gastgeber betrachtet werden kann. Nicht jede Fabrik verfügte in den zwanziger Jahren über einen so grossen Klub mit einem so umfangreichen Veranstaltungsangebot. Und nicht alle Arbeiter scheinen davon überzeugt gewesen zu sein, dass der Klub die eigentliche Grundlage des geselligen Lebens darstellte. Sie blieben den Klubs fern und zogen andere Örtlichkeiten vor. Die Reisenden erfuhren aber auch nichts über die zeitliche Beanspruchung der Arbeiter und Arbeiterinnen durch Arbeit und Haushalt und wieviel Zeit ihnen für das Klubleben effektiv blieb. Dennoch kann die Einrichtung von Klubs der Konzeption nach als eine bedeutende Neuerung und Chance bezüglich der Entwicklung und Hebung des kulturellen Niveaus breiter Bevölkerungsschichten in den Grossstädten angesehen werden, auch wenn dies ganz offensichtlich auf Grund ideologischer Zielsetzungen durchgeführt wurde. Diese Bemühungen haben viele der Reisenden beeindruckt.

5.2 Die Wohnsituation der Arbeiterfamilien in den zwanziger Jahren

Die Wohnsituation nach der Revolution war, wie die Beispiele Moskau und Leningrad zeigen, trotz der grossen Stadtflucht unhaltbar. Seit Kriegsausbruch waren die Wohnhäuser nicht mehr repariert oder renoviert worden, ausserdem hatten mutwillige Zerstörungen und klimatische Einwirkungen zu ihrer Unbewohnbarkeit beigetragen. Die eingeleiteten Renovierungsarbeiten standen 1920 in einem Verhältnis von 1:10 zu den tatsächlichen Renovationsbedürfnissen und das, obwohl in Moskau eineinhalb Mal mehr renoviert wurde als in allen anderen Städten Sowjetrusslands zusammen.[32] Die Regierung leitete eine Umquartierungskampagne für die Arbeiter ein. Sie sollten in die ehemaligen Bürgerhäuser der Innenstädte umziehen. Diese Häuser waren jedoch sehr oft in einem unhaltbaren Zustand, ohne funktionstüchtige Heizung, Wasserversorgung und Kanalisation. Die Zusammenlegungen von mehreren Arbeiterfamilien in eine grosse Wohnung bedeutete in der Regel keine Vergrösserung des Pro-Kopf-Wohnraums. Ein Petrograder Arbeiter berichtete, dass er mit 10 Personen in einer Wohnung lebte, in der es im Winter nie wärmer als minus 7 Grad wurde, in der das Wasser ständig eingefroren sei und in der Licht vollkommen fehlte.[33]

Kritik an den unhaltbaren Wohnverhältnissen kam nicht nur von den Bewohnern selber, sondern auch aus der Parteispitze, von der Volkskommissarin Alexandra Kollontai:

"In our solution to the housing problem, we went no further than housing the workers' families in inconvenient bourgeois mansions. What is still worse, so far we have not even touched the practical problem of housing in regard to workers. To our shame, in the heart of the republic, in Moscow itself, working people are still living in filthy, overcrowded and unhygienic quarters, one visit to which makes one think that there has been no revolution at all."[34]

Kollontai kritisierte scharf die zunehmende soziale Ungleichheit zwischen der Arbeiterschaft und den Parteivertretern und Bürokraten, die sich auch in den unterschiedlichen Wohnbedingungen widerspiegelte.

Neben den Bürgerwohnhäusern standen den Arbeitern noch die den Fabriken angegliederten Wohnkasernen zur Verfügung. Die Alleinstehenden schliefen hier in Schlafsälen mit je 40-50 Betten, für Verheiratete gab es kleine Kammern, in denen je 2 Familien mit Kindern untergebracht waren. Der

---

[32] Gabriele Gorzka, Arbeiterkultur, S. 105.
[33] Vgl. Fabrika "Krasnoje znamja", S. 123f, (G 106).
[34] Alexandra Kollontai, The Workers' Opposition, in: Selected Writings, S. 170.

nach dem Ende des Bürgerkriegs einsetzende Zuzug in die Städte verschärfte die Wohnsituation noch mehr. Statistische Erhebungen für die Jahre bis 1932 ergaben folgende Durchschnittswerte hinsichtlich der Wohnfläche pro Person in Moskau: 1920 – 9.30 qm, 1923 – 6,80 qm, 1926 – 5.30 qm und 1932 – 4.15 qm.[35] Die Wohnfläche für einen Arbeiter war im Landesdurchschnitt betrachtet noch geringer: 1926 standen ihm 4.79 qm zur Verfügung, 1928 – 4.98 qm.[36] Das gesetzliche Minimum an Wohnfläche pro Person belief sich 1926 aber auf 8 qm.

Obwohl der Pro-Kopf-Wohnraum in Leningrad über dem Durchschnitt lag, verschlechterte sich auch hier die Situation zusehends. So hatten 1927 nur halb soviele Arbeiterhaushalte eine eigene Wohnung wie 1923.[37] Lediglich 21,4% der Leningrader Arbeiterfamilien lebten 1927 in einer eigenen Wohnung, 20,1% bewohnten den Teil einer Wohnung, 52,5% ein Zimmer und 5,5% den Teil eines Zimmers.[38] Auch in den Wohnheimen auf den Betriebsgeländen spitzte sich die Wohnsituation weiter zu. Zu der Beengtheit gesellte sich erschwerend die Ungeziefer-, Ratten- und Mäuseplage, wie eine Umfrage unter Moskauer Familien 1924 ergab.[39]

Bis 1925 wurde von staatlicher Seite sehr wenig Geld für den Wohnungsbau ausgegeben. Erst ab 1925 finanzierte der Staat 80% der Neubauten.[40] Die Qualität der neuen Häuser liess jedoch zu wünschen übrig. Viele Arbeiter verlangten Unterstützung von ihren Betrieben, aber nur grosse Moskauer Fabriken wie Dynamo und Trechgornaja Manufaktura konnten diesem Anspruch gerecht werden, weil sie auch über anständige Wohnhäuser verfügten. "But factory administrators often preferred to use these dwellings to attract skilled workers and spetsy. (...) To their newest workers, the factories offered only a place in the barracks."[41]

Das Leben in diesen Baracken stellte nicht nur eine physische, sondern auch eine starke seelische Belastung dar. Das dort herrschende geistige Klima entsprach nicht den propagierten Idealen einer sozialistischen Gesellschaft. Die vom Land kommenden Arbeiter waren mit dem Glauben und der Kirche noch viel enger als das städtische Proletariat verbunden. Dies führte zu Spannungen unter den Bewohnern. Generationskonflikte und Geschlechterproble-

---

[35]   Vgl. Timothy Sosnovy, The Housing Problem, S. 112.
[36]   Vgl. Hans-Henning Schröder, Industrialisierung S. 105.
[37]   Vgl. Bjudžety rabočich i služaščich, Bd.1: Bjudžet rabočej sem'i v 1922-1927gg, S. 56.
[38]   Vgl. William Chase, Workers, S. 204.
[39]   Vgl. Gabriele Gorzka, Arbeiterkultur, S. 380.
[40]   Vgl. William Chase, Workers, S. 189.
[41]   Ebenda, S. 191.

me spielten sich hier ebenfalls auf engstem Raum ab. Deshalb war es das vorrangige Ziel der Bewohner, zu einem eigenen Zimmer und zu etwas mehr Privatsphäre zu kommen.

Die Enge des Raums war auch ein Grund dafür, weshalb wenig Geld für Haushaltsgegenstände, aber viel mehr Geld für Alkohol und Tabak ausgegeben wurde. Es muss auch erwähnt werden, dass 1923 auf 100 Personen nur 29 Betten kamen und dass es vier Jahre später nur 12 Betten mehr für die gleiche Personenzahl waren.[42]

Durch die Einleitung der forcierten Industrialisierung verschlechterte sich die Wohnsituation erneut, vor allem durch den starken Zustrom von ländlichen Arbeitskräften in die Städte und Industriezentren. Das Zentrale Exekutivkomitee verabschiedete 1928 eine Resolution zum Wohnungsproblem, in der verstärkter Wohnungsbau gefordert wurde.

"Die Kontrollziffern für 1929/30 gingen davon aus, dass – wollte man alle Arbeiter mit Wohnraum über 6 qm pro Kopf versehen – 12 Millionen qm Wohnfläche neu geschaffen werden mussten, bezogen auf die gesamte städtische Bevölkerung sogar 30 Millionen qm."[43]

Diese Pläne wurden nicht realisiert. Die Bautätigkeit des Staates und der Wohnungsbaugenossenschaften zusammen ergab für die Zeit von 1929-1932 32,6 Millionen qm, was nicht zu einer grundlegenden Verbesserung der Wohnsituation führte. Die geringste Zahl von Neubauten war für die Jahre 1933-1937 zu verzeichnen: in vier Jahren nur 37,2 Millionen qm.[44] 1940 betrug die Wohnnutzfläche eines Stadtbewohners im Durchschnitt 6,5 qm.

Am Wohnungsproblem kamen auch die Schweizer Reisenden nicht vorbei. Die ersten Angaben stammen von Walther Bringolf, der offensichtlich mit recht phantastischen Zahlen hantiert. Er berichtet davon, dass im Jahr 1920 – dem Jahr seines Besuchs – jedem Einwohner Moskaus mietfrei 20 qm Wohnraum zustünden, wenn nicht die ehemals zaristischen Beamten, die zaristische Bauweise und der Zustand der Häuser dem im Wege stünden. Bezüglich der aufgeführten Hinderungsgründe mag Bringolf Recht haben, doch welche Konsequenzen dies nun auf die konkreten Wohnverhältnisse hatte, verschweigt er. Angesichts der oben beschriebenen Wohnungsmisere ist das nicht erstaunlich. Es ist anzunehmen, dass er die Wohnsituation der Arbeiter nicht kennengelernt hat.

---

[42] Vgl. Bjudžety rabočich, S. 66, (G 492).
[43] Hans-Henning Schröder, Industrialisierung, S. 104.
[44] Vgl. Narodnoe chozjajstvo SSSR v 1974g., S. 579.

Auch Franz Reichmann befasste sich mit dem Wohnproblem im Moskau des Jahres 1926. Zutreffend bezeichnet er die Einwohnerzuwachsrate Moskaus als ein enormes Problem. Doch die Zahlen, die er nennt, stimmen mit den Statistiken und den Untersuchungsergebnissen nicht überein. Reichmann spricht von 11,38 qm als dem gültigen Richtwert und von 7,5 qm als dem in Wirklichkeit zur Verfügung stehenden Wohnraum pro Person. Es hat sich aber gezeigt, dass 1926 das Soll bei 8 qm lag und dass die wirkliche Wohnfläche durchschnittlich 5,3 qm, für Arbeiter sogar nur 4,79 qm betragen hat. An diesem Beispiel zeigt sich das Vorgehen der sowjetischen Gastgeber im Umgang mit ihren ausländischen Gästen sehr deutlich. Es werden stets Soll- und Habenwerte bekanntgegeben, so dass der Besucher nicht behaupten kann, nur über die Zukunftspläne und nicht über die realen Verhältnisse und Schwierigkeiten informiert worden zu sein. In Tat und Wahrheit waren diese Zahlenangaben aber "frisiert", so dass beispielsweise Franz Reichmann über die wirklichen Wohnbedingungen in Moskau nicht richtig informiert wurde, ohne es zu bemerken und überprüfen zu können. Dies ist ein sehr wichtiger Teil der "techniques of hospitality", der nicht nur beim Wohnproblem Anwendung gefunden hat.

Reichmann war offenbar der einzige Schweizer, der auch Massenquartiere zu Gesicht bekam. In einem grossen Haus befanden sich 1000 Schlafplätze, pro Saal 110 primitive Betten. Die Waschräume und Aborte machten einen sauberen Eindruck auf ihn. Einen unangemeldeten Besuch machte er dann mit seinen Gastgebern in einer Arbeiterkolonie auf dem Land, die aus drei zusammengebauten Häusern mit insgesamt 60 Plätzen bestand. Pro Zimmer waren 2-6 Betten aufgestellt. Die Küche wurde gemeinsam benutzt. Die Räume wirkten auf Reichmann ordentlich und hell, so dass sein Gesamteindruck kein schlechter war.

Friedrich Wlatnig äussert sich deutlich, aber sehr allgemein und ohne Belege zum Wohnproblem. Die Mieten von 1927 beispielsweise erachtet er als teuer, ohne konkrete Zahlen zu nennen-weder die Mietpreise, noch den Prozentsatz, den die Miete vom Haushaltsbudget einnimmt. Er bezeichnet die Moskauer Wohnmisere als die grösste Plage und berichtet, dass fünf bis acht Familien zusammen in einer Wohnung leben. Welche Grösse und wie viele Zimmer diese Wohnungen haben, sagt er dann aber nicht. Dennoch sind seine Angaben als zutreffende Beschreibung der Wohnungsrealität eines Grossteils der Arbeiterschaft im Jahre 1927 zu werten.

Als unrealistisch erweisen sich die Angaben der Arbeiterdelegation zur Wohnsituation in Moskau. Sie sprechen von einem "ganz kleinen Bruchteil", der vom Lohn für die Miete abgeht. Diese Aussage steht in direktem Gegensatz zu der Wlatnigs. Die Statistik besagt, dass die Mietkosten 6,9% des Haushaltsbudgets ausmachen, die für Heizung und Licht nochmals 6,2%. Dies ist gesamthaft betrachtet nicht viel, ist aber auch nicht ein "ganz kleiner Bruchteil". Ferner behaupten die Arbeiterdelegierten, dass im Gegensatz zur Schweiz in der Sowjetunion niemand bei der Wohnungsvergabe bevorzugt wird. Diese Aussagen entsprachen nicht der Realität. Mit ihnen schufen sie letztendlich ein Bild, das die wirklichen Wohnverhältnisse nicht wiedergibt.

Dass Zimmermieten wirklich sehr hoch sein konnten, zeigt das Beispiel Ella Maillarts. Sie bezahlte 1930 für ihr Zimmer in einer ehemaligen Bürgerwohnung 50 Rubel, einen Preis, den sie als alleinstehende russische Arbeiterin nicht hätte bezahlen können. Es ist deshalb zu vermuten, dass von ihr als Ausländerin mehr Miete als sonst üblich verlangt wurde.

Von beengten Wohnverhältnissen berichten Otto Baumberger, Charles Studer und Arno Wildhaber 1932. Sie beschreiben die schlechte Neubauqualität, die sie in Leningrad selbst überprüfen konnten.

Weiterhin sehr schlecht sind die Wohnverhältnisse, wie Erhard Jaeger dies 4 Jahre später auf Spaziergängen durch Moskauer Wohnquartiere beobachten konnte. 6 bis 10 Personen müssen sich ein Zimmer teilen. Sie bekämen, gemessen an ihrer Arbeitsleistung, eine bestimmte Quadratmeterzahl zugewiesen. Jaeger konkretisiert diese Aussagen nicht und phantasiert stattdessen von einer erzwungenen "Kollektivierung" des Privatlebens in den langen und kalten Nächten. In Wirklichkeit richtete sich der Mietpreis nach den Einkommen der Bewohner und der Quadratmeterzahl der Wohnfläche.

Es ist nicht erstaunlich, dass Léon Nicole das Moskauer Wohnproblem nicht nennt und stattdessen nur über das Modell eines neuen Moskau spricht. Dass die Wohnprobleme 1939 in Moskau dennoch existiert haben, beweisen die Ausführungen Ernst Hofers 1941, der auch von beengten und einfachen Verhältnissen berichtet, mit denen die Bewohner aber seines Erachtens durchaus zufrieden zu sein schienen.

Dass die Wohnungsfrage in der Sowjetunion eine Misere grossen Ausmasses darstellte, wurde von den meisten Reisenden erkannt. Nur wenige lösten das Problem, indem sie es einfach ignorierten. Für Reisende wie Bamatter, Nicole und die Arbeiterdelegationen stellte die Sowjetunion in jeder Hinsicht das ideale Land dar, über dessen Probleme sie selber nichts wissen wollten und die Schweizer Arbeiterschaft nichts erfahren durfte. Beschreibungen der Arbeiterdelegation über billige und gemütliche Dreizimmerwohnungen, in die sie selber gerne einziehen würden, spiegeln in keiner Weise die reale Wohnsituation der sowjetischen Arbeiterfamilien wieder. Es gab solche schönen Wohnungen, doch waren sie keineswegs typisch, wie dies der Delegationsbericht suggerieren will. Als realistischer erweisen sich die Schilderungen der kritisch eingestellten Reisenden.

Die Kommentare zum Wohnproblem in Moskau beinhalten entsprechend der politischen Polarisierung der Betrachter sehr konträre Erklärungsansätze. Während die einen der Auffassung sind, dass die Einwohnerzahl in Moskau so rasant wachse, dass niemand in der Lage sei, innert nützlicher Frist genügend Wohnraum zu schaffen, dass die Regierung aber alles daransetze, das Problem zu beheben, sind die anderen überzeugt, dass der Staat nichts für die Verbesserung der Lage unternehme und lediglich pro forma ein paar Neubauten erstellt habe, um den Menschen nicht die letzte Hoffnung zu rauben.

5.3 Die Versorgungslage der Arbeiterschaft

Während der ganzen Periode des Kriegskommunismus war die Versorgung der Bevölkerung das zentrale wirtschaftliche und politische Problem. Die staatlichen Massnahmen der Zwangsrequirierung von Getreide zur Versorgung der Stadtbevölkerung, der Umstellung von Geld- auf Naturallohn, der Verpflegung der Stadtbewohner durch öffentliche Speisehäuser und der Einführung von sozial gestaffelten Lebensmittelmarken reichten nicht aus, um die Ernährungsgrundlage zu sichern. Der Schwarzmarkt gedieh, da die Menschen gezwungen waren, illegale Geschäfte zu tätigen, wenn sie überleben wollten. Viele Arbeiter produzierten in ihren Fabriken während der Arbeitszeit kleine Industriegüter, die sie dann auf dem "Sucharewka", dem sogenannten Schwarzmarkt Moskaus, verkauften – dies ebenfalls während der Arbeitszeit. Auf diese Art kam es in den Fabriken zu Abwesenheitsquoten von rund 50%.

Der Boykott der Bauern gegen die staatliche Zwangsrequirierung schmälerte die Nahrungsgrundlage immer mehr und führte zu grossen Hungersnöten. Die Einführung der NEP sollte der Ausweg aus der Misere sein. Doch die Lebensbedingungen verbesserten sich nicht sofort.

Die Ausgaben für Nahrungsmittel betrugen in den Jahren 1922-1928 rund 45% des einem Arbeiter zur Verfügung stehenden Budgets, die für Kleidung 20-26%. Die Kosten für Heizung und Licht sanken von 12,2% auf 6,2%, während gleichzeitig die Mieten von 1,7% auf 6,9% des Budgets anstiegen. Die Ausgaben für die medizinische Versorgung blieben auf Grund der staatlichen Subventionierung sehr niedrig.[45] Eine offizielle Statistik besagt, dass ein erwachsener Arbeiter 1927 im Durchschnitt 1 oder 2 Mäntel, 3 Anzüge, vier Paar Unterwäsche, 3 Paar Socken und 2 Paar Schuhe besass. Jeder zwei-

---

[45] Vgl. Bjudžety rabočich, S. 28, (G 376).

te hatte auch eine Krawatte. Eine Arbeiterin besass ebenfalls 1 oder 2 Mäntel, 6 Kleider, 3 Tücher, 4 Paar Unterwäsche, 3 Paar Strümpfe und 2 Paar Schuhe.[46]

Die Versorgungslage verschlechterte sich seit der Einführung des ersten Fünfjahresplans zusehends. Der Reallohn sank ab 1929, da die Preise für die sich verknappenden Produkte rasant anstiegen.

"Gegenüber der Periode der NEP hatte sich die Ernährungs- und Versorgungslage der Arbeiter ganz erheblich verschlechtert. Das erfuhren die Arbeiter und ihre Angehörigen nicht nur durch den mageren Speisezettel, das wurde in der Umstellung des ganzen Alltags deutlich, beim Schlangestehen am frühen Morgen, bei der Jagd nach Lebensmitteln und Schuhen oder anderen dringend benötigten Gebrauchsgegenständen."[47]

Die Zahl der Erwerbstätigen pro Arbeiterfamilie stieg an, um dadurch den Budgetschwund etwas ausgleichen zu können. 1932 arbeiteten 15,6% mehr Familienangehörige als 1928/29.[48] Verbesserungen wie die Kürzung der Arbeitszeit, die höhere Budgetierung der Sozialversicherung und der Ausbau des Arbeitertourismus konnten die schlechte Versorgungslage und Wohnsituation nicht ausgleichen.

Wie schon erwähnt traf diese Entwicklung nicht alle Arbeiter gleichermassen. Die Stossarbeiter kamen in den Genuss von Privilegien, auch hinsichtlich der Versorgung mit Lebensmitteln und Gebrauchsartikeln. Die starken Lohnunterschiede innerhalb der Arbeiterschaft und die Ausbreitung des Akkordlohnsystems trugen zur weiteren sozialen Differenzierung der Gesellschaft bei. Ein Vergleich der Budgets von Arbeiterfamilien 1922 und 1940 belegt, dass statt 45,6% nun 53,8% des Budgets für Nahrungsmittel verwendet wurden, für Kleidung und Schuhe hingegen statt 26,1% nur noch 11,1%. Kaum verändert hatten sich die Aufwendungen für Möbel und Haushaltsgegenstände, statt 1,1% waren es nun 1,7%, was als ein weiterer Beweis für die beengten Wohnverhältnisse zu werten ist. Die Kosten für Licht und Heizung waren nur noch sehr gering, dafür wurden für Kultur und Dienstleistungen statt 7,4% nun 17,5% ausgegeben. Gespart konnte auch werden. Hatten die Arbeiterfamilien 1922 im Durchschnitt 2,2% ihres Budgets für Kreditrückzahlungen aufzubringen, so konnten sie 1940 4,8% ihres Budgets auf ein Sparkonto bringen.[49]

---

[46]   Ebenda, S. 28, 46 und 52, (G 377).
[47]   Hans-Henning Schröder, Industrialisierung, S. 104.
[48]   Vgl. ebenda, S. 106.
[49]   Vgl. Narodnoe chozjajstvo SSSR 1922-1972 gg., S. 383 und Narodnoe chozjajstvo SSSR v 1974g., S. 605.

Dass es um die Versorgung der Menschen in den ersten Jahren nach der Revolution nicht gut bestellt war, machen auch einige Reiseberichte deutlich. Vor allem Annelise Rüegg, Fritz Brupbacher und Friedrich Bachmann schildern die Not und das Elend in der Hauptstadt und in anderen Gebieten des Landes unverblümt.

Annelise Rüegg sieht den Arbeitern in Wjatka und in Jekaterinburg die Schwäche und Unterernährung an, trotz derer sie an den Maschinen stehen. Aber nicht in allen Städten steht es so schlecht. Dort, wo das Transportsystem noch funktioniert, geht es den Arbeitern viel besser. In Ermangelung der Transportmittel bleiben die Getreidelieferungen an anderen Orten stecken und erreichen ihre Empfänger nur nach langem Warten oder überhaupt nicht.

Fritz Brupbacher und Friedrich Bachmann lernen die Versorgungskrise in ihrer schlimmsten Form kennen, als Hungersnot, von der 1921/22 weite Gebiete entlang der Wolga und in der Ukraine schwer betroffen waren.

Auch Walther Bringolf und Sigi Bamatter kommen nicht umhin zu erwähnen, dass sie 1920 Bettler auf den Strassen gesehen haben. Ihre mitgelieferte Erklärung besagt aber, dass es sich hierbei um ehemalige Bürger und "Intelligenzler" handelt, die an ihrem Elend selber Schuld sind, weil sie sich nicht an der Aufbauarbeit beteiligen. Dass beide das gesunde und keineswegs ärmliche Aussehen der Menschen betonen, geht an der Alltagsrealität dieser Jahre vorbei. Über die grossen Schwierigkeiten der Menschen, ihre Versorgung mit Lebensmitteln zu gewährleisten, verlieren die beiden kein Wort. Stattdessen werden die Verhältnisse in anderen europäischen Grosstädten angeprangert.

Franz Reichmann, der 1921 schon das erste Mal in Moskau weilte, weiss ebenfalls von der Versorgungskrise zu berichten. 1926, auf dem Höhepunkt der NEP, ist die Situation ganz anders. Er betont, dass nun alles zu haben ist und dass die Preise niedrig sind. Diese sehr allgemein gehaltene Formulierung belegt Reichmann dann mit einer Preisliste für Lebensmittel und Bedarfsartikel. Er weist darauf hin, dass Lebensmittel billiger sind oder genauso viel wie in der Schweiz kosten, dass aber Kleidungsartikel in Russland zwei- bis dreimal so teuer sind. Einzig die von Friedrich Schneider erstellte Preistabelle, die für jeden sowjetischen Artikel den Preis und den Arbeitsaufwand angibt und sie dann mit Basel vergleicht, kann die wirklichen Lebenshaltungskosten verdeutlichen und diese für die Schweizer Leserschaft nachvollziehbar machen. Dabei zeigt sich, dass einige Grundnahrungsmittel günstiger sind, dass aber der Grossteil der Produkte und Bekleidungsartikel viel teurer als in der Schweiz ist. Keine Auskunft geben die Gewerkschafter darüber, ob das Angebot für die Bevölkerung ausreicht. Dennoch ist der Reisebericht

Reichmanns eine Bestätigung der nachgewiesenen positiven wirtschaftlichen Auswirkungen der Neuen Ökonomischen Politik, die Edouard Scherrer schon 1924 anhand des reichlichen Warenangebots hatte feststellen können. Dass diese Phase des Aufschwungs aber schon bald ihrem Ende entgegen gehen sollte, beweist dann der Bericht Toblers.

Max Tobler spricht 1927, ein Jahr nach Reichmann, von einem spärlichen Warenangebot. Lediglich ein genossenschaftlicher Laden auf der Hauptstrasse Moskaus ist gut ausgestattet, so berichtet er. Friedrich Wlatnig weist aber darauf hin, dass die Privatgeschäfte ein gutes Angebot haben und deshalb auch gut besucht sind, obwohl sie den staatlichen Läden gegenüber benachteiligt werden. Hier zeichnet sich in der Bekämpfung des Privathandels schon das Ende der NEP ab.

Dass sich die Versorgungslage nach der Einführung des ersten Fünfjahresplans konstant verschlechterte, wird durch Ella Maillarts Schilderungen der Warteschlangen vor den Geschäften und des raschen Ausverkaufs der Waren bestätigt, aber nicht weiter beschrieben. Auch Baumberger, Studer und Wildhaber berichten 1932 von den Schwierigkeiten in der Versorgung und davon, dass das Leben sehr teuer, das Angebot sehr knapp und stundenlanges Anstehen die Folge ist. Dennoch seien die Menschen gut genährt und, wenn auch armselig, so doch sauber gekleidet. Charles Studer berichtet im persönlichen Gespräch, dass sie von der Hungersnot so gut wie nichts gesehen haben. Lediglich auf einem Bahnhof in der Ukraine habe er eine Ahnung vom wirklichen Ausmass der Not bekommen, als eine Frau einem Hund ein Stück altes Brot, das dieser von den Reisenden hingeworfen bekommen hatte, entriss und selber ass.[50]

Bei Léon Nicole schliesslich finden sich 1939 im Versorgungsbereich, wie in allen anderen Bereichen, keine Probleme. Von daher ist sein Bericht nicht als ein Beitrag zu einer realistischen Schilderung des Arbeiteralltags in der Sowjetunion zu werten. Zu stark waren hier andere Motive beim Verfassen des Reiseberichts bestimmend.

Wie schon beim Wohnproblem zeigt sich auch hinsichtlich der Versorgungsfrage bei einigen Reiseberichten die grosse Diskrepanz zur Realität. Dies ist die Folge von Verallgemeinerungen , die die Reisenden vornahmen, nachdem sie die Angebote in einzelnen Läden gesehen hatten und ist Ausdruck mangelnden Wissens über die tatsächliche Warenquantität, die Preise und das Budget eines Arbeiterhaushalts.

---

50 Diese Ausführungen machte Charles Studer in einem persönlichen Gespräch mit mir.

5.4 Soziale Misstände in der sowjetischen Gesellschaft

Der unzureichende Bestand an Wohnmöglichkeiten hatte vor allem in den zwanziger Jahren eine nicht erfassbare Zahl Obdachloser zur Folge. Für die Moskauer Obdachlosen wurden ab 1925 einige Nachtschlafstellen eingerichtet, die 1928 von 223'464 in Moskau Registrierten benutzt wurden.[51] Diese Schlafgelegenheiten reichten jedoch nicht aus, und viele Menschen schliefen auf den Strassen, in den Parks und an den Ufern der Moskwa. "From this group came the largest number of criminals."[52]

Hierbei handelte es sich hauptsächlich um die "Besprizornye", deren genaue Zahl für Moskau nicht festgestellt werden konnte. Sie bildeten Banden und lebten vom Diebstahl, die weiblichen Bandenmitglieder auch von Prostitution. Sie schufen sich ihre eigenen Organisationen und hatten ihre eigenen Schlafstätten. "In their social milieu, the use of drugs (especially cocaine) and alcohol were everyday occurences, and children as young as five indulged and stole so that they could purchase more."[53]

1927 war mehr als ein Viertel der in Moskau wegen Prostitution Verhafteten unter 18 Jahren, sogar Zwölfjährige waren dabei. Motive für die Prostitution waren die Existenznotlage, die Drogensucht und andere, nichtgenannte Motive. Einige Prostituierte übten ihr Gewerbe in schäbigen Unterkünften, die meisten aber direkt auf Strassen, Parkbänken, in Höfen und Hauseingängen aus.[54]

Trotz der Anstrengungen staatlicher Stellen und der Polizei, die Prostitution zu verbieten, den Drogenkonsum und die Kriminalität einzudämmen, blieben die Besprizornye und die Prostituierten noch ein Bestandteil des Moskauer Alltags der zwanziger Jahre.

Die Kriminalitätsrate bei Frauen stieg in den zwanziger Jahren um das Fünf- bis Sechsfache an, stärker als bei den Männern. Oftmals hingen die angezeigten Tätlichkeiten von Frauen mit Auseinandersetzungen im Wohnbereich zusammen. "Many of those convicted were housewives, mostly workers' wives, who were found guilty of starting fights over an apartment or kitchen."[55] Dies macht deutlich, dass die Frauen unter den Wohnbedingungen und der Versorgungslage stärker als ihre Ehemänner zu leiden hatten.

---

[51] Vgl. William Chase, Workers, S. 194.
[52] Ebenda.
[53] Ebenda, S. 195. Siehe dazu "Trud" vom 21. September 1928.
[54] Vgl. M.N. Gernet, K statistike prostitucii, in: Statističeskoe obozrenie, 7 (1927), S. 86-89, zitiert nach Chase, S.195.
[55] Vgl. Timothy Sosnovy, The Housing Problem, S. 218.

Die hier beschriebenen sozialen Misstände finden sich auch in den Schweizer Reiseberichten der zwanziger Jahre wieder. Sie bestätigen sowohl die Bettelei auf den Strassen Moskaus und Leningrads, wie auch die Prostitution. Die Besprizornye tauchen als Schwarzfahrer in Trams und Zügen auf und werden von Friedrich Wlatnig als "die schlimmste Erscheinung im neuen Russland" charakterisiert. Max Tobler, der diese gesellschaftlichen Probleme am ausführlichsten beschreibt, nennt neben der Prostitution auch den Alkoholismus als einen Misstand, den der Staat noch nicht in den Griff bekommen hat. Einer baldigen Lösung ist Tobler sich aber sicher.

Die Schilderung der Spartakiade-Teilnehmer über ihre Begegnung mit integrationswilligen Besprizornye klingt in Anbetracht der Grösse des Problems schon fast wie ein Märchen und kann sicher nicht als typisch angesehen werden. Das belegen auch die Schilderungen von Anton Roy Ganz aus dem Jahre 1929.

Für die dreissiger Jahre finden sich weniger Schilderungen dieser Misstände. Als die Strassenbahnerdelegierten 1931 in Moskau weilten und spät in der Nacht durch die Strassen spazierten, seien ihnen keine "finsteren Gestalten" begegnet, und sie seien sicher nach Hause gekommen. Elisabeth Thommen und auch Arno Wildhaber berichteten aber von Diebstählen im Zug, und auch Josef Maria Camenzind sah vor einem Hotel in Moskau herumstreunende und bettelnde Kinder. Gelöst war dieses Problem offensichtlich noch nicht.

Diese sozialen Misstände der Prostitution, des Diebstahls und der Bettelei waren für die Reisenden sichtbar, wenn sie sich auf den Strassen abspielten und auch ausländische Besucher betreffen konnten. Von fast allen Verfassern werden Szenen beschrieben, in denen sie mit dem einen oder anderen Problem konfrontiert waren. Die Auslegung und auch die Genauigkeit der Beobachtung differieren stark. Nicht erfasst haben die meisten die sozialen Misstände in den Gefängnissen, in den Kinder- und Jugendheimen und den Umerziehungslagern, die es gegeben hat und die teilweise sogar sichtbar waren. Der Versuch, das Problem dadurch zu beseitigen, dass man die Verhältnisse in anderen europäischen Grosstädten als viel problematischer bezeichnet, dient nur der Selbsttäuschung und nicht dem Erfassen der Ursachen dieser Missstände in der Sowjetunion. Welche Entwicklung die sozialen Konzepte im Bereich der Jugendarbeit genommen haben, zeigen neuere Untersuchungen.

Am 7. Juli 1989 befasste sich die Zeitung "Moscow News" unter dem Titel "In der Straftat finden sie zu sich selbst" mit dem Problem der massiv steigenden Jugendkriminalität in der Sowjetunion. 1988 wurden allein in Moskau 158 kriminelle Jugendbanden gefasst, 35 000 Jugendliche wurden den Moskauer Polizeirevieren zugestellt, die Zahl der Raubüberfälle durch Jugendliche stieg im Vergleich zum Vorjahr um 50%. Eine der Ursachen ist in der durch die Umstellung auf die wirtschaftliche Rechnungsführung angestiegenen Jugendarbeitslosigkeit zu suchen; grundlegender scheint aber die verbreitete, alle Lebensbereiche umfassende Perspektivlosigkeit der Jugendlichen, verknüpft mit einer Ablehnung der traditionellen sozialen Möglichkeiten, zu sein. 97,1% der Jugendbanden entstehen an den Wohnorten der Jugendlichen. "Davon vereinigt 48,6 Prozent das Streben nach Müssiggang, 40,2% Prozent – gemeinsamer Alkoholgenuss und Drogenkonsum."[56] Die Frage ist berechtigt, was aus den nach der Oktoberrevolution erklärten Zielen und Idealen des "neuen Menschen" geworden ist und worin die Ursachen des Scheiterns begründet liegen? Wissenschaftliche Erklärungsansätze von Fachleuten sind offenbar kaum vorhanden, stattdessen scheinen Ratlosigkeit und Resignation vorzuherrschen.

5.5   Die Lage der Frau

Obwohl die rechtliche Gleichstellung von Mann und Frau in allen Lebensbereichen nach der Oktoberrevolution dekretiert worden war und dies auch für das Berufsleben Geltung hatte, sah die Realität anders aus.

Die Bedeutung der Frauen für die Wirtschaft in den ersten Jahren nach der Revolution wurde nach der Rückkehr der Männer von der Front wieder geringer. Frauen waren massiv von der Arbeitslosigkeit betroffen, und die bereits gewährten Sonderleistungen und Schutzgesetze wurden teilweise wieder aufgehoben. Kollektive Einrichtungen wie Speisehäuser, Gemeinschaftsküchen, Wäschereien und Kindergärten zur Entlastung der berufstätigen Frauen litten unter Geldmangel und konnten nicht ausgebaut werden.[57] Die Kleinfamilie mit ihrer traditionellen Rollenverteilung blieb die Keimzelle des Staates. Revolutionäre Lebensweisen wurden abgelehnt.

Obwohl in sehr vielen Familien beide Ehepartner berufstätig waren, teilten sie sich die Hausarbeit nicht in gleichem Masse. Eine Untersuchung des Zeitbudgets in Arbeiterhaushalten von Moskau, Leningrad und Iwanowo-Wosnesensk vom Dezember 1922 ergab, dass Männer nach einer Arbeitszeit von 8,32 Stunden noch 2,08 Stunden für Hausarbeit aufbrachten, während Frauen noch 5,12 Stunden im Haushalt beschäftigt waren.[58]

---

[56]   Moskau News, Nr. 7, Juli 1989, S. 13.
[57]   Vgl. Michael Paul Sacks, Women, S. 193.
[58]   Vgl. S.G. Strumilin, Bjudžet vremeni russkogo rabočego i krest'janina v 1922-1923 gg., S. 11, (G 387).

In Ermangelung eines Kühlschranks mussten die Frauen jeden Tag einkaufen, was mit langem Anstehen verbunden war. Da nur auf einem kleinen Kocher gekocht wurde, dauerte die Zubereitung entsprechend lange. Wäschewaschen nahm ebenfalls viel Zeit in Anspruch, vor allem in den Wohnungen, die über kein fliessend Wasser verfügten. "Less than one-fifth of the city's apartments had running water, and hence water for cleaning and cooking had to be carried from communal taps, pumps (usually located outside), or from the river or open canals."[59] Die Folge war, dass die Frauen weniger Zeit für Bildung und gesellschaftliche Tätigkeiten, aber auch für Erholung und den nächtlichen Schlaf hatten. Sie schliefen durchschnittlich 1 1/4 Stunden weniger als ihre Ehemänner.[60]

Bei der Art der Erholung finden sich ebenfalls deutliche Unterschiede. Frauen machten am häufigsten Besuche bei Verwandten oder empfingen Gäste, sie sangen und tanzten gerne und gingen viel häufiger als ihre Ehemänner in die Kirche. Zwar stand das Besuchen von Verwandten auch bei den Arbeitern an erster Stelle, doch folgten bei ihnen Kino- und Theaterbesuche, Spaziergänge, Sport und Abende in einem Ausschank um die Ecke. Für die untätige Erholung hatten Männer 60,2 Stunden im Monat Zeit, die Frauen aber nur 17,7. "New economic and political roles have been superimposed upon traditional family responsibilities to create a palpable 'double burden' that is detrimental to women's health, welfare, and opportunities for self-realization."[61]

1923/24 zeigte sich eine Verlagerung der Zeitverteilung. Die Frauen wandten etwas weniger Zeit für die Hausarbeit, dafür etwas mehr für Essen und Schlafen auf. Sie investierten aber nicht mehr Zeit in ihre Weiterbildung. Dies ist auch der Grund dafür, dass der Alphabetisierungsgrad bei Frauen in den Städten zwischen 1920 und 1926 nur um 7,2% auf 73,9% anstieg.[62] Frauen wurden wenig in der Partei, dafür vermehrt in den Gewerkschaften aktiv. Obwohl zahlenmässig eine fast hundertprozentige Zunahme des Frauenanteils in den Gewerkschaften zwischen 1922 und 1925 zu verzeichnen war, sank ihr prozentualer Anteil von 43,6 auf 37,0%. [63]

Eine weitere Untersuchung der Zeitbudgets wurde 1930 in Moskau durchgeführt. Nach der Einführung des 7-Stunden-Tags 1927 stand den Arbeitern

---

[59]   Michael Paul Sacks, Women, S. 196.
[60]   Vgl. S.G. Strumilin, Bjudžet vremeni, S. 11, (G 387).
[61]   Gail Warshofsky Lapidus, Sexual Equality, S. 116.
[62]   Bei Frauen auf dem Land lag der Prozentsatz noch viel niedriger. Hier waren 1920 erst 25,2% der Frauen alphabetisiert, 1926 waren es 35,4%. Siehe Narodnoe chozjajstvo SSSR 1922-1972, S. 35.
[63]   Vgl. Gabriele Gorzka, Arbeiterkultur, S. 480.

und Arbeiterinnen mehr freie Zeit zur Verfügung. Der Zeitanteil an Hausarbeit war bei den Frauen auf 4,09 Stunden pro Tag gesunken, bei den Männern auf 1,32 Stunden. Frauen konnten nun auch etwas länger schlafen – sie kamen erstmals auf über 7 Stunden. Für die berufliche Aus- und Weiterbildung wandten die Frauen weiterhin entschieden weniger Zeit als die Männer auf, wenn sich auch eine eindeutige Zunahme im Vergleich zu 1923/24 nachweisen lässt. Die Arbeiterinnen lasen vermehrt Zeitungen und Bücher, gingen in Museen und Ausstellungen und besuchten Schulen oder Kurse – natürlich bewegte sich dies immer noch in einem engen zeitlichen Rahmen. Ein Anstieg konnte auch hinsichtlich der gesellschaftspolitischen Aktivität konstatiert werden, bei Frauen um das Dreifache auf 16,9 Stunden im Monat, bei Männern von 9,04 auf 25,2 Stunden.

Die für Unterhaltung eingesetzte Zeit verdoppelte sich bei den Männern, bei den Frauen blieb sie konstant. So wird deutlich, dass trotz der Einführung des 7-Stunden-Tags die gewonnene Zeit von den Frauen nicht primär für die persönlichen Interessen genutzt werden konnte. Der Haushalt nahm weiterhin die meiste Zeit der Frauen in Anspruch, was damit im Zusammenhang stand, dass sie von ihren Ehemännern keine oder sehr wenig Unterstützung erfuhren.

Da die Frauen in den dreissiger Jahren im Rahmen der forcierten Industrialisierung zu einem grossen Prozentsatz in der Industrie benötigt und eingestellt wurden, erwies es sich erneut als erforderlich, die sozialen Einrichtungen auszubauen. "In the USSR as a whole, women constituted 82 percent of the 4'047'000 workers who entered the labor force between 1932 and 1937."[64] Waren 1929 insgesamt 27% der Berufstätigen Frauen, so lag die Zahl 1933 schon bei 30% und 1940 bei 41%. Bezüglich der Verteilung auf die verschiedenen Berufssparten stammen die höchsten Angaben aus dem Gesundheitswesen mit 76% Frauen im Jahre 1940. Im Baubereich waren 1929 erst 7% der Beschäftigten Frauen, 1933 waren es 16% und 1940 schon 23%.[65] Diese Angaben machen deutlich, dass der ökonomische Druck und der Bedarf an Arbeitskräften die Art der Frauenarbeit bestimmten und nicht die physischen Voraussetzungen der Arbeiterinnen.

Der erste Schweizer Reisende, der ausführlicher auf die Rolle der Frau eingeht, ist Franz Reichmann, der von der Aktivität der Frauen in den sowjetischen Gewerkschaften sehr beeindruckt ist. Die sowjetischen Gewerkschafterinnen würden sich positiv von den Mitgliedern der proletarischen Frauenbewegung der Schweiz abheben. Er gibt den Anteil der Frauen an der Indu-

---

64   Michael Paul Sacks, Women, S. 194.
65   Vgl. Norton T. Dodge, Women in the Soviet Economy, S. 178-179.

striearbeiterschaft mit 23,6% an, den in den Gewerkschaften mit 25,2% und den im Bauarbeiterverband mit 4,3%. Der von Reichmann angegebene Gewerkschaftsanteil der Frauen erscheint verglichen mit statistischem Zahlenmaterial überraschenderweise um über 10% geringer.

Ferner nennt er alle Vergünstigungen und Schutzbestimmungen, die eine schwangere Frau und eine Mutter mit Baby in Anspruch nehmen können. Dass es aber für die Kinder arbeitender Mütter viel zu wenig Krippen gibt, notiert Reichmann nicht. Auch nicht, was die Doppelbelastung von Beruf und Haushalt für sie konkret bedeutet.

Die von den Arbeiterdelegierten gepriesene Existenzunabhängigkeit der Frauen von ihren Ehemännern galt nur dann, wenn eine Frau qualifiziert war und einen Arbeitsplatz hatte. Dass arbeitslose Frauen, Hilfsarbeiterinnen existenziell nicht unabhängig waren, wird nicht erwähnt. Die Delegierten berichten auch von der neuen Moral der Frauen, die nicht mehr unbedingt heiraten wollen, da eine Ehe nur Mehrarbeit bedeute und Kinder aus nichtehelichen Beziehungen keine rechtlichen Nachteile zu gewärtigen haben.

Auch Ella Maillart fällt auf, dass die Beziehungen der jungen Frauen zu Männern frei von alten Konventionen seien. Im Falle von Kindern haben die Väter die gleichen Verpflichtungen wie die Mütter. Heiraten ist weiterhin eine problemlose Angelegenheit, doch hinsichtlich der Scheidung und auch der Abtreibung zeigen sich in Maillarts Schilderungen von 1930 schon die von Stalin forcierten gesetzlichen Einschränkungen.

Von Frauen, die auf dem Bau arbeiten, berichtet erstmals Maillart. Sie erfährt dazu, dass Frauen gemäss ihren physischen Fähigkeiten nur in bestimmten Bereichen der Bauarbeit eingesetzt würden. Dass diese Arbeiten sich aber oftmals nicht von denen der männlichen Kollegen unterschieden, zeigen die historischen Untersuchungen wie auch die von Erhard Jaeger und Josef Maria Camenzind geschilderten Beispiele aus dem Strassen- und Eisenbahnbau. Das statistische Material über die Frauenarbeit belegt den grossen Anteil von Frauen an diesen Arbeiten.

Die von Adolf Voegeli gelobte Gleichberechtigung zwischen Mann und Frau in der Ehe, die er in der Schweiz vermisst, erachtet er als grossen Fortschritt in der Sowjetunion. Auch die freie Berufswahl für Frauen erscheint ihm als ein grosser Fortschritt. Sie erfolge im Gegensatz zur Schweiz nicht auf Grund materieller Überlegungen.

Die oben genannten Zahlen zeigen, dass die Gleichberechtigung in den meisten Ehen nicht praktiziert wurde. Die Hausarbeit und Versorgung der Familie blieb zum grössten Teil weiter die Aufgabe der Frauen. Im Rollenverständnis schien sich bei den meisten Ehepaaren nicht viel geändert zu haben, auch wenn die sowjetischen Frauen ganz offensichtlich auf einige Schweizer Reisende einen sehr selbstbewussten Eindruck gemacht haben. Die Frauen waren für die sowjetische Wirtschaft unersetzlich, und das ergab ein neues Selbstverständnis, doch die notwendigen Sozialeinrichtungen wurden nicht im erforderlichen Ausmass erstellt. Diese Berufstätigkeit, verknüpft mit der Aufrechterhaltung des überkommenen Rollenverständnisses, entsprach deshalb nicht den proklamierten Grundsätzen einer neuen sozialistischen Gesellschaftsordnung, die auf der vollkommenen Gleichberechtigung zwischen Mann und Frau aufbauen wollte.

5.6   Der Umgang mit der politischen Opposition

Im Kapitel 3.1.5. wurde die politische Situation in der Sowjetunion unter Stalin bereits ausführlich dargestellt. Es soll deshalb direkt auf einzelne Reiseberichte, in denen sich Äusserungen dazu finden, eingegangen werden.

Der von Friedrich Schneider berichtete Vorgang um den "Bakuer Parteichef S.P. Medwedjew" soll hier in seinem wirklichen Ablauf aufgerollt werden, weil er die Art des politischen Vorgehens von Stalin und seinem Apparat sehr gut veranschaulicht.[66]

S.P. Medwedjew gehörte zur alten Garde der Bolschewiki. 1921 trat er gemeinsam mit Schljapnikow und Kollontai als Mitglied der Arbeiteropposition auf dem X. Parteitag der Kommunistischen Partei in Erscheinung. Die Arbeiteropposition wurde von Lenin bekämpft und vom Parteitag verboten. Nach dem XI. Parteitag zerfiel sie endgültig.

Als nach dem XIV. Parteitag der innerparteiliche Kampf gegen Trotzki und Sinowjew voll entbrannte, wurden auch Medwedjew und Schljapnikow der Oppositionstätigkeit beschuldigt. Am 10. Juli 1926 wurden sie in der "Prawda" sogar als die "ideologischen Führer" einer sogenannten "Bakuer Opposition" bezeichnet. Gesuchter Anlass war ein privater Brief Medwedjews an einen Bakuer Kommunisten von Anfang 1924, in dem er sich kritisch zur Wirtschaftspolitik der Führung und zur internationalen kommunistischen Arbeiterbewegung geäussert hatte. 1924 hatte der Brief keine praktischen Auswirkungen in Hinsicht auf eine Fraktions- oder Oppositionstätigkeit gezeigt. Dennoch waren die Bakuer Kommunisten von der Kontrollkommission

---

66   Grundlage für die folgenden Ausführungen bildet die Untersuchung der Parteikommission der KPdSU aus dem Jahre 1988 über den "Fall der sogenannten Moskauer konterrevolutionären Organisation – Gruppe 'Arbeiteropposition'", in: Schauprozesse, S. 87-119.

der KP Aserbaidschans der Fraktionstätigkeit bezichtigt worden. Diesen Vorwurf hatte aber die Zentrale Kontrollkommission in Moskau als nicht zutreffend zurückgewiesen.

Obwohl Schljapnikow und Medwedjew sich in einer Erklärung vom 19. Mai 1926 an das Politbüro des ZK der KPdSU gegen alle Beschuldigungen zur Wehr setzten, erging am 23. Oktober an Schljapnikow eine Verwarnung, Medwedjew wurde aus der Partei ausgeschlossen. Am 30. Oktober 1926 wurden diese Beschlüsse aufgehoben, mit der Begründung, dass Schljapnikow und Medwedjew ihre Fehler bekannt und die Schädlichkeit ihrer Fraktionstätigkeit eingesehen hätten. Dazu war Medwedjew gezwungen worden, wollte er wieder der Partei angehören.

Doch die Verfolgung ging weiter. 1930, im Prozess gegen die sogenannte "Omsker Gruppe der Arbeiteropposition", wurden sie erneut der Anstiftung und Beteiligung beschuldigt. Ende 1933 wurden sie dann aus der Partei ausgeschlossen, Medwedjew mit der Begründung, ein "bürgerlich Entarteter" zu sein. "Er wurde in die Karelische ASSR verbannt, wo er einer der 'Erbauer' des Kanals vom Weissen Meer zur Ostsee war."[67] Nach der Ermordung Kirows im Jahre 1934 wurden sie mit anderen ehemaligen Mitgliedern der Arbeiteropposition zusammen vom NKWD verhaftet. Sie wurden beschuldigt, illegal und antisowjetisch tätig gewesen zu sein und konterrevolutionäre Gruppen gegründet und geleitet zu haben. Die Angeklagten bestritten die Richtigkeit dieser Anschuldigungen. Sie wurden dennoch zu 5 Jahren Freiheitsentzug verurteilt. In den Schauprozessen von 1936 und 1937 wurden sie erneut beschuldigt, und ihre Strafen wurden jeweils verschärft. Am Ende stand das Todesurteil, das im September 1937 vollstreckt wurde.

In der Ära Chruschtschow wurde der Fall der Arbeiteropposition aufgerollt und untersucht. "Hierbei wurde festgestellt, dass die genannten Personen unschuldig verurteilt worden waren und es keinerlei Beweise für eine konterrevolutionäre Tätigkeit in diesem Fall gibt."[68] Die Verurteilten wurden alle juristisch rehabilitiert. Der "Zeuge" aus dem Prozess von 1935, N.W. Sergiewskij, bekannte nun, nachdem er nochmals vernommen worden war, dass sämtliche Anschuldigungen gegen die Beklagten konstruiert gewesen seien, mit der Wahrheit also nichts zu tun gehabt hätten. Im September 1988 erfolgte schliesslich die politische Rehabilitierung der Arbeiteropposition, ihre Parteimitgliedschaft wurde postum wiederhergestellt.

An diesem Beispiel zeigt sich deutlich, wie wenig die Schweizer Reisenden Einblick in das wirkliche politische Geschehen hatten und wie schnell sie

---

67   Ebenda, S. 108.
68   Schauprozesse, S. 116.

sich deshalb täuschen liessen. Friedrich Schneider hat bei seinem Aufenthalt in Moskau ganz offenbar den Brief Medwedjews und die Artikel gegen ihn in der "Prawda" gelesen. Was Schneider nicht wusste, ist, dass der Brief Medwedjews ein privater Brief an einen Bakuer Kommunisten aus dem Jahre 1924 war und dass eine Oppositionstätigkeit nicht nachgewiesen werden konnte. Auch das Schreiben Medwedjews und Schljapnikows an das Politbüro vom 19. Mai 1926, in welchem sie sämtliche Beschuldigungen zurückwiesen, war ihm nicht bekannt. Schneider zitiert Aussagen Medwedjews über die internationale kommunistische Arbeiterbewegung, mit denen er selber einverstanden ist. Bemerkenswert findet er, dass Medwedjew trotz dieser Kritik, und obwohl seine Auffassung massiv bekämpft wird, immer noch in "Amt und Würden" ist. Dass Medwedjew schon im Oktober, also drei Monate später, aus der Partei ausgeschlossen werden würde, kann Schneider sich nicht vorstellen, genausowenig, dass die Schuldbekenntnisse Schljapnikows und Medwedjews nur unter Druck und im Wissen um die Unwahrheit dieser Anschuldigungen zustande kamen. Schneider hat den Eindruck von politischer Meinungsfreiheit, wo in Wirklichkeit ein Vernichtungsfeldzug im Gange ist. Dies war jedoch für Aussenstehende zu diesem Zeitpunkt nicht zu erkennen. Das Täuschungsmanöver ist gelungen.

Anders war die Situation hingegen zehn Jahre später, als die grossen Schauprozesse inszeniert wurden, als Jules Humbert-Droz dem zweiten Schauprozess als "Schweizer Sonderberichterstatter" beiwohnte und darüber berichtete. Er hätte die Möglichkeit gehabt, wenn nicht in Moskau, so aber in der Schweiz, kritische Stimmen zum Vorgehen in diesen Prozessen gegen die "Alte Garde" zu vernehmen. Schon der erste Schauprozess hatte auch in der Schweiz zu heftigen Diskussionen und Kontroversen geführt, an denen Humbert-Droz als Verteidiger des Moskauer Vorgehens in Erscheinung getreten war. Die Berichterstattung im kommunistischen "Kämpfer" und im "Volksrecht", dem Publikationsorgan der SPS, gibt Zeugnis darüber, wie die Schweizer Kommunisten die Todesstrafe für die als terroristische Agenten der Gestapo bezichtigten Angeklagten in den Prozessen bejahten, während die Sozialdemokraten das ganze Prozessverfahren als inszenierte Verleumdungsaktion erachteten und Stalin dafür verantwortlich machten.[69] Das "Volksrecht" druckte auch den offenen Brief des Zürcher Schriftstellers Rudolf Jakob Humm, dem Sekretär der Zürcher Sektion der Vereinigung "Das neue Russland", ab, der sich auf Grund des ersten Prozesses von der Politik Stalins klar distanziert und seine schriftstellerische Mitarbeit für die in Mos-

---

[69]   Vgl. u.a. "Keine Gnade für faschistisches Gewürm", in "Kämpfer", 26. Aug. 1936.
Im Gegensatz dazu vgl. "Die Urteile von Moskau", in: "Volksrecht", 26. Aug.
1936.

kau erscheinende Zeitschrift "Das Wort" für beendet erklärt.[70] Humbert-Droz war diese massive Kritik am Vorgehen Moskaus nicht nur durch die Auseinandersetzungen in der Schweiz bekannt, er hatte zum Zeitpunkt seiner Berichterstattung über den zweiten Schauprozess auch schon enge Freunde durch die Verfolgungen verloren und erlebt, wie er selbst grundlos der Oppositonstätigkeit beschuldigt worden war. In seinen Prozessbericht ist davon aber nichts eingeflossen. Den Fall des "Parallelen antisowjetischen trotzkistischen Zentrums", vom 23. bis 30. Januar 1937 in Moskau verhandelt, gab er ganz im Sinne der Anklage wieder. Erst die Untersuchungen der Parteikontrollkommission von 1956 bis 1961 und von 1987 bis 1988 haben die vollkommene Haltlosigkeit der Anschuldigungen bewiesen und zu einer Aufhebung des Urteils geführt.[71] Doch auch schon während des Prozesses gab es Pannen und Widersprüche, auf die die ausländische Presse aufmerksam wurde und darüber berichtete. Nicht nur Humbert-Droz, sondern auch andere Prozessbeobachter wie Lion Feuchtwanger scheinen dies nicht bemerkt zu haben oder wollten es nicht bemerken.

Humbert-Droz's Bericht basiert ausschliesslich auf Lügen, die nicht er erfunden, die er aber wortgetreu übernommen hat. In keinem anderen Bericht zeigt sich die gezielte Inszenierung der sowjetischen Führung und die Täuschung im In- und Ausland so deutlich wie in diesem Fall, aber auch die Bereitschaft von Kommunisten und Antifaschisten, dieser Inszenierung Glauben zu schenken, trotz aller Widersprüche und Informationen, die bekannt waren.

Für die Reisenden war es sehr schwer, wirklichen Einblick in das politische Leben zu erhalten. Lediglich Max Tobler konnte im Gespräch mit einem Arbeiter erfahren, dass eine Auffassung, die im Gegensatz zur offiziellen Parteilinie stand, besser verschwiegen würde, da es sonst bedrohlich werden könnte. Charles Studer erlebte im Zug, wie kritische Aussagen seitens eines russischen Fahrgastes von der Reiseleiterin sofort zurückgewiesen und untersagt wurden. Nicht erfasst haben die Reisenden die einschüchternde und disziplinierende Wirkung von sogenannt offener Kritik und Selbstkritik, wie sie sie in den Fabriken erlebt hatten. Sie meinten, hierin den Beweis für Meinungsfreiheit zu erkennen. Viele Reisenden haben keine derartigen Beispiele erlebt und konnten deshalb über den politischen Alltag nicht konkret berichten, obwohl die Frage nach der politischen Freiheit in der Sowjetunion für das Ausland von zentraler Bedeutung war.

---

[70] Vgl. "Eine mutige Erklärung und – eine Absage", in: "Volksrecht", 27. Aug. 1936.

[71] Ich habe diesen Prozess und seine Umstände schon in Kapitel 3.1.6 ausführlich dargestellt und werde deshalb an dieser Stelle nicht nochmals darauf eingehen.

5.7 Der Überfall der Deutschen auf die Sowjetunion 1941

Da der letzte hier behandelte Reisebericht aus dem Jahre 1941 stammt und die von den Deutschen besetzte Ukraine beschreibt, erscheint es wichtig, auch diesen Abschnitt der sowjetischen Geschichte miteinzubeziehen.

Schon im Sommer 1940 begann die konkrete Planung des Überfalls auf die Sowjetunion durch den Generalstab des deutschen Heeres. Es lässt sich jedoch an Hand der Schriften "Mein Kampf" und "Zweites Buch" von Adolf Hitler – beide stammen aus den zwanziger Jahren – eindeutig nachweisen, dass diese Pläne in ihren Grundzügen schon von Anfang an zu Hitlers aussenpolitischem Konzept gehört haben.

"Insgesamt verdeutlichen die beiden Programmschriften Hitlers, dass sein radikales 'Ostprogramm', d.h. Eroberung neuen Lebensraumes im Osten durch Krieg gegen die Sowjetunion als Vorstufe und Ausgangsbasis zur Erkämpfung der Weltmachtstellung, neben Vorstellungen vom ständigen Lebenskampf der Völker und grundsätzlichem Antisemitismus eine der Konstanten seines Weltbildes auf aussen- und raumpolitischem Gebiet war."[72]

Als "Lebensraum" war der europäische Teil der Sowjetunion vorgesehen. Im Dezember 1940, nachdem die Kriegsplanung für die Eroberung des Ostens schon vorangeschritten war, erliess Hitler die "Weisung Nr. 21 Fall Barbarossa", was den Beginn der konkreten Angriffsplanung auf politischer, wirtschaftlicher und militärischer Ebene bedeutete. Deutschland suchte Bündnispartner für diesen Eroberungsfeldzug und fand sie in Finnland, Rumänien, Bulgarien und der Türkei.

Nach der militärischen Eroberung sollte umgehend mit der wirtschaftlichen Ausbeutung der Gebiete begonnen werden, genauso wie mit der landwirtschaftlichen. Dabei war explizit vorgesehen, die sowjetische Bevölkerung der eroberten Gebiete verhungern zu lassen oder nach Sibirien zu deportieren, was ebenfalls den Massentod bedeutet hätte. Die Ausrottung der "jüdisch-bolschewistischen Führungsschicht" hatte dabei Priorität. Die Planung und Durchführung erfolgte im Wissen und mit der Unterstützung der Wehrmacht und von Vertretern der Privatwirtschaft.

Dass Hitlers Programm und seine Pläne in anderen europäischen Ländern nicht auf grösseren Widerstand stiessen, ist mit dem herrschenden Antikom-

---

[72]   Gerd R. Ueberschär, Hitlers Entschluss, in: ders., Wolfram Wette, "Unternehmen Barbarossa", S. 87.

munismus zu erklären. Dabei diente die "Bollwerk-These" als wichtiges Propagandamittel.

"Erstens liessen sich mit ihr Sympathien in den antikommunistisch eingestellten Kreisen Westeuropas gewinnen. Zweitens konnte sie innenpolitisch dazu benutzt werden, um die Verfolgung von Kommunisten, Sozialdemokraten, Gewerkschaftlern und anderen Regimegegnern propagandistisch zu rechtfertigen."[73]

So wurde der geplante Überfall der deutschen Armee auf die Sowjetunion in einen Kreuzzug Europas gegen den Bolschewismus umgedeutet.

Am 22. Juni 1941 erfolgte der Überfall und traf eine fast vollkommen unvorbereitete Sowjetunion. Die Folge waren schwere Verluste bei den sowjetischen Soldaten und ein rasches Vordringen der deutschen Armeen. Hunderttausende sowjetische Soldaten gerieten schon in den ersten Tagen und Wochen in deutsche Gefangenschaft, die die meisten nicht überlebten. Schon am 8. Juli verkündete Hitler den Entschluss, Moskau und Leningrad dem Erdboden gleichzumachen, "um zu verhindern, dass Menschen darin bleiben, die wir dann im Winter ernähren müssten"[74].

Auch in den besetzten Gebieten war die Ausrottung der Bevölkerung Ziel und Praxis der Besatzer. Der "Kommunistenerlass" sah vor, für einen im besetzten Gebiet getöteten deutschen Soldaten 50 bis 100 Kommunisten – sprich Sowjetbürger – zu erschiessen. Welche Brutalität im Umgang mit der Bevölkerung von Anfang an und vorsätzlich von der SS und dem SD unter der Beteiligung der Wehrmacht angewendet wurde, lässt sich am Beispiel der Stadt Kiew zeigen, die am 19. September 1941 von den deutschen Truppen erobert worden war.

"Beispielsweise wurde die grösste Einzelaktion, die Erschiessung von 33 771 Juden aus Kiev in der Schlucht von Babi Jar im September 1941, nach Absprache der Einsatzgruppe C mit dem Stadtkommandanten von Kiev, Generalmajor Eberhard, und dem XXIX. Armeekorps organisiert."[75]

Die jüdische Bevölkerung Kiews wurde mittels Plakaten zur "Umsiedlung" aufgerufen, zusammengetrieben und in der Schlucht von Babi Jar erschossen. Dieses Vorgehen war schon Monate vor der Durchführung geplant und kann

---

[73] Wolfram Wette, Die propagandistische Begleitmusik, in: Ueberschär, Wette, "Unternehmen Barbarossa", S. 121.
[74] Edgar Hösch, Hans-Jürgen Grabmüller, Daten, S. 109.
[75] Christian Streit, Die Behandlung der sowjetischen Kriegsgefangenen, in: Ueberschär, Wette, "Unternehmen Barbarossa", S.213.

nicht nachträglich mit der Bekämpfung sowjetischer Partisanen begründet werden.[76] Welche Anweisungen die Truppen hinsichtlich der Behandlung der sowjetischen Bevölkerung erhalten haben, zeigen die zahllosen Armeebefehle, so beispielsweise der Armeebefehl des Oberbefehlshabers der 6. Armee vom 10. Oktober 1941:

"Der Soldat ist im Ostraum nicht nur ein Kämpfer nach allen Regeln der Kriegskunst, sondern auch Träger einer unerbittlichen völkischen Idee und der Rächer für alle Bestialitäten, die deutschem und artverwandtem Volk zugefügt wurden. Deshalb muss der Soldat für die Notwendigkeit der harten, aber gerechten Sühne am jüdischen Untermenschen volles Verständnis haben. (...) Immer noch werden heimtückische, grausame Partisanen und entartete Weiber zu Kriegsgefangenen gemacht, ... Das Verpflegen von Landeseinwohnern und Kriegsgefangenen, die nicht im Dienste der Wehrmacht stehen, an Truppenküchen ist eine ebenso missverstandene Menschlichkeit wie das Verschenken von Zigaretten und Brot. (...) Die Sowjets haben bei ihrem Rückzug häufig Gebäude in Brand gesteckt. Die Truppe hat nur soweit ein Interesse an Löscharbeiten, als notwendige Truppenunterkünfte erhalten werden müssen. Im übrigen liegt das Verschwinden der Symbole einstiger Bolschewistenherrschaft, auch in Gestalt von Gebäuden, im Rahmen des Vernichtungskampfes."[77]

Weiter gibt er die Anweisung, dass das Vorgehen der deutschen Truppen bei der Bevölkerung in den eroberten Gebieten mehr Schrecken als die Drohungen der sowjetischen Partisanen auslösen muss. Vollkommen zu vernichten seien die sowjetische Lehre, der Staat und die Armee mit ihrer "artfremde[n] Heimtücke und Grausamkeit"[78]. Konkret bedeutete dies die Vernichtung der Bevölkerung, entweder vor Ort, oder durch Zwangsarbeit für die deutsche Rüstungsindustrie, durch Vertreibung, Verschleppung und Kriegsgefangenschaft. Nur auf diese Weise könne das Leben der deutschen Wehrmacht in der Sowjetunion gesichert werden.

Ganz anders lesen sich die Beschreibungen Paul Werners über die Eroberung der Ukraine durch die Deutschen. Er stellt diese als die Befreier dar, auf die sich die ukrainische Bevölkerung gefreut habe. Dass viele Ukrainer auf Grund der gewaltsamen Unterdrückung ihrer nationalen Eigenständigkeit

---

[76] Vgl. Andreas Hillgruber, Der Ostkrieg, in: Ueberschär, Wette, "Unternehmen Barbarossa", S. 228-229.

[77] Armeebefehl des Oberbefehlshabers der 6. Armee, Generalfeldmarschall von Reichenau, 10. Oktober 1941, in: Ueberschär, Wette, "Unternehmen Barbarossa", S. 339.

[78] Ebenda, S. 340.

durch Moskau den Bolschewiki nicht positiv gegenüberstanden und Freiheitshoffnungen hatten, trifft zu. Das konnte Werner in seinen Gesprächen feststellen. Doch von Unterdrückung und Vernichtung durch die deutsche Wehrmacht und die SS berichtet er nichts. Er glaubte die Geschichte von der Flucht der jüdischen Bevölkerung aus Kiew bedenkenlos, obwohl Hitlers Politik, Pläne und Vorgehen schon seit Jahren bekannt waren und Werner unterwegs in Polen Beispiele deutscher Judenpolitik beobachten konnte. Seine Meinung nach seien die Deutschen auch deshalb so geschätzt, weil sie der Bevölkerung Kiews bei der Evakuierung der brennenden Innenstadt geholfen hätten, weil sie die Ernährung der Bevölkerung gewährleisteten, weil sie sich diszipliniert und korrekt verhielten. Selbst die wiederaufgenommene Produktion in den Fabriken diene ausschliesslich der Ernährung und Erhaltung der Zivilbevölkerung, berichtet Werner. Auch in Nikolajew habe die Wehrmacht täglich an jeden Einwohner 200g Brot verteilt. Diese Schilderung steht in klarem Widerspruch zu den Wehrmachtsbefehlen.

Im Gegensatz zu diesen positiven Berichten über die deutsche Politik in der Ukraine stehen Werners Schilderungen der bolschewistischen Herrschaft, die der Bevölkerung nur absolutes Elend und Unfreiheit gebracht habe. "Es ist schon viel Phantasie notwendig, um sich die entsetzlichen Zustände, wie ich sie in Kiew und anderswo gesehen habe, in all ihren Folgen vorstellen zu können."[79] Doch um das Leben der Sowjetbevölkerung beschreiben zu können, bediente er sich einiger Artikel aus der Prawda, die schon ein paar Jahre zurücklagen. Eigene Erlebnisse flossen hingegen nur wenige ein. Sie bewiesen das elende Leben der Bevölkerung, ihre schlechten Wohnverhältnisse, die miserable Versorgungslage, die niedrigen Löhne und vor allem die vielen Verhaftungen und Abtransporte in sibirische Lager. Für Werner war es aber sehr schwer, diese Lebensbedingungen unter sowjetischer Herrschaft und die unter Kriegszustand voneinander zu unterscheiden und entsprechend zuzuordnen. Werner belastete ausschliesslich die Bolschewiki und verteidigte das Vorgehen der Deutschen, selbst wenn es sich um Schiessandrohungen gegen die Bevölkerung handelte.

Hier klaffen die historische Darstellung und der Reisebericht bezüglich der Situation in der Ukraine im Spätsommer 1941 weit auseinander. Auch in diesem Fall stellt sich die Frage, weshalb Werner zu einer realitätsgerechten Darstellung nicht in der Lage gewesen ist.

Die in diesem Kapitel aufgeführten Beispiele haben in ihrer Gegenüberstellung mit geschichtswissenschaftlichen Forschungsergebnissen deutlich gemacht, dass die Reisenden ihrem Anspruch auf eine wahrheitsgetreue Be-

---

[79]   Paul Werner, Ein Schweizer Journalist, S. 81.

richterstattung nicht alle und nicht in gleicher Weise gerecht werden konnten. Kein Reisebericht konnte alle Lebensbereiche erfassen, und es wäre realistischer gewesen, sich als Reisender von vornherein mit dem genauen Kennenlernen einzelner Bereiche zu begnügen. Solche Studien waren jedoch auf Grund der Art, wie die Reisen durchgeführt wurden, kaum möglich. Der Vielzahl von Präsentationsobjekten entsprach eine ebensolche Vielzahl von Eindrücken und Interpratationen. Dies zeigte sich vor allem an der Wohnungs- und Versorgungsfrage, an der Frage der Gleichberechtigung von Mann und Frau und an der Beurteilung des politischen Systems. Gerade an diesem Bereich wurde deutlich, wie sehr die Reisenden an der Realität vorbei berichten konnten. Nur wer, wie Ella Maillart, über private Kontakte verfügte oder zufällige unkontrollierte Bekanntschaften schliessen konnte, war in der Lage, den Unterschied zwischen Wort und Tat zu erkennen. Andererseits waren solche Kontakte aber auch keine Garantie dafür, realistische Informationen zu erhalten. Die Leserschaft war sich dieser Problematik wahrscheinlich nicht bewusst, und es bleibt die Frage offen, mit welcher Intention und Erwartung die Leser die Reiseberichte gekauft und gelesen und welche Schlüsse sie daraus gezogen haben.

Dass es sich bei der hier aufgeworfenen Frage nach dem Realitätsgehalt von Reiseberichten über die Sowjetunion nicht um ein singuläres Phänomen handelt, sondern dass damit die grundsätzliche Frage nach der Art und Weise und dem Ziel von Informationsvermittlung durch die Medien aufgeworfen ist, möchte ich an dieser Stelle nicht unerwähnt lassen.

6   Die Schweizer Reisenden – eine biographische Standort-bestimmung

In diesem Kapitel sollen nun die Verfasser und Verfasserinnen der Reisebe-richte, die Reisenden selber im Zentrum des Interesses stehen. Die Untersu-chung der von ihnen verfassten Reiseberichte und die Konfrontation dieser Berichte mit der historischen Realität der Sowjetunion ergab die Notwendig-keit, diese Persönlichkeiten mit ihren individuellen Entwicklungen, ihrer je-weiligen sozialen und politischen Stellung und ihren mit der Sowjetunionrei-se verknüpften Erwartungen und Zielen – soweit dies heute noch möglich ist – zu erforschen und vorzustellen. Erst dadurch werden die teilweise stark dif-ferierenden Beschreibungen der einzelnen Reisenden erklärbar. Die theoreti-sche Grundlage für dieses Vorgehen wurde im zweiten Kapitel dieser Arbeit dargelegt und soll nun an den einzelnen Beispielen verifiziert werden.

Die Schweizer Reisenden lassen sich in Delegationen, Gewerkschafts- und Parteivertreter und Privatreisende unterteilen. Die ersten beiden Gruppen ka-men auf Einladung von sowjetischer Seite in die Sowjetunion, die Privatper-sonen fuhren zumeist mit einer von der sowjetischen staatlichen Reiseagentur Intourist organisierten Reisegruppe oder liessen sich von Intourist eine Indi-vidualreise zusammenstellen, was aus Kostengründen die Ausnahme darstell-te. Für die Organisation der Delegationsreisen war die VOKS zuständig, während die Gewerkschaftsvertreter von der jeweiligen sowjetischen Schwe-sterorganisation betreut wurden.

6.1   Partei- und Gewerkschaftsdelegierte

Dieser Gruppe lassen sich die Teilnehmer am Kongress der Kommunisti-schen Internationale 1920 in Moskau Walther Bringolf, Sigi Bamatter, Jules Humbert-Droz und der vier Jahre später reisende Edouard Scherrer zuordnen, ferner die Sozialistin Annelise Rüegg, der bekannte Arzt und Kommunist Fritz Brupbacher, die Gewerkschafter Franz Reichmann, Friedrich Schneider und Jean Schifferstein, der Vertreter der Roten Hilfe Max Tobler und der Genfer sozialistische Politiker und Zeitungsherausgeber Léon Nicole.

Über diese im politischen und gewerkschaftlichen Leben der Schweiz der zwanziger und dreissiger Jahre nicht unbekannten Persönlichkeiten liegt, ver-glichen mit den beiden anderen Gruppen von Reisenden, das meiste biogra-phische und auch autobiographische Material vor. Ihr familiärer Werdegang, ihre Sozialisation und politische Meinungsfindung kann deshalb bei ihnen am besten nachvollzogen werden. So lässt sich das Problem der subjektiven Befindlichkeit der Verfasserinnen und Verfasser in ihrer Auswirkung auf die Inhalte der Reiseberichte besser erhellen. Es erweist sich als sinnvoll, hier bei dieser ersten Gruppe die von Almond durchgeführte Studie über die Hinwendung zum Kommunismus miteinzubeziehen, wie auch die von Hollander entwickelte Theorie der "Double Standards" in Bezug auf sozialistisch orientierte Intellektuelle.[1]

6.1.1 Walther Bringolf

Der erste Reisebericht eines Schweizers, der nach der Oktoberrevolution die junge Sowjetunion bereiste, stammt vom aus Schaffhausen kommenden Walther Bringolf. Er reiste im Juli 1920 als Delegierter des linken SPS-Flügels zusammen mit Humbert-Droz – ebenfalls Sozialdemokrat –, Herzog und Bäcker von den Altkommunisten und Sigi Bamatter als Vertreter der Sozialistischen Jugendorganisation zum II. Weltkongress der Kommunistischen Internationale nach Moskau.

Walther Bringolf, geboren 1895, verbrachte seine ersten Lebensjahre in Basel.[2] Sein Vater arbeitete dort als Nachtwächter in einer chemischen Fabrik, seine Mutter als Putzfrau. Als Fünfjähriger musste Walther Bringolf erleben, wie sein Vater durch einen Giftgasunfall in dieser Fabrik lebensgefährlich verletzt wurde und schwere körperliche Schäden davontrug, die ihn im Laufe der Jahre zum Invaliden machten und schliesslich im Jahre 1918 zu seinem Tode führten. In den letzten Jahren seines Lebens war Bringolfs Vater auf die freiwillige und geringe Unterstützung durch die Schaffhauser Gemeinde, in der die Familie seit 1900 lebte, angewiesen, da es keine Alters- oder Invalidenrente gab und Vermögen keines vorhanden war. Der wöchentliche Bittgang ins Gemeindehaus wurde für den jungen Walther Bringolf zu einer entwürdigenden und ihn innerlich empörenden Prozedur. Die wirtschaftliche und soziale Not hatte schon seinen Grossvater ins Schaffhauser Armenhaus geführt, sie war für die Familie Bringolf nichts Neues. Die ganze Last der Versorgung der Familie trug seit der Invalidität des Vaters die Mutter Bringolfs. Aber auch die Kinder mussten schon früh zum Familienunterhalt beitragen.

Bringolf beschreibt seine Eltern als intelligente und interessierte Menschen, die aber mit sozialdemokratischen oder sozialistischen Ideen keine Berührung gehabt hatten. Seine Mutter war sehr gläubig und hat ihn ebenfalls

---

[1] Zur Untersuchung von Almond und der Theorie Hollanders siehe die ausführliche Darstellung im zweiten Kapitel dieser Arbeit.

[2] Die nun folgende Beschreibung von Walther Bringolfs Leben stützt sich auf die von ihm verfasste Autobiographie "Mein Leben".

zum Glauben erzogen. Sie hat ihm die Bibel nahegebracht, und besonders die Passionsgeschichte scheint nachhaltigen Eindruck bei Bringolf hinterlassen zu haben, was sich auch in seinem Reisebericht zeigt. So blieb er selbst sein Leben lang gläubig, wie er rückblickend in seiner Autobiographie erklärt.

1901 war Bringolf in die Primarschule in Schaffhausen eingetreten und entdeckte schon früh seine Leseleidenschaft. Er besuchte anschliessend die Kantonsschule, doch war er kein guter Schüler. Da auch für ein späteres Studium kein Geld vorhanden war, verliess er die Schule und absolvierte von 1911-1914 eine Maurerlehre. In seiner Freizeit wirkte er als Schauspieler im dramatischen Verein mit. 1914 nahm er das Studium am Technikum Winterthur auf, was durch ein Stipendium der Gemeinde ermöglicht wurde. Doch auch hier erlebte Bringolf wieder die Demütigung, wenn der Präsident des Bürgerrats seine Geringschätzung ihm, dem Arbeiterkind, bei der Geldübergabe jeweils zum Ausdruck brachte. Nach dem dritten Semester musste er das Studium trotz Erfolg abbrechen, um die Rekrutenschule zu absolvieren. Sein Aktivdienst dauerte mit Unterbrechungen bis 1917. Da sich seine Berufswünsche zwischenzeitlich geändert hatten, verliess er Schaffhausen, um in Zürich Journalist zu werden. Sein Interesse galt der Literatur, und er träumte davon, Feuilletonredakteur der NZZ zu werden. Doch seine weitere Entwicklung wurde durch die politischen Ereignisse dieser Jahre, im besonderen durch das Jahr 1917, in eine andere Richtung gelenkt. Die sozialen Spannungen in der Schweiz nahmen zu.

"Zürich war eine Drehscheibe geworden. Hier trafen sich die Schieber, die ihr schamloses Handwerk in einer Offenheit, mit einer Rücksichtslosigkeit und auf Kosten der Notlage der Mitmenschen betrieben, die jeder Beschreibung spotten."[3]

Die Lage der breiten Bevölkerung hatte sich zusehends verschlechtert. Die Lebensmittelpreise waren seit 1914 auf das Doppelte angestiegen, während es für Arbeiter immer noch Taglöhne von 3 Franken gab. Auch in der Armee verschlechterte sich die materielle Lage der Soldaten, da eine Ausgleichskasse nicht existierte. Im Frühherbst 1917 gründete Bringolf mit Freunden zusammen einen Soldatenverein, der den Forderungen der Soldaten nach besserer Behandlung zu mehr Nachdruck verhelfen sollte, der sich aber auch vollumfänglich zur Landesverteidigung bekannte. Bringolf wurde zum Präsidenten gewählt. Seine Vorstellungen und sein Handeln waren, wie er selbst schildert, von einer "lebendigen Religiosität"[4] getragen. Die Tätigkeit im

---

[3]   Ebenda, S. 47.
[4]   Ebenda, S. 55.

Soldatenbund gab er jedoch ein Jahr später wieder auf, als er sich immer stärker der Parteipolitik zuwandte.

Seit 1917 war er Abonnent des "Volksrechts" und verkehrte in sozialistischen Kreisen, auch hatte er zwischenzeitlich Schriften von Marx, Engels und Bakunin gelesen. Die Politik der Sozialdemokratischen Partei der Schweiz entsprach seinen politischen Vorstellungen und so trat er dieser im Frühjahr 1919 bei und wurde Mitarbeiter des Zürcher "Volksrechts" und der Schaffhauser "Arbeiter-Zeitung". 1920 spitzte sich die Lage innerhalb der Sozialdemokratischen Partei bezüglich des weiteren politischen Kurses immer mehr zu. Bringolf fand sich ebenfalls auf der von Fritz Platten initiierten Oltener Konferenz für die Parteilinke ein und kam überraschend in die Situation, als Delegierter zum II. Weltkongress der Kommunistischen Internationale nach Moskau reisen zu können.[5]

Nach seiner Teilnahme an diesem Kongress in Moskau und dem in der Folge stattfindenden Spaltungskongress der Sozialdemokratischen Partei im Dezember 1920 trat er aus der Partei aus und fungierte dann kurz darauf als Gründungsmitglied der Kommunistischen Partei der Schweiz (KPS). Er arbeitete als Redakteur der Schaffhauser "Arbeiter-Zeitung" und konnte gleichzeitig seine politische Position ausbauen. Er wurde in den Grossen Stadtrat, den Kantonsrat und den Nationalrat gewählt. Von 1927-1930 war Bringolf Mitglied des Zentralkomitees der KPS. Während dieser Amtszeit kam es im Zusammenhang mit dem politischen Kurswechsel der Komintern nach dem VI. Weltkongress zu ideologischen Differenzen, die in einer Vorladung des Schweizers vor die Kontrollkommission in Moskau und im Bruch mit der KPS im Jahre 1930 gipfelten. Er schloss sich der KPS-Opposition an und wurde mit dieser politischen Zugehörigkeit wieder in den Nationalrat und zum Stadtpräsidenten von Schaffhausen gewählt. Ende der dreissiger Jahre kehrte Bringolf in die SPS zurück und wurde einige Jahre später deren Präsident.

Bringolfs Bild von Sowjetrussland vor der Reise zeigt sich in der Einleitung seines Reiseberichts, die nicht mit der Nennung und Aufzählung von Erwartungen beginnt, sondern mit einem Bekenntnis zur proletarischen Oktoberrevolution.

Bringolf hat als Arbeiterkind Armut, Existenzbedrohung, Benachteiligung, entwürdigende Behandlung durch Amtsinhaber, soziales Gefälle und soziale Schranken erfahren und darunter gelitten, sie aber ohne Auflehnung ertragen. Auf diesem Hintergrund galt seine Sympathie und Begeisterung dem kämp-

---

[5] Über diesen Kongress und seine Erlebnisse in der Sowjetunion berichtet er in dem im 4. Kapitel vorgestellten Reisebericht.

fenden russischen Volk. In diesem Volk sah er die Wiederholung der ihn einst so faszinierenden Passionsgeschichte.

"Freundlich lächelnd, ruhig beobachtend, standen Arbeiter, Beamte, Soldaten herum. Aber ich sah in ihren Augen das heilige Feuer glimmen – ich sah in ihre Mienen, die die Spuren einer schweren Zeit trugen, die unerschütterliche Kraft geprägt, geduldig zu ertragen, zu kämpfen, zu opfern. (...) Eine ganze Gesellschaftsklasse, ein ganzes Volk trägt heute die Leiden zur Erlösung der Menschheit. – Christus ist wiedererstanden – aber er ist erstanden in einem ganzen Volke ..."[6]

Die gute Behandlung, die Bringolf und seinen Genossen auf sowjetischem Boden zuteil wurde, auch die Begegnungen mit den Menschen, steigerten seine Begeisterung für dieses sowjetische Experiment.

"Kein Bahnbillett – und doch fuhren wir sehr bequem. Keine indignierte Reisegesellschaft. (...) Uns Proletariern reserviert man Spezialwaggons. Für uns lässt man die Fahnen grüssen. Unseretwegen freuen sich die Arbeiter Russlands und geben dieser Freude unverholen Ausdruck. Das Gehirn saugt sich voll – jeder Nervenstrang vibriert – die revolutionäre Energie sammelt sich."[7]

Diese Beschreibung ist neben der Verdeutlichung vorhandener Apperzeptionsmuster auch ein sehr gutes Beispiel für die "techniques of hospitality"[8] und ihre psychologische Wirkung auf die Gäste. Dass die Delegationsmitglieder als Gäste auf sowjetischem Boden für den gesamten Aufenthalt nichts bezahlen mussten, zeigt, wie wichtig der sowjetischen Regierung der gute Eindruck war, den die Delegierten von der Sowjetunion, – trotz der herrschenden wirtschaftlichen Not – gewinnen sollten. Obwohl sie an der Grenze zur Sowjetunion 1000 Rubel geschenkt bekommen hatten, mussten die Delegierten für die Zugfahrt keinen Rubel entrichten und konnten die Bequemlichkeiten eines Spezialwaggons und die Unterbringung in Hotels von europäischem Standard geniessen und sich über die Empfänge auf den Bahnhöfen freuen. Das offensichtlich schwere Leben der Bevölkerung vermochte Bringolfs Enthusiamsus nicht zu dämpfen, weil er sich diese Zustände mit Hilfe seines religiösen Weltbildes erklärte. Sein Schlusswort macht das nochmals deutlich.

"Eine schwere Leidenszeit durchgeht die Menschheit – sie durchgeht sie zur Läuterung. Die schöpferischen Kräfte der Menschen entfalten sich

---

[6]   Walther Bringolf, Mein Leben, S. 29.
[7]   Ebenda, S. 31.
[8]   Vgl. Kapitel 2.4.1.

schaffend nur in den Zeiten des Leidens, der Qual und des Kampfes. Aber Gewaltiges ist im Werden begriffen. (...) Eine Welt ist im Vergehen – eine Welt ist im Entstehen, das sagt uns Sowjetrussland! –"[9]

Die Reise hat ihn in der gefühlsmässigen Überzeugung bestärkt, dass es keinen anderen Weg zum Kommunismus als den sowjetischen geben kann. Von diesem "Glauben" sei nicht nur er erfasst, sondern auch das sowjetische Volk, das nur mit dieser Gewissheit die Opfer ertragen und den Kampf weiterführen könne – so die Deutung Bringolfs.

Eine Erklärung für seine Hinwendung zur kommunistischen Bewegung gibt er in seiner Autobiographie. Wie Almond in seiner Studie an anderen Beispielen nachgewiesen hat, nennt auch Bringolf als Grund die damaligen gesellschaftlichen Verhältnisse in der Schweiz.

"Damals jedoch, wenn man die sozialen Umstände und die politische Lage in Betracht zieht, gab es Tausende und Abertausende von Arbeitern, Angestellten und Intellektuellen, die mit einem inneren revolutionären Schwung bereit waren, alles einzusetzen, um auch in der Schweiz die Voraussetzungen für eine Strukturänderung der Wirtschaft, für die Überwindung der sozialen Ungerechtigkeit und die wirtschaftliche Gleichstellung der Arbeiter, Angestellten, Bürger und Bauern zu erreichen."[10]

Rückblickend schämt sich Bringolf für sein damaliges Handeln und betont, dass er sich damit "an der schweizerischen Arbeiterbewegung versündigt"[11] habe. Entschuldigend fügt er hinzu, dass die besten Persönlichkeiten aus der Arbeiterbewegung, aus Kultur und Wissenschaft diesen Weg ebenfalls gegangen seien. Interessanterweise kann er sich in seiner Autobiographie mit seinem eigenen Reisebericht über die Sowjetunion nicht auseinandersetzen, und es erstaunt deshalb nicht, dass seine Darstellung dieser Reise viel kritischer als in seinem damals verfassten Bericht ausgefallen ist.

Aus dieser Einstellung Bringolfs seiner Vergangenheit gegenüber lässt sich wahrscheinlich ableiten, weshalb seine Kommentare hinsichtlich der Begeisterung für den sowjetischen Weg allgemein geblieben sind. Gleichwohl bestätigt er mit seinen Schilderungen die Untersuchungsergebnisse Almonds.

---

9   Walther Bringolf, Russische Reise, S. 146.
10 Walther Bringolf, Mein Leben, S. 103.
11 Ebenda.

6.1.2 Sigfried Bamatter

Auch der mit Bringolf reisende Sigfried (Sigi) Bamatter scheint vergleichbare Eindrücke auf seiner Reise gewonnen zu haben, wie sein Reisebericht über die Erlebnisse in der Sowjetunion deutlich macht.

Bamatter wurde 1892 in Basel geboren. Seine Eltern waren Arbeiter, und auch er musste schon in jungen Jahren seinen Lebensunterhalt selbst verdienen.[12] Mit 15 Jahren ging er in die Hotellerie. In dieser Branche arbeitete er nicht nur in der französischen Schweiz, sondern auch in England und den USA. Er lernte mehrere Sprachen, die seine spätere berufliche Grundlage bilden sollten. Während des Ersten Weltkriegs musste Bamatter ebenfalls einrücken und trat in die Sozialistische Jugendorganisation und die SPS ein. Es folgte die Mitarbeit im Internationalen Sekretariat der Sozialistischen Jugend unter der Leitung von Willi Münzenberg. Als junger SBB-Kondukteuraspirant trat er 1919 als Mitbegründer der Kommunistische Jugend Internationale in Berlin in Erscheinung. Diese politischen Aktivitäten wurden von seinem Arbeitgeber nicht geduldet, was Bamatter veranlasste, erneut als Kellner nach Übersee zu gehen. Er reiste durch die USA und Asien und gelangte schliesslich 1921 nach Moskau. Als Mitglied der Statutenkommission trat er auf dem II. Kominternkongress in Moskau auf. Von 1922-1924 war er Mitglied des Exekutivkomitees der Kommunistischen Jugend Internationale (KJI), danach arbeitete er in der Organisations- und Informationsabteilung der Komintern. 1929 wurde er im Rahmen des politischen Kurswechsels in der Komintern in die Parteispitze der KPS delegiert, doch dauerte diese Arbeit in der Schweiz nur zwei Jahre. Nach innerparteilichen Auseinandersetzungen in der KPS war Bamatters Aufenthalt in der Schweiz beendet. Er ging wieder nach Moskau und arbeitete dort für den sowjetischen Rundfunk. Am Spanischen Bürgerkrieg nahm er teil, kehrte dann aber in die Sowjetunion zurück. 1936 hatte er die sowjetische Staatsbürgerschaft angenommen. Er arbeitete für das Moskauer Radio und als Übersetzer für "TASS". 1966 starb er in Moskau.

Im Vorwort zu seinem Reisebericht beteuert Bamatter die Wahrhaftigkeit seines Berichts und seiner Analyse, die auch trotz der weiteren Ereignisse in Sowjetrussland, wie beispielsweise des Aufstands der Kronstadter Matrosen, nicht in Frage gestellt sei. "Sowjetrussland steht und wird weiter bestehen, allen Hindernissen zum Trotz", lautet seine unumstössliche Quintessenz.[13] Mit grösserer Militanz als Bringolf verfocht Bamatter die Politik der Bol-

---

12   Die Angaben zu Sigi Bamatters Lebenslauf stammen aus dem Artikel "In Erinnerung an Genosse Bamatter", in: Vorwärts, 3. März 1966.

13   Eindrücke eines Arbeiters, S. 2.

schewiki, was sich vor allem in seiner Auffassung zeigt, dass das Bürgertum physisch liquidiert werden müsse und dass die Bolschewiki viel zu gutmütig im Umgang mit dieser Schicht seien. Bei ihm finden sich keine religiösen Deutungsmuster, für ihn gibt es nur den Klassenkampf, den das Proletariat entschlossen zu führen habe. Das Leben der sowjetischen Arbeiterschaft war in Bamatters Augen nur darum schon grossartig, weil sie den "bürgerlichen Klassenfeind" besiegt hatten. Auf diesem Hintergrund überrascht es nicht, dass Bamatter schon bald nach seiner Reise wieder nach Moskau ging, für die Komintern arbeitete und sich dort niederliess. Ein weiterer Bericht von ihm aus dem Jahre 1924 macht deutlich, dass ihm Zweifel am bolschewistischen Weg fremd waren und blieben. Auf diesem Hintergrund kann die Einseitigkeit seiner Darstellung und seine Idealisierung des Sowjetalltags nicht erstaunen.

6.1.3 Annelise Rüegg

Auch Annelise Rüegg gehört mit ihrer mehr als fünfmonatigen Reise von 1920/21 in diese erste Gruppe der Reisenden. Sie wurde 1879 geboren und verbrachte ihre Kindheit und Jugend im Zürcher Oberland. Wie schon Bringolf so kam auch Annelise Rüegg aus armen Verhältnissen. Die Mutter arbeitete seit ihrem zwölften Lebensjahr täglich mindestens dreizehn Stunden in der Fabrik, und auch ihr Vater war Arbeiter mit einem geringen Tagesverdienst. Die Existenzsituation wurde zusätzlich durch die Trunksucht des Vaters erschwert, der seinen Lohn ins Wirtshaus trug und oft seine Stelle verlor, was mehrmalige Ortswechsel der ganzen Familie zur Folge hatte. Annelise betete als Kind dafür, an einen Ort zu ziehen, in dem es keine Wirtshäuser gab. In einem kleinen, abgelegenen Dorf ging ihr Wunsch in Erfüllung. "Dort empfand ich das erste Mal, was man Friede und Glück nennt."[14] Doch das Glück währte nicht lange. Die Wirtschaftslage erzwang einen erneuten Umzug nach Uster. Mit sechs Jahren kam sie in die Schule. Für ihre schulische Entwicklung brachte jedoch niemand Interesse auf – die Eltern hatten keine Zeit, und in der Schule kümmerte sich der Lehrer vorwiegend um die in den vorderen Reihen sitzenden Kinder aus reichem Hause.

Als Annelises Mutter den langersehnten Sohn zur Welt brachte, schwor der Vater, nie mehr Alkohol zu trinken. Er hielt dieses Versprechen, doch verstarb er schon ein Jahr später. Die Mutter versuchte nun, die Familie weiterhin ohne Gemeindehilfe zu versorgen. Jedes der Kinder musste mitarbeiten, beispielsweise im Haushalt einer reichen Familie für einen Wochenverdienst von 10 Rappen. Aus diesem Grund arbeitete Annelise von ihrem zwölften

---

14   Annelise Rüegg, Erlebnisse einer Serviertochter, S. 9.

Lebensjahr an zwei Jahre lang dreizehn Stunden pro Tag. Mit vierzehn musste sie dann in die Fabrik. Diese Arbeit widerstrebte ihr. Statt sich auf die oftmals gefährliche Arbeit zu konzentrieren, träumte sie. "Ich lebte in einer ganz anderen Welt. Jesus war damals mein bester Freund. Ich nahm seine ganze Lebensgeschichte in Gedanken auf, ..."[15] Annelise wechselte mehrmals die Stelle, wollte aber keinesfalls in der Textilindustrie bleiben. Sie zog die Arbeit als Serviertochter in Restaurants und Hotels vor.

Ihre "Odyssee" begann, als sie kaum sechzehn Jahre alt war und führte sie durch alle Teile der Schweiz, nach England und Deutschland, nach Frankreich und Italien. Sie lernte aus eigenem Antrieb Sprachen, lernte aber auch, was es hiess, absolut rechtlos zu sein. Arbeitszeiten von 15-17 Stunden täglich, keine freien Tage über Wochen und Monate hinweg, schlechtes Essen, oftmals völlig unzureichende Unterbringung und die Willkür der meisten Chefs führten zu sehr häufigem Stellenwechsel und zu ständiger Existenzangst. Ihre anfängliche Bewunderung für die reichen Gäste wich einer zunehmenden Empörung über die soziale Ungleichheit. Sie begann, regelmässig das Volksrecht zu lesen.

"Aeusserlich hatte sich mein Leben nicht geändert, innerlich aber war es anders geworden. Die Kluft zwischen denen, die ich bedienen musste, und mir, hatte sich vertieft, und meine Abneigung gegen den Hoteldienst war grösser als je."[16]

Zu einer Eheschliessung kam es in diesen Jahren nicht, da die Standesschranken jede dauerhafte Verbindung verunmöglichten. So entschloss sie sich, Europa den Rücken zu kehren und nach Australien auszuwandern.

Dort erlebte sie den Ausbruch des Ersten Weltkriegs und den sich auch dort ausbreitenden Kriegstaumel, dem Rüegg als internationale Sozialistin, wie sie sich selbst bezeichnete, nur ablehnend gegenüberstehen konnte.[17] Sie verliess Australien, kehrte in die Schweiz zurück, wurde aber bald anlässlich eines Besuchs bei ihren Verwandten in Deutschland als Spionin verhaftet. Grund dafür waren ein paar Bonbons, die sie einem russischen Kriegsgefangenen im Zug geschenkt hatte. Nach wochenlangem Gefängnisaufenthalt kam es zum Prozess und zur anschliessenden Ausweisung aus Deutschland. Annelise Rüegg ging nun nach London, arbeitete tagsüber in einem Hotel und verbrachte ihre freie Zeit in sozialistischen Organisationen. Sie hielt hier ihre ersten öffentlichen Reden gegen den Krieg. Von Hotelgästen bei der Geheimpolizei angezeigt, sah sie sich erneut gezwungen, das Land zu verlassen.

---

[15]   Ebenda, S. 25.
[16]   Ebenda, S. 138.
[17]   Vgl. Annelise Rüegg, Im Kriege durch die Welt, S. 38.

Sie reiste in die USA und arbeitete dort als Krankenpflegerin in einer psychiatrischen Klinik, bis sie von der sozialistischen deutschen Sprachengruppe als Propagandistin eingeladen wurde. Ihre nun folgende Vortragsreise "gegen Kapitalismus, Militarismus und Krieg"[18] dauerte über ein Jahr und führte sie quer durch Amerika. In dieser Zeit erfuhr sie dann erstmals von den Entwicklungen in Russland. "Die Nachricht von der russischen Revolution löste in Amerika grossen Jubel aus. Das war die erste erfreuende Nachricht seit Kriegsausbruch."[19]

Der Kriegseintritt Amerikas im April 1917 führte jedoch auch in diesem Land zu einer Welle der Kriegsbegeisterung, die Annelise Rüegg im Januar 1918 zur Heimkehr in die Schweiz bewegte. In Zürich erlebte sie, wie sich die wirtschaftliche Lage der Arbeiterschaft massiv verschlechterte, während der Wohlstand der Wohlhabenden immer grösser wurde. Die Unzufriedenheit der Arbeiterschaft und der Soldaten war unübersehbar. Mit der Forderung, dass die Völker sich erheben und den Krieg beenden müssten, enden Annelise Rüeggs publizierte Erinnerungen.

Im November 1920 reiste sie dann in das Land, in welchem die Volkserhebung nicht nur ein kurzes, regional begrenztes Zwischenspiel geblieben war – nach Sowjetrussland. Sie wollte sich vor Ort Rechenschaft über die Umsetzung der marxistisch-leninistischen Theorie ablegen und verbrachte dafür soviel Zeit wie kein anderer der Schweizer Autoren in besagtem Land. Als einzige heiratete sie sogar während der Reise – ihren russischen Begleiter und Übersetzer, über den sie im Reisebericht selber jedoch kein Wort verliert. Sie hatte Kontakte auf höchster Ebene, wie sie nur noch Fritz Brupbacher vorweisen konnte und galt von daher für den Herausgeber ihres Reiseberichts als sehr kompetent.

Wie Walther Bringolf kannte auch Annelise Rüegg die wirtschaftliche Notlage der Schweizer Arbeiterschaft aus eigener Erfahrung. Mit der wachsenden Empörung über die soziale Polarisierung im Land wuchs auch der Drang und die Bereitschaft, sich für soziale Gerechtigkeit und gesellschaftliche Umgestaltungen einzusetzen. Christliche Gleichheits- und Gerechtigkeitsvorstellungen spielten dabei, wie schon bei Bringolf, eine Rolle.

Anders als Bringolf reagierte Annelise Rüegg auf die sie umgebenden Verhältnisse sehr spontan und emotional, wie die von ihr verfasste Lebensgeschichte und der Reisebericht über die Sowjetunion zeigen. Sie war als junges Mädchen nicht gewillt, den ihr vorgezeichneten Weg als Arbeiterin zu

18 Ebenda, S. 145.
19 Ebenda, S. 153.

gehen, doch entstand diese Ablehnung nicht aus intellektuellen Beweggründen heraus, sondern war rein intuitiv.

Auf ihren Reisen durch die verschiedenen Länder fühlte sie mit denen, die eingesperrt und unterdrückt waren, und gab ihrem Drang zu helfen stets ungehindert nach, auch wenn sie selbst dadurch in sehr schwierige Situationen kam. Dieses Solidaritäts- und Hilfsbedürfnis entsprang einer zu Beginn starken Religiosität, einer auf soziale Gleichheit und Pazifismus ausgerichteten christlichen Ethik. In ihren selbstverfassten Gedichten wird dies besonders deutlich. So schrieb sie während ihrer Haft in Deutschland: "Ich weine über das Heute, In welchem einem Christ Die wahre Nächstenlieb Gesetzlich verboten ist."[20]

Auch ihre Einschätzung der sowjetischen Verhältnisse war stark affektiv. So litt sie mit den von Hunger geschwächten Fabrikarbeitern, mit den Gefangenen, die ehemals weisse Offiziere waren. Sie freute sich über die Sorge der Sowjets für die Kinder und über die Werftarbeiter, die bei der Arbeit sogar pfiffen und sangen und einen ganz zufriedenen Eindruck auf sie machten. Trotz Verbot besichtigte sie Arbeiterunterkünfte, die einen erbarmungswürdigen Eindruck auf sie machten und sie kritisierte das Zugpersonal, das seine Aufgabe nur sehr widerwillig und mangelhaft ausführte. An ihrem kommunistischen Reiseleiter konnte sie kein kommunistisches Verhalten entdecken, wenn sie ihn bei der Warenbeschaffung für die Zuginsassen erlebte. Trotzki, Radek und Lunatscharski gegenüber zeigte sie sich persönlich voller Dankbarkeit, doch vergass sie gleichzeitig nicht die Greueltaten der Tscheka, nicht die Millionen geschwächter Arbeiter und die alte Mutter, die nur deshalb im Gefängnis sass, weil sie, um sich vor dem Hunger zu retten, den Pass gefälscht hatte – so ihr Resümee.

Wie Annelise Rüegg in ihrem Reisebericht selbst schreibt, kannte sie zum Zeitpunkt der Reise nur das Programm des Bolschewismus – was das genau heisst, wird nicht klar – hielt Lenin für den "Vater des Weltproletariats" und glaubte an eine bessere Zukunft durch den Kommunismus. Ihre Einschätzung basierte schon vor der Reise auf bestimmten, wenn auch sehr allgemeinen Bildern von Sowjetrussland und seinen Führern. Die Überprüfung dieser Bilder scheint sich trotz der vielen Gespräche mit prominenten Bolschewikinnen und Bolschewiken nicht so sehr auf einer inhaltlichen als vielmehr auf einer emotionalen Ebene abgespielt zu haben. Die Form der Annäherung und der Einschätzung erfolgte bei ihr stets unmittelbar und nicht auf der Grundlage theoretischer und historischer Kenntnisse. Eine Reflektion der Hintergründe und Ursachen des Gesehenen findet sich von daher kaum. Ihr Fazit scheint

---

[20]   Ebenda, S. 69.

dementsprechend von ihrem Erleben im Umgang mit den Menschen in Sowjetrussland, aber auch von ihrer politischen Zugehörigkeit in der Schweiz geprägt gewesen zu sein, obwohl sie darüber keine Auskunft gibt. Ihr abschliessendes Bekenntnis zu den Auffassungen ihres Genossen Kautsky, der als sozialdemokratischer Kritiker des Bolschewismus bekannt war, legt die Vermutung nahe, dass Rüegg der Schweizer Sozialdemokratie angehörte. Dass sie dennoch gleichzeitig für das sowjetische Volk eine schöne Zukunft voraussah, kann angesichts der Haltung in der SPS gegenüber dem sowjetischen Volk nicht überraschen. Ihr Massstab sind die Menschen, die sie offenbar sehr beeindruckt haben. "Pourtant, La Russie, où j'appris à connaître les plus belles âmes humaines, se remettra. L'époque vient où le peuple russe sera au premier rang."[21] Mit diesem Schlusssatz überliess sie es den Lesern, sich vorzustellen, wie, in welcher Form, unter welchem System und wann dies geschehen sollte.

6.1.4 Fritz Brupbacher

Einen vollkommen anderen Lebensweg zeichnet Fritz Brupbacher in seiner Autobiographie nach.[22]

Er kam 1874 in Zürich in einer Bürgersfamilie zur Welt, in der er keine materielle Not, sondern wirtschaftlichen Aufstieg und Wohlstand kennenlernte. Der Vater war ein Prokurist, der sich mit einer eigenen Badeanstalt selbständig machte und später sogar ein Hotel im Zentrum Zürichs übernahm. Sein Lebensinhalt war gemäss den Schilderungen von Fritz Brupbacher die Arbeit, der wirtschaftliche Aufstieg, die Pflichterfüllung und die Ordnung. Seine Lebensführung und Prinzipientreue riefen Auflehnung und lebenslange Ablehnung dieser Werte beim Sohn hervor. Anders gestaltete sich sein Verhältnis zur Mutter. Sie stammte aus einem liberalen Elternhaus. Als junge Frau hätte sie gern studiert, doch dann heiratete sie und führte ein von ökonomischen Fragen unberührtes schöngeistiges Dasein. Fritz Brupbacher hatte ein enges Verhältnis zu ihr. 1887 war Brupbacher nach einer problemlosen Primarschulzeit ins Gymnasium gekommen, mit dem vom Vater gesteckten Berufsziel, Arzt zu werden. In der Schule fühlte er sich drei Lehrern besonders verbunden, durch die er mit Schriften und Denkweisen in Berührung kam, die ihn vom vorgezeichneten Weg abbrachten. "Die Bürgerwelt wollte die Rendite, und in uns wurde das ewig-menschliche Humanitäre grossgezo-

---

21   Anna-Lisa Aljechin-Ruegg, Impressions, S. 38.
22   Vgl. Fritz Brupbacher, 60 Jahre Ketzer.

gen. Und wer von uns das ernst nahm, geriet in Gegensatz zu der Bürgerwelt, zu Vaterland, Staat und Menschen."[23]

Fritz Brupbacher bezeichnete sich in dieser Phase als "individualistischen Idealisten". Gleichsam distanzierte er sich trotz mangelnder Kenntnisse von der Idee des Sozialismus, die ihm das Ende der Individualität bedeutete.

Sechzehnjährig kam er mit Auguste Forel in Berührung. Primär ging es diesem um die Verbreitung der Alkoholabstinenz, doch für Brupbacher ging es um mehr: "Die Abstinenz war nur ein Mittel, die volle geistige Entwicklung des Individuums und aller Individuen der Menschheit zu garantieren."[24]

1893, nach bestandener Matura, begann Brupbacher mit dem Medizinstudium in Genf. Er lebte dort sehr isoliert. Statt zu studieren, las er Nietzsche, dessen Schriften ihm ein neues Selbstbewusstsein und eine Abwehr gegen jede auferlegte Pflicht vermittelten. "Für uns war er der Zerbrecher der Tafeln der Bürgermoral, der Befreier des Individuums."[25] Dass es zum Bestehen der Anatomieprüfung jedoch anderer Kenntnisse bedurfte, wurde ihm schmerzlich bewusst, als er durchgefallen war. Er gab seinen, wie er es nannte, Genieglauben auf und absolvierte sein Studium erfolgreich.

Sein Eintritt in das politische Leben vollzog sich 1896 an der Universität Zürich im Zusammenhang mit seinem Einsatz für das Frauenstudium. Als Vertreter der neugegründeten Allgemeinen Studentenschaft kam Brupbacher auch mit der in Zürich studierenden russischen Intelligenz in Berührung, deren Vorstellungen ihn weit mehr ansprachen als die seiner Schweizer Studienkollegen. Die nihilistischen Auffassungen der Russen griff er auf, doch mit ihren sozialistischen Ideen und ihrem gesellschaftlichen Engagement für die Befreiung des Volkes konnte er nichts anfangen. Erst durch seine Beziehung zu Lydia Petrowna Kotschetkowa, die er 1901 heiratete, kam ein Umdenkungsprozess in Gang. Er hatte genug von "der ewigen Icherei", legte die Stirnerlektüre zur Seite und vertiefte sich in Schriften von Marx, Bebel, Liebknecht u.a. und trat 1898 in die Sozialdemokratische Partei ein.

Nach seinem im gleichen Jahr absolvierten Staatsexamen sah er sich zwischen zwei Berufswünschen hin und her gerissen: Psychiater oder Propagandist des Sozialismus zu werden. Brupbacher wurde Arzt im Arbeiterquartier von Zürich und lernte nun das Leben des Proletariats erstmals wirklich kennen. Seine Frau arbeitete in Russland als Ärztin für die armen russischen Bauern. Da die beiden in ständigem Kontakt standen, lernte Brupbacher die

---

23 Ebenda, S. 28.
24 Ebenda, S. 30.
25 Ebenda, S. 39.

Situation in Russland ebenfalls sehr genau kennen und wurde zur Anlaufstelle für viele in die Schweiz kommende Russen.[26]

Brupbacher erkannte schon bald, dass die Schweizer Sozialdemokratie mit revolutionären gesellschaftlichen Umgestaltungen nichts im Sinn hatte und Vertreter solcher Auffassungen in ihren Reihen nicht gerne sah. "Der ganze Geist der Bewegung unterschied sich von dem der Bürger nur darin, dass man es weniger gut hatte als die Bürger und es gern ebensogut gehabt hätte."[27] Er selber fand seine politischen Vorstellungen deshalb weitaus mehr im französischen Anarchosyndikalismus verwirklicht. Sein 1914 erfolgter Ausschluss aus der Partei wurde denn auch mit seinen anarchistischen Vorstellungen, die nicht mit dem Parteiprogramm in Einklang stünden, begründet. Tatsache war, dass Brupbachers Agitations- und Bildungsarbeit unter den Arbeitern und der sozialistischen Jugend und seine antimilitaristische Haltung bei Ausbruch des Ersten Weltkriegs den Parteiführern gefährlich erschienen.

Eine wirkliche politische Begeisterung erfasste Brupbacher erst wieder beim Ausbruch der Februar- und der Oktoberrevolution. Er fieberte mit den revolutionären Russen und befürchtete deren Scheitern. "Aber es klappte alles. Bei uns begeisterte sich die gesamte Arbeiterschaft; nur ein paar Bonzen drückten ihre Unzufriedenheit mit dem Gang der Geschichte aus."[28]

Brupbachers Urteil über die Sozialdemokratie und ihre Führer bestätigte sich für ihn auf schmählichste Weise in der Novemberrevolution in Deutschland und dem Landesgeneralstreik in der Schweiz. "Das deutsche Proletariat hatte, im Gegensatz zum russischen, in seiner Brust, an Stelle des Herzens, in seiner grossen Mehrheit ein Sparkassenbuch, und in seinem Kopf den Willen, ein guter Bürger zu werden."[29]

So galt Brupbachers ganze Begeisterung auch weiterhin dem sowjetischen Experiment. Für ihn war die Diktatur des Proletariats eine Notwendigkeit, die er vollkommen anerkannte, was sich aus seinen persönlichen Erfahrungen mit dem in seinen Augen gefährlichen Bürgertum begründete. Nicht einverstanden war er aber mit der Diktatur einer Partei über das Proletariat, die seinen anarchistisch geprägten Vorstellungen widersprach. Dennoch stimmte er 1920 den 21 Aufnahmebedingungen, die die III. Internationale aufgestellt hatte, zu, da sie den Ausschluss der "Politikanten" bringen würde. Er wurde Mitglied der neugegründeten Kommunistischen Partei und wirkte in der Re-

---

26 Siehe dazu auch die Lizentiatsarbeit von Bernhard Weishaupt über den Briefwechsel zwischen Brupbacher und seiner russischen Ehefrau Lidija Petrovna Kočetkova.
27 Fritz Brupbacher, 60 Jahre Ketzer, S. 98.
28 Ebenda, S. 211.
29 Ebenda, S. 221.

daktionskommission der kommunistischen Zeitung "Kämpfer" mit. Die Einführung der NEP führte bei Brupbacher – wie bei vielen seiner Genossen – zu Enttäuschung und dem Eindruck, dass der Sozialismus versagt habe, obwohl er die Notwendigkeit dieses Vorgehens der Bolschewiki erkannte. Unter diesem Eindruck trat er zusammen mit Willi Münzenberg im November 1921 seine Reise nach Sowjetrussland im Auftrag der Internationalen Arbeiterhilfe an.

Auf dem Hintergrund von Brupbachers Biographie erstaunt es nicht, dass er auch in Moskau nicht zu einem uneingeschränkten Befürworter der Bolschewiki und des sowjetischen Proletariats wurde. Seine offene Meinungsäusserung wurde nicht von allen geschätzt. Doch und gerade deshalb liess er sich nicht davon abhalten. Die Forderungen und die Kritik der Arbeiteropposition leuchteten ihm ein, wenngleich er wieder einmal von der mangelnden Initiativkraft und Konstruktivität des Proletariats enttäuscht war.

Die Gefahr des Absolutismus und Despotismus in der Kommunistischen Partei sah er als real und fand sie auch durch sein Treffen mit dem sich autoritär gebärdenden Trotzki bestätigt. Gleichwohl beschreibt er diesen als einen gescheiten und gebildeten Kulturmenschen, gar als einen Idealisten, der den anderen Parteigenossen überlegen sei.

"Alle Klassen werden in ihren Revolutionen von den Idealisten in den Kampf geführt, und alle Klassen verraten die Idealisten, die sie im revolutionären Stadium vergötterten, wenn sie die Macht erobert haben. Dann lösen die Spiessbürger der betreffenden Klasse die Idealisten ab. Das ist ein Gesetz in der Weltgeschichte. Darum löste Stalin Trotzki ab."[30]

Diese erst um 1935 verfasste Einschätzung erinnert stark an die bekannte Brupbachersche Deutung der gesellschaftlichen Kräfte und macht sein schon früh formuliertes Weltbild, das er auch für die Einordnung seiner Person angewandt hat, deutlich. Die alle Bereiche durchziehende Kategorisierung in "Idealist" contra "Spiessbürger" wandte er deshalb auch bei seiner Einschätzung der sowjetischen Entwicklung an. Obwohl er den Kern der bolschewistischen Partei als auf dem richtigen Weg erachtete, bewirkte die Reise bei Brupbacher eine erneute Sinnkrise, weil sich die Menschen nicht so verhielten, wie er sie sich vorgestellt hatte. Wieder unterlagen die "Idealisten" den "Bürokraten", wie er dies bei seinem Aufenthalt im Wolgagebiet anlässlich der Hungerhilfe erlebt hat. Sein Protest und Widerstand dagegen waren die logische Folge und führten zum fluchtartigen Verlassen der Sowjetunion. So

---

[30]   Ebenda, S. 277.

kündigte sich bei dieser Reise schon an, dass auch seine Zugehörigkeit zur kommunistischen Bewegung nicht von langer Dauer sein konnte. Das Leben eines sich der Parteidisziplin unterordnenden Parteimitglieds blieb ihm unvorstellbar. Seine langjährige Tätigkeit als Arzt im Industriequartier Zürichs und sein Engagement im Arbeiterbildungsbereich waren Ausdruck seines Zieles, den Arbeitern konkret zu helfen und neues Bewusstsein zu vermitteln. Immer wieder erwiesen sich diese Menschen aber als das Gegenteil seiner Idealvorstellungen. Ihr Denken und Handeln war nicht so revolutionär, wie Brupbacher sich das erhofft hatte. So gab es letztendlich keine politische Partei, mit der er es ausgehalten, aber auch keine, die ihn in ihren Reihen ertragen hätte. Schliesslich zog er sich enttäuscht aus dem politischen Leben zurück. Eine sehr biologistisch anmutende Erkenntnis bildete die immer wiederkehrende Antwort auf seine politischen Krisen: "Zum tausendsten Mal entdeckte ich den Sinn des Lebens in der Funktion der Lebensvorgänge, in der Befriedigung der Triebe."[31]

Brupbacher kann kaum als einer jener von Hollander typisierten "political pilgrims" angesehen werden, der nur die Fehler im eigenen Land kritisiert und gleichzeitig die sowjetischen Verhältnisse idealisiert hat. Vielmehr scheint Brupbachers Denken und Handeln von seiner Opposition gegen das bürgerliche Elternhaus und, in der Folge, gegen die bürgerliche Gesellschaft geprägt gewesen zu sein.[32] Seine Ablehnung und sein Widerstand gegenüber autoritären Prinzipien hat er aber nicht gleichermassen auf die Politik der Bolschewiki übertragen. Bis zum entgültigen Bruch mit dem Sowjetkommunismus hat Brupbacher die Gewalt des Sowjetsystems, insofern sie sich gegen das ehemalige Bürgertum gerichtet hat, als gerechtfertigt erachtet, war er bereit, die Diktatur des Proletariats zu verteidigen. Seine Kritik an der sowjetischen Bürokratie hat ihn aber immer stärker in Opposition auch zu diesem System gebracht. Die Folge daraus musste letztendlich eine politische Vereinsamung sein.

6.1.5 Edouard Scherrer

Edouard Scherrer, geboren 1890, war Postangestellter in Leysin und in seiner Freizeit ein sehr erfolgreicher Bobfahrer.[33] Schon in jungen Jahren war er der SPS beigetreten und nahm als Delegierter aus Waadt am Oltener Kongress der Parteilinken 1920 teil. Nach der Parteispaltung trat auch Scherrer der

---

[31] Ebenda, S. 284.
[32] Vgl. Kapitel 2.4.4.
[33] Die Angaben zu Edouard Scherrer stammen von Peter Stettler, Die KPS, Biographischer Anhang, und von Pierre Jeanneret, Un itinéraire politique, S. 567.

KPS bei. Wegen seiner Zugehörigkeit zu dieser Partei wurde er 1923 aus dem Bundesdienst entlassen, da die KPS als "staatsgefährliche Vereinigung" galt. Er wurde Sekretär des Bau- und Holzarbeiterverbandes in Lausanne. Dass dies möglich war, ist mit der Linksopposition des SBHV innerhalb des SGB zu erklären.

1924 wurde er Mitglied der KPS-Zentrale und fuhr in dieser Funktion zum V. Weltkongress der Kommunistischen Internationale, der im Sommer 1924 in Moskau stattfand. Von 1927 bis 1930 war Scherrer Mitglied des Zentralkomitees der KPS. 1929, nach einem Streik der Bau- und Holzarbeiter in Lausanne, den Scherrer gegen den Willen des SBHV ausgerufen hatte, wurde er seines Postens als Sekretär der Bau- und Holzarbeitergewerkschaft in Lausanne enthoben. Er siedelte nach Genf um und kämpfte gegen die Sozialdemokratie und deren Führer, den "Sozialfaschisten" Léon Nicole – ganz der Parteilinie folgend. Er blieb der KPS treu und trat nach dem Zweiten Weltkrieg der neugegründeten Nachfolgepartei PdA bei.

Sein Reisebericht wurde in zwei Teilen in der französischsprachigen kommunistischen Zeitung "Le Drapeau rouge" veröffentlicht. Dieser Bericht ist kurz und beschränkt sich auf die Beschreibung einiger Eindrücke und Erlebnisse, deren Tenor dem von Bamatter und Bringolf auffallend gleicht. Seine Begeisterung bleibt ungetrübt und für Probleme wie dem der Bettler auf den Strassen hat er eine Erklärung bereit, die das sowjetische System entlastet und die Bettler für ihre Mittellosigkeit verantwortlich macht. Ein differenziertes Bild des sowjetischen Alltags ist hier nicht entstanden. Seine grosse Begeisterung für die Politik der Bolschewiki bestimmte seine Perspektive. Die Reisebeschreibung ist nicht tatsachenorientiert, sondern dient der journalistischen Überzeugungsarbeit der Leser von "Le Drapeau rouge" für die Sowjetunion.

Den Parteidelegierten folgten die Gewerkschaftsdelegierten, die in die Sowjetunion reisten, um an Verbandskongressen ihrer sowjetischen Schwesterorganisationen teilnehmen zu können und um darüber hinaus Einblick in die Arbeits- und Lebensbedingungen der sowjetischen Arbeiterschaft zu erhalten. Diese beiden Gewerkschaftsdelegationen bestanden aus einem, respektive zwei Delegierten, die alle im Jahre 1926 die Sowjetunion besuchten. Im Gegensatz zu den Parteidelegierten zeigt sich hier deutlich die schweizerische Gewerkschaftspolitik gegenüber der Sowjetunion. Die Spaltung der Sozialdemokratischen Partei 1920 hatte massive Auseinandersetzungen und Reaktionen auch innerhalb der Gewerkschaftsbewegung zur Folge, die in der Möglichkeit und Häufigkeit von Gewerkschaftsreisen in die Sowjetunion ihren Niederschlag fanden.

6.1.6 Franz Reichmann

Da Franz Reichmann seine Lebensgeschichte nicht schriftlich festgehalten hat, lässt sich sein Leben leider nur in groben Zügen nachzeichnen.[34] Er wurde 1880 in Dessau (Deutschland) geboren, wuchs dort auf und verlor schon früh seine Eltern. Als junger Mann erlernte er das Schreinerhandwerk. Nach seinem Lehrabschluss ging er, wie für diesen Berufsstand üblich, als Handwerksbursche auf Wanderschaft, die ihn durch mehrere Länder und 1902 auch erstmals durch die Schweiz führte. Von dort aus zog er weiter nach Südfrankreich, Italien und in den näheren Orient. Reichmann liess sich dann in Zürich nieder, wo er bereits 1910 zum Zentralsekretär der Zürcher Bau- und Holzarbeitergewerkschaft ernannt wurde. Schon seit seinem achtzehnten Lebensjahr war er gewerkschaftlich organisiert. Zwei Jahre später wurde er Sekretär des Schweizerischen Holzarbeiterverbands und arbeitete gleichzeitig als Redakteur der "Holzarbeiter-Zeitung". Er übernahm auch die Vertretung des SBHV in der Berufsinternationale. Von 1922-1940 war Reichmann dann Zentralsekretär, Verwaltungsvorsteher und Redakteur des Verbandsorgans. Von 1937-1940 hatte er sogar das Präsidentenamt des SBHV inne.

Dass Reichmann sich nicht auf die gewerkschaftliche Tätigkeit beschränkt hat, zeigt seine Teilnahme am Oltener Komitee zur Vorbereitung des Generalstreiks, aus dem er aber wegen politischer Differenzen am 1. Oktober 1918 wieder austrat. Reichmann war für sofortiges Handeln der Arbeiterschaft und gegen Konzessionen an den Bundesrat.

Er nahm sowohl 1921 wie auch 1926 an den russischen Gewerkschaftskongressen der Bau- und Holzarbeiter als Schweizer Delegierter teil. Der schweizerische Verband setzte sich schon jahrelang für die Aufnahme der russischen Gewerkschaften in die Berufsinternationalen ein und erhielt aus diesem Grunde wiederholt Kongresseinladungen von sowjetischer Seite.

Die Erfahrungen, die Reichmann mit der sowjetischen Bau- und Holzarbeitergewerkschaft während seines mehr als sechswöchigen Aufenthalts machte, wurden fortlaufend in der "Schweizerischen Bau- und Holzarbeiterzeitung" von Anfang März bis Ende Mai 1926 publiziert und anschliessend als vollständiger Reisebericht der Leserschaft zugänglich gemacht. In der Zeitung schreibt Reichmann einleitend, dass ihn die russischen Kongressdelegierten gedrängt hätten, ein Buch über seine Eindrücke zu schreiben. Dem Anliegen dieser von ihm geschätzten Kollegen wollte er gerne nachkommen. "Ich habe hier so viele gute Eindrücke bekommen, dass das weni-

---

[34]   Diese Angaben zu Reichmann stammen aus dem Bericht 1939/41 des Bau- und Holzarbeiter-Verbands der Schweiz.

ger gute in den Hintergrund tritt, deshalb habe ich ein Versprechen abgegeben, meine Eindrücke niederzuschreiben."[35]

So ist der Reisebericht hinsichtlich der Darstellung der sowjetischen Verhältnisse gesamthaft bejahend ausgefallen, wie die zitierte Äusserung vermuten lässt. Weiter bedankt er sich für die erfahrene sowjetische Unterstützung und verleiht seinem Wunsch an die Sowjetunion Ausdruck, "trotz der Welt von Feinden energisch weiterzubauen am Aufbau des Sowjet-Staates"[36]. Seine Schilderungen sind somit auf dem Hintergrund seiner positiven und verbindenden Erlebnisse zu verstehen. Wie er hingegen mit den "weniger guten" Eindrücken umgegangen ist, erklärt Reichmann nicht.

Diese in der Zeitung abgedruckte "Vorbemerkung" wurde in den anschliessend als Buch publizierten Reisebericht nicht aufgenommen. Stattdessen äussert sich Reichmann in diesem Vorwort sachlicher, d.h. ohne die Beschreibung seiner persönlichen Motivation, die die Glaubwürdigkeit in den Augen seiner Leserschaft möglicherweise geschmälert hätte. Er legt mehr Gewicht auf den Informationsgehalt, den sein Reisebericht vor allem für Gewerkschafter haben soll.

"Da über die Verhältnisse in Sowjet-Russland auch in der Schweiz von allen Seiten viel geflunkert wird, sollte die Delegation ausgedehnt werden auf das Studium der dortigen Verhältnisse, um darüber ein objektives Bild zu erhalten."[37]

Das erklärte Ziel Reichmanns ist es, den Lügen in der Schweiz durch eine objektive Berichterstattung Einhalt zu gebieten. Da er, wie er betont, keiner politischen Richtung angehöre, habe er die sowjetischen Verhältnisse ungebunden studieren können.

Reichmann bedachte nicht, dass "ungebunden" nicht prinzipiell mit "objektiv" gleichzusetzen ist. Auch Nichtparteimitglieder haben politische Vorstellungen, Meinungen und Einstellungen, die die Grundlage für die Wahrnehmung der Vorgänge in der Sowjetunion bilden – dazu bedarf es keines Parteimandats. Sein Vorwort zum Zeitungsabdruck machte dies deutlich. Es darf aber nicht übersehen werden, dass Reichmann dennoch freier berichten konnte, da er auf keine Parteilinie Rücksicht nehmen musste. Wenn er sich nach einer Verbandsmeinung gerichtet hat, dann nach der seines Gewerkschaftsverbandes, des SBHV. Dass Reichmann sich damit klar in Gegensatz

[35]   Franz Reichmann, Sowjet-Russland am Aufbau, in: Schweizerische Bau- und Holzarbeiterzeitung, Nr. 9, 4. März 1926.

[36]   Franz Reichmann, Im Lande der Bolschewiki, S. 157.

[37]   Ebenda, S. 3.

zur herrschenden Meinung des Schweizer Gewerkschaftsbundes dem sowjetischen System gegenüber stellte, muss mit der besonderen Haltung des SBHV innerhalb des SGB begründet werden:

"Der Schweizerische Holzarbeiterverband gehörte dem Schweizerischen Gewerkschaftsbund an, ohne immer die dort vorherrschenden Ansichten zu teilen. In gewissen Fällen hätte er eine draufgängerischere, revolutionärere Haltung gewünscht. Er zählte zu der während einiger Jahre im Gewerkschaftsbund bestehenden Linksopposition."[38]

Es ist unbestreitbar, dass der SGB mit Reichmanns Bericht unzufrieden war und er deshalb ausserhalb der Bau- und Holzarbeiterzeitung keine Erwähnung fand. Dem SGB wäre an einer kritischen bis ablehnenden Berichterstattung gelegen gewesen, doch dazu war Reichmann nicht bereit. Lieber hätte er geschwiegen, wenn seine negativen Eindrücke überwogen hätten, als in den Chor der Kritiker einzustimmen.

Ebenfalls 1926 entsandte der Gewerkschaftsverband der Transport-, Handels- und Lebensmittelarbeiter zwei Delegierte zum Kongress des russischen Lebensmittelarbeiterverbandes, der vom 5.-13. Juni 1926 in Moskau tagte.[39]

6.1.7 Friedrich Schneider

Friedrich Schneider, geboren 1886 in Solothurn, verbrachte seine frühen Kindheitsjahre auf dem Land und wollte eigentlich Bauer oder, wie sein Vater, Buchdrucker werden.[40] Beeinflusst durch die stark gewerkschaftlich orientierte Einstellung des Vaters und das grosse soziale Mitgefühl der Mutter fühlte sich Schneider schon früh der Arbeiterschaft verbunden und stand mit dreizehn Jahren zum ersten Mal Streikposten vor einem Betrieb. Nach eigenem Bekunden ist sein eigenes soziales Verantwortlichkeitsgefühl durch die Betreuung der vielen jüngeren Geschwister entstanden. Die Mutter war auf seine Hilfe angewiesen, da sie eine eigene Wäscherei betrieb.

Der Besuch der Bezirksschule brachte Schneider mit zwei Lehrern in Berührung, die freisinnig und antiklerikal waren und dies im Unterricht bei der Behandlung aktueller Themen auch deutlich machten. Seine nach der Schule begonnene Lehre als Kunstglasmaler musste er aus gesundheitlichen Gründen wieder abbrechen.

---

[38] Geschichte des Schweizerischen Bau- und Holzarbeiterverbandes, Bd. 1, S. 142.
[39] Diese sowjetische Gewerkschaft gehörte der Internationalen Union der Lebensmittelarbeiter an.
[40] Die folgenden biographischen Ausführungen basieren auf der von Friedrich Schneider verfassten Autobiographie "Hieronymus Roggenbachs Erlebnisse".

Mit neunzehn Jahren verliess Schneider das Elternhaus und begann eine Arbeiterodyssee als Kunstglaser. Sie führte ihn u.a. nach Leipzig, Weimar, Strassburg, Erfurt und durch mehrere Städte der Schweiz. Sehr oft war er von Entlassungen auf Grund wirtschaftlicher Krisen, aber vor allem auf Grund seiner gewerkschaftlichen Aktivitäten betroffen. Als er 1906 nach Basel kam, trat er dem Deutschen Arbeiterverein bei und begann sich der marxistischen Lehre zuzuwenden. In der Praxis galt sein Interesse der Gründung eines Glaserfachvereins, der als gewerkschaftliche Organisation die Basis für den Kampf der Glaserarbeiter um ihre Rechte bilden sollte. Die Löhne in dieser Branche waren sehr niedrig, – Schneider verdiente 1911 36 Franken in der Woche – Arbeitslosenunterstützung gab es staatlicherseits keine, ebenso keine Arbeitsplatzabsicherung. 1912 wurde Schneider Zentralsekretär des Verbandes der Transport-, Handels- und Lebensmittelarbeiter und vier Jahre später Arbeitersekretär des Arbeiterbundes in Basel.

Da für ihn gewerkschaftliche und parteipolitische Arbeit zusammengehörten, kandidierte er bei den verschiedenen Wahlen für die SPS und wurde 1919 in den Nationalrat gewählt. Er schrieb und redigierte den "Vorwärts", bis er 1920 als Regierungsrat in Basel das Departement des Innern übernahm. Schneider gehörte dem linken Parteiflügel an, war während des Landesgeneralstreiks Mitglied des Oltener Aktionskomitees und musste deshalb eine sechsmonatige Gefängnisstrafe absitzen. Er schloss sich nach dem Spaltungsparteitag der neugegründeten Kommunistischen Partei an, die er aber schon bald wieder verliess, um dann Ende 1921 wieder in die SPS zurückzukehren.[41] Es war ihm an der Einheit der Arbeiterbewegung gelegen und an der Verfolgung der real erreichbaren Ziele, wie das der Schaffung von Arbeitsgesetzen, des Ausbaus der Sozialversicherung, der Verkürzung der Arbeitszeit und der Durchsetzung von Lohnerhöhungen. Dafür setzte er sich fast täglich auch in der seit 1921 erscheinenden "Basler Arbeiter-Zeitung" ein, der er als Redakteur angehörte. 1924 wurde Schneider Präsident der Basler Sektion des Verbandes der Handels-, Transport- und Lebensmittelarbeiter und Mitglied des Zentralkomitees.

---

[41] Wie weit Schneider sich vom Kommunismus entfernt hat und mit welcher Schärfe er über die Vertreter dieser Lehre urteilte, zeigen Ausführungen in seiner Autobiographie: Anlässlich der Nationalratswahlen von 1922 spricht er den Grütlianern und den Kommunisten die Existenzberechtigung ab. "Die Grütlianer sahen es später ein, die Kommunisten nicht, denn sie wurden erst fünfunddreissig Jahre später auf den Misthaufen der Schweizer Geschichte geworfen, von wo sie dank Russland immer noch von Zeit zu Zeit piepsen." in: Friedrich Schneider, Hieronymus Roggenbachs Erlebnisse, Bd. II, S. 228. Am 24. April 1952 reichte er sogar eine Motion im Basler Grossen Rat ein, in der er ein Einstellungsverbot für Kommunisten im öffentlichen Dienst forderte.

In dieser Funktion reiste er zwei Jahre später zum Gewerkschaftskongress der sowjetischen Lebensmittelarbeiter nach Moskau. Schneider, der neben der "Arbeiter-Zeitung" auch für die "Solidarität" journalistisch tätig war, konnte seine Reiseerlebnisse von Moskau aus in der "Solidarität" ab dem 5. Juni 1926 veröffentlichen.[42] Sein anschliessend als Taschenbuch publizierter Reisebericht ist noch ausführlicher als die "Reisebriefe". Er begründet die schriftliche Abfassung seiner Erlebnisse – wie schon zuvor Reichmann – mit der Notwendigkeit, sich vor falschen Auslegungen durch andere zu schützen: "Ich muss in dieser Epoche des grössten Misstrauens Wert auf eine Form der Berichterstattung legen, an der nicht gedeutet werden kann."[43] Seine Schilderungen basieren auf eigenen Erfahrungen und auf Materialien des russischen Lebensmittelarbeiterverbandes. Da er kein Russisch sprach, war er auf die Übersetzungen der Dolmetscher angewiesen, wofür er sich ausdrücklich bedankt.

Schneider erhebt keinen Anspruch auf Vollständigkeit der Darstellung, da er nur drei Städte besucht hat. Dennoch hält er eine Gewerkschaftsreise in die Sowjetunion für bedeutend genug, um darüber einen grösseren Kreis von Interessierten zu informieren.

6.1.8 Jean Schifferstein

Begleitet wurde Schneider auf der ganzen Reise von Jean Schifferstein, dem Verbandspräsidenten und Sekretär der Internationalen Lebensmittelarbeiter-Union.[44] Dieser gab in der "Solidarität" vom 17. Juli 1926 Inhalt und Beschlüsse des Kongresses ausführlich wieder und verfasste nach seiner Rückkehr ebenfalls einen Reisebericht, der vom Verband der Handels-, Transport- und Lebensmittelarbeiter publiziert wurde. Vier Monate später empfahl die "Solidarität" allen Mitgliedern des Schweizerischen Lebensmittelarbeiter-Verbandes die Lektüre der von Schifferstein verfassten Broschüre über seine Russlandreise.[45] Der Reisebericht wird als informativ und objektiv charakterisiert. Der Verfasser halte sich laut "Solidarität" konsequent an seinen Reiseauftrag, neben dem Besuch des Verbandstages den Aufbau und die innere Struktur dieses Verbandes kennenzulernen. Trotz der prinzipiellen Ablehnung von Sowjetunionreisen seitens des Schweizerischen Gewerkschaftsbundes wurde dieser Bericht positiv bewertet, was als grosse Ausnahme gelten darf.

---

[42]   Reisebriefe, in: Solidarität, 5. Juni - 28. August 1926.
[43]   Friedrich Schneider, Von Leningrad, S. 3.
[44]   Nähere Angaben über die Person und den Lebensweg Schiffersteins konnte ich bis jetzt nicht erhalten.
[45]   Vgl. Jean Schifferstein, Russland.

Die Glaubwürdigkeit von Reiseberichten über die Sowjetunion im allgemeinen und somit auch die der von Gewerkschaftern geschriebenen war in der Schweizer Presse schon in Frage gestellt worden – und das nicht nur von bürgerlichen Zeitungen. Das Organ des Schweizerischen Gewerkschaftsbundes "Gewerkschaftliche Rundschau für die Schweiz" hatte in seiner Januarausgabe des Jahres 1926, d.h. zum Zeitpunkt von Reichmanns Sowjetunionreise, einen ablehnenden Bericht über den Sinn und Erfolg von Russlandreisen veröffentlicht.[46] Für dessen Autor steht der Ertrag einer solchen "Wallfahrt", wie er die Reise nennt, in keinem Verhältnis zum Aufwand, und die gezielte Manipulation durch die sowjetischen Institutionen lasse von solchen Unternehmungen abraten. Selbst bei positiven Ergebnissen einer nach westlichen Bedingungen durchgeführten Reise sei der Schweizerische Gewerkschaftsbund dennoch nicht bereit, in eine offene Auseinandersetzung über das sowjetische Modell einzutreten. Man ziehe es vor, den eigenen bewährten Weg weiterzugehen – so die Quintessenz des Artikels. Diese Äusserungen machen die konsequent ablehnende Haltung des Schweizerischen Gewerkschaftsbunds – wie auch der Sozialdemokratie – gegenüber einer Kontaktaufnahme zu sowjetischen Organisationen und einer inhaltlichen Auseinandersetzung deutlich. Das entsprach auch ihrer Position gegenüber Kommunisten in den eigenen Gewerkschaftsreihen.

Diese Stellungnahme auf der einen Seite und die Teilnahme Schweizer Gewerkschaftsdelegierter an sowjetischen Kongressen auf der anderen Seite machen die Uneinheitlichkeit innerhalb der schweizerischen Gewerkschaften in ihrer Stellungnahme zur Sowjetunion zum Zeitpunkt der Reise Reichmanns deutlich. Der SBHV, der der Linksopposition innerhalb des SBG angehörte, kämpfte seit Jahren für die Aufnahme der sowjetischen Gewerkschaften in die Berufs-Internationale, obwohl der SGB gegen Kommunisten in den eigenen Sektionen mit dem Mittel des Ausschlusses aktiv vorging. Ein Jahr nach dieser gewerkschaftlichen Stellungnahme zu den Sowjetunionreisen strich der SGB den Klassenkampfartikel aus seinem Programm. In der Folge kam es zur Gründung der Revolutionären Gewerkschafts Opposition. Die Abgrenzung gegenüber der Sowjetunion und den kommunistischen Gewerkschaftern in der Schweiz schlossen eine weitere Entsendung schweizerischer Gewerkschaftsdelegierter zu sowjetischen Gewerkschaftskongressen aus. Offenbar traute die Gewerkschaftsführung ihren eigenen Funktionären keine eigenständige Urteilskraft zu, hielt sie stattdessen für vollkommen manipulierbar und unterband jeden direkten Kontakt.

---

[46]   Zur Wallfahrt nach Moskau, in: Gewerkschaftliche Rundschau, Nr.1, 1926.

Dass dies nicht der Hauptgrund ihrer ablehnenden Haltung war, macht die Aussage deutlich, dass selbst bei einer Reise unter idealen – d.h. westlichen Bedingungen – eventuelle positive Ergebnisse nicht auf das Interesse des SGB stossen würden. Nur der eigene eingeschlagene Weg kann der richtige sein, lautete die Devise. Dennoch empfiehlt die "Gewerkschaftliche Rundschau" vom November 1926 das "Buchlein" von Schifferstein und bescheinigt ihm Objektivität und Zurückhaltung im Werturteil. Sie wiederholt ihre in der Januarausgabe geübte Kritik nicht, obwohl Schifferstein keinen eigenen westlichen Dolmetscher hatte. Auf Schneiders Bericht geht man hingegen mit keinem Wort ein. Da Schifferstein im Gegensatz zu Schneider fast ausschliesslich den Kongressablauf und den Gewerkschaftsaufbau beschreibt und nur sehr knapp auf die besichtigten Fabriken eingeht, überrascht es nicht, dass dieser Bericht mehr Wohlwollen bei der Schweizer Gewerkschaftsführung fand als derjenige Schneiders oder der Reichmanns. Schifferstein bringt seine Distanz zur sowjetischen Arbeiterbewegung in der Einleitung schon zum Ausdruck und betont, dass bei den sowjetischen Gewerkschaftern ein Zerrbild über die westeuropäischen Gewerkschaften existiere, das eine baldige Einigung der beiden Blöcke als frommen Wunsch erscheinen lasse. Es ist anzunehmen, dass Schiffersteins Auffassung vom Recht auf den eigenen Weg jeder nationalen Gewerkschaft auch auf Zustimmung der Schweizer gestossen ist. In allen Ländern, auch in der Sowjetunion, werde das Handeln der Gewerkschaften durch wirtschaftliche Notwendigkeiten bestimmt. "Aus der eigenen Notwendigkeit heraus sollten sie auch die Notwendigkeiten der europäischen Gewerkschaftsbewegung verstehen lernen."[47] Nur so wäre der in den Augen Schiffersteins notwendige Zusammenschluss möglich. Schneiders Bericht hingegen ist, wie auch der Reichmanns, positiver ausgefallen, und dies obwohl Schneider zum Zeitpunkt der Reise schon wieder ein wichtiges Mitglied der Sozialdemokratischen Partei, überzeugter Gewerkschafter und ehemaliger Kommunist war.

Am Umgang des Schweizerischen Gewerkschaftsbundes mit diesen drei Reiseberichten zeigt sich die politische Polarisierung und die ganze Schwierigkeit der sachlichen Auseinandersetzung mit der sowjetischen Entwicklung und dem eigenen Verhältnis zur Neuordnung der Gesellschaft im sozialistischen Sinne in der Schweiz. Dass der SGB sich von der Idee des Klassenkampfs und von kommunistischen Gewerkschaftsmitgliedern lossagte und, damit verbunden, auf eine Sozialpartnerschaft zusteuerte, waren Ausdruck dieser Position. Reiseberichte Schweizer Gewerkschaftsdelegierter über die Sowjetunion finden sich deshalb nach 1926 nicht mehr. Welchen Effekt die drei Reiseberichte hatten, und ob es der von den Verfassern gewünschte war,

---

47   Jean Schifferstein, Russland, S. 69.

bleibt innerhalb einer anstehenden allgemeinen Rezeptionsanalyse von Reiseberichten über die Sowjetunion zu klären.

6.1.9 Max Tobler

Auch der Zürcher Arzt Max Tobler (1876-1929) reiste nicht als Privatmann, sondern als Delegierter der schweizerischen Roten Hilfe zum 2. Internationalen Kongress der Internationalen Roten Hilfe nach Moskau, der dort vom 24. März bis zum 5. April 1927 abgehalten wurde.

Tobler war zu diesem Zeitpunkt noch kein Parteimitglied der KPS – im Gegensatz zu seiner Frau Minna Tobler-Christinger und seinem Freund Fritz Brupbacher, die beide schon 1921 in die Kommunistische Partei eingetreten waren.[48] Er vollzog diesen Schritt nach seiner Rückkehr aus der Sowjetunion.

Sein langjähriger und enger Freund Fritz Brupbacher schreibt über ihn: "Beide stammten wir aus dem mittleren Bürgertum. Beide waren wir durchgegangen durch die abstinenten Gymnasial- und Studentenvereine. Während ich Arzt war, war Max ursprünglich Zoologe."[49]

Seine ausgezeichnete Dissertation über eine neuseeländische Schnecke ebnete ihm eine wissenschaftliche Karriere, die ihn nach Italien, Deutschland und England führte. Doch Max Tobler beschäftigte in zunehmendem Masse die soziale Frage. "Er war übermässig mitleidig und begriff Ungerechtigkeit weder in der Natur noch in der Gesellschaft."[50] Die Reformbedürftigkeit der bestehenden Gesellschaftsordnung wurde ihm immer deutlicher, bestätigt auch durch die Schriften von Tolstoj und Marx. "Von dem Moment an wandte er sich ab von der neuseeländischen und auch den anderen Schnecken und suchte einen Weg, die Welt und sich zu verbessern. Welch letzteres er nach meiner Meinung durchaus nicht nötig hatte."[51]

Als Max Tobler 1903 in die Schweiz zurückkam, trat er in die Sozialdemokratische Partei ein und wurde Redakteur beim "Volksrecht". Bis zu seiner Heirat mit Minna Christinger wohnte Tobler zehn Jahre lang mit seinem Freund Brupbacher in dessen Wohnung. Sie arbeiteten politisch eng zusammen und hatten während einiger Jahre bedeutenden Einfluss auf die Zürcher Arbeiterschaft. Tobler war ab 1904 Präsident der Arbeiterunion Zürich, drei

---

[48] Angaben zu Toblers Leben finden sich bei Fritz Brupbacher, 60 Jahre Ketzer, und bei Urs Rauber, Als Bürgerkind geboren.
[49] Fritz Brupbacher, 60 Jahre Ketzer, S. 143.
[50] Ebenda.
[51] Ebenda, S. 144.

Jahre später Präsident der Holzarbeitergewerkschaft, er war Mitbegründer der Antimilitaristischen Liga und wirkte aktiv in der Arbeiterbildung in Zürich. 1910 verliess Tobler die Redaktion des "Volksrechts", da er den reformistischen Kurs der Parteiführung nicht mittragen wollte.

"Die Politikanten schlugen ihm eine ökonomisch gut bezahlte Stellung vor, um ihn loszuwerden. Er kehrte ihnen den Rücken, kündigte und fing in seinem 35. Lebensjahr an, Medizin zu studieren, um nicht mehr von den Politikanten abhängig zu sein."[52]

Nachdem er sein Medizinstudium 1914 beendet hatte, arbeitete er bis zu seinem Lebensende 1929 als Arzt. Seine Tätigkeit in den Arbeiterbildungsvereinen führte er fort, politisch trat er klar in Opposition zur Sozialdemokratie, wurde aber nach der Gründung der Kommunistischen Partei noch nicht Parteimitglied, obwohl er deren politische Auffassung teilte. 1923 wurde Tobler Präsident der Roten Hilfe und arbeitete für den Bildungsausschuss der KP Zürich. Vor allem nach seiner Sowjetunionreise und seinem Eintritt in die KPS verfasste er zahlreiche Artikel im "Kämpfer". Dennoch kritisierte er, zusammen mit seiner Frau – sie war gerade voller Begeisterung von ihrer Sowjetunionreise mit der Arbeiterdelegation zurückgekehrt – und Brupbacher in ihrer Zürcher Parteisektion die Behandlung der Opposition in Moskau 1927 – die Verurteilung Trotzkis und Sinowjews – als kurzsichtig und nicht leninistisch. Der besonnenen und toleranten Haltung Toblers konnte dieses Vorgehen der Kommunisten in Moskau nicht entsprechen. Viel Zeit für politisches Engagement ist Tobler aber nicht verblieben. Schon zwei Jahre verstarb er.

Neben den Konferenzsitzungen der Internationalen Roten Hilfe, an denen Tobler teilnahm, fand er genügend Zeit, sich Moskau anzusehen. Im Vorwort zu seinem Reisebericht betont er, dass es sich bei seinen Schilderungen nicht um eine Studie, sondern um die Wiedergabe rasch gewonnener Eindrücke handle. "Auch so können sie dazu beitragen, um die unsinnigen Vorstellungen, die man sich in Westeuropa vom neuen Russland macht, einigermassen richtig zu stellen."[53]

Mit dieser Zielsetzung lässt sich Toblers Reisebericht in die Reihe der bisher vorgestellten einordnen, denen es um die Korrektur des Sowjetunionbildes in der Schweiz gegangen ist.

Trotz seiner erklärten Parteinahme, die sich in seinem Parteieintritt nach der Rückkehr aus der Sowjetunion manifestierte, besteht sein Reisebericht nicht aus pausenlosen Lobreden auf das sowjetische System. Er war begei-

---

[52]   Ebenda, S. 147.
[53]   Max Tobler, Moskauer Eindrücke, S. 4.

stert von den Entwicklungen in der Sowjetunion, tat dies nach seiner Rückkehr in Vorträgen kund, ohne dabei die Schattenseiten zu vertuschen. Fritz Brupbacher wurde nach einem solchen Vortrag Toblers von einem alten Genossen aufgesucht, der dem Weinen nahe war. "Wenn es wahr ist, was Tobler über Russland gesagt hat, dann hat mein Leben keinen Zweck mehr."[54] Der Genosse ertrug nicht, dass die Sowjetunion kein Paradies war, kommentierte Brupbacher diese Äusserung.

Auch Max Tobler war kein typischer "political pilgrim". Wie Brupbacher kam er zwar aus einem bürgerlichen Elternhaus, genoss eine sehr gute Ausbildung und hatte beruflich die besten Aussichten. Seine Aufenthalte in verschiedenen Ländern sensibilisierten ihn dann zunehmend für die soziale Frage und führten zu einer Auseinandersetzung mit der bestehenden gesellschaftlichen Ordnung und ihren sozialistischen Kritikern. Die einzige organisierte Partei mit sozialistischem Anspruch vor dem ersten Weltkrieg war die Sozialdemokratie, in der sich Tobler – genau wie Brupbacher – in Wort und Schrift engagierte und die ihn ebenfalls enttäuschte. Seiner sozialistischen Utopie blieb er treu und hoffte auf den Aufbau in der Sowjetunion. Das bedeutete aber nicht, dass er die Politik der sowjetischen Führer kritiklos bejahte, auch nach seinem Parteieintritt nicht. War er nicht einverstanden, tat er dies offen kund. Welchen Weg er auf Grund der weiteren Entwicklungen in der Sowjetunion gegangen wäre, bleibt offen, da er nicht mehr lange lebte. Die Vermutung liegt nahe, dass er einen ähnlichen Weg wie Brupbacher gegangen wäre.

In den dreissiger Jahren kamen noch zwei weitere Parteidelegierte nach Moskau, die über ihren Aufenthalt Berichte verfassten und publizierten. Der Charakter der beiden Publikationen ist jedoch sehr unterschiedlich.

6.1.10 Jules Humbert-Droz

Von Jules Humbert-Droz stammt der Bericht über den zweiten grossen Schauprozess in Moskau 1937.

"Je suis enfant du Jura neuchâtelois, originaire du Locle, né à La Chaux-de-Fonds le 23 septembre 1891. Cette ville est le centre de l'industrie horlogère. Mon grand-père et mon père étaient ouvriers horlogers."[55]

---

54 Fritz Brupbacher, 60 Jahre Ketzer, S. 294.
55 Mémoires de Jules Humbert-Droz, S. 11.

Die sozialistische Idee hatte Tradition in der Familie von Humbert-Droz. Sein Vater, ein Autodidakt und sehr gebildeter Mann, war vorsätzlich sein Leben lang Arbeiter geblieben, um nicht über andere Arbeiter verfügen zu müssen. Seine Mutter war die Tochter eines Kleinbauern und widmete sich ganz der Erziehung des einzigen Sohns.

Jules war ein sehr guter Schüler, und da der Vater seinen Sohn gern als Lehrer sehen wollte, trat dieser 1905 ins Gymnasium von La Chaux-de-Fonds ein. Obwohl der Vater seinem Sohn materialistisches Denken vermittelte, besuchte Jules die Kirche und den Religionsunterricht. Fünf Jahre später beendete er das Gymnasium erfolgreich mit der Matura. Besonders schwer traf ihn der Tod seines Grossvaters und der seines Vaters, als er noch Gymnasiast war.

Auf der Suche nach einem seiner Meinung nach moralisch verantwortlichen Lebensziel genügte Humbert-Droz die sozialistische Lehre nicht. "C'est l'idéal moral et social de la religion chrétienne qui me captiva."[56] Aus diesem Grund entschied er sich, nicht Lehrer zu werden, sondern Theologie zu studieren.

Er begann sein Studium in Neuchâtel im Jahre 1910 und vertrat offen seinen religiösen Sozialismus. 1911 trat er in die Sozialistische Partei ein. 1912 ging er nach Paris, 1913 nach Berlin, weil er in Neuchâtel mit seiner Auffassung auf grosse Schwierigkeiten gestossen war. Da er dort auch keine Aussicht auf eine Pfarrstelle hatte, entschied er sich bei Ausbruch des Ersten Weltkriegs, als Pfarrer nach London zu gehen. Von London aus begann er Artikel für die sozialistische Tageszeitung von La Chaux-de-Fonds "Sentinelle" zu schreiben. Nach seiner Rückkehr aus England im Jahre 1916 wurde er Redakteur für diese Zeitung.

Sein Pazifismus machte ihn zum Kriegsdienstverweigerer und brachte ihm 1916 und 1917 mehrmonatige Gefängnisstrafen ein. Unter dem Eindruck der Oktoberrevolution trennte sich Humbert-Droz vom religiösen Sozialismus. Wegen politischer Differenzen musste er die "Sentinelle" verlassen und wurde Präsident der Fédération Romande de La Jeunesse Socialiste Suisse. Dort wurde er zum Herausgeber und Redakteur einer neuen Zeitung, von "Le Phare".

Als Vertreter des linken Flügels der Sozialdemokraten hat er am II. Kongress der Kommunistischen Internationale 1920 teilgenommen und sich für den Anschluss der SPS an die III. Internationale eingesetzt. Nachdem dies nicht gelungen war, trat er aus der SPS aus und wurde Mitbegründer der neu-

---

[56]   Ebenda, S. 29.

en KPS. 1921 wurde er in die Zentrale dieser Partei gewählt. Seit dem III. Kongress der Kommunistischen Internationale arbeitete er als Sekretär dieser Organisation bis 1928 in Moskau. Seine Opposition gegen den Linkskurs liess ihn erstmals in Ungnade fallen. 1930 widerrief er seine Auffassungen und war ab 1931 wieder im Zentralsekretariat der KPS. Kurze Zeit danach wurde er durch das EKKI-Plenum abgesetzt und erst 1935 wieder rehabilitiert. 1936 stieg er zum Generalsekretär der KPS auf und wurde auch in den Nationalrat gewählt. Sein Abstieg in der Parteihierarchie war jedoch besiegelt. Als er 1938 zum letzten Mal in Moskau weilte, wurden ihm seine Ausweispapiere abgenommen und nur der Fürsprache Dimitrows und seiner Mitgliedschaft im Schweizer Nationalrat hatte er es zu verdanken, dass er ein Ausreisevisum erhielt und nicht in den Kerkern Stalins endete. Die dreissiger Jahre in der Schweiz waren für Humbert-Droz erneut von mehrmaligen Verhaftungen begleitet. Selbst unmittelbar vor seinem Ausschluss aus der Partei im Jahre 1942 musste er wegen seiner Mitarbeit für die Internationalen Brigaden in Spanien noch sechs Monate in Untersuchungshaft verbringen. Kaum in Freiheit wurde er unter dem Vorwand des Machtmissbrauchs aus der KPS ausgeschlossen.

Seine vorletzte Reise in die Sowjetunion fand 1937 statt. Dort nahm er als "Schweizer Sonderberichterstatter" am Prozess gegen das sowjetfeindliche trotzkistische Zentrum teil. Seinen Bericht verfasste er jeweils im Anschluss an die tägliche Gerichtsverhandlung. Die Veröffentlichung dieser Prozessbeobachtungen in Form einer Broschüre hatte das Ziel, die Leser von der Richtigkeit und Notwendigkeit des Prozesses zu überzeugen. "Der Prozess war ein Schlag gegen die faschistischen Kriegsbrandstifter und ihre schmutzigen Helfershelfer und damit im Interesse der gesamten werktätigen und friedliebenden Menschheit."[57]

Dieser Bericht kann nicht als eigentlicher Reisebericht betrachtet werden, befasst er sich doch ausschliesslich mit dem Prozess und gibt dem Leser darüber hinaus keinen Einblick in das Leben der Russen. Dennoch scheint er als historisches Dokument von Bedeutung, wirft er doch zum einen ein Licht auf die Stellungnahme der KPS zur stalinistischen Politik und zeigt zum andern das Vorgehen und die Auswirkungen der stalinistischen Verfolgung in der Sowjetunion selber.

Humbert-Droz' Bericht macht deutlich, wie sehr der Verfasser – als ein Beispiel für sehr viele – an die Wahrhaftigkeit der Anklagepunkte und des Vorgehens der sowjetischen Führung gegen die angeblichen Feinde geglaubt hat, obwohl er durch die Verfolgungen und den ersten grossen Schauprozess

---

[57]   Jules Humbert-Droz, Von falscher Theorie, S. 3.

schon enge Freunde verloren hatte und im Ausland schon intensiv über die wirklichen Hintergründe diskutiert und gemutmasst worden war. Auch seine eigenen schlechten Erlebnisse mit der Moskauer Führung konnten bei ihm keinen Zweifel entstehen lassen.

"Zur Zeit der Prozesse war es uns gar nicht klar, warum die alte Garde, diese guten Genossen, die mit Lenin zusammengearbeitet hatten, zugaben, dass sie solche Sachen getan hätten. (...) Wir hatten nicht genügend Informationen, um nun wirklich wissen zu können, wie es passierte. Und wir haben wirklich geglaubt, dass diese Leute als Verräter gehandelt hatten."[58]

Erst die Schauprozesse der fünfziger Jahre haben Humbert-Droz und seiner Frau die Augen wirklich geöffnet, wie auch der Film "Das Geständnis", gedreht nach dem gleichnamigen Buch von Arthur London. Doch bis zu ihrem Ausschluss aus der KPS im Jahre 1942 hofften beide an einen kommenden Umschwung in der Bewegung, selbst noch nach dem Hitler-Stalin-Pakt. "Damals haben wir sehr gezweifelt, aber trotzdem weitergemacht, obwohl wir bereits aus allen Aktivitäten ausgeschlossen und sehr isoliert waren in der Partei."[59]

An diesem Beispiel Humbert-Droz' und seiner Frau zeigt sich, wie in das Denken und Handeln, das gemäss dem Prinzip "Es kann nicht sein, was nicht sein darf!" abgelaufen ist, Gegenbeweise keine Aufnahme finden konnten, selbst wenn diese nicht von den "Feinden des sowjetischen Systems" kamen, sondern durch das Schicksal engster Freunde und durch eigene Erlebnisse geliefert wurden. Wirklich erklären konnten sie dieses Phänomen selber nicht. Ihre sozialistische Zukunftsvision, die sie nach der Oktoberrevolution ganz mit dem sowjetischen Weg verknüpft hatten, war lebensbestimmend und unumstösslich und liess keine distanziertere Betrachtungsweise zu. Die Distanzierung hätte in dieser historischen Situation völlige Isolation bedeutet, wie prominente Beispiele zeigen. Die Gegensätze hinsichtlich des politischen und wirtschaftlichen Weges zwischen Ost und West verschärften sich schon in den zwanziger Jahren und führten während der dreissiger Jahre zur Polarisierung zwischen dem faschistischen System, dem die demokratischen Länder keinen Einhalt geboten, und dem sowjetischen. Es schien nur noch das "Entweder-Oder" zu geben. Diese politischen Verhältnisse, aber auch das autoritäre Vorgehen der KP gegenüber ihren Mitgliedern, bildeten keine günstigen Voraussetzungen für differenziertes Denken und Handeln, wie sich am Bei-

---

[58] Jenny Humbert-Droz, Die Witwe des EKI-Sekretärs Jules Humbert-Droz, in: Friedrich Uttitz, Zeugen, S.110-111.
[59] Ebenda, S. 112.

spiel von Jules und Jenny Humbert-Droz gezeigt hat. Ihr Beispiel ist aber auch ein Beweis dafür, wie unumstösslich eine einmal in das Denken und Handeln integrierte Auffassung für einen Menschen sein kann – trotz der eigenen Erfahrungen und der Informationen, die ihm zur Verfügung stehen. Jules und Jenny Humbert-Droz' Utopie blieb die sozialistische Gesellschaftsveränderung nach leninistischer Prägung, auch als Mitglieder der SPS, einer Partei, die solche Vorstellungen aus ihrem Programm gestrichen hatte.

6.1.11 Anita und Hans Mühlestein

Auch Anita und Hans Mühlestein scheinen die Zeichen der Zeit auf ihrer Reise nach Moskau 1937 nicht erkannt zu haben. Auf Grund ihrer politischen Motivation und der Form der Reise sollen sie innerhalb dieser ersten Gruppe vorgestellt werden.

Anita Mühlestein war die Ehefrau des bekannten Schweizer Schriftstellers Hans Mühlestein. Gemeinsam reisten sie auf Einladung von sowjetischer Seite im Oktober 1937 zu den Jubiläumsfeierlichkeiten aus Anlass der Oktoberrevolution nach Moskau und Leningrad. Hans Mühlestein war Wissenschaftler, Schriftsteller und politisch stark gegen den Faschismus engagiert, was sich vor allem in seinem Einsatz gegen ein faschistisches Spanien zeigte. 1937 wurde er Mitglied der KPS, trat aber nicht als Aktivist in Erscheinung. Sein Engagement für die spanische Republik brachte ihm in der Schweiz Gefängnis und die zweijährige Aberkennung der bürgerlichen Ehrenrechte ein. Mit seiner Frau zusammen, die seinen politischen Weg teilte, gab er ab 1938 die Zeitschrift "Heute und Morgen" heraus, in der ihre Reiseberichte erschienen sind.

Anita Mühlestein beschränkte sich auf die Beschreibung eines Sanatoriums für an Knochentuberkulose erkrankte Kinder und des Hauses der Pioniere in Moskau. Ihre Begeisterung war gross, und die Preisung des sowjetischen Weges erfolgte ohne einen Abstrich. In der sowjetischen Jugend als Trägerin der bolschewistischen Idee sah sie die Zukunft für alle Völker. Davon war Anita Mühlestein überzeugt.

Beispielhaft für ihre Art, die Realität zu präsentieren, ist, dass sie das Frühstück, bestehend aus Kaviar, Lachs und russischen Spezialitäten, das sie jeden Tag erhielt, als eine Selbstverständlichkeit hinstellt, in deren Genuss angeblich alle Kinder täglich kamen, obwohl das doch offensichtlich sehr unwahrscheinlich ist. Damit versucht sie, den sowjetischen Lebensstandard und die Versorgungslage als vorbildlich und weitaus höher als in allen anderen Ländern der Erde darzustellen.

Probleme oder Misstände schienen keine zu existieren, obwohl beispielsweise zwei der grossen Schauprozesse schon inszeniert worden waren. Vielleicht ist das der Grund, weshalb sie sich bei ihrer Beschreibung auf die Kinder beschränkte und alle anderen Themen mied. Hier scheint die Betrachtungsweise gemäss der "Double Standards" zur Anwendung gekommen zu sein.[60]

Das gilt auch für Hans Mühlestein, dessen Augenmerk auf die sowjetischen Bildungseinrichtungen gerichtet war. So begeistert wie er sich in diesem Bereich über das Erreichte zeigte, so sicher zeigte er sich in seiner Unterstützung des gesamten sowjetischen Weges unter Stalin. Daran änderten selbst die Schauprozesse nichts, wie beispielsweise seine Lobpreisungen des Wesens der Sowjetunion aus Anlass des 21. Jahrestags der Oktoberrevolution deutlich machen.[61]

"Durch ihre krisenlose Blüte, ihren in der Geschichte einzig dastehenden sozialen und kulturellen Aufstieg, ihre Behandlung der über hundertfünfzig Nationalitäten, die sie ausmachen, ihre ungeheure Bedeutung als kriegshemmende Friedensmacht – was alles nur auf sozialistischer Wirtschaftsgrundlage überhaupt möglich ist – gibt sie allen Völkern der Erde ein Beispiel."[62]

Die Situation des Wissenschaftlers und Schriftstellers Hans Mühlestein und seiner Frau war in der Schweiz der dreissiger Jahre von grossen Schwierigkeiten geprägt. Dass ihm das Engagement für die Spanische Republik in der Schweiz Gefängnis und Aberkennung der bürgerlichen Ehrenrechte eingebracht haben, kann die beiden kaum für diesen Staat eingenommen haben. Das Versagen der europäischen Demokratien im Kampf gegen den Faschismus, Hans Mühlesteins kommunistisches Engagement gegen die Ausbreitung und den Sieg des Faschismus in Europa und seine Bestrafung und Isolierung in der Heimat bildeten die Voraussetzungen dafür, in der Sowjetunion das Bollwerk und die einzige Alternative zu sehen. Sein Bewusstsein befand sich "mit dem [ihn] umgebenden 'Sein' nicht in Deckung", wie Karl Mannheim dies ausdrückte, und suchte seinen Ausweg in der Orientierung auf andere Länder. Seine Hoffnung und sein Engagement galten der jungen Spanischen Republik, und als diese von den Faschisten besiegt worden war, wandte er sich der Sowjetunion zu. Ohne ein aktiver Parteikämpfer zu werden – auch das ein typisches Merkmal vieler antifaschistischer Intellektueller – setzte er

---

[60] Vgl. Kapitel 2.4.2.
[61] Vgl. Hans Mühlestein, Über das Wesen der Sowjetunion, in: Heute und Morgen, Okt./Nov. 1938, S. 194-206.
[62] Ebenda, S. 196.

sich doch in Wort und Schrift für das Sowjetsystem ein. Es folgte die Einladung seitens der Sowjetunion, und Mühlestein erfuhr dort Ehrung und Wertschätzung für seine wissenschaftliche Arbeit und sein politisches Denken und Handeln. So scheinen auf der Reise wieder einmal das Wunschdenken der Gäste und die Präsentation der Realität durch die Gastgeber in Übereinstimmung gekommen zu sein, genau wie zwei Jahre später bei Léon Nicole.

6.1.12 Léon Nicole

Der bekannte Genfer Sozialist kam Anfang 1939 nach Moskau. Nicole war zum Zeitpunkt der Reise noch Nationalrat der SPS und Herausgeber der beiden Arbeiterzeitungen "Travail" und "Droit du Peuple".

Nicole war 1887 im Walliser Dorf Montcherand als Sohn einer bescheidenen Bauernfamilie geboren worden. Die Sekundarschule absolvierte er in der Kleinstadt Orbe. Mit 16 Jahren trat er seine erste grössere Reise an, die ihn nach St. Gallen führte. Dort durchlief er eine zweijährige Ausbildung für Eisenbahn-, Zoll- und Postbeamte.

"In Zürich, wo ich den Anschluss nach St. Gallen abwarten musste, sah ich in den Strassen den mächtigen Umzug vom 1. Mai 1903. Diese Arbeiterdemonstration machte auf mich einen tiefen Eindruck. Von da an interessierte ich mich für die Sache der Arbeiterklasse."[63]

1905 trat er in den Postverwaltungsdienst ein. Er arbeitete in verschiedenen Orten der Schweiz, bis er im Herbst 1908 nach Basel kam. Durch einen Arbeitskollegen und Freund fand er zur Sozialdemokratie, doch erlaubte ihm seine Arbeitszeit keine grossen parteilichen Aktivitäten. Das änderte sich mit seiner Versetzung nach Genf im Jahre 1911. Dort fielen ihm besonders die schlechten Lebensbedingungen der "Postillons" auf. "Und so begann ich, in den Reihen der Postillone für die Verbesserung ihrer Lohn- und Arbeitsbedingungen zu wirken."[64] Offenbar mit auffallendem Erfolg. Die Leitung des Verbandes wurde nach Genf verlegt und Nicole fungierte als ehrenamtlicher Verbandssekretär. Während des Ersten Weltkriegs beteiligte er sich aktiv an den Kämpfen des Bundespersonals für einen Teuerungsausgleich. Er wurde Präsident der Platzunion des Eidgenössischen Personals in Genf und in dieser Funktion unterstützte er die Genfer Eisenbahner in ihrer Beteiligung am Landesgeneralstreik von 1918. Die Folge war seine erste Verhaftung. Im November 1919 wurde Nicole als Mitglied der SPS in den Nationalrat gewählt.

---

[63]   Léon Nicole, Offener Brief, S. 3.
[64]   Ebenda, S. 4.

Er quittierte den Dienst bei der Postverwaltung und wurde Generalsekretär des Verbandes Schweizerischer PTT-Angestellter. Im Dezember 1921 übernahm er dann die Führung der Genfer Sozialdemokraten. Interessanterweise erwähnt Nicole in seinem selbstverfassten Lebenslauf seine ablehnende Haltung gegenüber dem Beitritt der SPS zur III. Internationale mit keinem Wort. Stattdessen geht er auf seine redaktionelle Arbeit ein. Zur 1919 gegründeten Wochenzeitung "La Voix du Travail" kam 1922 noch die Tageszeitung "Le Travail" hinzu, die beide nicht nur in Genf starken Anfeindungen ausgesetzt waren, wie die zahlreichen Prozesse beweisen.

Während der dreissiger Jahre trat Nicole als Vertreter einer Verständigungspolitik zwischen der II. und der III. Internationale auf. Aus diesem Grund nahm er im August 1932 am Amsterdamer Kongress teil, der die Einheitsbewegung der Arbeiterschaft angesichts des sich ausbreitenden Faschismus forderte. Seine Teilnahme brachte ihm eine Verwarnung seitens der Parteiführung der SPS ein.

Im November desselben Jahres kam es dann zur "Blutnacht von Genf", als der Frontist Georges Oltramare ein öffentliches Anklageverfahren gegen Nicole inszenierte und damit Protestdemonstrationen vor dem Versammlungsgebäude auslöste. "Es wurde Befehl zum Schiessen gegeben. (...) Es gab 13 Tote und etwa 60 Verwundete. (...) Georges Oltramare gelangte auf den Gipfel seines Ruhmes in Genf."[65] Nicole wurde verantwortlich gemacht, angeklagt und zu sechs Monaten Gefängnis verurteilt. Dem Drängen der Parteiführer, zu flüchten und ausser Landes zu gehen, kam er nicht nach, da er dies als den Versuch, ihn aus der Partei auszuschalten, auffasste.

Die anschliessenden Wahlen des Grossen Rats und des Staatsrats brachten für Nicole und seine Partei einen grossen Erfolg. Nicole wurde Präsident des ersten sozialdemokratisch beherrschten Staatsrats. Der politische Gegenwind war stark, die Finanzlage prekär, Kirche und Presse mehrheitlich gegen diese Regierung. Auch die sozialdemokratische Presse war keine Unterstützung. Der offizielle Kurs der Partei ging in eine Richtung, die auf Integration in die schweizerische Parteienlandschaft und nicht auf sozialistische Konfrontation abzielte. Die Wahlniederlage von 1936 brachte dann das Ende der sozialdemokratischen Mehrheit in Genf. Nicole warf der sozialdemokratischen Führung vor, durch ihre "Verständigungspolitik" mitverantwortlich für die seiner Ansicht nach profaschistische Politik des Bundesrats zu sein.

Seine Russlandreise im Jahre 1939 und sein anschliessend publizierter Reisebericht lösten erneut heftige Reaktionen in der SPS aus. "Dies brachte mir

---

[65]   Ebenda, S. 8.

neue Wutausbrüche jener sozialistischen Führer – vor allem Robert Grimm – ein, die nach wie vor auf einen bevorstehenden Zusammenbruch des bolschewistischen Systems spekulierten."[66]

Auf einer Sitzung des ZK im Juli 1939 beharrte Nicole auf seiner Ablehnung gegenüber der "Verständigungspolitik" der SPS. Einen Monat später wurden er und seine Anhänger aus der Partei ausgeschlossen. Den Grund sieht Nicole in der Berichterstattung der Zeitungen "Le Travail" und "Le Droit du Peuple", die "den sozialistischen Ideen und Prinzipien treu blieben in einem Augenblicke, wo ein neuer Krieg ausgebrochen war, ..."[67]. Auf sozialdemokratischer Seite wurde hingegen seine positive Haltung zum Hitler-Stalin Pakt als der tatsächliche Grund des Ausschlusses angegeben.

Nicole gründete die "Fédération Socialiste Suisse", die im Sinne der III. Internationale agierte, wenn auch nur für kurze Zeit. 1940 wurden seine beiden Zeitungen verboten und ein Jahr später die Partei selber. In der Folge wurde Nicole auch aus dem Nationalrat ausgeschlossen. In der Illegalität kam es zum Zusammenschluss von KPS und FSS. Als 1944 die Partei der Arbeit gegründet wurde, übernahm Nicole das Präsidentenamt. Doch auch in dieser Partei sollte er nicht bleiben. 1952 wurde er wegen parteischädigenden Verhaltens und mangelnder Parteidisziplin ausgeschlossen.

Im Vorwort zu seinem Reisebericht begründet Léon Nicole seine Reise in die Sowjetunion mit dem Anliegen, die Leser seiner beiden Zeitungen besser über dieses Land informieren zu können und die ablehnende Haltung des Schweizer Bundesrats gegenüber der Sowjetunion auf ihre Berechtigung hin zu untersuchen. Dass es für Nicole eine solche Berechtigung nicht gab, macht er schon wenige Absätze später deutlich. "Die Wiederaufnahme der Beziehungen der Schweiz zu Sowjetrussland ist das dringendste Gebot der Stunde."[68] Diese Forderung macht deutlich, dass Nicoles zweitgenannter Reisezweck hypothetisch war, da seine Meinung zu dieser Frage feststand und keiner Überprüfung bedurfte. Die Leserschaft besser über die Sowjetunion informieren zu wollen, bedeutete nicht, dass er anders als bisher berichten wollte, sondern, dass die bisherigen Inhalte der Berichte bestätigt werden sollten. Nicoles Einsatz für eine Einheitsfront der II. und III. Internationale zu Beginn der dreissiger Jahre mit dem Ziel der Abwendung des Faschismus war erfolglos geblieben. Als er seine Reise in die Sowjetunion antrat, waren viele Länder in Europa faschistisch, Hitlers Eroberungspolitik hatte schon die ersten Opfer gefordert und der baldige Ausbruch eines Krieges schien unver-

---

[66]   Ebenda, S. 11.
[67]   Ebenda, S. 14.
[68]   Léon Nicole, Meine Reise, S. 8.

meidbar. Ob Nicole auf einen Widerstand der europäischen Arbeiterschaft wirklich noch gehofft hat, ist fraglich. Sicherer erschien ihm die Bereitschaft des Sowjetvolkes, sich den faschistischen Ländern im Kriegsfall entgegenzustellen und ihre sowjetische Heimat zu verteidigen. Darauf baute er, und dies versuchte er in seinem Bericht deutlich zu machen. Er war überzeugt, dass die Sowjetunion für jeden Angreifer uneinnehmbar sein würde und dass sie geschlossen das sozialistische System verteidigen würde. So wollte er, wie schon zwei Jahre zuvor Lion Feuchtwanger, den faschistischen Mächten die Aussichtslosigkeit eines Eroberungskrieges klar vor Augen führen.

Darüberhinaus wollte er mit seinen Schilderungen auch den grossen wirtschaftlichen Fortschritt, die gute Lebens- und Arbeitssituation der sowjetischen Bevölkerung preisen, um die seiner Meinung nach schädliche Haltung der Regierung in Bern gegenüber der Sowjetunion zu beweisen. Auch den immer wieder erhobenen Vorwurf der fehlenden Demokratie versuchte er dadurch zu entkräften, dass er die faschistischen Staaten dafür verantwortlich machte. Auf diesem Hintergrund erstaunt es kaum, dass in Nicoles Bericht nichts von den politischen Säuberungen und den grossen Schauprozessen zu lesen ist und dass er ein Idealbild des Landes zeichnet, das nur noch mit dem Bamatters und Bringolfs aus dem Jahre 1920 vergleichbar ist. Seine absolut bejahende Haltung der Sowjetunion gegenüber zwang ihn dazu, mögliche Störfaktoren auszublenden. Aus diesem Grund ist es heute nicht mehr möglich zu rekonstruieren, was Nicole wirklich erlebt und gesehen und was er in seinem Reisebericht ausgelassen hat. Wahrscheinlich hat Nicole jedoch wirklich derart selektiv wahrgenommen, dass Erleben und schriftliche Darstellung in Übereinstimmung kamen. Dies erscheint in Anbetracht seiner politischen Haltung, Zielsetzung und Hoffnung durchaus wahrscheinlich. Er wollte keinen Krieg, er wünschte sich eine geeinigte widerstandsbereite Arbeiterschaft, er hoffte auf den Untergang des Faschismus – die Sowjetunion war der Ausblick, musste der Ausblick sein, wollte er nicht von seinem bisherigen Weg Abschied nehmen müssen. Daran konnten und durften auch Schauprozesse und der Hitler-Stalin-Pakt nichts ändern.

Die hier vorgenommene Realitätsfälschung zum Zwecke der Selbsttäuschung erwies sich als wirkungslos hinsichtlich der weiteren Entwicklungen. So brachte die Russlandreise für Nicole in keiner Hinsicht, weder national noch international, den gewünschten Erfolg. Mottas Aussenpolitik gegenüber der Sowjetunion änderte sich nicht und die Hoffnung auf die Einheitsfront wurde unter den Trümmern des Krieges begraben.

Es haben sich bei den in der ersten Gruppe vorgestellten Sowjetunionreisenden Unterschiede in ihrer individuellen Entwicklung und Einstellung zur

Sowjetunion gezeigt. Ihren politischen Weg fanden alle vor und während des Ersten Weltkriegs über die sozialistische Idee und ihre offizielle politische Trägerin, die Sozialdemokratische Partei.

Walther Bringolf, Annelise Rüegg, Franz Reichmann und Friedrich Schneider stammten aus proletarischen Verhältnissen und hatten schon in frühen Jahren den Kampf der Eltern um die Sicherung der wirtschaftlichen Existenz kennengelernt. Niedrige Löhne, lange Arbeitszeiten, Arbeitsplatzverlust und keinerlei soziale Absicherungen – dies waren die Merkmale der Lebenssituation der arbeitenden Eltern. Auch die Autoren selber mussten schon sehr früh in den Arbeitsprozess eintreten, um zum Familienunterhalt beitragen zu können.

Den genannten Verfassern gemeinsam war die Empörung über die soziale und wirtschaftliche Lage der Arbeiterschaft vor und während des Ersten Weltkrieges. Auf diesem Hintergrund fanden sie zur Sozialdemokratie, machten sie sich sozialistische Ideen zu eigen.

Diese hier kurz zusammengefassten Sozialisationsbedingungen bestätigen die Untersuchung Almonds über die Anziehungskraft des Kommunismus.

Brupbacher und Tobler kamen nicht auf Grund eigener wirtschaftlicher und sozialer Negativerfahrungen mit der sozialistischen Idee in Berührung. Ihre Entwicklung dahin war von intellektuellen Auseinandersetzungen mit der bestehenden Gesellschaftsordnung geprägt, die vor allem bei Brupbacher mit einer persönlichen Abneigung gegen alles "Bürgerliche" einherging.

Humbert-Droz kam aus einer sozialistisch orientierten Arbeiterfamilie und verdankte seinem Vater die Möglichkeit, das Gymnasium besuchen und studieren zu können. Er selber war nicht von sozialer Not betroffen, setzte sich aber auf dem Hintergrund der elterlichen Gesinnung auch schon in jungen Jahren mit sozialistischen Denkern auseinander.

Auch Léon Nicole lernte soziale Probleme erst in seiner Ausbildung und Arbeit bei der Post kennen. Er selber war davon nicht betroffen, wenn er auch als Bauernsohn nicht aus wohlhabenden Verhältnissen stammte.

Was Dietger Pforte in seinem Aufsatz für deutsche Verfasser von Sowjetunionreiseberichten nachgewiesen hat, zeigt sich auch für die Schweiz: die sozialistischen Ideen entstanden unabhängig von der Sowjetunion auf dem Hintergrund der Erfahrungen im eigenen Land und zielten auf eine Veränderung dieser Gesellschaftsverhältnisse in der Heimat ab. Da Russland das einzige Land blieb, in dem sich ein System mit sozialistischem Anspruch dauerhaft etablieren konnte, wurde dieses Land auch für Schweizer zum Hoffnungsträger, zur Realität gewordenen Utopie, versehen mit der individuellen Färbung des jeweiligen "Utopisten".

Die individuelle politische Position jedes einzelnen dieser Gruppe zum Zeitpunkt der Reise bildete die Grundlage für die Beschreibungen der sowjetischen Verhältnisse, wie sie in den Berichten niedergelegt sind. Unterschiede in der Optik und Interpretation verweisen auf die Unterschiede der Persönlichkeiten.

Nicht alle der Verfasser wurden aus Enttäuschung über die Sozialdemokratie und aus Sympathie für die Sowjetunion Kommunisten. Dennoch waren alle für kurze oder für sehr lange Zeit vom Ereignis der Oktoberrevolution und dem vermeintlichen Sieg des russischen Proletariats begeistert und wollten die Umwälzungen miterleben und mittragen. Während jedoch Annelise Rüegg, Friedrich Schneider und Franz Reichmann schon bald eine kritische Haltung der kommunistischen Bewegung gegenüber einnahmen, wurden die anderen zu Verteidigern des sowjetischen Weges.

Wie individuell sie auf die Lebensumstände der sowjetischen Bevölkerung reagierten, zeigen die Beispiele Bringolfs, Bamatters und Rüeggs sehr deutlich. Fast zeitgleich – am Ende des Bürgerkriegs – hielten sie sich in der Sowjetunion auf, doch Armut, Zerstörung, Versorgungsprobleme und Hunger bedeuteten nicht das gleiche für sie. Im Gegensatz zu Bringolf und Bamatter reflektierte Annelise Rüegg ihr eigenes Verhalten und ihre Wahrnehmung und erkannte, dass sie in Anbetracht der grossen Schwierigkeiten lieber die Augen zumachen oder sich alles als reine Anfangsschwierigkeiten erklären wollte. Sie machte aber auch ganz deutlich, dass sie mit der Verfolgung der Bevölkerung durch die Tscheka überhaupt nicht einverstanden war, dies im Gegensatz zu Bamatter, der etwaige Milde mit den Gegnern – wen immer er damit meint – für Verrat an der Revolution hielt und der für ein härteres Vorgehen plädierte. Bringolf schliesslich nahm die grossen Schwierigkeiten, denen sich die sowjetische Bevölkerung gegenüber sah, zwar wahr, glorifizierte dies aber in einem religiösen Kontext des notwendigen Leidens für eine bessere Welt.

Bei Fritz Brupbacher und Max Tobler zeigt sich trotz ihrer grundsätzlich positiven Einstellung gegenüber der Sowjetunion eine gewisse Kritikfähigkeit an den sowjetischen Verhältnissen, was ihren Berichten mehr Aussagekraft als denen Bringolfs und Bamatters verleiht. Gleichwohl konnte sich die Kritik und das Darstellen von Missständen in der Sowjetunion nur in einem bestimmten Rahmen bewegen und wurde fast immer mit dem Zusatz "Übergangsproblem" versehen. Zu dieser Art von Kritik, selbst in diesem begrenzten Rahmen, waren Jules Humbert-Droz – der kommunistische Parteifunktionär –, Anita und Hans Mühlestein – die antifaschistischen Intellektuellen – und Léon Nicole – der oppositionelle Sozialdemokrat und Verfechter einer Einheitsfront – Ende der dreissiger Jahre nicht in der Lage. In ihrer Absolutheit der Bejahung der sowjetischen Politik spiegelt sich die politische Polarisierung zwischen Faschismus und Antifaschismus wieder, wobei letztere Position für viele nur durch die Sowjetunion repräsentiert wurde. Die verbliebenen Demokratien waren mit ihrer Verkennung der Lage und ihrer Nachgiebigkeit gegenüber Hitler-Deutschland und seinen Verbündeten an dieser Entwicklung nicht unbeteiligt.

6.2 Arbeiterdelegationen

"Die Arbeiterdelegierten entsendet nicht irgend eine einzelne Arbeiterschicht, sie entsendet die Arbeiterschaft des Landes, die Arbeitermasse, vereint im Gefühl der Sympathie und der Solidarität mit dem siegreichen Proletariat der USSR., zur Kenntnisnahme des Lebens und Kämpfens der Sowjetarbeiter, zur Herbeiführung einer internationalen proletarischen einheitlichen Kampffront. So hat sich jeder Arbeiterdelegierte zu betrachten, unter diesem Gesichtswinkel hat sich die gesamte Kampagne zu entfalten."[1]

Dass neben den Gewerkschafts- und Parteidelegierten vor allem die Arbeiterdelegationen für die Sowjetunion von grösster Bedeutung waren, macht dieses Zitat aus einem ·Artikel des in Moskau erscheinenden Organs der Roten Gewerkschafts Internationale deutlich. Es soll deshalb in diesem Kapitel nicht um die Darstellung und Analyse der einzelnen Delegierten gehen. Vielmehr richtet sich der Blickwinkel auf die Entstehung von Arbeiterdelegationen, auf die Durchführung der gesamten Reise, die anschliessenden Vortragsreihen und auf die Medienkampagnen in den kommunistischen und den sozialdemokratischen Zeitungen. Es wird zu zeigen sein, welche Brisanz diese Delegationsreisen hatten und mit welchen Schwierigkeiten, Befürchtungen und Erwartungen sie in der Schweiz verknüpft waren.

Durch ihre Reiseberichte sollten die Arbeiterdelegationen in ihren jeweiligen Heimatländern ein Bild von den sowjetischen Verhältnissen vermitteln, das dem von der bürgerlichen Presse Europas gezeichneten entgegenzustehen hatte. Diese Delegationen waren deshalb nicht nur für die sowjetische Seite, sondern auch für die Kommunistischen Parteien der jeweiligen Heimatländer

---

[1] Die ausländischen Arbeiterdelegationen in der USSR., in: Die Rote Gewerkschafts Internationale, Nr.12/13, 15. Juli 1931, S. 469.

sehr zentral. Die Delegationsberichte sollten Breitenwirkung innerhalb der Arbeiterschaft erlangen, also auch und vor allem auf sozialdemokratische oder parteilose Arbeiter wirken. Der Kampf, der hierbei zwischen den beiden Arbeiterparteien mittels ihrer Publikationsorgane ausgetragen wurde, verlief in voller Schärfe und ohne eine Aussicht auf Versachlichung.

Aus der Schweiz reisten zwischen 1927 und 1937 vier, vom Bund der Freunde der Sowjetunion organisierte Arbeiterdelegationen in die Sowjetunion. Ob es noch weitere schweizerische Delegationen gegeben hat, muss offen bleiben. Bisher konnten nur die Berichte dieser vier Delegationen ausfindig gemacht werden. Wie viele Delegationen insgesamt in den zwanziger und dreissiger Jahren die Sowjetunion bereist haben, ist ebenfalls unbekannt. Fest steht, dass bei sowjetischen Feierlichkeiten wie denen aus Anlass des Jahrestags der Oktoberrevolution oder des Ersten Mai jeweils weit über tausend Delegierte Gast der Sowjets waren. Die Aufmerksamkeit, die die sowjetischen, aber auch ein Teil der ausländischen Medien den Delegationen schenkten, war gross, wenn auch im Inhalt jeweils sehr konträr. Nur unter Einbezug dieses Materials, das über die Inhalte der Reiseberichte weit hinausreicht, können die Bedeutung und die Auswirkungen der Reisen dieser Arbeiterdelegationen wirklich erfasst werden.

6.2.1 Die schweizerische Arbeiterdelegation von 1927

Stalins Forderung auf dem 14. Kongress der KPR im Dezember 1925, dass die Arbeiter der westlichen Länder die Sowjetunion mit allen Mitteln vor den drohenden kapitalistischen Angreifern schützen müssten, findet ihre Entsprechung in der Stellungnahme der Komintern, die von der wichtigen Rolle der Arbeiterdelegationen im Kampf gegen eine antisowjetische Intervention durch die Westmächte spricht. Wie diese sowjetische Forderung von der Kommunistischen Partei der Schweiz aufgegriffen und umgesetzt wurde, lässt sich am Beispiel der ersten Schweizer Arbeiterdelegation gut zeigen.

Ab 1925 nahm das Vorhaben, eine schweizerische Arbeiterdelegation in die Sowjetunion zu entsenden, konkretere Formen an. Zu Beginn versuchte das Delegationskomitee – offenbar KP-Mitglieder – die SPS und die Gewerkschaften für eine Teilnahme zu interessieren, doch scheiterte dieses Vorhaben und mit ihm die Entsendung einer ersten Delegation. Es bedurfte eines zweiten Versuchs, der nur mit Hilfe lokaler Organisationen und Parteigruppen zum Erfolg führte. Die Organisatoren waren bemüht, Vertreter verschiedener Berufsgruppen, verschiedener Fabriken und verschiedener Parteien auszuwählen. Wenn die SPS- und die Gewerkschaftsführung sich schon gegen eine Zusammenarbeit stellten, so hoffte das Komitee dennoch, Mitglieder dieser Organisationen zum Mitfahren bewegen zu können. Es ging darum, den Vorwurf der politischen Einseitigkeit der Delegation entkräften zu können und eine grössere Verbreitung der Berichte zu ermöglichen. Die Delegierten wurden, so heisst es in der Einleitung des Delegationsberichts, von besagten Lokalgruppen und nicht vom Komitee bestimmt. Die meisten Delegierten hatten gewerkschaftliche Mandate. Wie diese Wahlen abliefen und wer genau gewählt hat, wird jedoch an keiner Stelle erklärt.

Diese erste Schweizer Arbeiterdelegation reiste nicht allein nach Moskau, sondern mit der bedeutenderen und deshalb um vieles grösseren deutschen Arbeiterdelegation. Aus Anlass des zehnten Jahrestags der Oktoberrevolution hielten sich insgesamt 1500 ausländische Delegierte in der Sowjetunion auf.[2]

Das erklärte Ziel der Schweizer Delegierten, wie auch derjenigen aus den anderen Ländern, war es, durch die Reise das Leben der arbeitenden Klasse in der Sowjetunion kennenzulernen. Sie erachteten sich aufgrund ihrer Klassenzugehörigkeit für dieses Vorhaben als besonders geeignet. "Er [der Arbeiter – d.V.] nur kann all dies richtig sehen und er nur wird es dem Mitarbeiter in seinem Lande richtig sagen können."[3] Die Folge sollte dann sein, dass die Schweizer Arbeiter in die Lage versetzt würden, den eigenen Befreiungskampf zu führen und den drohenden Krieg gegen die Sowjetunion verhindern zu helfen. "Die Kenntnis der Wahrheit über die Sowjetrepublik ist zur Lösung beider Probleme von allergrösster Bedeutung."[4] Dieses Leitmotiv galt nicht nur für die Schweizer Delegation.

"Die Berichte der Arbeiterdelegierten sollten mit dazu beitragen, dass in ihren Ländern die psychologische Bereitschaft zu revolutionären Veränderungen ihres Gesellschaftssystems wächst, wobei der UdSSR die Schrittmacherfunktion zukommen sollte."[5]

Der Wahrheitsanspruch steht für die Delegierten keineswegs im Gegensatz zum Prinzip der Parteilichkeit und der politischen Verbundenheit mit dem Sowjetsystem, wie im Vorwort deutlich gemacht wird. Wahrheit bedeutete

---

2   Vgl. die sowjetische Zeitung Trud vom 30. Oktober 1927, die diese Angaben macht.
3   Sowjet-Russland, S. 4-5.
4   Ebenda, S. 5.
5   Dietger Pforte, Russland-Reiseberichte, S. 28.

für die Delegation, den Lügen der bürgerlichen Presse ein anderes Bild der Sowjetunion entgegenzustellen.[6]

Dass die Sozialdemokraten mit diesem Vorhaben nicht einverstanden waren, verdeutlichen die Presseberichte im Parteiorgan "Volksrecht", in denen die Arbeiterdelegationen diskreditiert und lächerlich gemacht werden. Unter anderem versuchte die SPS zu beweisen, dass die als Parteimitglieder angegebenen Arbeiterdelegierten keine Sozialdemokraten waren und dass somit die von den Organisatoren betonte Ausgewogenheit nicht der Realität entsprach. So schreibt das "Volksrecht" vom 18. Oktober 1927 unter dem Titel "Der Schwindel geht weiter" über die Arbeiterdelegation:

"Von den 16 Schweizer Delegierten sind von den Kommunisten 6 als Sozialisten etikettiert worden, während, wie wir nachgewiesen haben, nur zwei wirklich Mitglieder unserer Partei sind. (...) Die römischen Kaiser brauchten für ihre Triumphzüge Sklaven aus allen Ländern, die Herrscher Moskaus brauchen Sozialdemokraten. Haben sie keine oder zu wenig, so macht man welche."[7]

Leider macht das "Volksrecht" keine Angaben, wer von den Arbeiterdelegierten kein Sozialdemokrat ist, obwohl der "Kämpfer" schon eine Woche vorher alle Delegierten namentlich und mit Parteizugehörigkeit aufgeführt hatte.[8]

Die Berichterstatter des "Kämpfers" widmen der Reise der Arbeiterdelegation grossen Raum, während das "Volksrecht" den "Schwindel" nach dem oben zitierten Artikel weitgehend ignoriert. Die Artikel im "Kämpfer" geben über die Vorbereitung, den Verlauf, die Leitung und Zielsetzung der Reise Informationen, die im Reisebericht selber nicht erwähnt werden, die sich aber hinsichtlich der Analyse des Reiseberichts als sehr aufschlussreich erweisen.

Am 8. Oktober 1927, zwei Tage nach Antritt der Reise, berichtet der "Kämpfer" über die Abreise der Delegierten in Basel. Es werden sowohl der Zweck der Reise – die Schweizer Arbeiterschaft über die sowjetischen Arbeiter informieren – als auch die Art der Perspektive der Delegation – ohne Vorurteil die Wahrheit ergründen – hervorgehoben. Besondere Erwähnung findet die Zusammensetzung der Delegation: 5 Kommunisten, 6 Sozialisten und 5

---

6   Die Auseinandersetzung über die Berichte des NZZ-Redakteurs Wlatnig sind in diesem Zusammenhang ein sehr interessantes und im folgenden noch zu behandelndes Beispiel.
7   Volksrecht, 18. Oktober 1927.
8   Vgl. Die Abschiedskundgebung der Arbeiterdelegation, in: Kämpfer, 11. Oktober 1927.

Parteilose. Im folgenden Artikel vom 11. Oktober werden die Delegierten einzeln namentlich und mit Parteizugehörigkeit vorgestellt, sechs von ihnen als Sozialdemokraten. Präsident der Delegation ist der Basler Strassenbahner und Sozialdemokrat Hänggi. Eine wichtigere Rolle spielte aber offensichtlich der Jurist, KPS-Nationalrat und Redakteur beim "Kämpfer" Dr. Hitz, der die Kontakte zu den sowjetischen Behörden knüpfte und auch die Begrüssungsrede in Leningrad hielt. Dass Hitz die tatsächliche Leitung in den Händen hatte und Hänggi als Sozialdemokrat vorwiegend eine medienwirksame Repräsentationsfunktion ausübte, ist nicht unwahrscheinlich.

Aufschlussreich sind die Äusserungen der Delegierten am Abend der Abreise, die der "Kämpfer" wiedergibt. Alle möchten objektiv berichten und dazu beitragen, "dass durch die Darstellung des Weges der russischen Arbeiter auch hierzulande der Kampfesmut wachse"[9]. Damit entsprechen die Erklärungen der Zielvorstellung des Organisationskomitees, in dessen Namen sich der Parteisekretär der KPS, Marino Bodenmann, zu Wort meldet.

"Die Delegation wird prüfen, ob wirklich die Arbeiterklasse die Macht in Russland in Händen hält. Als Kommunisten haben wir uns hierüber ein Urteil gebildet, wir sind davon überzeugt, dass auch jeder objektive Arbeiter zu unserer Einschätzung kommen wird."[10]

Mit diesen Worten macht Bodenmann die Position der Kommunisten klar, die schon vor Reiseantritt feststeht und die von den übrigen Delegationsmitgliedern nach der Reise geteilt werden soll. Er weist die Reisenden noch darauf hin, dass ihr Vergleichsmassstab stets die vorrevolutionären Verhältnisse in Russland sein sollen und sie die Kriegs- und Bürgerkriegsauswirkungen bei ihrer Beurteilung nie ausser Acht lassen dürfen.

Dass der Aufbau eines zerstörten Landes und die Entwicklung einer rückständigen Nation nicht nach zehn Jahren abgeschlossen sein konnte, ist selbstverständlich und kann von niemandem verlangt werden – noch dazu bei so geringer ausländischer finanzieller und technischer Unterstützung. Problematisch wird es nur dann, wenn die existierenden Mängel und Misstände in der Sowjetunion prinzipiell auf diesen Umstand zurückgeführt werden, wie die Ausführungen Bodenmanns deutlich machen. Selbst konstruktive Kritik am bestehenden System wurde dadurch diskreditiert. Die häufig gegebene Erklärung, dass früher alles viel schlimmer war, konnte von den Delegierten schwer überprüft werden und musste ihnen als Beweis für den grossen Erfolg des sowjetischen Systems gelten. Dies war eine grundlegende Schwierigkeit,

---

9 Diese Äusserung stammt von E. Duvaud aus Lausanne, SP-Mitglied, in: ebenda.
10 Marino Bodenmann, in: ebenda.

die sich den Sowjetunionreisenden gestellt hat und die der Realitätsfindung im Wege standen.

Im "Kämpfer" vom 20. Oktober findet sich sowohl ein Bericht der "Internationalen Pressekorrespondenz" über die Jubiläumstagung des Zentralexekutivkomitees in Leningrad mit der Wiedergabe der Begrüssungsreden der deutschen, schweizerischen und belgischen Delegationen als auch eine Antwort auf die Reaktionen in den bürgerlichen Zeitungen und der sozialdemokratischen Presse. Von besonderem Interesse ist vor allem die Reaktion auf die Behauptung im "Volksrecht" vom 18. Oktober über die "unechten" sozialdemokratischen Delegierten. Bezüglich der drei SPS-Delegierten aus Lausanne schreibt die kommunistische Zeitung:

"Dass die Mitglieder der sozialistischen Arbeiterpartei des Kantons Waadt nicht in die Kategorie der sozialdemokratischen Parteiführer gezählt werden können, wollen wir ohne weiteres zugeben. Aber sicher verdienen sie den Ehrennamen Sozialist viel eher als Leute wie Nobs, Schneider u.a."[11]

In dem nach der Rückkehr als Broschüre publizierten Reisebericht werden die drei Lausanner dann als "Socialistes Travaillistes" vorgestellt, die eine Opposition zur SPS bildeten. Die Parteibezeichnung hinter ihren Namen bleibt dennoch "SP". Es ist offensichtlich, dass ein sozialdemokratischer Delegierter doch von besonderer Bedeutung für die Erfolgswertung der Delegation und die Glaubwürdigkeit des Berichts war. So wurde nicht zufällig Unklarheit über die politische Zusammensetzung der Delegation verbreitet. Es sollten keinesfalls nur Kommunisten mitreisen, Parteilose und Sozialdemokraten mussten ebenfalls dabei sein, um den Bericht bei den Schweizer Leserinnen und Lesern glaubhafter zu machen, aber auch um den Sowjetbürgern die breite parteiübergreifende Unterstützung durch die europäische Arbeiterschaft zu demonstrieren, was für Stalins innenpolitische Ziele wichtig war.

Über die Reise der ausländischen Arbeiterdelegationen, auch der Schweizer, berichtet die sowjetische Presse regelmässig und ausführlich. Die einzelnen Stationen der Schweizer werden stets mitgeteilt. Am 22. Oktober berichtet "Trud" von der Rede Jaglomas, in der auf die stärkere Verbundenheit der Schweizer Arbeiterschaft mit der Sowjetunion – auch über die Ermordung Worowskis hinweg – hingewiesen wird. Hänggi betont in seiner Antwort, dass die Schweizer Arbeiter mit diesem Mord nichts zu tun haben. Dann versichert er die Echtheit des in der Sowjetunion bereits Gesehenen und gibt seiner Überzeugung Ausdruck, dass der Enthusiasmus der sowjetischen Bevöl-

---

[11]   Am gleichen Strang, in: Kämpfer, 20. Oktober 1927.

kerung nicht gespielt sein kann. Er wisse nun genau, dass die Informationen der Schweizer Presse falsch seien. Dann kommt er auch auf Mängel zu sprechen, die er in Leningrader Fabriken gesehen hat. Die sanitären Verhältnisse seien schlecht und die Ventilation ungenügend. Hänggi räumt aber sofort ein, dass noch nicht alles vollkommen sein könne und betont, dass doch schon grosse Aufbauarbeit geleistet worden sei.[12] Dass man ein paar Mängel oder Schwierigkeiten einräumte, bedeutete keine grundsätzliche Kritik, sondern war eine übliche Vorgehensweise, angewandt, um die Glaubwürdigkeit des Berichts bei den Lesern und Zuhörern im Heimatland zu steigern.

Vom 24. Oktober an publizierte der "Kämpfer" in regelmässiger Folge den Reisebericht der Arbeiterdelegation. Da das Programm sehr dicht gedrängt war und sich die Delegation deshalb aufteilen musste, stellt sich die Frage, wie und von wem die Delegationsberichte verfasst worden sind. Der "Kämpfer"-Redakteur Hitz betont in seiner Rede nach der Rückkehr, dass alle Teilnehmer sich völlig einig über die Sowjetunion seien, wodurch der bekannte Vorwurf, dass abweichende Auffassungen einzelner Delegationsmitglieder unterdrückt würden, von vornherein abgewehrt wird. Mehr ist über den Entstehungsprozess des Berichts nicht zu erfahren.

Am 18. November schliesslich fordert die Zeitung Kommunisten, Gewerkschafter, Arbeitersportler, Arbeiterschützen und Arbeitersamariter auf, die ankommenden Arbeiter zu empfangen.

"Für jeden Kommunisten, jeden revolutionären Arbeiter, ob alt oder jung, ob Mann oder Frau, muss es eine Selbstverständlichkeit sein, die rückkehrenden Russland-Reisenden, die dem Schweizer Proletariat Kunde bringen werden vom Leben und Aufbau in der ersten Arbeiter- und Bauernrepublik der Welt, schon am Bahnhof zu begrüssen, ..."[13]

Dem Aufruf folgten gemäss dem Bericht vom folgenden Tag 1500 Menschen, die der Delegation einen grossen Empfang bereitet haben. Unter der Überschrift "Eine Demonstration für Sowjet-Russland und die proletarische Einheit" gibt der "Kämpfer" auf seiner Frontseite Aussagen der Ankommenden wieder. Über das Erlebte wird blitzlichtartig und sehr allgemein berichtet: "Die Arbeiter haben den Bürokratismus ebenso ungern wie wir. Die Frau ist wirklich vollberechtigt. (...) In der Roten Armee ist eine prächtige Kameradschaftlichkeit zwischen Soldaten und Vorgesetzten, etc."[14]

---

12   Innostranye rabočie delegacij v Moskve, in: Trud, 22. Oktober 1927.
13   Ankunft der Russland-Delegation in Zürich, in: Kämpfer, 18. November 1927.
14   Eine Demonstration für Sowjet-Russland und die proletarische Einheit, in: Kämpfer, 19. November 1927.

Der Begrüssung am Bahnhof folgte eine Versammlung im Volkshaus, die von Moses Mandel, einem weiteren prominenten Mitglied der KPS, geleitet wurde. Im Artikel werden Berichte einzelner Delegierter wiedergegeben, so z.B. der Minna Toblers, der Frau Max Toblers. Abschliessend wird ausführlich die Rede des Genossen Hitz zitiert. Zum einen betont er, dass sich alle Delegierten "von der äussersten Rechten bis zur äussersten Linken" – damit meint er Sozialdemokraten, Parteilose und Kommunisten – einig darin seien, dass die Arbeiter in der Sowjetunion die Macht fest in der Hand hielten. Dann weist er darauf hin, dass einige der Delegierten die russische Sprache beherrschten und sie sich so auch ohne Dolmetscher frei bewegen und frei reden konnten. Da Schweizer Arbeiter in aller Regel kein Russisch konnten, liegt die Vermutung nahe, dass die Intellektuellen der Delegation hier als "Sprachrohr" fungiert haben. Abschliessend ruft Mandel die Schweizer Arbeiter auf, einen Krieg gegen die Sowjetunion aktiv zu verhindern, wie es die Russen von ihnen erwarteten: "Und wenn die Kapitalisten den Krieg anfangen, dann macht es wie wir, jagt sie zum Teufel, nehmt die Macht und euer Geschick in eure Hände und errichtet mit uns den Bund der europäischen Sowjetrepubliken. (Minutenlanger Beifall.)"[15]

Aus diesen Darstellungen wird deutlich, dass die Parteinahme für die Sowjetunion und ihre Verteidigung gegen alle möglichen ausländischen verbalen und tätlichen Angriffe das Hauptziel der Arbeiterdelegation war, und dass dieses Ziel schon vor Reiseantritt feststand. Den Teilnehmern war dies bekannt und sie waren zur Parteinahme bereit. Es zeigt sich hier das stereotype Freundbild, das jeder Delegierte schon vor Reiseantritt von der Sowjetunion hatte und das bestimmend für die Wahrnehmung und die Wiedergabe des Erlebten war. Kritische Stimmen aus der Delegation sind keine bekannt. Um den Anspruch der Objektivität dennoch wahren zu können, musste das politische Spektrum der Teilnehmer nach aussen als breit dargestellt werden.

Wie es um die Lenkung des Reiseverlaufs durch die sowjetischen Gastgeber stand, geht aus dem Reisebericht und den Zeitungsartikeln nicht deutlich hervor. Hinter den Erklärungen Hitz' stand der Wunsch, deutlich zu machen, dass die Delegierten nicht getäuscht werden konnten, ein Argument, das ja von Gewerkschaftsseite, Sozialdemokraten und Bürgerlichen immer wieder gegen die Entsendung von Arbeiterdelegationen ins Feld geführt wurde.

Die Begeisterung und Freude der Delegierten während und nach der Reise wird im Bericht und in den Reden nach der Heimkehr deutlich und kann nicht als Vorspiegelung falscher Tatsachen gedeutet werden. Viele Delegierte

---

[15]   Ebenda.

mussten grosse Schwierigkeiten in der Schweiz auf sich nehmen, um an der Reise teilnehmen zu können. Dies taten sicher nur solche Arbeiter, die Sympathie für die Sowjetunion hegten. Um so grösser war die Freude über das Gastland und über die gute Behandlung, die sie dann dort erfahren haben. Der Aufenthalt in der Sowjetunion wurde von den Gastgebern bezahlt, sogar die Anreise – lediglich die Ärzte Jeanneret und Tobler wie auch Hitz bezahlten die Fahrtkosten aus der eigenen Tasche, da sie kein Mandat einer Organisation besassen. In der Schweiz waren die Delegierten als Arbeiter den wirtschaftlichen Krisen und den Produktionsverhältnissen noch ohne wirkliche existenzielle Sicherheiten ausgesetzt. In der Sowjetunion wurden sie als bedeutende Gäste begeistert begrüsst und verbrachten Tage ohne finanzielle Sorgen. Auch wenn sie sahen, dass der Lebensstandard der sowjetischen Arbeiter nicht hoch war, so hörten sie doch überall, dass es beständig aufwärts gehe und dass die Arbeiter die Macht überall in den Händen hätten – was sie sich als Arbeiter für ihre eigene Situation auch wünschten. So waren sie gern bereit, dem Präsentierten Glauben zu schenken und nichts kritisch zu hinterfragen.

Im Gegensatz zu der ersten und der dritten Gruppe von Reiseberichten ist es bei diesen Delegationsberichten nicht möglich, dem Gesamteindruck noch individuelle Schilderungen hinzuzufügen oder gegenüberzustellen.[16] Offenbar traf es auch auf die Schweizer Delegation zu, dass ausser dem offiziellen Delegationsbericht keine weiteren Berichte publiziert werden sollten, wie dies Margulies schon bei ihrer Untersuchung festgestellt hat. Dies gilt auch für die ein Jahr später reisende Spartakiade-Delegation. Von ihr liegt ebenfalls lediglich ein offizieller Bericht vor.

6.2.2 Die Spartakiade-Delegation von 1928

Im Sommer 1928 fand in Moskau die Spartakiade der Arbeitersportler statt, zu der auch Schweizer eingeladen worden waren. Die Sozialistische Sport-Internationale – eine an die Sozialdemokratie gebundene Organisation – hatte ihren Mitgliedern die Teilnahme an der Spartakiade explizit schon ein Jahr im voraus verboten. Da die Schweizer Arbeitersportverbände dieser internationalen Organisation angehörten, traf dieses Verbot auch sie. Eine Teilnahme an der Spartakiade war also, wenn überhaupt, nur als Privatperson möglich. Die Gegenorganisation zur Sozialistischen Sport Internationale (SSI) war die 1921 in Moskau gegründete Rote Sport-Internationale, der die kommunistischen Sportverbände und Sportler angehörten. Die Schweizer Sparta-

---

[16] Eine gewisse Ausnahme stellt der von Franz Schmidt verfasste Bericht dar.

kiade-Delegation, die der Einladung Moskaus folgte, wollte sich aber nicht nur dem sportlichen Wettkampf stellen, sondern auch Einblicke in die Wirtschaft, Kultur und das Leben der Sowjetbürger gewinnen.

Der Verfasser des so entstandenen Reiseberichts Werner Schulthess betont in seiner Einleitung – wie schon die Delegierten der ersten Arbeiterdelegation –, dass die eigene Zugehörigkeit zum Proletariat zur Beurteilung der Sowjetunion besonders befähige. Ziel des Berichts sei es, die Schweizer Arbeitersportler und Arbeiterschaft über die sowjetische Sportbewegung und das Leben der Proletarier in der Sowjetunion zu informieren. Nur noch über die Mitglieder der Vereine, d.h. über die Basis, sei eine Annäherung des Schweizerischen Arbeitersportbundes an die RSI möglich. Die Übereinstimmung mit der ersten Delegation hinsichtlich des Ziels ist deutlich.

Hier vollzog sich auf der Ebene des Sports, was auf politischer Ebene schon Gültigkeit hatte: die Abkehr von der Einheitsfrontpolitik auf Parteiebene hin zur "Einheitsfronttaktik von unten".[17] Die sozialdemokratischen Parteien zu bekämpfen, war die politische Weisung des Kongresses. Vorrang hatte nun die Überzeugungsarbeit bei den einfachen Parteimitgliedern der Sozialdemokratischen Partei hinsichtlich der Richtigkeit des sowjetischen Kurses und Systems, wozu sportliche, kulturelle, gewerkschaftliche und politische Anlässe genutzt wurden.

Die Tiefe des Grabens zwischen Kommunisten und Sozialdemokraten zeigte sich in der parteieigenen Presse der SPS und KPS hinsichtlich der Spartakiade nur zu deutlich.

Das "Volksrecht" hatte schon am 28. Oktober 1927 die Erklärung des Zentralvorstandes des Schweizerischen Arbeiterturn- und Sportverbands publiziert, in der sowohl die Teilnahme an der Spartakiade, wie auch deren finanzielle Unterstützung verboten wurde. Unter der Rubrik "Arbeitersport" distanziert das "Volksrecht" sich dann am 13. August 1928 erneut von der Teilnahme besagter Arbeitersportler an der Veranstaltung in Moskau und weist angebliche Darstellungen kommunistischer Zeitungen zurück, dass Schweizer Sportverbände sich an der Finanzierung der Reise beteiligt hätten. Dies wird von Werner Schulthess in seinem Vorwort zum Reisebericht bestätigt. Die Sportverbände grenzen sich auch – so das "Volksrecht" – von den Sportlern selber ab, die angeblich zu keiner Hoffnung auf Wettkampferfolge Anlass gäben: "Dem Komitee war es wohl lediglich darum zu tun, ein Grüpplein Teilnehmer aus der Schweiz mit knapper Not auftreiben zu kön-

---

[17]   Vgl. Rede Nikolai Bucharins, in: Protokoll des VI. Weltkongresses der KI, Bd. I., S.49-50.

nen, ohne dass dabei die Qualität der Wettkämpfer in Vordergrund gestellt wurde."[18]

So haben statt der vorgegebenen Zahl von 75 Personen nur 51 an der Reise teilgenommen, was angesichts des durch die Turnvereine verhängten Verbots nicht erstaunlich ist. Dennoch behauptet Schulthess, dass die Sympathien der Arbeitersportler auf ihrer Seite seien. Woran er das messen konnte, erklärt er aber nicht.

Da der Sozialdemokratie sehr daran gelegen war, die Spartakiade zu einem bedeutungslosen Ereignis zu degradieren, wurde das sportliche Abschneiden der Schweizer Mannschaft als völlig unrühmlich charakterisiert, ganz im Gegensatz zur sowjetischen Berichterstattung und den Artikeln im "Kämpfer".

Die sowjetische Tageszeitung "Trud" druckte anlässlich der Spartakiade jeweils einen Sonderanhang und hob besonders die Leistung der Schweizer Fussballer hervor. Sie seien auch den sowjetischen Fussballern überlegen.[19] Dieser Eindruck wird nochmals eine Woche später anlässlich der Berichterstattung über die Spartakiade bestätigt. Unter dem Titel "Desjat' dnej" wird die gesamte sportliche Leistung der Spartakiade-Teilnehmer hervorgehoben, die sich an den neu aufgestellten Rekorden zeige.[20]

Auch der "Kämpfer" räumt der Berichterstattung über die Reise viel Raum ein, indem er den von Schulthess verfassten Bericht ab dem 15. August in Folgen abdruckt. Das bedeutet, dass der Bericht, wie bei der ersten Arbeiterdelegation, schon während des Sowjetunionaufenthaltes verfasst und in die Schweiz gesandt worden ist. Der Inhalt der Artikel stimmt mit dem des anschliessend publizierten Reiseberichts überein. Er zeigt deutlich, dass es zwar auch um die Beschreibung des sportlichen Ereignisses geht, dass aber die positive Darstellung der sowjetischen Verhältnisse im Vordergrund steht. Wie schon bei der ersten Delegation so war auch bei den Spartakiade-Teilnehmern die Parteinahme nicht das Ergebnis, sondern die Voraussetzung der Reise. Wieder bildete das stereotype Freundbild die Grundlage der Wahrnehmung und des Erlebens in der Sowjetunion. Dies und die Präsentation der Realität sind die Ursache dafür, dass die Beschreibungen relativ wenig von den tatsächlichen Lebensumständen der sowjetischen Bevölkerung beinhalten. Auch bei diesem Delegationsbericht können die angesprochenen Probleme wie das der Bettelei oder alter Fabrikeinrichtungen nicht das positive Gesamtbild trü-

---

[18] Arbeitersport, in: Volksrecht, 13. August 1928.
[19] Vgl. den Artikel "V bor'be za mač", in: Trud, 14. August 1928, Supplement.
[20] Desjat' dnej, in: Trud, 21. August 1928, Supplement.

gen, das die Delegierten von der Sowjetunion hatten. Im Gegenteil – dies machte das Gesehene für sie sogar glaubwürdiger.

"Dabei darf bemerkt werden, dass bei keinem unserer Genossen nur der leiseste Versuch unternommen wurde, irgend etwas zu beschönigen. Es muss auch festgestellt werden, dass uns bei der Wahl unserer Exkursionsobjekte immer volle Freiheit zustand."[21]

Delegationsleiter Schulthess hebt dies in seinem Bericht hervor, um die Stimmen zu widerlegen, die immer wieder behaupten, dass die Besucher nur an die schönen Orte geführt würden und dass nur das Vorteilhafte gezeigt werde. Diese Aussage von Schulthess steht im Gegensatz zu allen genannten Untersuchungen über die "technics of hospitality". Die Frage stellt sich, weshalb die Spartakiade-Delegation dennoch nur auf bekannten Wegen gewandelt ist und sie von den existierenden Problemen so wenig berichten.

6.2.3 Die Strassenbahner-Delegation von 1931

Die Auswirkungen der immer tiefer gehenden Feindschaft zwischen Sozialdemokratie und Kommunisten zeigten sich anlässlich der dritten Schweizer Delegation, die 1931 die Sowjetunion bereiste, am deutlichsten. Am 11. April 1931 berichtet der "Kämpfer" davon, dass "trotz allem Terror" eine Strassenbahner-Delegation zu den Maifeiern in die Sowjetunion fahren könne. Was dabei unter "Terror" zu verstehen ist, wird dann im einzelnen erklärt: Der Basler Regierungsrat hatte zwei Strassenbahnern die Teilnahme an der Delegationsreise verweigert – unter Zustimmung des SPS-Regierungsrates. Dies sei als Vorbote eines offiziellen Verbots für Anstellungen von Kommunisten in Staatsbetrieben zu verstehen, betont der "Kämpfer". An die Adresse des Regierungsrats und der Sozialdemokraten gerichtet stellt er dann die Frage, weshalb dieses Reiseverbot erlassen wurde, wenn es doch in der Sowjetunion angeblich nur Not und Elend zu sehen gäbe. Die Antwort gibt die Zeitung dann selber.

"Nein, gerade deshalb, weil in der USSR. der sozialistische Aufbau ungeahnte Resultate mit dem Fünfjahrplan geschaffen hat, die Arbeitslosigkeit verschwunden ist, überhaupt in keinem andern Land die soziale Gesetzgebung auf so hoher Stufe steht wie in der USSR., gerade das ist der Grund, warum das Verbot erlassen wurde."[22]

---

[21] Werner Schulthess, Spartakiade-Fahrt, S. 61.
[22] Trotz allem Terror fährt eine Strassenbahner-Delegation nach der Sowjetunion auf den 1.Mai., in: Kämpfer, 11. April 1931.

Auch hier stand also schon vor der Reise fest, wie sich die Situation in der Sowjetunion darstellt und wie sie zu beurteilen ist.

Die gemäss "Kämpfer" aus 2 Sozialdemokraten, 2 Kommunisten und 2 Parteilosen bestehende und damit bis zu jenem Zeitpunkt kleinste Delegation traf mit vielen anderen ausländischen Delegationen einige Tage vor den Feierlichkeiten in Moskau ein, um noch Besichtigungen vornehmen zu können und um dann nach Baku weiterzureisen.[23] Die "Rote Gewerkschafts Internationale" – eine Zeitung, die vom Vollzugsbüro in Moskau herausgegeben wurde – schreibt in einem Artikel über diese Arbeiterdelegationen, dass insgesamt 207 Delegierte aus 12 Ländern anlässlich der Maifeiern in die Sowjetunion gekommen seien. Auch die 6 Schweizer Delegierten werden genannt.[24] Das politische Ziel der Reise wird ebenfalls formuliert. Die ausländischen Arbeiterdelegierten sollen in die Sowjetunion kommen, um Leben und Arbeit der Sowjetarbeiter kennenzulernen. Dadurch würde die Bereitschaft wachsen, "die Verschwörung der Imperialisten zu vereiteln und einen Schutz der UdSSR zu organisieren"[25]. Wie schon der "Kämpfer" so betont auch die "Rote Gewerkschafts Internationale", dass es sich die Sozialdemokratie zum primären Ziel gesetzt habe, die Arbeiter von ihrem Engagement für die Sowjetunion mit allen Mitteln abzuhalten, und sei es durch Parteiausschluss und Existenzvernichtung.

"Noch vor kurzem erklärten sich schweizerische Sozialfaschisten in einer sehr 'radikalen' Resolution für treue Verteidiger der USSR. und für Gegner der Intervention und verboten gleichzeitig streng ihren Parteimitgliedern, der Organisation der 'Freunde der Sowjetunion' beizutreten. Der Sinn dieser Resolution wird klar, wenn man in Betracht zieht, dass die Vereine der 'Freunde der Sowjetunion' die Kampagne zugunsten der Entsendung von Arbeiterdelegationen nach der USSR. leiten und dass die schweizerische Arbeiterdelegation nach ihrer Rückkehr aus der USSR. den Sozialfaschisten viele unangenehme Stunden bereitet hat, als sie den schweizerischen Arbeitern die Wahrheit über das Sowjetland erzählte."[26]

---

[23] Die Angaben über die Zusammensetzung der Delegation schwanken. So spricht der Basler Vorwärts von 1 Parteilosen, 2 Sozialdemokraten und 3 Kommunisten. Diese Angaben stimmen auch mit denen im Reisebericht selber überein. Die Rote Gewerkschafts Internationale spricht hingegen von einer Mehrheit der Sozialdemokraten.

[24] Vgl. Die ausländischen Arbeiterdelegationen in der USSR, in: Die Rote Gewerkschafts Internationale, Nr. 12/13, 15. Juli 1931, S. 465-469.

[25] Ebenda, S. 465.

[26] Ebenda, S. 466.

Dennoch seien zu den diesjährigen Maifeiern mehr Arbeiterdelegationen in die Sowjetunion gereist als im Vorjahr. Auch sei die Zusammensetzung, trotz der oben genannten Kampagne, im Sinne der proletarischen Einheitsfront auf der Grundlage von Wahlen innerhalb der Betriebe erfolgt und habe eine Zusammensetzung von 39,5% Kommunisten, 22,2% Sozialdemokraten und 34% Parteilosen ergeben. "Den Sozialfaschisten fällt es immer schwerer, den Verkehr zwischen den Arbeitern ihrer Länder und den Sowjetarbeitern zu verhindern."[27] Nimmt man die Zahl der Schweizer Teilnehmer, erscheinen Zweifel an der Richtigkeit dieser Aussage angebracht.

Das erste Lebenszeichen der schweizerischen Strassenbahner-Delegation veröffentlichte der "Kämpfer" am 12. Mai. In einem Telegramm bringen die Delegierten ihre Begeisterung zum Ausdruck und ihre Überzeugung, dass sie keine Potemkinschen Dörfer zu Gesicht bekommen. Der sozialdemokratische Delegierte Mathis wird mit den Worten wiedergegeben: "Nach allem, was ich in Baku gesehen habe, kann ich nicht mehr länger Sozialdemokrat bleiben, ich trete in die Kommunistische Partei ein."[28] Sehr ähnliche Aussagen von Arbeiterdelegierten aus anderen Ländern finden sich in der "Roten Gewerkschafts Internationale": österreichische Sozialdemokraten bezeichnen ihre Parteiführer als Unsinn erzählende Parteischwätzer, während die französischen und belgischen Delegierten nun erkannt haben, dass die Veränderung in ihren Heimatländern nur unter der Führung der Kommunistischen Partei erfolgen kann.

In einem weiteren Bericht der Schweizer Arbeiterdelegierten von unterwegs wird u.a. auch darauf hingewiesen, dass ein direkter Vergleich der Lohn- und Arbeitsbedingungen zwischen der Sowjetunion und der Schweiz nicht zulässig sei. Die geplante Besichtigung einer landwirtschaftlichen Kollektive musste wegen Hochwassers ausfallen. Folgt man den Ausführungen der "Roten Gewerkschafts Internationale", haben andere Delegationen offenbar doch Kollektive besucht oder mit Vertretern gesprochen, was wahrscheinlicher ist.

Wieder fordert der "Kämpfer" die Leserschaft auf, den zurückkehrenden Delegierten einen grossen Empfang zu bereiten. Diesem Aufruf sind dann gemäss seiner Berichterstattung 1000 Arbeiter und Arbeiterinnen gefolgt, während es 1927 noch 1500 waren. Die ersten Äusserungen der Delegierten auf dem Bahnhof werden in der Zeitung mit folgenden Worten wiedergegeben:

---

27 Ebenda, S. 469.
28 Statt Potemkinscher Dörfer sahen wir den sozialistischen Aufbau, in: Kämpfer, 12. Mai 1931.

"Wir sind überwältigt von der Begeisterung und dem Arbeitsenthusiasmus, der die Sowjetwerktätigen beseelt. Jetzt erkennen wir erst richtig unser Sklavendasein in der kapitalistischen Welt, nachdem wir das befreite Volk der Sowjetunion sahen, wie es lebt und arbeitet."[29]

Diese Äusserungen sind identisch mit denen der anderen ausländischen Arbeiterdelegierten. Sie sind mit ihrem Schlagwortcharakter und ihrer reduktionistischen Einfachheit Ausdruck des politischen Stils, der die Auseinandersetzung um die Sowjetunion bestimmte, der aber auch eine Verschärfung im Vergleich zur Berichterstattung über die ersten beiden Delegationsreisen bedeutet.

Die Schärfe der Auseinandersetzung zeigt sich noch nach der Reise, anlässlich der vom Organisationskomitee geplanten Vortragsreihe. Eine erste Einladung zum Besuch der Veranstaltung im Volkshaus ergeht an die Leser des "Kämpfers". Da die SPS und die Gewerkschaften ihre Mitglieder vor der Teilnahme an diesen Arbeiterdelegationen eindringlich gewarnt hatten, durfte auch der Veranstaltungshinweis im "Volksrecht" und in der Verbandszeitung der im öffentlichen Dienst Beschäftigten nicht erscheinen. Diese Taktik scheint in allen Ländern, aus denen Arbeiterdelegationen in die Sowjetunion entsandt worden waren, Anwendung gefunden zu haben, wie die "Rote Gewerkschafts Internationale" berichtet:

"Sie [die Sozialdemokraten – d.V.] beschränkten sich nicht nur auf ein Verbot der Delegationen, auf den Ausschluss derjenigen Personen, die trotz des Verbots sich dem 'Verein der Freunde der Sowjetunion' anschlossen, auf ein Kompromittieren der Delegierten in den Augen der Arbeiterschaft, auf ein Verschweigen der Berichte der zurückgekehrten Delegierten. Sie unternahmen auch direkte Repressalien gegenüber den Delegierten."[30]

Vielleicht ist die Übertrittserklärung des Delegierten Mathis während seiner Reise damit zu erklären, dass er um diese Ausschlusspraktiken der SPS schon vor seinem Reiseantritt wusste und diesen somit zuvorkam.

Dennoch folgten der Einladung am 1. Juni in Zürich mehrere hundert Menschen – zu viele, um im Saal Platz zu finden, wie der "Kämpfer" hervorhebt. Das gleiche Bild zeichnete dann einige Tage später der "Basler Vorwärts" von der Veranstaltung in Basel. Dort wurde sogar eine Resolution ein-

---

[29] 1000 Zürcher Arbeiter begrüssen die aus der Sowjetunion heimkehrende Strassenbahner-Delegation, in: Kämpfer, 16. Mai 1931.
[30] Die ausländischen Arbeiterdelegationen in der USSR., S. 468.

stimmig verabschiedet, in der die Errungenschaften der sowjetischen Arbeiter hinsichtlich Bezahlung, Arbeitszeit, Urlaub, Sozialleistungen und Gleichberechtigung aufgezählt werden. Welchen Sinn und Zweck eine solche Entschliessung haben sollte, wird nicht erklärt. Offenbar war beabsichtigt, mittels Abstimmungsprinzip den Delegationsbericht glaubwürdiger zu machen.

6.2.4 Die 1. Mai-Delegation von 1937

Die vierte Delegation von Schweizern in die Sowjetunion, die schriftlich bezeugt ist, war die schweizerische Mai-Delegation von 1937, an der gemäss der kommunistischen "Freiheit" nur Sozialdemokraten teilgenommen haben. Einer davon war der St. Galler Redakteur der "Volksstimme" Franz Schmidt. Schmidt stammte aus Riehen bei Basel, wo er 1902 geboren war.[31] Er wurde Ingenieur-Agronom und arbeitete jahrelang als Bauer, auch in Südfrankreich, von wo aus er ab 1928 Artikel über die sozialistische Lehre für die "Volksstimme" schrieb. Er kehrte dann in die Schweiz zurück, liess sich 1930 in St.Gallen nieder und wurde im gleichen Jahr Redakteur der "Volksstimme". Doch das war nur ein Bereich seiner politischen Arbeit. Schmidt engagierte sich vollumfänglich für die sozialistische Idee, die er im Rahmen der Sozialdemokratischen Partei zu verwirklichen suchte. Er wurde in den kantonalen und den bundesweiten Parteivorstand der SP gewählt, er war Präsident der Kreispartei St.Gallen-Centrum, er sass im Gemeinderat, im Kantonsrat und wirkte dort in zahlreichen Kommissionen mit, er war Schulrat und engagierte sich stark in der Jugendarbeit. Die Aufzählung dieser Tätigkeiten macht deutlich, welche Arbeit Schmidt geleistet hat, für die er auch bei den Vertretern anderer politischer Parteien sehr geachtet war. Der frühe Tod Schmidts war die Folge seiner permanenten Überbeanspruchung, und die grosse Trauer seiner Freunde und Genossen, aber auch der politischen Kollegen kommt in den zahlreichen Nachrufen, die in der "Volksstimme" veröffentlicht wurden, deutlich zum Ausdruck.[32]

Schmidt war auch "Naturfreund" und berichtete deshalb in der Zeitschrift "Der Naturfreund" von seiner Reise in die Sowjetunion, wenn auch nur sehr knapp. Ferner findet sich ein Artikel über diese Reise in der "Freiheit", dem Nachfolgeorgan des "Kämpfers", das die Interviews der in Moskau erschei-

---

[31] Die Angaben zu Franz Schmidt stammen aus dem Nachruf auf sein Leben, abgedruckt in: Volksstimme, 22. März 1947 und aus den folgenden Würdigungen vom 24., 25., 26. und 29. März 1947 in derselben Zeitung.

[32] Landammann Alfred Kessler, Sein Leben wird weiterleuchten, in: Volksstimme vom 26. März 1947, S.1.

nenden "Deutschen Zentralzeitung" mit Schmidt und einem anderen Delegierten wiedergibt.[33] In der St. Galler "Volksstimme", für die Franz Schmidt ja gearbeitet hat, findet sich hingegen kein Artikel über diese Reise.

Bedeutung für die sowjetischen Gastgeber hatte diese kleine Schweizer Delegation mit nur fünf Teilnehmern deshalb, weil alle Mitglieder der Sozialdemokratischen Partei waren. Die Berufsangaben lauteten bei drei von ihnen Gewerkschaftssekretär, bei Schmidt Redakteur und beim fünften Arbeiter. In besagtem Interview bekundet Franz Schmidt seine Dankbarkeit der sowjetischen Regierung gegenüber für die Möglichkeit, an den Maifeierlichkeiten teilnehmen zu können. "Man spricht viel von den Feinden der Sowjetunion; ihre Freunde aber sind stärker. Wir haben gesehen, dass das arbeitende Volk ganz hinter der Arbeiter- und Bauernregierung steht."[34] Besonders beeindruckt habe ihn an diesem 1. Mai die Moskauer Jugend und die starke Armee, die ihm deutlich gemacht habe, dass es in Europa nicht nur Faschismus, sondern auch den Kampf für die Freiheit gibt. "In unseren Herzen glühte das Rot der Fahnen, auf denen geschrieben steht, dass Europas Glück und Freiheit nicht verloren sind, dass der Faschismus nicht siegen wird."[35] Auch der Zentralsekretär des schweizerischen Metallarbeiterverbandes Uhlmann ist überwältigt von dieser Maikundgebung, die sich in anderen Grössenverhältnissen als in Zürich abspielt. Wie schon Schmidt so betont auch er, dass das sowjetische Volk hinter der Regierung und der Roten Armee stehe. "Ich glaube daher, dass heute kein faschistischer Staat wagen wird, die Sowjetunion anzugreifen."[36] Interessanterweise verliert Schmidt in seinem Reisebericht für den "Naturfreund" über diese Punkte kein Wort. Umgekehrt findet sich aber die Kritik an den Schauprozessen, die Schmidt im "Naturfreund" äussert, in den Artikeln der beiden kommunistischen Organe nicht wieder. Es ist auch in diesem Fall nicht bekannt, wie die Aussagen im Interview der "Deutschen Zentralzeitung" zustande gekommen sind. Es muss aber betont werden, dass Schmidt der einzige Schweizer Delegationsteilnehmer war, der die Moskauer Schauprozesse in der Sowjetunion im Gespräch mit Russen zu kritisieren wagte – dies nicht zur Freude der Sowjets. Und er war einer der ganz wenigen Schweizer Sozialdemokraten, der trotz Parteimeinung eine Reise in die Sowjetunion unternommen hat – und dies sicher nicht zur Freude seiner Parteiführung. Schmidt setzte sich in Wort und Schrift in der Schweiz für eine sozialistische Gesellschaftsordnung ein. Er hoffte auf die Erfolge in der So-

---

[33] Vgl. Schweizer Gewerkschaftssekretäre über die Sowjetunion, in: Freiheit, 12. Mai 1937.
[34] Ebenda.
[35] Ebenda.
[36] Ebenda.

wjetunion, er bezeichnete sich als Freund der Russen, aber er war nicht blind und mied nicht die heiklen Themen, auch wenn seine in der Zentralzeitung veröffentlichten Äusserungen nicht diesen Eindruck erwecken. Es muss jedoch davon ausgegangen werden, dass diese kurze Stellungnahme Schmidts nicht so sehr einen Beleg für seine politische Auffassung als vielmehr für die Art der Öffentlichkeitsarbeit der Sowjets darstellt.

An Hand der vier hier dargestellten Arbeiterdelegationen zeigt sich deutlich, dass die grosse Publizität, die heftig geführten Kampagnen und der Erfolgsdruck seitens der Organisatoren diese Gruppe der Sowjetunionreisen von den beiden anderen hier behandelten unterscheidet. Die Zielgruppe der Reiseteilnehmer, wie auch die inhaltliche Zielsetzung der Reise waren im voraus klar festgelegt. Die Durchführung von Arbeiterdelegationsreisen war ein von den Sowjets formuliertes Ziel. Ihr Land sollte durch die internationale Arbeiterschaft aufgewertet und unterstützt werden. Es ist naheliegend, dass deshalb in den Organisationskomitees der einzelnen Länder, die dem Bund der Freunde der Sowjetunion angehörten, Kommunisten arbeiteten. Ihre Meinung über die Sowjetunion stand fest, auch ohne Reise. Nun sollten aber auch Nichtkommunisten diese Auffassung teilen, sich für freundschaftliche Beziehungen der Schweiz zur Sowjetunion stark machen und auch erkennen, dass eine wirkliche gesellschaftliche Verbesserung der Lage der Schweizer Arbeiterschaft nur über den von der Sowjetunion beschrittenen revolutionären Weg zu erreichen sei. Dies war um so schwerer, als die Führung der SPS und der Gewerkschaften gegen diese Reisen in Wort und Schrift bei ihren Mitgliedern und den Lesern ihrer Zeitungen vorgingen. Die Spaltung der Arbeiterbewegung in Sozialdemokraten und Kommunisten vollzog sich in der Folge der russischen Oktoberrevolution und führte von Anfang an zu heftigen, polemischen Auseinandersetzungen in allen politischen Fragen, besonders aber hinsichtlich der Stellung zur Sowjetunion.[37] Die Überzeugungsarbeit der Kommunistischen Partei konnte deshalb nicht bei den Führern der Sozialdemokraten ansetzen, sondern musste sich an der Parteibasis orientieren.

Dass aber auch diesem Vorgehen nicht der erwünschte Erfolg beschieden war, zeigen die Teilnehmerlisten der Arbeiterdelegationen. Die Sozialdemokraten, die angegeben waren, wurden, wenn möglich, von der SPS nicht als solche anerkannt, um deren Glaubwürdigkeit bei ihren Parteimitgliedern im voraus zu erschüttern. Für die sozialdemokratische Parteiführung und die Ge-

---

[37] So gibt der Kämpfer vom 19. November 1927 Ausführungen Stalins wieder, in denen es heisst, dass die sozialdemokratische Presse "durch ihre ungeheuerlichen Verleumdungen gegen die Sowjetunion und deren Vertreter eine ganze Reihe bürgerlicher Blätter übertroffen hat."

werkschaften durften die Reiseberichte der Arbeiterdelegationen nicht wahr sein, für die Kommunistische Partei mussten sie wahr sein, sonst wäre das Ziel der Reise nicht erfüllt gewesen. Stereotype Freund- oder Feindbilder auf beiden Seiten standen jeder sachlichen Auseinandersetzung mit den sowjetischen Verhältnissen im Weg und machten eine Annäherung der Kontrahenten unmöglich. Beim Thema Sowjetunion ging es eben nicht nur um dieses Land, sondern um die politische Legitimation im eigenen Land.

In diesem Spannungsfeld erweisen sich die Artikel und Reden über die Reisen als schwer objektivierbar. Inwieweit der Inhalt des jeweiligen Delegationsberichts dem Gesehenen und Erlebten jedes einzelnen Delegierten entsprach, kann nicht beantwortet werden. Die zitierten Ausführungen einiger Teilnehmer bei der Ankunft und auf den Versammlungen zeigen, welch grossen Eindruck die Erlebnisse hinterlassen haben. Dass dazu die Betreuung durch die sowjetischen Gastgeber in grossem Masse beigetragen hat, ist offensichtlich. Bestmöglicher Transport, gute Unterbringung und Versorgung, Einladungen, kulturelle Veranstaltungen, Besichtigungen bekannter und gutarbeitender Betriebe und sozialer Einrichtungen, aber auch und in starkem Masse entscheidend die Begeisterung der sowjetischen Menschen, mit denen sie in Kontakt gekommen waren, hinterliessen den besten Eindruck. Dies zeigt sich stark im ersten Delegationsbericht aus dem Jahre 1927 und kann sowohl als Ausdruck der wirtschaftlichen Situation der Sowjetunion in diesem Jahr und der Hoffnung und Zuversicht hinsichtlich der weiteren Entwicklung gewertet werden, wie auch als Ergebnis der selektionierten Kontakte.

Auch wenn die Delegierten immer wieder betonten, dass sie sich völlig frei bewegen konnten, wird die selektive Präsentation der sowjetischen Wirklichkeit deutlich. So konnte beispielsweise die Strassenbahner-Delegation 1931 keine Besichtigungen auf dem Land vornehmen, wegen Hochwassers, wie sie erklären. Die gleichzeitig reisende französische Arbeiterdelegation hingegen hat Gespräche mit "Kollektivwirtschaftlern" geführt, die ihnen für eine Einschätzung der Lage in der Landwirtschaft ausreichten.

"Die korrupte französische Presse ereifert sich in der letzten Zeit über die "Notlage" der Sowjetrussischen Bauernschaft. Unterhaltungen mit Kollektivwirtschaftlern überzeugten uns, dass diese Behauptungen eine niederträchtige Verleumdung sind."[38]

---

[38]   Die französische, die belgische und die schwedische Arbeiterdelegation über ihre Eindrücke in der Sowjetunion, in: Kämpfer, 3. Juni 1931.

Das "Volksrecht" berichtete zur gleichen Zeit über Bauernaufstände als Folge der Zwangskollektivierung – doch im Schweizer Delegationsbericht finden diese schwerwiegenden Probleme keine Erwähnung. Warteschlangen vor den Lebensmittelläden in den Städten werden zwar genannt, werden aber nicht mit der Krise in der Landwirtschaft und dem damit verbundenen Nahrungsmangel, sondern mit fehlenden Verkaufsflächen begründet. Dies ist sicher das prägnanteste Beispiel der "technics of hospitality" seitens der sowjetischen Veranstalter, wie sie Silvia Margulies für die Reisen in die Sowjetunion beschrieben hat. Da die sowjetische Führung auch gegenüber der eigenen Bevölkerung und gegenüber dem Ausland Schwierigkeiten bei der Kollektivierung der Landwirtschaft und der Versorgung der Bevölkerung grundsätzlich leugnete und ein anderes Bild zu vermitteln versuchte, war es für die entsprechend vorbereiteten und eingestellten Arbeiterdelegierten naheliegend, den sowjetischen Erklärungen Glauben zu schenken und die Berichte in den sozialdemokratischen und bürgerlichen Zeitungen als unwahr zu charakterisieren. Angesichts der seit Jahren auf beiden Seiten geführten Polemik erscheint dies nicht erstaunlich. Die Berichte und Erklärungen der Schweizer Arbeiterdelegationen gleichen denen, die in anderen Ländern verfasst worden sind – ein weiterer Beweis für die genaue und identische Planung und Durchführung dieser Reisen durch die sowjetischen Organisatoren.

Das von sowjetischer Seite und von den Organisatoren der Arbeiterdelegationen in der Schweiz und anderen Ländern gesetzte Ziel in diese Delegationsreisen wurde nicht erreicht. Die internationale Arbeiterschaft konnte weder den Faschismus abwehren, noch den Ausbruch des Zweiten Weltkriegs und den Überfall der deutschen Hitlerarmee auf die Sowjetunion verhindern. Stattdessen schloss die Sowjetunion mit Hitler-Deutschland einen Nichtangriffs-Pakt, obwohl die Freunde und Verteidiger Sowjetrusslands in faschistischen Ländern verfolgt, in Konzentrationslager gesperrt und umgebracht wurden. Auch in der Sowjetunion waren sie ihres Lebens nicht sicher, wie die Zahl der Inhaftierten und Ermordeten dies belegt. In der Schweiz wurden die KPS und ihre befreundeten Organisationen ab 1937 in einzelnen Kantonen und 1940 gesamtschweizerisch verboten. Es kam zwar nach dem Ende des Krieges zu einer Wiederbelebung der Delegationsreisen, doch konnten sie nie mehr das Ausmass erreichen und das Interesse erregen, das für die Arbeiterdelegationen der zwanziger und frühen dreissiger Jahre charakteristisch war.

6.3 Privatreisende

Diese dritte Gruppe der Sowjetunionreisenden setzt sich aus Schweizern mit unterschiedlichen Reisemotiven zusammen, die aber alle nicht im Auftrag einer politischen Organisation, Partei oder Gewerkschaft und nicht als Delegation in die Sowjetunion gelangten. Friedrich Wlatnig, der – zeitlich betrachtet – erste in dieser Gruppe, war wie auch Paul Werner – der letzte in dieser Gruppe – Journalist. Er arbeitete für die "Neue Zürcher Zeitung" (NZZ). Ernst Hofer sondierte im Auftrage seiner Firma wirtschaftliche Möglichkeiten. Alle anderen fuhren als Individualtouristen, unternahmen Gruppenreisen von unterschiedlichem Charakter oder waren Teilnehmer einer akademischen Studienreise.[1]

Organisator war die staatliche Reiseagentur Intourist. Lediglich Paul Werner bediente sich der Führung durch die deutsche Wehrmacht, um durch die besetzte Ukraine zu reisen. Die Besichtigungsprogramme wichen in der Regel nur wenig von bekannten und bewährten Wegen ab. Einzig Adolf Voegeli und Ella Maillart unternahmen eine Reise durch entfernte und touristisch unerschlossene Gebiete. Alle Reisenden – mit Ausnahme von Ella Maillart und Anton Roy Ganz – genossen das Privileg der bevorzugten Behandlung ausländischer Reisender.

Politisch betrachtet standen sie dem Bolschewismus kritisch, aber interessiert, oder distanziert bis vollkommen ablehnend gegenüber – dies ganz im Gegensatz zu den ersten beiden Gruppen. Auch der zeitliche Rahmen der Reisen differiert im Vergleich zu den Arbeiterdelegationen und den Partei- und Gewerkschaftsdelegierten. Während die ersten beiden Gruppen schwerpunktmässig in den zwanziger Jahren reisten, kamen diese Reisenden erst ab Ende der zwanziger Jahre in die Sowjetunion. Lediglich Friedrich Wlatnig gelangte schon 1927 nach Moskau und verfasste eine Artikelserie für die NZZ, die zwischen Juli und Oktober 1927 abgedruckt und später als Buch publiziert wurde.

6.3.1 Friedrich Wlatnig

Friedrich Wlatnig wurde 1894 in Klagenfurt (Österreich) geboren, studierte Nationalökonomie und Staatswissenschaften bei Sombart und Weber und ar-

---

1   Da ich zu B., dem Autor eines kurzen Berichtes im Tagesanzeiger, und zu Isabella Trümpy, Verfasserin eines Weltwocheartikels, keine weiteren Angaben habe, werde ich auf sie im folgenden nicht mehr eingehen.

beitete ab 1921 für die NZZ.[2] Seine journalistische Arbeit führte ihn durch Polen, die skandinavischen Länder, die Tschechoslowakei und im Jahre 1927 in die Sowjetunion. Von da an arbeitete er bis zum Anschluss Österreichs an Deutschland 1938 als Korrespondent der NZZ in Wien. Dann siedelte er nach Budapest über und verfolgte von dort aus bis 1944 die Ereignisse auf dem Balkan und in Osteuropa. Die letzten Kriegsmonate verbrachte er in Zürich, um dann aber wieder nach Wien zurückzukehren und über die österreichische Politik zu berichten. Neben Zeitungsartikeln wirkte Wlatnig auch als Verfasser einiger Bücher zu zeitgeschichtlichen, politischen Fragen. 1960 zog er sich aus dem Berufsleben zurück, er verstarb 1987.

Wlatnig beginnt seinen Bericht über die Sowjetunion mit den ersten Eindrücken aus Moskau, die mehr einer politischen Standortbestimmung als der Beschreibung der Stadt gleichen. Er betont die Schwierigkeiten, angesichts der Systemfronten das neue Russland zu schildern, da man sofort als Gegner oder Freund der Sowjetunion klassifiziert werde. "Es bleibt als einzige Richtlinie eine vollkommene Objektivität."[3] Dies sollte für einen Journalisten immer gelten und keiner besonderen Erwähnung bedürfen. Dass ihm trotz dieses erklärten Vorsatzes die Objektivität abgesprochen und er gar des Lügens bezichtigt wurde, überrascht vielleicht nicht, wenn sich als Sprachrohr der Vorwürfe der "Kämpfer", das Organ der KPS, zu Wort meldet.

Unter der Überschrift "Der Schwindler der 'Neuen Zürcher Zeitung'" empört sich der Genosse I., Hotel Lux – Moskau, über die von Wlatnig verfassten "Dreck- und Lügenartikel"[4]. Bezugnehmend auf die Ausführungen Wlatnigs über die Komintern weist Genosse I. nach, das der NZZ-Korrespondent sich nicht auskennt: "Wiederholt schreibt er z.B. 'im Komintern' – bezeichnend genug, um zu zeigen, dass er nicht weiss, was 'Komintern' bedeutet, ..."[5] Auch die Beschreibungen der Örtlichkeiten entbehrten jedes Realitätsgehalts, genau wie die über das Hotel Lux, fährt Genosse I. fort und gibt Wlatnigs Schilderungen über dessen Hotelerlebnis wieder. Dieser hatte berichtet, wie er dort in der Kommandantur von "verwegenen Gesellen" verhört worden sei. Dabei hätten sich auf dem Tisch "Revolver und Handgranaten" befunden. Genosse I. bestätigt als Augenzeuge des Vorgangs, dass der angebliche "Kommandant" nicht zärtlich mit Wlatnig umgegangen sei: "Er hat eben den lügnerischen Zeilenschinder 'gerochen' und schade ist es nur, dass

---

2   Die Angaben stützen sich auf "Friedrich Wlatnig gestorben", in: NZZ, 16. November 1987.

3   Friedrich Wlatnig, Das Neue Russland, S. 5.

4   Der Schwindler der NZZ, in: Kämpfer, 24. Oktober 1927.

5   Ebenda.

er ihm nicht handgreiflich die Türe wies und dem Galgengesicht mit der eleganten Bügelfalte ein wirkliches Abenteuer versagt hat."[6]

Genosse I. jedenfalls hätte ihm gerne "russisch-schweizerische Prügel vermittelt" I. schliesst mit der Bemerkung: "Das sind die bürgerlichen, objektiven Russlandkenner."[7]

Über den Genossen I. aus Basel mit Aufenthaltsort im Hotel Lux in Moskau ist nichts bekannt, genauso wenig, wie über den Grund des Namensirrtums, der aus Wlatnig Wagner gemacht hat, obwohl es sich ganz eindeutig nur um Wlatnig und seine Berichte handeln kann. Die Frage, wie es um die Wlatnigsche "Objektivität" bestellt ist, wenn er über die Komintern und das Hotel Lux mit den "verwegenen Gesellen" und deren Mordwerkzeugen berichtet, scheint dennoch nicht ganz unberechtigt. Seine Beschreibungen lassen in dieser Hinsicht doch gewisse Zweifel aufkommen, wenn es im Bericht heisst: "Die Genossen streiten und schlagen mit den Fäusten, so dass der Tisch, auf dem etliche Handgranaten liegen, bedenklich kracht. Alles ist im Zustand der Anarchie..."[8] Haben die Bewohner des Hotel Lux wirklich mit der ständigen Gefahr von Granatexplosionen gelebt, oder hatte Wlatnig den NZZ-Leser im Visier, dem er "Räubergeschichten" über die wilde Sowjetunion vorsetzen wollte? Offenbar spielt aber auch das für Wlatnig "Unfassbare" seines Rausschmisses aus dem Hotel und sein erfolgloser Versuch, in das Domizil der Komintern Einlass zu finden, für die Art der Beschreibung eine gewisse Rolle. Anstatt wie geplant "beim Frühstück einem Mitglied des Präsidiums einige peinliche Fragen vorzulegen", fand Wlatnig sich auf der Strasse wieder.[9] Diese Behandlung scheint ihn noch mehr gegen die Kommunisten der Komintern eingenommen zu haben, die er gesamthaft als "ein böses Ungeziefer" bezeichnet.[10] In dieser Ausdrucksweise kommen der persönliche Affekt eines in seiner journalistischen Ehre getroffenen Journalisten zum Ausdruck, aber auch bekannte Stereotypen der Gegner des Sowjetsystems. Das bekannteste ist sicher die Gleichsetzung der Sowjets mit Untermenschen oder Tieren.

Dass Wlatnig als Ökonom und Redakteur der NZZ vor allem auch die Handelsperspektiven der Schweiz mit der Sowjetunion bei seiner Reise vor Augen hatte, erstaunt nicht und macht das Bedürfnis schweizerischer Wirtschaftskreise nach einer Sondierung des Terrains deutlich. Trotz aller

---

6 Ebenda.
7 Ebenda.
8 Friedrich Wlatnig, Das Neue Russland, S. 48.
9 Ebenda, S. 47.
10 Ebenda, S. 52.

Schwierigkeiten, die Wlatnig beschreibt, spricht er sich – wenn auch äusserst vorsichtig – für eine Aufnahme von Handelsbeziehungen "in späteren Zeiten" aus, auch, um nicht den Grossmächten den ganzen sowjetischen Markt zu überlassen.[11] Er empfiehlt deshalb, "sich früher oder später" mit dem Gedanken vertraut zu machen, dass man die Dinge – d.h. die Sowjetunion als existierenden Staat – nehmen muss, wie sie jetzt eben liegen. Auch wenn Wlatnig ein klarer Gegner des Sowjetsystems ist, so weisen die wirtschaftlichen Interessen Schweizer Wirtschaftskreise dennoch in Richtung auf eine Kontaktaufnahme, vorsichtig und nicht überstürzt, aber doch mit dem klaren Ziel, einen Markt für Schweizer Waren zu öffnen. Hiermit entspricht Wlatnigs Bericht aus dem Jahre 1927 einem Bedürfnis schweizerischer Unternehmer, über die Lage in der Sowjetunion informiert zu werden, um dann auch Schritte in Richtung auf Handelsbeziehungen einleiten zu können.

6.3.2 Anton Roy Ganz

Ein wirklicher Individualreisender war Anton Roy Ganz, der 1929 die Sowjetunion besuchte. "Genosse Dr. Ganz machte auf eigene Verantwortung eine Reise nach und in Russland", heisst es dazu in der "Arbeiter-Zeitung", dem offiziellen Organ der Basler Sozialdemokraten.[12]

Dr. Anton Roy Ganz wurde 1903 in Chicago geboren, absolvierte seine Schulen in Berlin und New York, studierte Rechtswissenschaften in Berlin und Basel und erlangte 1927 seine Doktorwürde als Jurist. Er arbeitete bis 1932 als Rechtsanwalt in Basel, wurde dann für neun Jahre Staatsanwalt und von 1941 bis 1945 Präsident des Basler Strafgerichts. 1945 begann er eine diplomatische Laufbahn, die ihn nach Warschau, Helsinki, Teheran, Belgrad, und von 1964 bis 1966 auch nach Moskau führte. Er war dort Botschafter der Schweiz, die ja seit 1945 wieder diplomatische Beziehungen zur Sowjetunion hatte. Seine diplomatische Laufbahn beendete er als Botschafter in Algier. Heute lebt er in Basel.[13]

Seit 1924 war Anton Roy Ganz Mitglied der Sozialdemokratischen Partei, was auch dem Vorspann zu seinem Reisebericht zu entnehmen ist. Er war der russischen Sprache in Wort und Schrift mächtig, hatte sich eingehend mit der Sowjetunion befasst und konnte deshalb auf seiner Reise ohne einen sowjetischen Führer auskommen. Seinen ersten Versuch, die Sowjetunion zu bereisen, hat er 1923 unternommen, doch kam er nur bis Talinn, weil ihm ein Ein-

---

11 Vgl. ebenda, S. 137.
12 Vorspann der Redaktion zu Anton Roy Ganz, Russland 1929, 10. Dezember 1929.
13 Sämtliche Angaben stammen von Dr. Anton Roy Ganz persönlich.

reisevisum für die Sowjetunion nicht erteilt worden war. Anton Roy Ganz hatte den Plan gefasst, alle fünf Jahre in die Sowjetunion zu reisen, um sich dadurch ein umfassendes und möglichst objektives Bild über die sowjetische Entwicklung machen zu können. Auf die Genehmigung seines zweiten Einreiseversuchs musste er dann ein ganzes Jahr warten, so dass er erst 1929 in die Sowjetunion gelangte. Die dritte Reise erfolgte 1934. Sie führte ihn neben Moskau auch in die Ukraine und er konnte doch grosse Veränderungen in wirtschaftlicher und sozialer Hinsicht konstatieren. Anton Roy Ganz war höchstwahrscheinlich der einzige Schweizer der an sogenannt normalen sowjetischen Gerichtsverfahren – hierbei handelte es sich nicht um inszenierte Schauprozesse, sondern um Ehescheidungen oder Diebstahl – teilnehmen konnte und für den ein ukrainischer Staatsanwalt sein Plädoyer in russischer und nicht in ukrainischer Sprache hielt, damit der Gast aus der Schweiz etwas verstehen konnte. Für den Juristen Ganz waren die Zustände an den sowjetischen Gerichten alles andere als vorbildlich, sowohl was den schlechten hygienischen und baulichen Zustand der Gerichte anbelangte, als auch das Fehlen von Verteidigern. Verteidiger brauche es in einem proletarischen System mit proletarischer Rechtssprechung nicht, lautete die Erklärung.

Trotz des sehr interessanten Lebens , der vielen Reisen und des dreijährigen diplomatischen Dienstes von Anton Roy Ganz in der Sowjetunion ist sein Reisebericht von 1929 leider das einzige publizierte Zeugnis von ihm geblieben. Ganz betont zu Beginn seines Berichts, wie schwierig es ist, nach 12 Jahren bolschewistischer Herrschaft ein Urteil über die gewaltigen Umwälzungen in der Sowjetunion zu fällen. Dass dieses Land noch immer wie von einer Mauer umgeben erscheint, führt er auf die geringen zwischenstaatlichen Beziehungen, aber auch auf die internationale Berichterstattung über die Sowjetunion zurück.

> "Vielleicht noch nie in der Weltgeschichte ist während einer derartigen Zeitspanne über ein Land dieses Umfanges so viel und so vielerlei unwahres, widersprechendes, übertriebenes geschrieben und gesprochen worden, wie im Falle Russlands."[14]

Aber auch die sowjetische Bevölkerung erscheint ihm als völlig unwissend darüber, was sich ausserhalb des eigenen Landes ereignet. Ganz betont, dass die Berichterstatter und Verfasser von Reiseberichten in der Regel für die Aufgabe der Informations- und Tatsachenvermittlung ungeeignet seien. Ihr grösster Fehler bestehe darin, als Beurteilungsmassstab für die Sowjetunion die westeuropäischen Länder zu nehmen.

---

[14] Anton Roy Ganz, Russland 1929, 10. Dezember 1929.

"Nur unter Voranstellung eines lebendigen Bildes der unbeschreiblichen Zerstörung des Landes, des wilden Chaos, welche die Nation im Jahre 1919 auf 1920 paralysierten, ist eine Betrachtung heutiger Zustände, die Kritik an Theorie und Praxis sachgemäss und ehrlich."[15]

Mit diesen einleitenden Worten bringt Anton Roy Ganz sein Bestreben zum Ausdruck, diesem Land mit seiner Entwicklung gerecht zu werden und nicht die gleichen Fehler wie viele Autoren vor ihm zu begehen. Er ist in seiner Beschreibung und Beurteilung der sowjetischen Verhältnisse weder der prinzipiellen Kritik seitens der Schweizer Sozialdemokratie, noch der uneingeschränkten Preisung seitens der Kommunisten gefolgt. Er hat mit seinem Bericht eine der historischen Realität sehr nahekommende Darstellung präsentiert, wie sich auf Grund des heutigen Standes der Geschichtsforschung beweisen lässt. Seine an die Reise anschliessenden Vorträge in Basel lösten trotz seines Objektivitätsanspruchs eine heftige Kontroverse zwischen den Basler Kommunisten und Sozialdemokraten aus, die Ganz jedoch nicht daran hinderte, die sowjetische Entwicklung so objektiv wie möglich weiterzuverfolgen. Gerade seine sehr guten Russischkenntnisse und seine akzentfreie Aussprache erwiesen sich dabei als grundlegende Voraussetzung. Nur so war es ihm möglich, ohne Begleitung und als unerkannter Ausländer sich im direkten Gespräch über die wahren Verhältnisse zu informieren. Anton Roy Ganz vereinigte in seiner Person all die Voraussetzungen, die die Wirkung der sowjetischen "techniques of hospitality" weitgehend ausser Kraft setzen konnten. Er stellt damit eine grosse Ausnahme dar und zeigt gleichzeitig, worüber jeder Reisende nur schon in sprachlicher Hinsicht hätte verfügen müssen, um den Objektivitäts- oder Wahrheitsanspruch weitgehend erfüllen zu können.

6.3.3 Ella Maillart

Die bekannte Welschschweizerin Ella Maillart war wie Anton Roy Ganz eine Individualreisende. Sie hat zwei Reisen durch die Sowjetunion unternommen, die erste im Jahre 1930, die zweite drei Jahre später. Ihr Ziel war es, ausserhalb des touristischen Rahmens für ein paar Monate in der Sowjetunion zu leben und zu reisen, um sich ein Bild über die sowjetische Jugend zu machen und die stark differierenden Lebensformen zwischen Zentrum und Peripherie des Riesenreiches kennenzulernen.

---

[15] Ebenda.

376

Maillart wurde 1903 in Genf geboren und lebt heute in Chandolin im Wallis. Da ihre Bücher in den letzten Jahren wieder aufgelegt wurden, erfuhr Ella Maillart erneute Bekanntheit. Das Interesse an ihrer Person und ihrer Vergangenheit ist wieder stark gewachsen, was sie offenbar nicht sehr freut, wie sie in einem Interview im Fernsehen DRS deutlich machte. [16]

Ella Maillart stammte aus einem wohlhabenden, gutbürgerlichen Haus. Sport war ihr schon früh zum Lebensinhalt geworden. Sie lernte segeln am Genfer See, gewann ihre erste Regatta mit dreizehn Jahren und beteiligte sich 1924 als einzige Frau des Schweizer Segelteams an den Olympischen Spielen in Paris. Als Skifahrerin fand sie Aufnahme in der Skinationalmannschaft.

Ein Leben in der Stadt konnte Ella Maillart sich nicht vorstellen. Sie wollte reisen. Um ihren Lebensunterhalt verdienen und ihre Reiselust befriedigen zu können, arbeitete Maillart in den verschiedensten Berufen, als Französischlehrerin, als Schreibkraft, Schauspielerin, Artistin, sogar als Stuntwoman in Filmen.[17] Sie lehnte es ab, sich von den Eltern finanzieren zu lassen.

Ihre erste grössere und längere Reise führte sie dann 1930 in die Sowjetunion. Zurück in Genf kam der Verdacht auf, sie stünde im Dienst der Sowjets, was Ella Maillart als Ausdruck von Denkweisen einer ignoranten Gesellschaft charakterisiert. Es folgten eine zweite Reise in die südliche Sowjetunion 1933, ferner Reisen nach Zentralasien, nach China, Afghanistan, nach Indien und in viele andere Länder. So entstanden mehrere Reiseberichte, die in vielen Sprachen Publiziert wurden und auf grosses Interesse gestossen sind. Der innere Antrieb für alle ihre Reisen zeigte sich auch schon bei ihrer Bekanntschaft mit der sowjetischen Jugend: "die Suche nach Gelassenheit und Ausgeglichenheit"[18].

In der Sowjetunion hat sie dies an den jungen Menschen entdeckt und doch nicht wirklich überzeugt. Enttäuscht und ratlos setzte sie ihre Suche fort. Immer stärker führten ihre Reisen deshalb in die unberührte Natur, zu Völkern, die den Ursprung der Zivilisation repräsentierten, immer in der Hoffnung, dort ihren "richtigen Platz" zu finden. Sie gelangte im Zusammenhang mit religiösen Erfahrungen in Indien während des Zweiten Weltkriegs zu der Erkenntnis, dass das Reisen ihr keine Selbsterlösung bringen kann. "Am Ende

---

16   Ich habe aus diesem Grund und in Anbetracht dessen, dass Artikel und sogar eine Fernsehsendung über ihr Leben vorliegen, auf ein persönliches Interview verzichtet.

17   Die biographischen Angaben stützen sich auf das von Brigitte Ebersbach verfasste Nachwort zu Ella Maillarts Reisebericht "Ausser Kurs" und auf ein Interview mit ihr, das am 17. April 1992 im Fernsehen DRS ausgestrahlt wurde.

18   Ebenda, S. 138.

einer Reise stosse ich immer wieder auf mich, und ich bereue es, dass ich so viele Jahre vertan habe, bis ich den Mut hatte, mich selbst kennenzulernen."[19]

Eine interessante Beobachtung im Zusammenhang mit dem Verfassen von Reiseberichten machte Maillart anlässlich einer sechsmonatigen Reise auf der Seidenstrasse von China nach Indien. Sie unternahm diese gefährliche Reise zusammen mit dem Korrespondenten der "Times" Peter Fleming. Beide publizierten anschliessend ihre Reiseerlebnisse. In einem Interview mit der BBC erklärte sie dazu:

> "Obwohl wir den gleichen Weg gingen, war meine Reise eine ganz andere als seine, als ob jeder verschieden getönte Brillen tragen würde. Das liegt an unserer Art zu denken, die wir nach aussen projizieren, um die sogenannte objektive Welt zu erfassen."[20]

Das gilt natürlich auch für Maillarts Reisebericht über ihre sowjetischen Erlebnisse. Sie reiste ohne einen beruflichen Auftrag, ohne ein klar umrissenes politisches Interesse, ohne theoretische Kenntnisse über die ideologischen und ökonomischen Grundlagen des Sowjetsystems. Abenteuerlust und das Motiv der schon beschriebenen Ich-Suche waren ihre Motive und unterschieden sich dadurch von denen der anderen Reisenden. Für Maillart waren aus diesem Grund wirtschaftliche und soziale Fragen von untergeordneter Bedeutung, ganz im Gegensatz zu den aus der Arbeiterschicht kommenden Gewerkschafts- und Parteivertretern und den Arbeiterdelegierten. Sie interessierte sich für das Leben der jungen Generation, den Sport, die Natur, die unterschiedlichen Lebensformen und Kulturen, und sie berichtete darüber aus ihrem unmittelbaren Erleben heraus, episodenhaft, assoziativ und erklärtermassen subjektiv. Dennoch bietet ihr Reisebericht "Turkmenistan" Einblicke in die zerstörerischen Auswirkungen der Zwangskollektivierung und der Durchsetzung von Monokulturen, wie kein anderer Bericht dies vermochte. Ella Maillart berichtet von der Vernichtung des Viehbestands und der Reiskulturen in den südlichen Republiken, von der Einführung der Baumwollkulturen, die für die dortige Bevölkerung und die Natur katastrophale Folgen hat, wie nicht erst heute zu erkennen ist. So bieten beide Reiseberichte auf unterschiedliche Art wichtige Einblicke in das Alltagsleben der Menschen im Sowjetsystem, sowohl in der Hauptstadt als auch im Kaukasus und den südlichen Republiken, wie sie der Teilnehmer einer zweiwöchigen Reise durch die Sowjetunion – und so reiste ja die grosse Mehrheit der Sowjetunionbesucher – nie gewinnen und vermitteln konnte.

---

[19] Ebenda, S. 142.
[20] Ebenda, S. 138.

6.3.4 Otto Baumberger, Arno Wildhaber und Charles Studer – Teilnehmer akademischer Studienreisen im Jahre 1932

Über die drei Teilnehmer zweier akademischer Studienreisen des Jahres 1932 liess sich nach eingehenden Recherchen vieles in Erfahrung bringen, was dem glücklichen Umstand zu verdanken ist, dass Charles Studer zum Zeitpunkt meiner Recherchen noch lebte und deshalb selbst noch Auskünfte geben konnte und weil die Ehefrau des bekannten Zürcher Malers Otto Baumberger ebenfalls zu einem Gespräch über die Reise ihres verstorbenen Mannes bereit war. Anlässlich des Besuches bei Frau Baumberger erwies sich die künstlerische Hinterlassenschaft Baumbergers auch hinsichtlich seiner Reise durch Russland und die Ukraine als aussergewöhnlich, hat er doch sämtliche Stationen nicht nur schriftlich sondern vor allem zeichnerisch dokumentiert, so dass heute weit über sechzig Zeichnungen und einige, erst nach der Reise gemalte, grossformatige, prächtige Aquarelle einen beeindruckenden und authentischen Eindruck des von Baumberger Gesehenen und Erlebten beim Betrachter hinterlassen.[21]

Der am 21. Mai 1889 geborene Zürcher Otto Baumberger war Maler, Graphiker, Buchillustrator und Bühnenbildner, ab 1932 Dozent und von 1947 bis 1959 Professor für farbiges Zeichnen und Gestalten an der ETH in Zürich.[22] Aufgewachsen ist er in Altstetten, als einziges Kind seiner Eltern, die der Angestelltenschicht zuzurechnen waren und die er selbst als bescheiden und strebsam beschreibt.[23] Die Eltern hatten keine ausgeprägte Beziehung zu Kirche und Religion, wie Otto Baumberger betont. Er selbst entwickelte hingegen ein religiöses Empfinden, das für sein weiteres Leben und Werk bestimmend blieb. Auf diesem Hintergrund versteht sich seine Kritik an der Entthronung der Religion durch eine zunehmend materialistisch orientierte Denkhaltung, wie sie er sie seit der Jahrhundertwende empfand.[24] Sein Interesse an der bildenden Kunst war schon in den Kinder- und Jugendjahren stark ausgeprägt. Sein Vater, "eine verhinderte Künstlernatur"[25], bestimmte deshalb für seinen Sohn eine Ausbildung an der Kunstgewerbeschule in Zürich als Textilzeichner, in der Hoffnung, damit einer guten Existenz des Sohnes den Weg zu bereiten. Doch Otto Baumberger wechselte nach neun Monaten

---

21   Sämtliche, von mir besichtigten und verwendeten Bilder befinden sich im Besitz von Frau Johanna Baumberger in Weiningen.
22   Vgl. Fritz Hofer, Sonja Hägeli, Zürcher Personen-Lexikon, S. 20. Vgl. ebenso die Angaben von seiten der ETH Zürich über die an ihrer Hochschule ehemals tätigen Professoren.
23   Vgl. Otto Baumberger, Blick nach aussen und innen, S. 44.
24   Vgl. ebenda, S. 50.
25   Dies betonte Frau Baumberger im Gespräch mit mir.

zum Lithographenhandwerk, worin er sich dann auch in den folgenden Jahren und Jahrzehnten einen grossen Ruf erworben hat.

1908 verliess er Zürich, um in München, Berlin und London seine künstlerische und geistige Ausbildung voranzutreiben. 1911 kehrte er nach Zürich zurück und begann bei Wolfensberger als Gebrauchsgraphiker und Plakatzeichner zu arbeiten. Dadurch konnte er auch für den Lebensunterhalt der verwitweten Mutter aufkommen. 1913 ging er nochmals nach Paris und blieb dort, bis der Ausbruch des Ersten Weltkrieges ihn einholte. Er kehrte in die Schweiz zurück und leistete bis im März 1915 Aktivdienst an der Grenze. Nach dem Kriege arbeitete er wieder für Wolfensberger in Zürich, was ihm erneute Aufenthalte in Paris und Berlin ermöglichte. 1920 wurde er mit Max Reinhardt bekannt und von diesem als Bühnenbildner des Urfausts an das Deutsche Theater in Berlin geholt. Trotz des grossen Erfolgs lehnte er eine Daueranstellung ab, da das Theaterleben nicht mit seinem Wesen zu vereinbaren war. Stattdessen trat er eine Lehrerstelle an der Kunstgewerbeschule in Zürich an. Baumbergers künstlerisches Wirken führte zur Berufung an die ETH Zürich im Jahre 1932.

Im selben Jahre hatte er die Gelegenheit, an einer günstigen Studentenreise in die Sowjetunion teilzunehmen, "um selbst einen Blick in das gelobte Land aller Proletarier des Westens zu tun"[26]. Die faszinierenden Eindrücke von den Menschen und der Landschaft, die er auf der Reise sammelte, wurden von ihm auf literarische und künstlerische Art festgehalten und lösten nach Bekanntwerden in der Schweiz eine von ihm nicht intendierte Reaktion aus.

"Ich habe damals eine Menge Skizzen heimgebracht und Tagebuchnotizen geschrieben, auch einen kleinen Aufsatz, welcher gedruckt wurde und anhand dessen man mich – trotz allerdeutlichster Distanzierung vom historischen Materialismus und seiner Gottferne – vielerorts flugs zum Kommunisten und Bolschewiki stempelte, wohl um etlicher bejahender Konstatierungen willen, die damals grässlich unbequem waren und auch, weil man einen ehrlichen Enthusiasmus, die russische Jugend in ihrer Einfachheit und ihrem spürbaren begeisterten Aufbauwillen betreffend, politisch deutete."[27]

Dass er Mitglied der Vereinigung "Neues Russland" wurde, wie von sowjetischen Historikern behauptet, trifft nicht zu.[28] Otto Baumberger berichtet aber

---

[26]   Otto Baumberger, Blick nach aussen und innen, S. 183.
[27]   Ebenda, S. 184.
[28]   Vgl. die sowjetischen Historiker N.G. Getmanova und M.S. Kuz'min, "Sovetsko-Švejcarskie svjazi", S. 42.

in seiner Autobiographie, dass es Versuche gegeben habe, ihn dafür zu gewinnen. "Durch meinen Kollegen an der Kunstgewerbeschule – Walter Roshardt, welcher der sog. K.P.O., das heisst der Kommunistischen Parteiopposition angehörte, ... , wurde ich dann und wann zu Kundgebungen und Aussprachen linksgerichteter Kreise eingeladen."[29] Doch bei Baumberger hinterliessen diese Treffen nur Erstaunen über die "bedenklich lebensferne Theorie-Verfallenheit und abstrahierende Seelenferne dieser Menschen, welche doch da als Wesen von Fleisch und Blut um mich herum sassen"[30]. Diese Tagebuchaufzeichnungen Baumbergers machen deutlich, dass er sich politisch nicht mit der Sowjetunion identifiziert hat – wie dies die sowjetischen Historiker behaupten – sondern dass seine Begeisterung den russischen Menschen, vor allem den jungen Menschen, der Landschaft, den russischen Literaten und Komponisten und den Kirchen und Klöstern gegolten hat und nicht dem "politische[n] Monstrum U.S.S.R."[31].

Das Referat, das Baumberger nach seiner Reise vor den Freunden des "Neuen Russlands" gehalten hatte, wurde in kleiner Zahl, vermutlich für die Mitglieder des "Neuen Russlands", gedruckt herausgegeben. In diesem Bericht stellt sich Baumberger einleitend als einen Touristen vor, "welcher, literarisch sowohl über das alte wie über das neue Russland in grossen Zügen ziemlich gut orientiert, versucht ha[t], unvoreingenommen ein knappes Bild der russischen Wirklichkeit einzufangen."[32] Er ist sich bewusst, dass die Verpflegung während der Reise – verglichen mit den russischen Ernährungsverhältnissen – ausgesprochen gut war und dass auch die Unterbringung weit über dem Standard der sowjetischen Wohnverhältnisse lag.

Besonders betont Baumberger die völlige Bewegungsfreiheit, die die Reisegruppe genossen hat, ferner, dass man ihnen die Unvollkommenheiten und das Elend nicht vorenthalten habe und dass sie über die bestehenden Schwierigkeiten informiert worden seien, so beispielsweise über die akute Agrarkrise, die sich laut Reiseleitung zu einer Hungersnot auswachsen könne. Die Bewegungs- und Kontaktfreiheit sind – folgt man den Ausführungen anderer Schweizer Reisender – nicht die Regel gewesen. Das Aufzählen und Nennen von Problemen und Nichterreichtem hingegen war ein oft praktiziertes Vorgehen, wodurch die sowjetischen Gastgeber sich dem Vorwurf der Idealisierung zu entziehen suchten, ohne aber über das tatsächliche Ausmass der Schwierigkeiten berichten zu müssen. Leider hat Otto Baumberger die sowje-

---

[29] Otto Baumberger, Tagebuch.
[30] Ebenda.
[31] Ebenda.
[32] O. Baumberger, Bemerkungen, S. 5.

tischen Erklärungen, die er auf seiner Reise von den sowjetischen Reiseleiterinnen zu diesem damals ganz akuten Problem der "Landwirtschaftskrise" – das heisst konkret der Zwangskollektivierung und ihrer verheerenden Folgen –, erhalten hat, inhaltlich nicht wiedergegeben.

Der freie Kontakt zur Bevölkerung, von dem Baumberger berichtet, konnte mittels einiger Russischsprechender aus der eigenen Reisegruppe hergestellt werden. "Man hörte Zufriedene und Unzufriedene, Schimpfen und Loben. Je nach Einstellung, je nach Anpassung an das System. Ganz wie bei uns."[33] Ohne zu verkennen, dass die sowjetische Bevölkerung im Alltag noch mit grossen Schwierigkeiten zu kämpfen hat, war Baumberger davon überzeugt, dass sich die Lebenssituation derer, die bereit sind zu arbeiten, im Vergleich zu früher entscheidend verbessert hat, wenn auch mehr in psychischer als in wirtschaftlicher Hinsicht.[34] Die Jugend erschien ihm zum damaligen Zeitpunkt als die Zukunft und der grosse Pluspunkt des Sowjetsystems; ihr gegenüber empfand er "einen ehrlichen Enthusiasmus"[35]. Die Reise Otto Baumbergers ist ein weiterer Beleg für die sowjetische Realitätspräsentation und für die Schwierigkeit der Reisenden, die tatsächlichen Lebensbedingungen im Gastland zu durchschauen. Dass diese sowjetische Jugend nicht die Möglichkeit erhielt, eine positive Entwicklung einzuleiten, dessen wurde sich Otto Baumberger bewusst, was sich deutlich in seiner weiteren, ganz anderen geistigen, künstlerischen und auch geographischen Orientierung zeigte.

Ebenfalls im Sommer 1932 haben sich sowohl Charles Studer als auch Arno Wildhaber an einer Gruppenreise für 40 Schweizer Studenten und Akademiker beteiligt, ihre Erlebnisse schriftlich festgehalten und veröffentlicht. Ihre Erlebnisse und Eindrücke unterscheiden sich immer wieder von denen Baumbergers, dies obwohl die Stationen der beiden Reisegruppen identisch waren und die zeitliche Differenz nur wenige Tage betragen hat.

Charles Studer wurde am 20. März 1908 in Solothurn geboren, wo er im Sommer dieses Jahres verstorben ist.[36] 1933 promovierte er an der Universität Bern als Jurist mit einer Arbeit über "Staat und Kirche im Kanton Solothurn". Studer blieb Solothurn bis ins hohe Alter sehr verbunden, was sich vor allem auch in seinen zahlreichen historischen und kunsthistorischen Publikationen über diese Stadt und den Kanton zeigt.

Charles Studer nutzte die Gelegenheit einer günstigen Studentenreise, um dieses umstrittene und faszinierende Land kennenzulernen. Diese Sowjet-

---

[33] Ebenda, S. 5.
[34] Vgl. ebenda, S. 6.
[35] Otto Baumberger, Tagebuch.
[36] Die Angaben zu Charles Studer stammen von ihm persönlich.

unionreise blieb nicht seine letzte. Nach dem Zweiten Weltkrieg kam er noch mehrere Male in dieses Land. In den sechziger Jahren fuhr er sogar von der Sowjetunion aus mit der Eisenbahn sogar bis Peking. In einem Gespräch mit Charles Studer, fast sechzig Jahre nach seiner ersten Sowjetunionreise, zeigte sich, dass er seine Erlebnisse und Eindrücke unverändert wiedergibt und nicht im Gefühl lebt, seine Darstellungen relativieren oder negieren zu müssen, im Gegensatz zu vielen ehemaligen "Freunden der Sowjetunion", da für ihn der Verlauf der sowjetischen Geschichte bis heute eine Bestätigung seiner damaligen Ablehnung des Sowjetsystems bedeutet.

Charles Studer bringt einleitend in seinem Reisebericht offen zum Ausdruck, welche Schwierigkeiten er als bürgerlich eingestellter Westeuropäer habe, das sowjetische Experiment zu begreifen. "Aber gerade die akademische Jugend sollte mit grösstem Interesse an das Problem Russlands herantreten; denn wer weiss, welche Zukunft ihm beschieden sein wird."[37] Warum er das Studium der sowjetischen Verhältnisse für wichtig erachtet, macht sein Fazit der Reise deutlich. Seinen Beobachtungen zu Folge fühlen sich die Russen als das auserwählte Volk, das dazu bestimmt ist, die Weltrevolution auszulösen und die Welt zu beherrschen. Quellen oder Belege für diese Eindrücke in Form von Gesprächsinhalten nennt Studer in seinem Bericht aber leider nicht. Studer betont, dass die sowjetische Führung durch geschickte Propaganda ihre Bevölkerung glauben gemacht habe, dass in den kapitalistischen Ländern Arbeitslosigkeit herrsche, während es in der Sowjetunion zu wenig Arbeitskräfte gäbe. Die eigenen Schwierigkeiten würden aber als vorübergehend hingestellt und das Nahen des kommunistischen goldenen Zeitalters beschworen.

"Armes Europa! Mit deinen vielen Staaten und Stätchen stehst du einem Riesenreiche gegenüber, das bereit ist, seine Ideale dir aufzuzwingen. Russland ist für uns alle eine Mahnung, dass jeder mitwirken soll, sein Alles beizutragen zur Völkerversöhnung und zum Frieden unter den europäischen Völkern. Können wir uns dazu nicht aufraffen, so könnte leicht einmal ein Sturm aus dem Osten über uns wegbrausen."[38]

Obwohl Studers Reisebeschreibungen nicht nur Kritik an den sowjetischen Verhältnissen beinhalten, ist sein Fazit doch eindeutig ablehnend. Sein Vorwurf, dass die sowjetische Führung ihre Bevölkerung falsch informiere, ist sicher zutreffend, doch erscheint das von ihm genannte Beispiel der Arbeitslosigkeit weniger zutreffend. Gerade die wirtschaftliche Krise, die zu diesem

---

[37] Charles Studer, Reiseeindrücke, S. 232.
[38] Ebenda, S. 261-262.

Zeitpunkt in Europa und den USA ein ungeheures Problem darstellte, führte dazu, dass viele Menschen in der sowjetischen Art des Wirtschaftens einen Ausweg erblickten, da dort zur gleichen Zeit auf Grund der forcierten Industrialisierung jede Arbeitskraft eingesetzt wurde und die Arbeitslosigkeit so gezielt durch die sowjetische Führung beseitigt werden konnte. Welchen Preis die sowjetische Bevölkerung dafür bezahlte, wussten nur die Ausländer zu berichten, die über längere Zeit in der Sowjetunion arbeiteten und lebten. Das Beispiel des Schwarzamerikaners Robert Robinsons, der 44 Jahre in der Sowjetunion lebte, belegt dies auf einmalige Weise.[39] Auch heute noch in deutlicher Erinnerung ist Studer die Armseligkeit der Menschen und die Vernachlässigung der Strassen, Schienen und Bauten, abgesehen von den Prestigeobjekten Dnjepropetrowsk und Saparoschje. Offenbar ist es den Gastgebern weitestgehend gelungen, Hinweise auf die Hungersnot in Russland und der Ukraine vor ihren Gästen zu verbergen. Charles Studer sah zwar arme Menschen, heimatlose Jugendliche und auch mal einen Bettler, doch lediglich als an einer Bahnstation eine Frau einem Hund ein Stück Brot entriss, das dieser von den Schweizern zugeworfen bekommen hatte, bekam er eine Ahnung vom tatsächlichen Elend. Bestätigend in seiner Ablehnung des sowjetischen Systems wirkte eine Begegnung im Zug, dem einzigen Ort, wo laut Studer Kontakte mit Einheimischen doch möglich waren. Hier traf er auf einen Russen, der sich als alter Revolutionär zu erkennen gab und der auf Deutsch Stalin heftigst attakierte und dessen Politik als Verbrechen charakterisierte.

Diese Schilderungen stehen in auffallendem Gegensatz zu den Reisebedingungen und Erlebnissen Baumbergers, obwohl beide fast zeitgleich diese Reise unternommen haben. Die verschiedenen Begegnungen mit der sowjetischen Bevölkerung haben Baumberger berührt und beeindruckt, während für Charles Studer die Menschen auf grund des verhinderten Kontaks anonym und fremd geblieben sind. Folgt man ausschliesslich seinem Reisebericht, so entsteht der Eindruck der Gleichsetzung von System und Bevölkerung, der demzufolge nichts Positives beinhaltet. Dass er vom Land als solchem und auch von der Freundlichkeit der Menschen, die er aber nur aus der Distanz oder im Zug und Hotel erleben konnte, sehr wohl angezogen war, bringt er erst 60 Jahre später im Gespräch zum Ausdruck.

Dass Charles Studer mit seiner klaren Ablehnung des Sowjetsystems die Meinung der Mehrheit der Teilnehmer seiner Reisegruppe wiedergibt, machen die einleitenden Sätze Arno Wildhabers deutlich.

---

[39]   Vgl. Robert Robinson, Black on Red.

"Es gab keine verkappten Kommunisten unter uns, wir waren so im grossen und ganzen alle bürgerlich und demokratisch gesinnt, und ich glaube, wir sind alle wieder als Freunde des Bürgertums und der Demokratie zurückgekehrt, so dass die Angst um unsere politische Ueberzeugung, wie sie einige innerschweizerische Zeitungen und auch militärische Amtsstellen hatten, sich als unbegründet erwies."[40]

Arno Wildhaber, geboren 1905 in St. Gallen, verstorben 1975 in Könitz, promovierte drei Jahre nach Charles Studer, ebenfalls an der Universität in Bern.[41] Wie bei Studer, so kommt auch in Wildhabers Äusserungen das herrschende Bild der "Freunde des Bürgertums", wie er seine Reisegruppe bezeichnet, aber auch der Amtsstellen und der meisten Zeitungen über die Sowjetunion und die Kommunisten klar zum Vorschein. In ständiger Angst vor Unterwanderung und ideologischer Verführung sah ein Grossteil der bürgerlichen Öffentlichkeit fünfzehn Jahre nach der Oktoberrevolution solche Reisen nur ungern und mit grosser Skepsis. Auch die Reiseteilnehmer selber waren offenbar erleichtert, keine getarnt agitierenden Kommunisten in der Reisegruppe gehabt zu haben. So kamen denn auch alle als Demokraten in die Schweiz zurück, konstatiert Wildhaber befriedigt.

Persönlich beeindruckt war Wildhaber von der gewaltigen Arbeitsleistung und Anstrengung, die von den Sowjets unternommen wurde, um das Niveau des Volkes zu heben. Er betont aber auch, dass nicht alle Mitreisenden so empfunden haben und stattdessen enttäuscht über die schlechten Planergebnisse waren.

Dass Wildhaber und seinen Kollegen nicht nur eine beschönigte Realität vorgeführt wurde oder werden konnte, macht er an Hand des gesehenen Elends deutlich, das ihn offenbar stärker als Charles Studer aufgefallen ist. Zerlumpte hungrige Menschen, die sich um ein Stückchen altes Brot schlugen, bettelnde ehemalige Mönche, verwahrloste, kranke Menschen, die in den Bahnhofshallen lagerten – das alles bekamen sie zu Gesicht. Wildhaber erklärt das damit, dass der Staat nur für die Arbeitswilligen und nicht für die ehemaligen "Ausbeuter" sorge. Das ihm Wichtigste habe er aber nicht erfahren können: wie der einzelne Mensch mit diesem System lebe und wie er den "Zwang des Systems" empfinde. "Offenbar anders als wir, offenbar

---

40   Arno Wildhaber, Drei Wochen, S. 3-4.
       Leider ist nicht bekannt, wie sich diese Angst der militärischen Amtstellen konkret geäussert und ausgewirkt hat.
41   Diese Angaben stammen aus seiner Dissertation "Das Bild der Reformation in der jungdeutschen Epoche".

empfindet er ihn nicht so stark, aber wo sind die Grenzen, betrachtet er als Wohltat, was für uns Eingriff in unsere Rechte bedeutet?"[42]

Da für Wildhaber feststeht, dass es sich beim sowjetischen System um ein Zwangssystem handelt, kann er sich die oft vorgefundene Zufriedenheit der Menschen nur mit einem Mentalitätsunterschied erklären, der darin begründet liege, dass die Russen Zwang nicht als Zwang empfänden – im Gegensatz zu ihm und seinen Kollegen, den "freien Bürgern".

"Wie wir empfinden, das kommt uns deutlich wieder zum Bewusstsein, als wir in Wien nach drei Wochen wieder einmal Glocken hören, als wir kaufen können, was wir wollen – da erst merken wir, dass wir im tiefsten Grund unseres Herzens bürgerlich sind, bürgerlich geblieben sind, freie Bürger eines freien Landes."[43]

Was Charles Studer als Resultat der staatlichen Manipulation ansieht, erklärt Wildhaber mit der russischen Mentalität, so vor allem den Aufbauwillen, den Enthusiasmus und das grosse Lerninteresse der jungen Menschen – Eigenschaften, die sie auf ihrer Reise an sowjetischen Bürgern immer wieder erlebt haben und die den meisten Reisenden der ersten beiden vorgestellten Gruppen als Früchte des zu bejahenden sowjetischen Systems erschienen. So präsentiert sich die Beobachtung einzelner Phänomene bei den drei Gruppen oftmals als identisch, die Interpretation hingegen erfolgte auf dem Hintergrund der jeweiligen politischen Orientierung und individuellen Wahrnehmungsweise entsprechend gegensätzlich.

6.3.5 Elisabeth Thommen

Elisabeth Thommen, geboren 1888, stammte aus Waldenburg (BL) und arbeitete als Journalistin, Radiomitarbeiterin und Schriftstellerin.[44] Sie gelangte 1933 eher zufällig zu ihrer Fahrkarte in die Sowjetunion. Auf der Zürcher Bahnhofstrasse traf sie einen Bekannten, der sie auf eine sehr billige Reisemöglichkeit in die Sowjetunion aufmerksam machte. Der Anmeldeschluss war schon zwei Tage später, und es gab noch freie Plätze. "Russland? Warum nicht? Das Land steht im Brennpunkt des Weltinteresses."[45] Aus diesem Grund entschloss sich Elisabeth Thommen zur Teilnahme.

---

[42] Arno Wildhaber, Drei Wochen, S. 53.
[43] Ebenda, S. 53-54.
[44] Vgl. Bernhard Furler, Augenschein, S. 168.
[45] Elisabeth Thommen, Blitzfahrt, S. 5.

Die Warnung von Bekannten, dass sie sicher nur das Beste vorgeführt bekommen werde, konnte sie in ihrer Vorfreude nicht beeinträchtigen. Jedes Land zeige sich seinen Gästen nur von seiner besten Seite, die Schweiz genauso wie die Sowjetunion, hielt Thommen diesem Einwand entgegen. "Nein, alles werden Fremde nie sehen. Aber einiges doch. Denn glauben Sie, dass je ein Land sich selber ganz verbergen könne?"[46] Sie ist sich sicher, dass sie die Stimmung und Lebenssituation eines Volkes immer erkennen könne, ungeachtet der Präsentation der Realität durch die Reiseführung.

Organisiert war diese Reise ursprünglich für marxistische Studenten aus vierzehn verschiedenen Ländern. Aus der Schweiz kamen fünf Teilnehmer. Da es aber offensichtlich nicht so viele marxistische Studenten gab, wurden auch andere Berufsgruppen und Menschen mit anderen politischen Auffassungen als Teilnehmer akzeptiert. Dies habe während der ganzen Reise zu anregenden Auseinandersetzungen geführt. "Noch nie in meinem Leben war ich mit einer Gesellschaft zusammen, die so viel fragt, so nach Erkenntnis ringt, so viel wissen möchte."[47]

Thommens Bericht macht deutlich, dass die Verfasserin vom Gesehenen beeindruckt war, besonders vom Selbstbewusstsein der sowjetischen Frauen. Bei den Besichtigungen wurde sie auch mit schlechten Lebensbedingungen konfrontiert, so die Unterbringung der Gefangenen in einem Leningrader Gefängnis. Einerseits beanstandete sie dies, andererseits betonte sie, dass die Haftbedingungen in sowjetischen Gefängnissen im Vergleich zur Schweiz viel humaner seien. Solche kritischen Äusserungen am Schweizer System bilden in dieser dritten Gruppe die Ausnahme. In der Regel blieb die Schweiz bei den "bürgerlichen" Reisenden als positiver Massstab unumstritten.

Es ist bedauerlich, dass kein weiterer Reisebericht eines Teilnehmers dieser Reise auffindbar war, der dieses von Thommen so hervorgehobene Spektrum der Anschauungen und Interpretationen deutlich gemacht hätte.

6.3.6 Annemarie Schwarzenbach

Eine Freundin und Reisegefährtin Ella Maillarts war Annemarie Schwarzenbach. Sie wurde 1908 in Zürich als Tochter des Textilindustriellen Schwarzenbach und seiner Frau Renée Wille – sie war die Tochter von General Ulrich Wille – geboren und wuchs in einer der reichsten Familien der Schweiz

---

[46]   Ebenda, S. 6.
[47]   Ebenda, S. 15.

auf.[48] Nach ihrer Matura studierte sie in Zürich und Paris Geschichte und promovierte 1931. Im gleichen Jahr erschien ihr erstes Buch. Sie betätigte sich von da an als freie Schriftstellerin und Fotografin, verkehrte in literarischen Kreisen und hatte engen Kontakt zu Erika und Klaus Mann. Mit letztgenanntem reiste sie 1934 nach Moskau zum internationalen Schriftstellerkongress. Ihre Reisen führten sie aber auch nach Amerika, nach Afrika, und, 1939 zusammen mit Ella Maillart, über die Türkei und Persien nach Afghanistan. Überschattet waren Annemarie Schwarzenbachs Reisen, war ihr Leben seit dem Beginn der dreissiger Jahre von ihrer Drogenabhängigkeit, die sie bis zu ihrem frühen Tod 1942 nicht überwinden konnte.

Durch ihren dreiwöchigen Aufenthalt in Moskau und Leningrad ist sie zum Schluss gekommen, dass die im Westen verbreiteten Ansichten über die Sowjetunion grundsätzlich falsch seien und deshalb keine Grundlage für die Beurteilung dieses Systems böten.

"Man hat hier ein neues Leben begonnen, welches dem Stand der Technik und ihren Mitteln Rechnung trägt, und man hat die Folgen für die sozialen Verhältnisse, die Arbeitsbedingungen, die Vor- und Nachteile, studiert. Man findet hier, dass die technischen und zivilisatorischen Fortschritte der Menschheit nicht unabsehbares Unglück bringen sollen, wie es bei uns der Fall ist, sondern dass man sie als Mittel benützen soll, um das Unglück zu überwinden, die Menschen freier, gesünder und glücklicher zu machen."[49]

Annemarie Schwarzenbach betont, dass sich die Lage für alle verbessert hat, dass jeder leisten kann, so viel er möchte und dass er dafür auch honoriert wird. Die Ausbeutung der Arbeitskraft gehöre hier der Vergangenheit an.

"Ich finde, dass all diese Tatsachen den selbstverständlichen Begriffen von Gerechtigkeit entsprechen, während man sich im Westen an die schlimmsten Dinge gewöhnt hat, in der Meinung, dass sie unüberwindlich, natürlich seien."[50]

Ihr Urteil basiert nicht nur auf persönlichen Erlebnissen und Erkenntnissen, sondern auch auf falschen Informationen, die sie während ihres Aufenthaltes von sowjetischen Repräsentanten erhalten hat. So glaubte sie den Erzählungen, dass es den sowjetischen Bauern erst durch die Kollektivierung gut gehe und dass Berichte über Hunger Lügen seien. Die "techniques of hospitality"

---

[48] Biographische Angaben zu Annemarie Schwarzenbach finden sich in dem Buch "Auf der Schattenseite" und im Nachwort zu Ella Maillarts Buch "Ausser Kurs".
[49] Annemarie Schwarzenbach, Russland 1934, S. 55.
[50] Ebenda, S. 57.

haben bei Annemarie Schwarzenbach, dieser jungen, intellektuellen Autorin, die über den Zustand des "alten Europas" in jeder Hinsicht deprimiert war, Erfolg gehabt, wenn auch nicht dahingehend, dass sie sich anschliessend in Wort und Schrift für den sowjetischen Weg eingesetzt hätte. Ihre Lebensprobleme und ihre erfolglose Suche nach einem Lebenssinn blieben auch nach ihrem Sowjetunionaufenthalt dominierend.

6.3.7 Adolf Voegeli

Aus rein landschaftlichem Interesse bereiste der Zürcher Arzt und begeisterte Wanderer Adolf Voegeli 1935 die Sowjetunion mit dem rein sportlichen Ziel, im Kaukasus Bergtouren zu machen. Auch solche Individualreisen in abgelegene und fast unerschlossene Gebiete der Sowjetunion wurden von Intourist organisiert. Diese Organisation erfüllte Voegelis sehr ausgefallene Programmwünsche, wenn auch sicher gegen eine entsprechend hohe Bezahlung.

Die sowjetische Bevölkerung stellte er sich auf Grund der Medienberichterstattung in der Schweiz als ein "geknechtetes, verwahrlostes und halbverhungertes Volk"[51] vor. Mit diesem Bild ist er in die Sowjetunion gekommen, wie er einleitend berichtet. Sein Interesse am sowjetischen System wuchs erst während der Reise, so dass er fast doppelt so lange wie geplant im Land blieb und eine Korrektur seiner vorgefassten Meinung vollzog.

Das erwachte Interesse an den politischen und ökonomischen Verhältnissen fasst er in drei Fragen zusammen: er wollte wissen, welche Zukunft dem ökonomischen System der Sowjetunion beschieden sein werde, ferner, welchen Einfluss dieses auf Westeuropa habe und ob man heute schon entscheiden könne, welches der beiden Systeme das bessere sei. Antworten darauf versuchte er in Gesprächen mit sowjetischen Bürgern während der Reise und durch die Lektüre theoretischer Schriften nach seiner Rückkehr zu erhalten. Seine Erfahrungen und Erkenntnisse versuchte er auch Schweizer Zeitungen mitzuteilen, um sie in ihrer oft tatsachenwidrigen Berichterstattung zu korrigieren. Doch seine Leserbriefe wurden nie veröffentlicht, da sie, wie er selbst erklärt, den Zeitungsverantwortlichen nicht in das gezeichnete Bild über die Sowjetunion passten.

Voegeli fällt kein abschliessendes Urteil über den sowjetischen Weg, denn das werde die Geschichte selber tun. In Anbetracht der grossen wirtschaftlichen Probleme und der Massenarbeitslosigkeit in Europa hielt er das sowjeti-

---

[51]   Adolf Voegeli, Soviet-Russland, S. 3.

sche System in ökonomischer Hinsicht für besser, auch wenn er im politischen System einen Mangel an Demokratie konstatierte.

Voegeli ist ein Beispiel für einen bürgerlich gesinnten Schweizer, den die sozialen und wirtschaftlichen Probleme Europas, vor allem das Elend der Massenarbeitslosigkeit, zu einem Zweifler an der Allmacht der Demokratie werden liessen. Für ihn wurde die politische Freiheit zur Scheinfreiheit, die dem in soziale Not Geratenen weniger hilft als ein fester Arbeitsplatz, den das Sowjetsystem im Gegensatz zu den westlichen Demokratien seiner Bevölkerung garantierte.

Gleichzeitig wird aber auch sehr deutlich, dass Adolf Voegeli trotz seiner Kritik am Zustand der westlichen Demokratien ein stark eurozentristisches Weltbild an die Sowjetunion herangetragen hat. Dies wird am Beispiel der von ihm charakterisierten Kaukasier deutlich. Sie sind für ihn Wilde, die nichts so gut wie die Europäer können, nicht einmal reiten – dabei hat er aber nur das Reiten nach europäischem Muster vor Augen. Auch die Sowjetbeamten sind, gemäss europäischem Massstab, in der Arbeit nach der Uhr noch nicht perfekt, wie Voegeli betont.

Der Umgang schweizerischer bürgerlicher Zeitungen mit den Richtigstellungen Adolf Voegelis ist Ausdruck einer fehlenden Bereitschaft, sich auch mit anderen Auffassungen und Erlebnissen auseinanderzusetzen. Stattdessen förderte die politische Entwicklung in Deutschland nach der Machtergreifung Hitlers eine gegenläufige Tendenz.

Eine immer schärfere Ablehnung des sowjetischen Systems und eine gleichzeitige Indifferenz bis hin zu erklärtem Wohlwollen gegenüber der Diktatur des Nationalsozialismus zeigt sich auch in den Reiseberichten ab der zweiten Hälfte der dreissiger Jahre. Die abwertenden Stereotypen in Bezug auf die Beurteilung des sowjetischen Volkes kommen deutlich zum Vorschein. Aus diesem Grund soll auf den folgenden Seiten das Schwergewicht auf die Darstellung dieser Stereotypen gelegt werden.

Im Jahre 1936 wurden drei Schweizer Reiseberichte über drei sehr unterschiedliche Reisen durch die Sowjetunion veröffentlicht.

6.3.8 Fritz Gsell

Vom 29. Mai 1936 bis zum 15. Juni besichtigte Fritz Gsell aus Zürich mit 13 weiteren Mitgliedern der Vereinigung zur Förderung der Handelsbeziehungen Schweiz-Sowjetunion die Städte Moskau, und Charkow sowie das Dnjepr Wasserkraftwerk. Die Schweizer Veranstalter waren mit der guten Beteiligung so zufrieden, dass sie für den Monat November des gleichen Jahres eine zweite Reise planten.

"Die 'Vereinigung zur Förderung der Handelsbeziehungen Schweiz-Sowjetunion' bemüht sich, die gegenseitigen wirtschaftlichen Hemmnisse zu beheben, sie ist eine wirtschaftliche Vereinigung und bezweckt den schweizerisch-russischen Handelsverkehr zu fördern."[52]

Mit diesem Ziel haben sich Schweizer aus Wirtschaft und Politik 1936 zusammengeschlossen. Hierbei scheinen sie die Unterstützung der grössten Schweizer Produzenten wie Sulzer und Bührle gefunden zu haben. Entsprechende Stellungnahmen sind in der ersten Nummer ihres Informationsblattes abgedruckt. Begründet wird die Notwendigkeit des Handels mit der Sowjetunion mit der Wirtschaftskrise in der Schweiz und den grossen Möglichkeiten, die der sowjetische Wirtschaftsraum bietet: "Ist es nicht möglich durch geeignete Massnahmen vermehrte Aufträge aus Russland für die Schweiz zu erlangen? Aufträge, durch die vielleicht Hunderte von Arbeitslosen wieder Beschäftigung finden können?"[53]

Um diesen wirtschaftlichen Ausweg beschreiten zu können, tritt die Vereinigung für die diplomatische Anerkennung der Sowjetunion durch die Schweiz ein, ungeachtet der gegensätzlichen politischen Systeme.

"Das Regierungssystem der UdSSR, genau wie andere Diktaturen, entspricht nicht der schweizerischen Staatsauffassung, aber schliesslich hat jedes Land das Recht, seine eigene Regierungsform zu bestimmen. Das ist eine Angelegenheit, die uns nichts angeht."[54]

Auch bei einer diplomatischen Anerkennung der Sowjetunion befürchtete man keine politische Unterwanderung der Schweiz. Extremismus hinge keinesfalls nur von äusseren Einflüssen ab, sondern davon, ob es der Schweiz gelinge, ihre sozialen Probleme zu lösen, "ob es möglich ist, die vielen Beschäftigungslosen wieder in den Arbeitsprozess einzuführen und der Grossstadtjugend wieder das Glück der Arbeit zu geben."[55] Trotz ihrer erklärten politischen Nichteinmischung in fremde Systeme betont die Vereinigung, dass sie mit ihrer Zeitung Tatsachen vermitteln und durch Aufklärungsarbeit die schweizerische Volkswirtschaft aus der Sackgasse führen wolle. Neben den Wirtschaftsinformationen gehören dazu auch die konkreten Besichtigungen vor Ort und die Publikation von Berichten darüber. Unter der Überschrift

52 Handels-Information Schweiz-Sowjetunion, Nr. 1, 1936, S. 6.
53 Ebenda, S. 1.
54 Ebenda, S. 6.
55 Ebenda, S. 1.

"Was Schweizer Industrielle von einer Studienreise nach der UdSSR berichten" folgt der Bericht von Fritz Gsell, dem Direktor der Reishauer-Werkzeuge AG in Zürich. Gsells kurzer Reisebericht enthält jedoch neben ein paar allgemeineren Produktionsschilderungen lediglich Beschreibungen der Metro und des Kulturparks in Moskau.

Fritz Gsell war 1885 als jüngstes Kind einer Bauernfamilie in Zihlschacht geboren.[56] Da der Vater früh verstorben war, musste die Mutter die Erziehungs- und Versorgungsaufgaben für die Familie übernehmen. Dem Besuch der Sekundarschule folgte eine mehrjährige Lehre in der Firma Gebrüder Sulzer in Winterthur. 1910 legte er am Technikum in Winterthur die Diplomprüfung ab. Nach mehrjährigem Auslandsaufenthalt kehrte Gsell zu Sulzer als Leiter der Werkzeugabteilung zurück und arbeitete dort, bis er 1922 den Direktorposten der Reishauer-Werkzeuge AG in Zürich angeboten bekam. Diese Funktion übte er bis 1955 aus. Gsell haben es die Reishauer Werke zu verdanken, dass sie die Krisenjahre überstanden haben, expandieren konnten und international erfolgreich waren. Ein Hinweis in der Firmengeschichte belegt die Krisenzeit auch für die Reishauer-Werke vor und bis 1937.[57] In diesem Zusammenhang stehen die Bemühungen der Firma, den Markt in der Sowjetunion zu erschliessen, woran Gsell gemäss seines Berichtes sehr interessiert war. Entsprechend ist die Sichtweise, mit der Gsell an die sowjetischen Produktionsstätten herantritt. Dass es an geübtem Personal fehlt, fällt ihm auf, doch stört ihn das wenig. Denn gerade dieser Umstand und die volle Auslastung der Maschinen durch das Dreischichtensystem bilden ja die Chance für Schweizer Maschinenexporte, wie er hervorhebt. Dieser Faktor allein ist ausschlaggebend für Gsell als Unternehmer, wenn er die Fabriken besichtigt und nicht die sozialen Verhältnisse der sowjetischen Arbeiterschaft. Er enthält sich jedes politischen Kommentars und begnügt sich mit einem Lob auf die Moskauer Untergrundbahn und den Kulturpark. So unterscheidet sich Gsell mit seiner Reisemotivation und seiner Interessenlage und, in der Folge, mit seinem Bericht doch wesentlich von den anderen Schweizer Reisenden, weil es ihm wirklich nur um den Aufschwung der eigenen Wirtschaft unter Beibehaltung des eigenen Systems ging – und dafür schien selbst der sowjetische Markt geeignet.

---

[56] Die biographischen Angaben stützen sich auf einen Nachruf auf Fritz Gsell in der Neuen Zürcher Zeitung vom 6. April 1959.
[57] Vgl. 150 Jahre Reishauer, S. 22.

6.3.9 Erhard Jaeger

Ganz andere Motive für eine Sowjetunionreise hatte Erhard Jaeger, geboren 1901 in Wald bei Zürich.[58] Ihm erscheinen im Jahre 1936 das nationalsozialistische Deutschland und die Sowjetunion gleichermassen interessant, erklärt er in seiner Einleitung. So habe er sich entschlossen, mit einem reiseerfahrenen Freund zusammen die Sowjetunion zu bereisen. Er kann jedoch nicht erklären, was ihn an diesem Land konkret interessiert, obwohl er betont, dass er sich vor Antritt der Reise eingehend über Land und Leute informiert habe. Was er daraus geschlossen hat und mit welchen Vorstellungen und Erwartungen er nun reist, teilt er den Lesern seines Reiseberichts ebenfalls nicht mit.

Jaeger und sein Begleiter reisten mit Intourist. Ihr Programm bestand aber – im Gegensatz zu anderen – fast ausschliesslich aus Besichtigungen von Kulturgütern, ergänzt durch Kirchenbesuche in der ihnen zur Verfügung stehenden freien Zeit.

Jaegers erklärter Objektivitätsanspruch erweist sich schon zu Beginn der Reise als nicht unrealistisch. Auf seiner Durchreise durch das nationalsozialistische Deutschland macht er Halt in mehreren Städten und schildert diese in den leuchtendsten Farben. Er berichtet von der "guten Gesinnung des deutschen Zollbeamten", von einem Konzentrationslager, an dem sie vorbeifahren und das "für einen Moment" Weh und Leid ins Gedächtnis rückt, das aber durch "eine Partie Jass" und das Essen im Speisewagen sofort vergessen ist.[59] In Berlin konstatiert Jaeger ein Zeitungssterben, ohne den Grund zu nennen. Dann besichtigt er die Kroll-Oper, "die in der Zwischenzeit [1933 bis 1936 – d.V.] Heim der gesetzgebenden Versammlung des Reiches war", ohne ein Wort über den Zustand dieser "Versammlung" zu verlieren, genauso wenig wie über "Görings neueste Bauschöpfung, den riesigen Bau des Luftfahrtministeriums", für den er nur Bewunderung übrig hat.[60] Unterwegs zum Olympiadorf, dem "Dorf des Friedens", treffen sie auf Tank-Einheiten. Jaeger weiss, dass diese eines Tages zum Einsatz kommen könnten und erkennt den Gegensatz zum angeblichen Friedensdorf. "Wie überall in der Welt haben wir aber auch hier in nächster Nähe die Kehrseite der Medaille."[61] Mit dieser Erklärung rückt er den nationalsozialistischen Staat in einen internationalen Kontext, der besagt, dass Deutschland sich nicht von anderen Ländern unterscheidet.

---

[58] Weitere biographische Angaben konnte ich bis zum Zeitpunkt der Druckvorbereitung nicht erhalten.
[59] Erhard Jaeger, Russland-Reise, S. 6-7.
[60] Ebenda, S. 7-8.
[61] Ebenda, S. 9.

Obwohl das Hauptgewicht von Jaegers Reisebericht auf der Beschreibung der sowjetischen Verhältnisse liegt, wirken diese indifferenten bis bewundernden und Tatsachen verschleiernden Beschreibungen Deutschlands hinsichtlich seiner deklarierten Objektivität und seines Wertmassstabes desavouierend.

Seine daran anschliessenden Beschreibungen der Sowjetunion bieten eine grosse Anzahl bekannter Stereotypen über das sowjetische Volk und sein Leben. Dazu gehört als erstes das Bild, das er von der Bevölkerung hat und wiederholt zur Anwendung bringt. Die "russischen Menschen" nennt er "grosse Kinder" und ihr "Gemüt" beschreibt er stets als einfach bis primitiv.[62]

Gar in kolonialistische Zeiten fühlt man sich versetzt, wenn Jaeger berichtet, wie er im Zug seinen Proviant aus dem Hotel an Fahrgäste verteilt habe und diese sich dann wie Kinder über Staniolpapier und gestanzte Servietten gefreut hätten.[63]

Er mokiert sich über den Gehorsam der Menschen, wenn sie "wie von einer strafedrohenden Hand befohlen" in einer Reihe an den Haltestellen auf die Busse warten.[64] So wird, was in England als bewundernswerte Eigenschaft der Briten gepriesen wird, ins absolute Gegenteil verkehrt, weil es sich in der Sowjetunion abspielt. Dies gilt auch für das Problem der Konzentrationslager, von denen er eines auf seiner Reise durch Deutschland gesehen, das aber bei ihm keinen Protest hervorgerufen hat. Gleichzeitig schreibt er nicht nur einmal von sowjetischen Konzentrationslagern, die ihn sehr empören.

Ein anderes Beispiel zeigt, wie widersprüchlich Jaeger in seiner Beurteilung und seinen Wertmasstäben sein konnte.

So beklagt er die Interesselosigkeit der sowjetischen Bevölkerung den Fremden gegenüber, was sich ihm darin zeigt, dass nicht einmal sein Hotelessen die Aufmerksamkeit der Fensterputzerinnen erregt habe. Kurze Zeit später berichtet er von den sehnsüchtigen Blicken der Arbeiterinnen auf die Kleidung der ausländischen Gäste.

Ein weiterer Stereotyp zeigt sich im Zusammenhang mit der Religionsauffassung der Bolschewiki. Jaegers Beschreibungen schildern eine Stimmung der Bedrücktheit, Armseligkeit und Perspektivlosigkeit, wenn es um den Alltag der Sowjets geht. "Sonnenglanz" zeigt sich nur über den Kirchen und den

---

[62]   Ebenda, S. 24, S. 34, S. 48.
[63]   Vgl. ebenda, S. 48.
[64]   Ebenda, S. 27.

zaristischen Bauten.[65] Die Menschen werden als pietätlos dargestellt, wenn sie in einem Begräbniszug einfach gekleidet singend und schwatzend mitlaufen. Es fehlt ihnen in Jaegers Augen am religiösen Empfinden, was sie per se schon abwertet. Dennoch hat er von den Kirchenbesuchern, vor allem von den Kirchenbesucherinnen, kein besseres Bild. Hier sind es wieder "primitive Frauen" oder "armselige Weiblein", die zum Beten kommen.

Obwohl Religion und Glauben für Jaeger selber von grosser Bedeutung sind, lässt sich auch bei ihm ein gewisser Antisemitismus nicht übersehen. Schon bei seinem Aufenthalt in Warschau und der Besichtigung des jüdischen Viertels machte sich dies bemerkbar. "Beim Gang durch diese Strassen und Quartiere denkt man unwillkürlich an das heute aktuelle Judenproblem, dessen Lösung so.fragend ungewiss scheint."[66] Wer dieses "Problem" künstlich erzeugt hat und wer hierfür eine "Lösung" verlangt, versäumt Jaeger zu nennen. Über die Verhältnisse in der Sowjetunion weiss er dann zu berichten, dass die neuerbauten Wohnhäuser nur von Parteibürokraten bewohnt werden, "wovon ein grosser Prozentsatz Israeliten"[67] seien. Bei der Besichtigung einer Zigarettenfabrik hält er es für wichtig zu betonen, dass der Betriebsleiter ein Jude ist. Woher Jaeger diese Angaben hat, bleibt unklar – wie bei den meisten Angaben, die er in seinem Reisebericht macht. Dass er sie aber nicht von den Reiseleitern erhalten hat, kann als gesichert gelten. Vielmehr scheint sich Jaeger zur Charakterisierung des sowjetischen Systems des bekannten Stereotyps vom bolschewistischen Judentum zu bedienen.

Auf diesem Hintergrund der nun dargestellten Stereotypen überrascht es nicht, dass Jaeger froh war, die Sowjetunion endlich verlassen und in die Heimat reisen zu können. Wieder zuhause fragt er sich, weshalb er die Schweiz überhaupt verlassen habe, ist sie doch das schönste, sauberste und sicherste Land, das es gibt. Das Freund-Feind-Schema zeigt sich bei Jaeger deutlicher als bei allen Reisenden vorher. Es ist zudem von einem latenten Antisemitismus untermauert, der einen wesentlichen Bestandteil der antisowjetischen Propaganda darstellte.

6.3.10 Josef Maria Camenzind

Der Priester und Schriftsteller Josef Maria Camenzind, der im gleichen Jahr die Sowjetunion durchquerte, scheint sich mit seiner Wahrnehmung nur wenig von der Jaegers unterschieden zu haben.

---

65 Ebenda, S. 25.
66 Ebenda, S. 11.
67 Ebenda, S. 22.

Camenzind, geboren 1904, war Geistlicher am Institut Bethlehem in Immensee, betätigte sich aber auch als Schriftsteller. Kurz vor seiner Asienreise hatte er seinen ersten literarischen Erfolg mit dem Heimatroman "Die Stimme des Berges". Diesem folgten sein Reisebericht und weitere Romane, die ebenfalls in den Bereich der Heimatdichtung gehören. Mit diesen Büchern hat sich Camenzind als Schweizer Volksdichter einen Namen gemacht und sich vor und während des Zweiten Weltkriegs "ganz in den Dienst einer konservativ geprägten geistigen Landesverteidigung"[68] gestellt.

Seine Sowjetunionerlebnisse im Sommer 1936 beruhen hauptsächlich auf dem von der Transsibirischen Eisenbahn aus Gesehenen. Er fuhr mit dieser Bahn in den vier Jahre zuvor geschaffenen japanischen Satelitenstaat Mandschukuo. Camenzind hatte lediglich in Moskau einen Aufenthalt von vier Stunden, der ihm aber für ein abschliessendes Urteil über das Sowjetsystem auszureichen schien.

Auch bei Camenzind zeigt sich die Geringschätzung der sowjetischen Bevölkerung gegenüber, so beispielsweise bei seinen Beschreibungen des Zugpersonals. Der Oberkellner "vergeht vor Hilfsbereitschaft", die Kellnerin ist "nicht allzu sauber", und den zweiten Kellner nennt er "ein junges, bleichgesichtiges Bürschchen".[69] Mit der Ausstattung des Zuges und der Versorgung ist er, im Gegensatz zu allen bisherigen Reisenden, nicht zufrieden. Sein Zweitklasswagen "müffelt" und das Essen ist nicht immer gut. Er habe drei faule Eier und Tee, der nach Abwaschwasser schmeckte, serviert bekommen.

Seine Beschreibungen einzelner Sowjetbürger stellen eine Bandbreite negativer und abwertender Eindrücke dar. Neben dem Zugpersonal, das sich durch Art und Aussehen disqualifiziert, berichtet er noch von einer deprimierten russischen Mutter mit ihrer geisteskranken Tochter und von einem jungen russischen Ehepaar, "offenbar Protektionskinder der Sowjets"[70], die ebenfalls in diesem Zug reisen. Der Dolmetscher im Zug, den er nur mit dem Vornamen anspricht, wird zwar etwas positiver dargestellt, doch liegt der Grund dafür in seiner Ähnlichkeit mit Camenzinds Korporal. Die Menschen an den Bahnhöfen charakterisiert er entweder als verwahrlost und abstossend unhygienisch oder auch als gewalttätig. Für sie stelle das angefaulte Obst aus dem Zug eine Delikatesse dar. Gerne würde Camenzind ihnen Schweizer Äpfel anbieten. "Diesen Steppensibirianern würde wohl ihr kommunistisches Herz durchgehen."[71]

---

[68]   Lexikon der Schweizer Literatur, S. 178.
[69]   Josef Maria Camenzind, Ein Stubenhocker, S. 39-40.
[70]   Ebenda, S. 85.
[71]   Ebenda, S. 97.

In der Verallgemeinerung wird dann aber aus diesen Menschen das gutherzige russische Volk, das hinter Gittern leben muss. Doch werden die Machthaber diese Güte "nicht für immer totschlagen"[72] können. Eines Tages werde Russland wieder das "Heilige Russland" sein. Davon ist Camenzind überzeugt.

Sein Erleben in Moskau drückt seine Auffassung aus, dass die Sowjetunion ein Gefängnis ist, in dem er aber offenbar doch gern wie ein bedeutender Gast behandelt worden wäre. Camenzind ist überzeugt, bei seinem vierstündigen Aufenthalt verfolgt und bespitzelt worden zu sein und absichtlich keine Stadtrundfahrt ermöglicht bekommen zu haben, damit er die Missstände nicht sehen könne. Das, was er beobachtet hat, deutet er als Attrappe und Tünche. Obwohl er vorgibt, Gutes sehen zu wollen, weint er Moskau "keine Träne nach". Mit seinen ausländischen Mitreisenden im Zug ist er sich einig, dass die Sowjetunion ein Zuchthaus ist und die Machthaber aus dem Land eine einzige grosse Fabrik machen wollen.

Dass dieses Land nur ein Zuchthaus sein kann, liegt für den Priester Camenzind in der Abkehr von der Religion begründet. Welche Rolle Camenzind in diesem atheistischen Land einnehmen möchte, macht ein Beispiel deutlich: der Zug fährt durch die Weiten Sibiriens und passiert eine ganz neue Wohnsiedlung, die aus schönen Blockhäusern besteht und in deren Mitte Camenzind sofort eine Kirche stellen möchte. Er ist davon überzeugt, dass sich "in diesem Dorf im Urwald ohne Zweifel noch die Missionsromantik eines Gallus oder Sigisbert leben lassen"[73] müsste. Camenzinds Vergleich mit dem im 6. und 7. Jahrhundert missionierenden Mönch Gallus ist Ausdruck dafür, was für ein verzerrtes Bild er von der sowjetischen Bevölkerung hat.

In Anbetracht dieser Schilderungen erstaunt es nicht, dass ein deutscher Verlag diesen Reisebericht in mehrfacher Auflage publiziert hat und er offenbar keine Zensurmassnahmen seitens der nationalsozialistischen Machthaber zu befürchten hatte. Da selbst sein dreitägiger Berlinaufenthalt auf dem Weg in die Sowjetunion Camenzind zu keiner kritischen Äusserung über diese Diktatur veranlasst hatte, stand einer Veröffentlichung in Deutschland anscheinend nichts im Wege.

---

[72] Ebenda, S. 49.
[73] Ebenda, S. 66-67.

6.3.11 Ernst Hofer

War die sowjetische Bevölkerung in Erhard Jaegers Augen noch einfach, kindlich bis primitiv und bei Camenzind unzivilisiert, verwahrlost, zurückgeblieben, eingesperrt, aber im allgemeinen gutherzig, so zeigt sich bei Ernst Hofer, der 1941 kurz vor dem Überfall der Deutschen auf die Sowjetunion nach Moskau reiste, dass für ihn die Kategorie der Primitivität zur Beschreibung von Menschen und Verhältnissen im Vordergrund stand.

Ernst Hofer aus Rorschach am Bodensee unternahm im Auftrage seiner Firma diese Studienreise nach Moskau, um die geschäftlichen Möglichkeiten und Perspektiven für Geschäfte mit der Sowjetunion abzuklären, die durch das schweizerisch-sowjetische Handelsabkommen ermöglicht worden waren. Dies tat er trotz der akuten Kriegsgefahr, nachdem Intourist-Vertreter in Berlin jegliche Bedrohungssituation verneint hatten. Seinen anschliessend verfassten Bericht hat er nicht publiziert.

Für Hofer beginnt mit der Grenze zwischen dem Deutschen Reich und der Sowjetunion Asien und damit das primitive Dasein, ungeachtet dessen, dass das Grenzgebiet bis vor kurzem polnisches, d.h. europäisches Gebiet war. Die Häuser sind in seinen Augen schon asiatisch, auch wenn dies in Realität nicht sein kann.

Die Primitivität leitet Hofer aus der russischen Geschichte ab, die er aber faktisch falsch wiedergibt. Da die Verhältnisse schon vor 1917 "primitivst" gewesen seien, könne das Volk nur entsprechend primitiv sein und sei deshalb für eine Demokratie vollkommen ungeeignet; es bedürfe also eines autoritären Regimes, um die Ordnung zu gewährleisten.[74] Primitiv sind für Hofer dann auch die sowjetischen Truppen mit ihren Transportmitteln und die Lebensweise der Bevölkerung. Dass die Menschen mit diesen Verhältnissen zufrieden seien, ist ebenfalls Beweis für deren Primitivität.

Auch bei Hofer zeigt sich die immerwährende Existenz des Stereotyps vom slawischen Untermenschen, das bekanntlich in besonderer Ausprägung von der nationalsozialistischen Propaganda aufrecht erhalten wurde.

Der Antisemitismus scheint auch bei Ernst Hofer seine Wirkung gehabt zu haben, was sich darin zeigt, dass er für die antideutsche Stimmung unter den sowjetischen gebildeten Schichten Juden verantwortlich macht.[75] Dass sich schon wenige Wochen nach seiner Reise die schlimmsten Befürchtungen dieser Menschen bestätigen könnten, scheint ihm nicht denkbar.

---

[74] Vgl. Ernst Hofer, Reise-Bericht, S. 4-5.
[75] Vgl. ebenda, S. 11.

In die Schweiz zurückgekehrt ist Hofer überzeugt, dass dieses bolschewistische System für "anständige Schweizer" keine Gefahr darstellt und dass Geschäftsverbindungen deshalb geknüpft werden können.[76]

6.3.12 Paul Werner

Die Umstände unter denen Paul Werner 1941 das System des Bolschewismus kennengelernt zu haben glaubte, sprechen für sich. Nach dem Überfall der Deutschen auf die Sowjetunion und der Eroberung der Ukraine fährt er als Journalist zusammen mit Kollegen unter der Betreuung der deutschen Armee durch die besetzten Gebiete und behauptet, dass er der erste Ausländer sei, der sich seit der bolschewistischen Machtergreifung in "Russland" frei bewegen könne. Werner erachtet die Deutschen als Befreier, sowohl für die Polen, als auch für die sowjetische Bevölkerung, und nur dank dieser Befreier meint er, nun offen über das Leben in der Sowjetunion berichten zu können. Wie weit tendenziöse Wahrnehmung gehen kann, zeigt sich am Beispiel Werners sehr deutlich. Zudem wird augenscheinlich, dass die nationalsozialistische Propaganda auch von Schweizern auf Grund des gemeinsamen Antikommunismus nicht durchschaut wurde. Bei Werner zeigt sich dieser Antibolschewismus vermischt mit Antisemitismus in bekannter Weise, was ihn zu einer unhaltbaren Darstellung der historischen Ereignisse geführt hat.

Schon auf seiner Durchreise durch Polen ist er auf Schritt und Tritt mit der nationalsozialistischen Judenpolitik konfrontiert. Er berichtet von Ghettos für Juden, von der Kennzeichnungspflicht, von Arbeitseinsätzen, von Verboten gegenüber Juden hinsichtlich der Benutzung von Geschäften und öffentlichen Transportmitteln und von einer Abnahme der Zahl der Juden. Mit keinem Wort jedoch erklärt er, welche Ideologie die Nationalsozialisten gegenüber Juden vertreten und vor allem nicht, welchen Vernichtungsfeldzug sie seit geraumer Zeit führten und weshalb die Zahl der Juden deshalb "abgenommen hat". Über Konzentrationslager, von denen Erhard Jaeger schon 1936 gewusst hat, schweigt Werner sich aus – so etwas würde nicht in das Bild über die deutschen Befreier passen, deren Ankunft doch angeblich von allen freudig aufgenommen worden war. Auch Massenvernichtungen durch die deutsche SS, wie sie in Kiew an hunderttausenden von Juden auf brutalste Art und Weise begangen worden sind, würden nicht in dieses Bild passen. Werner gibt die Erklärung des stellvertretenden Bürgermeisters von Kiew wieder, wonach die "Israeliten", die 42% der Kiewer Bevölkerung ausgemacht ha-

---

[76] Vgl. ebenda, S. 11-12.

ben, geflüchtet seien und nie mehr wiederkommen würden. Letzteres trifft zu, aber aus einem von Werner nicht erkannten Grund.

Auch die Brutalität des Krieges erscheint bei Werner, verglichen mit der Unterdrückung durch die Bolschewiki, relativ unbedeutend. Schlimm wird der Krieg nur durch das Vorgehen der Bolschewiki, nicht durch das der Deutschen. "Ja, dort wo der Krieg sich nicht festsetzt, ist so ein moderner Krieg fast gar nicht unangenehm."[77] Auch die Zerstörungen halten sich, gemessen an der Grösse des russischen Raumes "in sehr bescheidenen Grenzen"[78]. Die deutsche Armee hat nur militärische Ziele zerstört, alles andere geht auf das Konto der Russen, berichtet er. Hier gibt er zweifellos die Propaganda der deutschen Militärführung wieder, wie er sie auf der Fahrt durch die Ukraine zu hören bekommen hat. Dass er diese aber teilt, zeigt die ungeprüfte und unkritische Wiedergabe in seinem Reisebericht.

Wie sehr Werners Schilderungen sich mit dem von den Nationalsozialisten propagierten Bild des sowjetischen Untermenschen decken, zeigt sich immer dann, wenn er den Sowjetmenschen charakterisiert. "Er ist einfach eine Maschine, die sich dort einsetzen lässt, wo man sie braucht."[79] Ferner sei die "russische Masse" von nicht zu überbietender Gleichgültigkeit und Willenlosigkeit, sie sei hemmungslos und nur durch Todesdrohungen der Deutschen zur Ordnung zu bringen, wofür die Russen selber volles Verständnis aufbrächten.[80] Werner bescheinigt den Deutschen eine schwere Aufgabe, dieses Volk wieder zum Leben zu erwecken.

In seiner Ablehnung des Bolschewismus hat Werner sich ganz auf die Präsentation der Realität durch die Deutsche Armee gestützt und dadurch Fehlinformationen in seinem Bericht, der mehrere Auflagen erfahren hat, als Tatsachen ausgegeben. Es ist sicher davon auszugehen, dass Werner beispielsweise über das Massaker in Kiew nichts wusste. Gleichwohl waren die Ziele der nationalsozialistischen Politik gerade gegenüber der jüdischen Bevölkerung in Wort und Schrift seit zwei Jahrzehnten bekannt gemacht worden. Es war 1941 kein Geheimnis mehr, dass es Hitler um die Vernichtung der Juden ging und nicht einfach um eine Aussiedlung. Werner hat diese Tatsachen offensichtlich ignoriert und stattdessen in der deutschen Armee und der sie begleitenden SS die Kreuzritter gegen den Bolschewismus zur Befreiung Europas gesehen – womit er eine zum damaligen Zeitpunkt weitverbreitete Auffassung vertrat.

---

[77] Paul Werner, Ein Schweizer Journalist, S. 164.
[78] Ebenda, S. 164.
[79] Ebenda, S. 112.
[80] Vgl. ebenda, S. 160 und S. 168.

Werner hatte das Stereotyp des jüdischen Bolschewismus und des slawischen Untermenschen ganz in seine Sichtweise integriert und war deshalb nicht daran interessiert, das wirkliche Verhalten und Vorgehen der deutschen Besatzung in der Ukraine zu erfassen. Sein Augenmerk galt erklärtermassen ausschliesslich den Taten der Bolschewiki und nicht dem, was nach dem Rückzug der Roten Armee aus der Ukraine geschah. Die Beispiele, die er von Ukrainern erzählt bekam und die er in seinem Bericht wiedergibt, beweisen die massive Verfolgung der ukrainischen Bevölkerung durch die sowjetische Geheimpolizei. Äusserungen von Ukrainern über die deutschen Truppen scheinen hingegen ausschliesslich positiven Inhalts gewesen zu sein. Werner war sich sicher, nie auf bolschewistische Propaganda hereingefallen zu sein und belächelte andere Reisende, die sich täuschen liessen. Was er aber nicht realisierte, ist, dass er sich stattdessen durch die Propaganda der Deutschen und ihre "technics of hospitality" täuschen liess. Als Journalisten wurden er und seine Kollegen von der deutschen Wehrmacht in einem speziellen Fahrzeug chauffiert, mit deutschen Lebensmitteln gut versorgt, in sauberen Wehrmachtsunterkünften und Hotels untergebracht, von verschiedenen offiziellen Vertretern empfangen, und Pannen und Schwierigkeiten wurden stets prompt behoben. Diese Behandlung in Verbindung mit seiner Einstellung gegenüber Bolschewismus und Nationalsozialismus liess diesen "ersten Menschen", der sich "in dem unermesslich grossen russischen Raum frei bewegen durfte"[81], zu einem weiteren Beispiel eines irregeführten Reisenden werden

---

[81] Ebenda, S. 5.

7   Sowjetunionreisen damals und heute – eine Schluss-
betrachtung

Die Politik von Glasnost und Perestroika und das darauf folgende Ende des
Sowjetsystems haben in allen Gesellschaftsbereichen der ehemaligen Sowjetunion tiefgreifende Erschütterungen herbeigeführt und Neuorientierungen erforderlich gemacht. Dies gilt nicht nur für den zentralen Bereich der Wirtschaft, sondern auch für das gesamte politische und kulturelle Selbstverständnis der Menschen in diesem Land. Dieser äusserst komplizierte und meist
schmerzhafte Prozess zeigt sich in besonderer Weise, wenn es um die Auseinandersetzung mit der eigenen Geschichte seit 1917 geht. Was in diesem
Bereich bisher aus den Archiven an die Öffentlichkeit gelangt ist, erschüttert
das bis dahin propagierte und aufrecht erhaltene Bild von der menschlichen
sozialistischen Gesellschaftsordnung zutiefst. Es ist nur zu verständlich, dass
dieser Umstand gerade für die sowjetischen Historiker eine besonders
schwierige Situation darstellt. Die erforderliche Umwertung der Geschichte
führt nicht nur zu der Fragestellung nach der eigenen Verantwortung am stalinistischen und poststalinistischen System, sondern auch zu der Frage nach
der Verantwortlichkeit des Auslandes – sprich Europas und der USA – an
dessen Erhaltung. In diesem Zusammenhang greifen russische Historiker
auch die Reiseberichte bekannter Europäer und Amerikaner auf, in denen
sich bewundernde und bejahende Stellungnahmen zum sowjetischen Weg
finden. Haben diese Berichte berühmter Literaten und Politiker zur falschen
Einschätzung und damit zur Wahrung der stalinistischen Herrschaft gerade in
den dreissiger Jahren – dem Höhepunkt des Terrors – beigetragen, lautet ihre
Frage, die gefolgt wird von einer weiteren, der nach den Gründen für diese
Berichtsinhalte.[82]

Was immer das Motiv solcher Fragestellungen sowjetischer Historiker sein
mag – auch wenn es der eigenen Entlastung oder einem Verteilen der vielbe-
rufenen Schuld dienen soll – als Forschungsfragen sind sie für alle Historiker
von grossem Interesse. Die hier vorliegende Arbeit über Schweizer und ihre
Reiseberichte hat vesucht, zur Klärung und differenzierten Betrachtung dieses
Problems beizutragen.

Auf die grundsätzliche Frage nach dem Quellenwert von Reiseberichten
für die Geschichtsforschung und dem möglichen Erkenntnisgewinn, soll hier

---

[82]   Vgl. u.a. Vitalij Lel'čuks Referat "Sorevnovanie dvuch sistem – lozungi i
real'nost" anlässlich einer Historikertagung in Athen im Oktober 1991.

auf der Grundlage der durchgeführten Untersuchung als erstes geantwortet werden.

Generell kann gesagt werden, dass die Negativannahme Dietger Pfortes in ihrer Absolutheit keine Bestätigung gefunden hat, dass sie aber auch nicht pauschal zu verwerfen ist. Reiseberichte über die Sowjetunion eignen sich wie kaum eine andere Quellengattung dafür, das Vorgehen der sowjetischen Machthaber hinsichtlich ihrer Selbstdarstellung im In- und Ausland zu verdeutlichen. Aus heutiger Sicht erscheinen die Gegensätze zwischen den tatsächlichen und den präsentierten Lebensverhältnissen, wie sie in den Berichten zum Ausdruck kommen, oftmals als eklatant. Dass dies von vielen Reisenden nicht durchschaut wurde, hängt neben verschiedenen anderen Aspekten hauptsächlich mit der perfektionierten Präsentation von Realität und mit den "biographischen Faktoren" zusammen.

Mit der Präsentation der sowjetischen "Wirklichkeit" waren bestimmte Organisationen betraut, deren Geschichte bis heute einer genauen Erforschung harrt. Dies ist nicht erstaunlich, hat doch beispielsweise Intourist diese Aufgabe bis vor wenigen Jahren konsequent im beschriebenen Sinne ausgeführt. Erst die Politik von Glasnost zerstörte diese Vorspiegelung einer heilen Welt, und möglicherweise wird mittels Archivmaterial und persönlichen Berichten Beteiligter die Konzeption und Durchführung dieses grossangelegten Präsentationsmanövers genauer rekonstruierbar sein. Bekannt ist, dass die perfekte Betreuung der Reisenden während des gesamten Aufenthalts oberstes Prinzip der Organisatoren war. Sie wussten, wie wichtig eine bequeme Zugfahrt, ein komfortables Hotel, gute Verpflegung, Geschenke und Empfänge für das Wohlbefinden der ausländischen Gäste und in der Folge für den positiven Eindruck waren, den diese mit nach Hause nehmen würden. Ausgewählte Betriebe, arrangierte Treffen und Gespräche mit sowjetischen Arbeitern und Arbeiterinnen sollten diesen Eindruck noch verstärken. Mit den Schweizern wurde hierbei nicht anders verfahren als mit den sonstigen Besuchern der Sowjetunion. Es waren jedoch auch hier nicht alle gleichermassen damit einverstanden und zufrieden.

Obwohl fast keiner der Reisenden sich kontrolliert oder eingeengt fühlte, hatten nur wenige von ihnen nicht organisierte, persönliche Kontakte zu Sowjetbürgern. Max Tobler erfuhr auf diese Weise von einem Arbeiter über die Gefahren für diejenigen, die nicht die offiziellen politischen Auffassungen teilen, Ella Maillart aus ihren geheimen Besuchen bei Verbannten über die politische Praxis der Sowjets und aus Gesprächen mit Bauern in Taschkent über die verheerenden Folgen der Landwirtschaftskollektivierung. Ein Fuhrmann auf der ossetischen Heerstrasse berichtete Adolf Voegeli, dass sich unter der sowjetischen Führung alles verschlechtert habe und zerfalle, und von einem ehemals deutschen Lehrer, dass die Zeit der Zwangskollektivierung Elend und Hunger bedeutet habe. Auch Otto Baumberger berichtet von unzufriedenen Menschen, konkretisiert diese Angaben aber nicht. Daraus lässt sich ableiten, dass kritische Äusserungen von Sowjetbürgern gegenüber Ausländern eine Seltenheit darstellten.

Den Reisenden fielen Widersprüche auf, vor allem hinsichtlich des Lebensstandards der Bevölkerung, der sich nicht nur stark von dem der Mehrheit der Schweizer unterschied, sondern vor allem von dem, den sie als Gäste genossen. Gerade hinsichtlich des Lebenshaltungsniveaus bieten die Reiseberichte teilweise sehr wichtige Informationen, gewonnen aus den Erlebnissen auf den Strassen und den Bahnhöfen der sowjetischen Städte und während der Fahrten durchs Land. Das Aussehen und die Bekleidung der Menschen, das Warenangebot in den Geschäften, die Warteschlangen vor diesen Lokalitäten, die Bettelei, die Prostitution, die Besprisornye, der Zustand der Strassen, Häuser und Verkehrsmittel – dies waren Anhaltspunkte, die neben den Erlebnissen in den Fabriken und den sozialen und medizinischen Einrichtungen den Gradmesser für die Reisenden in ihrer Beurteilung der neuen Gesellschaftsordnung bildeten.

Die Analyse der Reiseberichte hat gezeigt, dass nicht jeder Bericht gleichermassen geeignet ist, die Lebensverhältnisse der sowjetischen Bevölkerung daraus abzulesen. In ihrer Gesamtheit bieten sie dennoch eine Fülle von Material, das in vielem im Gegensatz zur offiziellen sowjetischen Version steht. Die Akademische Reisegruppe von 1932 konnte nur schon durch ihre Erlebnisse auf den verschiedenen sowjetischen Bahnhöfen erkennen, dass die Kollektivierung alles andere als ein glorreicher Prozess war, obwohl diese Schweizer nie auf dem Land waren. Die Massen von verelendeten und obdachlos umherziehenden Landbewohnern sprachen für sich. Dass die Wohnverhältnisse keineswegs den offiziellen Richtlinien entsprachen, sahen die Schweizer, die ausserhalb der organisierten Besichtigungen Stadtteile aufsuchten, die nicht auf dem Programm standen. Dass soziale Probleme weiterhin existierten, bewiesen die offenbar leicht erkennbaren Prostituierten, aber auch die Bettler, die besonders auf Anton Roy Ganz einen nachhaltig bedrückenden Eindruck gemacht haben. Diese Beispiele bestätigen die von Richard Hart geäusserte Auffassung,

"dass die Delegationen vieles davon sehen müssen, wenn sie ehrlich sein wollen, dass sie die vielen grauen Gesichter und Bettler an den Ecken sehen müssen, dass sie sehen müssen, wie schlecht Russland gekleidet ist, dass sie sehen können, wie miserabel man wohnt, wenn sie nur aus dem Eisenbahnwagen heraus die Arbeiterviertel vieler Städte betrachten."[83]

Bei den zahlreichen positiven Schilderungen zeigt sich, wie tatsächliche Fortschritte mit vorgetäuschten zu einem idealen Bild verwoben worden sind, was eine realistische Einschätzung der Situation durch die Leser der Berichte erschwert hat. Dass in diesen Berichten die grossen Probleme nicht beschrieben werden, konnte sich Richard Hart für die dreissiger Jahre nur mit dem mangelnden Mut zur Wahrheit, mit der Einschüchterung durch die GPU oder der vorsätzlichen Falschinformation durch die zurückgekehrten Reisenden erklären.[84]

Heute stehen differenziertere Erklärungsansätze zur Verfügung, so u.a. der biographische Ansatz, die Analyse der sozialen und politischen Zugehörigkeit, ohne die das Spannungsverhältnis zwischen der Berichtsrealität und der historischen Realität nicht wirklich hätte transparent gemacht werden können. Dennoch kann das Ergebnis der Arbeit nicht als eine Bestätigung der These Pfortes angesehen werden, dass Reiseberichte nichts über das beschriebene Land, sondern nur etwas über den Autor, seine Konzeptionen und seinen gesellschaftlichen Kontext aussagen. So handelt es sich bei den Berichten keineswegs um reine "Lob- oder Schmähreden" ohne objektiven Inhalt, wie Pforte dies behauptet hat, sondern um aufschlussreiche Quellen zum Thema der sowjetischen Realitätspräsentation und des sowjetischen Alltags. Daneben bot die Ausweitung der Untersuchung der Berichte auf deren Verfasser die Möglichkeit, Einblick in doch sehr verschiedene Schweizer Lebenswelten zu gewinnen, die für die Zeit der ersten drei Jahrzehnte des zwanzigsten Jahrhunderts eine neue Blickrichtung auf die schweizerischen Verhältnisse bieten. In dieser Hinsicht stimmen die Ergebnisse mit Pfortes Thesen überein.

Die biographischen Ausführungen über die einzelnen Reisenden, aber auch die Hintergründe und Umstände der Delegationsreisen haben deutlich gemacht, dass jeder dieser Besucher der Sowjetunion vor Reiseantritt eine Vorstellung von diesem Land besessen hat, die sich auf vielen anderen Wegen als einfach auf denen der direkten Erfahrung und Überprüfung entwickelt hat.

Hinsichtlich dieser Bilder über die Sowjetunion hat sich gezeigt, dass sie auf der Grundlage verschiedener bewusster und unbewusster Prämissen entstanden sind. Gerade was die Beziehungen der Schweiz zur Sowjetunion in der Zwischenkriegszeit anbelangt, können sie nicht einfach unter den Begriff "objektive Informationen" subsumiert werden. Dazu sind sie ihren Inhalten

---

[83] Richard Hart, Der Marxismus, S. 53.
[84] Vgl. ebenda, S. 53-54.

nach viel zu konträr. Die Auffassungen Brenners und Pfortes, dass das Bild des Fremden, das im Reisebericht präsentiert wird, durch Vorstellungen bestimmt ist, die dem eigenen kulturellen Kontext entspringen und auf diesen zurückwirken sollen, haben sich somit auch in Bezug auf die Schweizer Reiseberichte über die Sowjetunion bestätigen lassen.

Wie es zur Entwicklung dieser Vorstellungen gekommen ist, konnte vor allem an Hand der Biographien der Partei- und Gewerkschaftsdelegierten gut veranschaulicht werden. Für sie war die sozialistische Gesellschaftstheorie keine Idee, mit der sie erst durch die Reise in Berührung gekommen sind. Die politischen Vorstellungen und Einschätzungen nahmen zwar durch den Besuch der Sowjetunion konkretere Formen an, sei es als Anlehnung oder auch als spätere Abgrenzung, sie waren aber keinesfalls einfach das Produkt der Begegnung, sondern Ergebnis eines längeren Prozesses. Die einzelnen, teilweise sehr ähnlichen Lebensläufe haben dies verdeutlicht. Diese Parteidelegierten haben im Laufe ihrer Entwicklung sozialistische Ideen aufgegriffen und sich politisch dafür engagiert, noch bevor die Sowjetunion existierte. So ist es natürlich kein Zufall, dass sie die ersten waren, die die Sowjetunion bereisten, gerade auch, weil die politischen und wirtschaftlichen Entwicklungen in der Schweiz nach dem Ende des Ersten Weltkriegs ihren Erwartungen keineswegs entsprachen.

Dies gilt ebenso für die Arbeiterdelegierten, auch wenn sie erst zehn Jahre nach der Revolution in die Sowjetunion zu reisen begannen. Diese "Verspätung" ist damit zu erklären, dass solche Delegationsreisen vorher noch nicht durchgeführt worden waren und es deshalb für einen Arbeiter oder ein "einfaches" Parteimitglied ohne politisches Mandat keine anderen Möglichkeiten gegeben hat, die Sowjetunion schon früher zu besuchen. Die Analyse der Schweizer Arbeiterdelegationen und ihres propagandistischen Einsatzes hat deutlich gemacht, dass die Unterschiede zu Arbeiterdelegationen aus anderen Ländern nicht inhaltlicher oder konzeptioneller, sondern lediglich – bezogen auf die Anzahl der Delegationen und Teilnehmer – quantitativer Art waren. Die Schweizer Organisatoren befolgten die gleichen Moskauer Richtlinien; auch ihnen ging es darum, das Idealbild über die Sowjetunion mit Hilfe der Delegierten zu untermauern. Die Delegationsreisen sollten ein Massenereignis ersten Ranges darstellen, über das vor, während und nach der Reise in der kommunistischen Presse jeweils ausführlich berichtet wurde. Um diese Reisen für die Delegierten wirklich zu einem grossen Erlebnis werden zu lassen, bedurfte es nicht nur der enormen Grosszügigkeit der Gastgeber, sondern auch der sozialen und ökonomischen Schwierigkeiten im Heimatland. Die Dankbarkeit und Verbundenheit der Delegierten ist auf diesem Hintergrund nur zu verständlich und liess mögliche Kritik ungesagt. Ob es unter den Delegierten dennoch einzelne gab, die weniger positive Erlebnisse gemacht haben, liess sich für die Schweizer Arbeiterdelegationen nicht nachweisen.

Eine eindeutige Verlagerung in der politischen Einstellung gegenüber der Sowjetunion zeigte sich bei den Schweizer Reisenden während der dreissiger Jahre. Die Sowjetunion war nun auch für normale Touristen zugänglich, das heisst für Interessierte ohne politisches oder gewerkschaftliches Mandat. Diese reiseinteressierten Schweizer kamen zum Grossteil aus Städten der Deutschschweiz und so gut wie nie aus ländlichen Gebieten. Von Intourist wurden akademische Studienreisen und Kulturreisen organisiert, sogar Individualreisen, was aber mit erheblichen Mehrkosten für den Reisenden verbunden war. Diese Reiseangebote wurden auch von solchen Schweizern genutzt, die dem sowjetischen System kritisch bis ablehnend gegenüberstanden. Deren Berichte beinhalten in zunehmendem Masse Anklagen gegen die Sowjetunion, die nach 1935 eindeutig überwiegen. Neben den konkreten Kritikpunkten, die ja in den positiven Berichten meist fehlen, enthalten sie viele Aussagen, die von einem stereotypisierten Feindbild der sowjetischen Bevölkerung gegenüber getragen sind. In Abgrenzung dazu standen die Preisungen des Sowjetsystems, die in der Schweiz während der dreissiger Jahre seltener, dafür aber um so absoluter wurden.

Diese Polarisierung war exemplarisch für die Situation in den westlichen Ländern und zeigte sich mit zunehmender Schärfe und Polemik in der politischen Auseinandersetzung um die Sowjetunion. Das Bild, das in Europa und in der Schweiz vor der Oktoberrevolution über die Slawen im allgemeinen und das russische Volk im besonderen existierte, verlagerte sich nach 1917 bei weiten Kreisen auf Grund der angenommenen Bedrohung durch die Bolschewiki noch massiver ins Negative. Die Angst, dass eine baldige bolschewistische Machtübernahme in der Schweiz bevorstünde, wurde durch das erklärte Ziel der Bolschewiki, die Weltrevolution durchzuführen, durch entsprechende "Informationen" von Exilrussen, durch die Berichterstattung in weiten Teilen der Schweizer Presse und durch aktuelle politische Ereignisse wie den Landesgeneralstreik verstärkt. Die politische Polarisierung, die sich schon während des Ersten Weltkrieges immer deutlicher abzeichnete, ging auch einher mit der sozialen Polarisierung. Die bürgerlichen Parteien als erklärte Gegner des Sowjetsystems standen einerseits einer Sozialdemokratie gegenüber, die sich mit aller Kraft von den Kommunisten im eigenen Land distanzierte, sich aber mit einer eindeutigen Position der Sowjetunion gegenüber sehr schwer tat, andererseits einer Kommunistischen Partei, die bereit war, alles für die Sicherung des sowjetischen Systems zu tun. Die Reiseberichte belegen, dass die ersten Reisenden direkt nach der Oktoberrevolution noch sozialdemokratische Mandatsträger waren und dass erst im Zusammenhang mit dem Streit um den Beitritt zur III. Internationale und der daraus resultierenden Parteispaltung die vorbehaltlose Unterstützung der Sowjetunion fast ausschliesslich an die KPS und ihre Hilfsorganisationen übergegangen ist. Während der zwanziger Jahre gab es auch noch einzelne Gewerkschafter, die in Opposition zu ihrem Dachverband, dem SGB, standen und sich für eine Aufnahme der sowjetischen Gewerkschaften in den Internationalen Gewerkschaftsbund einsetzten. In den dreissiger Jahren fanden Schweizer auch aus sogenannt bürgerlichen und sogar industriellen Kreisen Positives an der Sowjetunion, was auf dem Hintergrund der wirtschaftlichen Krise und des Vormarsches des Faschismus zu verstehen ist. Deren Zahl ist jedoch klein geblieben.

So standen sich oftmals Freund- und Feindbilder gegenüber, als handle es sich um die Beschreibungen zweier grundverschiedener Systeme. Zu unterschiedlich waren die Raster, nach denen die Reisenden das Neue und Fremde einteilten. Auf diesem Hintergrund muss davor gewarnt werden, bei der aktuellen Neubetrachtung der sowjetischen Geschichte seitens sowjetischer Historiker nun die Darstellungen der damaligen Kritiker als die neue "Wahrheit" anzusehen. In den positiven wie auch in den kritischen Berichten finden sich stereotype, vereinfachende und deshalb unzutreffende Charakterisierungen von Menschengruppen, ihren Vorstellungen und Handlungsweisen, wie gezeigt werden konnte.[85]

Die Frage, ob diese Anhänger des sowjetischen Weges auch in die traditionsreiche Gruppe der Utopiesuchenden einzureihen sind, die ihre Vorstellung von einer zukünftigen, idealen Welt ab 1917 in der Sowjetunion angelegt sahen und danach strebten, die bestehende gesellschaftliche Ordnung im eigenen Land dahingehend umzugestalten, ist hinsichtlich eines Teils der Schweizer Reisenden zu bejahen. Eine grosse Zahl der Autorinnen und Autoren der Schweizer Reiseberichte über die Sowjetunion zeigte grosse Begeisterung für dieses Experiment des Aufbaus einer sozialistischen Gesellschaftsordnung. Die weltweite Erschütterung durch den Ersten Weltkrieg und die unübersehbare grosse wirtschaftliche und soziale Not hatte viele Menschen, auch in der Schweiz, zur Überzeugung geführt, dass es einer grundlegenden gesellschaftlichen Neuordnung bedurfte. Die Realisierung des gerechten, sozial gesicherten und wirtschaftlich florierenden Gemeinwesens für und durch die bisher rechtlosen und unterdrückten Arbeiter und Bauern Russlands schien erfolgt – das wollten die Reisenden mit eigenen Augen sehen, miterleben und in der Schweiz umsetzen. Die Sowjetunion wurde zum Repräsentanten der konkret gewordenen Utopie und für viele zum Reservoir un-

---

[85] Vgl. Jaworski, Osteuropa, S. 63.

erfüllter Erwartungen an das eigene Land und Leben. Dies galt nicht nur für kommunistische Reisende; auch nicht politisch gebundene Autoren reagierten positiv auf das Gesehene.

Eine Reise erwies sich als die geeignete Form, um die Projektion der Utopie auf das reale Objekt aufrecht erhalten zu können. Die Gefahr, enttäuscht zu werden, war bei einer Reise von wenigen Wochen in einem so grossen Land, bei der umfassenden Betreuung durch die sowjetischen Gastgeber und den sprachlichen Barrieren geringer als bei einem längeren Aufenthalt, der direkten Einblick in den Alltag der sowjetischen Bevölkerung gewährt hätte. Dennoch gehörte ebenso die individuelle Bereitschaft dazu, Misstände zu ignorieren oder sie entsprechend umzudeuten, die, wie bereits erwähnt, auch in der Dankbarkeit für die grosszügige Bewirtung auf sowjetischem Boden begründet lag.

Diejenigen Schweizer, die der Sowjetunion gegenüber erklärtermassen kritisch eingestellt waren, nahmen Misstände auf ihren Reisen wahr, obwohl auch sie sehr gut "betreut" wurden und die Organisatoren bemüht waren, das Idealbild zu präsentieren. Bei diesen Schweizern handelte es sich nachweislich aber nicht um Arbeiter, sondern um Akademiker und Geschäftsleute, die materiell gut gestellt waren, soziale Probleme und wirtschaftliche Krisen nicht aus persönlicher Erfahrung kannten, das Schweizer System als ideal ansahen und die deshalb einen ganz anderen Massstab an das sowjetische System anlegten.

Diese vor allem in den dreissiger Jahren Reisenden äusserten sich, wie bereits erwähnt, kritisch über die materiellen Lebensbedingungen und die politische Unfreiheit in der Sowjetunion. Sie sahen Wohnungsnot, Versorgungsprobleme, Besprizornye, Prostitution, verarmte und verwahrloste Menschen, die in den Bahnhofshallen lagen, sogar Gefangenentransporte. Einige dieser Probleme wurden auch von den Freunden der Sowjetunion gesehen, aber stets relativiert, als Verschulden der Systemgegner charakterisiert oder als vorübergehend bewertet. Ihren positiven Gesamteindruck konnte dies jedoch nicht beeinträchtigen, während die Kritiker ihren negativen Gesamteindruck mit diesen Problemen begründeten. Was für die "Freunde der Sowjetunion" Details waren, galt den Gegnern als Charakteristikum. Hier kamen neben der unterschiedlichen Wahrnehmung der Reisenden auch die stark differierenden Prämissen in der Beurteilung eines Systems zum Tragen.

Es hat sich gezeigt, dass die Berichtsrealität nicht einfach als fiktional abgehandelt werden kann – der Reisebericht will historische Realitäten wiedergeben, und er vermag dies in Teilbereichen und in unterschiedlichem Ausmass. Dieses hängt von den obengenannten Faktoren ab, also von der Fähigkeit zur kritischen Analyse und der Sichtdurchlässigkeit des sowjetischen Systems. Dass ein Land von der Grösse der Sowjetunion prinzipiell in seiner Ganzheit und Komplexizität nicht erfassbar war, liegt in der Natur der Sache und kann keinem Reisenden als Unfähigkeit angelastet werden.

Was die Leserinnen und Leser durch die Reiseberichte über das sowjetische System und das sowjetische Leben erfahren konnten, hing demnach sehr von den obengenannten Voraussetzungen ab, denen die Verfasser unterlagen. Bei der Lektüre der grossen Zahl von Reiseberichten zeigte sich aber eins deutlich – die politische Polarisierung bezüglich der Sowjetunion, die auch in der Schweiz mit aller Schärfe zum Vorschein kam. In dem in der Presse geführten Kampf für oder gegen den Bolschewismus musste deshalb nur zu oft die Wahrheit der Propaganda Platz machen, und für diese Propaganda wurden auch Reiseberichte als sogenannt authentische Zeugnisse gern benutzt. Dieser Umstand verweist auf die Frage nach der Rezeption der Berichte in der Schweiz. Ich habe diese anhand der Arbeiterdelegations- und der Gewerkschafterberichte und der NZZ-Serie des Journalisten Friedrich Wlatnig zu beantworten versucht – dies mittels der in den jeweiligen Zeitungen geführten Auseinandersetzungen und Polemiken. Die Artikel über die Arbeiterdelegationen erwiesen sich als sehr gutes Anschauungsmaterial hinsichtlich des Kampfes zwischen der Sozialdemokratischen und der Kommunistischen Partei, die Stellungnahmen zu den Gewerkschafterreisen zeigen deutlich die Auseinandersetzung bezüglich der Sowjetunion innerhalb des Schweizerischen Gewerkschaftsbundes, und die Reaktion im KP-Organ "Kämpfer" auf die Berichte Wlatnigs macht die verhärteten Fronten zwischen diesen politischen Kontrahenten deutlich, die dazu führten, dass dem "Kämpfer" sogar Handgreiflichkeiten im Umgang mit Wlatnig als angemessen erschienen.

Dieser Bereich der Rezeption bietet noch weiterreichende Forschungsmöglichkeiten, deren Richtung ich nur ansatzweise aufzeigen konnte. So könnte eine eingehende Presseanalyse durchgeführt werden, unter Einbezug der Stellungnahmen der politischen Parteien auf Kantons- und Bundesebene zum Verhältnis der Schweiz und der Schweizer zur Sowjetunion und unter besonderer Berücksichtigung der Frage, inwieweit die Reiseberichte von Schweizern über die Sowjetunion auf den öffentlichen Prozess der Meinungsbildung Einfluss gehabt haben. In diesem Zusammenhang wäre es sicher auch von historischem Interesse zu erforschen, welche Reaktionen die Russlandbesucher nach ihrer Rückkehr in die Schweiz zu gewärtigen hatten. So musste beispielsweise der Zürcher Arzt Adolf Voegeli auf die Veröffentlichung auch nur eines seiner zahlreichen Leserbriefe an Schweizer Zeitungen vergeblich warten. Als Grund für diese Publikationsverweigerung nennt er die fehlende Bereitschaft der bürgerlichen Schweizer Presse, Korrekturen an ihrem propagierten Russlandbild vorzunehmen. Andere Autoren deuten in ihren Vor- oder Nachworten darauf hin, dass die Reisen oftmals nicht nur im direkten Bekanntenkreis, sondern auch in der örtlichen oder regionalen Presse deutlich negative Reaktionen hervorgerufen haben. Wie diese konkret ausgesehen haben, gilt es noch zu erforschen.

Abschliessend möchte ich nochmals konstatieren, dass der stets erhobene Wahrheits- und Objektivitätsanspruch der Berichtenden aus Mangel an Bewusstsein über die eigene Subjektivität und Voreingenommenheit nur teilweise, d.h. in unterschiedlichem Masse eingelöst werden konnte. Er bleibt aber als Forderung an die Verfasser von Reiseberichten bestehen, solange diese die objektive, wahrheitsgemässe Berichterstattung der Leserschaft gegenüber zum obersten Prinzip erheben und sich von einer Fiktionalität des Textes abgrenzen.

Für Historiker bietet diese Quellengattung der Reiseberichte ein breites Forschungsfeld, nicht nur in Bezug auf das beschriebene Land, sondern auch hinsichtlich der Verfasser dieser Berichte und ihres eigenen gesellschaftlichen Kontextes.

Den Aktualitätsgehalt des hier behandelten Themas möchte ich zum Schluss durch ein Erlebnis veranschaulichen, das ich anlässlich einer eigenen Reise nach Moskau machen konnte, diesmal aber nicht mit einem Schweizer, der in gespannter Erwartung die (ehemalige) Sowjetunion besuchen wollte, sondern mit einem Russen, der sich auf dem Weg in die Schweiz befand. Auf dem Rückflug von Moskau nach Zürich machte ich die Bekanntschaft mit meinem Sitznachbarn. Er sei ein erfolgreicher sowjetischer Businessman – so stellte er sich mir vor. Dann begann er sich mit mir über seine Zukunftsvorstellungen für Russland zu unterhalten und teilte mir dabei mit, dass es seiner Meinung nach zukünftig in seinem Land nur noch zwei Bücher geben müsse: "Wealth of Nations" von Adam Smith und die Bibel. Auf diese Art könne die anzustrebende ideale Gesellschaftsform, die für ihn freie Marktwirtschaft heisst, erreicht werden. Die Schweiz als Vorbild vor Augen besuchte er nun zum ersten Mal. Er erhoffte sich Schweizer Bankkredite und interessierte sich ansonsten konkret dafür, wo er in Zürich wohl am günstigsten Rolexuhren einkaufen könne. Seine positiven Vorannahmen von der Schweiz waren schon derart verankert, dass er nur schon beim Anblick der Schweizer Stewardessen in Begeisterung ausbrach und die Videokamera und den Photoapparat sehr oft zum Einsatz brachte. Kaum dass der Pilot uns die baldige Landung angekündigt hatte, äusserte er sich begeistert über die schöne Schweizer Landschaft, obwohl von Deutschland her kommend sich diesseits und jenseits der Grenze keine grundlegenden Veränderungen vollzogen hatten. Geleitet vom Negativbild über die eigene krisenhafte russische Gesellschaft und einem Mangel an inländischer Perspektive, zeigten sich in bekannter Weise stereotypisierte Erwartungen an ein fremdes Land, das nun die bekannten Defizite des eigenen Landes nicht hat, aber des neuen Ideals wegen auch partout nicht haben darf. Deshalb werden auch heute noch Schilderungen von Schwierigkeiten für die nach Westeuropa Einwandernden von sehr vielen Bürgern der ehemaligen Sowjetrepubliken als kommunistische Kreml-Propaganda abgetan. Die Utopie hat neue Inhalte bekommen, doch die Mechanismen der Perzeption und Rezeption scheinen die alten geblieben zu sein.

Bildteil

Die hier abgebildeten Photographien stammen aus dem Privatbesitz von Herrn Dr. Charles Studer, Solothurn (dies bezieht sich auf die Bilder Nr.1-23 und 29-32) und aus dem Buch von Adolf Voegeli, Soviet-Russland. Städte – Steppen – Berge und Menschen, erschienen beim Verlag Hans Huber, Bern 1936 (dies bezieht sich auf die Bilder Nr.24-28).

Herr Charles Studer und Herr Adolf Voegeli haben diese Bilder auf ihren Reisen selbst aufgenommen. Die Photographien stellen eine visuelle Ergänzung zu den im 4. Kapitel beschriebenen Reiseeindrücken dar. Wenn immer möglich wurden Bilder, die den Alltag der Menschen in der Sowjetunion wiederspiegeln, ausgewählt. Gleichzeitig wurde weitgehend auf Aufnahmen bekannter Gebäude, die in jedem Bildband über die Sowjetunion zu finden sind, verzichtet.

Ich danke Herrn Dr. Studer und dem Hans Huber Verlag für die erteilte Druckgenehmigung.

1. Der Leningrader Winterpalast

2. Eine neues Leningrader Arbeiterwohnhaus

3. Ein Arbeiterklubhaus in Leningrad

4. Wartende Kutscher an der Kremlmauer in Moskau

5. Frauen beim Aufbau von Saporoschje

6. Eine Frau beim obligaten Anstehen

7. Das sowjetische Prestigeobjekt von Dnjeprostroj

8. Das grösste Wasserkraftwerk Europas entsteht auch mit
Hilfe von Pferdestärken

9. Charkow – alte und neue Welt treffen aufeinander

10. Das neue Postamt von Charkow

11. Auf dem Markt in Rostow am Don

12. Gehandelt wird mit allem

13. Kamele gehören immer noch zum Stadtbild

14. Ein Umzug der Komsomolzen in Rostow

15. Die Besichtigung der berühmten Sowchose Werbljud

16. Der berühmte Maschinenpark der Sowchose

17. Verkaufswillige Bäuerinnen auf den Strassen von Kiew

18. Ein Kiewer Schuhmacher an seinem Arbeitsplatz

19. Auch in Kiew dominieren noch die Kutschen

20. Ein ukrainisches Dorf aus dem Zugfenster betrachtet

21. Ein kleiner Markt an einem südrussischen Bahnhof

22. Bettler gehören ebenfalls zum Bahnhofsbild

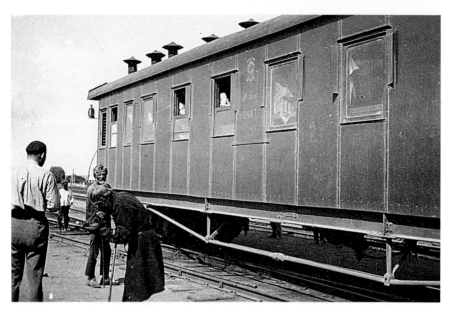

23. Ein Bettler sucht sein Glück bei den Schweizern

24. Kalmückenkinder eines Kindergartens in Astrachan

25. Ein Markt im Kaukasus (Lewaschi)

26. Eine Bäuerin aus Tschoch im Kaukasus beim Wasserholen

27. Der Ortssowjet von Tschoch verabschiedet Adolf Voegeli

28. Ossetinische Kolchosbauern im Zeijtal

29. Eine Plakatwand mit sämtlichen Feinden des Sowjetsystems, auf die
für 5 Kopeken geschossen werden darf. Wer trifft, erhält einen Preis.

30. Der konterrevolutionäre Schädling wird vom revolutionären Blitz,
der GPU, erschlagen.

31. Aufruf an die Gottlosen,
an den Weihnachtstagen Stossarbeiterbrigaden zu organisieren
("Gottlose! Während der Weihnachtstage
 organisiert Stossarbeiterbrigaden.")

32. Mit einem Leninzitat wird das Analphabetentum bekämpft
("Der Ungebildete kann am politischen Leben nicht teilnehmen. Er muss zuerst das
Alphabet lernen." Lenin)

Bibliographie

a. Schweizer Reiseberichte

b. Schweizer Autobiographien

c. Methodologische Literatur

d. Historische Darstellungen

e. Sowjetische Literatur

f. Zeitungsartikel

g. Zeitungen

h. Interviews

a. Schweizer Reiseberichte

Aljechin-Ruegg, Anna-Lisa, Impressions d'une Socialiste Suisse hôte des Soviets, o.O. o.J.

B., Moskauer Streiflichter, in: Tages-Anzeiger für Stadt und Kanton Zürich, Zürich, Nr. 48, 26. Februar 1932.

Bachmann, Friedrich, Meine Erlebnisse in Russland während der Hungersnot im Wolgagebiet 1921, o.O. o.J.

Bamatter, Sigi, Brief aus Sowjetrussland, in: Arbeiterjugend, Zürich, Nr. 8, 1. Mai 1924 , Nr. 11, 16. Juni 1924.

Baumberger, O[tto]., Bemerkungen über Sowjetrussland, Zürich 1932.

Bringolf, Walther, Russische Reise 1920. Ein Schweizer über Sowjet-Russland, Berlin 1921.

Brupbacher, Fritz, 60 Jahre Ketzer. Selbstbiographie. Neuauflage, Zürich 1973.

Camenzind, Josef Maria, Ein Stubenhocker fährt nach Asien. Erlebtes und Erschautes auf einer Reise in den Fernen Osten, Freiburg i.B. 1939.

Eindrücke eines Arbeiters in Soviet-Russland, Basel 1921.

Ganz, Anton Roy, Russland 1929, in: Arbeiter-Zeitung, Basel, Nr. 289-291, vom 12.-14. Dezember 1929.

Gsell, F., Eindrücke aus Sowjetrussland, in: Handels-Information Schweiz-Sowjetunion, Organ der Vereinigung zur Förderung der Handelsbeziehungen Schweiz-Sowjetunion, Zürich, Nr. 3/4, 1936.

Hofer, Ernst, Reise-Bericht über meine Reise vom 21.Mai - 4.Juni 1941 nach Moskau, unveröffentlichter Bericht, Rorschach 1941.

Humbert-Droz, Jules, Von falscher Theorie zum Verbrechen. Berichte vom Prozess gegen das sowjetfeindliche Trotzkistische Parallele Zentrum, Zürich 1937.

Im Lande des sozialistischen Aufbaus. Die schweizerische Strassenbahner-Delegation berichtet über die Sowjetunion, in: Kämpfer, Zürich, 6. Juni - 16. Juni 1931.

Jaeger, Erhard, Russland-Reise 1936, Wald (Zch) o.J.

Maillart, Ella K., Ausser Kurs. Eine junge Schweizerin in der revolutionären Sowjetunion, Neuauflage in deutscher Übersetzung Zürich 1989.

dies., Turkestan Solo. Eine Frau reist durch die Sowjetunion, Neuauflage, Stuttgart und Wien 1990.

Messis, Nikolai, Kulturelle Errungenschaften in der SU, o.O o.J.

Mühlestein, Anita, Die Liebe zum Kinde in der Sowjetunion, in: Heute und Morgen, Monatsschrift für Kultur, Wirtschaft und Politik, Zürich, Nr. 5, Okt./Nov.1938.

Mühlestein, Hans, Dr. Hans Mühlestein am Moskauer Radio, in: Freiheit. Schweizerische Volkszeitung. Organ der Kommunistischen Partei der Schweiz, Basel, Nr. 49, 28. Februar 1938.

ders., Die Rolle der Wissenschaft in der Sowjetunion, in: Heute und Morgen, Monatsschrift für Kultur, Wirtschaft und Politik, Zürich, Nr. 3, Juni/Juli 1938 und Nr. 4, Aug./Sept. 1938.

Nicole, Léon, Meine Reise nach der Sowjetunion, auch: Meine Reise in die Sowjetunion, Zürich 1939.

Reichmann, Franz, Wie sieht es im Lande der Bolschewiki aus?, Zürich 1926.

Scherrer, Edouard, En Russie, in: Le drapeau rouge, Organe communiste, Genf, 28.Juni und 12.Juli 1924.

Schifferstein, Jean, Russland. Die Lebens- und Genussmittelindustrie und ihre Arbeiterschaft, Zürich 1926.

Schmidt, Hans, Der neue Weg, in: Schweizer Städtebauer bei den Sowjets, Basel o.J.

Schmidt, Franz, Reisen in Russland, in: Der Naturfreund, Zürich, Nr. 10/12, November 1937.

Schneider, Friedrich, Von Leningrad bis Kijew, Basel 1926.

Schulthess, Werner, Spartakiade-Fahrt 1928. Eine Reise nach Russland, Zürich 1928.

Schwarzenbach, Annemarie, Russland 1934, in: dies., Auf der Schattenseite. Ausgewählte Reportagen, Feuilletons und Fotografien 1933-1942, hg. v. Regina Dieterle, Roger Perret, Basel 1990.

Sowjet-Russland, Bericht der Schweizerischen Arbeiterdelegation Okt./Nov. 1927, Zürich 1928.

Studer, Charles, Reiseeindrücke aus Sowjetrussland, SA. aus Zentralblatt des Schweizerischen Zofingervereins, Zürich, Nr. 5, Februar 1933.

Thommen, Elisabeth, Blitzfahrt durch Sowjet-Russland, Zürich 1933.

Tobler, Max, Moskauer Eindrücke, Zürich 1927.

Tobler-Christinger, Minna, Streifzüge in Moskau, in: Die arbeitende Frau, Zürich, Nr. 12-17, 1928.

Trümpy, Isabella, Kurzer Besuch in Russland, in: Die Weltwoche, Zürich, Nr. 24, 15. Juni 1934.

Voegeli, Adolf, Soviet-Russland. Städte – Steppen – Berge und Menschen, Bern 1936.

Werner, Paul, Ein Schweizer Journalist sieht Russland, 5. Auflage, Olten 1942.

Wie die Bolschewiki die Schule zerstört haben, Tüscherz o.J.

Wildhaber, Arno, Drei Wochen in Sowjetrussland, Sonderdruck aus: Bund, Bern 1932.

Wlatnig, Friedrich, Das Neue Russland. Ergebnisse einer Studienreise, Zürich 1927.

b. Schweizer Autobiographien

Baumberger, Otto, Blick nach aussen und innen, Autobiographische Aufzeichnungen, Weiningen-Zürich 1966.

Bringolf, Walther, Mein Leben. Weg und Umweg eines Schweizer Sozialdemokraten, Bern 1965.

Mémoires de Jules Humbert-Droz, Mon évolution du tolstoïsme au communisme, 1891-1921, Neuchâtel 1969.

Nicole, Léon, Offener Brief an meine sozialistischen Freunde, als Manuskript gedruckt, Genf 1942.

Rüegg, Annelise, Erlebnisse einer Serviertochter. Bilder aus der Hotelindustrie, Zürich 1914.

dies., Im Kriege durch die Welt. Erlebnisse aus der Kriegszeit, Zürich 1920.

Schneider, Friedrich, "Hieronymus Roggenbachs Erlebnisse, Band I und II, Neuauflage, Basel 1983.

Sigrist, Albert, Unter Zar und Sowjet 1902-1918. Erinnerungen und Gedanken eines Werkmeisters, Zürich o.J.

c. Methodologische Literatur

Almond, Gabriel A., The appeals of communism, 2. Auflage, Princeton 1956.

Bark, Peter, Reportage, in: Reporter und Reportagen. Texte zur Theorie und Praxis der Reportage der zwanziger Jahre, hg. v. Erhard Schütz, Giessen 1974, S. 31-32.

Baumann, Zygmunt, Socialism. The Active Utopia, London 1976.

Bitterli, Urs, Von Reisenden und Reiseberichten, in: Schweizer Monatshefte, Nr. 5, Mai 1981, S. 425-433.

ders., Der Reisebericht als Kulturdokument, in: Geschichte in Wissenschaft und Unterricht, Nr. 9, 1973, S. 555-564.

Bloch, Ernst, Das Prinzip Hoffnung, 3 Bde., Frankfurt a.M. 1977.

Brecht, Bertolt, Über Film 1922 bis 1933, in: Gesammelte Werke, Bd.18, Frankfurt a.M. 1967.

Brenner, Peter J., Die Erfahrung der Fremde, in: ders.,: Der Reisebericht. Die Entwicklung einer Gattung in der deutschen Literatur, Frankfurt a.M. 1989.

Comité International des Sciences Historiques (Hg.), Rapports du XVIe Congres International des Sciences Historiques, Bd. 1 und 2, Stuttgart 1985.

Davis, Earl E., Einige Grundkenntnisse der Vorurteilsforschung, in: Vorurteile, hg. v. K.D. Hartmann, Frankfurt a.M. 1975.

Engelberg, Waltraut, Die Sowjetunion im Spiegel literarischer Berichte und Reportagen in der Zeit der Weimarer Republik, Berlin 1974.

Fakten und Fabeln. Schweizerisch-slavische Reisebegegnung vom 18. bis zum 20. Jahrhundert, hg. v. Monika Bankowski, Peter Brang, Carsten Goehrke und Robin Kemball, Basel 1991.

Furler, Bernhard, Augenschein. Deutschsprachige Reisereportagen über Sowjetrussland 1917-1939, Frankfurt a.M. 1987.

Heiss, Robert, Utopie und Revolution. Ein Beitrag zur Geschichte des fortschrittlichen Denkens, München 1973.

Hertling, Viktoria, Quer durch: Von Dwinger bis Kisch, Königstein i.T. 1982.

Hollander, Paul, Political Pilgrims. Travels of Western Intellectuals to the Soviet Union, China and Cuba, 1928-1978, New York, Oxford 1981.

Hyman, Herbert H., Political Socialization. A Study in the Psychology of Political Behaviour, New York 1969.

Jaworski, Rudolf, Osteuropa als Gegenstand historischer Stereotypenforschung, in: Geschichte und Gesellschaft, Nr. 1, 1987.

Kaltenbrunner, Gerd-Klaus, Radikale Touristen. Pilger aus dem Westen – Verbannte aus dem Osten, München 1975.

Kisch, Egon Erwin, Reportage als Kunstform und Kampfform, in: Reporter und Reportagen. Texte zur Theorie und Praxis der Reportage der zwanziger Jahre, hg. v. Erhard Schütz, Giessen 1974, S. 45-48.

Kupferman, Fred, Au Pays des Soviets. Le voyage français en Union soviétique 1917-1939, Paris 1979.

Lane, Robert E., Sears, David O., Public Opinion, Englewood Cliffs 1964.

Lasky, Melvin, Utopie und Revolution. Über die Ursprünge einer Metapher oder Eine Geschichte des politischen Temperaments, Hamburg 1989.

Löschburg, Winfried, Von Reiselust und Reiseleid, Frankfurt a.M. 1977.

Mannheim, Karl, Ideologie und Utopie, Frankfurt a.M. 1952.

Manuel, F.E., Manuel, F.G., Utopian Thought in the Western World, Oxford 1979.

Margulies, Sylvia R., The Pilgrimage to Russia: The Soviet Union and the Treatment of Foreigners, 1924-1937, Madison 1968.

Mehnert, Klaus, Die Sovet-Union 1917-1932. Systematische, mit Kommentaren versehene Bibliographie der 1917-1932 in deutscher Sprache ausserhalb der Sovet-Union veröffentlichten 1900 wichtigsten Bücher und

Aufsätze über den Bolschewismus und die Sovet-Union, Königsberg 1933.

Metzger, Wolfgang, Bibliographie deutschsprachiger Sowjetunion-Reiseberichte, -Reportagen und -Bildbände 1917-1990, Wiesbaden 1991.

Nipperdey, Thomas, Die Funktion der Utopie im politischen Denken der Neuzeit, in: Archiv für Kulturgeschichte, Nr. 44, 1962.

Pforte, Dietger, Russland-Reiseberichte aus den 20er Jahren als Quellen historischer Forschung, in: Knödler-Bunte, Eberhard, Erler, Gernot (Hg.), Kultur und Kulturrevolution in der Sowjetunion, Berlin, Kronberg 1978.

Pye, Lucien W., Persönlichkeit und politische Ideologie, in: Political Science, hg.v. Ekkehart Krippendorff, Tübingen 1966.

Schütz, Erhard, Kritik der literarischen Reportage, Reportagen und Reiseberichte aus der Weimarer Republik über die USA und die Sowjetunion, München 1977.

Ders., (Hg.), Reporter und Reportagen. Texte zur Theorie und Praxis der Reportage der zwanziger Jahre, Giessen 1974.

Wuthenow, Ralph R., Die erfahrene Welt. Europäische Reiseliteratur im Zeitalter der Aufklärung, Frankfurt a.M. 1980.

d. Historische Darstellungen

Adamowitsch, Ales, Den Krieg hat das Volk gewonnen, in: Wir brauchen die Wahrheit. Geschichtsdiskussion in der Sowjetunion, hg. v. Gert Meyer, Köln 1988.

Albert, Edward, History of English Literature, 5. Auflage, Walton-on-Thames 1987.

Bericht des Eidgenössischen Volkswirtschaftsdepartement über die Schweizer Kriegswirtschaft 1939/48, Bern 1950.

Bericht 1939/41 des Bau- und Holzarbeiter-Verbands der Schweiz, herausgeben vom Zentralvorstand des BHV Zürich.

Bonjour, Edgar, Geschichte der Schweizerischen Neutralität. Vier Jahrhunderte eidgenössischer Aussenpolitik, Bd. II, Bd. III, Basel 1970.

ders., Geschichte der Schweizerischen Neutralität. Vier Jahrhunderte eidgenössischer Aussenpolitik, Bd. VII, Dokumente 1939-1945, Basel und Stuttgart 1974.

Brodsky Farnsworth, Beatrice, Bolshevik Alternatives and the Soviet Family:
The 1926 Marriage Law Debatte, in: Women in Russia, Part II, hg. v.
D. Atkinson, A. Dallin, G. Warshofsky Lapidus, The Harvester Press
1978, S. 139-165.

Buber-Neumann, Illusion und Wirklichkeit des Kommunismus, in: Faszination des Kommunismus? II, hg. v. Arbeitskreis für Ostfragen e.V. München, München 1962.

Bucher, Rudolf, Zwischen Verrat und Menschlichkeit. Erlebnisse eines
Schweizer Arztes an der deutsch-russischen Front 1941/42, Frauenfeld
1967.

Caute, David, The Fellow-Travellers. A Postscript to the Enlightenment,
New York 1973.

Chase, William J., Workers, Society and the Soviet State. Labor and Life in
Moscow, 1918-1929, Urbana and Chicago 1987.

Chronik der Schweiz, Zürich 1987.

Deutscher, Isaac, Stalin, Eine politische Biographie, Berlin 1989.

Dodge, Norton T., Women in the Soviet Economy: Their Role in Economic,
Scientific and Technical Development, Baltimore 1966.

Dreiser, Theodore, Sowjet Russland, Berlin 1929.

Dreyer, Dietrich, Schweizer Kreuz und Sowjetstern. Die Beziehungen zweier
ungleicher Partner seit 1917, Zürich 1989.

Engels, Friedrich, Die Entwicklung des Sozialismus von der Utopie zu Wissenschaft, in: MEW, Bd.19, S. 189-228.

Feuchtwanger, Lion, Moskau 1937 – Ein Reisebericht für meine Freunde,
Amsterdam 1937.

Forster, Georg, Georg Forsters Werke in 18 Bänden, Bd. 2: Reise um die
Welt 1, Bd. 3: Reise um die Welt 2, Bd. 3: Streitschriften und Fragmen-
te zur Weltreise, Neuauflage, Berlin 1989.

15 Eiserne Schritte, Ein Buch der Tatsachen aus der Sowjetunion, Berlin
1932.

Gattiker, Annetta, L'affaire Conradi, Bern 1975.

Gautschi, Willi (Hg.), Dokumente zum Landesstreik 1918, Zürich 1971.

Geschichte des Schweizerischen Bau- und Holzarbeiterverbandes 1873-1953,
Bd. 1, Zürich 1953.

Gide, André, Retour de l'U.R.S.S., Paris 1936.

Gorzka, Gabriele, Arbeiterkultur in der Sowjetunion. Industriearbeiter-Klubs 1917-1929. Ein Beitrag zur sowjetischen Kulturgeschichte, Berlin 1990 (Osteuropaforschung 26).

Graf, Oskar Maria, Reise in die Sowjetunion 1934, Darmstadt 1974.

ders., An manchen Tagen, München 1985.

Gunten, Hansueli von, Hans Voegeli, Das Verhältnis der Sozialdemokratischen Partei zu anderen Linksparteien in der Schweiz (1912-1980), 2. Auflage, Bern 1978.

Hart, Richard, Der Marxismus im Lichte des 5-jahresplanes, Bülach o.J.

ders., Sklaven des roten Diktators. Bilder aus dem Bauernleben des heutigen Russland, Bülach o.J.

Haumann, Heiko, Geschichte und Gesellschaft der Sowjetunion, Köln 1977.

Hillgruber, Andreas, Der Ostkrieg und die Judenvernichtung, in: Ueberschär, Gerd R., Wette, Wolfram, "Unternehmen Barbarossa" Der deutsche Überfall auf die Sowjetunion 1941, Paderborn 1984, S. 219-236.

Hösch, Edgar, Grabmüller, Hans-Jürgen, Daten der sowjetischen Geschichte. Von 1917 bis zur Gegenwart, München 1981.

Hofer, Fritz, Hägeli, Sonja, Zürcher Personen-Lexikon. 800 biographische Porträts aus zwei Jahrtausenden, Zürich 1986.

Huber, Peter, Kommunisten und Sozialdemokraten in der Schweiz 1918-1935: der Streit um die Einheitsfront in der Zürcher und Basler Arbeiterschaft, Zürich 1986.

Im Dienst des Roten Kreuzes. Schweizer in Lazaretten der Ostfront 1941/42, Tagebuch des Ernst Gerber, Luzern o.J.

Im Hof, Ulrich, Geschichte der Schweiz, 3. Auflage, Stuttgart 1987.

Istraiti, Panaït, Auf falscher Bahn. 16 Monate in Russland, München 1930.

ders., So geht es nicht! Die Sowjets von heute, München 1930.

ders., Russland nackt. (Zahlen beweisen), München 1930.

Jeanneret, Pierre, Un itinéraire politique à travers le socialisme en Suisse Romande, Lausanne 1991.

Jost, Hans Ulrich, Bedrohung und Enge (1914-1945), in: Geschichte der Schweiz und der Schweizer, Bd. III, S. 101-189, Basel 1983.

Juviler, Peter H., Women and Sex in Soviet Law, in: Women in Russia, Part II, hg. v. D. Atkinson, A. Dallin, G. Warshofsky Lapidus, The Harvester Press 1978, S. 243-265.

Kantorowicz, Alfred, Mein Weg, in: Faszination des Kommunismus? I, hg. v. Arbeitskreis für Ostfragen e.V. München, München 1962.

Karger, Adolf, Sowjetunion, Frankfurt a.M. 1978 (Fischer Länderkunde 9)

Kisch, Egon Erwin, Zaren, Popen, Bolschewiken, Berlin 1980, NA.

Koeder, Kurt W., Das Bildungswesen der UdSSR. Von der Oktoberrevolution zum 25.Parteitag der KPdSU, München 1977.

Koestler, Arthur, Von weissen Nächten und roten Tagen, Charkow 1933.

ders., Sonnenfinsternis, Frankfurt a.M. 1979.

Kollontai, Alexandra, Die Situation der Frau in der gesellschaftlichen Entwicklung. Vierzehn Vorlesungen vor den Arbeiterinnen und Bäuerinnen an der Sverdlov-Universität 1921, Fulda 1975.

dies., Selected Writings, 2. Auflage, London 1978.

Kunz, Hans Beat, Weltrevolution und Völkerbund. Die schweizerische Aussenpolitik unter dem Eindruck der bolschewistischen Bedrohung 1918-1923, Bern 1981.

Laqueur, Walter, Stalin – Abrechnung im Zeichen von Glasnost, München 1990.

Legay, Kléber, Un mineur français chez les Russes, Paris 1937.

Lenin, Wladimir I., Schlusswort vor Beendigung des Dritten Gesamtrussischen Kongress der Sowjets der Arbeiter-, Soldaten- und Bauerndeputierten, 10.-18. (23.-31.) Januar 1918, in: Lenin, W.I., Werke, Bd.26, Berlin 1972, S.478-481.

Lexikon der Schweizer Literatur, Basel 1991.

Lieb, Fritz, Russland unterwegs. Der russische Mensch zwischen Christentum und Kommunismus, Bern 1945.

Lorenz, Richard, Sozialgeschichte der Sowjetunion 1, 3. Auflage, Frankfurt am Main 1981.

Medwedew, Roy, Havemann, Robert, u.a., Entstalinisierung. Der XX. Parteitag der KPdSU und seine Folgen, Frankfurt a.M. 1977.

Merl, Stefan, "Ausrottung" der Bourgeoisie und der Kulaken in Sowjetrussland?, in: Geschichte und Gesellschaft, Nr. 13, 1987, S. 368-381.

Meyer, Gert, Studien zur sozialökonomischen Entwicklung Sowjetrusslands 1921-1923, Köln 1974.

O'Flaherty, Liam, Ich ging nach Russland, Neuauflage, Zürich 1971.

Portal, Roger, Der Aufbau einer sozialistischen Gesellschaft: Die UdSSR, in: Geschichte dès Sozialismus, hg. v. Jacques Droz, Bd. X, Frankfurt a.m. 1977.

Rauber, Urs, "Als Bürgerkind geboren, lief er den Bürgern weg...". Das Leben des Arbeiterarztes Dr. Max Tobler (1876-1929), in: Zur Geschichte der kommunistischen Bewegung in der Schweiz, aus dem "Vorwärts" 1968-1980, hg. v. der Historischen Kommission der Partei der Arbeit der Schweiz, Zürich 1981.

Raupach, Hans, Wirtschaft und Gesellschaft Sowjetrusslands 1917-1977, Wiesbaden 1979.

Russland, hg. v. Carsten Goehrke, M. Hellmann, R. Lorenz, P. Scheibert, Frankfurt a.M. 1973.

Sacks, Michael Paul, Women in the Industrial Labor Force, in: Women in Russia, Part II, hg. v. D. Atkinson, A. Dallin, G. Warshofsky Lapidus, The Harvester Press 1978, S. 189-203.

Schröder, Hans-Henning, Industrialisierung und Parteibürokratie in der Sowjetunion. Ein sozialgeschichtlicher Versuch über die Anfangsphase des Stalinismus (1928-1934), Berlin 1988 (Forschungen zur Osteuropäischen Geschichte 41).

Schauprozesse unter Stalin 1932-1952, Berlin 1990.

Schütt, Peter, Die Himbeersosse kam vom KGB. Auf den Spuren meiner sibirischen Irrtümer, Dortmund 1990.

Schweizer im Zarenreich. Zur Geschichte der Auswanderung nach Russland, von Roman Bühler, Heidi Gander-Wolf, Carsten Goehrke, Urs Rauber, Gisela Tschudin, Josef Voegeli, Zürich 1985 (Beiträge zur Geschichte der Russlandschweizer; 1).

Schweizerische Arbeiterbewegung, Dokumente zu Lage, Organisation und Kämpfen der Arbeiter von der Frühindustrialisierung bis zur Gegenwart, hg. v. der Arbeitsgruppe für Geschichte der Arbeiterbewegung Zürich, 2. Auflage, Zürich 1975.

Senn, Alfred Erich, Assassination in Switzerland. The Murder of Vatslav Vorovsky, Madison, Wisconsin 1981.

Serge, Victor, Die sechzehn Erschossenen. Unbekannte Aufsätze II, deutsche Übersetzung, Hamburg 1977.

Solonewitsch, Tamara, Hinter den Kulissen der Sowjet-Propaganda. Erlebnisse einer Sowjetdolmetscherin, Essen 1938.

Sosnovy, Timothy, The Housing Problem in the Soviet Union, New York 1954.

Stettler, Peter, Die Kommunistische Partei der Schweiz 1921-1931. Ein Beitrag zur schweizerischen Parteiforschung, Bern 1980 (Helvetia Politica XV).

Streit, Christian, Die Behandlung der sowjetischen Kriegsgefangenen und völkerrechtliche Probleme des Krieges gegen die Sowjetunion, in: Ueberschär, Gerd R., Wette, Wolfram, "Unternehmen Barbarossa" Der deutsche Überfall auf die Sowjetunion 1941, Paderborn 1984, S. 197-218.

Teuscher, H., Die Arbeitslosenunterstützung in der Schweiz, Zürich 1929.

Toller, Ernst, Quer durch. Reisebilder und Reden, Berlin 1930.

Ueberschär, Gerd R., Hitlers Entschluss zum "Lebensraum"-Krieg im Osten. Programmatisches Ziel oder militärstrategisches Kalkül?, in: Ueberschär, Gerd R., Wette, Wolfram, "Unternehmen Barbarossa" Der deutsche Überfall auf die Sowjetunion 1941, Paderborn 1984, S. 83-110.

Uttitz, Friedrich, Zeugen der Revolution. Mitkämpfer Lenins und Stalins berichten, Köln 1984.

Voegeli, Josef, Die Rückkehr der Russlandschweizer 1917-1945. Unveröffentlichte Lizentiatsarbeit an der Universität Zürich, Zürich 1979.

Volkskommissariat für Justizwesen der UdSSR, Prozessbericht über die Strafsache des sowjetfeindlichen trotzkistischen Zentrums, Moskau 1937.

Waeger, G., Die Sündenböcke der Schweiz. Die Zweihundert im Urteil der geschichtlichen Dokumente 1940-1946, Olten 1971.

Weber, Hermann, "Weisse Flecken" in der Geschichte. Die KPD-Opfer der Stalinschen Säuberungen und ihre Rehabilitierung, Frankfurt a.M. 1989.

Weishaupt, Bernhard, Lidija Petrovna Kocetkova; Arbeit und Leben einer russischen Sozialrevolutionärin in den Jahren 1905-1909 nach den Briefen an ihren Mann Fritz Brupbacher. Unveröffentlichte Lizentiatsarbeit an der Universität Zürich, St. Gallen 1991.

Weisskopf, F.C., Zukunft im Rohbau, Berlin 1931.

Das Werden der modernen Schweiz. Quellen, Illustrationen und andere Materialien zur Schweizergeschichte, Bd.II: Die Schweiz im 20. Jahrhundert (1914 - Gegenwart), von Joseph Hardegger, Markus Bolliger, Franz Ehrler, Heinz Kläy, Peter Stettler, Luzern 1989.

Wette, Wolfram, Die propagandistische Begleitmusik zum deutschen Überfall auf die Sowjetunion am 22. Juni 1941, in: Ueberschär, Gerd R., Wette, Wolfram, "Unternehmen Barbarossa" Der deutsche Überfall auf die Sowjetunion 1941, Paderborn 1984, S. 111-129.

Wolkogonow, Dimitri, Stalin – Triumph und Tragödie. Ein politisches Porträt, Düsseldorf 1989.

Wright, Richard, American Hunger, Neuauflage, New York 1983.

Zinner, Hedda, Selbstbefragung, Berlin 1989.

e. Sowjetische Literatur

Bjudžety rabočich i služaščich, Bd.1: Bjudžet rabočej sem'i v 1922-1927gg, G.S. Polljak, Moskva 1929.

Fabrika "Krasnoje znamja", Leningrad 1968.

Gernet, M.N., K statistike prostitucii, in: Statističeskoe obozrenie, 7 (1927).

Getmanova, N.G., Kuz'min, M.S.,"Sovetsko-švejcarskie kulturnye i naučnye svjazi" in: "Voprosy Istorii", Nr. 9, 1985.

Glazami Inostrancev 1917-1932: Sbornik / Sost. Zivov M., Moskva 1932.

Gorjunova, M., Kul'turno-prosvetitel'nye učreždenija v proforganizacijach SSSR k načalu 1925 goda, in: Statistika truda, Nr.7-8, 1925.

Krasnaja Presnja. Očerki po istorii zavodov, Moskva 1934.

Lapickaja, S., Byt rabočich Trechgornoj manufaktury, Moskva: Izd. Istorija fabrik i zavodov, 1935.

Micheev, V., Bjudžet vremeni rabočich i služaščich Moskvy i Moskovskoj oblasti, Moskva, Leningrad 1932.

Narodnoe chozjajstvo SSSR v 1974g., Moskva 1975.

Narodnoe chozjajstvo SSSR 1922-1972 gg., Moskva 1972.

Net ravnogo v mire. Avtozavod im. Stalina. Sbornik statej i očerkov, partizdat 1932.

Svjatenko, F., Zavod "AMO". Rabočie o starom i novom byte, Moskva 1929.

Skornjakov, S., Iz istorii odnogo rabočego kluba. Rabočij klub imeni Vajnera v g. Sverdlovske. K 7-mi letnej godovoščine. Sverdlovsk 1924.

Stoljarov, A., Kul'turnaja revoljucija i stroitel'stvo socializma, Moskva 1930.

Strumilin, S.G., Bjudžet vremeni russkogo rabočego i krest'janina v 1922-23 gg. Moskva,Leningrad 1924.

Trud, Ežednevnaja gazeta Vserossijskogo Central'nogo Soveta Professional'nych Sojuzov, Jahrgang 1927 und 1928, Moskva.

Moskowskije Nowosti, Moskau News, dt. Ausgabe, Berlin, Jahrgang 1989.

f. Zeitungsartikel

Dürr, Karl, Ein Beitrag zur "Einheitsfront", in: Rote Revue. Sozialistische Monatsschrift, hg. v. der Sozialdemokratischen Partei der Schweiz, Nr. 7, März 1925, S. 211ff.

Grimm, Robert, Möglichkeiten der Einheitsfront, in: Rote Revue. Sozialistische Monatsschrift, Nr. 1, September 1921, S. 2ff.

Heeb, Friedrich, Die Illusion der Wiedervereinigung, in: Rote Revue. Sozialistische Monatsschrift, Juli/August 1924, S. 346ff.

Mühlestein, Hans, Ueber das Wesen der Sowjetunion, in: Heute und Morgen, Monatshefte für Kultur, Wirtschaft und Politik, Zürich, Nr. 5, Okt./Nov. 1938, S. 194ff.

Nobs, Ernst, Es ist zum Heulen!, in: Volksrecht, 14. November 1918.

ders., Verbot der Kommunistischen Partei?, in: Rote Revue. Sozialistische Monatsschrift, Nr.8, April 1937, S. 249ff.

Reichmann Franz, Am Kongress der russischen Bauarbeiter, in: Schweizerische Bau- und Holzarbeiterzeitung, Zürich, Nr. 9, 4. März 1926.

Reichmann, Franz, Sowjet-Russland am Aufbau, in: Schweizerische Bau- und Holzarbeiterzeitung, Zürich, Nr. 9, 4. März 1926 - Nr. 21, 27. Mai 1926.

Schifferstein, Jean, Der 6. Kongress der Arbeiter der Nahrungs- und Genussmittel-Industrie der russischen Sowjetunion, in: Solidarität. Gewerkschaftszeitungorgan der Handels-, Transport- und Lebensmittelarbeiter der Schweiz, Zürich, Nr. 15, 17. Juli 1926.

Schneider, Friedrich, Gärung im Bolschewismus, in: Rote Revue. Sozialistische Monatsschrift, hg. v. der Sozialdemokratischen Partei der Schweiz, Nr. 1, September 1926, S. 30ff.

ders., Reisebriefe, in: Solidarität. Gewerkschaftsorgan der Handels-, Transport- und Lebensmittelarbeiter der Schweiz, Zürich, Nr. 12, 5. Juni 1926 - Nr. 18, 28. August 1926

Simon, Gerhard, Der jähe Zusammenbruch des Sowjetsystems, in: Neue Zürcher Zeitung, Zürich, Nr. 213, 14./15. September 1991.

Steinmann, E., Spreu und Weizen, in: Politische Rundschau. Monatsschrift, hg. i.A. der freisinnig-demokratischen Partei der Schweiz, Bern, August 1933, S. 311ff.

g. Zeitungen

Basler Vorwärts. Offizielles Organ der Kommunistischen Partei der Schweiz (Sektion der III. Internationale), Basel.

Freiheit. Schweizerische Volkszeitung, Organ der Kommunistischen Partei der Schweiz, Basel.

Der Spiegel, Hamburg.

Die Rote Gewerkschaftsinternationale, hg. v. Vollzugsbüro der Roten Gewerkschaftsinternationale, Moskau.

Gewerkschaftliche Rundschau für die Schweiz. Publikationsorgan des Schweizerischen Gewerkschaftsbundes, Bern.

Handels-Information Schweiz-Sowjetunion. Organ der Vereinigung zur Förderung der Handelsbeziehungen Schweiz-Sowjetunion, hg. v. Vereinigung zur Förderung der Handelsbeziehungen Schweiz-Sowjetunion, Zürich.

Kämpfer. Organ der Kommunistischen Partei der Schweiz (Sektion der 3. Internationale) für den Kanton Zürich und die Ost- und Innerschweiz, Zürich.

Neue Zürcher Zeitung, Zürich.

Rote Revue. Sozialistische Monatsschrift, Zürich.

Solidarität. Offizielles Organ des Verbandes der Handels-, Transport- und Lebensmittelarbeiter der Schweiz, Bern.

Volksrecht. Offizielles Organ der Sozialdemokratischen Partei der Schweiz und des Kantons Zürich, Zürich.

Volksstimme. Sozialdemokratisches Tagblatt für die Kantone St. Gallen, Appenzell, Graubünden und Glarus.

Vorwärts. Sozialistische Wochenzeitung. Organ der Partei der Arbeit der Schweiz, Zürich.

h. Interviews

Interview mit Frau Johanna Baumberger, Witwe des Malers Otto Baumberger, in Weiningen am 7. April 1992.

Interview mit Herrn Dr. Charles Studer in Solothurn am 13. April 1992.

Interview mit Herrn Dr. Anton Roy Ganz in Basel am 3. Juni 1992.

Personenregister [1]

Arbeiterdelegation 138f, 144, 155, 159, 167, 175, 180, 187f, 191-194, 197, 203, 205f, 208, 222, 226, 231, 232, 260, 262, 266, 269f, 292f, 352ff

B., 132, 156, 160, 262

Bachmann, Friedrich 202f, 296

Bamatter, Sigi 105, 124, 178f, 185, 193-196, 199, 227f, 230, 244, 253, 264f, 281, 287, 293, 296, 319ff

Baumberger, Otto 115(B), 117(B), 118(B), 119, 121(B), 129(B), 132, 133(B), 151(B), 160, 168, 169(B), 180, 181(B), 192, 195(B), 221(B), 225(B), 226, 232, 233(B), 234, 235(B), 255, 261(B), 263(B), 293, 297, 379ff

Bringolf, Walther 105, 107, 110, 114, 116, 119, 122-124, 127, 130, 146, 153f, 158, 163, 173, 178f, 185, 193, 243f, 259, 291, 296, 313ff, 322, 329, 348, 350

Brupbacher, Fritz 173f, 200f, 239f, 252, 296, 324ff

Camenzind, Josef Maria 47, 111, 113f, 119f, 135-138, 243, 249, 256f, 259, 264, 299, 303, 395ff

Ganz, Anton Roy 130, 155, 159, 246, 252, 262, 299, 374ff

Gsell, Fritz 136, 147, 166, 390ff

Hofer, Ernst 112, 114, 119, 137, 157, 229, 243, 257, 259, 293, 398ff

Humbert-Droz, Jules 105f, 247-249, 306f, 339ff

Jaeger, Erhard 135, 138, 146-148, 150, 156f, 163, 165f, 168, 183-185, 193f, 197f, 223, 226f, 249, 256, 259, 264, 266, 283, 293, 303, 393ff

Maillart, Ella 111, 114, 120, 130f, 132, 152f, 155, 159, 162, 166, 171, 176, 209-211, 216-220, 238, 246f, 252, 255, 293, 297, 303, 312, 376ff

Mühlestein, Anita 171, 226, 267, 343ff

Mühlestein, Hans 176f, 343ff

Nicole, Léon 91, 108, 110, 112, 119, 136-139, 147-150, 152, 157, 161, 164-169, 171f, 175-177, 184f, 237f, 243, 250f, 267f, 283, 288, 293, 297, 345ff

Reichmann, Franz 125-127, 131, 139, 140f, 149, 154, 158, 164f, 172, 185-188, 197, 259, 260, 282, 292, 296, 297, 302f, 313, 330ff, 349f

Rüegg, Annelise 116, 124, 173, 199f, 253, 265, 268f, 281, 296, 320ff

Scherrer, Edouard 116, 124, 158, 165, 297, 328ff

Schifferstein, Jean 141-143, 150, 334ff

---

[1]   In dieses Personenregister wurden ausschliesslich die Schweizer Reisenden aufgenommen.

Schmidt, Franz 118, 216, 249f, 252, 366ff

Schneider, Friedrich 107, 126, 139, 141-145, 150, 152, 154, 158, 161, 165, 168, 174, 179, 182, 187, 188, 198, 223, 224, 226, 240f, 244, 251f, 261, 282, 287, 296, 304, 332ff

Schulthess, Werner (Spartakiade-Delegation) 110, 117, 128, 139, 145f, 150, 162, 167f, 172, 180, 190, 269, 287, 299, 359ff

Schwarzenbach, Annemarie 182, 197, 256, 387ff

Strassenbahner-Delegation 125, 128, 146, 160, 163, 165, 282, 299, 362ff

Studer, Charles 47, 110f, 113f, 116, 134, 156, 160, 163, 165, 167, 182, 194, 196, 222, 226, 232, 234, 236, 241, 256, 277, 288, 293, 297, 307, 379ff

Thommen Elisabeth 112-114, 116, 162, 168, 171, 190f, 194, 196, 222, 236, 255f, 262, 269-271, 282, 299, 386ff

Tobler, Max 117, 119, 126-128, 132, 154f, 166f, 168, 174f, 241, 245f, 253, 255, 265, 266, 268-270, 287f, 297, 299, 307, 337ff

Tobler-Christinger, Minna 168, 170f, 358, 359

Trümpy, Isabella 134, 193, 271

Voegeli, Adolf 100, 112, 114, 119f, 131, 135, 156, 166, 182f, 191f, 194, 196f, 206-208, 211-217, 236-238, 242, 255, 262, 266, 277, 283, 303, 389ff

Werner, Paul 228-231, 257-259, 310f, 399ff

Wildhaber, Arno 47, 111, 113f, 116, 134, 156, 160, 163, 165, 167, 176, 182, 192, 194, 196, 222, 226, 232, 234, 256, 277, 293, 297, 299, 379ff

Wlatnig, Friedrich 117-119, 128, 139, 155, 159, 167, 241, 245f, 252-254, 292f, 297, 299, 371ff

Historisches Seminar der Universität Zürich, Abteilung Osteuropa

BEITRÄGE ZUR GESCHICHTE DER RUSSLANDSCHWEIZER,
herausgegeben von Carsten Goehrke

Bisher erschienen:

Bd. 1: SCHWEIZER IM ZARENREICH. Zur Geschichte der Auswanderung nach
Russland. Von Roman Bühler, Heidi Gander-Wolf, Carsten Goehrke, Urs
Rauber, Gisela Tschudin und Josef Voegeli. 1985. 519 Seiten, 24 Seiten Fotos,
zahlreiche Tabellen, Karten, Grafiken und Textabbildungen. Gebunden.

Bd. 2: Urs RAUBER: Schweizer Industrie in Russland. Ein Beitrag zur Geschichte der
industriellen Emigration, des Kapitalexportes und des Handels der Schweiz
mit dem Zarenreich (1760–1917). 1985. 460 Seiten, 16 Seiten Fotos, zahlreiche
Tabellen, Karten, Grafiken und Textabbildungen. Gebunden.

Bd. 3: Gisela TSCHUDIN: Schweizer Käser im Zarenreich. Zur Mentalität und
Wirtschaft ausgewanderter Bauernsöhne und Bauerntöchter. 1990. 331 Seiten,
16 Seiten Fotos, zahlreiche Tabellen, Karten, Grafiken und Textabbildungen.
Gebunden.

Bd. 4: Rudolf MUMENTHALER: «Keiner lebt in Armuth». Schweizer Ärzte im
Zarenreich. 1991. 267 Seiten, 8 Seiten Fotos, zahlreiche Tabellen, Karten,
Grafiken und Textabbildungen. Gebunden.

Die Reihe wird fortgesetzt.

DIE SCHWEIZ UND DER OSTEN EUROPAS,
herausgegeben von Carsten Goehrke

Bisher erschienen:

Bd. 1: Daniela NEUMANN: Studentinnen aus dem Russischen Reich in der Schweiz
(1867–1914). 1987. 270 Seiten, 1 Karte, 1 Tabelle. Broschur.

Die Reihe wird fortgesetzt.